Politik & Co. 11/12

Sozialkunde

Qualifikationsphase

Bearbeitet von
Olaf Beckmann
Jana Bretschneider
Christopher Hempel
Erik Müller
Gritt Oertel-Sperling
Tina Rehm
Kersten Ringe
Volker Rith
Michael Sauer
Oliver Thiedig
Bernd Wessel

Unter Beratung von
Jean-Colin Bäsler

Sachsen-Anhalt

C.C.BUCHNER

Politik & Co. 11/12 – Sachsen-Anhalt

Sozialkunde – Qualifikationsphase

Bearbeitet von Olaf Beckmann, Jana Bretschneider, Christopher Hempel, Erik Müller, Gritt Oertel-Sperling, Tina Rehm, Kersten Ringe, Volker Rith, Michael Sauer, Oliver Thiedig, Bernd Wessel
Unter Beratung von Jean-Colin Bäsler

Zu diesem Lehrwerk werden erhältlich sein:
- Digitales Schulbuch **click & study**, Einzellizenz, WEB-Bestell-Nr. 720181
- Digitales Lehrermaterial **click & teach** Einzellizenz, WEB-Bestell-Nr. 720182

Weitere Lizenzformen (Einzellizenz flex, Kollegiumslizenz) und Materialien unter www.ccbuchner.de.

1. Auflage, 1. Druck 2026
Alle Drucke dieser Auflage sind, weil untereinander unverändert, nebeneinander benutzbar.

Dieses Lehrwerk folgt den aktuellen Regelungen für Rechtschreibung und Zeichensetzung. Ausnahmen bilden Texte, bei denen künstlerische, philologische oder lizenzrechtliche Gründe einer Änderung entgegenstehen. Teile des Lehrwerks wurden mithilfe gängiger Large Language Models erstellt oder bearbeitet. Sämtliche Inhalte wurden anschließend redaktionell geprüft, überarbeitet und verantwortet. Weitere Informationen finden Sie auf www.ccbuchner.de/ki-leitlinie

Die Mediencodes enthalten ausschließlich optionale Unterrichtsmaterialien. An keiner Stelle im Schülerbuch dürfen Eintragungen vorgenommen werden. Auf verschiedenen Seiten dieses Buches finden sich Verweise (Links) auf Internetadressen. Haftungshinweis: Trotz sorgfältiger inhaltlicher Kontrolle wird die Haftung für die Inhalte externer Seiten ausgeschlossen.

produktsicherheit@ccbuchner.de

Redaktion: Daniel Adler
Layout und Satz: Wildner + Designer GmbH, Fürth
Druck und Bindung: Mohn Media Mohndruck GmbH, Gütersloh

www.ccbuchner.de

ISBN 978-3-661-**72018**-0

Inhaltsverzeichnis

Kurs 2: Gesellschaftliche Herausforderungen

Methoden und Handlungskompetenz

MAKROMETHODEN für das Fach Sozialkunde

METHODEN für die Bearbeitung der Aufgaben

HANDLUNGSKOMPETENZ

Zur Arbeit mit dem Buch

Der Band Sozialkunde – Qualifikationsphase aus der Reihe Politik & Co. 11/12 wurde nach den Vorgaben des Fachlehrplans des Gymnasiums für das Fach Sozialkunde in Sachsen-Anhalt konzipiert. Es ermöglicht Ihnen, liebe Schülerinnen und Schüler, die zentralen Inhalte und Kompetenzen des Faches anhand vieler Beispiele aus Ihrem Leben und Ihrer Umgebung zu erwerben. Für die Lehrerinnen und Lehrer ist das Buch eine Hilfe, einen modernen und binnendifferenzierten Unterricht zu verwirklichen.

1 Kapitelauftakt- und Kapitelabschlussseiten

Jedes Kapitel beginnt mit einer Auftaktdoppelseite. Eine Materialseite und offene Aufgaben ermöglichen Ihnen eine erste Annäherung an die Inhalte des neuen Kapitels. Ein Einführungstext mit den relevanten Basiskonzepten (→ Anhang des Buches) und die Aufzählung der zu erlernenden Kompetenzen ermöglichen Ihnen, einen Überblick über die Inhalte zu erhalten.
Die Rubrik „**Orientierung & Überblick**“ am Ende der Kapitel hilft Ihnen, das erworbene Wissen zu sichern und zentrale Inhalte zu wiederholen.
Die Großkapitel schließen mit der Rubrik „**Kompetenzen anwenden**“: Hier können Sie die am Kapitelanfang formulierten Kompetenzen an komplexen Aufgabenstellungen zeigen und weiter ausbauen.

2 Einführung in die Unterkapitel

Jedes Unterkapitel beginnt mit der Rubrik „**Zum Thema**“. Hier erfahren Sie, was das zu behandelnde Problem auf den nachfolgenden Seiten ist und mit welchen Themen es bearbeitet werden kann. Im Anschluss an die thematische Hinführung beginnt jedes Unterkapitel mit einem Einstiegsmaterial und entsprechenden Einstiegsaufgaben. Diese gewährleisten einen motivierenden und problemorientierten Auftakt für den Unterricht.

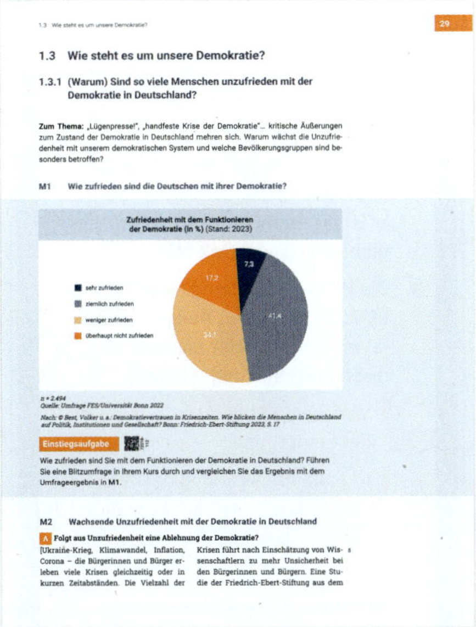
1.3 Wie steht es um unsere Demokratie?

29

1.3 Wie steht es um unsere Demokratie?

1.3.1 (Warum) Sind so viele Menschen unzufrieden mit der Demokratie in Deutschland?

Zum Thema: „Lügenpresse!“, „handfeste Krise der Demokratie“… kritische Äußerungen zum Zustand der Demokratie in Deutschland mehren sich. Warum wächst die Unzufriedenheit mit unserem demokratischen System und welche Bevölkerungsgruppen sind besonders betroffen?

M1 Wie zufrieden sind die Deutschen mit ihrer Demokratie?

n = 2.494
Quelle: Umfrage FES/Universität Bonn 2022

Nach: © Best, Volker u. a.: Demokratievertrauen in Krisenzeiten. Wie blicken die Menschen in Deutschland auf Politik, Institutionen und Gesellschaft? Bonn: Friedrich-Ebert-Stiftung 2023, S. 17

Einstiegsaufgabe

Wie zufrieden sind Sie mit dem Funktionieren der Demokratie in Deutschland? Führen Sie eine Blitzumfrage in Ihrem Kurs durch und vergleichen Sie das Ergebnis mit dem Umfrageergebnis in **M1**.

M2 Wachsende Unzufriedenheit mit der Demokratie in Deutschland

A Folgt aus Unzufriedenheit eine Ablehnung der Demokratie?

[Ukraine-Krieg, Klimawandel, Inflation, Corona – die Bürgerinnen und Bürger erleben viele Krisen gleichzeitig oder in kurzen Zeitabständen. Die Vielzahl der Krisen führt nach Einschätzung von Wissenschaftlern zu mehr Unsicherheit bei den Bürgerinnen und Bürgern. Eine Studie der Friedrich-Ebert-Stiftung aus dem

3 Aufbau der Unterkapitel

Durch die Arbeit mit dem Materialienteil schulen Sie Ihre Analyse-, Urteils-, Handlungs- und Methodenkompetenzen. Die sorgfältig ausgewählten Inhalte zeigen unterschiedliche Perspektiven und vertiefen die zentralen Themenaspekte. Die Aufgaben zeigen Ihnen, wie Sie das Thema mittels der Materialien erarbeiten können, wobei jede Aufgabe eine konkrete Handlungsanweisung (Operator) enthält. Angebote in der Rubrik **F** (Fordern) in der Randspalte zu den Aufgabenkästen unterstützen die Binnendifferenzierung des Unterrichts.

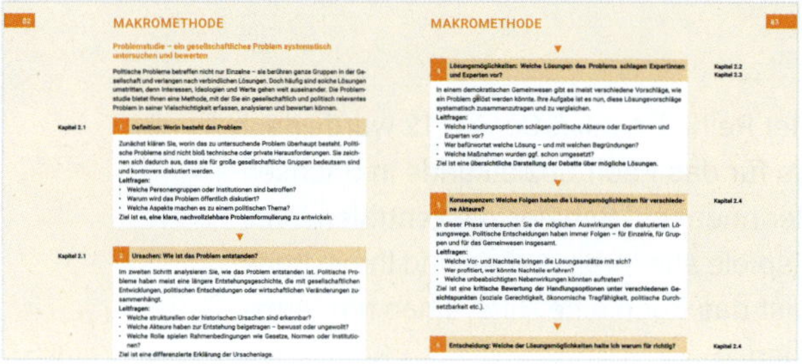

4 Makromethoden

Der Band setzt das fachspezifische Methodenkonzept des Lehrplans um. Zu jedem Kursthema ist ein (Teil-)Kapitel anhand einer Makromethode zu bearbeiten.

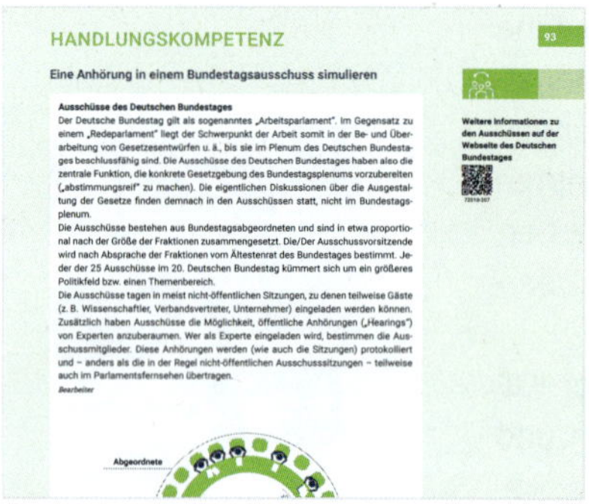

5 Handlungskompetenz

Pro Kurs ist in einem Großkapitel die Rubrik „Handlungskompetenz“ enthalten. Damit kann über eine handlungsorientierte Sonderseite ein aktivierender Zugang zum Thema gewählt werden: So können Sie z. B. eine Anhörung in einem Bundestagsausschuss simulieren. Rollenkarten und Handlungsanweisungen unterstützen die Herangehensweise.

6 Digitale Aufgabenkästen

„Politik & Co. 11/12“ gibt allen Aufgabenkästen einen „digitalen Zwilling“. Mit Hilfe der QR- und Mediencodes in den Kopfzeilen der Aufgabenkästen können die jeweiligen Aufgaben digital abgerufen werden. Diese digitalen Aufgaben sind identisch mit den jeweiligen Aufgaben im Schulbuch, bieten aber folgenden Mehrwert:

- **Digitale interaktive Anwendungen** zu den Aufgaben: Aufgaben aus dem Schulbuch werden um digitale, interaktive Anwendungen (z. B. Abstimmungen, Wortwolken, Rankings, ...) erweitert. Diese digitalen Anwendungen sind sowohl im Klassenraum (z. B. moderiert durch die Lehrkraft) als auch im ganzen Bundesland Sachsen-Anhalt (moderiert durch den Verlag) möglich. Mit anderen Worten: Die digitalen interaktiven Anwendungen ermöglichen einen anonymen Vergleich im Kurs – und im Bundesland.
- **Operatoren- und Methodenkarten** werden zu den jeweils passenden Operatoren und Methoden verlinkt. Mit Hilfe von digitalen Endgeräten können somit wichtige Verständnis-, Strukturierungs- und Formulierungshilfen für einzelne Operatoren oder Methoden angeschaut und direkt an der Aufgabe, ohne blättern zu müssen, genutzt werden.
- **Formulierungshilfen** o. ä. ermöglichen eine Differenzierung in den Aufgaben.

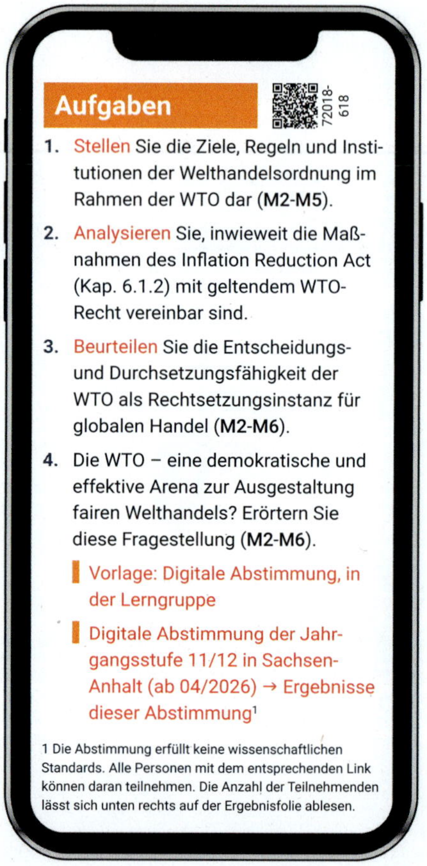

7 UpdateCodes

Zahlreiche Grafiken, Schaubilder und Tabellen mit dem Icon werden regelmäßig aktualisiert und stehen mit Hilfe eines QR- und Mediencodes neben der jeweiligen Grafiküberschrift kostenfrei zum Download zur Verfügung.

Die Grafiken sind wie folgt konzipiert:

- Unter der Grafiküberschrift findet sich der jeweilige Stand der Grafik-Aktualisierung, z. B. „Stand: 2026“. Dieser Stand zeigt immer die letzte Datenüberprüfung an.
- Die Quellenangabe unter der Grafik informiert über den jeweiligen Datenerhebungszeitpunkt.

Lesebeispiel zur nebenstehenden Grafik: Die Daten stammen vom Statistischen Bundesamt (DESTATIS) aus dem Jahr 2026. Die letzte Datenüberprüfung, ob es neuere Daten gibt, fand im Jahr 2026 statt. Weitere Informationen zu den UpdateCodes finden sich im nebenstehenden QR- und Mediencode.

73000-519

Letzte Überprüfung nach aktuellen Daten

73000-335

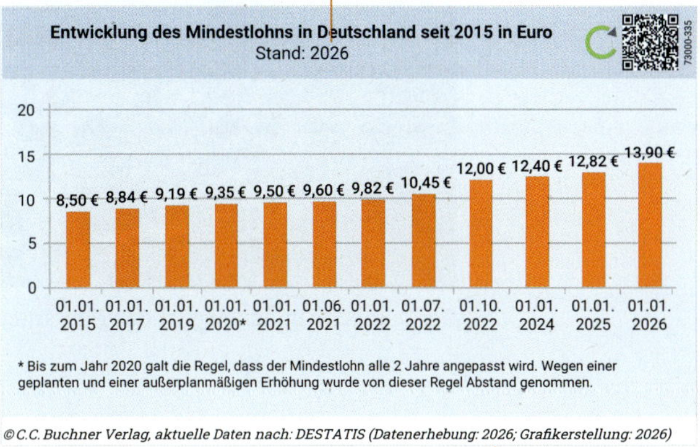

Datenerhebungszeitraum

8 Allgemeine Hinweise

- Das Methodenglossar am Ende des Buches bietet Ihnen einen Überblick über wichtige Methoden, um die Aufgaben besser bearbeiten zu können.
- Im Anhang des Buches finden Sie Hinweise zum Ablauf, Tipps und ein Beispiel zur individuellen Vorbereitung auf die mündliche Abiturprüfung im Fach Sozialkunde.
- Das Register zum Auffinden von Querverweisen kann ein wichtiges Hilfsmittel sein und das selbstständige Arbeiten mit dem Buch erleichtern.
- Eigens für das Lehrbuch erstellte Zusatzmaterialien können Sie auf der Verlagshomepage (www.ccbuchner.de) kosten- und werbefrei jederzeit abrufen. Mithilfe von Mediencodes können Sie diese entweder direkt (Quick-Response-Code ↔ Smartphone/Tablet) oder über die Eingabe des jeweiligen Mediencodes in das Suchfeld der Verlagshomepage beziehen.
- Geschlechtergerechte Sprache: Politik & Co. 11/12 lebt Vielfalt und Gleichheit unabhängig von Alter, Herkunft, Handicap, sexueller Orientierung, Geschlecht und individueller Identität. Wenn in Texten entweder lediglich die weibliche oder männliche Form verwendet wird, dient dies in der Regel ausschließlich der besseren Lesbarkeit. Sie bezieht aber selbstverständlich stets alle Menschen mit ein.
- Materialien ohne Quellenangaben sind von den Bearbeiterinnen und Bearbeitern verfasst.
- Sofern bei Materialien aus dem Internet kein Verfasserdatum ermittelt werden konnte, wird das „Abrufdatum“ genannt. Die URL/vollständigen Internetadressen aller verwendeten Materialien aus dem Internet können Sie über den nebenstehenden QR- und Mediencode einsehen.

QR- und Mediencodes in Politik & Co. 11/12 Sozialkunde

72018-001

URL aller verwendeten Materialien aus dem Internet

72018-002

Der Deutsche Bundestag ist das Parlament der Bundesrepublik Deutschland.

Kim Jong-un ist Vorsitzender des Komitees für Staatsangelegenheiten der Demokratischen Volksrepublik Korea (Nordkorea), de facto ist er Staatschef Nordkoreas.

Krönung Heinrich II. zum Kaiser durch Papst Benedikt VIII. im Jahr 1014

Politik und Politiktheorien zwischen Anspruch und Wirklichkeit

1

Seitdem es Demokratien gibt, wird darüber diskutiert, wie diese ausgestaltet werden sollen. Der Wille der Menschen, der z. B. bei Wahlen sichtbar wird, muss irgendwie zu konkretem Regierungshandeln führen. Dieses Regierungshandeln zeigt sich schlussendlich in Gesetzen und in der Ausgestaltung der Gesellschaft.
Dabei geht es um die Frage, welche Instanzen mit welchen Verfahren verbindliche Entscheidungen treffen dürfen. Es gibt unterschiedliche Vorstellungen darüber, welche Möglichkeiten die Bürgerinnen und Bürger haben sollten, um auf den politischen Entscheidungsprozess Einfluss nehmen zu können: indirekt über gewählte Vertreter in den Parlamenten oder direkt, indem sie selbst per Plebiszit abstimmen (**Basiskonzept: Macht und Entscheidung**). Das führt dazu, dass sich unterschiedliche politische Institutionen und Demokratien entwickelt haben. Die Demokratie in der Schweiz kennt andere Entscheidungswege als die Demokratie in Deutschland, trotzdem sind beide Demokratien (**Basiskonzept: Ordnung und Struktur**).
Was in allen Demokratien aber gleich ist, ist der politische Diskurs, der Streit um die richtige Politik. In allen Demokratien steht die Frage im Zentrum, nach welchen Werten und Interessen unsere Gesellschaft gestaltet werden soll (**Basiskonzept: Interessen und Gemeinwohl**).

Kompetenzen

Am Ende dieses Kapitels sollten Sie Folgendes wissen und können:

- politische Theorien der Neuzeit und der Moderne in ihren Grundannahmen wiedergeben und hinsichtlich ihrer Bedeutung für moderne Demokratien beurteilen.
- die Frage erörtern, ob wir eine Krise der Demokratie erleben.
- die Bedeutung der Medien für die politische Teilhabe erläutern.
- demokratische, autoritäre und totalitäre Typen politischer Systeme vergleichen.
- den Zusammenhang von sozialem Status und Partizipation der Bürger erklären sowie die Folgen für die Demokratie bewerten.
- Möglichkeiten der Bürger, ihre Interessen in der repräsentativen Demokratie Deutschlands in den politischen Entscheidungsprozess einzubringen, bewerten.

Aufgaben

72018-100

1. Sammeln Sie ausgehend von den Bildimpulsen Fragen, Kritik und Meinungen zum Zustand der Demokratie in Deutschland.
2. Vergleichen Sie Ihre Gedanken mit einem Partner/einer Partnerin und strukturieren Sie diese in einer Mindmap mithilfe von übergeordneten Kriterien (z. B. Macht und Einfluss, Struktur des Zusammenlebens, Gerechtigkeit und Gemeinwohl).

1.1 Der Zusammenhang von Politik, Staat, Herrschaft und Legitimation

1.1.1 Politik als Begriff und Organisationsprinzip menschlichen Handelns

Zum Thema: „Wer Politik betreibt, erstrebt Macht." (Max Weber in Politik als Beruf) Ohne Politik ist modernes Leben nicht denkbar. Die Definition des Politischen kann selbst zum Politikum werden. Gesellschaftliche Auseinandersetzungen über Grundlagen und Grundzüge von Politik hängen in starkem Maße von der Art des politischen Systems ab. Was genau ist nun eigentlich Politik?

M1 Was ist eigentlich Politik?

1 Politik ist der Kampf um die rechte Ordnung.

Gablentz, Otto Heinrich von der: Einführung in die Politische Wissenschaft. Opladen: Westdeutscher Verlag 1965, S. 14

2 Politik ist die Summe aller Mittel, die nötig sind, um zu Macht zu kommen und sich an der Macht zu halten und um von der Macht den nützlichsten Gebrauch zu machen.

Niccolò Machiavelli, ca. 1515

3 Politik würde für uns also heißen: Streben nach Machtanteil oder nach Beeinflussung der Machtverteilung, sei es zwischen Staaten, sei es innerhalb eines Staates zwischen den Menschengruppen, die er umschließt.

Weber, Max: Politik als Beruf, München/Leipzig: Duncker & Humblot 1919, S. 4

4 In der rechtsstaatlichen Demokratie ist [Politik] die Gesamtheit aller verfassungsmäßigen, auf die Gesellschaft bezogenen Handlungen der Bürger und ihrer Repräsentanten [...].

Weber-Fas, Rudolf: Lexikon Politik und Recht. Paderborn: Fink 2008, S. 219

Einstiegsaufgabe 72018-101

Setzen Sie sich mit den verschiedenen Politikdefinitionen auseinander. Nehmen Sie eine Bestimmung des Politikbegriffes vor.

M2 Der Politikbegriff

Politik als Begriff ist in der heutigen medialisierten Gesellschaft allgegenwärtig, d. h. er wird zur Beschreibung unterschiedlichster Phänomene verwendet und erfährt darüber hinaus bereits seit der Antike verschiedene Ausprägungen. Auch innerhalb der Politikwissenschaft wird der Begriff zum Teil unterschiedlich, jedoch oftmals im Zusammenhang mit menschlichem Handeln definiert. Von politischem Handeln wird i. d. R. immer dann gesprochen, wenn das Zusammenleben von Menschen als solches zu Problemen führt bzw. etwas Konflikthaftes in ihm besteht und das Handeln auf eine Lösung des Problems bzw. des Konfliktes gerichtet ist.

Somit ist zunächst unter **Politik im weiteren Sinne** menschliches Handeln zu verstehen, das bei Konflikten zwischen Menschen in Gruppen (z. B. Verein, Schulklasse) zu einer spezifischen Form der Konfliktregelung führt. Politik ist in diesem Zusammenhang jedoch nicht der eigentliche Zweck der Gruppe. Der Zweck eines Sportvereins ist z. B. das gemeinsame Sportmachen, und doch kann es zu verschiedenen Ansichten über die Gestaltung der Sportstätte kommen, die ein konfliktlösendes Handeln erforderlich machen.

Politik im engeren Sinne findet statt, wenn sich innerhalb einer Gesellschaft Institutionen etabliert haben, deren vordergründiger Zweck es ist, verbindliche Regeln des Zusammenlebens für die Gesamtgesellschaft festzulegen. Ziel dieser Institutionen ist es somit, durch politisches Handeln Konflikte, die durch die verschiedenen Interessen der unterschiedlichen gesellschaftlichen Gruppen entstehen, zu regeln. Gegenstand dieser Institutionen ist dann z.B. die Umweltpolitik, die Bildungspolitik oder die Sozialpolitik etc. Zur Abgrenzung der komplexen Wirklichkeit von Politik werden in der Politikwissenschaft drei Dimensionen unterschieden:

- das institutionelle Normengefüge bzw. der politische Handlungsrahmen (**polity**),
- der Ablauf der politischen Prozesse (**politics**) und
- die Inhalte von Politik (**policy**).

Diese verschiedenen Dimensionen werden innerhalb der Politikwissenschaft u. a. zur Analyse von Politik in Staaten bzw. politischen Systemen verwendet.

Bearbeiter

Institution
Institution ist ein politisch-soziologischer Begriff für stabile, auf Dauer angelegte Einrichtungen zur Regelung, Herstellung oder Durchführung bestimmter Zwecke. Im Einzelnen kann der Begriff unterschiedliche Bedeutungen haben:
1) Institution meint eine soziale Verhaltensweise oder Norm (wie z. B. die Institution „Ehe");
2) Institution meint konkrete, materielle, zweckgerichtete Einrichtungen (wie z. B. das Parlament, das Amt des Bundeskanzlers, die öffentliche Verwaltung, die Parteien);
3) Institution meint abstrakte, immaterielle, zweckgerichtete Einrichtungen (wie z. B. das Grundgesetz, die demokratische Mehrheitsregel).

Schubert, Klaus/Klein, Martina: Das Politiklexikon – Begriffe – Fakten – Zusammenhänge, 6. Auflage, Bonn: Dietz 2016, S. 155

M3 Drei Dimensionen der Politik

Polity				
Polity bezeichnet den Ordnungs- und Handlungsrahmen, innerhalb dessen politisches Handeln stattfindet bzw. stattfinden kann.				
Mögliche Kategorien	**Grundgesetz**	**Institutionen**	**Gesetze**	**Abkommen**
Leitfragen	Welche Regeln schreibt das Grundgesetz vor?	Welche Institutionen sind beteiligt? Was für Kompetenzen haben sie?	Welche verbindlichen Rechtsnormen bzw. Gesetze gelten?	Gibt es internationale Abkommen, die einen Ordnungs- und Handlungsrahmen vorgeben?

Policy					
Policy bezeichnet die Inhalte und Probleme, mit denen sich Politik auseinandersetzt. Diese können sich u. a. auf verschiedene Politikfelder beziehen (z. B. Umweltpolitik, Gesundheitspolitik etc.).					
Mögliche Kategorien	**Problem**	**Programme**	**Ergebnisse**	**Folgen**	**Beurteilung**
Leitfragen	Was genau ist das politische Problem, um das es geht?	Welchen Zielhorizont geben politische Programme vor?	Welche Entscheidung wurde getroffen?	Welche Folgen hatte die Entscheidung?	Zu welchem Urteil bzw. welchen Lösungen kommen verschiedene Interessensgruppen?

Politics				
Politics bezeichnet den Prozess der politischen Gestaltung durch Akteure, der durch die Vermittlung von Interessen sowie Konflikt und Konsens gekennzeichnet ist.				
Mögliche Kategorien	**Akteure**	**Interessen**	**Macht**	**Legitimität**
Leitfragen	Welche Akteure sind beteiligt/betroffen?	Welche Interessen werden vertreten/artikuliert?	Wer kann sich durchsetzen?	Wie kommen Entscheidungen zustande? Wie werden Mehrheiten gefunden?

Bearbeiter

M4 Die Merkmale eines Staates

„Staat ist diejenige menschliche Gemeinschaft, welche innerhalb eines bestimmten Gebietes […] das Monopol legitimer physischer Gewaltsamkeit für sich (mit Erfolg) beansprucht."

Weber, Max: Politik als Beruf, München/Leipzig: Duncker & Humblot 1919, S. 4

Aus soziologischer Perspektive kann ein Staat nach dem deutschen Soziologen Max Weber (1864-1920) als eine Gesellschaft, die in einem Gebiet das Monopol legitimer physischer Gewalt beansprucht, als eine Herrschaft von Menschen über Menschen definiert werden.

Der Staatsrechtler Georg Jellinek (1851-1911) hat mit der sog. „Drei-Elemente-Lehre" den Staatsbegriff anhand von drei Elementen definiert. Demnach wird ein Staat durch ein Hoheitsgebiet (Staatsgebiet), eine darauf ansässige (Kern-)Bevölkerung (Staatsvolk) sowie eine auf diesem Gebiet herrschende Gewalt (Staatsgewalt) definiert. Diese drei Elemente sind laut Jellinek erforderlich, damit ein Staat den Status eines Völkerrechtssubjekts erlangen kann. Mit der Beschränkung auf die drei Merkmale Staatsgebiet, Staatsvolk und Staatsgewalt bietet Jellineks Drei-Elemente-Lehre einerseits eine begriffliche Klarheit, die insbesondere im Völkerrecht große Bedeutung erlangte. Andererseits handelt es sich um eine minimalistische Definition – so bleiben beispielsweise Fragen nach der inneren Ordnung des Staates, nach dessen Legitimation und nach dem Staatsziel unbeantwortet.

Ein Staat trifft nicht nur verbindliche Regeln des Zusammenlebens, er verfügt auch über eine öffentliche Verwaltung, die Entscheidungen umsetzt sowie über ein Rechtssystem, das Konflikte reguliert. Zur Durchsetzung seiner Entscheidungen besitzt ein Staat das Gewaltmonopol und sichert die Souveränität des Staates nach innen und außen. Er ist somit die Gesamtheit der öffentlichen Institutionen, die das Zusammenleben regeln.

Bearbeiter

Aufgaben

72018-102

1. Erläutern Sie, warum es nicht nur einen Politikbegriff gibt (**M2**).
2. Analysieren Sie eine aktuelle politische Frage in Sachsen-Anhalt (z. B. die Bildungspolitik) oder eine kommunalpolitische Fragestellung (z. B. ein Bauvorhaben, zu dem sich Bürgerinitiativen gegründet haben) nach den drei Dimensionen des Politikbegriffes (**M3**).
3. Überprüfen Sie, ob und wie die Bundesrepublik Deutschland die Merkmale eines Staates erfüllt (**M4**).

1.1.2 Wie kann politische Herrschaft legitimiert werden?

Zum Thema: Staaten sind außerordentlich mächtige Gebilde. Sie beeinflussen das Leben der Menschen auf ganz unterschiedliche Weise, manchmal positiv, manchmal negativ. Staaten erlassen Gesetze, erheben Steuern, entscheiden über Krieg und Frieden, organisieren das Schulwesen oder bestimmen, wie lange wir arbeiten müssen. Woher nehmen sie diese Autorität?

M5 Legitimation politischer Herrschaft in Bildern

Volksabstimmung in der Schweiz

Wählerinnen und Wähler stehen vor einem Wahllokal in Halberstadt.

Einstiegsaufgaben 72018-103

1. Beschreiben Sie, welche Formen der Legitimation politischer Herrschaft in **M5** dargestellt sind.
2. Vergleichen Sie die Formen der Legitimation aus **M5** mit den Bildern der Auftaktseite (→ S. 12).
3. Bewerten Sie die unterschiedlichen Formen der Legitimation.

Kriterien für die Bewertung in Aufgabe 3
Kriterien können u. a. sein:
- Legitimation
- Nachhaltigkeit
- Partizipation

M6 Grundfragen der Staatslegitimation

Ihrem Selbstverständnis nach sind Staaten legitime Herrschaftsverbände, während z. B. Räuberbanden, die einen Landstrich beherrschen, als illegitime Regenten betrachtet werden. Die Basis oder Ausgangsfrage der Politischen Philosophie lautet daher: Worauf stützt sich dieser Legitimationsanspruch? Welche Gründe sprechen dafür, dass Menschen ihr Zusammenleben staatsförmig organisieren? Man kann dieses Problem in zwei Richtungen ausbuchstabieren. Zum einen lässt sich die Frage stellen, ob es pragmatisch sinnvoll ist, Staaten zu errichten: Welche menschlichen Eigenschaften lassen eine Staatseinrichtung als wünschenswert erscheinen? Welche Vorteile bringen sie den Betroffenen? […] Zum anderen kann man die Frage aufwerfen, ob es moralisch legitim, angemessen, ja vielleicht sogar geboten ist, Staaten zu etablieren. Ist es überhaupt zu rechtfertigen, dass Menschen über Menschen herrschen? Ist es hinnehmbar, dass Personen dem Zwangsregime von Institutionen, abstrakten Regelwerken und seelenlosen Bürokratien ausgesetzt sind?

Horn, Christoph: Einführung in die politische Philosophie. Darmstadt: Wissenschaftliche Buchgesellschaft 2003, S. 15

M7 Macht und Herrschaft nach Max Weber

Weber, Max: Wirtschaft und Gesellschaft. Grundriß der verstehenden Soziologie. Herausgegeben von Johannes Winkelmann. 5. Auflage. Studienausgabe. Tübingen: Mohr 1980, S. 27

Macht bedeutet jede Chance, innerhalb einer sozialen Beziehung den eigenen Willen auch gegen Widerstreben durchzusetzen, gleichviel worauf diese Chance beruht.

Herrschaft soll heißen die Chance, für einen Befehl bestimmten Inhalts bei angebbaren Personen Gehorsam zu finden

M8 Max Webers „klassische" Typologie legitimer Herrschaft

Maximilian „Max" Carl Emil Weber war ein deutscher Soziologe und Nationalökonom (1864-1920).

Jede [Herrschaft] sucht vielmehr den Glauben an ihre „Legitimität" zu erwecken und zu pflegen. Je nach der Art der beanspruchten Legitimität aber ist auch der Typus des Gehorchens, des zu dessen Garantie bestimmten Verwaltungsstabes und der Charakter der Ausübung der Herrschaft grundverschieden. Damit aber auch ihre Wirkung. Mithin ist es zweckmäßig, die Arten der Herrschaft je nach dem ihnen typischen Legitimitätsanspruch zu unterscheiden. [...]

Es gibt drei reine Typen legitimer Herrschaft. Ihre Legitimitätsgeltung kann nämlich primär sein:

1. rationalen Charakters: auf dem Glauben an die Legalität gesatzter Ordnungen und des Anweisungsrechts der durch sie zur Ausübung der Herrschaft Berufenen ruhen (legale Herrschaft), – oder
2. traditionalen Charakters: auf dem Alltagsglauben an die Heiligkeit von jeher geltender Traditionen und die Legitimität der durch sie zur Autorität Berufenen ruhen (traditionale Herrschaft), – oder endlich
3. charismatischen Charakters: auf der außeralltäglichen Hingabe an die Heiligkeit oder die Heldenkraft oder die Vorbildlichkeit einer Person und der durch sie offenbarten oder geschaffenen Ordnungen [ruhen] (charismatische Herrschaft).

Im Fall der satzungsmäßigen Herrschaft wird der legal gesatzten sachlichen unpersönlichen Ordnung und dem durch sie bestimmten Vorgesetzten kraft formaler Legalität seiner Anordnungen und in deren Umkreis gehorcht. Im Fall der traditionalen Herrschaft wird der Person des durch Tradition berufenen und an die Tradition (in deren Bereich) gebundenen Herrn kraft Pietät im Umkreis des Gewohnten gehorcht. Im Fall der charismatischen Herrschaft wird dem charismatisch qualifizierten Führer als solchem kraft persönlichen Vertrauens in Offenbarung, Heldentum oder Vorbildlichkeit im Umkreis der Geltung des Glaubens an dieses sein Charisma gehorcht.

Weber, Max: Wirtschaft und Gesellschaft. Grundriß der verstehenden Soziologie. Herausgegeben von Johannes Winkelmann. 5. Auflage. Studienausgabe. Tübingen: Mohr 1980, S. 122-124

Aufgaben

72018-104

1. In **M6** werden viele Fragen der politischen Philosophie aufgeworfen. Wählen Sie die für Sie interessanteste Frage aus und beantworten Sie diese aus Ihrer Sicht.
2. Erklären Sie den Unterschied zwischen Macht und Herrschaft (**M7**).
3. Charakterisieren Sie die Herrschaftstypen nach Weber. Nehmen Sie jeweils eine Zuordnung von historischen und/oder aktuellen Beispielen vor (**M8**).
4. Entwerfen Sie eine eigene Idee, wie der optimale Herrschaftstyp aussehen könnte.

1.2 Politische Theorie

1.2.1 Theorien der Neuzeit

Zum Thema: Was verstehen wir unter einem gerechten Staat, und wie entsteht er? Die politischen Theorien der Neuzeit geben unterschiedliche Antworten auf diese Frage. Von Hobbes über Locke und Rousseau bis Montesquieu entwickelten Philosophen Konzepte darüber, wie Menschen zusammenleben sollen – und wie viel Macht die Herrschenden haben dürfen. Welche Ideen prägen bis heute unser Verständnis von Demokratie und Freiheit?

M1 Warum braucht eine Gesellschaft Regeln – und wer bestimmt diese?

Stellen Sie sich vor, Ihre Schule hätte keine klaren Regeln: Jeder könnte frei entscheiden, wann er kommt, wie laut er ist oder wie Prüfungen ablaufen. Manche würden versuchen, ihren Vorteil durchzusetzen, andere müssten sich ständig schützen oder behaupten. Rasch entstünde die Frage: Welche Ordnung verhindert Konflikte – und wer darf darüber bestimmen? Genau vor diesen Grundproblemen standen die Philosophen der Neuzeit, als sie ihre Theorien entwarfen.

Bearbeiter

Einstiegsaufgaben 72018-105

1. Überlegen Sie: In welchem Zustand glauben Sie, würden Menschen leben, wenn es keinen Staat und keine Gesetze gäbe? Schreiben Sie spontan auf, welche positiven und negativen Szenarien Ihnen in den Sinn kommen.
2. Diskutieren Sie im Plenum: Brauchen wir einen starken Staat für Sicherheit – oder schränkt ein Staat unsere Freiheit ein? Sammeln Sie Pro- und Kontra-Argumente.

M2 Vertragstheorie I: Thomas Hobbes: Schützt nur die Unterwerfung vor der Anarchie des Kriegszustandes? (Auszug aus Thomas Hobbes: Leviathan)

Zuvörderst wird also angenommen, dass alle Menschen ihr ganzes Leben hindurch beständig und unausgesetzt eine Macht nach der anderen sich zu verschaffen bemüht sind […], weil sie ihre gegenwärtige Macht und die Mittel, glücklich zu leben, zu verlieren fürchten, wenn sie sie nicht vermehren. […]
Die Natur hat die Menschen sowohl hinsichtlich der Körperkräfte wie der Geistesfähigkeiten untereinander gleichmäßig begabt; und wenngleich einige mehr Kraft oder Verstand als andere besitzen, so ist der hieraus entstehende Unterschied im Ganzen betrachtet dennoch nicht so groß, dass der eine sich diesen oder jenen Vorteil versprechen könnte, welchen der andere nicht auch zu erhoffen berechtigt sei. […]
Mitbewerbung, Verteidigung und Ruhm sind die drei hauptsächlichen Anlässe, dass die Menschen miteinander uneins werden. Mitbewerbung zielt auf Herrschaft und veranlasst Streit über Gewinn; Verteidigung hat Sicherheit zur Absicht und streitet über Wohlfahrt; Ruhm strebt nach einem guten Namen und bewirkt

Erweiterte Textfassung: Thomas Hobbes: Leviathan

72018-106

Thomas Hobbes
(1588-1679)
Seine Werke sind vor allem geprägt durch die Eindrücke seiner Zeit mit Bürgerkriegen und insbesondere dem 30jährigen Krieg. Von besonderer Bedeutung ist vor allem seine Schrift „Leviathan", in der er ein bestimmtes Menschenbild mit staats- und gesellschaftstheoretischen Überlegungen verbindet. Er lebte etwa zur gleichen Zeit wie John Locke, beide gehören zu den sogenannten Vertragstheoretikern.

oft über geringfügige Dinge Uneinigkeiten wie z. B. über ein Wort, ein Lächeln, eine Äußerung [...]. Hieraus ergibt sich, dass ohne eine einschränkende Macht der Zustand der Menschen ein solcher sei, wie er zuvor beschrieben wurde, nämlich ein Krieg aller gegen alle. Denn der Krieg dauert ja nicht etwa nur so lange wie faktische Feindseligkeiten, sondern so lange, wie der Vorsatz herrscht, Gewalt mit Gewalt zu vertreiben. [...] Die Zeit aber, in der kein Krieg herrscht, heißt Frieden. [...] Die Absicht und Ursache, warum die Menschen bei all ihrem natürlichen Hang zur Freiheit und Herrschaft sich dennoch entschließen konnten, [...], lag in dem Verlangen, sich selbst zu erhalten und ein bequemeres Leben zu führen; oder mit anderen Worten, aus dem elenden Zustande eines Krieges aller gegen alle gerettet zu werden. [...] Um aber eine allgemeine Macht zu gründen, unter deren Schutz gegen auswärtige und innere Feinde die Menschen bei dem ruhigen Genuss der Früchte ihres Fleißes und der Erde ihren Unterhalt finden können, ist der einzig mögliche Weg folgender: jeder muss alle seine Macht oder Kraft einem oder mehreren Menschen übertragen, wodurch der Willen aller gleichsam auf einen Punkt vereinigt wird, so dass dieser eine Mensch oder diese eine Gesellschaft eines jeden einzelnen Stellvertreter werde und ein jeder die Handlungen jeder so betrachte, als habe er sie selbst getan, weil sie sich dem Willen und Urteil jener freiwillig unterworfen haben. Dies fasst aber noch etwas mehr in sich als Übereinstimmung und Eintracht; denn es ist eine wahre Vereinigung in einer Person und beruht auf dem Vertrage eines jeden mit einem jeden, wie wenn ein jeder zu einem jeden sagte: „Ich übergebe mein Recht mich selbst zu beherrschen, diesem Menschen oder dieser Gesellschaft unter der Bedingung, dass du ebenfalls dein Recht über dich ihm oder ihr abtrittst."

Auf diese Weise werden alle einzelnen eine Person und heißen Staat oder Gemeinwesen. So entsteht der große Leviathan oder, wenn man lieber will, der sterbliche Gott, dem wir unter dem ewigen Gott allein Frieden und Schutz zu verdanken haben. Dieses von allen und jedem überragende Recht bringt eine so große Macht und Gewalt hervor, dass durch sie unsere Gemüter aller zum Frieden unter sich gern geneigt gemacht und zur Verbindung gegen auswärtige Feinde leicht bewogen werden. Dies macht das Wesen eines Staates, dessen Definition folgende ist:

Staat ist eine Person, deren Handlungen eine große Menge Menschenkraft der gegenseitigen Verträge eines jeden mit einem jeden als ihre eigenen ansehen, auf dass diese nach ihrem Gutdünken die Macht aller zum Frieden und zur gemeinschaftlichen Verteidigung anwende. Von dem Stellvertreter des Staates sagt man, er besitzt die höchste Gewalt. Die übrigen alle heißen Untertanen und Bürger.

Hobbes, Thomas: Leviathan. Herausgegeben von Mayer, Jacob Peter. Ditzingen: Reclam 1970, S. 90 ff.

M3 Vertragstheorie II: John Locke: Wie kann der Schutz der Freiheit und der Sicherheit gewährleistet werden? (Auszug aus John Locke: Über die Regierung)

Um politische Gewalt richtig zu verstehen [...], müssen wir sehen, in welchem Zustand sich die Menschen von Natur aus befinden. Es ist ein Zustand vollkommener Freiheit, innerhalb der Grenzen des Naturgesetzes seine Handlungen zu lenken und über seinen Besitz und seine Person zu verfügen, wie es einem am besten scheint – ohne jemandes Erlaubnis einzuholen und ohne von dem Willen eines anderen abhängig zu sein. Es ist [...] ein Zustand der Gleichheit, in dem alle Macht und Rechtsprechung wechselseitig sind, da niemand mehr besitzt als ein anderer: [...] Ist dies zwar ein Zustand der Freiheit, so ist es doch nicht ein Zustand der Zügellosigkeit. Obwohl der Mensch in diesem Zustand die unkontrollierbare Freiheit besitzt, über seine Person und seinen Besitz zu verfügen, hat er jedoch nicht die Freiheit, sich selbst oder irgendein in seinem Besitz befindliches Lebewesen zu zerstören, es sei denn, ein edlerer Zweck als die bloße Erhaltung erfordere es. Im Naturzustand herrscht ein natürliches Gesetz, das für alle verbindlich ist. Die Vernunft aber, welcher dieses Gesetz entspringt, lehrt alle Menschen, wenn sie nur um Rat fragen wollen, dass niemand einem anderen, da alle gleich und unabhängig sind, an seinem Leben, seiner Gesundheit, seiner Freiheit oder seinem Besitz Schaden zufügen soll. [...]

Wenn der Mensch im Naturzustand so frei ist, [...] wenn er der absolute Herr seiner eigenen Person und Besitztümer ist, dem Größten gleich und niemandem Untertan – warum soll er seine Freiheit aufgeben? Warum soll er auf diese Selbstherrschaft verzichten und sich der Herrschaft und dem Zwang einer anderen Gewalt unterwerfen? Die Antwort darauf liegt auf der Hand; denn, wenn er im Naturzustand auch ein solches Recht hat, so kann er sich seiner doch nur mit wenig Sicherheit erfreuen und ist fortwährend den Übergriffen anderer ausgesetzt. Da nämlich alle in demselben Maße König sind wie er selbst, [...] ist der Besitz seines Eigentums in diesem Zustand höchst unsicher und höchst ungewiss. Das lässt ihn bereitwillig einen Zustand aufgeben, der bei aller Freiheit voll ist von Furcht und ständiger Gefahr. [...] Die einzige Möglichkeit, diese natürliche Freiheit aufzugeben und die Fesseln bürgerlicher Herrschaft anzulegen, ist die, dass man mit anderen Menschen übereinkommt, sich zusammenzuschließen und in eine Gemeinschaft zu vereinigen, mit dem Ziel behaglich, sicher und friedlich miteinander zu leben [...]. Jede beliebige Zahl von Menschen kann dies tun, denn es verletzt nicht die Freiheit der übrigen; diese verbleiben wie zuvor in der Freiheit des Naturzustandes. Sobald eine Anzahl von Menschen auf diese Weise übereingekommen ist, eine Gemeinschaft oder Regierung zu bilden, haben sie sich ihr sogleich einverleibt, und sie bilden einen einzigen politischen Körper, in dem die Mehrheit das Recht hat, zu handeln und die übrigen Glieder mitzuverpflichten. [...] Ein jeder also, der mit anderen übereinkommt, einen einzigen politischen Körper unter einer Regierung zu bilden verpflichtet sich gegenüber jedem einzelnen dieser Gesellschaft, sich dem Beschluss der Mehrheit zu unterwerfen und sich ihm zu fügen. Dieser ursprüngliche Vertrag, durch den er sich mit anderen in eine Gesellschaft vereinigt, würde ohne alle Bedeutung sein und kein Vertrag, wenn der einzelne weiter frei bliebe und unter keinen anderen Verpflichtungen stünde als zuvor im Naturzustande. [...] Das große Ziel, mit welchem die Menschen in eine Gesellschaft eintreten, ist der Genuss ihres Eigentums in Frieden und Sicherheit, und das große Werkzeug und Mittel dazu sind die Gesetze, die in dieser Gesellschaft erlassen worden sind. Das erste und grundlegende positive Gesetz aller Staaten ist daher die Begründung der legislativen Gewalt – so wie das erste und grundlegende natürliche Gesetz, welches selbst über der legislativen Gewalt gelten muss, die Erhaltung der Gesellschaft und (soweit es vereinbar ist mit dem öffentlichen Wohl) jeder einzelnen Person in ihr ist. Diese legislative Gewalt ist nicht nur die höchste Gewalt des Staates, sondern sie liegt auch geheiligt und unabänderlich in jenen Händen, in die die Gemeinschaft sie einmal gelegt hat. Die legislative Gewalt ist jene, die das Recht hat zu bestimmen, wie die Macht des Staates zur Erhaltung der Gemeinschaft und ihrer Glieder gebraucht werden soll. [...] Weil aber die Gesetze [...], von beständiger und dauernder Gültigkeit sind und fortwährend vollstreckt oder befolgt werden sollen, ist es notwendig, dass es eine dauernd im Amte befindliche Gewalt gibt, die darauf zu achten hat, dass die erlassenen und in Kraft bleibenden Gesetze vollzogen werden. So geschieht es, dass die legislative und die exekutive Gewalt oftmals getrennt sind.

Locke, John: Über die Regierung. Herausgegeben von Mayer-Tasch, Peter Cornelius. Stuttgart: Reclam 1974, S. 4 ff.

John Locke (1632-1704)
Lockes wichtigste Schriften sind die „Zwei Abhandlungen über die Regierung" und die „Abhandlungen über den menschlichen Verstand". Er ist – neben Hobbes und Rousseau – einer der wichtigsten Vertragstheoretiker und beeinflusste insbesondere die Verfassung der USA mit seinen Überlegungen.

M4 Vertragstheorie III: Jean-Jacques Rousseau: Individuum oder Gemeinschaft – wer zählt mehr? (Auszüge aus „Über den Gesellschaftsvertrag")

Jean-Jacques Rousseau (1712-1778)
Rousseau verfasst eine große Bandbreite von Schriften aus den verschiedensten Bereichen, von der Pädagogik bis zur Naturwissenschaft. Elemente seiner Staatsphilosophie finden sich heute sowohl in demokratischen als auch in totalitären und autoritär-kommunistischen Staaten. Er gilt als Urheber des identitären bzw. monistischen Demokratiemodells.

A Abhandlung über den Ursprung und die Grundlagen der Ungleichheit unter Menschen

Der erste, der ein Stück Land eingezäunt hatte und auf den Gedanken kam zu sagen „Dies ist mein" und der Leute fand, die einfältig genug waren, ihm zu glauben, war der wahre Begründer der zivilen Gesellschaft. Wie viele Verbrechen, Kriege, Morde, wie viele Leiden und Schrecken hätte nicht derjenige dem Menschengeschlecht erspart, der die Pfähle herausgerissen oder den Graben zugeschüttet und seinen Mitmenschen zugerufen hätte: „Hütet euch davor, auf diesen Betrüger zu hören. Ihr seid verloren, wenn ihr vergesst, dass die Früchte allen gehören und dass die Erde niemandem gehört."

Rousseau, Jean-Jacques: Über den Gesellschaftsvertrag. Herausgegeben von Philipp Rippel. Ditzingen: Reclam 1998, S. 74

B Vom Gesellschaftsvertrag

Der Mensch ist frei geboren, und überall liegt er in Ketten. Einer hält sich für den Herrn der anderen und bleibt doch mehr Sklave als sie. [...]

Ich unterstelle, dass die Menschen jenen Punkt erreicht haben, an dem Hindernisse, die ihrem Fortbestehen im Naturzustand schaden, in ihrem Widerstand den Sieg davontragen über die Kräfte, die jedes Individuum einsetzen kann, um sich in diesem Zustand zu halten. Dann kann dieser ursprüngliche Zustand nicht weiterbestehen und das Menschengeschlecht würde zugrunde gehen, wenn es die Art seines Daseins nicht änderte. Da die Menschen nun keine neuen Kräfte hervorbringen, sondern nur die vorhandenen vereinen und lenken können, haben sie kein anderes Mittel, sich zu erhalten, als durch Zusammenschluss eine Summe von Kräften zu bilden, stärker als jener Widerstand, und diese aus einem einzigen Antrieb einzusetzen und gemeinsam wirken zu lassen.

Diese Summe von Kräften kann nur durch das Zusammenwirken mehrerer entstehen: da aber Kraft und Freiheit jedes Menschen die ersten Werkzeuge für seine Erhaltung sind – wie kann er sie verpfänden, ohne sich zu schaden und ohne die Pflichten gegen sich selbst zu vernachlässigen? Diese Schwierigkeit lässt sich auf meinen Gegenstand angewandt, so ausdrücken: „Finde eine Form des Zusammenschlusses, die mit ihrer ganzen gemeinsamen Kraft die Person und das Vermögen jedes einzelnen Mitglieds verteidigt und schützt und durch die doch jeder, indem er sich mit allen vereinigt, nur sich selbst gehorcht und genauso frei bleibt wie zuvor." Das ist das grundlegende Problem, dessen Lösung der Gesellschaftsvertrag (contrat social) darstellt.

Die Bestimmungen dieses Vertrages sind durch die Natur des Aktes so vorgegeben, dass die geringste Abänderung sie null und nichtig machen wurde; so dass sie, wiewohl sie vielleicht niemals förmlich ausgesprochen wurden, allenthalben die gleichen sind, allenthalben stillschweigend in Kraft und anerkannt; bis dann, wenn der Gesellschaftsvertrag verletzt wird, jeder wieder in seine ursprünglichen Rechte eintritt, seine natürliche Freiheit wiedererlangt und dadurch die auf Vertrag beruhende Freiheit verliert, für die er die seine aufgegeben hatte. Diese Bestimmungen lassen sich bei richtigem Verständnis sämtlich auf eine einzige zurückführen, nämlich die völlige Entäußerung jedes Mitglieds mit allen seinen Rechten an das Gemeinwesen als Ganzes. [...] Wenn man also beim Gesellschaftsvertrag von allem absieht, was nicht zu seinem Wesen gehört, wird man finden, dass er sich auf folgendes beschränkt: Gemeinsam stellen wir alle, jeder von uns seine Person und seine ganze Kraft unter die oberste Richtschnur des Gemeinwillens [Volonté générale]; und wir nehmen, als Körper, jedes Glied als untrennbaren Teil des Ganzen auf. Dieser Akt des Zusammenschlusses schafft augenblicklich anstelle der Einzelperson jedes Vertragspartners eine sittliche Gesamtkörperschaft, die aus ebenso vielen Gliedern besteht, wie die Versammlung Stimmen hat, und die durch ebendiesen Akt ihre Einheit, ihr gemeinschaftliches Ich, ihr Leben und ihren Willen erhält. Diese öffentliche Person, die so aus dem Zusammenschluss aller zustande kommt, trug früher den Namen Polis, heute trägt sie den der Republik oder der staatlichen Körperschaft, die von ihren Gliedern Staat genannt wird, wenn sie passiv, Souverän, wenn sie aktiv ist [...]. Was die Mitglieder betrifft, so tragen sie als Gesamtheit den Namen Volk, als Einzelne nennen sie sich Bürger, sofern sie Teilhaber an der Souveränität, und Untertanen, sofern sie den Gesetzen des Staates unterworfen sind. [...]

Aus dem Vorhergehenden folgt, dass der Gemeinwille immer auf dem rechten Weg ist und auf das öffentliche Wohl abzielt: woraus allerdings nicht folgt, dass die Beschlüsse des Volkes immer gleiche Richtigkeit haben. Zwar will man immer sein Bestes, aber man sieht es nicht immer. Verdorben wird das Volk niemals, aber oft wird es irregeführt, und nur dann scheint es das Schlechte zu wollen. Es gibt oft einen beträchtlichen Unterschied zwischen dem Gesamtwillen [volonté de tous] und dem Gemeinwillen; dieser sieht nur auf das Gemeininteresse, jener auf das Privatinteresse und ist nichts anderes als eine Summe von Sonderwillen: aber nimm von ebendiesen das Mehr und das Weniger weg, das sich gegenseitig aufhebt, so bleibt als Summe der Unterschiede der Gemeinwille.

Wenn die Bürger keinerlei Verbindung untereinander hätten, würde, wenn das Volk wohlunterrichtet entscheidet, aus der großen Zahl der kleinen Unterschiede immer der Gemeinwille hervorgehen, und die Entscheidung wäre immer gut. Aber wenn die Parteiungen entstehen, Teilvereinigungen auf Kosten der großen, wird der Wille jeder dieser Vereinigungen ein allgemeiner hinsichtlich seiner Glieder und ein besonderer hinsichtlich des Staates; man kann dann sagen, dass es nicht mehr so viele Stimmen gibt wie Menschen, sondern nur noch so viele Vereinigungen. [...]

Wir haben gesehen, dass die Legislative beim Volke liegt und nur bei ihm liegen kann. Demgegenüber ersieht man aus den oben aufgestellten Grundsätzen leicht, dass die Exekutive nicht bei der Allgemeinheit liegen kann, die gesetzgebend und souverän ist; weil diese Gewalt nur aus einzelnen Akten besteht, die in keiner Weise in den Bereich des Gesetzes und folglich auch nicht in den des Souveräns fallen, dessen Akte alle nur Gesetze sein können. Die öffentliche Gewalt braucht deshalb einen eigenen Geschäftsführer, der sie zusammenfasst und gemäß den Anweisungen des Gemeinwillens ins Werk setzt, der als Verbindung zwischen Staat und Souverän dient, der für die öffentliche Person in gewisser Weise, das bewirkt, was beim Menschen die Vereinigung von Seele und Körper hervorbringt. Das ist im Staat der Sinn der Regierung, die fälschlicherweise mit dem Souverän verwechselt wird, dessen Diener sie nur ist.

Was ist also eine Regierung? Eine vermittelnde Körperschaft, eingesetzt zwischen Untertanen und Souverän zum Zweck des wechselseitigen Verkehrs, beauftragt mit der Durchführung der Gesetze und der Erhaltung der bürgerlichen wie politischen Freiheit. [...]. Es handelt sich ausdrücklich nur um einen Auftrag, ein Amt, bei dem diese als einfache Beamte des Souveräns in dessen Namen die Macht ausüben, die er ihnen anvertraut hat und die er einschränken, abändern und zurücknehmen kann, wenn es ihm gefällt.

Rousseau, Jean-Jacques: Über den Gesellschaftsvertrag. Herausgegeben von Brockard, Hans. Ditzingen: Reclam 1977, S. 16 ff.

M5 Staatsorganisation: Charles de Secondat, Baron de Montesquieu: Gewaltenteilung vs. Entscheidungsfähigkeit des Staates? (Auszug aus: Vom Geist der Gesetze)

Charles de Secondat, Baron de Montesquieu (1689-1755)
Montesquieu wurde im Jahre 1689 als Sohn einer Familie des hohen Amtsadels geboren.
Nach dem Besuch einer angesehenen Privatschule studierte er in Bordeaux Rechtswissenschaften.
Nach Abschluss seines Studiums praktizierte er für einige Jahre in Paris, bevor er nach Bordeaux zurückkehrte, um dort als Gerichtspräsident tätig zu sein. Seine Reisen durch Europa inspirierten ihn und seine Werke, in denen er versteckte Kritik am Absolutismus übt. Montesquieu starb im Jahre 1755 und erlebte damit den prägenden Einfluss seiner Philosophie auf die entstehende Demokratie in den USA nicht mehr. Das Konzept der modernen institutionellen Gewaltenteilung wird insbesondere auf ihn zurückgeführt.

Politische Freiheit für jeden Bürger ist jene geistige Beruhigung, die aus der Überzeugung hervorgeht, die jedermann von seiner Sicherheit hat. Damit man diese Freiheit genieße, muß die Regierung so beschaffen sein, dass kein Bürger einen andern zu fürchten braucht. Sobald in ein und derselben Person oder derselben Beamtenschaft die legislative Befugnis mit der exekutiven verbunden ist, gibt es keine Freiheit. Es wäre nämlich zu befürchten, dass derselbe Monarch oder derselbe Senat tyrannische Gesetze erließe und dann tyrannisch durchführte.
Freiheit gibt es auch nicht, wenn die richterliche Befugnis nicht von der legislativen und von der exekutiven Befugnis geschieden wird. Die Macht über Leben und Freiheit der Bürger würde unumschränkt sein, wenn jene mit der legislativen Befugnis gekoppelt wäre, denn der Richter wäre Gesetzgeber. Der Richter hätte die Zwangsgewalt eines Unterdrückers, wenn jene mit der exekutiven Gewalt gekoppelt wäre.
Richterliche Befugnis darf nicht einem unabsetzbaren Senat verliehen werden, vielmehr muss sie von Personen ausgeübt werden, die nach einer vom Gesetz vorgeschriebenen Weise zu gewissen Zeiten im Jahr aus dem Volkskörper ausgesucht werden. Sie sollten ein Tribunal bilden, das nur so lange besteht, wie die Notwendigkeit es verlangt. [...]
In einem freien Staat soll jeder Mensch, [...] durch sich selbst regiert werden: daher müsste das Volk als Gesamtkörper die legislative Befugnis innehaben. Da dies in den großen Staaten unmöglich ist [...], ist das Volk genötigt, all das, was es nicht selbst machen kann, durch seine Repräsentanten machen zu lassen. [...]Die Repräsentanten sind in der Lage, die Angelegenheiten zu erörtern. Das ist ihr großer Vorteil. Das Volk ist dazu nicht geeignet. Das ist eines der großen Gebrechen der Demokratie. [...]
Die repräsentierende Körperschaft darf [...] nicht für irgendeine eigenmächtige Beschlussfassung gewählt werden [...], sondern zur Schaffung von Gesetzen beziehungsweise zur Kontrolle, ob die geschaffenen Gesetze richtig angewendet wurden. [...]
Stets gibt es im Staat Leute, die durch Geburt, Reichtum oder Auszeichnungen hervorragen. Wenn sie aber mit dem Volk vermengt würden und wie die andern bloß eine Stimme besäßen, so würde die gemeinsame Freiheit für sie Sklaverei bedeuten. [...] Ihre Teilnahme an der Gesetzgebung [ist angemessen] [...], wenn sie eine Körperschaft bilden, die das Recht hat, Unternehmungen des Volkes auszusetzen, genauso wie das Volk das Recht hat, die ihrigen auszusetzen. Auf diese Weise wird die legislative Befugnis sowohl der Adelskörperschaft als auch der gewählten Körperschaft der Volksvertreter anvertraut. Jede hat ihre Versammlungen und Abstimmungen für sich, sowie getrennte Gesichtspunkte und Interessen. [...]
Die exekutive Befugnis muss in den Händen eines Monarchen liegen, weil in diesem Zweig der Regierung fast durchweg unverzügliches Handeln vonnöten ist, das besser von einem als von mehreren besorgt wird. Was hingegen von der legislativen Befugnis abhängt, wird oft besser von mehreren angeordnet als von einem.
Es gäbe keine Freiheit mehr, wenn es keinen Monarchen gäbe und die exekutive Befugnis einer bestimmten, aus der legislativen Körperschaft ausgesuchten Personenzahl anvertraut wäre, denn die beiden Befugnisse wären somit vereint. Dieselben Personen hätten an der einen und der anderen manchmal teil – und somit könnten sie immer daran teilhaben.
Es gäbe keine Freiheit mehr, wenn die legislative Körperschaft eine beachtliche Zeitspanne nicht zusammenberufen worden wäre. Denn eins von beiden würde

eintreten: entweder würden keine gesetzgeberischen Beschlüsse mehr gefasst und der Staat würde in Anarchie stürzen, oder aber diese Beschlüsse würden von der exekutiven Befugnis gefasst und er würde absolutistisch. [...]
Wenn die exekutive Befugnis nicht das Recht besäße, die Unternehmungen der legislativen Körperschaft aufzuhalten, wäre letztere despotisch. Sie vermöchte sich alle erdenklichen Vollmachten selber zu verleihen und so alle anderen Befugnisse zunichte zu machen.

Baron de la Brède et de Montesquieu, Charles de Secondat: Vom Geist der Gesetze. Herausgegeben von Weigand, Kurt. Ditzingen: Reclam 1994, S. 216 ff.

Hinweis zur Einordnung der Theorien
Die Vertragstheorien von Hobbes, Locke und Rousseau stellen Modelle dar, die politische Herrschaft aus einem fiktiven „Gesellschaftsvertrag" ableiten. Montesquieu entwickelt hingegen keine Vertragstheorie, sondern analysiert, wie staatliche Macht organisiert sein sollte. Sein Konzept der Gewaltenteilung wurde jedoch grundlegend für moderne demokratische Verfassungen und ergänzt die Vertragstheorien um ein zentrales Strukturprinzip.

M6 Vergleichsraster zu den Vertragstheorien

Untersuchungskategorie	Hobbes	Locke	Rousseau
Leitideen und zentrale Begriffe			
Menschenbild			
Ausübung von Herrschaft			
Beteiligung der Bürgerinnen und Bürger			
Vertragsart			
Gewaltenteilung			
Ziel des politischen Gemeinwesens			
Beurteilung der Vertragstheorie			

Bitte ins Heft

Bearbeiter

Tabelle zu den Vertragstheorien zum Ausfüllen
72018-107

Aufgaben 72018-108

1. Beschreiben Sie die zentralen Grundannahmen des Naturzustands sowie das Menschenbild in den drei Vertragstheorien von Hobbes, Locke und Rousseau (**M2-M4**).
2. Erkläre Sie, wie Hobbes, Locke und Rousseau in ihren Vertragstheorien die Entstehung politischer Herrschaft begründen (**M2-M4**).
3. Vergleichen Sie mithilfe des Vergleichrasters (**M6**) die drei Vertragstheorien von Hobbes, Locke und Rousseau (**M2-M4**) systematisch miteinander.
4. Analysieren Sie, welche Funktion die organisatorische Trennung staatlicher Gewalten für die Sicherung politischer Freiheit hat (**M5**). Gehen Sie dabei auch darauf ein, warum Montesquieus Ansatz keine Vertragstheorie darstellt.
5. Beurteilen Sie, inwiefern sich die theoretischen Elemente der Vertragstheorien (**M2-M4**) und Montesquieus Modell der Gewaltenteilung (**M5**) gegenseitig ergänzen, um die Grundprinzipien moderner demokratischer Staaten zu erklären.

1.2.2 Theorien der Moderne

Zum Thema: Wie funktioniert Demokratie in modernen, vielfältigen Gesellschaften? Während die klassischen Vertragstheoretiker (→ Kap. 1.2.1) nach der Legitimitätsbegründung von Staat und Herrschaft fragten, richten moderne Theoretiker den Blick auf die konkrete Funktionsweise: Kann ein pluralistisches System das Gemeinwohl durch Interessenkonflikte erreichen oder braucht Demokratie rationale Diskurse unter mündigen Bürgern? Ernst Fraenkel und Jürgen Habermas bieten zwei unterschiedliche Antworten.

M7 Wer bestimmt das Gemeinwohl in der modernen Demokratie?

In einer Stadt wird über den Bau eines Windparks gestritten. Bürgerinitiativen, Umweltverbände, Wirtschaftsvertreter, Parteien sowie Anwohnerinnen und Anwohner vertreten sehr unterschiedliche Interessen. In Bürgerversammlungen, Medien und sozialen Netzwerken wird teils sachlich, teils emotional diskutiert. Am Ende steht ein politischer Kompromiss, der nicht alle zufriedenstellt, aber mehrheitsfähig ist.

Bearbeiter

Einstiegsaufgaben 72018-109

1. Beschreiben Sie, welche unterschiedlichen Interessen in dem Beispiel aufeinandertreffen.
2. Diskutieren Sie, ob politische Entscheidungen in einer Demokratie eher durch Mehrheiten, Argumente oder den Ausgleich von Interessen entstehen.

M8 Ernst Fraenkel: Gemeinwohl durch Pluralismus?

Eine jede totalitäre Diktatur geht von der Hypothese eines eindeutig bestimmbaren, vorgegebenen Gemeinwohls aus. Von ihm wird unterstellt, es sei ausreichend detailliert, um von der Einheitspartei als politisches Aktionsprogramm verwertet werden zu können. Eine jede pluralistische Demokratie geht davon aus, dass, um funktionieren zu können, sie nicht nur Verfahrensvorschriften und Spielregeln eines fair play, sondern auch eines allgemein anerkannten Wertkodexes bedarf, der ein Minimum abstrakter regulativer Ideen generellen Charakters enthalten muss: sie glaubt jedoch nicht, dass in politisch relevanten Fällen diese regulativen Ideen ausreichend konkret und genügend substantiiert zu sein vermögen, um für die Lösung aktueller politischer Probleme unmittelbar verwendungsfähig zu sein. Der Pluralismus beruht vielmehr auf der Hypothese, in einer differenzierten Gesellschaft könne im Bereich der Politik das Gemeinwohl lediglich a posteriori als das Ergebnis eines delikaten Prozesses der divergierenden Ideen und Interessen der Gruppen und Parteien erreicht werden, stets vorausgesetzt, um dies der Klarheit wegen zu wiederholen, dass bei deren Zusammen- und Widerspiel die generell akzeptierten, mehr oder weniger abstrakten regulativen Ideen sozialen Verhaltens respektiert und die rechtlich normierten Verfahrensvorschriften und die gesellschaftlich sanktionierten Regeln eines fair play ausreichend beachtet werden. Die pluralistische Theorie des Gemeinwohls bestreitet keineswegs, dass es weite Gebiete des staatlichen und gesellschaftlichen Lebens gibt, über deren Ordnung ein consensus omnium [weitgehende Übereinstimmung] vorliegt; ja sie betont mit Nachdruck, dass auf die Dauer ein Staat nicht lebensfähig ist, in dem weder über ein Minimum fundamentaler noch über zahlreiche detaillierte Fragen der Wirtschaft, Gesellschaft und Politik eine weitgehende Übereinstimmung besteht. Sie nimmt jedoch den Umstand, dass es weite Gebiete des staatlichen und gesellschaftlichen Lebens gibt, über deren Regelung Meinungsverschiedenheiten zwischen verschiedenen Gruppen existieren, nicht nur mit Gleichmut hin, sondern erachtet dies als unvermeidlich, ja geradezu als Indiz eines in Freiheit pulsierenden Lebens. Sie hält es weder für wünschenswert noch für möglich, dass in einem freiheitlichen Staatswillen ein einheitlicher Gemeinwille besteht. [...] Die offene Austragung der in jedem freien Staat unausbleiblichen Meinungsverschiedenheiten und die Kompromisse, durch die diese Konflikte beigelegt werden, betrachtet sie als den einzig geeigneten Weg, eine tragbare Lösung für Probleme zu finden, über die ein consensus omnium nicht besteht. [...]

Der Pluralismus stellt gleichsam einen Transformator dar, in dem gesellschaftliche in politische Energie umgewandelt wird. [...] Denn die Mitwirkung des Bürgers an öffentlichen Angelegenheiten darf sich nicht darauf beschränken, alle vier Jahre zur Wahlurne zu gehen und durch seine Stimmabgabe Einfluss darauf auszuüben, welches Team im Bereich der hohen Politik regieren soll – so wichtig das auch ist. Die Mitwirkung des Bürgers muss die Möglichkeit einschließen, durch Mitgliedschaft und Mitarbeit in den Interessenorganisationen an der Regelung der Alltagsfragen teilzunehmen, die ihn unmittelbar berühren.

Fraenkel, Ernst: Der Pluralismus als Strukturmerkmal der freiheitlich-rechtsstaatlichen Demokratie. Zitiert in: Massing, Peter/Breit, Gotthard (Hg.): Demokratie-Theorien. 2. Auflage. Bonn: Bundeszentrale für politische Bildung 2002, S. 214 ff.

Ernst Fraenkel
(1898-1975)
Fraenkel wurde als Sohn jüdischer Eltern in Köln geboren. Er studierte Rechtswissenschaft und Geschichte und arbeitete von 1926 bis 1938 als Anwalt am Kammergericht in Berlin. 1938 musste er aus Deutschland fliehen und kehrte 1951 als amerikanischer Staatsbürger als Dozent an die Deutsche Hochschule für Politik in Berlin zurück. Sein Hauptwerk „Deutschland und die westlichen Demokratien" ist geprägt von Abhandlungen über den Pluralismus. Entsprechend sind im Gegensatz zu Rousseau (→ S. 22-24) Partikularinteressen legitim und Interessenkonflikte notwendig.

M9 Jürgen Habermas: Ist Mündigkeit die Voraussetzung zur Demokratie?

A Was ist Deliberation?

Deliberation [lat.: deliberare, dt. abwägen] beschreibt eine auf den Austausch von Argumenten angelegte Form der Entscheidungsfindung unter Gleichberechtigten. Das bessere Argument und nicht die Mehrheitsabstimmung soll die Entscheidungen prägen und zu besseren Entschlüssen führen, weil – im Idealfall – alle Argumente gegeneinander abgewogen werden und eine Einigung auf die „beste" Lösung möglich ist. Das Konzept der Deliberation basiert u. a. auf der Diskurstheorie des Sozialphilosophen Jürgen Habermas (* 18.6.1929; „Theorie des kommunikativen Handelns", 1981). Entscheidend sind nicht Mehrheitsentscheidungen und politische Macht, sondern der diskursive Austausch von Argumenten.

Große Hüttmann, M.: Deliberation. Das Europalexikon. In: www.bpb.de, Abruf am 05.11.2025

B Jürgen Habermas: Die Begründung der deliberativen Demokratie

Das Prinzip der Volkssouveränität drückt sich in den Kommunikations- und Teilhaberechten aus, die die öffentliche Autonomie der Staatsbürger sichern; die Herrschaft der Gesetze in jenen klassischen Grundrechten, die die private Autonomie der Gesellschaftsbürger gewährleisten. Das Recht legitimiert sich auf diese Weise als Mittel zur gleichmäßigen Sicherung privater und öffentlicher Autonomie. Allerdings hat die politische Philosophie die Spannung zwischen Volkssouveränität und Menschenrechten, [...], nicht ernstlich zum Ausgleich bringen können. Die politische Autonomie der Bürger soll sich in der Selbstorganisation einer Gemeinschaft verkörpern, die sich durch den souveränen Willen des Volkes ihre Gesetze selber gibt.

Erweiterte Textfassung: Jürgen Habermas: Die Begründung der deliberativen Demokratie

72018-110

Jürgen Habermas
(1929-2026)
Habermas war der wichtigste Vertreter der „Kritischen Theorie" der „Frankfurter Schule", die auf Adorno und Horkheimer zurückgeht. 1961 habilitierte er sich mit der Schrift „Strukturwandel der Öffentlichkeit". Er hat sich immer wieder in die politische Diskussion eingebracht; sei es als Gegner des Klonierens oder zur Frage der Finalität der Europäischen Union.

Die private Autonomie der Bürger soll andererseits in Grundrechten Gestalt annehmen, die die anonyme Herrschaft der Gesetze gewährleisten. Wenn die Weichen erst einmal so gestellt sind, kann die Idee nur auf Kosten der anderen zur Geltung gebracht werden. Die intuitiv einleuchtende Gleichursprünglichkeit [...] bleibt auf der Strecke: Der [...] Republikanismus hat stets der öffentlichen Autonomie der Staatsbürger Vorrang vor den politischen Freiheiten der Privatleute eingeräumt. Der [...] Liberalismus hat die Gefahr tyrannischer Mehrheiten beschworen und einen Vorrang der Menschenrechte postuliert. In einem Fall sollen die Menschenrechte ihre Legitimität dem Ergebnis der ethischen Selbstverständigung und souveränen Selbstbestimmung eines politischen Gemeinwesens verdanken; im anderen Fall sollten sie von Haus aus legitime Schranken bilden, die dem souveränen Willen des Volkes den Übergriff auf unantastbare subjektive Freiheitssphären verwehren. [...] Um diese Intuition richtig auszudrücken, empfiehlt es sich, das demokratische Verfahren, das dem Prozess der Rechtsetzung unter Bedingungen des gesellschaftlichen und weltanschaulichen Pluralismus erst seine legitimätitserzeugende Kraft verleiht, unter diskurstheoretischen Gesichtspunkten zu betrachten. [...] Wenn nun Diskurse und Verhandlungen [...] den Ort bilden, an dem sich ein vernünftiger politischer Wille bilden kann, muss sich jene Vermutung auf Vernünftigkeit, die das demokratische Verfahren begründen soll, letztlich auf ein kunstvolles kommunikatives Arrangement stützen: es kommt auf die Bedingungen an, unter denen die für eine legitime Rechtsetzung notwendigen Kommunikationsformen ihrerseits rechtlich institutionalisiert werden können. Der gesuchte interne Zusammenhang zwischen Menschenrechten und Volkssouveränität besteht dann darin, dass das Erfordernis der rechtlichen Institutionalisierung einer staatsbürgerlichen Praxis des öffentlichen Gebrauchs kommunikativer Freiheiten eben durch die Menschenrechte selbst erfüllt wird. Menschenrechte, die die Ausübung der Volkssouveränität ermöglichen, können dieser Praxis nicht als Beschränkung von außen auferlegt werden. Diese Überlegung leuchtet freilich unmittelbar nur für die politischen Bürgerrechte, also die Kommunikations- und Teilnahmerechte ein, die die Ausübung der politischen Autonomie sichern, nicht jedoch für die klassischen Menschenrechte, die die private Autonomie der Bürger gewährleisten.

Habermas, Jürgen: Über den inneren Zusammenhang von Rechtsstaat und Demokratie. In: Habermas, Jürgen: Die Einbeziehung des Anderen. Frankfurt am Main: Suhrkamp 1996, S. 293 ff.

Aufgaben

72018-111

1. Beschreiben Sie die zentralen Aussagen von Ernst Fraenkel zum Gemeinwohl und zur Bedeutung von Interessengruppen (**M8**).
2. Erklären Sie das Grundprinzip der Deliberation (**M9** A) sowie den Zusammenhang von Menschenrechten, Volkssouveränität und demokratischem Verfahren nach Jürgen Habermas (**M9** B). Zeigen Sie auf, warum Habermas politische Legitimität an kommunikative Prozesse bindet.
3. Beurteilen Sie, inwiefern sich Fraenkels pluralistische Demokratietheorie und Habermas' deliberative Demokratietheorie ergänzen oder widersprechen, wenn es um die Entstehung legitimer politischer Entscheidungen geht (**M8, M9** A und B). Beziehen Sie sich dabei auf den Interessenausgleich bei Fraenkel und den argumentativen Diskurs bei Habermas.

1.3 Wie steht es um unsere Demokratie?

1.3.1 (Warum) Sind so viele Menschen unzufrieden mit der Demokratie in Deutschland?

Zum Thema: „Lügenpresse!", „handfeste Krise der Demokratie"... kritische Äußerungen zum Zustand der Demokratie in Deutschland mehren sich. Warum wächst die Unzufriedenheit mit unserem demokratischen System und welche Bevölkerungsgruppen sind besonders betroffen?

M1 Wie zufrieden sind die Deutschen mit ihrer Demokratie?

Zufriedenheit mit dem Funktionieren der Demokratie (in %) (Stand: 2023)

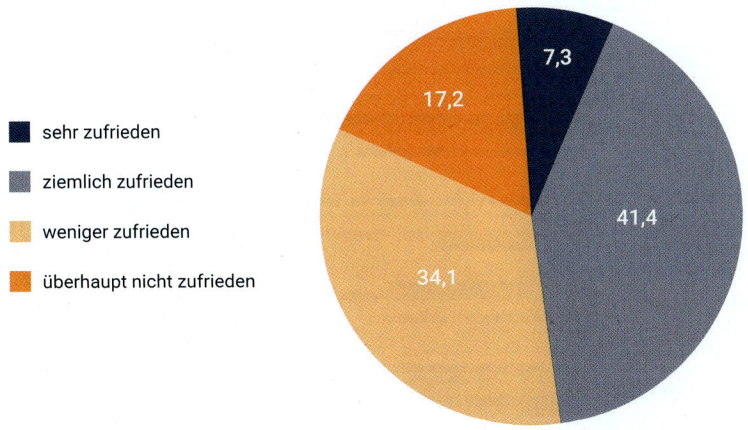

n = 2.494
Quelle: Umfrage FES / Universität Bonn 2022

Nach: © Best, Volker u. a.: Demokratievertrauen in Krisenzeiten. Wie blicken die Menschen in Deutschland auf Politik, Institutionen und Gesellschaft? Bonn: Friedrich-Ebert-Stiftung 2023, S. 17

Einstiegsaufgabe 72018-112

Wie zufrieden sind Sie mit dem Funktionieren der Demokratie in Deutschland? Führen Sie eine Blitzumfrage in Ihrem Kurs durch und vergleichen Sie das Ergebnis mit dem Umfrageergebnis in **M1**.

M2 Wachsende Unzufriedenheit mit der Demokratie in Deutschland

A Folgt aus Unzufriedenheit eine Ablehnung der Demokratie?

Trotz anhaltender Krisen zeigt sich mehr als die Hälfte der Deutschen optimistisch: 52 Prozent blicken mit Zuversicht in die Zukunft. Das entspricht einem Anstieg um sechs Prozentpunkte gegenüber [...]. [...] Zudem sind 64 Prozent der Befragten unzufrieden mit der bisherigen Arbeit der neuen Bundesregierung – in Ostdeutschland sind es 76 Prozent. Diese Diskrepanz zwischen individueller Zufriedenheit und gesamtgesellschaftlicher Skepsis zeigen die Ergebnisse einer repräsentativen Umfrage von policy matters, die im Auftrag der Körber-Stiftung im Zeitraum vom 1. bis 10. Juli 2025 unter 1.108 Personen durchgeführt wurde. Demokratische Grundprinzipien wie Gleichberechtigung, freie und geheime Wahlen sowie Meinungsfreiheit gelten für mehr als 90 Prozent der Befragten als zentrale Werte. Doch nur die Hälfte meint, dass es in Deutschland gerecht zugeht (50 Prozent). Das spiegelt sich auch im schwindenden Vertrauen in das demokratische System wider: Nur 45 Prozent der Deutschen haben noch Vertrauen in die Demokratie. Auch das Misstrauen in die Medien bleibt groß: 76 Prozent der Befragten schenken ihnen weniger großes bis geringes Vertrauen.

Körber-Stiftung (Hg.): Persönlich optimistisch, politisch skeptisch: Deutsche blicken verunsichert auf die Zukunft. Pressemitteilung. In: https://koerber-stiftung.de, 10.09.2025

B Wer ist unzufrieden mit dem Funktionieren der Demokratie in Deutschland?

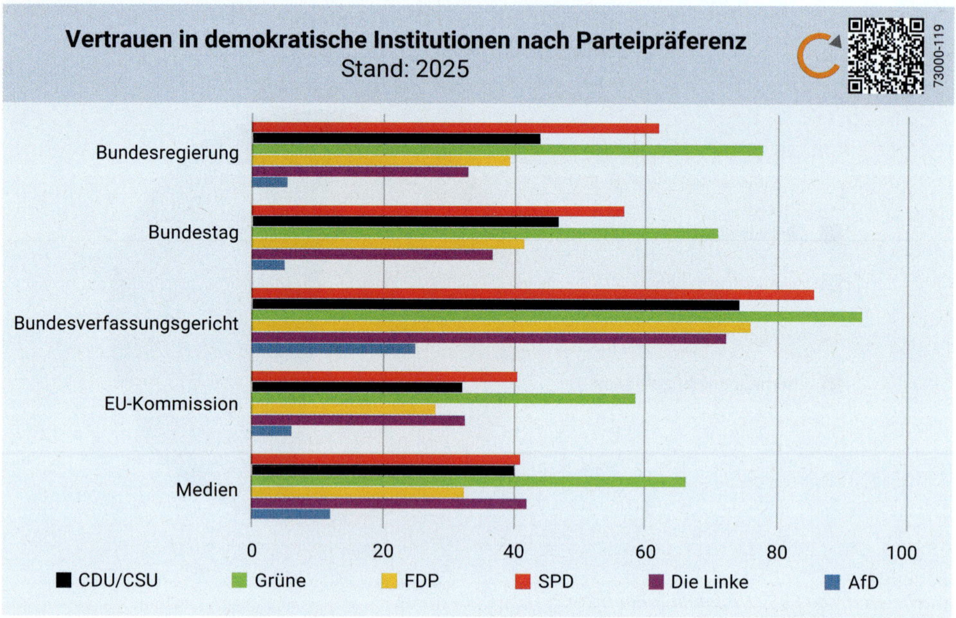

©C.C. Buchner Verlag, aktuelle Daten nach: FES (Datenerhebung: 2023; Grafikerstellung: 2025)

M3 Bundespräsident besorgt über den Zustand der Demokratie

Frank-Walter Steinmeier ist seit 2017 Bundespräsident.

Herr Bundespräsident, einer Ihrer Vorgänger, Richard von Weizsäcker, hat einmal gesagt, die Weimarer Republik sei nicht an zu vielen Extremisten gescheitert, sondern an zu wenig aktiven Demokraten. Wie aktuell ist dieser Satz heute?
Ich habe […] vom ersten Tag meiner Arbeit als Bundespräsident die Demokratie zu meinem Thema gemacht. Denn es zeigt sich seit geraumer Zeit, dass wir vieles als zu selbstverständlich nehmen. Wohlstand und Demokratie, Freiheit und Rechtsstaatlichkeit sind nicht vom Himmel gefallen und für ewig garantiert, sondern müssen ständig neu erstritten werden. Demokratie lebt nur, wenn wir uns für sie einsetzen. Sie einfach zu ertragen, reicht nicht.
Sehen Sie die Demokratie in Gefahr?
Die liberale Demokratie ist angefochten.

Ihre Gegner werden mehr und sie werden lauter. Das ist kein allein deutsches Phänomen. Wir sehen in allen westlichen Demokratien, dass Fliehkräfte innerhalb der Gesellschaften wachsen, die Polarisierung zunimmt und eine neue Faszination des Autoritären Raum gewinnt. Das können wir nicht gelassen hinnehmen [...].

Ist die Gesellschaft aktiv genug?

[Es] muss das Gespräch der Gesellschaft mit sich selbst wieder in Gang kommen. Das verlangt Respekt und die Bereitschaft zum Zuhören. Nicht das Gespräch unter ohnehin Gleichgesinnten, aber die respektvolle Kontroverse zwischen Menschen unterschiedlicher Positionen. Eine, die in Kauf nimmt, dass der andere recht haben könnte – die müssen wir wieder einüben. [...] Ich wünsche mir, dass das an tausenden Orten in dieser Gesellschaft geschieht.

© 2020 Bundespräsidialamt: Interview mit dem RedaktionsNetzwerk Deutschland (RND). In: www.bundespraesident.de, 28.09.2018

M4 Woher kommt die Unzufriedenheit mit der Demokratie in Deutschland?

Die Unzufriedenheit mit der Demokratie hat vielfältige Ursachen. Die Studie der Friedrich-Ebert-Stiftung („Demokratievertrauen in Krisenzeiten") erkennt in der sozialen Lage der Bürgerinnen und Bürger einen Einflussfaktor auf die Zufriedenheit: Sowohl ökonomisch benachteiligte Bevölkerungsgruppen als auch solche mit geringem Bildungsgrad seien in der Regel unzufriedener mit der Demokratie als bessergestellte bzw. höher gebildete Gegengruppen. Eine große Mehrheit der im Rahmen der Studie Befragten Personen (76,1%) gibt zudem an, dass die heutigen politischen Probleme sehr komplex und schwer durchschaubar seien. Die Bürgerinnen und Bürger sorgten sich vor allem um Probleme wie Klimawandel, die wachsende Kriegsgefahr, die zunehmende Feindseligkeit in der Gesellschaft und drohende Wohlstandsverluste und sie blickten pessimistischer in die Zukunft. Zugleich würden die Leistungen der Regierungspolitik als unzureichend wahrgenommen. Die hohen Unzufriedenheitswerte mit der Demokratie seien der Studie zufolge auf diese Entwicklungen zurückzuführen.

Basierend auf: Best, Volker u. a.: Demokratievertrauen in Krisenzeiten. Wie blicken die Menschen in Deutschland auf Politik, Institutionen und Gesellschaft? Herausgegeben von der Friedrich-Ebert-Stiftung. Bonn 2023, S. 70

Studie der Friedrich-Ebert-Stiftung: Demokratievertrauen in Krisenzeiten (Link)

72018-113

Aufgaben

72018-114

1. Arbeiten Sie die in den Texten **M2** bis **M4** genannten Begründungen für die Unzufriedenheit mit der Demokratie heraus.
2. Ordnen Sie die unterschiedlichen Begründungen aus **M2-M4** übergeordneten Kriterien zu (z. B. Macht und Einfluss, Struktur des Zusammenlebens, Gerechtigkeit und Gemeinwohl).
3. Erläutern Sie, warum die einzelnen Akteure zu unterschiedlichen Einschätzungen über unsere Demokratie kommen (**M2-M4**).
4. Erstellen Sie ein Ranking der größten Herausforderungen der Demokratie in Deutschland. Begründen Sie Ihre Einschätzungen.

1.3.2 Erleben wir in Deutschland eine Krise der Demokratie?

Zum Thema: Meldungen über die Unzufriedenheit mit dem demokratischen System häufen sich. Stimmen werden laut, die eine Krise der Demokratie konstatieren. Aber wann steckt eine Demokratie eigentlich in der Krise? Wie genau lässt sich eine Demokratiekrise beschreiben und messen? Welche Faktoren sind ausschlaggebend?

M5 Krise oder Herausforderung?

1 Medienrecherche enthüllt Geheimtreffen von Rechtsextremisten

2 Mitgliederschwund bei den Parteien. Mitgliederzahlen der Parteien sinken seit Jahren

3 Fast jeder dritte Deutsche will nicht mehr wählen

4 Hasskommentare gegenüber Politikern nehmen zu

5 Links- und rechtsgerichtete Demonstrationen eskalieren in Straßenkämpfen

6 Ungleichheit in Deutschland verstärkt sich

7 Abgeordnete beklagen sich über mangelnde Beteiligung des Bundestages an Entscheidungen

Einstiegsaufgabe 72018-115

Entscheiden Sie jeweils für die Beispiele in **M5**, ob es sich um ein Zeichen für eine Krise der Demokratie oder um eine Herausforderung innerhalb einer funktionierenden Demokratie handelt.

M6 Wann steckt die Demokratie in der Krise?

A Herausforderungen oder Krise?

Demokratien sind dynamische Systeme. Sie werden konstituiert durch Institutionen, Verfahren, Organisationen und leben von der Mitwirkung der Bürgerinnen und Bürger. Alle Komponenten dieser Systeme sind interdependent und verändern sich über die Zeit hinweg. Diese Veränderungen werden durch Anreizstrukturen und Problemanforderungen der äußeren Umwelt oder durch interessengeleitete Veränderungsstrategien relevanter ökonomischer, gesellschaftlicher und politischer Akteure im Inneren der Demokratie ausgelöst. Tempo und Umfang der Anpassungsprozesse werden im Wesentlichen von den relevanten Akteuren bestimmt. Regierungen und Parteien spielen dabei die Haupt-, Parlamente, Justiz und die Zivilgesellschaft eher die Nebenrollen. Passen sich die Institutionen und Verfahren des demokratischen Staates nicht den funktionalen Erfordernissen ihrer Umwelt an, drohen sie dysfunktional zu werden. Die Performanz der Regierung und des gesamten demokratischen Systems nimmt ab und damit auch der subjektive Legitimitätsglauben des Demos, der sich teilweise aus dem Output und Outcome demokratischer Entscheidungen nährt. [...]

Herausforderungen der Demokratie sind von Krisenursachen zu unterscheiden. Externe Herausforderungen wie die neoliberale Globalisierung der Finanzmärkte, die Supranationalisierung politischer Entscheidungen, die wachsende sozioökonomische Ungleichheit oder interne Herausforderungen wie der Niedergang der Volksparteien und der Machtverlust der Parlamente werden erst zu Krisenerscheinungen, wenn das politische System keine funktionalen und normativen Äquivalente entwickelt, die die entstandenen Dysfunktionalitäten und normativen Defizite kompensieren können.

Zu einer Krise der Demokratie kann es dann unter mindestens einer von zwei Bedingungen kommen: zum einen, wenn Defizite sich verdichten und bestandsnotwendige Verfahren der Demokratie verdrängen und ihre grundsätzlichen normativen Gehalte – Freiheit, Gleichheit, Herrschaftskontrolle – auszuhöhlen beginnen; zum anderen, wenn die Bürger dies erkennen und nicht nur der jeweiligen Regierung, sondern dem demokratischen System selbst den Legitimitätsglauben entziehen.

Allerdings gibt es noch eine weitere Reaktionsmöglichkeit der Bürger: Sie erkennen autoritäre Regierungsweisen und äußern nicht Kritik, sondern ihre Zustimmung an den Wahlurnen. Dies ist die Stunde, in der gewählte Staatsoberhäupter, Regierungs- oder Parteichefs zu charismatisch-autoritären Führern werden können. Dies war und ist nach 2000 auf der politischen Linken in Venezuela, Ecuador und Bolivien ebenso zu beobachten wie auf der Rechten im Ungarn Viktor Orbáns nach 2014 oder in der Türkei Recep Tayyip Erdoğans. [...]

Ob von einer Krise der Demokratie gesprochen werden kann, hängt auch vom demokratischen Referenzmodell ab, an dem man die krisenhaften Veränderungen misst. Die Wahl des Referenzkonzepts ist eine analytisch bedeutsame Vorentscheidung: Wählt man einen Idealtyp, kann die Realität nur versagen. Es wird dann immer eine erhebliche Differenz gemessen, die als Zeichen einer (dauerhaften) Krise interpretiert wird. [...] Wählt man hingegen eine minimalistische Demokratiedefinition, gelangt man weit seltener zu einer Krisendiagnose. [Es] spricht manches für die Wahl eines „root concept" mittlerer Reichweite [...]. Ein solches „Basiskonzept" hat zudem den Vorteil, dass es [...] sehr präzise die definierenden Kriterien der Demokratie auflistet, sie begründet und in ihren wechselseitigen Zusammenhang stellt. Es versteht also die Demokratie als ein Gesamtsystem von interdependenten Teilregimen.

Merkel, Wolfgang: Krise der Demokratie? Anmerkungen zu einem schwierigen Begriff. In: www.bpb.de, 30.09.2016

normative Äquivalente
entsprechende Alternativen, die den Wünschen gerecht werden; hier: gesetzliche Regelungen als Gegengewichte

Dysfunktionalität
Funktionsunfähigkeit

normative Defizite
als negativ wahrgenommene Mängel; hier: eine mangelhafte Gesetzgebung

B Die „eingebettete Demokratie“ als demokratisches Referenzmodell

Nach: Bundeszentrale für politische Bildung; Merkel, Wolfgang: Die Herausforderungen der Demokratie. In: ders. (Hg.): Demokratie und Krise. Zum schwierigen Verhältnis von Theorie und Empirie. Wiesbaden: VS Verlag 2015, S. 29

Hinweise zur Abbildung
Fünf Teilregime [A, B, C, D, E] definieren die eingebettete, rechtsstaatliche Demokratie [...]. [...] Die beschriebenen Teilregime können ihre Wirkung für die Demokratie nur dann voll entfalten, wenn sie wechselseitig „eingebettet“ sind. Wechselseitige Einbettung heißt sowohl unverzichtbare „Zulieferdienste“ für ein anderes Teilregime zu leisten [...] als auch andere Teilregime an [...] Übergriffen in angrenzende Sphären zu hindern [...]. [...] Es ist also gerade die wechselseitige Einbettung der einzelnen Institutionen der Demokratie in ein Gesamtgeflecht institutioneller Teilregime, die erst die Demokratie funktions- und widerstandsfähig macht.

Merkel, Wolfgang: Die „eingebettete“ Demokratie. In: WZB-Mitteilungen Heft 106, 12/2004, S. 7 f.

M7 Wodurch wird unsere Demokratie gefährdet?

Warum, fragt [die Politikwissenschaftlerin Claudia] Ritzi, entfremden sich immer mehr Menschen vom klassisch-politischen Prozess? [...]

Die Politologin betont, sie wolle keineswegs sagen, früher sei alles besser gewesen. So habe es zum Beispiel für Gleichberechtigung und Emanzipation seit den 80er Jahren durchaus Fortschritte gegeben. Gleichzeitig aber hätten sich weite Teile der Bürgerschaft aus zentralen Debatten und der Partizipation am herkömmlichen Polit-Prozess verabschiedet. Dies sei hoch gefährlich. Denn Demokratie ist kein formales Geschehen. Sie lebt von der Beteiligung überzeugter Demokratinnen und deren Glauben an ihren grundsätzlichen Wert. Sie gründet also, wie der Verfassungsrechtler Böckenförde schrieb, auf „Voraussetzungen, die sie selbst nicht garantieren kann.“

Glaubt man der einschlägigen Literatur, ist es vornehmlich der Neoliberalismus, der der Verkümmerung der Demokratie Vorschub leistet. [...] Die vornehmlich auf Wachstum, Effizienz, Sozialstaatsschrumpfung, Privatisierung und Austerität gepolte Politik, die in Deutschland mit der Agenda 2010 verfolgt wurde, forcierte demnach eine bis heute wachsende Ungleichheit.

Zudem hat der starke Einfluss multinationaler Konzerne und anderer ökonomischer Großakteure laut Colin Crouch und Claudia Ritzi das Maß an undemokratischen Hinterzimmer-Politiken deutlich befördert. „So ist bei vielen Bürgern der Eindruck entstanden, ihre Stimme auf dem Wahlzettel mache kaum mehr einen Unterschied“, sagt Ritzi. Dass sich die klassischen politi-

Austerität
eine strenge Sparpolitik des Staates

schen Parteien, was den Zuspruch und die Zahlen ihrer Mitglieder angeht, auf kontinuierlicher Talfahrt befinden, ist so nicht verwunderlich. Während die formalen demokratischen Prozesse, Wahlen und Ähnliches, gewahrt blieben, sei Politik häufig bloß mehr ein personalisiertes Spektakel, urteilen die postdemokratischen Denker. In den letzten Jahrzehnten sei Politik vornehmlich für die ökonomischen Eliten und wirtschaftlich Bessergestellten praktiziert worden. Die sozioökonomisch Unterprivilegierten seien weniger stark repräsentiert gewesen und damit mittelfristig zu frustrierten Nichtwählern avanciert. [...]

Ein weiterer zentraler Baustein des Strukturwandels der Öffentlichkeit ist nach Claudia Ritzi und anderen die Digitalisierung der Lebenswelt. Zwar habe das Internet neue demokratische Beteiligungsformen geschaffen [...], gleichzeitig würden sich [aber] immer mehr Menschen aus einer geteilten Öffentlichkeit in abgeschlossene Echokammern zurückziehen und sich durch einen algorithmisch zugeschnittenen Content mit Informationen versorgen, die zu ihrem Weltbild passten.

Nicht zuletzt trage der Liberalismus womöglich in sich selbst ein demokratiegefährdendes Entwicklungsmoment [...]. So leben wir Andreas Reckwitz zufolge in der „Gesellschaft der Singularitäten", die den „Primat des Allgemeinen" verdrängt habe. In einer hyperindividualisierten Welt hat gesellschaftliche Solidarität keinen hohen Stellenwert mehr. Diese, so Claudia Ritzi, müsse wieder massiv verstärkt werden, jedoch ohne dabei „zwanghaft zu rekollektivieren" und die große Errungenschaft der Freiheit zu schleifen.

Alles in allem provozieren Neoliberalismus, Filterblasen und Individualisierung einen schleichenden Entpolitisierungsprozess. Folgt man Ritzi, ist das Erstarken des rechten Populismus von Trump bis AfD als Symptom dieser Entwicklung zu lesen [...]. Dabei habe der artikulierte Protest, so die Politologin, – solange er demokratisch bleibe – durchaus auch sein Gutes, da er entfremdete Bevölkerungsschichten in die politische Arena zurückführe.

„In einer Demokratie soll, auch wenn es manchmal wehtut, die komplette Bürgerschaft repräsentiert sein. Demokratie ist fortwährender Streit um die besseren Lösungen und Argumente", sagt Ritzi. Eine faire Auseinandersetzung brauche normative Grundlagen und müsse vor allem die Achtung der Verfassung wahren. Zugleich aber dürften insgesamt nur wenige Tabus bestehen. Doch so fruchtbar der produktive Streit im Hinblick auf eine gemeinwohlorientierte Politik auch sein mag: Es braucht einen normativen Minimalkonsens als tragendes Fundament. Als linker Demokrat sollte man die migrationskritische Position eines rechten Demokraten, der sich trotzdem glaubwürdig zu Menschenrechten bekennt, also aushalten müssen und mit guten Argumenten dagegenhalten.

Piorkowski, Christoph David: Ja zum Streit und nein zur Hetze. In: www.tagesspiegel.de, 10.09.2018

Neoliberalismus
Der Neoliberalismus ist eine wirtschaftstheoretische Denkrichtung, die eine freiheitliche, marktwirtschaftliche Wirtschaftsordnung anstrebt, in der staatliche Eingriffe auf ein Minimum beschränkt bleiben.

Primat
= Vorrangstellung

Aufgaben

72018-116

1. Erklären Sie, unter welchen Voraussetzungen von einer Krise der Demokratie gesprochen werden kann (**M6**).
2. Erläutern Sie mithilfe von **M7**, welche internen und externen Faktoren zu einer Entfremdung von immer mehr Menschen vom klassisch-politischem Prozess geführt haben.
3. Die Demokratie „gründet also [...] auf ‚Voraussetzungen, die sie selbst nicht garantieren kann'" (**M7**, Z. 18–21). Erklären Sie ausgehend von diesem Zitat den Zusammenhang zwischen Bürgerbeteiligung und dem Zustand der Demokratie.
4. Erörtern Sie die Leitfrage: Erleben wir eine Krise der Demokratie in Deutschland?

1.3.3 Unzufrieden mit „der Politik“ – was kann ich tun?

Zum Thema: Ob Krise der Demokratie oder „nur“ Unzufriedenheit mit politischen Entscheidungen, Veränderungen können nur durch die Beteiligung der Bürger am politischen Prozess gelingen. Wie können Bürgerinnen und Bürger teilhaben und welche Partizipationsmöglichkeiten werden besonders gerne genutzt?

M8 Singen für die Demokratie

Um dem Rechtsruck in Politik und Gesellschaft entgegenzuwirken, macht sich das Protestbündnis „Emden Demokratisch“ stark für die Demokratie. […]

Tausende gehen in Niedersachsen auf die Straße, als das Medienhaus „Correctiv“ im Januar Recherchen zu einem „Geheimplan“ von Rechtsextremen veröffentlicht. Knapp drei Monate später werden die Proteste weniger. Kreative Kundgebungen gibt es aber weiterhin. In Emden zum Beispiel, wo aus einem Protest-Bündnis gegen rechts jetzt ein Demokratie-Verein entstehen soll. […]

Unter dem Motto „Emden singt wieder“ hat das Bündnis „Emden Demokratisch“ am Samstag erneut in den Emder Stadtgarten eingeladen. Mit Liedern wie „All you need is love“ oder „Schrei nach Liebe“ sollte gemeinsam ein Zeichen für eine offene und demokratische Gesellschaft gesetzt werden. Bei der ersten Ausgabe der Gesangs-Demo Mitte Februar waren trotz strömenden Regens 300 Menschen gekommen. […] Wenn es nach Daniel Zempel vom Bündnis geht, sollen solche Veranstaltungen bald häufiger stattfinden – und zwar in ganz Ostfriesland. „Wir müssen den Rechten in der Region etwas entgegensetzen.“ Zu dem Bündnis „Emden Demokratisch“ gehören verschiedene Parteien, Gewerkschaften und Kirchen. Gemeinsam mit sieben Mitstreitern aus dem Bündnis gründet Zempel nun den Verein „Ostfriesland Demokratisch“. […]

Mit der Rechtsform eines Vereins sei es dann auch möglich, Fördergelder für Demokratieprojekte zu beantragen. „Wir wollen hier Bildungsarbeit machen, den Menschen zeigen, dass ihnen sehr wohl zugehört wird und sie die Demokratie mitgestalten können“, sagt Zempel. Dazu seien unter anderem Dialogforen geplant. Auch kreative Veranstaltungen wie „Emden singt“ soll es zukünftig geben.

Jagels, Thees: Anti-rechts-Protest: Bündnis aus Ostfriesland schlägt neuen Weg ein. In: www.ndr.de, 06.04.2024

Einstiegsaufgabe 72018-117

Das Bündnis „Emden Demokratisch“ möchte Menschen dazu animieren, sich für die Demokratie einzusetzen und diese mitzugestalten (**M8**). Was halten Sie von dieser Maßnahme? Diskutieren Sie die Frage mit einem Partner/einer Partnerin.

M9 Wie können sich Bürgerinnen und Bürger politisch beteiligen?

Möglichkeiten der politischen Teilhabe		
Dimension politischer Beteiligung	**Formen politischer Beteiligung**	**Konkrete Akte politischer Beteiligung**
konventionell bzw. verfasst	• Staatsbürgerrolle • parteienorientierte Partizipation	• Wahlteilnahme • Parteiarbeit
unkonventionell bzw. nicht verfasst a) legal	• problemorientierte Partizipation	• Unterschriftensammlung • Bürgerinitiativen • Demonstrationen
b) illegal gewaltlos	• ziviler Ungehorsam	• verbotene Demonstrationen • Hausbesetzungen

Bearbeiterin

M10 Verfassungsrechtliche Rahmenbedingungen der Teilhabe

Art. 5 GG

(1) Jeder hat das Recht, seine Meinung in Wort, Schrift und Bild frei zu äußern und zu verbreiten und sich aus allgemein zugänglichen Quellen ungehindert zu unterrichten. Die Pressefreiheit und die Freiheit der Berichterstattung durch Rundfunk und Film werden gewährleistet. Eine Zensur findet nicht statt.

Art. 8 GG

(1) Alle Deutschen haben das Recht, sich ohne Anmeldung oder Erlaubnis friedlich und ohne Waffen zu versammeln.

Art. 9 GG

(1) Alle Deutschen haben das Recht, Vereine und Gesellschaften zu bilden.

(2) Vereinigungen, deren Zwecke oder deren Tätigkeit den Strafgesetzen zuwiderlaufen oder die sich gegen die verfassungsmäßige Ordnung oder gegen den Gedanken der Völkerverständigung richten, sind verboten.

Art. 17 GG

Jedermann hat das Recht, sich einzeln oder in Gemeinschaft mit anderen schriftlich mit Bitten oder Beschwerden an die zuständigen Stellen und an die Volksvertretung zu wenden.

Art. 20 GG

(1) Die Bundesrepublik Deutschland ist ein demokratischer und sozialer Bundesstaat.

(2) Alle Staatsgewalt geht vom Volke aus. Sie wird vom Volke in Wahlen und Abstimmungen und durch besondere Organe der Gesetzgebung, der vollziehenden Gewalt und der Rechtsprechung ausgeübt.

Art. 21 GG

(1) Die Parteien wirken bei der politischen Willensbildung des Volkes mit. Ihre Gründung ist frei. Ihre innere Ordnung muß demokratischen Grundsätzen entsprechen. Sie müssen über die Herkunft und Verwendung ihrer Mittel sowie über ihr Vermögen öffentlich Rechenschaft geben.

Art. 38 GG

(1) Die Abgeordneten des Deutschen Bundestages werden in allgemeiner, unmittelbarer, freier, gleicher und geheimer Wahl gewählt. Sie sind Vertreter des ganzen Volkes, an Aufträge und Weisungen nicht gebunden und nur ihrem Gewissen unterworfen.

M11 Wie beteiligen sich Menschen politisch in Deutschland?

A Unterschiedliche Beteiligung der Bildungsgruppen

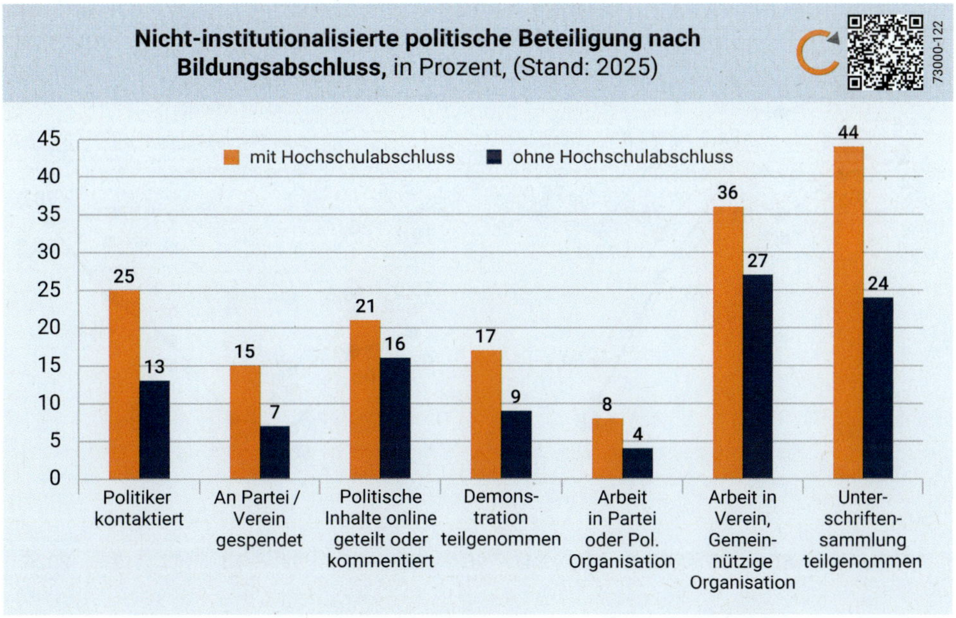

©C.C. Buchner Verlag, aktuelle Daten nach: European Social Survey, eigene Berechungen (Datenerhebung: 2018, 2020, 2023/24; Grafikerstellung: 2025)

B Unterschiedliche Beteiligung zwischen West- und Ostdeutschland

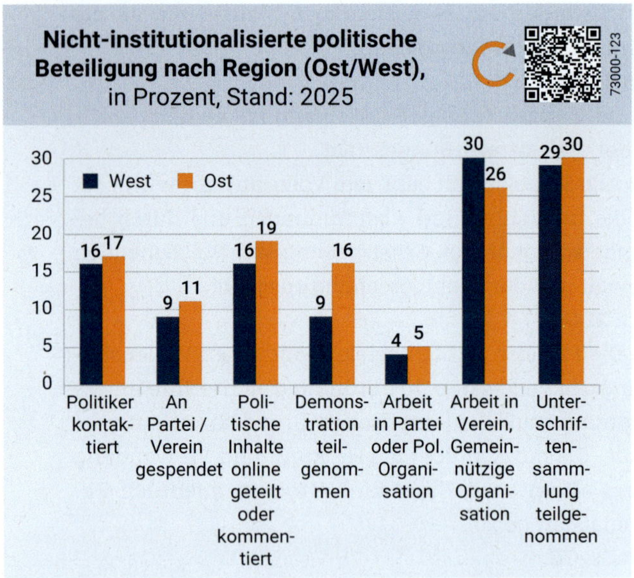

© C.C. Buchner Verlag, aktuelle Daten nach: European Social Survey, eigene Berechungen (Datenerhebung: 2018, 2020; 2023/2024 Grafikerstellung: 2025)

C Unterschiedliche Beteiligung nach Altersgruppen

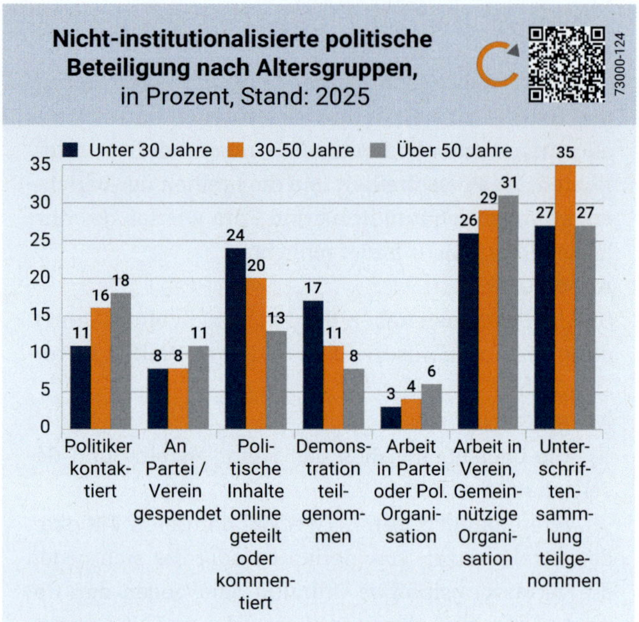

© C.C. Buchner Verlag, aktuelle Daten nach: European Social Survey, eigene Berechungen (Datenerhebung: 2018, 2020, 2023/24; Grafikerstellung: 2025)

M12 Beteiligen sich junge Menschen weniger an der Politik?

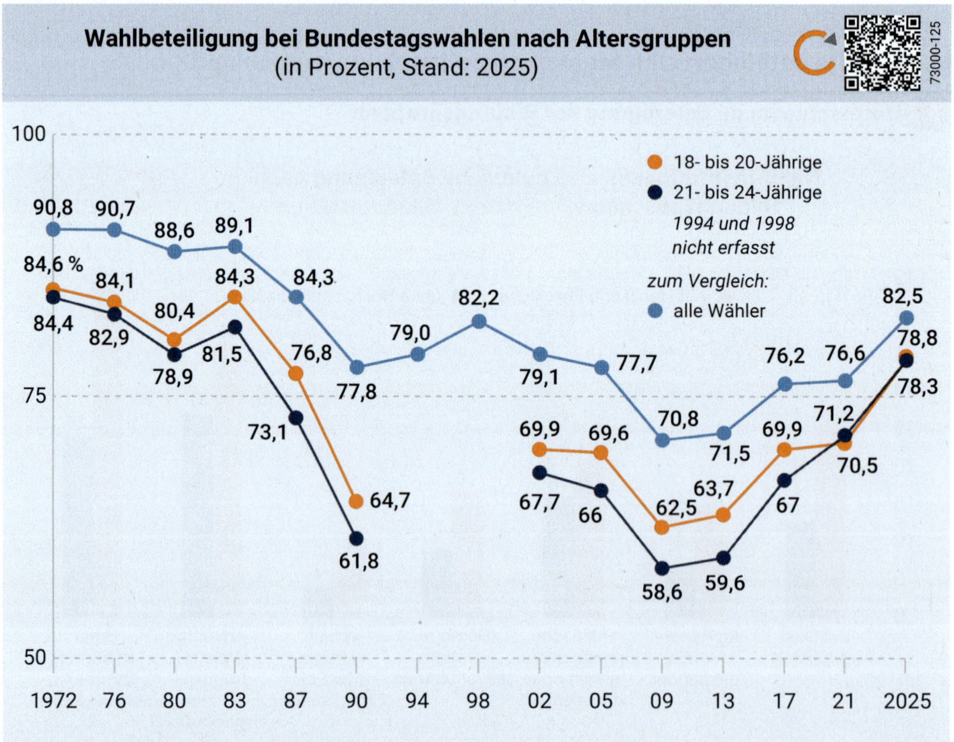

© C.C. Buchner Verlag, aktuelle Daten nach: Bundeswahlleiterin (Datenerhebung: 2025; Grafikerstellung: 2025)

M13 Welche Relevanz haben Parteien für die politische Beteiligung der Bürgerinnen und Bürger?

Die Mitgliedschaft in [...] politischen Parteien ist ein weiterer Indikator für die Integration der Bürgerinnen und Bürger in den politischen Prozess. [...] Anders als die Wahlbeteiligung oder Formen nicht institutionalisierter Beteiligung [...] zeichnen sich Mitgliedschaften in [...] politischen Parteien dadurch aus, dass sie in der Regel langfristig sind. [...] Nehmen die Mitgliedschaften jedoch in großem Umfang über viele Organisationen hinweg ab, weist dies [...] auf generelle Probleme der Interessenvermittlung in einem politischen Gemeinwesen hin.

Statisches Bundesamt (Destatis)/Wissenschaftszentrum Berlin für Sozialforschung (WZB) (Hg.): Datenreport 2018. Bonn 2018, S. 354

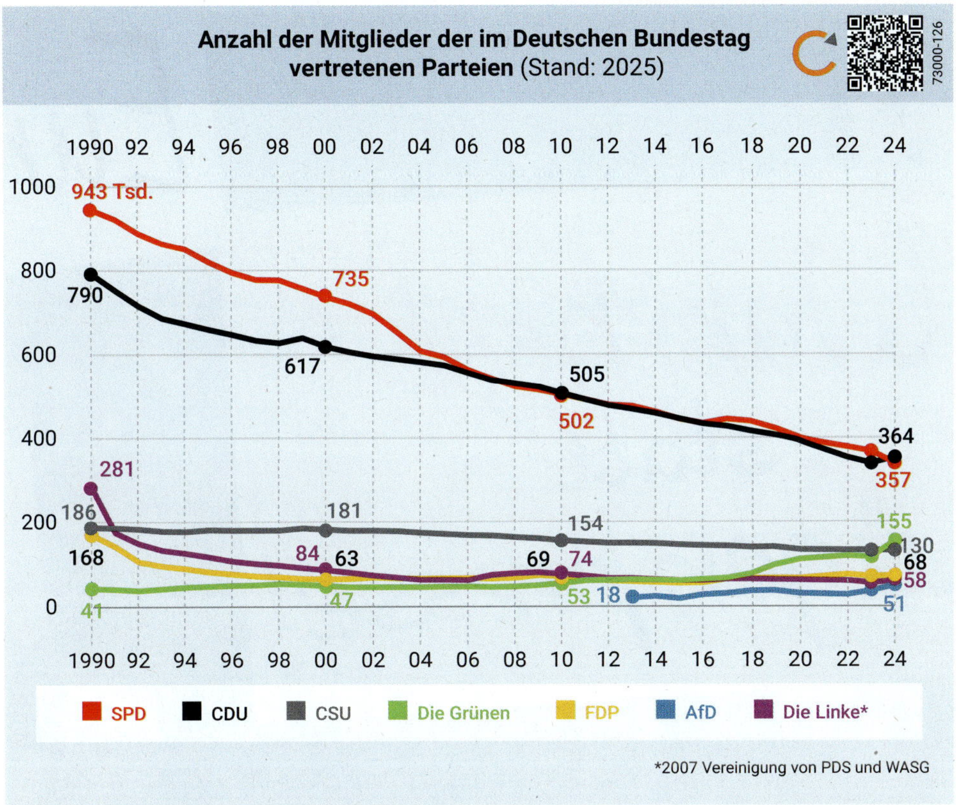

© C.C. Buchner Verlag, ktuelle Daten nach: Niedermayer, Oskar: Parteimitglieder in Deutschland: Version 2024. Arbeitshefte aus dem Otto-Stammer-Zentrum, Nr. 31, FU Berlin 2020, Daten ab 2024: eigene Recherche (Datenerhebung: 2024; Grafikerstellung: 2025)

Funktionen der Parteien im politischen System

- Partizipationsfunktion (Heranführung der Bürgerinnen und Bürger an die politische Gesellschaft),
- Meinungsbildungsfunktion (Einflussnahme auf die öffentliche Meinung, z. B. mittels Medien),
- Programmfunktion (Interessen und Meinungen bündeln und artikulieren),
- Personalrekrutierungsfunktion (Ausbildung von Führungspersonal für Parteiarbeit und politische Ämter),
- Einflussnahme auf Regierung und Parlament (Arbeit in Opposition oder Regierung),
- Integrationsfunktion (Verbindung zwischen Staat und Gesellschaft)

Aufgaben

72018-118

1. Beschreiben Sie weitere Möglichkeiten, um sich am politischen Entscheidungsprozess (politische Teilhabe) zu beteiligen.
2. Ordnen Sie die verschiedenen Partizipationsmöglichkeiten den Formen politischer Beteiligung in **M9** sowie den relevanten Artikeln des Grundgesetzes (**M10**) zu.
3. Charakterisieren Sie die Entwicklung der politischen Beteiligung in Deutschland mithilfe der Materialien **M11-M13**.

1.3.4 Lügenpresse oder neutrale Berichterstattung: Welche Rolle spielen die Medien in unserer Demokratie?

Zum Thema: Fakenews, Lügenpresse, Hassbotschaften – die Medien stehen zunehmend in der Kritik der öffentlichen Meinung. Wie bedeutend sind die Medien für unsere Meinungsbildung und welche Rolle spielen sie in unserer Demokratie?

M14 „Wahrheit statt Lügenpresse!" Vorwürfe an die Medien

Demonstranten halten am 26.01.2015 in Villingen-Schwenningen ein Schild mit der Aufschrift „Wahrheit statt Lügenpresse!" hoch.

Einstiegsaufgabe 72018-119

Welche Vorwürfe verbergen sich hinter dem Begriff „Lügenpresse"? Versetzen Sie sich in die Lage des Demonstranten, der dieses Plakat hochhält, und entwerfen Sie eine kurze Rede, die seinen Unmut über die „Lügenpresse" beschreibt.

M15 Die Aufgaben der Medien in einer Demokratie

Medien tragen sowohl zur Stabilität des politischen Systems als auch zum stetigen Wandel der Gesellschaft aufgrund aktueller Entwicklungen bei. Dies geschieht, indem Medien über alle wichtigen Bereiche der Gesellschaft, d. h. insbesondere Politik, Wirtschaft sowie Kultur und Soziales

- so vollständig, sachlich und verständlich wie möglich informieren,
- in freier und offener Diskussion zur Meinungsbildung beitragen und
- mit Kritik und Kontrolle durch investigativen (nachforschenden und aufdeckenden) Journalismus begleiten.

Damit nehmen die Medien die **Rolle von Vermittlern und Hütern** ein.

Da die Bürger in einer Demokratie mitbestimmen können und sollen, müssen sie über die wichtigen politischen Abläufe und Inhalte informiert werden. Es gibt jedoch viele politische Ereignisse, die oftmals sehr komplex sind und auch abseits der Öffentlichkeit in speziellen Gremien stattfinden. Medien können darauf aufmerksam machen und die verschiedenen Positionen erläutern bzw. den Beteiligten Raum für Erläuterungen bieten. Damit eröffnen sich zugleich Möglichkeiten der **Kontrolle und Kritik**, da Vorgehensweisen und Inhalte der Politik hinterfragt werden. Investigativer (nachforschender und aufdeckender) Journalismus kann zugleich dazu beitragen, die Bürger frühzeitig über Entwicklungen zu informieren, d. h. diese auch vor möglichen Fehlentwicklungen zu warnen.

All diese Aspekte können dazu beitragen, die Demokratie lebendig zu halten und die Bürger trotz komplexer Sachverhalte zur aktiven Beteiligung an politischen Prozessen zu animieren. Vergleichbare Aufgaben bzw. Funktionen können die Medien auch für die Bereiche von Wirtschaft sowie Kultur und Soziales übernehmen. [...]

Abschließend ist darauf hinzuweisen, dass die Medien und die in ihnen tätigen Personen nicht automatisch neutral und ohne eigene Interessen agieren. Die Bürger sollten sich daher gegenüber den Medien und deren Berichterstattung eine kritische Haltung bewahren und bereit sein, nach Möglichkeit verschiedene Darstellungen zu vergleichen.

Bundeszentrale für politische Bildung: Funktionen der Medien in einer demokratischen Gesellschaft I und II. In: www.bpb.de, 22.11.2016, Hervorhebungen von Bearbeiter

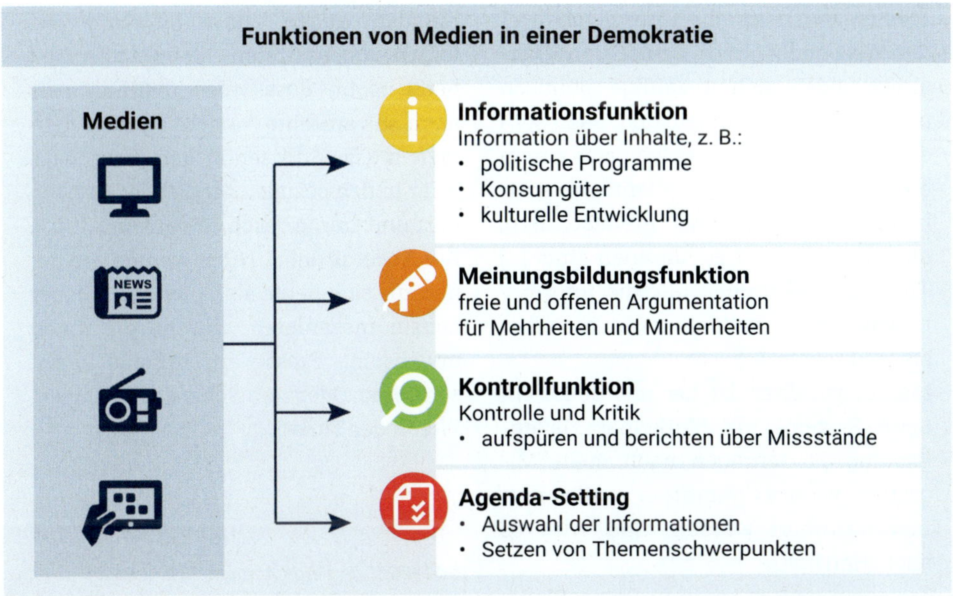

Nach: Bundeszentrale für politische Bildung, 2024, www.bpb.de, zusammengestellt von Olaf Selg.

M16 Ist die Kritik an den Medien berechtigt?

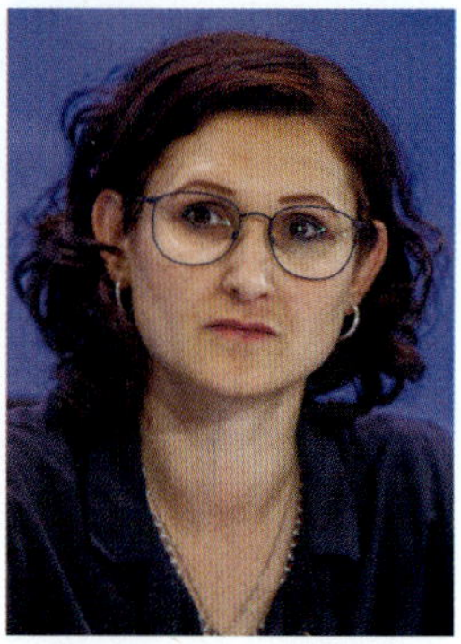

Ferda Ataman ist eine deutsche Journalistin. Sie war u. a. für Spiegel Online und den Tagesspiegel tätig. Sie leitet seit 2022 als Unabhängige Bundesbeauftragte für Antidiskriminierung die Antidiskriminierungsstelle des Bundes.

A „Dann nennt uns doch Lügenpresse!"

Deutschlands Medienlandschaft ist einzigartig. Wer hier „Lügenpresse" ruft, hat nicht verstanden, was Meinungsfreiheit bedeutet. Journalisten sollten sich davon nicht aus der Ruhe bringen lassen.

Als der türkische Präsident Erdogan letzte Woche nach Deutschland kam, flog ich gerade in die Türkei. In Istanbul habe ich mir ein paar Zeitungen gekauft und nicht schlecht gestaunt: Das Land steht wirtschaftlich am Abgrund, aber die Krise kommt in den Medien nicht vor. Ich sah Erdogan auf Fotos händchenhaltend mit Politikern aus ganz Europa, zuletzt auch mit Angela Merkel. Die Botschaft: Wir haben es im Griff. Es gibt keine Krise. [...]

Natürlich wissen alle in der Türkei, was los ist: Die Lira stürzt ab, viele haben ihren Job verloren. Aber das Internet ist zensiert, über 90 Prozent der türkischen Medien gehören regierungsnahen Unternehmen, also wird über alles, was der politischen Führung nicht passt, einfach nicht berichtet.

Ich dachte die ganze Zeit: Mann, geht es uns in Deutschland gut! Wir haben eine Medienlandschaft, die ihresgleichen in der Welt sucht. Über Deutschland verstreut finden sich unzählige, politisch unabhängige Zeitungen und Radiosender. Das Fernsehen besteht aus einem breit aufgestellten öffentlich-rechtlichen Rundfunk und Privatsendern, die politisch nicht zuzuordnen sind. [...] Trotzdem bekommen alle die Informationen, die sie wollen, von links außen bis weit rechts. [...]

Meinungsfreiheit ist bei uns quasi ein Sport: Systemkritik, Merkelhass, Islam-Bashing, Forderungen nach mehr Migration, weniger Migration – alles darf hier diskutiert werden. Und wird es auch. Herrlich.

Trotzdem gibt es Leute in Deutschland, die finden, dass es bei uns genauso zugeht wie in Erdoganistan. Dass Merkel & Co. unsere Medien aus dem Kanzleramt steuern. Dass es einen geheimen Masterplan hinter der gesamten Berichterstattung gibt. Dass in Deutschland die Meinungsfreiheit faktisch abgeschafft ist. [...]

Der Lügenpresse-Vorwurf kommt entweder von Leuten, die nicht wissen, was Meinungsfreiheit ist. Oder von Leuten, die finden, dass alle Medien ihre Ansicht verbreiten müssen. Tun sie das nicht, ist das ein Beweis dafür, dass die Meinungsfreiheit unterdrückt wird.

Dabei ist Meinungsfreiheit keine Ansichtssache, sondern ein Grundrecht. In Artikel fünf im Grundgesetz steht:

Jeder hat das Recht, seine Meinung in Wort, Schrift und Bild frei zu äußern und zu verbreiten und sich aus allgemein zugänglichen Quellen ungehindert zu unterrichten. Die Pressefreiheit und die Freiheit der Berichterstattung durch Rundfunk und Film werden gewährleistet. Eine Zensur findet nicht statt.

Mit anderen Worten: Der Staat darf niemanden wegen seiner Meinung verfolgen und bestrafen. Meinungsfreiheit heißt nicht, dass jedes Medium jede noch so verdrehte Ansicht wichtig nehmen muss. Und schon gar nicht, dass jeder in den sozialen Medien jeden nach Lust und Laune beschimpfen darf. [...]

Das Absurde dabei: Nicht wenige von denen, die sich heute als Opfer angeblicher Zensur inszenieren, würden die ihnen unliebsame Presse am liebsten selbst zensieren. Oder zum Schweigen bringen. Wie in der Türkei.

© SPIEGEL.de, Ferda Ataman, 18.10.2018. In: www.spiegel.de

B „Verengung des Mediendiskurses“

„Systempresse“, „Mainstream-Medien“, „Gleichschaltung“, „Lügenpresse“ – die Begriffe sind überspitzt. Dennoch scheinen mir Abwehr und Verdrängung keine adäquaten Strategien zu sein, mit dieser Kritik umzugehen. Denn auch etablierte Publizisten und Politiker teilen bestimmte Eindrücke. Von „Selbstgleichschaltung im Zeitungswesen“ sprach die Redakteurin der Süddeutschen Zeitung Franziska Augstein bereits 2005. Der damalige Wirtschaftswoche-Chefredakteur Roland Tichy nannte es 2008 „freiwillig gleichgeschaltete Presse“, und [der damalige] Bundesaußenminister Frank-Walter Steinmeier wunderte sich 2014 auf einem Medienkongress über „Homogenität“ und „Konformitätsdruck“ in den Redaktionen.

Natürlich gibt es in Deutschland kein Propagandaministerium, das die Medienlandschaft per Vorzensur gleichschaltet. Es existieren dazu aber verschiedene Mechanismen, die im Zusammenwirken ähnliche Effekte haben und dazu führen, dass sich die Leser „von den etablierten Medien informationell übers Ohr gehauen fühlen“, wie es der Soziologe Arno Klönne formuliert.

Zu diesen Faktoren gehört zum Beispiel die ökonomisch prekäre Situation, in der sich viele Redaktionen heute befinden. Eine Mischung aus Zeitdruck, PR-Abhängigkeit und Angst vor Stellenstreichungen führt zu einem Klima, in dem Journalisten wenig Anreiz haben, Themensetzungen und vermeintliche Selbstverständlichkeiten zu hinterfragen. Eine andere wichtige Ursache für die Homogenisierung von Weltsicht ist die Homogenität des Journalistenmilieus selbst. Nachwuchs rekrutiert sich vor allem aus einer westlich sozialisierten Oberschicht, und die außenpolitisch tonangebenden Journalisten verfügen meist über gute Kontakte zu USA, Nato und EU. Grundsätzlich glaube ich, dass sich die Medien in ihrer Themensetzung stark am Diskurs der politischen Elite orientieren. Nun haben sich die Parteien in ihren politischen Positionen immer mehr angeglichen. Auch das kann zu einer Verengung des Medien-Diskurses geführt haben. Wir haben in vielen Themenfeldern zudem beachtliche Gräben zwischen der Mehrheitsmeinung der Bevölkerung und dem Handeln von Eliten – wenn Nutzer dann die großen Medien auf Seiten der Eliten wahrnehmen und ihre eigenen Fragen nicht gestellt werden, kann das Vertrauen kosten.

Krüger, Uwe: „Verengung des Medien-Diskurses“. In: Lüber, Klaus: Glaubwürdigkeitskrise der Medien: „Die eigene Rolle überdenken“. Goethe-Institut e. V., www.goethe.de, Februar 2016

Uwe Krüger ist Medienwissenschaftler. Er ist wissenschaftlicher Mitarbeiter am Institut für Kommunikations- und Medienwissenschaft sowie Forschungskoordinator des Zentrums Journalismus und Demokratie der Universität Leipzig.

Aufgaben

72018-120

1. Beschreiben Sie die Aufgaben der Medien in einer Demokratie (**M15**).
2. „Wer hier ‚Lügenpresse' ruft, hat nicht verstanden, was Meinungsfreiheit bedeutet." (**M16**, Z. 2–4) Erläutern Sie dieses Zitat mithilfe des Textes **M16** A.
3. Gestalten Sie ein Streitgespräch zwischen einem Vertreter des Vorwurfs der Lügenpresse und der Autorin von **M16** A.
4. Ist die Kritik an den Medien berechtigt? Vergleichen Sie die beiden Positionen (**M16** A und **M16** B) und nehmen Sie anschließend Stellung zur Problemfrage.

1.3.5 Beleben soziale Medien unsere Demokratie?

Zum Thema: Politiker schreiben kurze Tweets, Studierende gründen Bürgerinitiativen online, Schüler erzwingen eine Änderung des Schulgesetzes per Online-Petition. Das Internet und insbesondere die sozialen Medien beeinflussen die Möglichkeiten der politischen Teilhabe und die Art der öffentlichen Diskussion. Was bedeutet das für unsere Demokratie?

M17 Zerstören oder beleben soziale Medien die Demokratie?

1 Unregulierte soziale Netzwerke zerstören Demokratie

www.netzpolitik.org, 01.08.2018

2 Neuland! Wie soziale Medien die kommunale Demokratie beleben

www.netzwerk-buergerbeteiligung.de, 18.12.2017

Einstiegsaufgabe 72018-121

Welcher Schlagzeile (M17) stimmen Sie eher zu? Begründen Sie Ihre Meinung.

M18 (Wie) Verändern digitale Medien die politische Kommunikation?

Die technischen Merkmale und die damit verbundenen Funktionslogiken sozialer Medien haben die politischen Kommunikationsstrukturen massiv verändert. [...] Das Aufkommen neuer Anwendungen im Web 2.0 hat die Vernetzung noch sehr viel stärker vorangetrieben. Die Dynamik der technischen Entwicklung (drahtlose Netzwerke, Internet über mobile Endgeräte, Social Software, Social Media) hat die Formen der Online-Kommunikation und -Interaktion, aber vor allem auch der weitgehenden, nämlich unendlichen, und grenzüberschreitenden Vernetzung auf sozialen Plattformen erheblich erweitert. [...] Das technische Potenzial sozialer Medien hat mehrere Effekte auf die politischen Meinungsbildungs- und Entscheidungsprozesse: Erstens haben sich die Kommunikationsströme erheblich beschleunigt, was permanente Reaktionen der Politikerinnen und Politiker nicht nur auf Nachrichten, sondern auch auf Posts, Blogs etc. erfordert. Zweitens ist auf der anderen Seite die Nutzerin bzw. der Nutzer zum Content Provider geworden bzw. zum „Produser" in einer Doppelrolle als User und Producer. Dies hat dazu geführt, dass die Bürgerin oder der Bürger die politischen Akteure (und umgekehrt) direkt adressieren und somit ein direkter Bürger-Politiker-Dialog stattfinden kann. Politikerinnen und Politiker haben diese direkte Ansprache der Bürgerinnen und Bürger längst als wirkungsvolle Kommunikationsform für sich entdeckt und sind daher in Netzwerken wie Facebook präsent oder bedienen sich Microblogs wie Twitter. Damit ist drittens ein Bedeutungsverlust institutionalisierter Kommunikationskanäle verbunden. Klassische Medien stellen nicht mehr für alle Bürgerinnen und Bürger die zentrale Instanz für die Informierung über politische Vorgänge dar (dies trifft vor allem auf Jüngere zu) und üben nicht mehr in gleichem Maße ihre Filter- und Bündelungsfunktion für Nachrichten aus. Infolgedessen ist der Großteil an Botschaften inzwischen dadurch gekennzeichnet, dass sie sich ungefiltert im Kommunikationsraum bewegen. Eine wichtige Rolle für die Art der Kommunikation spielt, viertens, die Anonymität im Netz; einerseits senkt sie die Hürden zur Teilnahme an der Kommunikation, andererseits wird in ihr einer der Gründe für die zu beobachtende Senkung der Hemmschwelle (Stichwort: Hate Speech) gesehen.

Auf zwei weitere zentrale Charakteristika des Internets wies bereits früh der Netzwerktheoretiker Manuel Castells hin. Das Netz entwickelt und fördert nach ihm eher schwache denn starke Verbindungen zwischen den Nutzern und führt außerdem zu einer „Privatisierung von Soziabilität" [...]. [...] Weitergedacht lässt sich dies als neuen Typ von Öffentlichkeit konzipieren, nämlich die „persönliche" Öffentlichkeit im Sinne von Nutzerinnen und Nutzern, die sich „mit ihren eigenen Interessen, Erlebnissen, kulturellen Werten oder Meinungen für ein Publikum präsentieren, ohne notwendigerweise gesellschaftspolitische Relevanz zu beanspruchen" [...]. [...]

Schließlich folgt die Kommunikation größtenteils der Funktionslogik des Netzes, insofern sie dezentral abläuft. Zusammen mit dem Bedeutungsverlust institutionalisierter Kommunikationskanäle bedeutet dies für politische Akteure, dass einerseits die Setzung eigener Themen und deren „Karrieren" schwieriger berechenbar sind und nicht zuletzt auch die Adressierung einer strukturierten Öffentlichkeit immer schwieriger wird; andererseits werden Politikerinnen und Politiker von Themen, die das Netz hervorbringt, getrieben.

Kneuer, Marianne: Politische Kommunikation und digitale Medien in der Demokratie. In: www.bpb.de, 09.10.2017

Digitale-Dienste-Gesetz
Am 21. März 2024 hat der Bundestag das Digitale-Dienste-Gesetz beschlossen. Damit setzt Deutschland den Digital Service Act der Europäischen Union in nationales Recht um. Weitere Informationen sind im nachfolgenden QR-Code zu finden.

72018-122

M19 Demokratiegewinn oder Demokratieverlust durch das Internet? Eine Einschätzung des Philosophen Jürgen Habermas

Sie stiegen 1961 mit Ihrer Habilitationsschrift über den „Strukturwandel der Öffentlichkeit" in die intellektuelle Arena. [...] Wie lässt sich Ihr normativ imprägnierter Begriff von Öffentlichkeit auf die aktuellen Verhältnisse beziehen?

Heute kann man sogar im Westen beobachten, wie demokratische Verfahren und Einrichtungen ohne eine funktionierende Öffentlichkeit zu bloßen Fassaden verkommen. Und politische Öffentlichkeiten funktionieren nur unter anspruchsvollen normativen Voraussetzungen. Vor allem dürfen die öffentlichen Kommunikationskreisläufe nicht von aller inhaltlichen Substanz entleert und von den tatsächlichen Entscheidungsprozessen abgekoppelt werden. Diese beiden Aspekte ließen sich anhand der europäischen Krisenpolitik der letzten Jahre gut illustrieren.

Bedeutet das Internet Demokratiegewinn oder Demokratieverlust?

Weder, noch. Ich betrachte die Einführung der digitalen Kommunikation – nach den Erfindungen der Schrift und des Buchdrucks – als die dritte große Medienrevolution. Mit diesen jeweils neuen Medien haben immer mehr Personen zu immer vielfältigeren und immer dauerhafter gespeicherten Informationen einen immer leichteren Zugang gefunden. Mit dem letzten Schub hat auch eine Aktivierung stattgefunden – aus Lesern werden Autoren. Aber die Errungenschaften einer politischen Öffentlichkeit folgen daraus nicht automatisch. Im 19. Jahrhundert sind mithilfe des Zeitungsdrucks und der Massenpresse in großflächigen Nationalstaaten Öffentlichkeiten entstanden, in denen die Aufmerksamkeit einer unübersehbar großen Zahl von Personen zur gleichen Zeit auf dieselben Themen gelenkt worden ist.

Jürgen Habermas (1929-2026), Philosoph und Soziologe

Das erklärt sich nicht von selbst aus den technischen Vorzügen der Vervielfältigung, Ausbreitung, Beschleunigung und verlängerten Haltbarkeit von Daten. Das sind die zentrifugalen Bewegungen, die wir nun auch im Web beobachten. Demgegenüber hat die klassische Öffentlichkeit eine Struktur, die die Aufmerksamkeit eines großen anonymen Publikums von Staatsbürgern auf wenige große, politisch wichtige und regelungsbedürftige Themen konzentriert. Das Netz bringt diese Leistung nicht aus sich selbst hervor, im Gegenteil: Es zerstreut. Denken Sie an die spontan auftauchenden Portale, sagen wir: für hochspezialisierte Briefmarkenfreunde, Europarechtler oder anonyme Alkoholiker. Solche Kommunikationsgemeinschaften bilden im Meer der digitalen Geräusche weit verstreute Archipele – vermutlich gibt es Milliarden davon. Den in sich abgeschlossenen Kommunikationsräumen fehlt das Inklusive, die alle und alles Relevante einbeziehende Kraft einer Öffentlichkeit. Für diese Konzentration braucht man die Auswahl und kenntnisreiche Kommentierung von einschlägigen Themen, Beiträgen und Informationen. Die nach wie vor nötigen Kompetenzen des guten alten Journalismus sollten im Meer der digitalen Geräusche nicht verloren gehen. [...]

Mitunter wird Ihnen vorgeworfen, Ihr Politikmodell verfehle, insofern es politische Entscheidungsprozesse nach dem Modell wissenschaftlicher Erkenntnis forme, wesentliche Dimensionen des „Politischen".

In einer kulturell und weltanschaulich pluralistischen Gesellschaft ist das demokratische Verfahren die einzige Quelle für Entscheidungen, die als legitim anerkannt werden. Dieses Verfahren gewährleistet grundsätzlich zwei Dinge: einerseits Inklusion, also die Einbeziehung aller Bürger, andererseits Deliberation, z. B. Wahlkämpfe und Parlamentsdebatten, die den politischen Entscheidungen von Wählern oder Gesetzgebern vorausgehen müssen. Das Ergebnis von politischen Wahlen, die über die Machtverteilung zwischen konkurrierenden Parteien entscheiden, unterscheidet sich von demoskopischen Umfrageergebnissen vor allem durch dieses Element vorangehender öffentlicher Debatten. Das hat nichts mit wissenschaftlicher Erkenntnis, aber viel mit der Erwartung zu tun, dass politische Probleme auf eine möglichst rationale Weise gelöst werden. Diese Rationalitätserwartung verlangt nämlich, dass zuverlässige Informationen und gute Gründe für relevante Vorschläge öffentlich auf den Tisch kommen. Dabei spielen normative Gründe oft eine viel wichtigere Rolle als empirische Feststellungen und wissenschaftliche Expertisen – aber es sind in jedem Fall Gründe, die zählen sollen. Diese kognitive Dimension der Willensbildung von Bürgern und Politikern ist umso wichtiger, je größer die Unsicherheit ist, unter der politische Entscheidungen gefällt werden müssen.

Schwering, Markus: Jürgen Habermas – Im Sog der Gedanken. In: www.fr.de, 13.06.2014

Deliberation
Deliberation beschreibt eine auf den Austausch von Argumenten angelegte Form der Entscheidungsfindung unter Gleichberechtigten. Das bessere Argument und nicht die Mehrheitsabstimmung soll die Entscheidungen prägen und zu besseren Entschlüssen führen, weil – im Idealfall – alle Argumente gegeneinander abgewogen werden und eine Einigung auf die „beste" Lösung möglich ist. Das Konzept der D. basiert u. a. auf der Diskurstheorie des Sozialphilosophen Jürgen Habermas (1929-2026; „Theorie des kommunikativen Handelns", 1981).

Große Hüttmann, Martin/ Wehling, Hans-Georg: Das Europalexikon. 2. Auflage. Bonn: Dietz 2013, S. 82

Aufgaben

72018-123

1. Stellen Sie dar, inwieweit die sozialen Netzwerke die Rolle der Medien in der Demokratie verändern (**M18**).
2. Erläutern Sie Habermas' Position zur Bedeutung der Medien für eine funktionierende Demokratie (**M19**).
3. Arbeiten Sie aus **M19** heraus, warum das Internet laut Habermas nur bedingt zu einem Demokratiegewinn führen kann.
4. Erörtern Sie die Leitfrage: Beleben die sozialen Medien unsere Demokratie?

H zu Aufgabe 1
Ordnen Sie die unterschiedlichen Auswirkungen, die in **M18** genannt werden, unterschiedlichen Akteuren zu.

1.4 Demokratie – ein Auslaufmodell?

1.4.1 Was macht eine Demokratie aus?

Zum Thema: „Die perfekte Diktatur wird den Anschein einer Demokratie machen, einem Gefängnis ohne Mauern, in dem die Gefangenen nicht einmal davon träumen auszubrechen. Es ist ein System der Sklaverei, bei dem die Sklaven dank Konsum und Unterhaltung ihre Liebe zur Sklaverei entwickeln." Der britische Schriftsteller Aldous Huxley definiert die perfekte Diktatur – aber was zeichnet demgegenüber eine Demokratie aus?

M1 Demokratie heißt für mich, dass ...

1 „Demokratie heißt immer: die Bereitschaft, nicht nur eigene Interessen zu sehen, und die Fähigkeit zum Ausgleich und Kompromiss."

Frank-Walter Steinmeier, (geb. 1956), seit 2017 Bundespräsident

2 Demokratie ist auch gar nicht bequem, sie ist sogar anstrengend, manchmal sehr anstrengend.

Der große Vorteil der Demokratie besteht jedoch darin, dass sie beständig die Chance zur Selbstkorrektur in sich trägt, nicht zuletzt die Chance, eine neue Regierung zu wählen.

Joachim Gauck (geb. 1940), zwischen 2012-2017 Bundespräsident

3 „Wenn es morgens um sechs Uhr an meiner Tür läutet und ich kann sicher sein, dass es der Milchmann ist, dann weiß ich, dass ich in einer Demokratie lebe."

Winston Churchill (1874-1965), 1940-1945 und 1951-1955 britischer Premierminister

4 „Demokratie: die Regierung des Volkes durch das Volk für das Volk."

Abraham Lincoln (1809-1865), 1861-1865 US-Präsident

5 „In einer Demokratie brauchen Entscheidungen Zeit. Nur die Diktatur ist schnell."

Rita Süssmuth (geb. 1937), zwischen 1988 und 1998 Bundestagspräsidentin

Gloe, Markus: Einstieg in das Thema Demokratie. In: Politik & Unterricht Heft 2/3-2018. Landeszentrale für politische Bildung Baden-Württemberg (LpB), S. 12

Einstiegsaufgaben 72018-124

1. Arbeiten Sie aus den Definitionen (**M1**) heraus, welche Aspekte von Demokratie jeweils betont werden.
2. Definieren Sie, was für Sie persönlich eine Demokratie ausmacht.

M2 Auf welchen Grundlagen ruht die Demokratie in Deutschland?

A Strukturprinzipien des Grundgesetzes: „Verfassung in Kurzform“

„Die Bundesrepublik Deutschland ist ein demokratischer und sozialer Bundesstaat. Alle Staatsgewalt geht vom Volke aus. Sie wird vom Volke in Wahlen und Abstimmungen und durch besondere Organe der Gesetzgebung, der vollziehenden Gewalt und der Rechtsprechung ausgeübt. Die Gesetzgebung ist an die verfassungsmäßige Ordnung, die vollziehende Gewalt und die Rechtsprechung sind an Gesetz und Recht gebunden“. Diese Sätze sind in den ersten drei Absätzen des Artikels 20 des Grundgesetzes (GG) für die Bundesrepublik Deutschland festgeschrieben. Sie werden als „Verfassung in Kurzform“ bezeichnet, denn sie enthalten deren wichtigste **Strukturprinzipien**: Demokratie, Bundesstaatlichkeit sowie Rechtsstaatlichkeit und Sozialstaatlichkeit. Diese werden in Artikel 79 als unveränderlicher Teil des Grundgesetzes festgelegt und in anderen Artikeln des Grundgesetzes weiter ausformuliert. [...]

Republik
Das Wort „Republik“ kommt vom lateinischen Begriff „res publica“ („Gemeinwesen“) und gemeint war damit das Staatsvolk. Eine Republik ist [heute] eine Staatsform, in der das Staatsvolk die oberste Gewalt hat. [...] Der Gegensatz wäre eine [...] Monarchie.

Schneider Gerd/Tokya-Seid, Christiane: Das junge Politik-Lexikon von www.hanisauland.de. Bonn: Bundeszentrale für politische Bildung 2020

1 Demokratieprinzip

Das Demokratieprinzip besagt, dass alle Gewalt vom Volk ausgeht, dieses also der Souverän ist. In der repräsentativen Demokratie der Bundesrepublik werden die Interessen der Bürgerinnen und Bürger durch die gewählten Vertreter in den Parlamenten wahrgenommen, die nach dem Mehrheitsprinzip entscheiden.

2 Bundesstaatlichkeit

Die deutschen Länder blicken auf eine lange Geschichte der Unabhängigkeit zurück. Über weite Strecken der deutschen Geschichte waren sie eine nur lose durch Institutionen oder Herrscher verbundene Sammlung verschiedenster Einheiten. Darauf aufbauend haben sich die Mütter und Väter des Grundgesetzes für eine bundesstaatliche Republik entschieden. In dieser stehen den Bundesländern, die aus diesen alten Territorien hervorgegangen sind, viele Befugnisse im föderalen System zu. Nicht zuletzt trug die Erfahrung des totalitären Staates der Nationalsozialisten dazu bei, dieses System als Sicherung gegen eine erneute Machtkonzentration in den Händen einer Person oder des Zentralstaates zu installieren. Das Grundgesetz regelt die Aufgabenverteilung zwischen Bund und Ländern sehr genau. Eine Vielzahl von Gesetzen, die der Bundestag verabschiedet, bedarf der Zustimmung durch die Vertretung der Länder, des Bundesrates. Sie sind also in entscheidender Weise an der Gesetzgebung beteiligt. Zudem sind ihnen viele Aufgaben der öffentlichen Verwaltung zugeordnet.

3 Rechtsstaatlichkeit

Das Strukturprinzip der Rechtsstaatlichkeit bedeutet, dass die Gesetzgebung an die Verfassung gebunden ist und Gesetze nicht willkürlich verabschiedet werden dürfen. Auch die Politik ist an das Recht gebunden und steht nicht über ihm. Die nationalsozialistische Doktrin eines dem Recht übergeordneten Führerwillens oder Gesetze, die die Verfassung brechen, sind in der Bundesrepublik durch das Grundgesetz ausgeschlossen. Auch die vollziehende Gewalt, die Verwaltung und die Rechtsprechung sind an das geltende Recht gebunden. Dieses schützt die Bürger vor Willkürakten und garantiert zugleich auch die Gleichheit eines jeden Bürgers vor dem Gesetz. In einem Rechtsstaat wachen unabhängige Richter über die Einhaltung der Gesetze. Der Rechtsweg zu ihnen steht jedem Bürger offen.

4 Sozialstaatsprinzip

Dem Sozialstaatsprinzip sind im Grundgesetz nur wenige Worte gewidmet, durch die Erwähnung in Artikel 20 GG aber kommt ihm Verfassungsrang zu. Zusammen mit Artikel 1 GG, der die Würde des Menschen als unantastbar garantiert und deren Schutz zu einer Verpflichtung der staatlichen Gewalt erklärt, lassen sich für den Sozialstaat bestimmte Prinzipien ableiten. So geht man allgemein davon aus, dass sich daraus die Garantie eines bestimmten Existenzminimums ableiten lässt und das bestimmte Gruppen des besonderen Schutzes bedürfen. Diese Verpflichtung führt zusammen mit Artikel 3 GG, welcher das Diskriminierungsverbot enthält, auch dazu, dass der Staat für eine Angleichung der Lebenschancen aller Bürger Sorge zu tragen hat. Das Ziel der Sozialpolitik ist die Schaffung von sozialer Gerechtigkeit.

Bundeszentrale für politische Bildung: Strukturprinzipien des Grundgesetzes. In: www.bpb.de, 02.11.2009

B Die Strukturprinzipien des Grundgesetzes in der Übersicht

Die Grundsätze der Verfassung

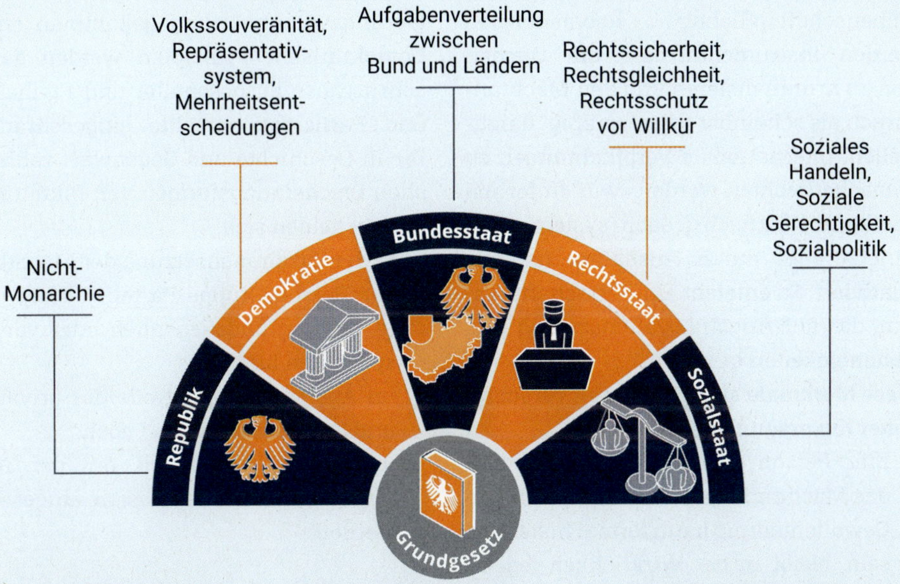

(1) Die Bundesrepublik Deutschland ist ein demokratischer und sozialer Bundesstaat.

(2) Alle Staatsgewalt geht vom Volke aus. Sie wird vom Volke in Wahlen und Abstimmungen und durch besondere Organe der Gesetzgebung, der vollziehenden Gewalt und der Rechtsprechung ausgeübt.

(3) Die Gesetzgebung ist an die verfassungsmäßige Ordnung, die vollziehende Gewalt und die Rechtsprechung sind an Gesetz und Recht gebunden.

Art. 20 GG

Bearbeitergrafik

Offene Staatlichkeit

Das Grundgesetz bekennt sich an mehreren Stellen ausdrücklich zur Bereitschaft Deutschlands zur internationalen Zusammenarbeit. In der Präambel des Grundgesetzes ist von dem Willen des deutschen Volkes die Rede, „als gleichberechtigtes Glied in einem vereinten Europa dem Frieden der Welt zu dienen". Konkret ermächtigt Art. 23 Abs. 1 GG den Bund dazu, Hoheitsrechte auf die Europäische Union zu übertragen. Das Grundgesetz ermöglicht darüber hinaus in Art. 24 Abs. 1 GG die Übertragung von Hoheitsrechten an weitere zwischenstaatliche Einrichtungen. Diese Öffnung des Staates für fremde Hoheitsgewalt wird als offene Staatlichkeit bezeichnet.

Bearbeiter

M3 Diktatur als Gegenmodell zur Demokratie

A Merkmale von Diktaturen

Diktaturen sind gekennzeichnet durch das Fehlen der demokratischen Grundsätze, deren Missachtung, Nichteinhaltung oder Beschränkung, selbst wenn sie formal gelten sollten. Die Begriffe Autokratie und Diktatur werden häufig synonym verwendet. Sie bezeichnen generell Herrschaftsformen, in denen die Staatsgewalt bei einem Herrscher (Autokraten) liegt und selbstherrlich und unkontrolliert ausgeübt wird. In der Praxis beruhen moderne Diktaturen häufig auf einem Netz aus Sicherheitsapparat, Geheimdiensten und regimetreuen Eliten, die sich gegenseitig absichern und von der bestehenden Ordnung materiell profitieren. Entscheidungsprozesse sind intransparent, die Herrschenden entziehen sich wirksamer Kontrolle und sind gegenüber der Bevölkerung nicht rechenschaftspflichtig. Rechtsnormen werden instrumentalisiert, um Opposition zu kriminalisieren und den Machtanspruch als scheinbar „gesetzmäßig" darzustellen. Internationale Verpflichtungen zu Menschenrechten werden zwar oft formal anerkannt, faktisch jedoch systematisch verletzt oder durch Ausnahmezustände relativiert. So entsteht ein Herrschaftssystem, das auf Angst, Loyalitätszwang und Abhängigkeiten beruht.

Diese Merkmale sind Diktaturen verschiedener Ausprägung gemeinsam:

- Eine Person oder Personengruppe hat das Machtmonopol.
- Gewaltenteilung kann formal installiert sein, bleibt in der Wirklichkeit jedoch ohne Bedeutung.
- Freiheits- und Mitwirkungsrechte sind abgeschafft. Auch wenn sie in einer Verfassung formuliert sind, sind sie nicht einklagbar.
- Oppositionelle Gruppen werden unterdrückt oder sind ausgeschaltet.
- Gesellschaftlicher Pluralismus wird zerschlagen, regimetreue Organisationen kontrollieren Gesellschaft und Öffentlichkeit.
- Eine Ideologie beherrscht alle privaten, gesellschaftlichen und staatlichen Bereiche. Sogenannte „Gottesstaaten" berufen sich auf religiöse Überlieferungen.
- Medien aller Art sind kontrolliert oder in der Hand des Regimes.
- Die Partizipation der Bürger in Form von Wahlen oder Abstimmungen bleibt, sofern überhaupt möglich, auf affirmative Akte begrenzt.
- Das Machtmonopol wird durch willkürliche Maßnahmen und Repression abgesichert.

Diktaturen können durch einen Putsch durch das Militär oder einen Staatsstreich einer Personengruppe entstehen. In manchen Fällen ergreifen Diktatoren die Macht, nachdem sie über legale Wahlen in die Regierungsverantwortung gekommen sind. Demokratische Prinzipien werden dann schrittweise ausgeschaltet und Freiheits- und Partizipationsrechte eingeschränkt. Die in Geschichte und Gegenwart zahlreichen Erscheinungsformen von Diktaturen unterscheiden sich:

- in der Zusammensetzung der Machthaber (Person, Gruppe, Partei, Militär);
- in der zugrundeliegenden oder vorgespiegelten Ideologie;
- im Ausmaß der Kontrolle des privaten und gesellschaftlichen Lebens;
- in der Skrupellosigkeit, mit der Terror, Gewalt und Repression eingesetzt werden.

Bearbeiter

B Formen von Diktaturen

1 Totalitäre Diktaturen

Totalitäre Diktaturen rechtfertigen ihre Herrschaft mithilfe eines geschlossenen ideologischen Weltbildes, das für sich den Anspruch auf absolute Wahrheit erhebt. Seine Legitimation bezieht dieses Weltbild ganz oder teilweise aus einer wissenschaftlichen oder vermeintlich wissenschaftlichen Lehre (Kommunismus, Nationalsozialismus) oder einer dogmatisch verhärteten Glaubenslehre (z. B. fundamentalistischer Islam). Daraus folgt, dass abweichende Meinungen von Regimegegnern (Dissidenten) als falsch gelten und kontrolliert bzw. unterdrückt oder ausgeschaltet werden. Bei allen Unterschieden im Einzelfall gilt weiter, dass totalitäre Diktaturen:

- die gesamte Gesellschaft mit ihrem Wertesystem durchdringen (Gleichschaltung; Propaganda);
- erzieherische Maßnahmen und repressive Mittel zur Machtstabilisierung einsetzen;
- ihre Macht – häufig in Gestalt einer Führerpersönlichkeit – monopolisieren und zentralisieren;
- fundamentale Menschen- und Freiheitsrechte sowie rechtsstaatliche Grundsätze verletzen;
- pluralistische Meinungsvielfalt und zivilgesellschaftliches Engagement außer Kraft setzen und nach umfassender Informationskontrolle streben.

Bearbeiter

2 Autoritäre Diktaturen

Autoritäre Diktaturen haben ein eher vages politisches Programm ohne ideologischen Unterbau. Zentrales Ziel ist die Herrschaftssicherung der staatstragenden Führungsclique (Militärelite, Clan, Dynastie). Autoritäre Diktaturen weisen u. a. folgende Merkmale auf:

- Ruhe und äußere „Ordnung" gelten als Bürgerpflicht, kritisches politisches Engagement seitens der Zivilgesellschaft dagegen als Störfaktor.
- Pluralismus ist in begrenztem Umfang möglich, solange keine Kritik an den Herrschenden geübt wird und dadurch das Regime in Gefahr käme.
- Zur Machtstabilisierung nutzen autoritäre Systeme häufig vorhandene Ressentiments gegen gesellschaftliche Minderheiten – oder provozieren diese gezielt.
- Die Grundsätze der Rechtsstaatlichkeit sind eingeschränkt.
- Das Recht auf freie Wahlen und Partizipation kann nicht wahrgenommen werden.
- Die Gewaltenteilung ist eingeschränkt.

Bearbeiter

Aufgaben

72018-125

1. Erläutern Sie die Strukturprinzipien des Grundgesetzes (**M2**).
2. Vergleichen Sie Ihre eigenen Ergebnisse aus **M1** mit den Vorgaben des Grundgesetzes (**M2**).
3. Benennen Sie Gemeinsamkeiten und Unterschiede von autoritären und totalitären Diktaturen (**M3**).
4. Vergleichen Sie das Leben in einer Diktatur mit dem Leben in einer Demokratie (**M1-M3**).

1.4.2 Warum wählen manche Menschen die Demokratie ab?

Zum Thema: Über Jahrhunderte hinweg haben Menschen für die Demokratie gekämpft. Das Eintreten für freie Wahlen und Menschenrechte war durchaus gefährlich. Viele von ihnen haben diesen Kampf mit ihrem Leben bezahlt. Wieso können heute manche Politiker in Wahlen erfolgreich sein, die sich gegen die Grundsätze der Demokratie stellen?

M4 Geballte Macht – werden autokratische Politiker immer beliebter?

Donald Trump, Präsident der USA (2017-2021, seit 2025)

Recep Tayyip Erdoğan, seit 2014 Präsident der Türkei

Viktor Orbán, Ministerpräsident Ungarns (1998-2002, seit 2010)

Wladimir Putin, Präsident Russlands (2000-2008, seit 2012)

Einstiegsaufgabe 72018-126

Weltweit erringen Politiker Erfolge, die für Härte, Volksnähe und nationale Größe stehen. Formulieren Sie Hypothesen, weshalb autokratische Politiker in Demokratien Erfolge erzielen können.

M5 Die Magie der starken Führer – warum haben autokratische Politiker Erfolg?

Die Republik ist in tödlicher Gefahr. Putschisten wollen die Macht ergreifen, um die verfassungsmäßige Ordnung zu beseitigen. In dieser Lage wird ein entschlossener Mann gebraucht, der unter den Verschwörern aufräumt und die Republik rettet. Dafür wird ihm zugestanden, vorübergehend als Diktator zu regieren. Die Rede ist hier noch nicht von der Republik Türkei und Recep Tayyip Erdoğan, sondern von der Römischen Republik und Lucius Quinctius Cincinnatus.

Die Geschichte der Menschheit lässt sich als Geschichte der Macht erzählen, in der sich zwei Lager gegenüberstehen. Das eine will Macht konzentrieren, oft mit der Begründung, so ließe sich am wirksamsten zum Wohle des Volkes regieren und für Sicherheit sorgen. Das andere möchte Macht beschränken, weil sie die Gefahr des Missbrauchs in sich trage und die Freiheit gefährde.

Die alten Römer schafften es, beiden Ansichten gerecht zu werden. In normalen Zeiten war die Macht verteilt auf den Senat, zwei Konsuln, Volkstribune, Richter. Wenn die Existenz der Republik auf dem Spiel stand, wurde dagegen ein dictator als Alleinherrscher eingesetzt. Sein Mandat war auf bestimmte Aufgaben begrenzt, etwa die Abwehr von Feinden, und auf höchstens sechs Monate befristet. Danach galten wieder die normalen Spielregeln der Republik. Das hat funktioniert? Zumindest lange Zeit. Dies lag auch am Verantwortungsbewusstsein der Diktatoren. Cincinnatus schlug 439 vor Christus als Diktator einen Aufstand nieder. Danach zog er sich wieder auf seine Felder hinter den Pflug zurück. Zum Dank ging er als Beispiel eines vir vere Romanus, eines echten Römers, in die Geschichte ein. Im Namen der Stadt Cincinnati in den USA lebt er weiter. [...]

Heute wirbt der ungarische Premier Viktor Orbán für einen Bastard namens „illiberale Demokratie". Sein Bruder im Geiste, der polnische Defacto-Herrscher Jarosław Kaczyński, zertrümmert die Justiz und verhöhnt die EU, deren Fördergeld er nimmt. [...]

Für Europa besonders bedrohlich ist die Entwicklung in der Türkei, in Russland und in den USA. Der türkische Präsident Erdoğan wandelt sich vom demokratischen Reformer zum Diktator. Er stempelt Gegner – ob Soldaten, Abgeordnete, Richter, Lehrer, Journalisten oder Mitarbeiter von Turkish Airlines – als Terroristen und Putschisten ab, um sie gnadenlos verfolgen zu können. Auf den Rechtsstaat pfeift er ebenso wie auf Kritik aus dem Ausland. [...]

Ausgerechnet aus dem Westen des Westens, den USA, droht womöglich die größte Gefahr für Freiheit und Demokratie. Donald Trump [...] ist ein Mann, der sich zu Putin hingezogen und vom liberalen Europa abgestoßen fühlt; der gegen Mexikaner und Muslime hetzt. [...]

Die Frage aber stellt sich: Was macht die Putins, Trumps, Erdoğans, diese vom Cäsarenwahn umflorten National-Autoritären, so attraktiv?

Eine Antwort lautet: das Narrativ. Die große Erzählung also, in die sich die Welt packen lässt, um der Vielfalt der Erscheinungen Sinn und Identität abzugewinnen. Bibel und Koran enthalten solche Erzählungen, die Odyssee, „Das Kapital" von Karl Marx,

Was ist eine illiberale Demokratie?

Der Begriff der illiberalen Demokratie ist nicht einheitlich definiert. Im Sinne des auf S. 34 vorgestellten Modells der „eingebetteten Demokratie" gilt die illiberale Demokratie als ein Typus der defekten Demokratie. Wird eines der fünf Teilregime (Wahlregime, Bürgerrechte, politische Rechte, effektive Regierungsgewalt und Gewaltenkontrolle) der eingebetteten Demokratie beschädigt, zerbricht auch die wechselseitige Einbettung der Teilregime, die für die Funktionsfähigkeit der Demokratie essenziell ist.

In illiberalen Demokratien werden die Teilregime der Gewaltenkontrolle und der Bürgerrechte verletzt: Die Kontrolle der Exekutive und Legislative durch die rechtsprechende Gewalt ist eingeschränkt. Regierungshandeln und die Gesetzgebung können sich so von verfassungsrechtlichen Normen abkoppeln. Ohne die Geltung rechtsstaatlicher Prinzipien sind zudem bürgerliche Freiheits- und Schutzrechte nicht in vollem Maße etabliert.

Der ungarische Ministerpräsident Viktor Orbán sieht die liberalen Elemente, die sich u. a. in individuellen Freiheitsrechten der Bürger spiegeln, nicht als zentrale Elemente einer Demokratie an. Ein Charakteristikum der illiberalen Demokratie in Ungarn ist die Betonung des sich in Wahlen ausdrückenden Mehrheitswillens, der als Volkswillen zu interpretieren ist. So verstanden dürfe diesem Volkswillen auch keine Einschränkung durch liberale Elemente wie Minderheitenrechte widerfahren.

Bearbeiter

die Geschichte des geeinten Europa als Friedensprojekt oder der sozialen Marktwirtschaft als Wohlstandsmaschine.

Diese beiden Erzählungen trugen die europäischen Demokratien durch die Nachkriegsjahrzehnte. Sie funktionieren nicht mehr. Die Schrecken der Weltkriege verblassen. Frieden in der EU gilt als selbstverständlich. Die soziale Marktwirtschaft steht unter Druck eines ungezügelten Global-Kapitalismus, der den Menschen ständig Veränderung abverlangt und den Wohlstand teilweise grotesk ungleich verteilt.

Das schafft Unsicherheit, Angst, Verbitterung. Damit arbeiten die Autoritären. Sie geben den Menschen ein Narrativ, das schon einmal, in der ersten Hälfte des 20. Jahrhunderts, zur Erfolgsgeschichte von Diktatoren wurde.

Diese Geschichte handelt vom Überlebenskampf der einfachen Leute, des Volkes, gegen ein elitäres, verschwörerisches, internationales System samt dessen gekauften Politikern und bestochener Lügenpresse. Das Volk erwählt sich einen starken Führer. Dieser räumt mit all den Institutionen, Gesetzen, Richtern und Oppositionellen auf, die zwischen Volk und Anführer stehen. Wer sich dem Erwählten widersetzt, verrät das Volk und muss genauso ausgeschaltet werden wie Sender oder Zeitungen, die das Volk mit Meinungsvielfalt verwirren. Wer sich dagegen dem Anführer unterordnet und als Individuum im Volk aufgeht, darf sich als Teil von etwas Großem fühlen. Er gibt seine Freiheit auf, bekommt dafür aber Sicherheit. Das ist verführerisch, nicht nur für Russen oder Türken, sondern auch für Franzosen, Briten, Tschechen und – aller Vergangenheits-Aufarbeitung zum Trotz – Deutsche. [...] Am Anfang einer Diktatur kann dabei durchaus eine demokratische Wahl stehen. Dann wird ein innerer Feind ausgemacht und das Volk gegen ihn mobilisiert. Staat, Medien, Militär und Wirtschaft werden nach und nach mit Gefolgsleuten des starken Mannes besetzt. Tun sich Schwierigkeiten auf, etwa weil das dem Volk versprochene Paradies ausbleibt, oder verliert die Bewegung an Schwung, muss als Nächstes ein äußerer Feind her. Mussolini etwa marschierte 1935 in Äthiopien ein, Hitler überfiel 1939 Polen. Die Mobilmachung eines Krieges hilft Autokraten, weiter an der Macht zu bleiben – bis zum Ende in der Katastrophe. [...] Nun sind Putin oder Erdoğan nicht mit Mussolini oder gar Hitler zu vergleichen. Sie benutzen jedoch Machttechniken, die auch faschistische Diktatoren des 20. Jahrhunderts gebrauchten. Insofern lässt sich aus der Geschichte lernen. Erstens: dass ein Zurückweichen vor Autokraten diese im Zweifel nicht besänftigt, sondern noch gieriger macht. Zweitens: dass Diktaturen allenfalls vorübergehend und nur für Anhänger des Diktators Sicherheit schaffen. Drittens: dass Freiheit immer wieder erkämpft und verteidigt werden muss.

Ulrich, Stefan: Magie der harten Führer. In: www.sueddeutsche.de, 06.08.2016

Aufgaben

72018-127

1. Erläutern Sie die Gründe, weshalb autokratische Politiker Wahlerfolge in Demokratien erzielen können (**M5**).
2. Vergleichen Sie die Ergebnisse mit Ihren eigenen Hypothesen (**M4, M5**).
3. Stellen Sie sich vor, Sie müssen auf einem Demokratiekongress einen Vortrag zum Erhalt der Demokratie halten. Erstellen Sie eine Hierarchie der Argumente und bereiten Sie Ihren Vortrag vor.

1.4.3 Ist die Demokratie auf dem Rückzug?

Zum Thema: Populistische und autoritäre Politiker konnten in einigen Ländern der Welt große Erfolge feiern. Manch ein Beobachter sieht darin ein erstes Anzeichen, dass es mit der Demokratie bergab gehe. Erleben wir momentan einen Wendepunkt in der Geschichte der Demokratie?

M6 Die Entwicklung der Demokratie seit 1800

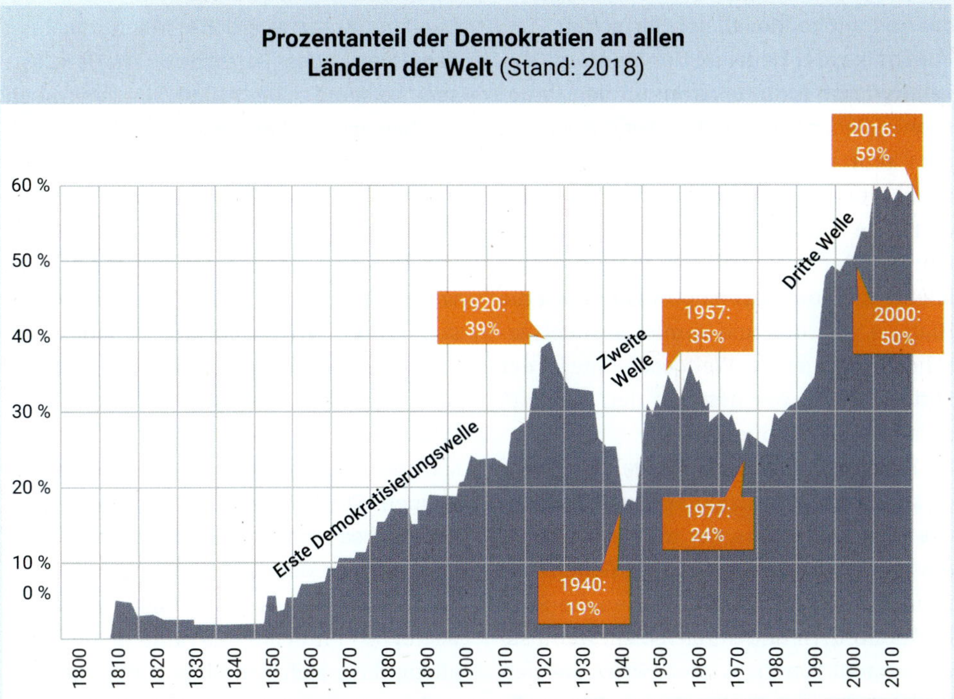

Nach: Schröder, Martin: Warum es uns noch nie so gut ging und wir trotzdem ständig von Krisen reden. Salzburg/München: Benevento 2018, S. 161

Grafik: Anzahl der Demokratien weltweit und Prozentanteil (detaillierte Version)

73000–130

Einstiegsaufgaben 72018-128

1. Analysieren Sie die Grafik **M6** (→ Methode: Statistiken analysieren).
2. Formulieren Sie eine These zur Entwicklung der Demokratie.

M7 Wird sich die liberale Demokratie durchsetzen?

Es schien schon geschafft zu sein. Die selbstherrlichen Gestalten, sie stürzten einer nach dem anderen, damals in den Revolutionen von 1989/90: In Polen musste Präsident Wojciech Jaruzelski abtreten, der General mit der dunklen Brille; in der DDR Erich Honecker. [...] Wenige Monate später konnten die Bürger der einst realsozialistischen Länder Osteuropas frei wählen. [...] Die große Mehrheit wollte eine Demokratie nach westlichem Vorbild, Wohlstand, Bürgerrechte, Meinungsfreiheit. Sie wollten endlich ein „Leben in der Wahrheit", wie der damalige tschechoslowakische Regimekritiker und spätere Präsident Václav Havel sagte.

Das Modell westlicher Demokratien strahlte, so stark, dass der amerikanische Politologe Francis Fukuyama 1992 in seinem gleichnamigen Buch das „Ende der Geschichte" ausrief: Nach dem Sieg über den Kommunismus sei das ewige ideologische Ringen um die richtige Regierungsform beendet. Die Demokratie westlicher Prägung verbreite sich nun allgemein als das endgültige Modell der Herrschaft.

Fukuyama, der heute an der Stanford University lehrt, knüpfte damit an den Philosophen Georg Wilhelm Friedrich Hegel an, dem nun plötzlich neue Wertschätzung zuteil wurde. Hegel hatte im 19. Jahrhundert eine Geschichtsphilosophie entworfen: [...] Der schwäbische Preuße Hegel blickte mit Fortschrittsoptimismus auf die Historie, so brutal und sinnlos sie auch erscheinen möge. „Die Weltgeschichte ist der Fortschritt im Bewusstsein der Freiheit", so lautet sein Schlüsselsatz.

Im Hintergrund wirkt bei Hegel der „Weltgeist", eine Art Aufsichtsratsvorsitzender des Weltgeschehens, der all das Chaos zu etwas Sinnvollem formt. In die Gegenwart übersetzt: Die Menschen werden die Freiheit einfordern und durchsetzen, wenn sie erst einmal von ihr wissen, wenn sie sich gelöst haben von abergläubischen, religiösen oder ideologischen Vorstellungen, wenn sie schmerzvoll erfahren haben, wie sie getäuscht werden.

Hatte er da nicht grundsätzlich recht? Ja, sagten Fukuyama und andere – mit dem feinen Unterschied, dass sie nicht wie Hegel den preußischen Obrigkeitsstaat als Modell ansahen, sondern die liberalen Demokratien. Auf der ganzen Welt schienen sie sich durchzusetzen, von Chile, wo die Bürger nach der Diktatur des Augusto Pinochet 1989 frei ihren Präsidenten bestimmen durften, über Russland, wo Boris Jelzin 1991 zum Präsidenten gewählt wurde, bis nach Südkorea, wo die Generäle ihren Griff lockerten und von 1987 an das Volk mitreden ließen. Diese Entwicklung gab den Optimisten recht, zumindest bis ins neue Jahrtausend hinein.

Die Demokratie westlicher Machart schien das Produkt des „Fortschritts im Bewusstsein" zu sein [...]. Der Anteil der als wirklich frei bewerteten Länder stieg – wenn auch in Wellenbewegungen, weil die Zahl der Staaten in dieser Zeit ebenfalls zunahm, etwa durch den Zerfall der Sowjetunion. [...] Das Bild von der Freiheit im Westen, es war stets auch verknüpft mit dem Wohlstand dort. Wirtschaftlicher Erfolg verschafft einer Regierung neue Anhänger, aber er wirkt auch nach außen, als Vorbild. Doch auch dieses Image hat gelitten, seit der Finanz- und Schuldenkrise, die einigen Staaten wie Italien massenhaft Arbeitslose und harsche Sparprogramme bescherte. In autoritären Staaten wie China dagegen wuchs der Wohlstand munter weiter. [...] Francis Fukuyama glaubt trotz allem, dass sich das Muster liberaler Demokratien durchsetzen wird. Die Zukunft der Menschheit liege nicht in autoritären Staaten im Stile Russlands oder Chinas. Das Ende der Geschichte sei nicht aufgeschoben, sagt Fukuyama. Nur: „Wir gehen derzeit in die falsche Richtung."

Preuß, Roland: Westliche Demokratien verlieren an Strahlkraft. In: www.sueddeutsche.de, 07.08.2016

Aufgaben

72018-129

1. Die dritte Welle der Demokratisierung scheint ins Stocken zu geraten (**M6**). Erläutern Sie, weshalb es zu einer Stagnation der Demokratisierung gekommen ist (**M7**).
2. „Die Weltgeschichte ist der Fortschritt im Bewusstsein der Freiheit." (Georg Wilhelm Friedrich Hegel). Überprüfen Sie mithilfe von **M6** und **M7**, ob Hegel mit seinem Fortschrittsoptimismus im Recht war.

1.5 Zur Wahl gehen – reicht das noch aus?

1.5.1 Wer wählt wen und warum?

Zum Thema: Manche Menschen wählen immer dieselbe Partei, andere entscheiden sich bei jeder Wahl neu. Die Wahlforschung versucht, das Wahlverhalten der Menschen zu erklären und stößt dabei auf ganz unterschiedliche Motive der Wählerinnen und Wähler.

M1 Die Wahlentscheidung in einer Karikatur

Karikatur: Kostas Koufogiorgos, 19.09.2017

Einstiegsaufgaben 72018-130

1. Analysieren Sie die Karikatur (M1) (→ Methode: Karikaturen analysieren).
2. Entwerfen Sie Hypothesen, weshalb sich Wählerinnen und Wähler für eine Partei entscheiden.

M2 Wie kann das Wahlverhalten erklärt werden?

1 Der soziologische Erklärungsansatz

Ein erster klassischer Ansatz betont die verhaltensrelevante Bedeutung des sozialen Umfelds: Wahlverhalten ist Gruppenverhalten. [...] Weniger der ursprünglich angenommene Einfluss der Massenmedien oder der Wahlpropaganda als vielmehr die Zugehörigkeit zu verschiedenen sozialen Gruppen mit festen politischen Verhaltensnormen bestimmte demnach die individuelle Wahlentscheidung. Das Zusammenspiel der verschiedenen Gruppenzugehörigkeiten konnte mithilfe der Merkmale sozioökonomischer Status, Konfessionszugehörigkeit und Größe des Wohnorts in hohem Ausmaß nachgewiesen werden. Je gleichgerichteter die Wahlnormen der Gruppen waren, denen der einzelne Wahlberechtigte angehörte, desto geringer war die Wahrscheinlichkeit einer individuell abweichenden Wahlentscheidung. Überlagerten sich bei den Wahlberechtigten jedoch einander widersprechende Loyalitätsforderungen (cross-pressures), reagierten sie im Allgemeinen mit der Reduzierung des politischen Interesses und der zeitlichen Herauszögerung der Wahlentscheidung. In diesem Fall musste zuerst eine Entscheidung darüber fallen, welche Gruppenzugehörigkeit denn jetzt als wichtigste – und damit als verhaltensrelevant – angesehen werden sollte.

Bis zu den jüngsten Wahlanalysen konnten auch neuere Untersuchungen immer wieder den großen Einfluss des sozialen Umfelds auf den individuellen politischen Meinungsbildungsprozess nachweisen. Die Mitgliedschaft in einer Gewerkschaft, eine starke Bindung an die katholische Kirche oder auch eine Verwurzelung im protestantischen Selbstständigen- bzw. Handwerkermilieu haben auch heute noch – insbesondere bei Koppelung mehrerer Faktoren – einen hohen Vorhersagewert für die Wahlentscheidung.

Das Erklärungsmodell sieht das Individuum idealtypisch im Mittelpunkt konzentrischer, sich gegenseitig verstärkender sozialer Einflusskreise und veranschaulicht aus dieser Perspektive in besonderer Weise ein stabiles, über einen längeren Zeitraum hinweg konstantes Wahlverhalten. Kurzfristige Änderungen der Wahlentscheidung können auf diese Weise hingegen nur unzureichend erklärt werden.

Korte, Karl-Rudolf Korte: Wahlen in Deutschland. Grundsätze, Verfahren und Analysen. Bonn: Bundeszentrale für politische Bildung 2017, S. 105 ff.

Dissonanz
Unstimmigkeit, Differenz, Spannung

2 Der individualpsychologische Erklärungsansatz

Einen deutlichen Perspektivenwechsel nimmt der zweite klassische Erklärungsansatz vor: Wahlverhalten ist Ausdruck einer individuellen psychologischen Beziehung zu einer Partei. [...] Sie wird erworben bei der politischen Sozialisation durch Elternhaus, Freundeskreis oder Mitgliedschaft in politischen Gruppen und beeinflusst – einmal ausgeprägt – die Wahrnehmung sowie die Bewertung politischer Ereignisse in hohem Maße. Neben dieser Langzeitvariable Parteiidentifikation existieren zwei weitere Einflussfaktoren: die Bewertung der Kandidatinnen und Kandidaten sowie die Einstellungen zu aktuellen politischen Streitfragen (die sogenannte Issue-Orientierung).

Die individuelle Wahlentscheidung resultiert nun aus dem spezifischen Zusammenspiel dieser drei Faktoren (Parteiidentifikation, Kandidatenorientierung, politische Streitfragen), das von den Autoren mit einem Entscheidungstrichter verglichen wurde. In der Regel erfolgt die Wahlentscheidung entsprechend der langfristig stabilen Parteiidentifikation. Allerdings kann es bei einzelnen Wahlen durchaus auch zu kurzzeitigen Dissonanzen zwischen den drei Variablen kommen. Subjektiv als entscheidend empfundene Personal- oder Sachfragen lassen dann unter Umständen die punktuelle Wahlentscheidung auch entgegen der langfristig wirksamen Parteiidentifikation ausfallen.

Das individualpsychologische Erklärungsmodell betont zum einen also ebenfalls die soziale Verankerung des politischen Meinungsbildungsprozesses [...]. Zum anderen werden im Vergleich zum soziologischen Modell zusätzlich aber auch situative Momente der Wahlentscheidung berücksichtigt, nämlich die Kandidatenbewertung und Einstellungen zu aktuellen politischen Streitfragen. Durch die Kombination dieser verschiedenen Variablen verfügt das individualpsychologische Modell über die notwendigen Voraussetzungen, die komplexen Vorgänge der Wahlentscheidung auf einem hohen theoretischen Niveau widerspiegeln zu können.

Ebd.

3 Das Modell des rationalen Wählers

Ein anderer Blick auf den Prozess der Wahlentscheidung kennzeichnet den dritten wichtigen Erklärungsansatz. [...] Die persönliche Wahlentscheidung wird bestimmt durch ihren maximal zu erzielenden politischen Nutzen. Ein „rationaler Wähler" entscheidet sich demnach für diejenige Partei, von deren Politik er sich den größten Vorteil verspricht. [...] In der wissenschaftlichen Wahlforschung wird rationales Wahlverhalten im Allgemeinen mit der Orientierung der Wählerinnen und Wähler an aktuellen politischen Streit- und Sachfragen (issue-voting) gleichgesetzt. Der „rationale Wähler" ermittelt seine Wahlentscheidung, indem er ein sogenanntes Nutzendifferential aufstellt. Hierzu vergleicht er die Arbeit der Regierung in der vergangenen Legislaturperiode mit dem vermuteten Ergebnis der Opposition, wäre diese an der Macht gewesen. Er entscheidet sich dann für diejenige Partei, von der er glaubt, dass sie seine individuellen Ziele am ehesten zu verwirklichen vermag.
Die Wahlentscheidung ist somit letztlich abhängig von den aktuellen politischen Problemen sowie von dem Erscheinungsbild von Regierung und Opposition, in hohem Maße also auch von wirtschaftlichen Indikatoren wie Inflationsraten, Arbeitslosenzahlen oder Wachstumsraten. Soziale Loyalitäten oder längerfristige emotionale Parteineigungen spielen aus dieser Perspektive nur eine untergeordnete Rolle.

Ebd.

M3 Wer wählt wen? – Präferenzen der Wählerinnen und Wähler

A Die Wählerinnen und Wähler der Parteien

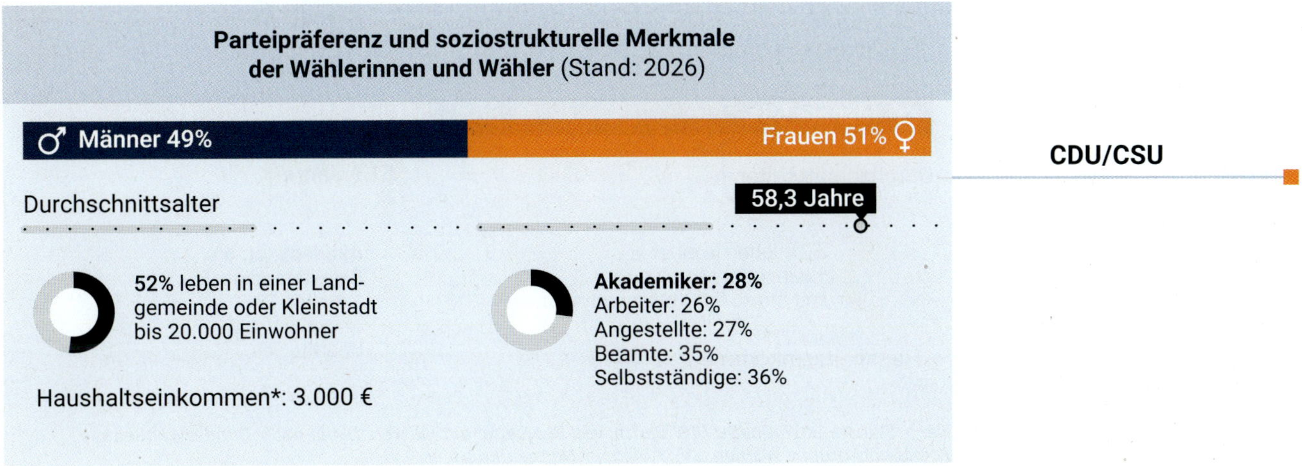

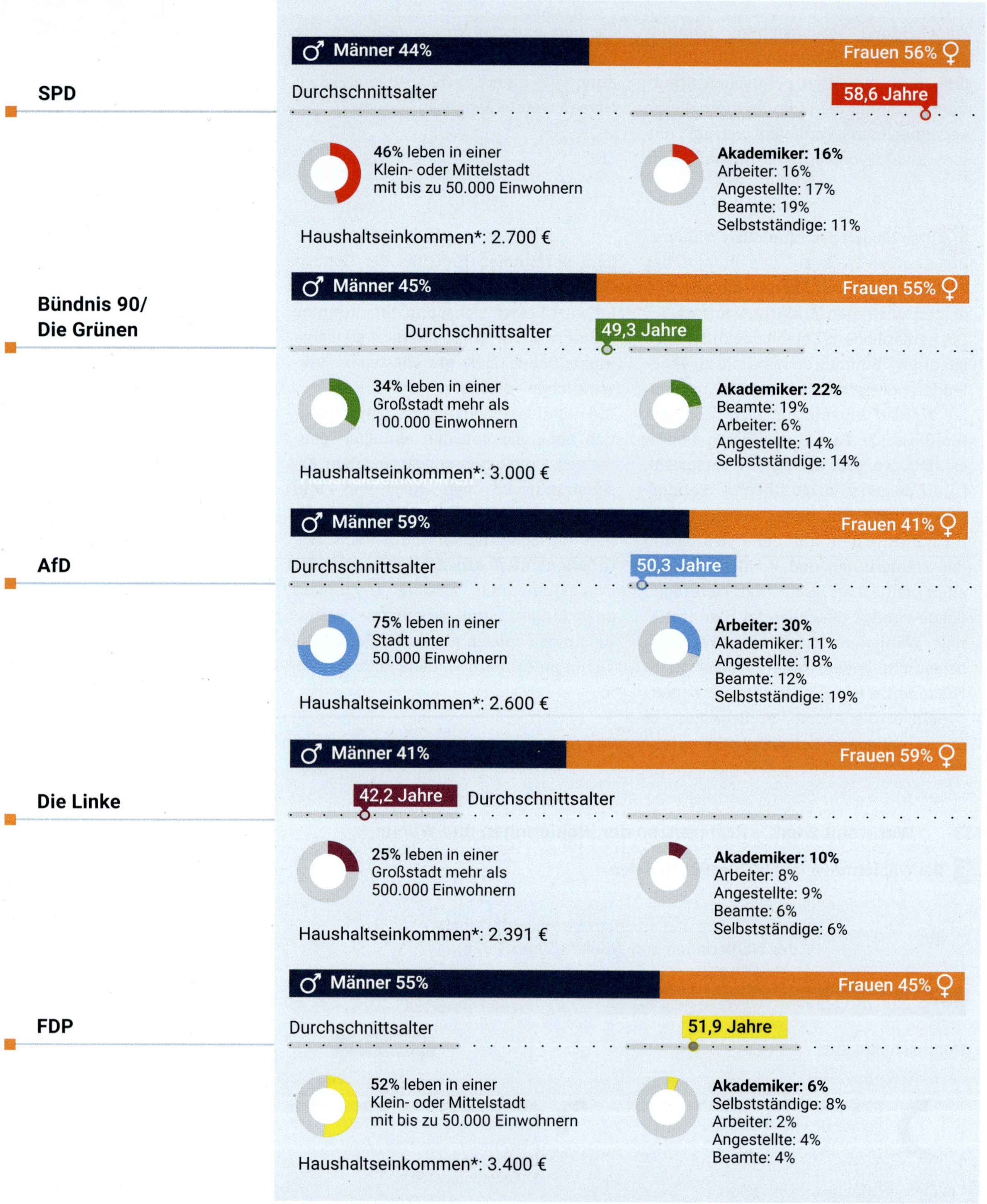

*Nach: Statista, 2017; Quelle: DIW Berlin; von Bearbeiter aktualisiert, Daten nach: Bundeswahlleiter, Forschungsgruppe Wahlen e.V. * Median-Nettoeinkommen*

B Welche Themen sind für die Wählerinnen und Wähler wichtig?

Umfrage: Wichtigste Probleme für Deutschland (Auswahl; Stand: November 2024)

Themengebiet	Winter 2022/2023	Frühjahr 2023	Herbst 2023	Herbst 2024
Einwanderung	15 %	24 %	44 %	35 %
Steigende Preise/Inflation/ Lebenserhaltungskosten	55 %	47 %	41 %	31 %
Wirtschaftliche Lage	11 %	13 %	13 %	16 %
Wohnungsbau/ Wohnungsbeschaffung	14 %	15 %	13 %	15 %
Die internationale Lage	11 %	11 %	13 %	14 %
Umwelt, Klimawandel	21 %	24 %	17 %	13 %
Bildungssystem	11 %	10 %	10 %	11 %
Renten	6 %	7 %	5 %	10 %
Staatsverschuldung	6 %	7 %	6 %	9 %
Kriminalität	5 %	6 %	5 %	8 %
Gesundheit	5 %	4 %	4 %	7 %
Energieversorgung	29 %	19 %	14 %	6 %
Terrorismus	1 %	2 %	3 %	5 %

Nach: Statista 2024; Zahlen nach: Europäische Kommission: Standard Eurobarometer 102; Details zur Umfrage: 10.10.2024 bis 31.10.2024; 1.542 Befragte; ab 15 Jahre

Die vollständige Übersicht mit allen von den Befragten genannten Themengebieten ist hier abrufbar:

72018-131

C Beeinflusst die Konfession die Wahlentscheidung?

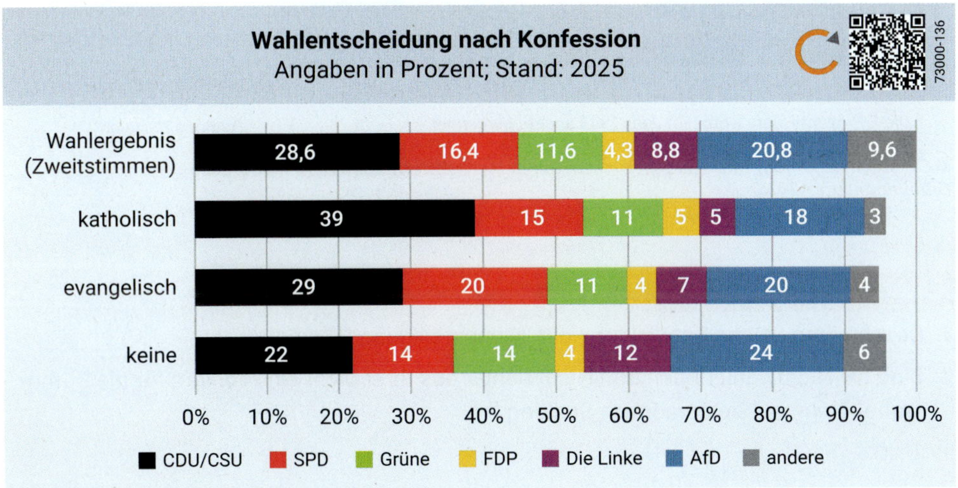

© C.C. Buchner Verlag, aktuelle Daten nach: Bundeswahlleiterin, Forschungsgruppe Wahlen (Datenerhebung: 2025; Grafikerstellung: 2025)

Aufgaben

72018-132

1. Erläutern Sie die unterschiedlichen Ansätze, mit denen Forscher das Wahlverhalten erklären wollen (**M2**).
2. Vergleichen Sie diese Erklärungsansätze mit Ihren eigenen Hypothesen (**M1, M2**).
3. Erklären Sie die Ergebnisse aus **M3**.

1.5.2 Ist Nichtwählen ein Problem für die Demokratie?

Zum Thema: Nicht alle Menschen machen von ihrem Wahlrecht Gebrauch. Viele interessieren sich auch überhaupt nicht für Politik. Umstritten ist immer wieder, wie viel Mitbestimmung und Engagement eine Demokratie durch ihre Bürger überhaupt braucht.

M4 Schwindende Beteiligung – ja und?

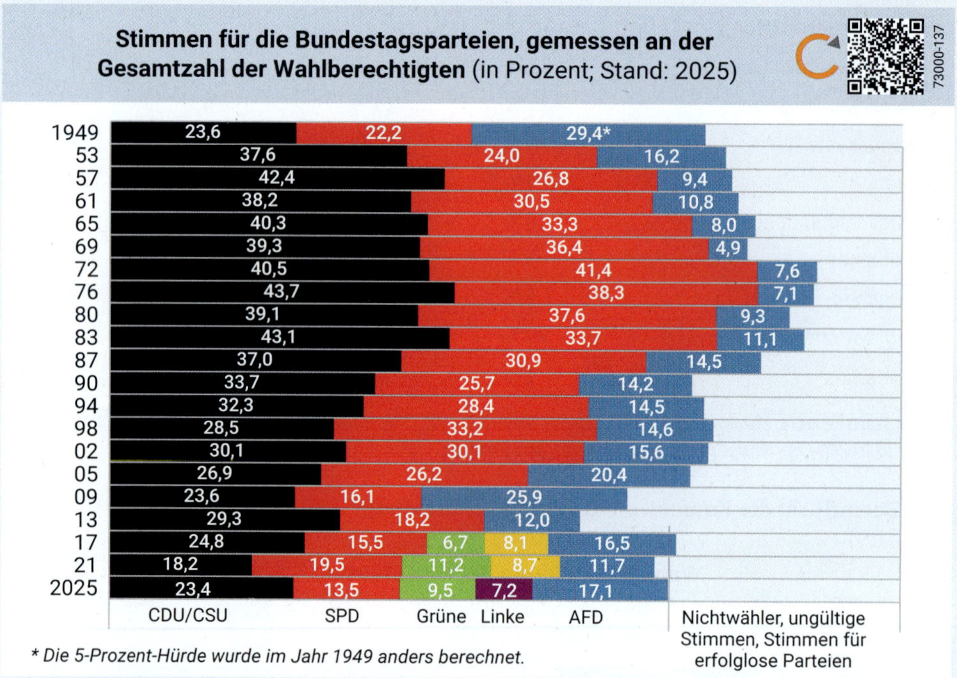

© C.C. Buchner Verlag, aktuelle Daten nach: Bundeswahlleiterin (Datenerhebung: 2025; Grafikerstellung: 2025)

Einstiegsaufgaben 72018-133

1. Beschreiben Sie die Entwicklung der Wahlbeteiligung (**M4**).
2. Sind die Nichtwählerinnen und Nichtwähler aus Ihrer Sicht ein Problem für die Demokratie? Nehmen Sie persönlich Stellung.

M5 Warum gehen viele Bürgerinnen und Bürger nicht zur Wahl?

Die Beteiligung der Bürgerinnen und Bürger der Bundesrepublik Deutschland an den Wahlen hat seit 1949 auf allen Ebenen des politischen Systems tendenziell abgenommen: Seit der Bundestagswahl 1983 hat sich die Nichtwählerzahl nahezu verdreifacht. Im internationalen Vergleich ist die Wahlbeteiligung in Deutschland immer noch relativ hoch, für die deutschen Verhältnisse bewegt sie sich jedoch auf einem ungewohnt niedrigen Niveau. Bei der Bundestagswahl 2013 lag der Nichtwähleranteil bei 28,5 Prozent.

Die Diskussion um die Wahlbeteiligung ist

in der Literatur keineswegs entschieden. Die einen sehen in der mäßig sinkenden Quote eine zunehmende Delegitimierung der Parteien bzw. des gesamten politischen Systems. Sie interpretieren die sinkende Wahlbeteiligung in den alten Bundesländern als Ausdruck von Protest. Als Ursachen werden genannt:

- Parteien- und Politikverdrossenheit,
- Unzufriedenheit mit dem politischen System,
- soziale und wirtschaftliche Unzufriedenheit,
- wachsende Ungleichheit.

Wählen gilt nicht mehr als „Bürgerpflicht", Parteibindungen nehmen ab. Die Zahl derer, die sich unabhängig und kurzfristig entscheiden, steigt indes von Wahl zu Wahl. Für andere wiederum ist eine niedrigere Wahlbeteiligung ein Zeichen für Zufriedenheit. So gesehen, spiegelt die sinkende Wahlbeteiligung – nach dieser Argumentation – einen Normalisierungstrend wider.

Die demokratietheoretische oder normative Diskussion erschließt sich recht gut über die jeweils zugrundeliegenden Positionen. Zwei Grundmuster spielen hierbei eine Rolle: Zum einen geht es um den Grundkonflikt repräsentative oder direkte Demokratie, zum anderen um den Gegensatz reformorientiert (Grundstimmung eher unzufrieden) oder Status-quo-orientiert (Grundstimmung eher zufrieden). [...]

Die empirischen Befunde bewegen sich dabei auf zwei Ebenen. Zunächst zeigt der Vergleich mit der momentanen Situation in anderen Demokratien, dass die deutschen Beteiligungsquoten keineswegs in bedrohlicher Weise abgenommen haben. Im Allgemeinen wird vielmehr hervorgehoben, dass inzwischen auch die Deutschen ihre „Untertanenmentalität" der Fünfzigerjahre abgebaut und alte Werte hierbei an Bedeutung verloren haben. Dies gilt natürlich auch für die sogenannte Wahlpflicht. Die Modernisierungs- und die Individualisierungsprozesse schlagen auf das Wahlverhalten durch. Nichtwahl, Protestwahl und Parteienwechsel werden durchaus zu akzeptierten Alternativen. Wahlverhalten, Partizipationsverhalten und politische Kultur sind in einem Zusammenhang zu sehen.

Weiterhin gelang es inzwischen, Nichtwählertypen zu identifizieren und vorsichtig zu quantifizieren: Neben den Verdrossenen und mit der Politik Unzufriedenen existieren Gruppen, in deren Leben Politik kaum oder lediglich eine geringe Rolle spielt, etwa saturierte Mittelschichten, junge Individualisten oder auch gesellschaftliche Randgruppen.

Der Anstieg der Nichtwahl hat seine Gründe. So waren im Jahr 2010 zwar 89 Prozent der Befragten der Meinung, dass die Demokratie eine gute Regierungsform sei. Die Demokratiepraxis, also die Art und Weise, wie Demokratie in Deutschland funktioniert, bewertete mit 49 Prozent allerdings nur weniger als die Hälfte der Befragten positiv (Deutschland-Trend Juli 2010). Trotzdem kann von einem generellen Desinteresse der Gesellschaft an der Politik nicht die Rede sein. Die junge, heranwachsende Generation engagiert sich zwar weniger in politischen Parteien, dafür aber verstärkt bei Nichtregierungsorganisationen wie Attac oder Greenpeace. Das Politische stirbt nicht aus, aber es wandert aus.

Korte, Karl-Rudolf: Wahlen in Deutschland. Grundsätze, Verfahren und Analysen. Bonn: Bundeszentrale für politische Bildung 2017, S. 117 ff.

Aufgaben

72018-134

1. Erläutern Sie, weshalb die Wahlbeteiligung seit einigen Jahrzehnten abgenommen hat (**M5**).
2. Seit 2009 ist die Wahlbeteiligung bei der Bundestagswahl von 70,8 % auf 85,2 % (2025) gestiegen. Formulieren Sie Hypothesen, warum dieser Anstieg erfolgt sein könnte.

1.5.3 Ist soziale Ungleichheit ein Problem für die Demokratie?

Zum Thema: Das politische Engagement ist in unserer Gesellschaft ganz unterschiedlich ausgeprägt. Manche politischen Beobachter behaupten sogar, es gäbe einen Teufelskreis aus Bildungsabschluss und politischer Beteiligung. Stimmt das denn?

M6 Wer hat sich schon einmal an politischen Aktivitäten beteiligt?

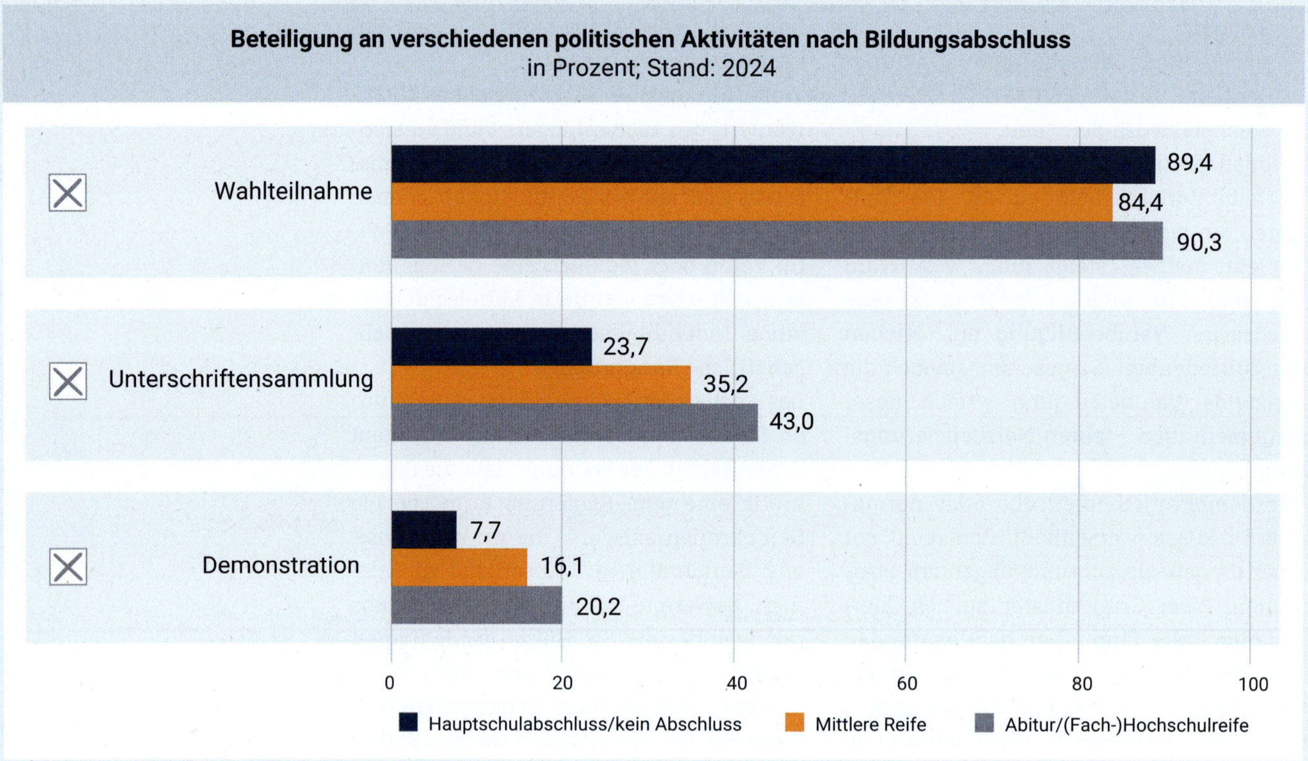

Nach: Bundeszentrale für politische Bildung, www.bpb.de/Wissenschaftszentrum Berlin für Sozialforschung, www.wzb.eu, 2026, Lizenz: cc by-nc-nd/3.0/de/; Zahlen: European Social Survey (ESS), Welle 11 (2023), Berechnungen: Clara Agusti Sanahuja, Zentrum für Zivilgesellschaftsforschung (FU/WZB Berlin)

Einstiegsaufgaben 72018-135

1. Fassen Sie das Ergebnis aus **M6** zusammen.
2. Erörtern Sie die Frage, ob soziale Ungleichheit ein Problem für die Demokratie darstellt.

M7 Warum hängt die politische Beteiligung von Bildung ab?

„Decisions are made by those who show up." So lautet das Credo demokratischer Beteiligung, das dem amerikanischen Präsidenten Harry S. Truman zugeschrieben wird. Frei übersetzt bedeutet es: Entscheidungen werden von denjenigen getroffen, die sich daran beteiligen. So banal dieser Satz klingt, verweist er doch auf eine we-

sentliche Errungenschaft moderner Demokratien: Alle Bürgerinnen und Bürger eines Landes werden an den politischen Entscheidungen, die das Gemeinwohl betreffen, beteiligt: Sie haben das Recht, in freien Wahlen über die Zusammensetzung des Parlamentes oder der Regierung mitzubestimmen, die dann stellvertretend für sie die politischen Programme entwerfen und auf den Weg bringen. Dabei ist der Gang zur Wahlurne alle paar Jahre längst nicht die einzige Möglichkeit, Einfluss zu nehmen. Denn alle Bürgerinnen und Bürger können selbst Mitglied einer Partei werden und deren Wahlprogramme und politische Forderungen direkt mitbestimmen, vorausgesetzt, sie nehmen an den Sitzungen und Diskussionen der Partei teil. Über diese klassischen Formen der Beteiligung hinaus können sie aber auch politischen Verbänden und Initiativen beitreten, beispielsweise Umweltschutzverbänden oder lokalen Bürgerinitiativen. Oder sie engagieren sich eher temporär, etwa in Demonstrationen, Flashmobs oder Onlinekampagnen. [...]
[Die Bürgergesellschaft] bildet das Rückgrat einer liberalen Gesellschaft, denn mit all ihren Initiativen, Parteien und Vereinigungen ist sie gewissermaßen der „Ort", an dem sich die Bürgerinnen und Bürger eines Landes über politische Sachfragen sowie unterschiedliche Normen und Werte verständigen können. Die demokratische Bürgergesellschaft ist allerdings darauf angewiesen, dass alle Bürgerinnen und Bürger aktiv mitwirken können. Denn sie baut auf dem Prinzip der demokratischen Herrschaft auf, in dem die Interessen aller Mitglieder eines Gemeinwesens berücksichtigt werden sollen. Wenn aber die Bedürfnisse einzelner Bevölkerungsteile immer wieder auf Kosten anderer durchgesetzt werden oder die Hürden für die politische Beteiligung bestimmter Bevölkerungsgruppen zu hoch sind, dann wird das Prinzip der politischen Gleichheit verletzt. Über kurz oder lang entsteht daraus ein ernstes Legitimationsproblem für die Demokratie, denn die politischen Entscheidungen können nicht mehr auf die Herrschaft des Volkes, also prinzipiell aller Bürgerinnen und Bürger, zurückgeführt werden.
Gemessen an ihrem Ideal steht die Bürgergesellschaft in Deutschland heute vor großen Herausforderungen: Einerseits hat sich die Schere zwischen Arm und Reich seit den 1970er Jahren weit geöffnet und damit die soziale Ungleichheit zugenommen. Andererseits ist nach den Einwanderungswellen der letzten Jahrzehnte auch die kulturelle Vielfalt gewachsen. Dabei haben sich

Politisches Interesse 2018 nach Bildungsstand auf dem ersten Bildungsweg und mit nachgeholtem Studienabschluss (Stand: 2023)

73000-237

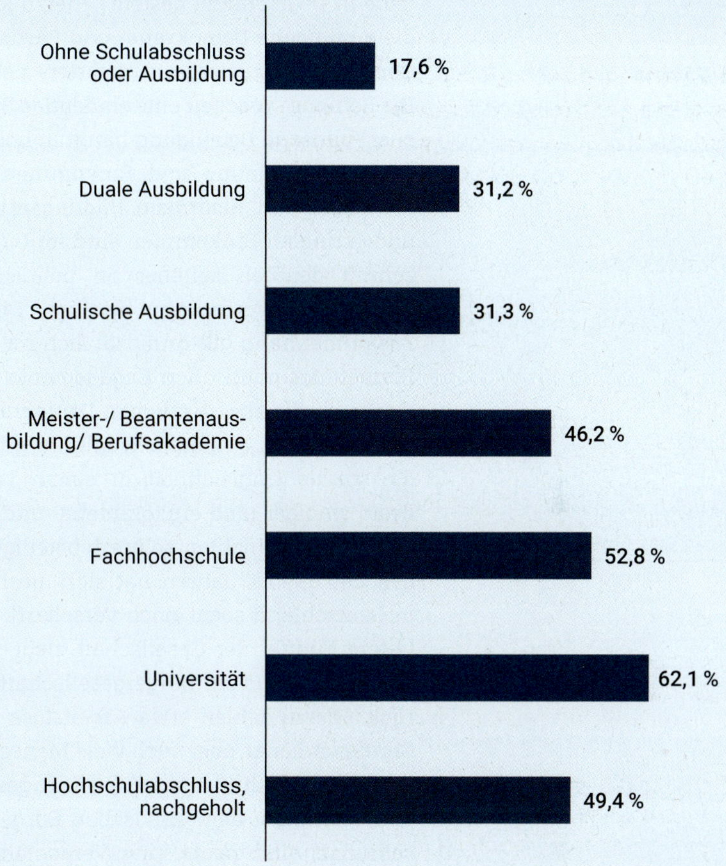

Dargestellt werden die durchschnittlichen vorhergesagten Wahrscheinlichkeiten (Predictive Margins) für das politische Interesse einer Person nach ihrem Bildungsstand. Der einfache Zusammenhang stellt die Beziehung zwischen dem Bildungsstand und dem politischen Interesse dar.

© C.C. Buchner Verlag, aktuelle Daten nach: BMBF (Datenerhebung: 2018; Grafikerstellung: 2023)

Weitere Grafiken zur Beteiligung an verschiedenen politischen Aktivitäten nach Bildungsabschluss und Altersgruppen

72018-148

die sozialen und kulturellen Milieus teils stark auseinanderentwickelt und grenzen sich zunehmend voneinander ab. [...] Doch wie ist es aktuell um die politische Teilhabe in Deutschland bestellt? Hierzu kann die empirische Demokratie- und Partizipationsforschung einige Antworten geben. Die Befunde sprechen eine eindeutige Sprache: Politische Beteiligung hängt in hohem Maße von Bildung und Einkommen ab. Menschen mit niedrigem Bildungsniveau und geringem Einkommen sind im Durchschnitt deutlich seltener an politischen Entscheidungsprozessen beteiligt. Dieser Zusammenhang gilt grundsätzlich für alle Formen des politischen Engagements und lässt sich für alle westlichen Demokratien nachweisen. [...] Allgemein gilt: Je größer die soziale Ungleichheit in einem Land, desto weniger sind einkommens- und bildungsarme Schichten politisch beteiligt.

Seit den 1990er Jahren hat sich die Lage in Deutschland sogar noch verschärft: Das untere Fünftel der Gesellschaft zieht sich zunehmend aus der Bürgergesellschaft zurück. Hierzu zählen etwa Arbeitslose und Geringverdiener, aber auch viele Menschen mit Migrationshintergrund. [...] Kurz gesagt: Weite Teile der demokratischen Bürgergesellschaft sind heute eine Veranstaltung gut gebildeter und relativ einkommensstarker Bevölkerungsschichten, deren Interessen sich in der Regel erheblich von denen ärmerer Schichten unterscheiden.

Bildung ist in vielerlei Hinsicht entscheidend für die Lebens- und Teilhabechancen der Menschen in unserer Gesellschaft. Nicht nur die zukünftigen Berufsmöglichkeiten, das Einkommen oder etwa das Risiko, arbeitslos zu werden, hängen hierzulande stark vom erreichten Bildungsabschluss ab, sondern auch die Möglichkeit, am gesellschaftlichen Leben zu partizipieren – nicht zuletzt in politischen Belangen. [...] Ob sich ein Mensch politisch engagiert oder nicht, hängt von weiteren Faktoren ab. So wird die Bereitschaft des Einzelnen hierfür bereits früh im familiären Umfeld geprägt. Politisches Interesse – eine Grundbedingung für jegliches politisches Engagement – muss zunächst einmal geweckt werden. In weniger privilegierten sozialen Schichten ist die Wahrscheinlichkeit höher, dass es in der Familie bereits geringes Interesse an Politik gibt oder Vorbehalte bestehen. [...] Ebenso prägen die Schule oder der Freundeskreis das eigene gesellschaftliche und politische Engagement. Personen aus dem sozialen Umfeld können über Gelegenheiten zum Engagement informieren und zum Mitmachen motivieren. Wie die Forschung zeigt, erhöht sich die Wahrscheinlichkeit, an einer Demonstration teilzunehmen, um ein Vielfaches, wenn Menschen wissen, dass andere aus ihrem nahen Umfeld – etwa eine Freundin oder ein Freund – ebenfalls dabei sind. Auch in diesem Zusammenhang spielt Bildung eine Rolle: Denn erwiesenermaßen setzt sich der eigene Bekanntenkreis eher aus Personen zusammen, die einen ähnlichen Bildungshintergrund haben wie man selbst. [...] Politisches Handeln ist insofern keineswegs eine angeborene Fähigkeit, sondern das Ergebnis eines komplexen Sozialisationsprozesses, der in der Familie beginnt und sich im Verlauf des Lebens in der Schule, der späteren Ausbildungsstätte und dem weiteren sozialen Umfeld fortsetzt.

Bödeker, Sebastian: Die ungleiche Bürgergesellschaft – Warum soziale Ungleichheit zum Problem für die Demokratie wird. In: www.bpb.de, 13.08.2014

Aufgaben

72018-136

1. „Politisches Interesse und Engagement wird vererbt!" Überprüfen Sie die These mithilfe von **M7**.
2. Entwerfen Sie einen 5-Punkte-Plan, der zum Ziel hat, das politische Engagement bildungsferner Schichten zu erhöhen.

1.5.4 Kann ein Wahlrecht politisch sein?

Zum Thema: „Das Heil der Demokratien, von welchem Typus und Rang sie immer seien, hängt von einer geringfügigen technischen Einzelheit ab: vom Wahlrecht. Alles andere ist sekundär." (José Ortega y Gasset, spanischer Philosoph und Soziologe, 1956). Wenn das stimmt, dann ist das Wahlrecht hoch politisch. Warum denn?

M8 Gleiche Stimmverteilung – andere Sitzverteilung: eine Simulation zur Bundestagswahl

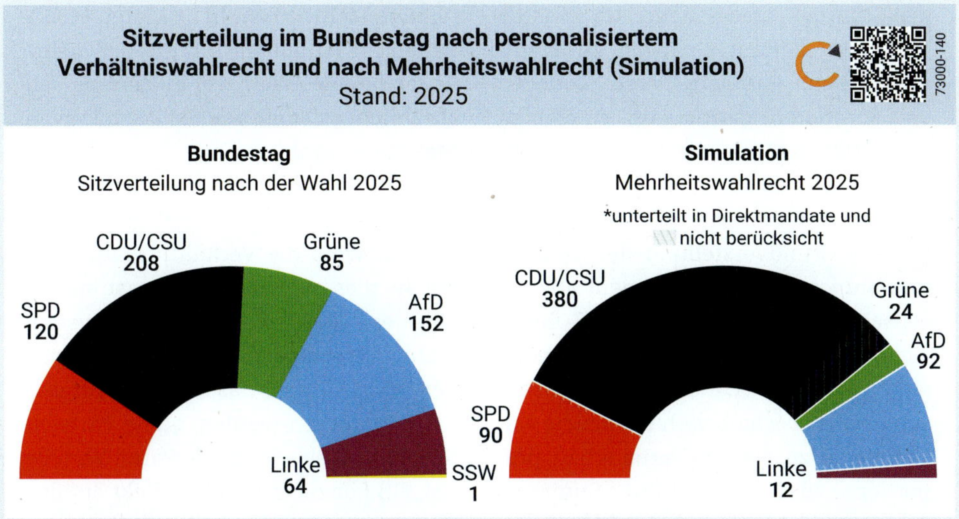

©C. C. Buchner Verlag, aktuelle Daten nach: Bundeswahlleiterin, eigene Berechnungen (Datenerhebung: 2025; Grafikerstellung: 2025)

Erklärung zur Simulation des Mehrheitswahlrechts
Es wird angenommen, dass lediglich die in den 299 Wahlkreisen nach der relativen Mehrheitswahl direkt gewählten Abgeordneten einen Sitz im Parlament erhalten. Um die Zahl der Abgeordneten vergleichen zu können, werden diese Sitze doppelt gezählt. Unberücksichtigt bleiben muss, dass auch das Wahlsystem die Wahlentscheidung der Wähler beeinflusst.

Einstiegsaufgaben 72018-137

1. Beschreiben Sie die unterschiedlichen Ergebnisse der beiden Wahlsysteme (**M8**).
2. Sammeln Sie Vor- und Nachteile der beiden Wahlrechtssysteme.

M9 Welche Wahlsysteme gibt es?

1 Bei der **relativen Mehrheitswahl** wird das Wahlgebiet in so viele Wahlkreise unterteilt, wie Abgeordnete zu wählen sind. Jeder Wahlkreis wählt eine/-n Abgeordnete/-n. Man spricht daher von Einpersonenwahlkreisen. Der Wähler bzw. die Wählerin hat eine Stimme pro Kandidat oder Kandidatin. Wer von diesen mehr Stimmen als jede/-r andere der Mitbewerber/-innen (das heißt die relative Mehrheit) auf sich vereinigt, zieht in das Parlament ein. Die Stimmen für die unterlegenen Kandidaten/Kandidatinnen gehen verloren (es gilt also das „The winner takes it all"-Prinzip). Die Zusammensetzung des Parlaments ist leicht durchschaubar, da sich in der Regel klare Mehrheiten bilden. Die relative Mehrheitswahl hat insofern einen „mehrheitsbildenden Effekt".

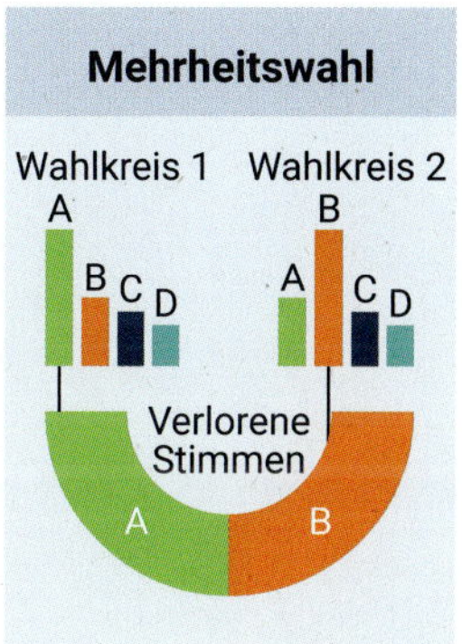

Länderbeispiel für die relative Mehrheitswahl: Großbritannien

72018-138

Länderbeispiel für die absolute Mehrheitswahl: Frankreich

72018-139

Verhältniswahl

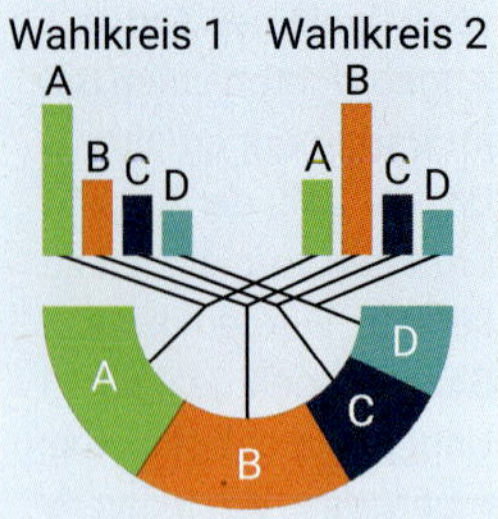

2 Bei der **absoluten Mehrheitswahl** wird wie bei der relativen Mehrheitswahl in Einpersonenwahlkreisen gewählt. Ein Kandidat oder eine Kandidatin schafft im ersten Wahlgang den Einzug ins Parlament allerdings nur, wenn er oder sie die absolute Mehrheit (also mehr als 50 Prozent der Stimmen) erringt. Da dies selten gelingt, fällt gewöhnlich ein zweiter Wahlgang an. In ihm ist dann die relative Mehrheit der Stimmen ausreichend. Im zweiten Wahlgang kommt es meist zu Wahlabsprachen. Parteien, deren Chancen von vornherein gering sind, empfehlen ihrer Wählerschaft die Wahl eines ihnen genehmen und aussichtsreichen Kandidaten oder einer Kandidatin. Die Wahlempfehlungen signalisieren meist, welche Parteien miteinander koalieren würden. In Frankreich sind zum zweiten Wahlgang nur Kandidaten bzw. Kandidatinnen zugelassen, denen im ersten Wahlgang mindestens 12,5 Prozent der eingeschriebenen Wählerinnen und Wähler ihre Stimme gegeben haben. Die absolute Mehrheitswahl soll wie die relative Mehrheitswahl zu klaren Mehrheiten im Parlament führen. Der mehrheitsbildende Effekt ist in diesem Fall aber nicht so stark wie bei der relativen Mehrheitswahl.

3 Die Grundvorstellung der **Verhältniswahl** ist, dass im Parlament alle gesellschaftlichen Gruppen gemäß ihrem Anteil an Wählerstimmen vertreten sind. Es soll die „Landkarte" der Gesellschaft sein. Deshalb verhält sich die Anzahl der Sitze, die jede Partei erhält, proportional zu der Anzahl ihrer Stimmen. So gehen nicht wie bei der Mehrheitswahl Stimmen verloren. Sie zählen alle gleich und haben den gleichen Erfolgswert. Obwohl die Verhältniswahlsysteme in diesem Punkt übereinstimmen, gibt es „das" Verhältniswahlsystem nicht. Verschiedene Regelungen können dazu führen, dass kleine Parteien ausgeschlossen werden, große Parteien Vorteile haben, die größte Partei Vorteile hat, ein konzentrierender Effekt auf das Parteiensystem eintritt [und] die parlamentarische Mehrheitsbildung durch eine Partei gefördert wird.

Korte, Karl-Rudolf: Wahlen in Deutschland. Grundsätze, Verfahren und Analysen. Bonn: Bundeszentrale für politische Bildung 2017, S. 21 ff.

M10 Wie wirken sich Wahlsysteme auf die Politik und das politische System aus?

Ob Mehrheitswahl oder Verhältniswahl: Das jeweilige Wahlrecht bestimmt, ob und wie die Wählerstimmen in Mandate umgewandelt werden. Damit beeinflusst es die Wahlentscheidung der Wählerinnen und Wähler. [...] Wahlsysteme wirken grundsätzlich in zwei Richtungen:

a) im Nachhinein („mechanischer Faktor"): Die Regelungen des Wahlrechts bestimmen, ob und wie die Stimmen der Wählerinnen und Wähler in Mandate umgewandelt werden. Beispiele:

- Die FDP scheiterte bei der Bundestagswahl 2013 an der Fünfprozenthürde. Sie erhielt daher keine Sitze im Bundestag.
- Die Liberal Democrats gewannen bei den Wahlen zum britischen Unterhaus am 6. Mai 2010 insgesamt 23 Prozent der Stimmen. Da sie eine Stimmenmehrheit nur in 57 Wahlkreisen erreichten, stellten sie mit 57 Abgeordneten nur 8,8 Prozent der Mitglieder des Unterhauses.

b) im Voraus („psychologischer Faktor"): Bestimmte Regelungen des Wahlrechts führen dazu, dass kleine Parteien bei der Vergabe von Mandaten unberücksichtigt

bleiben. Die Stimmen, die sie erhalten haben, gehen verloren. Doch Wählerinnen und Wähler verschenken normalerweise ungern ihre Stimme. Sie entscheiden sich für aussichtsreichere Kandidaturen.
Das Wahlrecht formt die Wahlentscheidung mit: So würden etwa die Liberal Democrats in Großbritannien bei einer Verhältniswahl mit ziemlicher Sicherheit wesentlich höhere Stimmenanteile erzielen.

Korte, Karl-Rudolf: Wahlen in Deutschland. Grundsätze, Verfahren und Analysen. Bonn: Bundeszentrale für politische Bildung 2017, S. 35 ff.

Auswirkungen des Wahlverfahrens im Überblick

tendenzielle Auswirkungen	Mehrheitswahl	Verhältniswahl
Zweiparteiensystem	ja	nein
parlamentarische Mehrheit einer Partei	ja	nein
stabile Regierungen	ja	nein
Disproportionalitäten/Bias	ja	nein
Koalitionsregierungen	nein	ja
Begünstigung des Regierungswechsels	ja	nein
Politische Verantwortung kann eindeutig zugerechnet werden.	ja	nein
gerechte Repräsentation	nein	ja
Chancen für neue politische Strömungen	nein	ja

Nach: Korte, Karl-Rudolf: Auswirkungen von Wahlsystemen. In: www.bpb.de, 02.06.2017

Hinweis zu den Auswirkungen
Die Angaben sind zur Vereinfachung verallgemeinert bzw. sie bilden eine Tendenz ab. So ist es nicht ausgeschlossen, dass eine Partei in einem Verhältniswahlsystem eine parlamentarische Mehrheit erlangt. Ebenso kann es vorkommen, dass auch in einem Mehrheitswahlsystem Koalitionen gebildet werden.

M11 Wie funktioniert das deutsche Wahlrecht?

A Wie war das Wahlverfahren zum Deutschen Bundestag vor der Reform 2023?

Das bei den Wahlen zum Deutschen Bundestag angewandte Wahlrecht lässt sich nach seinen entscheidenden Merkmalen als „personalisiertes Verhältniswahlrecht" bezeichnen. Es verbindet Elemente der Personen- und der Listenwahl, der Mehrheits- und der Verhältniswahl zu einem Mischsystem [...]. [...] Bei der Bundestagswahl verfügt jeder Wähler über zwei Stimmen. Mit der Erststimme entscheidet er sich für einen der Bewerber, die in seinem Wahlkreis persönlich kandidieren. Gewählt ist in jedem Wahlkreis der Kandidat oder die Kandidatin mit der größten Stimmenzahl (relative Mehrheitswahl). [...] Für die endgültige Sitzverteilung zwischen den Parteien und damit für das politische Kräfteverhältnis im Bundestag ist jedoch die Zweitstimme ausschlaggebend. Mit ihr unterstützt der Wähler die Landesliste einer politischen Partei. [...] Um eine Zersplitterung der politischen Kräfte zu vermeiden, kommen bei der Mandatsverteilung allerdings nur diejenigen Parteien zum Zuge, die mindestens 5 Prozent der bundesweit abgegebenen gültigen Zweitstimmen oder aber drei Wahlkreismandate (Direktmandate) errungen haben
[= Grundmandatsklausel]. Nur die Parteien nationaler Minderheiten sind von dieser Sperrklausel ausgenommen.
Auf die Zahl der Sitze, die einer Partei in einem Land nach dem Zweitstimmenanteil zufallen, werden die Direktmandate angerechnet, die von den Kandidaten der Partei in diesem Land erobert wur-

den. Die dann noch zu vergebenden Sitze werden aus der Landesliste in der dort festgelegten Reihenfolge besetzt. Erhält eine Partei in einem Bundesland mehr Direktmandate, als ihr nach der Verteilung der Zweitstimmen zustünden, bleiben ihr diese so genannten Überhangmandate erhalten. Die übrigen Parteien erhalten dafür in einem komplizierten Verfahren so viele Ausgleichsmandate zugewiesen, dass die Zusammensetzung des vergrößerten Bundestages insgesamt wieder dem Verhältnis der Zweitstimmen auf Bundesebene entspricht.

Nach: Bergmoser + Höller Verlag AG, Zahlenbilder 86010

Grafik: Auswirkungen der Wahlrechtsreform am Beispiel der Sitzverteilung nach der Bundestagswahl 2021

72018-140

Die Wahlrechtsreform 2023 vor dem Bundesverfassungsgericht

72018-141

B Wahlrechtsreform zur Verkleinerung des Bundestages beschlossen

Mit der Neuregelung wollen die Koalitionsfraktionen die Zahl der Bundestagsmandate künftig verlässlich auf 630 begrenzen. Dazu sehen sie einen Verzicht auf die bisherige Zuteilung sogenannter Überhang- und Ausgleichsmandate vor. Dies könnte dazu führen, dass künftig nicht alle Direktkandidaten, die in ihrem Wahlkreis die meisten Erststimmen erhalten, in das Parlament einziehen. [...] Dem Gesetzesbeschluss zufolge soll es wie bisher 299 Wahlkreise und zwei Stimmen geben. Dabei wird mit der Zweitstimme, mit der die Wähler für eine Parteiliste votieren können, über die proportionale Verteilung der Mandate an die Parteien entschieden. Mit der Erststimme können wie bisher in den Wahlkreisen Direktkandidaten gewählt werden. Ihnen wird ein Mandat jedoch nur zugeteilt, wenn dies durch das Zweitstimmenergebnis gedeckt ist. Stellt eine Partei in einem Bundesland mehr Wahlkreissieger als ihrem Zweitstimmenergebnis entspricht, sollen – in der Reihenfolge ihrer Ergebnisse bei den Wahlkreisstimmen – entsprechend weniger von ihnen bei der Mandatszuteilung berücksichtigt werden. [...] [Eine weitere vorgesehene Änderung war der Wegfall der Grundmandatsklausel. Sie sieht vor, dass eine Partei auch dann entsprechend ihrem Zweitstimmenergebnis im Bundestag vertreten ist, wenn sie weniger als fünf Prozent der Zweitstimmen errungen hat, aber mindestens drei Direktmandate gewinnen konnte. Das Bundesverfassungsgericht entschied jedoch, dass die Grundmandatsklausel weiterhin bestehen bleibt (→ QR-Code in der Randspalte)].

Deutscher Bundestag: Wahlrechtsreform zur Verkleinerung des Bundestages beschlossen. In: www.bundestag.de, 17.03.2023

M12 Wahlrechtsreform 2023: eine richtige Entscheidung?

Bevor das Bundesverfassungsgericht über die Klagen gegen die Wahlrechtsreform urteilte, herrschte zwar weitgehende Einigkeit über das Ziel der Verkleinerung des Bundestags, jedoch nicht über den Weg dahin. Der Staatsrechtler Ulrich Battis gibt in einem Interview mit dem Magazin Cicero seine Auffassung wieder.

Bearbeiter

Weswegen brauchen wir überhaupt eine Wahlrechtsreform?

Die große Anzahl an Abgeordneten ist einfach kontraproduktiv. Das Parlament in China ist nur geringfügig größer als unseres. Dabei vertreten diese deutlich über eine Milliarde Menschen. Außerdem ist der Bundestag ein Arbeits-Parlament, das nicht nur zum Abnicken da ist. In Ausschüssen mit 60 Mitgliedern kann man einfach nicht so effektiv arbeiten, wie in solchen mit 30. [...] Demokratische Parlamente brauchen eine überschaubare Größe und von dieser hat sich der Bundestag in den letzten Jahren weiter entfernt. [...]

Herr Battis, vor über drei Jahren haben Sie einen Aufruf zur Verkleinerung des Bundestages mitunterzeichnet. Erfüllt die [...]

Reform diesen Zweck?

Der Aufruf, den Bundestag zu verkleinern, ist aktueller denn je. Die Reform folgt also dem richtigen Ziel, doch in der Ausgestaltung ist noch einiges zu ändern.

Was müsste geändert werden?

Die Bedenken von Seiten der CDU/CSU, die mit der Kappung der Direktmandate zusammenhängen, müssen gehört werden. Es gibt nun mal sehr gewichtige Stimmen, die sagen, dass die Wahlrechtsreform ein Verstoß gegen den Wahlgleichheitssatz darstellen würde. Für die Verfassung und juristische Bewertung spielt es auch keine Rolle, ob effektiv drei oder sechs Wahlkreissieger wegfallen.

Wird [die Reform] vor dem Bundesverfassungsgericht Bestand haben?

Eine Reform, die möglicherweise alle direkt gewonnen CSU-Mandate verschwinden ließe, würde vom Bundesverfassungsgericht, meiner Meinung nach, kassiert werden. Hier besteht ein Verstoß gegen den Gleichheitsgrundsatz und gegen das demokratische Prinzip. Man kann keine Wahlen veranstalten und dem Wähler im Anschluss sagen, dass diese keine Auswirkungen haben werden. Ich halte eine solche Reform für politisch höchst fragwürdig und meiner Meinung nach auch für verfassungsrechtlich illegitim.

Ist die Kappung der Direktmandate der wesentliche Fehler des Entwurfs?

Der Vollständigkeit halber muss man sagen, dass diese Instrumente von den Gutachtern vorgeschlagen wurden, die die CDU/CSU selber ernannt hat. Damals hat man natürlich eher an die Partei Die Linke gedacht und nicht daran, dass einem das selber auf die Füße fallen könnte. Wenn die CSU beispielsweise alle Direktmandate in Bayern gewinnen würde, aber auf Bundesebene unter fünf Prozent bliebe, hätte sei keinen einzigen Sitz im Bundestag. Das kann man dem Wähler nicht erklären.

Diese Verteilung würde aber dem Verhältniswahlrecht entsprechen?

Natürlich könnte man das so argumentieren, dass man jetzt das reine Verhältniswahlrecht einführen will. Die Direktmandate wären dann bloße Vorauswahlen, vergleichbar einer Umfrage. Aber das funktioniert nicht. Dem Bürger wird nämlich etwas anderes als eine Vorauswahl vorgespiegelt und der Wahlkampf ist auch anders ausgerichtet. Deswegen glaube ich nicht, dass man damit durchkommt.

Ulrich Battis ist Staatsrechtler und Rechtsanwalt. Er lehrte von 1993 bis zu seiner Emeritierung 2009 als Universitätsprofessor an der Humboldt-Universität zu Berlin.

Wie könnte die CDU/CSU diesem Problem begegnen?

Eine Listenverbindung der CDU/CSU würde das Problem lösen und wäre wahrscheinlich auch umzusetzen. Dagegen wird oft mit dem Verbot der Listenverbindung des Bundesverfassungsgerichts von 1990 argumentiert. Allerdings war diese Wahl vor dem Hintergrund der geteilten Wahlbereiche eine besondere. Es gab natürlich immer schon verfassungsrechtliche Vorbehalte dagegen, dass CDU und CSU im Bundestag als zwei Parteien, aber als eine Fraktion auftreten. Man schadet allerdings mit der aktuellen Reform zwangsläufig der gelebten Demokratie.

Können sie den Schaden [durch die Kappung der Direktmandate bzw. den Wegfall der Überhangmandate] genauer erklären?

Wenn man die Überhangsmandate kappt, würde in den Wahlkreisen, in denen intensiver Wahlkampf stattfindet, Wichtiges verloren gehen. Es gibt gewisse Gebiete in München oder Berlin, in denen die Wahlentscheidungen immer knapp ausfallen und dort herrscht dadurch die intensivste Form der Partizipation. In den Wahlkreisen, in denen eine Partei einen Besenstiel als Kandidaten aufstellen kann und dennoch gewählt wird, erhält sie Mandate. In den Wahlkreisen mit knappen Ergebnissen hingegen bleiben die Wahlen ohne realpolitische Auswirkungen. Das ist demokratisch höchst unbefriedigend. [...] Bei solchen Entscheidungen dann von einer Vorauswahl zu sprechen, verspottet die Wähler.

Müssen wir uns nicht irgendwann doch eindeutig zwischen dem Mehrheits- und dem Verhältniswahlrecht entscheiden?

Beide Wahlformen wären rechtlich alleinstehend möglich. Ein reines Mehrheitswahlrecht wird bei uns nicht eingeführt werden, da es die kleineren Parteien wie die Grünen und die FDP schwächen und damit Koalitionspartner wegnehmen würde. Das Beispiel von Churchill, der 1945 nach gewonnenem Weltkrieg abgewählt wurde, obwohl er mehr Stimmen hatte, zeigt die Probleme des Mehrheitswahlrechts sehr deutlich.

Sehen wir dann bald ein reines Verhältniswahlrecht?

Dafür müsste man dann alle Direktkandidaten von den Wahllisten streichen. Die aktuelle Mischvariante beizubehalten wäre besser. Man muss beachten, dass die Fünf-Prozent-Klausel und die Grundmandatsklausel vom Bundesverfassungsgericht akzeptiert wurden. Diese Regelungen widersprechen der Lehre des Verhältniswahlrechts eklatant, dennoch sind sie gut. Jetzt hier an der Grundmandatsklausel zu schrauben, zu diesem Preis für die Union, halte ich für problematisch.

Was würde bei reinen Verhältniswahlen noch verloren gehen?

Wahlen sind eben nicht nur ein Rechenexempel. Bei reinen Verhältniswahlen wird übersehen, dass Demokratie auch von Engagement und politischen Diskussionen lebt. Die Abgabe der Stimmen für Direktkandidaten sind eben nicht nur Umfragen, sondern sie haben einen anderen Wert, einen eigenen Wert für die Demokratie.

Huber, Felix: „Ein Verstoß gegen das demokratische Prinzip". Interview mit dem Staatsrechtler Ulrich Battis. In: www.cicero.de, 17.03.2023

Aufgaben

72018-142

1. Erklären Sie das Ergebnis der Simulation (**M8**) mithilfe von **M9**.
2. Erläutern Sie die Auswirkungen des Wahlsystems auf ein politisches System (**M10**) und vergleichen Sie diese Ergebnisse mit Ihren Annahmen aus Einstiegsaufgabe 2.
3. Erklären Sie, weshalb kleine Parteien oft sogenannte „Zweitstimmenkampagnen" im Wahlkampf betreiben.
4. Stellen Sie sich vor, Sie sind Mitarbeiter oder Mitarbeiterin der Europäischen Union und Sie beraten ein Land, das gerade erstmals freie Wahlen durchführen will. Welches Wahlsystem würden Sie empfehlen? Bereiten Sie dazu einen Vortrag vor. Achten Sie dabei auf die Kriterien Legitimation, Repräsentation und die Befähigung zur Regierungsbildung (Effektivität).
5. Vergleichen Sie das Wahlsystem zum Bundestag mit dem relativen Mehrheitswahlsystem in Großbritannien und dem absoluten Mehrheitswahlsystem in Frankreich (Legitimation, Repräsentation, Regierungsbildung) (**M9-M11**, QR-Codes auf S. 68).
6. Bewerten Sie ausgehend von dem Interview die Wahlrechtsreform von 2023 (**M12**).

1.5.5 Sollten direktdemokratische Elemente auf Bundesebene eingeführt werden?

Zum Thema: Die Menschen haben sich über Jahrhunderte das Recht erkämpft, politische Herrschaft durch freie Wahlen zu bestimmen. Doch reicht das alleine aus, um in einer modernen Gesellschaft politische Entscheidungen zu legitimieren?

M13 Volksabstimmungen – aus Sicht einer ehemaligen Verfassungsrichterin

Christian Rath: Plädieren Sie für die Einführung von Volksabstimmungen im Grundgesetz?

Gertrude Lübbe-Wolff: [...] [Nur durch Volksabstimmungen] können die Bürger ihre differenzierten Vorstellungen auch differenziert zum Ausdruck bringen und anders entscheiden als auf der Linie der Partei, die sie gewählt haben. Schon allein diese Möglichkeit oder die Notwendigkeit, bestimmte besonders wichtige Fragen dem Volk zur Entscheidung vorzulegen, wird dann auch das Verhalten der gewählten Repräsentanten verändern. Nach sechzig Jahren stabiler Demokratie kann den Bürgern niemand mehr erklären, weshalb man sie da nicht ranlassen kann. [...]

[B]is zur Schlussabstimmung wird [im Bundestag] fast jeder Gesetzentwurf geändert, manchmal sogar auf Druck der Opposition.

Natürlich ist es wichtig, Entscheidungsprozesse so zu organisieren, dass der Entscheidung eine Diskussion vorausgeht und vernünftige Differenzierungen und Kompromisse eine Chance haben. Das kann und muss auch bei direktdemokratischen Entscheidungsverfahren sichergestellt werden.

Das Interview führte Christian Rath: Volksabstimmungen kommen. In: www.taz.de, 19.05.2009

*Gertrude Lübbe-Wolff (*1953) ist Professorin em. der Rechtswissenschaft und war von 2002 bis 2014 Richterin am Bundesverfassungsgericht.*

Einstiegsaufgabe 72018-143

Positionieren Sie sich spontan zu den Aussagen von Gertrude Lübbe-Wolff zu Volksabstimmungen auf Bundesebene. Nutzen Sie dazu eine Meinungslinie und halten Sie Ihre Begründungen fest (**M13**).

M14 Volksabstimmungen im Bund? Ein konkreter Vorschlag

1 Bürgerinnen und Bürger erarbeiten einen Gesetzentwurf oder einen politischen Vorschlag. Dabei können sie das zum Thema machen, was auch Sache des Bundestages ist.

2 Für eine **Volksinitiative** sind 100.000 Unterschriften zu sammeln. Eine Sammlungsfrist gibt es nicht.

3 Der Vorschlag wird im Bundestag binnen sechs Monaten behandelt. Die Initiative hat Rederecht. Lehnt der Bundestag den Vorschlag ab, kann innerhalb von 18 Monaten ein Volksbegehren erarbeitet werden.

4 Bestehen Zweifel an der Verfassungsgemäßheit des Vorschlages, kann die Bundesregierung oder ein Drittel des Bundestages das Bundesverfassungsgericht anrufen.

5 Für ein Volksbegehren sind eine Million Unterschriften notwendig, für grundgesetzändernde Volksbegehren 1,5 Millionen. Sammlungsfrist: neun Monate

6 **Volksentscheid:** Der Bundestag kann einen Alternativvorschlag mit zur Abstimmung stellen. An alle Haushalte geht ein Abstimmungsheft. Es entscheidet die einfache Mehrheit. Grundgesetzändernde Volksentscheide benötigen außerdem das „Ländermehr", eine Mehrheit in den Bundesländern.

Grundgesetzänderungen
Das Grundgesetz kann nur durch ein Gesetz geändert werden, dem zwei Drittel der Mitglieder des Bundestags und zwei Drittel der Stimmen des Bundesrats zustimmen müssen (Art. 79 Abs. 2 GG). Dabei sind die in Art. 1 und 20 GG verankerten Grundsätze unveränderbar (Art. 79 Abs. 3 GG, sogenannte „Ewigkeitsklausel"). Außerdem dürfen Grundrechte durch kein Gesetz in ihrem Wesensgehalt angetastet werden (Art. 19 Abs. 2 GG).

Die dreistufige Volksgesetzgebung gibt Bürgerinnen und Bürgern das Recht, selbst Gesetzesinitiativen zu starten und bei genügend Unterschriften einen bundesweiten und verbindlichen Volksentscheid dazu herbeizuführen.

Grund- und Minderheitenrechte sollen nicht zur Abstimmung stehen. Initiativen, die Grund- und Minderheitenrechte berühren, sollen zu einem frühen Zeitpunkt durch das Verfassungsgericht überprüft und gestoppt werden können. Um eine gute Verknüpfung zwischen Volksinitiative und Parlament zu gewährleisten, kann das Parlament einen eigenen Vorschlag mit zur Abstimmung stellen. Transparenz ist wichtig, deswegen sollte es Klauseln zur Spendenoffenlegung geben. Dann wird klar, welche Interessen hinter einer Initiative stehen.

www.mehr-demokratie.de, Abruf am 05.11.2025

M15 Kontrovers diskutiert: Volksabstimmungen auch auf Bundesebene?

A Jost Maurin: Gegen Volksabstimmungen

Die Bilanz von Volksentscheiden etwa in der Schweiz ist zumindest aus linker Sicht miserabel. Plebiszite führen dazu, dass die Armen noch weniger an Entscheidungen beteiligt werden als eh schon in der repräsentativen Demokratie. In der Schweiz nahmen an den bundesweiten Abstimmungen von 1971 bis 2010 im Schnitt nur 42,5 Prozent der Wahlberechtigten teil, wie der Politikwissenschaftler Wolfgang Merkel errechnet hat. Das waren gut 5 Prozentpunkte weniger als bei den Wahlen im selben Zeitraum. Es ist klar, wer eher bei Urnengängen zu Hause bleibt: Arme und weniger gut Gebildete. Obere und mittlere Schichten und Gebildete beteiligen sich überproportional.

Entsprechend unsozial ist das Ergebnis dieser Abstimmungen. In der Schweiz und Kalifornien haben haushaltspolitische Plebiszite regelmäßig dazu geführt, dass der Staat weniger Steuern einnimmt und auch weniger ausgibt. Davon profitieren meist die Reichen, die Armen verlieren. Die Spitzenverdiener schaffen es immer wieder, den Normalverdienern Angst einzuflößen, dass Mindestlöhne, Steuererhöhungen oder die Begrenzung von Managergehältern Arbeitsplätze gefährden würden.

Volksabstimmungen würden die Macht der Lobbys beschneiden, sagen die Befürworter. In Wirklichkeit mischt Big Business auch bei Plebisziten kräftig mit – und siegt ständig. [...]

Die Niederlagen der mächtigen Lobbys bei Referenden sind die Ausnahme. Volksabstimmungen werden ja auch mitnichten vom Volk insgesamt initiiert, sondern von der meinungsstarken Mittelschicht, von Interessengruppen und Parteien. Klar, Lobbys beeinflussen ebenfalls Abstimmungen im Parlament oder Wahlen. Aber es ist eben eine Illusion, dass Plebiszite dieses Problem lösen.

Referenden können aber auch gefährlich sein. Sie eignen sich hervorragend für Rechtspopulisten, um ihre Themen auf die Agenda zu zwingen – und oft genung, um ihre Ziele durchzusetzen. 2009 siegten Fremdenfeinde in der Schweiz bei der Volksabstimmung „Gegen den Bau von Minaretten", 2014 beim Referendum „Gegen Masseneinwanderung". Parlament und Regierung hatten die Initiativen abgelehnt. [...]

In Deutschland sieht sich ausgerechnet die AfD als Vorreiter der direkten Demokratie. Mit monatelangen Kampagnen könnte sie hervorragend Stimmung machen. Denkbar wären zum Beispiel Plebiszite zur „Kürzung der Hilfe für Asylanten" oder „Abschaffung des Asylrechts". [...] Und das Gefühl mancher Menschen, „Die da oben machen doch sowieso, was sie wollen", wird durch gelegentliche Volksabstimmungen zu einzelnen Themen kaum verschwinden.

Maurin, Jost: In: die tageszeitung, 08.11.2017
Jost Maurin ist Wirtschafts- und Umweltredakteur der tageszeitung.

B Gertrude Lübbe-Wolff: Für Volksinitiative, -begehren und -entscheide

Immer wieder hört man, für Sachentscheidungen sei das Volk nicht qualifiziert. [...] Diese Ansicht überzeugt so wenig wie die Meinung, dass Dummheit oder Uninformiertheit der Stimmbürger einer demokratischen Regierungsform, auch der repräsentativen, überhaupt entgegensteht. Schwer nachvollziehbar ist schon die Prämisse, dass die Wahl politischer Repräsentanten weniger Klugheit erfordere als Entscheidungen darüber, ob man das Waffenrecht ändern, die Abschiebung von Ausländern erleichtern [...], Albanien in die EU aufnehmen [...] soll. [...] Warum sollte die Aufgabe, das Entscheidungsverhalten von Parteien und Politikern in diesen und allen möglichen anderen Materien adäquat vorherzusehen, zu bewerten und demgemäß eine informierte Wahlentscheidung zu treffen, anspruchsloser sein als die Aufgabe, sich vernünftig an einer Sachentscheidung in einer oder mehreren dieser Angelegenheiten zu beteiligen? [...]

Im Übrigen kommt es auch nicht ausschließlich darauf an, dass die sachlich bestbegründete Entscheidung getroffen wird. Es geht um Selbstbestimmung, soweit diese eben in Angelegenheiten, über die allgemeinverbindlich kollektiv entschieden wird, möglich ist. Selbstbestimmung hat einen von der Weisheit der selbstbestimmt getroffenen Entscheidung unabhängigen Eigenwert. [...]

Alle Wahrscheinlichkeit spricht im Übrigen dafür, dass für den Stimmbürger gerade die Möglichkeit, über eine Sachfrage abzustimmen, die Motivation, sich kundig zu machen, wesentlich erhöht. [...] Tatsächlich ist empirisch nachgewiesen, dass direktdemokratische Partizipation den Informationsstand verbessert. Direktdemokratische Entscheidungsmöglichkeiten führen dazu, dass die Bürger sich besser informieren und Politiker ihre Politik eingehender und substanzhaltiger erklären, wo direktdemokratische Entscheidungen anliegen. [...]

Nach verbreiteter Auffassung begünstigt direkte Demokratie konservative oder innovationsfeindliche Entscheidungen. In jüngerer Zeit wird vor allem vor einer rechtslastigen Tendenz der direkten Demokratie gewarnt. Phasenweise herrschte allerdings die genau entgegengesetzte Befürchtung vor: Direkte Demokratie galt als Bedrohung für die Besitzenden. [...] Die Annahme, dass direktdemokratische Verfahren konservierend wirken, kann sich unter anderem auf die Beobachtung stützen, dass die große Mehrzahl aller [Schweizer] Volksinitiativen [nicht erfolgreich waren]. [...] Daraus zu folgern, man solle Volksinitiativen gar nicht erst zulassen, weil direkte Demokratie zu Innovationsblockaden tendiere, wäre allerdings mehr als kurios. [...] Speziell die Volksinitiative, mit der die Initiatoren eigene, nicht dem repräsentativdemokratischen Politikbetrieb entspringende Gesetzgebungsprojekte zur Abstimmung stellen können, gilt denn auch als das innovationsfördernde Element im direktdemokratischen Instrumentenbaukasten. [...]

In Fragen der Globalisierung, einschließlich der Migration, sind die Bürger [allerdings] insgesamt oft deutlich skeptischer als die Mehrheit der Berufspolitiker, der Intellektuellen in Medien und Wissenschaft und der einflussreichen Akteure der Wirtschaft. Kurz: „das Volk" ist oft weniger globalisierungsfreudig als es die sogenannten Eliten sind [...]. [...] Wer daraus den Schluss ziehen möchte, man müsse das Volk von direktdemokratischen Entscheidungsmöglichkeiten fernhalten, weil es sonst zu weniger globalisierungs- und migrationsfreundlichen Beschlüssen kommt, als er oder sie für richtig hält, sollte sein Demokratieverständnis hinterfragen. Fremdenfeindliche Ressentiments [= vorurteilsbedingte Abneigungen] und rückwärtsgewandten Nationalismus dämpft man auf diese Weise nicht, sondern fördert sie. Was die befürchtete Entartung des politischen Systems ins Populistische angeht, ist die Eröffnung direktdemokratischer Entscheidungsmöglichkeiten, auf diesem Gebiet wie auch sonst, viel weniger riskant als der Ausschluss der Bürger von unmittelbarer Mitentscheidung. [...]

Auch im Verhältnis zu Volksentscheiden sind im Übrigen, nicht anders als im Verhältnis zu parlamentarisch beschlossenen Gesetzen, verfassungsrechtliche Sicherungen denkbar und notwendig. Unter anderem kann vorgesehen werden, dass ihre Verfassungs- und Völkerrechtskonformität überprüft und im Streitfall gerichtlich geklärt wird.

Die grundsätzlichste aller Unvereinbarkeitsthesen liegt in der Annahme, bei Volksentscheiden dominiere krudes [= grobes, schlichtes] Eigeninteresse der Abstimmenden, durch Repräsentation dagegen gelange der Volkswille in veredelter Form zum Ausdruck. So betrachtet, stellt sich jedes direktdemokratische Element als eine Verunreinigung dar, die dem Sinn und Zweck der repräsentativen Demokratie zuwiderläuft. Was ist davon zu halten? Hier befremdet schon die mitschwingende Zurückweisung von Eigeninteressen als unedel, niedrig und überwindungsbedürftig. Die repräsentative Demokratie als ein System, das darauf ausgerichtet ist, die Interessen der Bürger so weit wie möglich zum Eigeninteresse der Repräsentanten zu machen, braucht zu Eigeninteressen ein nüchterneres und wohlwollenderes Verhältnis. In der Tat spielen bei Abstimmungsentscheidungen – ebenso wie bei Wahlentscheidungen – Eigeninteressen eine Rolle, und das ist auch gut so. Nichts ist schlimmer als eine Politik, die auf die Interessen der Bürger keinerlei Rücksicht nimmt. Die Kunst aller Institutionenbildung besteht darin, Eigeninteressen fruchtbar zu machen, sie auf die Mühlen der gemeinsamen Interessen zu lenken und beide so weit wie möglich in Einklang zu bringen. Diese Harmonisierungsleistung kann immer nur im Großen und Ganzen gelingen, und wo sie gelingt, gelingt sie nicht zuletzt durch [...] Transformation dahin, dass zum wohlverstandenen eigenen Interesse auch das Interesse an der Qualität des Gemeinwesens und am Wohlergehen anderer gehört.

Lübbe-Wolff, Gertrude: Demophobie. Muss man direkte Demokratie fürchten? Frankfurt a. M.: Klostermann 2023, S. 19, 21 ff., 46 ff., 63 ff.

Aufgaben

72018-144

1. Beschreiben Sie den von „Mehr Demokratie e.V." geforderten Ablauf einer Gesetzesinitiative durch das Volk (**M14**).
2. Vergleichen Sie Pro- und Kontra-Argumente direktdemokratischer Verfahren auf Bundesebene (**M15**).
3. Erörtern Sie die Forderung nach Volksinitiative, -begehren und -entscheid (**M14-M15**).

ORIENTIERUNG & ÜBERBLICK

Interaktive Übung zur Selbstprüfung

72018-145

Menschliches Handeln zur Regelung von Konflikten und zur Herstellung verbindlicher Entscheidungen für das Zusammenleben in einer Gesellschaft.	**Politik**
Ordnungs- und Handlungsrahmen der Politik (z. B. Grundgesetz, Institutionen, Gesetze).	**Polity**
Prozess der politischen Gestaltung durch Akteure, geprägt von Interessenvermittlung, Konflikt und Konsens.	**Politics**
Inhalte und Ergebnisse von Politik (z. B. Umweltpolitik, Sozialpolitik).	**Policy**
Gemeinschaft mit Staatsgebiet, Staatsvolk und Staatsgewalt, die das Monopol legitimer Gewaltausübung beansprucht (Jellinek/Weber).	**Staat**
Chance, den eigenen Willen auch gegen Widerstreben durchzusetzen (Max Weber).	**Macht**
Chance, für Befehle Gehorsam zu finden; legitimierte und institutionalisierte Machtausübung.	**Herrschaft**
Rechtfertigung und Anerkennung politischer Herrschaft (legal, traditional, charismatisch nach Weber).	**Legitimation**
Begründung staatlicher Herrschaft durch einen (fiktiven) Gesellschaftsvertrag zwischen freien Individuen (Hobbes, Locke, Rousseau).	**Vertragstheorie**
Hypothetischer Zustand vor Staatsgründung; bei Hobbes „Krieg aller gegen alle", bei Locke Zustand der Freiheit mit Unsicherheit, bei Rousseau ursprüngliche Gleichheit.	**Naturzustand**
Vereinbarung der Menschen, ihre natürliche Freiheit zugunsten staatlicher Ordnung aufzugeben.	**Gesellschaftsvertrag**
Aufteilung staatlicher Macht auf Legislative, Exekutive und Judikative zur Verhinderung von Machtmissbrauch (Montesquieu).	**Gewaltenteilung**
Prinzip, wonach alle Staatsgewalt vom Volk ausgeht.	**Volkssouveränität**
Bei Rousseau: der auf das Gemeininteresse/öffentliche Wohl gerichtete Wille; er unterscheidet sich von der volonté de tous (Gesamtwille), die als Summe von Sonder- bzw. Privatinteressen verstanden wird.	**Gemeinwille (volonté générale)**

ORIENTIERUNG & ÜBERBLICK

Pluralismus	Demokratietheorie (Fraenkel): Gemeinwohl entsteht im Wettstreit unterschiedlicher Interessen und Gruppen.
Deliberative Demokratie	Demokratietheorie (Habermas): Legitimität politischer Entscheidungen durch rationalen Diskurs und Austausch von Argumenten.
Demokratie	Herrschaftsform, in der politische Macht vom Volk ausgeht. Kennzeichen sind freie Wahlen, Gewaltenteilung, Rechtsstaatlichkeit sowie die Achtung von Grund- und Freiheitsrechten.
Diktatur	Herrschaftsform, in der politische Macht bei einer Person oder Gruppe konzentriert ist und ohne wirksame Kontrolle ausgeübt wird. Demokratische Rechte sind eingeschränkt oder aufgehoben. Zwei zentrale Formen: totalitäre Diktaturen mit umfassendem ideologischen Anspruch, der alle Lebensbereiche durchdringt, staatliche Kontrolle, Propaganda und Repression; autoritäre Diktatur mit begrenzter politischer Ideologie. Gesellschaftlicher Pluralismus ist eingeschränkt möglich, solange keine Gefahr für das Regime besteht.
Politische Partizipation	Beteiligung der Bürger am politischen Prozess (Wahlen, Demonstrationen, Mitgliedschaft in Parteien/Verbänden).
Parteien	Parteien wirken an der politischen Willensbildung mit, müssen innerparteilich demokratisch organisiert sein und ihre Finanzen offenlegen (Art. 21 GG).
Medien in der Demokratie	Medien übernehmen in der Demokratie zentrale Aufgaben für den politischen Prozess. Sie informieren über politische Entscheidungen und gesellschaftliche Entwicklungen, ermöglichen öffentliche Meinungsbildung und bieten Raum für Kritik und kontroverse Debatten. Als „vierte Gewalt" kontrollieren sie staatliches Handeln, indem sie Machtmissbrauch aufdecken und Transparenz herstellen. Voraussetzung dafür sind Pressefreiheit, journalistische Unabhängigkeit und ein pluralistisches Mediensystem.
Mehrheitswahl	Wahlsystem, bei dem der Kandidat mit den meisten Stimmen im Wahlkreis gewinnt (relative oder absolute Mehrheit).
Verhältniswahl	Wahlsystem, bei dem Parlamentssitze proportional zum Stimmenanteil der Parteien vergeben werden.
Personalisiertes Verhältniswahlrecht	Deutsches Mischsystem: Erststimme für Direktkandidaten, Zweitstimme für Parteilisten.
Wahlverhalten	Wahlverhalten beschreibt die Entscheidung von Wahlberechtigten, ob und wem sie ihre Stimme geben; es wird durch soziale Gruppenzugehörigkeiten (sozialpsychologischer Ansatz), langfristige Parteiidentifikation, Kandidatenbewertung und Issue-Orientierung (individualpsychologischer Ansatz) sowie rationalen Nutzenvergleich (rationaler Wähler) beeinflusst. Stabile Loyalitäten erklären kontinuierliche Präferenzen, während kurzfristige Faktoren wie Sachfragen oder Kandidaten Swings auslösen können. Cross-Pressures zwischen widersprüchlichen Gruppennormen führen oft zu verzögerter Entscheidung oder geringerem Interesse.

Auslosen statt Abstimmen – Schaden Wahlen der Demokratie?

Wenn die westlichen Demokratien weitermachen wie bisher, schaffen sie sich selbst ab: Der belgische Historiker David Van Reybrouck warnt in seinem neuen Buch vor einem politischen „Weiter so". Sein zentraler Verbesserungsvorschlag ist indes überraschend: Statt Wahlen abzuhalten sollen wir künftig Lose ziehen.
Es ist David Van Reybrouck völlig ernst: Wahlen seien wie der fossile Brennstoff der Politik. Sie hätten historisch zunächst einen enormen Antrieb und Aufstieg der Demokratie ermöglicht – inzwischen zeige sich aber, dass sie neue kolossale Probleme verursachten. [...] Er schreibt: „Wir verachten die Gewählten, aber vergöttern die Wahlen." Und weckt im Verlauf des Buches durchaus Zweifel, ob Wahlen wirklich in jeder Situation zwingend das zentrale und beste Instrument sind, um Demokratie zu garantieren. [...]
Sicherlich: Im Athen des fünften Jahrhunderts vor unserer Zeit kam die Demokratie weitgehend ohne Wahlen auf die Welt. Die Ratsmitglieder wurden ausgelost, die meisten Magistrate auch, und die Volksgerichte sogar jeden Tag aufs Neue. Aber warum sollte das heute ein Vorbild sein? Reybrouck käme niemals auf die Idee, den heutigen Frauen ihre politische Teilhabe nehmen zu wollen unter Verweis auf das damalige Athen. Die Idee des Losverfahrens aber hat es ihm angetan.
Doch während sein Essay im Titel und in den ersten Kapiteln noch recht radikal daherkommt, kippt er im Verlauf ins Milde. [...] Und so wird aus der Forderung, Wahlen durch Losverfahren zu ersetzen, die kompromissbereite Forderung nach einem dualen System aus Wahlen und Losverfahren. [...] Erst einmal will Reybrouck aber (und steht damit nicht alleine da) eine neue, zusätzliche Kammer etablieren, deren Mitglieder ausgelost werden. Viele Länder experimentieren seit geraumer Zeit mit Bürgerversammlungen, mit Conventions, mit Zukunftsräten. Und die Erfahrungen – das beschreibt nicht nur Reybrouck, das sagen viele Politikwissenschaftler, die solche Projekte beobachten und begleiten – die Erfahrungen sind meist sehr gut.
Die Bürger werden wie in Stichproben aus den verschiedensten Bevölkerungsgruppen ausgelost, um ein breites Spektrum abzubilden. Sie nehmen ihre Aufgabe meist sehr ernst, arbeiten sich gründlich ein, erarbeiten differenzierte, ausgewogene Ideen. Das Problem: weil sie ausgelost sind, gelten sie als nicht legitimiert, also wird anschließend per Referendum über ihren Vorschlag abgestimmt. Und da passiert dann oft, was Reybrouck mit der Redensart „If you don't know, say no" zusammenfasst: Die kluge Arbeit der Bürgergremien landet durch eine Augenblicksentscheidung der Masse im Papierkorb.
Deshalb, fordert Reybrouck, müssten die Vorteile der ausgelosten Räte mit der Verbindlichkeit der gewählten Parlamente zusammengeführt werden: in einer neuen, dritten Kammer. Und dafür spricht einiges: Die Tatsache, dass die Bevölkerung wesentlich breiter beteiligt wäre. Die guten internationalen Erfahrungen mit ausgelosten Gremien. Dass sie keine Zeit für Parteiarbeit und Wahlkampf bräuchten und deshalb mehr Zeit für die inhaltliche Arbeit hätten. Der Plan, den ausgelosten Laien (genauso wie bisher schon den gewählten Parlamentariern) wissenschaftliche Mitarbeiter an die Seite zu stellen. Und schließlich die Frage: Warum nehmen wir den Einfluss von Think Tanks und Lobbyisten hin, erschrecken aber bei dem Gedanken, dass ganz normale Bürgern mitsprechen?

Rabhansl, Christian: Auslosen statt Abstimmen. Schaden Wahlen der Demokratie?. In: www.deutschlandfunkkultur.de, 30.07.2016

David Van Reybrouck, geb. 1971 in Brügge, ist Historiker, Ethnologe, Archäologe und Schriftsteller.

Zusatzmaterial: Welches Potenzial bieten Bürgerräte in Deutschland?

72018-146

Aufgabe 72018-147

Bewerten Sie den Vorschlag, politische Institutionen nicht mehr nur durch Wahlen, sondern auch per Losentscheid zu besetzen.

Lösungsvorschläge und Erwartungshorizonte

72018-149

A

Rede im Deutschen Bundetag

B

Sitzung des Bundeskabinetts

C

Zeitungsproduktion in der Druckerpresse

D

Bundestagsabgeordnete bei geheimer Abstimmung im Bundestag

E

Der Präsident des Bundesverbandes der Deutschen Industrie (BDI), Peter Leibinger, gibt ein Interview.

F

Demonstrierende der Gewerkschaft ver.di fordern bessere Arbeitsbedingungen und Entlohnung für die Beschäftigten, Berlin, Februar 2025

G

Urteilsverkündung im Bundesverfassungsgericht

Verfassungsorgane und politische Akteure im Willensbildungs- und Entscheidungsprozess

2

Die Erhöhung des gesetzlichen Mindestlohns auf 12 Euro pro Stunde war eines der ersten großen Vorhaben der Regierungskoalition aus SPD, Bündnis 90/Die Grünen und FDP – ein zentrales Wahlkampfversprechen des späteren Bundeskanzlers Olaf Scholz.
In diesem Kapitel erarbeiten Sie den politischen Prozess rund um diese Entscheidung: vom Abgrenzen des zugrundeliegenden Problems über die Auseinandersetzung mit Einflussfaktoren bis hin zur verbindlichen Gesetzgebung. Dabei rücken zentrale Aspekte der Willensbildung in den Vordergrund (**Basiskonzept: Macht und Entscheidung**).
Sie analysieren die Debatte im Bundestag zwischen Regierungsfraktionen und Opposition sowie die Positionen von Verbänden und Organisationen, die durch Anhörungen im Ausschuss Einfluss nehmen – etwa in einer simulierten Ausschusssitzung, die Einblicke in die Parlamentsarbeit gewährt (**Basiskonzept: Interessen und Gemeinwohl**).
Schließlich beleuchten Sie die Rollen der beteiligten Staatsorgane wie Bundesregierung, Bundestagsabgeordneten und Bundesrat bei der finalen Entscheidungsfindung, inklusive der Verteilungswirkungen einer Lohnanhebung (**Basiskonzepte: Regeln und Recht; Knappheit und Verteilung**).

Kompetenzen

Am Ende dieses Kapitels sollten Sie Folgendes wissen und können:

- die Aufgaben von Verfassungsorganen und die Positionen, Interessen und Machtmittel von politischen Akteuren in einem politischen Willensbildungs- und Entscheidungsprozess analysieren.
- einen politischen Willensbildungs-und Entscheidungsprozess mit Hilfe der Makromethode Problemstudie untersuchen und bewerten.
- kriterienorientiert zu den Einflussmöglichkeiten der Verfassungsorgane und politischen Akteure Stellung nehmen.
- politische Forderungen (hier: Mindestlohnerhöhung) auch unter Bezugnahme auf gesellschaftliche Grundwerte bewerten.

Aufgaben

72018-200

1. Ordnen Sie in Gruppen die Bilder zu einer schlüssigen Struktur an. Sie können auch einzelne Bilder mehrfach verwenden.
2. Vergleichen Sie die von Ihnen gefundene Struktur mit den Schaubildern anderer Gruppen. Überarbeiten Sie bei Bedarf Ihr Ergebnis.

MAKROMETHODE

Problemstudie – ein gesellschaftliches Problem systematisch untersuchen und bewerten

Politische Probleme betreffen nicht nur Einzelne – sie berühren ganze Gruppen in der Gesellschaft und verlangen nach verbindlichen Lösungen. Doch häufig sind solche Lösungen umstritten, denn Interessen, Ideologien und Werte gehen weit auseinander. Die Problemstudie bietet Ihnen eine Methode, mit der Sie ein gesellschaftlich und politisch relevantes Problem in seiner Vielschichtigkeit erfassen, analysieren und bewerten können.

Kapitel 2.1

1 Definition: Worin besteht das Problem

Zunächst klären Sie, worin das zu untersuchende Problem überhaupt besteht. Politische Probleme sind nicht bloß technische oder private Herausforderungen. Sie zeichnen sich dadurch aus, dass sie für große gesellschaftliche Gruppen bedeutsam sind und kontrovers diskutiert werden.

Leitfragen:

- Welche Personengruppen oder Institutionen sind betroffen?
- Warum wird das Problem öffentlich diskutiert?
- Welche Aspekte machen es zu einem politischen Thema?

Ziel ist es, **eine klare, nachvollziehbare Problemformulierung** zu entwickeln.

▼

Kapitel 2.1

2 Ursachen: Wie ist das Problem entstanden?

Im zweiten Schritt analysieren Sie, wie das Problem entstanden ist. Politische Probleme haben meist eine längere Entstehungsgeschichte, die mit gesellschaftlichen Entwicklungen, politischen Entscheidungen oder wirtschaftlichen Veränderungen zusammenhängt.

Leitfragen:

- Welche strukturellen oder historischen Ursachen sind erkennbar?
- Welche Akteure haben zur Entstehung beigetragen – bewusst oder ungewollt?
- Welche Rolle spielen Rahmenbedingungen wie Gesetze, Normen oder Institutionen?

Ziel ist eine **differenzierte Erklärung** der Ursachenlage.

▼

Kapitel 2.2

3 Interessen: Wessen Interessen werden durch das Problem wie berührt?

Politische Probleme betreffen unterschiedliche Gruppen, die jeweils eigene Interessen und Ziele verfolgen. In dieser Phase untersuchen Sie, welche Akteure beteiligt sind und wie sie das Problem wahrnehmen und bewerten.

Leitfragen:

- Wer sind die wichtigsten politischen, gesellschaftlichen oder wirtschaftlichen Akteure?
- Welche Positionen vertreten sie – und warum?
- Welche Interessen, Werte oder Weltanschauungen stehen dahinter?

Ziel ist es, ein **klares Bild der Konfliktlinien** zu entwickeln, die das Problem prägen.

▼

4	**Lösungsmöglichkeiten: Welche Lösungen des Problems schlagen Expertinnen und Experten vor?**

Kapitel 2.2
Kapitel 2.3

In einem demokratischen Gemeinwesen gibt es meist verschiedene Vorschläge, wie ein Problem gelöst werden könnte. Ihre Aufgabe ist es nun, diese Lösungsvorschläge systematisch zusammenzutragen und zu vergleichen.

Leitfragen:
- Welche Handlungsoptionen schlagen politische Akteure oder Expertinnen und Experten vor?
- Wer befürwortet welche Lösung – und mit welchen Begründungen?
- Welche Maßnahmen wurden ggf. schon umgesetzt?

Ziel ist eine **übersichtliche Darstellung der Debatte über mögliche Lösungen**.

▼

5	**Konsequenzen: Welche Folgen haben die Lösungsmöglichkeiten für verschiedene Akteure?**

Kapitel 2.4

In dieser Phase untersuchen Sie die möglichen Auswirkungen der diskutierten Lösungswege. Politische Entscheidungen haben immer Folgen – für Einzelne, für Gruppen und für das Gemeinwesen insgesamt.

Leitfragen:
- Welche Vor- und Nachteile bringen die Lösungsansätze mit sich?
- Wer profitiert, wer könnte Nachteile erfahren?
- Welche unbeabsichtigten Nebenwirkungen könnten auftreten?

Ziel ist eine **kritische Bewertung der Handlungsoptionen unter verschiedenen Gesichtspunkten** (soziale Gerechtigkeit, ökonomische Tragfähigkeit, politische Durchsetzbarkeit etc.).

▼

6	**Entscheidung: Welche der Lösungsmöglichkeiten halte ich warum für richtig?**

Kapitel 2.4

Zum Abschluss beziehen Sie Stellung. Auf Grundlage Ihrer Analyse treffen Sie ein eigenes politisches Urteil. Dieses sollte sich sowohl auf Fakten als auch auf demokratische Werte stützen.

Leitfragen:
- Welche Lösung halten Sie für angemessen?
- Welche Werte (z. B. Freiheit, Gerechtigkeit, Sicherheit, Solidarität) sind für Ihre Entscheidung maßgeblich?
- Wie begründen Sie Ihre Position gegenüber anderen Sichtweisen?

Ziel ist ein **differenziertes, begründetes Werturteil**, das analytische Tiefe mit wertbezogener Reflexion verbindet.

Bearbeiter, basierend auf: Ministerium für Bildung des Landes Sachsen-Anhalt (Hg.): Fachlehrplan Gymnasium – Sozialkunde. Magdeburg 2022, S. 11 f.

2.1 Niedrige Löhne – ein politisches Problem?!

Zum Thema: Niedrige Löhne betreffen in Deutschland Millionen Beschäftigte – vom Callcenter bis zur Zustellung, vom Friseurhandwerk bis zur Gastronomie. Sie werfen die Frage auf, ob Vollzeitarbeit vor Armut schützt und wie gerecht Einkommen in einer sozialen Marktwirtschaft verteilt sind.

M1 Mindestlohn: Jeder Cent zählt

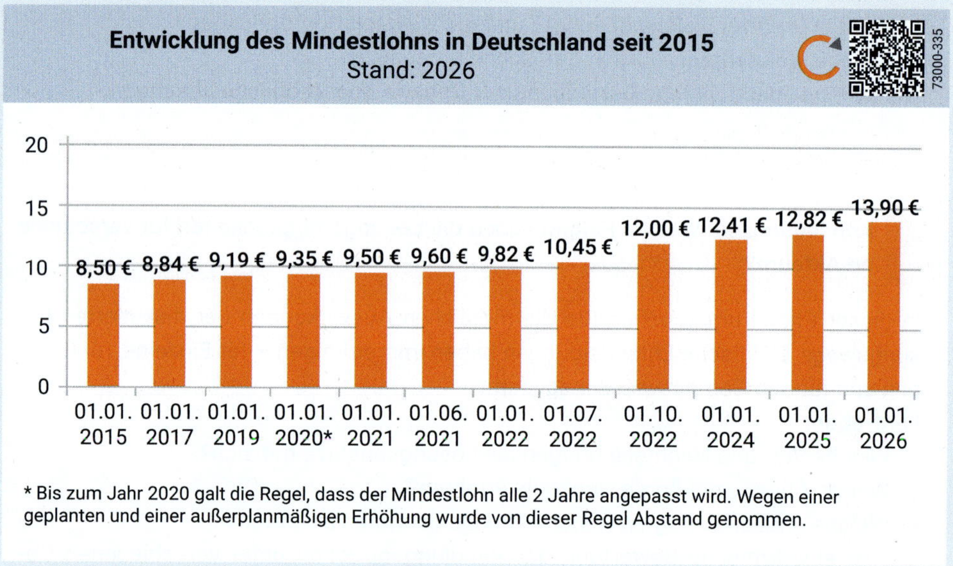

©C.C. Buchner Verlag, aktuelle Daten nach: DESTATIS (Datenerhebung: 2026; Grafikerstellung: 2026)

Einstiegsaufgaben 72018-201

Der sogenannte Mindestlohn ist die gesetzliche Lohnuntergrenze für Erwerbsarbeit in Deutschland. Zu Beginn des Jahres 2022 lag der Mindestlohn bei 9,82 € pro Arbeitsstunde.

1. Berechnen Sie, mit welchem Brutto-Monatslohn (also vor dem Abzug von Steuern und Abgaben) folgende Mindestlohn-Verdiener Anfang 2022 rechnen konnten:
   a) Single (Kellnerin) mit voller Stelle (40-Stunden-Woche)
   b) Alleinerziehender Vater (Friseur) mit einem Kind und 25-Stunden-Woche.
   c) Paar (Floristin, ungelernter Helfer auf dem Bau) mit zwei Kindern und jeweils 30-Stunden-Woche.
2. Bewerten Sie, inwiefern das Einkommen der genannten Haushalte zur Finanzierung des Alltags ausreichend ist.

M2 Geringverdienerinnen zu ihrer Situation

A Jessica Kruschel (Callcenter-Mitarbeiterin)

Nach der Schule habe ich eine Ausbildung zur Sozialassistentin gemacht und nebenbei im Callcenter gearbeitet. Der Job als Sozialassistentin war letztlich nichts für mich, deswegen bin ich hauptberuflich ins Callcenter gewechselt. Seit Herbst bin ich in Elternzeit, davor habe ich 35 Stunden in der Woche für ein Callcenter in Magdeburg gearbeitet, für den damaligen Mindestlohn von 9,60 Euro. Am Monatsende habe ich 1.067 Euro netto ausgezahlt bekommen. Die Hälfte davon ging schon für die Miete drauf. Da muss man viele Abstriche machen, zumal alles immer teurer wird: Miete, Sprit, Strom, Lebensmittel. Ich kann mir fast nie etwas gönnen. Dadurch, dass ich nur Mindestlohn verdient habe, fällt mein Elterngeld entsprechend gering aus.

Für das, was wir uns teilweise von den Leuten am Telefon anhören müssen, war mein früherer Lohn in meinen Augen deutlich zu niedrig. Man wird oft beleidigt. Es ist auch kein Geheimnis, dass viele Mitarbeiterinnen und Mitarbeiter in Callcentern unter Burnout leiden. Wir sind definitiv unterbezahlt.

Alter: 25 Jahre
Wohnort:
Klein Rodensleben (Sachsen-Anhalt)
Stundenlohn: in Elternzeit (Anfang 2021: 9,60 Euro)

Elterngeld
Transferzahlung des Bundes an Elternteile in den ersten bis zu 14 Lebensmonaten des Kindes, die in dieser Zeit ihre Berufstätigkeit ruhen lassen oder reduzieren. Höhe: 65-67 % des vorherigen Netto-Einkommens, minimal 300, maximal 1.800 Euro pro Monat

B Barbara Odermath-Duesberg (Zustellerin)

Alter: 52 Jahre
Wohnort:
Altmark (Sachsen-Anhalt)
Stundenlohn Anfang 2022:
9,82 Euro plus 10 Prozent Nachtzuschlag

Ich bin gelernte Dienstleistungsfachkraft im Postbetrieb und lebe seit 2017 in Sachsen-Anhalt. In der Altmark arbeite ich für ein privates Unternehmen als Zustellerin für Zeitungen, Briefe und Werbung. Im Grunde ist es der gleiche Job, den ich früher als Fachangestellte bei der Deutschen Post gemacht habe, nur, dass ich jetzt deutlich weniger Geld bekomme.

Meine Schicht beginnt um 1 Uhr morgens, ich arbeite sechs Nächte in der Woche. Dafür bekomme ich den Mindestlohn von 9,82 Euro in der Stunde plus zehn Prozent Nachtzuschlag. Das empfinde ich als einen schlechten Witz. Bei 30 Stunden in der Woche bekomme ich im Monat ungefähr 1.000 Euro netto überwiesen. Letztlich wäre es für mich kein spürbarer Unterschied, wenn ich Hartz IV beziehen würde. Aber ich möchte nicht von Vater Staat abhängig sein.

[...] Ich bin alleinstehend und zahle für die Miete schon 500 Euro im Monat. Um über die Runden zu kommen, muss ich nebenher tagsüber arbeiten gehen. Vier Tage in der Woche miste ich zusätzlich in einem Pferdestall aus.

Riemer, Lucas: 12 Euro pro Stunde: Was Menschen mit geringem Einkommen vom neuen Mindestlohn halten. In: www.mdr.de, 20.02.2022

Hartz IV
eigentlich Arbeitslosengeld II (ALG II); 2005 von der damaligen SPD-Grünen-Bundesregierung eingeführtes System, wonach Menschen nach einer Arbeitslosigkeit von sechs bis 24 Monaten (je nach Alter und vorheriger Dauer der Einzahlungen in die Arbeitslosenversicherung) staatliche Zahlungen in Höhe einer Grundsicherung erhalten. Das ALG II wurde 2023 durch das sog. Bürgergeld abgelöst. Im Jahr 2025 und 2026 beträgt der Bürgergeld-Regelsatz für eine alleinstehende Person 563 Euro pro Monat zuzüglich Wohn- und Heizkosten. Die Bundesregierung will das Bürgergeld 2026 in das sogenannte Grundsicherungsgeld umgestalten.

M3 Mindestlohn in Deutschland

Am 01.01.2015 wurde eine allgemeine verpflichtende Lohnuntergrenze (Mindestlohn) festgelegt). Der Mindestlohn gilt seitdem sowohl für deutsche Arbeitnehmer als auch für ausländische, die in Deutschland arbeiten. Ausnahmen gibt es lediglich für Arbeitnehmer unter 18 Jahren, Auszubildende sowie Schüler und Studierende, die ein Praktikum absolvieren. Menschen, die nach mehr als einem Jahr Arbeitslosigkeit eine Stelle antreten, haben erst nach einem halben Jahr der Beschäftigung Anspruch auf den vollen Mindestlohn.

2015 betrug der erste Mindestlohn 8,50 Euro pro Arbeitsstunde. Die Erhöhung des Mindestlohns wird vorgeschlagen von der sogenannten „Mindestlohn-Kommission", die aus neun Mitgliedern besteht und für die Dauer von fünf Jahren von der Bundesregierung berufen wird. Die Bundesregierung setzt die Erhöhung per Rechtsverordnung um, ohne dass sie den Kommissionsvorschlag verändern darf. Die Kommission befindet alle zwei Jahre über eine Mindestlohn-Erhöhung. Seit 01.01.2025 beträgt der Mindestlohn 12,82 Euro. Steigerungen sind zum 01.01.2026 auf 13,90 Euro sowie zum 01.01.2027 auf 14,60 Euro festgelegt.

Die vor der Einführung in Teilen der Wirtschaftswissenschaft und Politik befürchteten Folgen (u. a. Beschäftigungsabbau im Niedriglohnsektor, spürbare Preissteigerungen aufgrund höheren Lohnniveaus) sind überwiegend nicht eingetreten.

Bearbeiter

Berufe mit besonders hoher Wahrscheinlichkeit für Löhne unter 12 Euro/Stunde

Rang	Berufsbezeichnung
1	Helfer in der Küche
2	Friseur
3	Bäckereifachverkäufer
4	Florist
5	Reinigungskraft in Privathaushalten
6	Helfer im Verkauf
7	Kellner
8	Beikoch/-köchin
9	Restaurantfachmann/-frau
10	Gebäudereiniger
…	
13	Kassierer im Einzelhandel
14	Buchhändler
15	Fleischereifachverkäufer
…	
18	Callcenteragent
19	Auslieferungsfahrer
…	
22	Kaufmann/-frau im Einzelhandel
23	Zahnmedizinischer Fachangestellter
…	
25	Gärtner
26	Bäcker

Lübker, Malte: Wer profitiert von 12 Euro Mindestlohn? Einblicke aus der WSI-Datenbank. Policy Brief WSI, 59, 2021, S. 14

M4 Wo und wem hilft der Mindestlohn von 12 Euro (2022) am meisten?

A Nach Bundesland

Anmerkung: Fallzahl N = 196.713, Lesebeispiel für die Grafik: Ein Beschäftigter in Sachsen-Anhalt ist 5,62-mal so wahrscheinlich in einem Lohn unter 12 Euro zu finden wie ein Beschäftigter in Baden-Württemberg.

B Nach Geschlecht, Arbeitszeit und Art des Arbeitsvertrags

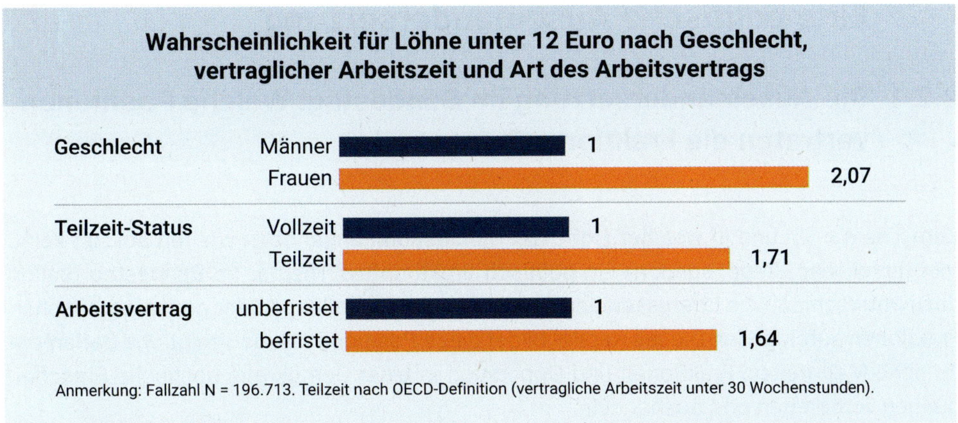

Nach: Lübker, Malte: Wer profitiert von 12 Euro Mindestlohn? Einblicke aus der WSI-Datenbank. Policy Brief WSI, 59, 2021, A S. 9, B S. 9, 12
Das Wirtschafts- und Sozialwissenschaftliche Institut (WSI) gehört zur Hans-Böckler-Stiftung, dem Studienwerk des Deutschen Gewerkschaftsbunds (DGB).

Hinweis zur Grafik in M4B
Jeder Balken mit dem Wert „1" ist die Vergleichsgruppe. Ein Lesebeispiel: Frauen sind 2,07-mal so wahrscheinlich von Löhnen unter 12 Euro betroffen wie Männer.

M5 Der Kanzlerkandidat verspricht eine Mindestlohnerhöhung

Wahlplakat des späteren Bundeskanzlers Olaf Scholz zur Bundestagswahl 2021

Empfänger von Mindest- und Niedriglohn
Im April 2023 arbeiteten 15 Prozent bzw. 5,6 Millionen der Beschäftigten in Deutschland im Niedriglohnsektor und bekamen einen Bruttolohn von unter 13,04 Euro pro Stunde. 2,4 Millionen bzw. sechs Prozent der Beschäftigten erhielten den gesetzlichen Mindestlohn (im April 2023: 12,00 Euro).
Bearbeiter, Zahlen nach: Statistisches Bundesamt u. a. (Hg.): Sozialbericht 2024. Bonn: Bundeszentrale für politische Bildung 2024, S. 151-153

Aufgaben

72018-202

1. Geben Sie wieder, warum die Höhe des Mindestlohns von knapp unter 10 Euro von Betroffenen als individuelles Problem wahrgenommen wird (**M2**).
2. Ordnen Sie ein, welche Berufs- bzw. gesellschaftlichen Gruppen von der Erhöhung des Mindestlohns auf 12 Euro im Jahr 2022 profitieren würden (**M2, M4**, Randspalte).
3. Arbeiten Sie heraus, inwieweit es sich beim Mindestlohn von 9,82 Euro um ein politisches Problem gehandelt hat, auf das die SPD im Bundestagswahlkampf 2021 reagierte (**M4, M5**, Randspalte).
4. Nehmen Sie vor dem Hintergrund Ihrer bisherigen Kenntnisse Stellung zur politisch durchgesetzten Mindestlohnerhöhung auf 12 Euro zum 1. Oktober 2022.

F zu Aufgabe 2
Erläutern Sie, welche gesellschaftlichen Gruppen Interesse an einer Mindestlohnerhöhung haben könnten.

2.2 Warum (k)eine politische Mindestlohnerhöhung? Eine politische Auseinandersetzung

2.2.1 Die Auseinandersetzung im Bundestag: Welche Positionen vertraten die Fraktionen?

Zum Thema: Ob und in welcher Höhe der Mindestlohn angehoben werden soll, ist keine rein technische Frage, sondern ein politisch umkämpftes Thema. Im Bundestag prallen dazu unterschiedliche Interessen und Gerechtigkeitsvorstellungen der parlamentarischen Fraktionen aufeinander. Dieses Kapitel bildet diese Positionen ab und zeigt, wie parlamentarische Mehrheiten, Fraktionen und Opposition in einer Demokratie politische Entscheidungen vorbereiten und aushandeln.

M1 Welche Fraktionen waren im 20. Deutschen Bundestag vertreten?

Aktuelle Sitzverteilung im Deutschen Bundestag

73000-61

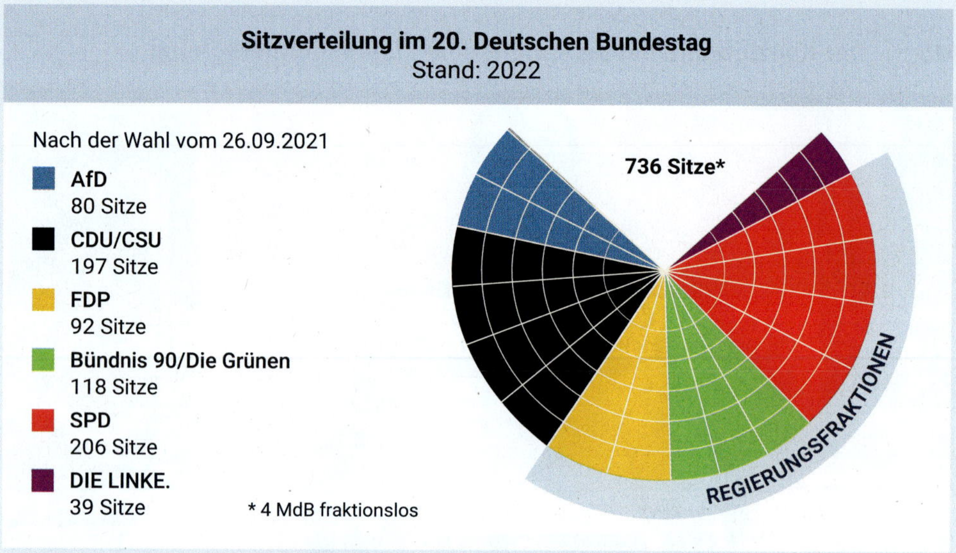

©C.C. Buchner Verlag, aktuelle Daten nach: Deutscher Bundestag, 2022

Hinweis zur Grafik M1

Eine Bundestagsfraktion besteht aus mindestens fünf Prozent der Abgeordneten des Parlaments, die meist einer Partei angehören, dies aber nicht müssen (z. B. bilden die CDU und die CSU traditionell eine gemeinsame Fraktion). Fraktionen entsenden bspw. die Mitglieder in die Bundestagsausschüsse und organisieren das Rederecht fraktionsintern. Zudem üben sie wesentliche Kontrollfunktionen aus, indem sie z. B. „Große Anfragen" an die Bundesregierung stellen. Man unterscheidet zwischen Regierungsfraktionen (Abgeordnete der Fraktionen, die die Regierung stellen) und Oppositionsfraktionen.

Einstiegsaufgabe 72018-203

Die SPD hatte im Bundestagswahlkampf 2021 die Anhebung des Mindestlohns auf 12 Euro versprochen, der anschließend auch beschlossen wurde. Erläutern Sie anhand der Mehrheitsverhältnisse hypothesenartig, wie es zu diesem Beschluss kommen konnte.

M2 Regierungsfraktion I: Die Position der SPD

„Die Erhöhung auf 12 Euro wird und muss kommen. Das ist eine Frage der Leistungsgerechtigkeit und des Respekts vor ordentlicher Arbeit." [, kündigt SPD-Politiker und Arbeitsminister Hubertus Heil an.] [...] Die Arbeitgeberseite übt Kritik an der geplanten Erhöhung, die einmalig ohne die Kommission direkt vom Gesetzgeber beschlossen werden soll.

Arbeitsminister Heil entgegnet ihnen: „Wenn die Arbeitgeberverbände nicht wollen, dass der Staat eingreift, dann können und müssen sie bei der Tarifbindung ihre Hausaufgaben machen. Nur noch 48 Prozent der Beschäftigten sind tarifgebunden", sagte er. Viele Menschen im Land würden [laut Bundesarbeitsminister Hubertus Heil] „im viel zu großen Niedriglohnsektor" arbeiten und kämen trotz Vollzeitarbeit kaum über die Runden. Von der Erhöhung würden „Millionen Menschen in Deutschland profitieren – darunter vor allem viele Frauen und viele Menschen in Ostdeutschland, wo der Niedriglohnbereich wegen mangelnder Tarifbindung besonders groß ist". [...]

Dabei würden automatisch die Gruppen am stärksten profitieren, die gemessen an ihrem Stundenlohn unterdurchschnittlich bezahlt werden. So wäre etwa ein Drittel der beschäftigten Frauen und auch gut ein Drittel der Beschäftigten in den neuen Ländern betroffen. Bei den geringfügig Beschäftigten wären es sogar etwa drei Viertel aller Beschäftigungsverhältnisse.

SPD-Fraktion im Bundestag: 12 Euro Mindestlohn kommen in diesem Jahr. In: www.spdfraktion.de, 13.01.2022

Tarifbindung
Auch: Tarifgebundenheit, Existenz eines Tarifvertrags zwischen Arbeitgebern und Arbeitnehmern; Tarifverträge sind befristet und regeln u. a. über das Gesetz hinausgehende Lohnhöhen und Urlaubsansprüche. Tarifverträge gibt es für ganze Branchen (Branchen- oder Flächentarifvertrag) oder auch für einzelne Unternehmen (Haustarifvertrag).

M3 Regierungsfraktion II: Die Position der FDP

Trägt denn eigentlich diese [Wahlkampf-]Forderung nach 12 Euro Mindestlohn tatsächlich dazu bei, dass Menschen in unserem Land sich wirklich weiterentwickeln können? Da habe ich mich gefragt: [...] Was ist eigentlich mit der alleinerziehenden Mutter in Hartz-IV, die neben Hartz-IV noch einen Minijob hat, weil sie etwas Gutes tun will für ihre Kinder? Oder, weil sie die Leiter des sozialen Aufstiegs Sprosse für Sprosse nehmen will – beginnend damit, dass sie während der Zeit, in der ihre Kinder in der Grundschule sind, in einem Geschäft aushilft, an der Kasse einer Tankstelle steht. Zwölf Euro Mindestlohn helfen der in Wahrheit gar nicht. Denn neben Hartz-IV im Minijob darf sie 100 Euro verdienen und behalten. Danach aber muss sie 80 Prozent ihres Einkommens abgeben. [...]

Im rot-grünen Hartz-IV-System gibt die alleinerziehende Mutter, die sich nicht nur auf die Solidarität der Gesellschaft verlassen will, sondern die sich aus eigener Leistung mit Fleiß aus der Bedürftigkeit befreien will, die gibt 80 Prozent ab. [...] Es ist so leicht, so wie die Grünen zu sagen, wir müssen die Hartz-IV-Regelsätze erhöhen. Und das Herz will vielleicht sagen „Ja", aber der Verstand sagt: Wir müssen doch dafür sorgen, dass es einen Anreiz gibt, sich um Arbeit und Bildung zu bemühen. Das Versprechen unseres Sozialstaats darf doch nicht sein, Menschen in der Bedürftigkeit besser zu versorgen. Das Versprechen unseres Sozialstaats muss doch sein, Menschen aus der Bedürftigkeit zu befreien [...].

Lindner, Christian: Rede auf dem a. o. Bundesparteitag der Freien Demokraten, 19.09.2021. In: www.fdp.de, Abruf am 03.11.2025
Christian Lindner war von 2013 bis 2025 Vorsitzender der FDP und Bundesminister der Finanzen in der Regierung aus SPD, Bündnis 90/Die Grünen und FDP (2021-2024).

Bündnis 90/Die Grünen und AfD zum Mindestlohn
Die Grünen befürworteten die Mindestlohnerhöhung auf 12 Euro im Wesentlichen mit den gleichen Argumenten wie die SPD. Die AfD begrüßte den Mindestlohn, weil dadurch dem Lohnsenkungsdruck auf deutsche Arbeitnehmer, der angeblich durch Massenmigration entstehe, entgegengewirkt würde.

M4 Opposition I: Die Position von CDU/CSU

Wir wollen faire Löhne für gute Arbeit und einen effektiven Schutz vor Lohndumping. Deshalb haben wir 2015 den gesetzlichen Mindestlohn eingeführt. Es gibt sicherlich gute Gründe dafür, dass die Lohnuntergrenze auf 12 Euro steigen soll. Allerdings sind wir gegen einen politischen Mindestlohn.
Bei der Vorstellung der Mindestlohnkommission im Februar 2015 betonte die damalige SPD-Bundesarbeitsministerin Andrea Nahles, dass man keinen politisch festgesetzten Mindestlohn wolle. Die unabhängige Kommission solle selbst über künftige Anpassungen der Lohnuntergrenze entscheiden. Sonst, so Nahles, öffne man ‚Willkür und Populismus Tür und Tor'.
Entgegen der Versicherungen bei der Einführung des Mindestlohns steigt die links-gelbe Koalition jetzt in einen Überbietungswettbewerb ein. Der Mindestlohn droht zu einem politischen Spielball zu werden. Die Lohnfindung liegt in einer sozialen Marktwirtschaft in den Händen der Sozialpartner. Dort ist sie gut aufgehoben. Mit der Festsetzung des Mindestlohns auf 12 Euro werden die Sozialpartner entmachtet. Mehr als 100 Tarifverträge werden ausgehebelt. Damit schwächt die links-gelbe Regierungskoalition die Sozialpartnerschaft, obwohl sie sich in ihrem Koalitionsvertrag gerade die Stärkung der Tarifpartnerschaft auf die Fahne geschrieben hat.

CDU-CSU-Fraktion im Deutschen Bundestag: Der Mindestlohn darf nicht zum Spielball der Politik werden. Pressemitteilung. In: www.cducsu.de, 23.02.2022

M5 Opposition II: Die Position von Die Linke

Der Mindestlohn muss deutlich angehoben werden, um den Niedriglohnsektor endlich auszutrocknen. [...] Der gesetzliche Mindestlohn weist darüber hinaus immer noch Lücken auf: Junge Beschäftigte unter 18 Jahren ohne abgeschlossene Berufsausbildung erhalten ihn ebenso wenig wie Langzeitarbeitslose während der ersten sechs Monate ihrer Beschäftigung nach Beendigung der Arbeitslosigkeit. [...] Die Fraktion DIE LINKE fordert:

- den gesetzlichen Mindestlohn auf 13 Euro pro Stunde zu erhöhen,
- sämtliche Ausnahmeregelungen abzuschaffen, [...]
- klarzustellen, dass der gesetzliche Mindestlohn dem regelmäßig gezahlten Grundentgelt für eine Zeitstunde entspricht; Sonderzahlungen, Zulagen, Prämien, Zuschläge, Sachleistungen oder Ähnliches sind zusätzlich zu zahlen [...].

Die Linke. im Bundestag: Themenpapier Mindestlohn. In: www.linksfraktion.de, Abruf am 03.11.2025

Aufgaben

72018-204

1. Geben Sie die Positionen der ausgewählten Bundestagsfraktionen zum Mindestlohn von 12 Euro/Stunde im Jahr 2022 wieder (**M2-M5**).
2. Vergleichen Sie die Positionen sowie deren Begründungen miteinander (**M2-M5**).
3. Charakterisieren Sie die Positionen der CDU/CSU-Fraktion und der Linksfraktion als Oppositionshandeln (**M4**, **M5**, Randspalte).

Sozial- bzw. Tarifpartnerschaft
dauerhaft kooperatives Verhältnis von Arbeitnehmer- und Arbeitgeberverbänden, um durch Tarifverhandlungen (s. o.) Interessengegensätze zu überwinden und zu einem Konsens in Fragen der Rechte und Pflichten beider Parteien zu kommen.

parlamentarische Opposition
Parlamentarische Opposition bezeichnet die Gruppe der Abgeordneten, die nicht den Fraktionen angehören, aus denen die Regierung gebildet wird. Ihre Aufgaben sind nicht ausdrücklich im Grundgesetz geregelt. Die Opposition kann kooperativ, kompetitiv oder themenabhängig („Ad-hoc-Opposition") auftreten.
In parlamentarischen Regierungssystemen wie Deutschland erfüllt sie zentrale Funktionen: Sie kritisiert Regierungspolitik, entwickelt alternative Konzepte und kontrolliert die Regierung mithilfe von Instrumenten wie Anfragen oder Ausschüssen. Kritiker bemängeln, die Opposition sei teils zu wenig sachkritisch und zu stark auf Machtübernahme ausgerichtet.

F zu Aufgabe 2
Charakterisieren Sie das Verhältnis der Positionen von SPD und FDP (beides Regierungsfraktionen) (M2, M3).

2.2.2 Welche Interessen versuchen Verbände durchzusetzen?

Zum Thema: Verbände vertreten organisierte Interessen und mischen sich in politische Auseinandersetzungen ein – etwa beim Streit um die Erhöhung des Mindestlohns. Arbeitgeber- und Wirtschaftsverbände, Gewerkschaften und Sozialverbände begründen ihre Positionen dabei sehr unterschiedlich. Dieses Kapitel zeigt diese Interessenlagen.

M6 Verbandspositionen zur Mindestlohnerhöhung

1 Eine Mindestlohnerhöhung auf 12 Euro – noch dazu vorbei an der Mindestlohnkommission – wäre fatal. Dadurch müssten alle Löhne erhöht werden, um den Abstand zum Mindestlohn zu wahren.

2 Eine Mindestlohnerhöhung auf 12 Euro ist nahezu zwingend. Dadurch wird „Armut trotz Arbeit“ verhindert und auch die Kaufkraft von Geringverdienenden gesteigert.

Bearbeiter

Verbände im politischen Prozess
Verbände bündeln Interessen gesellschaftlicher Gruppen, vertreten diese gegenüber Politik und Verwaltung, beeinflussen Entscheidungsprozesse und wirken an der politischen Willensbildung mit.

Einstiegsaufgaben 72018-205

1. Arbeiten Sie anhand der Aussagen heraus, wessen Interessen die Verbände vertreten könnten (**M6**).
2. Positionieren Sie sich spontan zu den Aussagen.

M7 Der Deutsche Gewerkschaftsbund (DGB)

Der Deutsche Gewerkschaftsbund (DGB) mit Sitz in Berlin ist die größte gewerkschaftliche Dachorganisation mit acht Mitgliedsgewerkschaften und vertritt damit die Interessen von ca. 5,8 Millionen organisierten Arbeitnehmerinnen und -nehmern. Grundsätzlich begrüßt der Deutsche Gewerkschaftsbund die Erhöhung des Mindestlohns auf 12 Euro vor allem aus drei Gründen: Erstens würde dies „Armut trotz Arbeit“ eindämmen. Bislang seien noch viele Geringverdienende gezwungen, zusätzlich zu ihrem Arbeitseinkommen staatliche Sozialleistungen zu beantragen, um überleben zu können. Die Lohnuntergrenze von 12 Euro pro Stunde sei sinnvoll, weil sie etwa 60 % des Medianeinkommens darstelle, was die Armutsschwelle markiert. Zweitens würden in Niedriglohnbranchen (z. B. Bäckerhandwerk, Lieferdienste, Gastronomie, Einzelhandel) Fachkräfte fehlen. Ein höherer Mindestlohn würde die Attraktivität der Berufe dort erhöhen. Drittens würde die Kaufkraft gerade bei Menschen steigen, die zusätzliches Einkommen eher schnell wieder ausgeben müssten und aufgrund ihrer finanziellen Situation nicht sparen könnten. Damit würden die Wirtschaft gestärkt und die Steuereinnahmen erhöht.
Allerdings sieht der DGB die Mindestlohnerhöhung nur als zweitbeste Lösung des Geringverdienst-Problems an. Besser wäre aus seiner Sicht, wenn einerseits mehr Arbeitnehmende gewerkschaftlich organisiert wären und wenn andererseits für mehr oder weniger alle Beschäftigten Tarifverträge existieren würden.
Bearbeiter

Medianeinkommen
auch: Mittleres Einkommen; die errechnete Einkommenshöhe, unter und über der sich in einer Gesellschaft gleich viele Haushalte befinden. Häufig wird das Median- mit dem Durchschnittseinkommen verwechselt.

M8 Die Bundesvereinigung Bauwirtschaft

Die Bundesvereinigung Bauwirtschaft GbR ist ein Zusammenschluss von 15 Einzelverbänden und vertritt damit ca. 360.000 Firmen aus den Bereichen Bau und Ausbau mit über 3,4 Millionen Beschäftigten und 200.000 Auszubildenden. Aus zwei Gründen lehnt die BV Bauwirtschaft die Anhebung des Mindestlohns auf 12 Euro ab: erstens erhöhen sich die Kosten der Arbeitgeber nicht nur durch die höheren Mindestlöhne der ungelernten Arbeitskräfte, sondern auch durch die Anhebungen der Löhne besser ausgebildeter Arbeitender, da der Lohnabstand gewahrt werden müsse. Und zweitens würde das die Kosten für die Auftraggeber in zukünftigen, aber auch noch laufenden Bauprojekten teilweise erheblich erhöhen. Entsprechend könnten sich Aufträge verringern.

Bearbeiter

M9 Die Bundesvereinigung Deutscher Arbeitgeberverbände (BDA)

Die Bundesvereinigung Deutscher Arbeitgeberverbände e. V. (BDA) mit Sitz in Berlin ist die Dachorganisation und Interessenvertretung der Arbeitgeber aller Branchen. Sie vertritt zurzeit Betriebe mit ca. 70 % aller Beschäftigten in Deutschland. Die BDA lehnt die Erhöhung des Mindestlohns vor allem aus zwei Gründen ab: erstens würde mit einem politisch vom Bundestag beschlossenen Mindestlohn die Tarifautonomie ausgehebelt, wonach immer die Tarifparteien den Lohn aushandeln (bzw. zumindest die Mindestlohnkommission die Lohnuntergrenze festsetzt). Und zweitens würde der deutlich erhöhte Mindestlohn aufgrund der höheren Kosten zu einem Einstellungshindernis für gering qualifizierte Arbeitslose werden.

Bearbeiter

M10 Der Sozialverband VdK

Mit etwa zwei Millionen Mitgliedern ist der VdK e. V. der größte Sozialverband Deutschlands. Der VdK fordert eine Mindestlohnerhöhung auf 13 Euro mit folgenden Begründungen: Erstens und am wichtigsten sei die Bekämpfung der Altersarmut. Je mehr die Beschäftigten bis zum Renteneintritt verdienen, desto höher fällt die prozentual vom letzten Lohn berechnete Rente aus. Nur höhere Löhne würden für „armutsfeste“ Renten sorgen. Zweitens würden gerade schlecht bezahlte, aber „systemrelevante“ Tätigkeiten (z. B. Verkäufer, Pflegekräfte) endlich mehr finanzielle Anerkennung erfahren. Drittens würden die Lebenshaltungskosten durch eine Häufung von Krisen steigen (Corona-Pandemie, Krieg in der Ukraine), wodurch Geringverdienende höhere Einkünfte benötigen, um ihre Versorgung aufrecht erhalten zu können.

Bearbeiter

Aufgaben

72018-206

1. a) Stellen Sie die Positionen und die zentralen Begründungen der Verbände zur Mindestlohnerhöhung auf 12 Euro im Jahr 2022 dar (**M6-M10**).
   b) ergleichen Sie die Positionen miteinander (**M6-M10**).
2. Arbeiten Sie inhaltliche Bezüge zwischen Positionen der Verbände und Bundestagsfraktionen heraus (Kap. 2.2.1).

Eine Anhörung in einem Bundestagsausschuss simulieren

Weitere Informationen zu den Ausschüssen auf der Webseite des Deutschen Bundestages

72018-207

Ausschüsse des Deutschen Bundestages

Der Deutsche Bundestag gilt als sogenanntes „Arbeitsparlament". Im Gegensatz zu einem „Redeparlament" liegt der Schwerpunkt der Arbeit somit in der Be- und Überarbeitung von Gesetzesentwürfen u. ä., bis sie im Plenum des Deutschen Bundestages beschlussfähig sind. Die Ausschüsse des Deutschen Bundestages haben also die zentrale Funktion, die konkrete Gesetzgebung des Bundestagsplenums vorzubereiten („abstimmungsreif" zu machen). Die eigentlichen Diskussionen über die Ausgestaltung der Gesetze finden demnach in den Ausschüssen statt, nicht im Bundestagsplenum.

Die Ausschüsse bestehen aus Bundestagsabgeordneten und sind in etwa proportional nach der Größe der Fraktionen zusammengesetzt. Die/Der Ausschussvorsitzende wird nach Absprache der Fraktionen vom Ältestenrat des Bundestages bestimmt. Jeder der 25 Ausschüsse im 20. Deutschen Bundestag kümmert sich um ein größeres Politikfeld bzw. einen Themenbereich, z. B. Ausschuss für Arbeit und Soziales, Ausschuss für Gesundheit, Innenausschuss, Auswärtiger Ausschuss.

Die Ausschüsse tagen in meist nicht-öffentlichen Sitzungen, zu denen teilweise Gäste (z. B. Wissenschaftler, Verbandsvertreter, Unternehmer) eingeladen werden können. Zusätzlich haben Ausschüsse die Möglichkeit, öffentliche Anhörungen („Hearings") von Experten anzuberaumen. Wer als Experte eingeladen wird, bestimmen die Ausschussmitglieder. Diese Anhörungen werden (wie auch die Sitzungen) protokolliert und – anders als die in der Regel nicht-öffentlichen Ausschusssitzungen – teilweise auch im Parlamentsfernsehen übertragen.

Bearbeiter

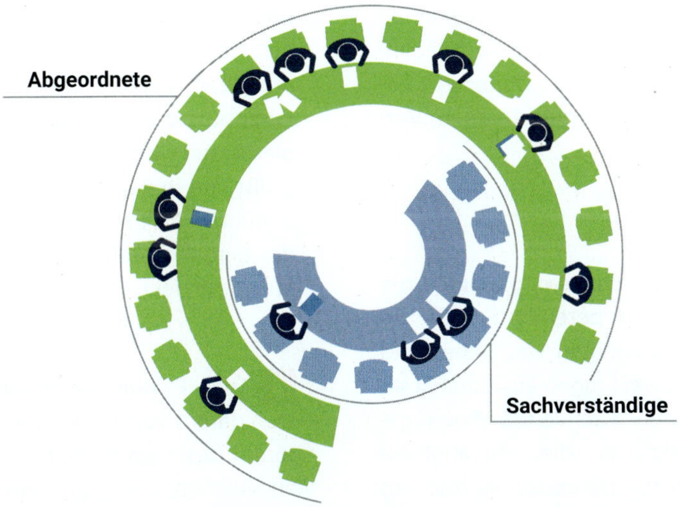

HANDLUNGSKOMPETENZ

Worum geht es?

- Der Bundestagsausschuss für Arbeit und Soziales unter SPD-Vorsitz hat eine Anhörung zum Thema „Änderung des Mindestlohngesetzes (MiLoG) – Anhebung der Lohnuntergrenze auf 12 Euro" einberufen.
- Im Ausschuss sitzen Mitglieder der SPD- (ca. 28 %), CDU/CSU- (ca. 27 %), Bündnis 90/Die Grünen- (ca. 16 %), FDP- (ca. 13 %), AfD- (ca. 11 %) und Linksfraktion (ca. 5 %).
- Als Interessenvertreter sind eingeladen: die/der Vorsitzende des Deutschen Gewerkschaftsbunds (DGB), die/der Vorsitzende der Bundesvereinigung Bauwirtschaft, der/die Präsident/in der Bundesvereinigung Deutscher Arbeitgeberverbände (BDA), die Präsidentin des Sozialverbands VdK.
- Zusätzlich können als Experten eingeladen werden Tom Krebs (Professor für Makroökonomik und Wirtschaftspolitik an der Universität Mannheim) und Lars Feld (Professor für Wirtschaftspolitik und Ordnungsökonomik an der Albert-Ludwigs-Universität Freiburg sowie wissenschaftliches Mitglied der Mindestlohnkommission) (vgl. Kap. 2.4.3).
- Der Ausschuss soll einen Bericht über die Ergebnisse der Anhörung in Form eines Kurzprotokolls anfertigen.
- In einer anschließenden nicht-öffentlichen Sitzung soll der Ausschuss eine Beschlussempfehlung für das Bundestagsplenum aussprechen.

Vorbereitung

Da die Geschäftsordnung den Ablauf einer Anhörung nicht genau regelt, ist bereits im Vorfeld im Ausschuss der Ablauf dieser Anhörung vereinbart worden:

1 Die **Sachverständigen** (Verbandsvertreter, Wissenschaftler) werden zunächst jeweils ein Eingangsstatement vortragen, das höchstens 90 Sekunden dauern darf und das ihren Kerngedanken enthält. Auf dieses Statement bereiten Sie sich mit Ihrem Team im Vorfeld vor.

2 Die **Ausschussmitglieder** aus den Fraktionen bereiten Fragen an die Sachverständigen vor. Dabei sind höchstens zwei Fragen aus einer Fraktion an einen Sachverständigen gestattet. Fraktionen, die sehr ähnliche Positionen zur Mindestlohnerhöhung haben (z. B. SPD und Bündnis 90/Die Grünen) können gemeinsam Fragen entwickeln.

3 Der/Die **Ausschussvorsitzende** bereitet sich mit einem Team auf die Positionen der Sachverständigen vor und kennt die Positionen der Ausschussmitglieder zur Mindestlohnerhöhung. Zudem bereitet sie/er eine kurze Sitzungseröffnung vor, in der sie/er auch die Sachverständigen begrüßt und in den Ablauf der Anhörung einführt. Sie/Er legt die Reihenfolge der Eingangsstatements der Sachverständigen fest.

4 Die **Protokollierenden** bereiten sich darauf vor, in der Anhörung strukturiert (am besten digital) Stichpunkte zu machen, um später ein Kurzprotokoll anfertigen zu können. Sie müssen daher grundlegend mit den Positionen der Sachverständigen vertraut sein.

Durchführung der Anhörung

Begrüßung: Die/Der Ausschussvorsitzende stellt die ordnungsgemäße Einladung fest, begrüßt die Sachverständigen und die Ausschussmitglieder und stellt in Kürze den Ablauf der Anhörung dar.

Eingangsstatements: Die Sachverständigen halten ihre 90-sekündigen Eingangsstatements in der von der/dem Ausschussvorsitzenden festgelegten Reihenfolge.

Rederegeln: Die/Der Ausschussvorsitzende achtet auf die Einhaltung der Regeln sowie der Redezeit und ermahnt freundlich aber bestimmt bei eventuellen Verstößen. Bei deutlichen bzw. wiederholten Verstößen kann er/sie das Rederecht entziehen.

Befragung: Die Ausschussmitglieder befragen die Sachverständigen. Dabei darf jede Fraktion in der Reihenfolge ihrer Größe zunächst einer/einem Sachverständigen höchstens zwei Fragen stellen (SPD, CDU/CSU, Bündnis 90/Die Grünen, FDP, AfD, Linksfraktion). Fragen sollten sich inhaltlich nicht doppeln! Nachfragen sind nur nach Genehmigung durch den/die Ausschussvorsitzende/n gestattet und werden sonst strikt unterbunden. Nach jeder Fragerunde erhalten die Ausschussmitglieder in ihren Fraktionen eine Minute Rücksprachezeit, um ihre übrigen Fragen zu ändern bzw. zuzuspitzen und auf vorherige Antworten der Sachverständigen zu beziehen.

Abschluss: Die/Der Ausschussvorsitzende bedankt sich bei den Sachverständigen und verabschiedet sie. Sie/Er erinnert die Ausschussmitglieder an die nicht-öffentliche Sitzung nach der Mittagspause, in der eine Beschlussvorlage zur Mindestlohnerhöhung auf 12 Euro für das Plenum des Deutschen Bundestages entwickelt werden soll.

So können Sie die Simulation reflektieren:

Reflektieren Sie die **Rollenübernahme**: An welchen Stellen ist sie wirklichkeitsnah gelungen? An welchen Stellen ist sie Ihnen aus welchen Gründen schwergefallen?

Reflektieren Sie das **Frageverhalten** der Ausschussmitglieder: Durch welche Fragen sind für den Ausschuss als Ganzen oder für einzelne Fraktionen für die Entscheidung wichtige Erkenntnisse entstanden? An welchen Stellen ist es auf welche Weise gelungen, Argumente der politischen Gegner abzuschwächen?

Reflektieren Sie **Struktur und Sitzungsleitung**: Inwieweit ist es gelungen, die Struktur umzusetzen und die Regeln einzuhalten? An welcher Stelle wäre das Leitungsverhalten der/des Vorsitzenden optimierbar gewesen (z. B. Zulassen/Unterbinden von Rückfragen)?

2.3 Wer fällt die Entscheidung über ein Gesetz (zur Mindestlohnerhöhung)?

2.3.1 Die Bundesregierung – das mächtigste Verfassungsorgan?

Zum Thema: Die Bundesregierung steht im Zentrum der politischen Entscheidungen in Deutschland, soll aber zugleich vom Parlament kontrolliert werden. Anhand ihrer Aufgaben, Arbeitsweisen und rechtlichen Stellung untersucht dieses Kapitel, wie groß ihre tatsächliche Gestaltungsmacht im Gesetzgebungsprozess ist.

M1 Die Bundesregierung – eine mächtige Problemlöserin?

Karikatur: Thomas Plaßmann, Baaske Cartoons, 19.3.2005

Einstiegsaufgabe 72018-208

Analysieren Sie die Karikatur (**M1**). Stellen Sie auf dieser Grundlage Vermutungen zur politischen Gestaltungsmacht der Bundesregierung an.

M2 Welche Aufgaben hat die Bundesregierung?

Parlamentarische Regierungen haben zwei Grundfunktionen zu erfüllen.

Erstens eine **Steuerungsfunktion**: [Die] Regierung soll die politischen Absichten einer parlamentarischen Mehrheit in die Form konkreter Gesetzesvorschläge bringen und diesen zur Gesetzeskraft verhelfen. Regierungsaufgabe ist es dabei, eine Politik zu betreiben, die sich im Rahmen der finanziellen Möglichkeiten bewegt und in sich einigermaßen widerspruchsfrei ist.

[...] Zweitens eine **Durchführungsfunktion**: [Die] Regierung soll darüber hinaus auch durch ergänzende Rechtssetzung (Verordnungen) sowie durch organisatorische, personelle und sachliche Maßnahmen die Durchführung jener Gesetze sichern (Gesetzesvollzug).

Mannewitz, Tom/Rudzio, Wolfgang: Das politische System der Bundesrepublik Deutschland. 11. Auflage. Wiesbaden: Springer VS 2023, S. 255

M3 Nach welchen Prinzipien arbeitet die Bundesregierung?

Arbeitsprinzipien der Bundesregierung

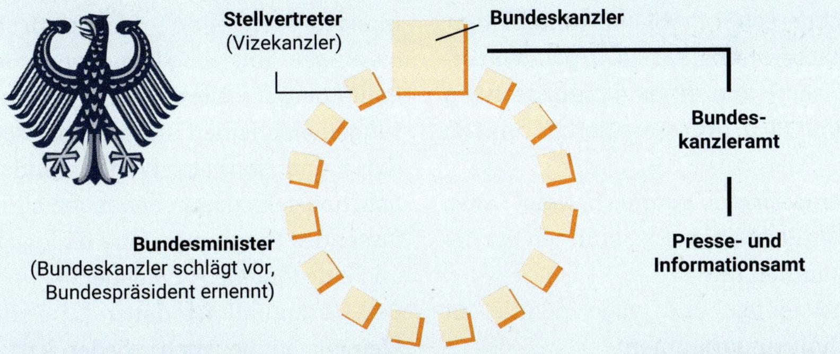

Kanzlerprinzip

Der Bundeskanzler bestimmt die Richtlinien der Politik und trägt dafür die Verantwortung.

Ressortprinzip

Innerhalb der Richtlinien leitet jeder Minister sein Ressort selbständig und in eigener Verantwortung.

Kollegialprinzip

Die Regierung berät und beschließt u. a. über alle Gesetzentwürfe und bei Streitfragen zwischen den Ministern.

Nach: Bergmoser + Höller Verlag AG, Zahlenbilder 67123

Macht, politische
keine einheitliche politikwissenschaftliche Definition. Der Soziologe Max Weber definierte instrumentelle Macht als „Chance, innerhalb einer sozialen Beziehung den eigenen Willen auch gegen Widerstreben durchzusetzen". Kommunikative Macht zielt demgegenüber nicht auf Durchsetzung, sondern ist konsensorientiert.

M4 Welche Gestaltungsmacht hat die Bundesregierung?

Gesetzesinitiativen nach Urheber und Wahlperiode

	16. WP 2005–2009		17. WP 2009–2013		18. WP 2013–2017		19. WP 2017–2021		20. WP 2021–2025	
	Anzahl	in %	Anzahl	in %	Anzahl	in %	Anzahl	in %	Anzahl	in %
Vom Bundestag verabschiedete Gesetze	616	100	553	100	555	100	547	100	333	100
Regierungsvorlagen	488	79,2	434	78,5	488	87,9	443	81	243	73
Initiativen des Bundesrates	19	3,1	17	3,1	10	1,8	7	1,2	2	0,06
Initiativen des Bundestages	89	14,4	88	15,8	52	9,3	97	17,7	84	25
Beim Bundestag eingebrachte Gesetzentwürfe	905	100	844	100	731	100	870	100	645	100
Regierungsvorlagen	537	59,3	484	57,1	526	72,0	487	56,0	354	55
Initiativen des Bundesrates	104	11,5	82	9,7	57	7,8	66	7,6	48	0,07
Initiativen des Bundestages	264	29,2	278	32,8	148	20,2	317	36,4	243	38

Die Differenz zwischen den verabschiedeten Gesetzen und deren Vorlagen ergibt sich aus Zusammenlegungen von Gesetzesinitiativen im Laufe des Verfahrens.

Bearbeiter, Zahlen nach: Deutscher Bundestag (Hg.): Statistik der Gesetzgebung, 16., 17., 18., 19. und 20. Wahlperiode

M5 Regieren nur in kleinen Schritten?

Politische Entscheidungen müssen drei Bedingungen erfüllen, um erfolgreich zu sein: Sie haben einer „Sachrationalität" (d. h. sachgerechte Problemlösung bieten), einer „Machtrationalität" (d. h. politisch erreichbar sein) und einer administrativen Rationalität (d. h. implementierbar sein) zu folgen.

Der internationale Vergleich zeigt aber, dass im Allgemeinen Regierungen an die Macht kommen mit

- inkonsistenten und vage definierten Handlungsprogrammen;
- dass sie geplagt werden von Mangel an Zeit, Informationen, Fachkenntnis, Energie und anderen Ressourcen;
- dass ihr Entscheidungsspielraum durch Verpflichtungen begrenzt wird, die sie von ihren Vorgängern erben;
- dass ihre Pläne häufig durch Ereignisse gestört werden, die sofortige Krisenbekämpfung erforderlich machen;
- dass, angesichts der Risiken von Neuem, Abwarten und Nichtstun häufig eine vernünftige Alternative scheint.

Infolgedessen sind demokratische Regierungen mit tiefgehend veränderndem Politikoutput selten. Solche Reformregierungen erscheinen nur bei einer schweren Krise und starkem Wählermandat möglich, und selbst dann benötigen sie ein umfassendes Programm, eine fähige Führung und eine längere Amtsdauer.

Der Normalfall ist daher [...] Politik mit kleinen, häufig auch wieder korrigierten Schritten statt des großen Wurfs. Dies ist [aber] nicht negativ zu bewerten [...].

Mannewitz, Tom/Rudzio. Wolfgang: Das politische System der Bundesrepublik Deutschland. 11. Auflage. Wiesbaden: Springer VS 2023, S. 255

M6 Die verfassungsrechtliche Stellung des Bundeskanzlers

Bundeskanzler Scholz (2021-2025) kündigt in einer Sondersitzung des Bundestages nach dem Angriff Russlands auf die Ukraine eine „Zeitenwende" in der Außenpolitik der Bundesrepublik an, 27.02.2022.

Absolut zentral in der Regierung ist die Stellung des Bundeskanzlers, und diese Zentralität verleiht dem Amt eine ungeheure Machtfülle. Diese wird allerdings eingeschränkt durch dessen Abhängigkeit vom Bundestag, der ihn wählt [...]. Ist er auf Vorschlag des Bundespräsidenten gewählt, so schlägt er die Namen der Minister und Ministerinnen vor, die seinem Kabinett angehören sollen. Dem Bundespräsidenten wiederum obliegt dann die Ernennung. Eine genauso zentrale Stellung hat der Kanzler bezüglich der Entlassung der Minister und Ministerinnen inne, er schlägt vor und der Bundespräsident entlässt (Art. 64 GG). Und schließlich endet die Amtszeit der Kabinettsmitglieder auch mit derjenigen des Kanzlers (Art. 69 Abs. 3). [...]

Art. 65 GG weist dem Amt des Bundeskanzlers keinesfalls nur die Stellung eines primus inter pares zu, sondern echte Führungsfunktionen:

- Der Kanzler schlägt die Minister und Ministerinnen zur Ernennung und Entlassung vor
- er bestimmt „die Richtlinien der Politik und trägt dafür die Verantwortung" (Art. 65 Abs. 1 S. 1)
- er allein ist gegenüber dem Parlament mit voller Sanktionsmöglichkeit verantwortlich
- und schließlich hat er die Organisationsgewalt der Regierung, d. h., er bestimmt über Anzahl und Struktur der Ministerien.

Die verfassungsrechtliche Basis für die Machtstellung des Bundeskanzlers liegt eindeutig in seiner Richtlinienkompetenz. Sie ist das Instrument zur „Disziplinierung" seines Kabinetts.

Gerlach, Irene: Bundesrepublik Deutschland. 3. Auflage. Wiesbaden: VS Verlag 2010, S. 239 f.

M7 Wodurch wird die Macht des Bundeskanzlers begrenzt?

In der Verfassungswirklichkeit wird die Macht des Bundeskanzlers durch verschiedene Faktoren eingeschränkt. Das Spannungsverhältnis zwischen Kanzler- und Kollegialprinzip (→ M3) ist ein limitierender Faktor für die Macht des Kanzlers. So hat insbesondere der Finanzminister eine herausgehobene Stellung innerhalb des Kabinetts. Er stellt den Haushaltsplan zur Finanzierung der politischen Vorhaben der Bundesregierung auf und koordiniert die Finanzanforderungen der Ministerien. In der Praxis können ohne seine Zustimmung keine Ausgaben getätigt werden.

Das Kabinettsbildungsrecht macht den Kanzler zwar theoretisch zu derjenigen Person, von der alle Ministerinnen und Minister abhängig sind, weil nur er dem Bundespräsidenten die Ministerinnen und Minister zur Ernennung vorschlagen kann. In der politischen Praxis geht aber die Regierungsbildung der Wahl des Bundeskanzlers voraus. Das bedeutet, dass der Kanzler erst dann gewählt wird, wenn feststeht, wen er dem Bundespräsidenten als Ministerin bzw. Minister vorschlägt. Sowohl an der Festlegung der Anzahl und des Zuschnitts der Ministerien als auch an der Auswahl der Personen sind die an der Regierung teilnehmenden Fraktionen beteiligt. Die personelle Besetzung der einzelnen Ministerien ist allein Sache der Fraktion, die diese Kabinettsposten übernimmt.

Aber nicht nur die Koalitionspartner, sondern auch die eigene Partei und Fraktion wirken auf das Regierungsprogramm und die Besetzung der Ministerien ein. Wichtige Anliegen von starken Strömungen innerhalb der Partei können nicht außer Acht gelassen werden. Bei der Auswahl der Ministerinnen und Minister seiner eigenen Fraktion muss der der Bundeskanzler wichtige Gruppen und Strömungen sowie starke Landesverbände seiner Partei angemessen berücksichtigen, wenn er sich der Unterstützung seiner Fraktion sicher sein will. Ebenso muss er auf eine angemessene Berücksichtigung der Geschlechterparität bei der Verteilung der Posten achten.

Im Rahmen seiner Machtbefugnisse einerseits und der begrenzenden Faktoren andererseits hängt es sehr von den persönlichen Eigenschaften des Kanzlers ab, wie stark er seine Position innerhalb dieses Spannungsverhältnisses durchsetzen kann. Ein Kanzler, der z. B. sehr große Beliebtheitswerte in der Bevölkerung hat, kann gegenüber der Regierungsfraktion und den Koalitionspartnern eigene, nicht von allen Mehrheitsabgeordneten vollkommen geteilte Positionen besser durchsetzen, als wenn dies nicht der Fall wäre. Ein beliebter Kanzler hat größere Chancen auf eine Wiederwahl, was es den Abgeordneten der Regierungsfraktion(en) leichter macht, ihre Sitze zu verteidigen und nach der Wahl wieder in den Bundestag einzuziehen.

Bearbeiter

Verfassungsnorm und Verfassungswirklichkeit
Als Verfassungsnorm werden die im Grundgesetz festgeschriebenen Regeln, Prinzipien und Zuständigkeiten bezeichnet. Die Verfassungswirklichkeit beschreibt, wie diese Vorgaben in der politischen Praxis tatsächlich umgesetzt werden. Abweichungen entstehen etwa durch Machtverhältnisse, politische Gewohnheiten oder informelle Entscheidungsprozesse. Manchmal hinkt die Umsetzung der Norm dem Anspruch der Verfassung hinterher.

Aufgaben

72018-209

1. Analysieren Sie die Statistik zur Gesetzgebung des Bundestages (**M4**).
2. a) Geben Sie die Befugnisse des Bundeskanzlers wieder (**M6**).
   b) Der Politikwissenschaftler Klaus von Beyme spricht von einer „magische[n] Überhöhung der Richtlinienkompetenz" des Bundeskanzlers in der Öffentlichkeit. Überprüfen Sie diese Einschätzung (**M7**).
3. Beurteilen Sie die politische Gestaltungsmacht von Bundeskanzler/in und Bundesregierung (**M2-M7**).

F zu Aufgabe 3
Unterscheiden Sie dabei nach Verfassungsnorm und Verfassungswirklichkeit.

2.3.2 Wie entsteht ein Gesetz auf Bundesebene?

M8 Die formalen Etappen der Gesetzgebung

Der Gesetzgebungsprozess in der Übersicht mit weiteren Informationen

73000-9010

Bearbeitergrafik

1 Die meisten Gesetze, die in den Bundestag eingebracht werden, sind Vorlagen der Regierung. Die Entwürfe werden in den zuständigen Fachministerien erarbeitet.

2 Generell können Gesetzentwürfe von der Bundesregierung, aus dem Bundestag oder vom Bundesrat eingebracht werden.

3 Die erste Beratung im Plenum des Bundestages dient der Begründung des Gesetzesvorhabens und der Erörterung der Grundsätze der Vorlage. Es erfolgt noch kein Beschluss.

Der Gesetzentwurf wird anschließend an die fachlich zuständigen Ausschüsse überwiesen und dort intensiv beraten. Dort können in sogenannten „hearings" auch Experten von außerhalb zu einem Gesetz gehört werden. Der Ausschuss kann dann dem Plenum eine Abänderung, Annahme oder Ablehnung des Entwurfs empfehlen.

4 Die zweite Lesung (Beratung) des Entwurfs erfolgt auf der Grundlage der Ausschussempfehlung. Über die einzelnen Bestimmungen aus der Ausschussempfehlung wird dann nacheinander abgestimmt. In diesem Zuge können sowohl einzelne Abgeordnete als auch Fraktionen Änderungsanträge einbringen.
Die dritte Lesung (Beratung) des Gesetzes schließt sich unmittelbar an. Abweichend von der zweiten Lesung können nun lediglich noch Fraktionen oder eine Gruppe von mindestens 5 % der Abgeordneten Änderungsanträge stellen. Anschließend erfolgt die namentliche oder geheime Abstimmung im Bundestagsplenum.

5 Das im Bundestag beschlossene Gesetz wird dann dem Bundesrat zugeleitet. Die Zustimmung des Bundesrates ist erforderlich, wenn es sich um ein Zustimmungsgesetz handelt, in der Sache also Bund und Länder zuständig sind. Bei einem Einspruchsgesetz kann der Bundestag einen Einspruch des Bundesrates in einer weiteren Abstimmung überstimmen.

6 Bei Uneinigkeit über ein Zustimmungsgesetz und einer drohenden Ablehnung kann der Vermittlungsausschuss angerufen werden, der einen Kompromissvorschlag erarbeitet, über den Bundestag und Bundesrat erneut abstimmen. Bundestag und Bundesrat entsenden je 16 ihrer Mitglieder in den Vermittlungsausschuss. Können sich die Vertreter dabei nicht einigen, ist das Gesetz – wenn es sich um ein zustimmungspflichtiges Gesetz handelt – gescheitert.

7 Nach der Verabschiedung des Gesetzes wird es dem/der zuständigen Minister und dem/der Bundeskanzler/in zur Unterzeichnung vorgelegt.

Anschließend muss noch der/die Bundespräsident/in das Gesetz unterzeichnen. Er/Sie kann die Unterschrift nur verweigern, wenn er/sie der Auffassung ist, dass das Gesetz gegen die Verfassung verstößt.

Das Gesetz wird im Bundesgesetzblatt verkündet und tritt in Kraft.

Bearbeiter

Unterschiedliche Mitwirkung des Bundesrates nach Gesetzesart:

Zustimmungsgesetze benötigen die ausdrückliche Zustimmung des Bundesrates (Mehrheit der Stimmen), z. B. bei Grundgesetzänderungen oder Ländersache. Im Grundgesetz ist festgelegt, in welchen Bereichen der Bundesrat bei Gesetzen zustimmen muss. Ohne Zustimmung scheitert das Gesetz.

Einspruchsgesetze (alle anderen Bundesgesetze) können ohne Zustimmung des Bundesrates in Kraft treten. Er kann allerdings Einspruch erheben (nach Vermittlungsausschuss). Der Bundestag kann den Einspruch des Bundesrates überstimmen: Hat der Bundesrat dabei mit einer Mehrheit der Stimmen Einspruch eingelegt, kann dieser mit einer Mehrheit der Mitglieder der Bundestages zurückgewiesen werden. Beschließt der Bundesrat seinen Einspruch mit zwei Dritteln seiner Stimmen, bedarf die Zurückweisung durch den Bundestag einer Mehrheit von zwei Dritteln seiner Mitglieder.

Aufgaben

72018-210

1. Beschreiben Sie den formalen Gang der Gesetzgebung in der Bundesrepublik Deutschland (**M8**).
2. Erklären Sie hypothesenartig, bei welchen Etappen die Gefahr für das Scheitern eines Gesetzentwurfs besonders groß ist.

2.3.3 Die Bundestagsabgeordneten – Entscheidungsfreiheit oder Fraktionszwang?

Zum Thema: Bundestagsabgeordnete stehen zwischen individuellem Gewissen und Parteidisziplin: Art. 38 GG garantiert ihnen das freie Mandat, in der Praxis orientieren sie sich aber stark an Fraktionslinien. Dieses Kapitel untersucht, wie Fraktionsdisziplin funktioniert, warum sie vorherrscht und welche Konsequenzen sie für das freie Mandat hat.

M9 Können Abgeordnete ihre Meinung immer frei äußern?

Artikel 21 GG
(1) Die Parteien wirken bei der politischen Willensbildung des Volkes mit. Ihre Gründung ist frei. Ihre innere Ordnung muss demokratischen Grundsätzen entsprechen. Sie müssen über die Herkunft und Verwendung ihrer Mittel sowie über ihr Vermögen öffentlich Rechenschaft geben.

Artikel 38 GG
(1) Die Abgeordneten des Deutschen Bundestages werden in allgemeiner, unmittelbarer, freier, gleicher und geheimer Wahl gewählt. Sie sind Vertreter des ganzen Volkes, an Aufträge und Weisungen nicht gebunden und nur ihrem Gewissen unterworfen.

Karikatur: Erl, 16.04.2012

Einstiegsaufgabe 72018-211

Analysieren Sie die Karikatur und stellen Sie dar, woran sich ein Abgeordneter oder eine Abgeordnete Ihrer Meinung nach bei Abstimmungen orientieren sollte (**M8**).

M10 Wie und warum funktioniert Fraktionsdisziplin?

MdB
Mitglied des Deutschen Bundestages, Bundestagsabgeordneter

Die Mitglieder des Deutschen Bundestages (MdB) sind keine Einzelkämpfer. [...] [Sie werden] von den Bürgerinnen und Bürgern vor allem als Vertreter ihrer jeweiligen Partei gewählt. Sie sind aber nicht an Aufträge und Weisungen gebunden – weder von einzelnen Bürgerinnen und Bürgern noch von Parteien, Verbänden, Interessengruppen oder Unternehmen.

Art. 38 GG garantiert ihnen das sogenannte Freie Mandat. Darin findet sich auch die Formulierung, die Abgeordneten seien „nur ihrem Gewissen unterworfen", die zu vielen Missverständnissen Anlass gegeben hat und seither in mancher öffentlichen Debatte emotional überhöht wird. [...]

Lange bevor [Politiker] Abgeordnete wurden, haben sie sich auf der Basis politischer Grundüberzeugungen einer Partei angeschlossen, haben dort Erfahrungen gesammelt und in der Regel etliche Positionen und Ämter bekleidet. Sie haben damit selbst die Politik dieser Partei geprägt und ihre Programmatik beeinflusst. Dies endet keinesfalls mit der Mandatsübernahme, denn die enge Verbindung zur Basis von Partei und Wählerschaft ist für die Repräsentationsaufgabe der MdBs ebenso unverzichtbar wie für ihre Wiederwahl. [...]
Diese Herkunft und Vernetzung der Abgeordneten bewirken, dass sie sich in ihrer Fraktion grundsätzlich politisch „zuhause" fühlen und wie ihre Fraktionskollegen überzeugt sind, bessere Problemlösungen und Politikkonzepte als andere anbieten zu können.
Vor allem wegen dieser Überzeugung gibt es die Übereinstimmung in dem Ziel, entweder die Regierungsmehrheit zu erhalten oder aus der Opposition heraus zu erringen [...]. Auf diesen Zusammenhängen, die letztlich der Logik der parlamentarischen Parteiendemokratie entspringen, beruht die Geschlossenheit des Redens und Handelns der Fraktion. Diese Geschlossenheit entscheidet über Erfolg oder Misserfolg, schon weil ihr Fehlen von der Öffentlichkeit als Zeichen der Schwäche gedeutet wird [...]. [...]
Demokratische Politik ist ein „Mannschaftsspiel", und damit das „Mannschaftsziel" erreicht wird, braucht es im Regelfall keinen „Druck von oben", höchstens gelegentlich die Erinnerung oder den Ansporn durch die Teamkollegen oder den Trainer. „Fraktionszwang" ist also der falsche Begriff, um den Grund für die Einigkeit der politischen Mannschaften im Bundestag zu beschreiben. Es handelt sich um das Interesse, die selbst gesteckten Ziele zu erreichen, um die Einsicht, dass dies nur zusammen möglich ist, um gegenseitige Loyalität und das Einhalten gemeinsam ausgeprägter Gruppennormen. Dies ist nicht ohne Kosten, Konflikte und Kompromisse zu erlangen. Innerfraktionelle Einigkeit steht also jeweils am Ende eines Prozesses, der allerlei – keinesfalls immer einfache – Abwägungen von den einzelnen Abgeordneten verlangt. Dies ist kein Zwang, sondern selbst auferlegte und den Mitstreitern ebenso abverlangte Disziplin – „Fraktionsdisziplin".

Schüttemeier, Suzanne S.: Der Deutsche Bundestag und seine Akteure. In: Informationen zur politischen Bildung, 341, 2019, S. 18-49; hier 34 f., 38 f.

Loyalität
Vertreten der Werte bzw. Positionen einer anderen Person oder Gruppe, ohne diese vollständig zu teilen, im Interesse eines gemeinsamen Ziels

M11 Mindestlohnerhöhung: Wie stimmten die Abgeordneten ab?

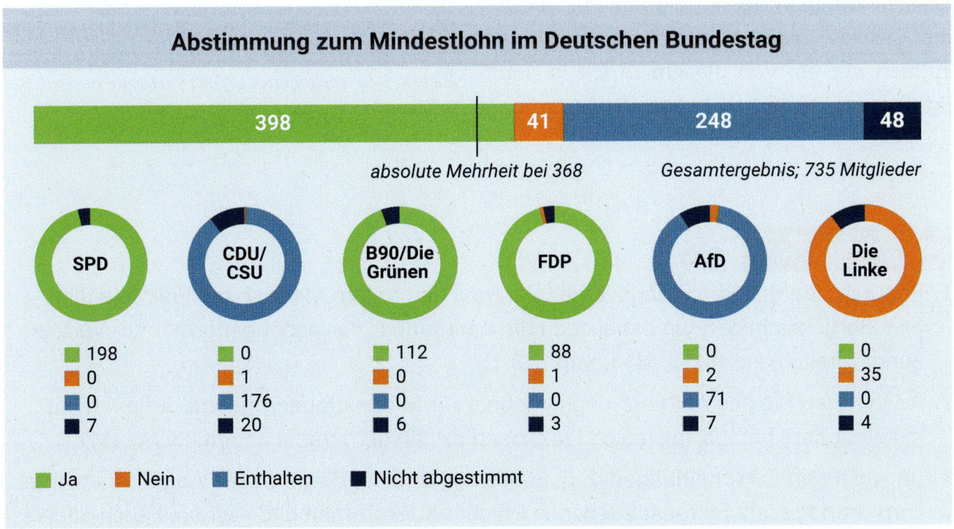

Nach: © Deutscher Bundestag: Namentliche Abstimmungen. Mindestlohn, 03.06.2022

M12 Ein fraktionsloser Abgeordneter nimmt Stellung

Rechte fraktionsloser Abgeordneter (Auswahl)

- freie Ausschusswahl (aber nur Antrags-, kein Stimmrecht)
- Fragerecht an Bundesregierung
- Rede- und Antragsrecht im Bundestag

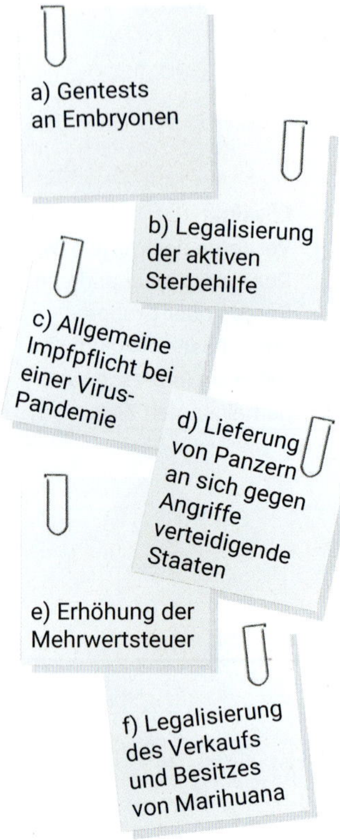

Seit dem November 2018 bin ich fraktionslos. Ich bin nach 26 Jahren aus der SPD ausgetreten. [...] Ich bin ausgetreten mit dem Wissen, dass es dies nun war mit meinem Mandat und mit einer politischen Karriere. Ich bleibe sozialer Demokrat und wollte meine Arbeit, meine Projekte engagiert zu Ende bringen und vor allem für meinen Wahlkreis da sein. [...]

Häufig werde ich gefragt, wie ich denn nun Politik mache, welche Rechte ich habe, ob es so überhaupt noch möglich ist, Politik mitzugestalten. [...] [Viele] überschätzen [...] den Einfluss von Abgeordneten in den Fraktionen massiv. Als parteigebundene:r Oppositionspolitiker:in kann man nur bedingt gestalten: egal, wie gut die eigenen Vorschläge sind, sie werden von der Mehrheit leider per se abgelehnt. Es bleibt aber die wichtige Möglichkeit, Themen anzutreiben, Probleme aufzuzeigen, Debatten anzuregen. [...]

Für Mitglieder einer Regierungsfraktion sieht es mit dem Einfluss recht düster aus, weil die Mehrheit ohnehin den Vorgaben der Regierung folgt. Es herrscht in fast allen Fällen Fraktionszwang und nur ganz wenige Abgeordnete trauen sich, dem zu folgen, was das Grundgesetz vorgibt: dem Gewissen. Also sind die Möglichkeiten sehr begrenzt: der Bundestag ist nicht mehr die Entscheidungsmitte, er [...] erstellt nicht die Gesetze, sondern nickt sie meistens einfach nur ab. Von diesem Druck in den Fraktionen [...] bin ich befreit. So kann ich die Anliegen offen ansprechen, die oft zu kurz kommen, nämlich die von den im Parlament leider stark unterrepräsentierten Menschen [...]. [...]

In einer Fraktion arbeitet man als Team zusammen, sodass es Spezialist:innen für verschiedene Themen gibt, an die man sich bei Fragen wenden kann. Das bedeutet, dass ich mich bei der Beantwortung von Fragen nicht mehr auf den Rat meiner Fach-Kolleg:innen berufen kann, sondern mich stärker in fremde Themen einarbeiten muss und mich natürlich vor allem auf meine Schwerpunktthemen konzentriere. Die Fraktion und ihre Mitarbeiter:innen fehlen mir bei breiteren Themen und Fragen außerhalb meiner Expertise, so dass sich mein Team in einigen Bereichen intensiver einarbeiten und breiter aufstellen muss.

Da ich keine Rücksicht mehr auf Parteikarrieren, Listenplätze oder Aufstellungen nehmen muss, habe ich mehr Zeit, mich auf die Inhalte und Forderungen zu konzentrieren, die mir wirklich wichtig sind. Sich in Parteigremien aufzureiben, mag ein Teil der parlamentarischen Arbeit sein, sie hemmt aber sehr den Blick auf die eigentliche, nämlich die Inhalte und führt dazu, dass sich alle parteitaktisch verhalten.

Bülow, Marco: Fraktionslos: Neue Chancen, neue Rolle. In: www.marco-buelow.de, Abruf am 03.11.2025

*Marco Bülow (*1971) war von 2002 bis 2021 Bundestagsabgeordneter. Seit 2020 ist er Mitglied von „Die Partei". Den vorliegenden Text verfasste er noch als Bundestagsabgeordneter.*

Aufgaben

72018-212

1. Erläutern Sie das Spannungsverhältnis zwischen freiem Mandat und Fraktionsdisziplin. Berücksichtigen Sie dabei auch die Kategorien „Verfassungsnorm" und „Verfassungswirklichkeit" (**M10, M11**, Kap. 2.3.1).
2. Analysieren Sie das Abstimmungsergebnis zur Mindestlohnerhöhung. Arbeiten Sie insbesondere heraus, inwieweit Fraktionsdisziplin geherrscht haben könnte (**M11**).
3. „In wichtigen Entscheidungen, z. B. über Krieg und Frieden, müssen Abgeordnete ihrer vom Grundgesetz festgeschriebenen Pflicht nachkommen und eventuell auch anders entscheiden, als die Fraktion es vorsieht!" Bewerten Sie diese Forderung.

F zu Aufgabe 2
Erklären Sie das Abstimmungsverhalten der FDP-, CDU/CSU- und Linksfraktion.

2.3.4 Der Bundestag – nur Abstimmungsplenum für die Bundesregierung?

Zum Thema: Ist der Bundestag mehr Gestalter oder nur Abnick-Parlament? Dieses Kapitel beleuchtet seine zentralen Aufgaben von der Gesetzgebung über Wahlen und Kontrolle bis zur Bürgerkommunikation und prüft, ob der Bundestag tatsächlich machtlos ist.

M13 Wie viel Macht hat der Bundestag?

Ist das [direkt gewählte] Parlament der institutionelle Sitz der Volkssouveränität, so liegt bei der Regierung das faktische [= tatsächliche] Leitungszentrum. Die Bezeichnung parlamentarische Regierung ist [...] überholt. In England wird daher folgerichtig [...] von cabinet government oder prime minister government gesprochen.

von Beyme, Klaus: Das politische System der Bundesrepublik Deutschland. Eine Einführung. 12. Auflage. Wiesbaden: Springer VS 2017, S. 333

Volkssouveränität
Prinzip, wonach – in Abgrenzung z. B. zur Monarchie – die Bürger die Träger der Staatsgewalt sind

Einstiegsaufgabe 72018-213

Stellen Sie – ausgehend von dem Zitat von Beymes – Hypothesen zur tatsächlichen Macht des Deutschen Bundestages auf (**M13**).

M14 Welche Aufgaben hat der Deutsche Bundestag?

1 Wahlfunktion
Der Bundestag wählt eine Reihe von Personen, zum Beispiel interne Funktionsträger wie den Bundestagspräsidenten oder externe wie den Präsidenten des Rechnungshofes oder die Hälfte der Bundesverfassungsrichter. Vor allem aber wählt der Bundestag zu Beginn seiner Legislaturperiode den Bundeskanzler/die Bundeskanzlerin. [...] Der jeweils vom Bundespräsidenten vorgeschlagene Kandidat [benötigt im ersten Wahlgang eine Mehrheit von mehr als der Hälfte der Mitglieder des Bundestages.] In gegebenenfalls erforderlichen weiteren Wahlgängen muss der Vorschlag aus der Mitte des Parlaments kommen. Finden auch diese Kandidaten keine „Kanzlermehrheit", dann findet nach Ablauf von 14 Tagen ein abschließender Wahlgang statt. Erhält der Kandidat auch dann nur eine relative, aber keine absolute Mehrheit der Mitglieder, kann der Bundespräsident den Bundestag auflösen und Neuwahlen anberaumen. Der Bundespräsident hat aber auch die Option, den mit der relativen Mehrheit gewählten Kandidaten zum Kanzler einer Minderheitsregierung zu ernennen. [...]

2 Gesetzgebungsfunktion
Das Gesetzgeben ist in der Tat diejenige Aufgabe, die der klassischen Gewaltenteilung zufolge dem Parlament zugewiesen wird. Das Grundgesetz zementiert diese Idee im Artikel 77 Abs. 1: „Die Bundesgesetze werden vom Bundestage beschlossen". Das Bundesverfassungsgericht hat diese Festlegung um die „Wesentlichkeitstheorie" ergänzt. Diese besagt, dass der Bundestag dasjenige Organ ist, das „grundlegende und wesentliche Entscheidungen" treffen muss. Es darf seine Entscheidungskompetenz in wichtigen Belangen nicht an andere, z. B. die Regierung, abtreten. [...]

Sitzverteilung im aktuellen Bundestag
73000-61

Interpellative Verfahren des Bundestages zur Regierungskontrolle:
- Große Anfragen: auf Antrag einer Fraktion muss die Bundesregierung zu einer Frage Stellung nehmen und im Plenum diskutieren
- Kleine Anfragen: auf Antrag von min. fünf Prozent der Abgeordneten muss die Bundesregierung zu einer Frage schriftlich Stellung nehmen
- Fragerecht: jede/r Abgeordnete darf kurze Einzelanfragen an die Regierung stellen (Antwort im Rahmen einer Fragestunde)
- Aktuelle Stunde: auf Antrag von min. fünf Prozent der Abgeordneten werden „Themen von allg. Interesse" im Plenum diskutiert

Untersuchungsausschuss, parlamentarischer
Von min. 25 Prozent der Abgeordneten beantragter Ausschuss (Besetzung nach Fraktionsstärke im Bundestag) zum Untersuchen von Missständen u. Ä., gerichtsähnliche Arbeit mit Zeugenladung und öffentlicher Beweiserhebung

3 Kontrollfunktion

Demokratie bedeutet, dass die Macht verteilt ist und sich die staatlichen Institutionen gegenseitig kontrollieren. Gegenstand der parlamentarischen Kontrolle ist in erster Linie die Bundesregierung, die dem Parlament gegenüber verantwortlich ist. Der Bundestag verfügt über ein großes Arsenal an Instrumenten, die Regierungsarbeit einer kritischen Beobachtung zu unterziehen. Zunächst stehen ihm die so genannten „interpellativen Verfahren" zur Verfügung, mit denen das Parlament die Bundesregierung öffentlich zur Rede stellen und Informationen gewinnen kann. Je nach Anzahl der Antragsteller können unterschiedliche Verfahren zum Einsatz kommen.

Kontrollieren können die Parlamentarier ferner im Rahmen der Fachausschüsse oder über eine Klage beim Bundesverfassungsgericht, z. B. in Form eines Normenkontroll- oder Organstreitverfahrens. [...]

4 Kommunikationsfunktion

Der Bundestag hat als „Volksvertretung" kommunikative Aufgaben, nämlich zwischen den Bürgern auf der einen Seite und dem staatlichen Entscheidungsbereich auf der anderen Seite zu „vermitteln".

So ist es eine zentrale Funktion von Parlamenten, die Interessen der Bevölkerung wahrzunehmen und in den politischen Prozess einzubringen. Die Abgeordneten werden unmittelbar von den Bürgern gewählt und sollen auch danach in einem engen Kontakt mit den Wählern stehen. Hierzu dienen auf der Ebene der einzelnen Abgeordneten beispielsweise Wahlkreissprechstunden oder andere Foren der Begegnung in den Heimatwahlkreisen oder am Parlamentssitz. Eine stetig wachsende Rolle in der Abgeordneten-Bürger-Kommunikation spielen online-basierte Medien. MdBs greifen intensiv auf die Möglichkeiten des Social Web zurück. [...]

Der Bundestag nimmt aber nicht nur Kommunikation auf – im Sinne des „Hörrohrs". Vielmehr hat das Parlament auch eine „Sprachrohr"-Funktion. Die von der Volksvertretung gefällten Entscheidungen, die unterschiedlichen Meinungen hierzu, die in Beratung stehenden Themen – all dies gilt es, der Bevölkerung gegenüber darzustellen. Dazu dienen in erster Linie die Plenardebatte und die Medienberichterstattung darüber. [...] Der generelle Trend zur visuellen Darstellung durch Fremd- und Eigenmedien birgt allerdings Gefahren in sich: [...] Denn der Großteil nicht-visualisierbarer Alltagsarbeit des Bundestages und seiner Abgeordneten bleibt damit unsichtbar.

Marschall, Stefan: Das politische System Deutschlands. 4. aktualisierte Auflage. Konstanz/München: UVK Verlag 2018, S. 142-144, 146 f.

M15 Der Bundestag – ein Parlament ohne Macht?

Hinter den Begriffen [Entparlamentarisierung bzw. Deparlamentarisierung] steht die These, dass das Parlament nicht mehr die zentrale Instanz im politischen System sei. Dies lasse sich, so die entsprechenden Analysen, vor allem an der Gesetzgebung festmachen. Der eigentliche „Gesetzgeber", der Bundestag, sei zum „Stempelkissen" andernorts gefällter Entscheidungen geworden. Aber auch die übrigen parlamentarischen Funktionen könnten vom Parlament nur noch bedingt ausgeübt werden.

Welche Entwicklungen werden für die Entmachtung des Bundestages verantwortlich gemacht? Wer nimmt dem Parlament die Macht, die ihm zusteht? [...]

Der kritische Blick fällt zunächst auf eine Reihe innenpolitischer Akteure [...]: Verbände seien im Gesetzgebungsprozess übermächtig geworden. Die Medien, nicht mehr das Parlament, stellten die Orte der politischen Auseinandersetzung dar und bestimmten über die Themen der öffentlichen Agenda. Vorabsprachen in Koalitionsgremien setzten Fakten, die von den Parlamentariern nur noch zur Kenntnis genommen werden könnten. Auch andere Staatsorgane grenzten die gesetzgeberischen Möglichkeiten des Bundestages weiter ein: die Regierung durch ihre Dominanz bei der Gesetzesinitiative, das Bundesverfassungsgericht durch seine Rechtsprechung, der Bundesrat durch seine Mitsprachemöglichkeiten. [...]

Der Befund vom machtlosen Parlament ist in seiner Pauschalität gleichwohl nicht stichhaltig. Zunächst: Der Bundestag ist kein bloßes Stempelkissen. So finden im Parlament in vielen Fällen eine intensive Beratung und eine Veränderung von Gesetzesvorlagen statt. Es gilt in der Tat das Wort: Kaum ein Gesetz kommt aus dem Bundestag so heraus, wie es als Entwurf hineingekommen ist. Zudem sind Parlamentsakteure an den vor- und außerparlamentarischen Entscheidungsprozessen mitbeteiligt. So sind Regierungsvorlagen, die in den parlamentarischen Prozess eingebracht werden, in der Regel bereits im Vorfeld mit den Fraktionsspitzen abgeklärt worden. Die Regierungsfraktionen steuern also frühzeitig mit. Auch in den Koalitionsgremien, die oftmals als „Beweis“ für die Entmachtung der MdBs ins Feld geführt werden, sind neben den Regierungsvertretern und Parteispitzen desgleichen die Fraktionsspitzen vertreten und repräsentieren so unmittelbar die Parlamentsabgeordneten der Regierungsfraktionen.

Das heißt nicht, dass es keine Fälle gibt, in denen das Parlament machtpolitisch umgangen worden ist. Aber hier muss differenziert werden: Streng genommen müsste für jedes Politikfeld, ja für jeden einzelnen Entscheidungsfall die tatsächliche Macht des Parlaments tariert [= bestimmt] werden. Ohnehin betrifft die tatsächliche Entparlamentarisierung weniger die Regierungsfraktionen als die Opposition – allemal in Zeiten „Großer Koalitionen“. [...]

Entparlamentarisierung ist jedenfalls kein Schicksal: Die Abgeordneten können durch Parlamentsreformen entsprechende Entwicklungen, wenn nicht verhindern, so zumindest abbremsen. Der Bundestag hat die Mittel zu seiner Stärkung zum Teil in der eigenen Hand. Es bedarf selbstbewusster Parlamentarier und einer kritisch begleitenden Öffentlichkeit (sowie eines aufmerksamen Verfassungsgerichts), damit die bundesdeutsche Demokratie ihre „parlamentarischen“ Facetten bewahrt und ausbaut. Das Selbstbewusstsein muss insbesondere bei den Abgeordneten der Regierungsfraktionen Raum greifen, denn Parlamentsreformen benötigen Mehrheiten. Diese „Emanzipation“ ist aufgrund der „Schicksalsgemeinschaft“ von Bundesregierung und Parlamentsmehrheit schwierig, aber nicht unmöglich.

Marschall, Stefan: Das politische System Deutschlands. 4. aktualisierte Auflage. Konstanz/München: UVK Verlag 2018, S. 147-149

Konstituierende Sitzung des 21. Deutschen Bundestages im Plenarsaal des Reichstagsgebäudes in Berlin, 25.03.2025

Rede- und Arbeitsparlament
In sog. Redeparlamenten werden Gesetzesentwürfe vorwiegend im Plenum debattiert. In sog. Arbeitsparlamenten (wie dem Deutschen Bundestag) werden die Gesetzesvorlagen vor allem in (nicht öffentlichen) Fachausschüssen, die ungefähr nach Fraktionsproporz zusammengesetzt sind, sowie zwischen den Fraktionen ausgehandelt. Die Plenumsdebatten dienen hier eher der Information und der Meinungsbildung der Öffentlichkeit (sowie der Werbung um potenzielle Wähler).

Aufgaben

72018-214

1. Geben Sie die zentralen Aufgaben des Deutschen Bundestages wieder (**M14**).
2. „[D]ie tatsächliche Entparlamentarisierung [betrifft] weniger die Regierungsfraktionen als die Opposition.“ Erklären Sie diese Aussage Stefan Marschalls (**M15**).
3. Überprüfen Sie Klaus von Beymes Aussage (**M13**) zur Macht von Parlament und Regierung (**M14-M15**).

2.3.5 Der Bundesrat – schlagkräftiger Vertreter der Länderinteressen?

Zum Thema: Der Bundesrat bringt Länderinteressen in die Bundesgesetzgebung ein und hat bei Zustimmungsgesetzen ein starkes Mitspracherecht. Dieses Kapitel untersucht seine Funktionen, den Abstimmungsmodus und die Frage, ob Parteipolitik seine Schlagkraft als Ländervertretung mindert.

M16 Wie positionierte sich der Bundesrat zur Mindestlohnerhöhung?

Der Bundesrat unterstützt die Pläne der Bundesregierung, den Mindestlohn zum 1. Oktober per Gesetz auf 12 Euro zu erhöhen. In seiner Stellungnahme vom 8. April 2022, die zunächst der Bundesregierung, dann dem Bundestag vorgelegt wird, bittet er um Prüfung, welche Anreize unterhalb der gesetzlichen Ebene möglich sind, um die Arbeitgeberseite zur Umwandlung von Minijobs in sozialversicherungspflichtige Beschäftigungen zu motivieren.

Bundesrat KOMPAKT. Ausgewählte Tagesordnungspunkte der 1019. Sitzung vom 08.04.2022. In: www.bundesrat.de, Abruf am 30.01.2026

Einstiegsaufgabe 72018-215

Im Bundesrat sollen die Regierungen der 16 Bundesländer deren Interessen in die Bundesgesetzgebung einbringen können. Erklären Sie vor diesem Hintergrund, wie es zu der Position des Bundesrates zur Mindestlohnerhöhung (**M16**) gekommen sein könnte.

M17 Welche Funktionen hat der Bundesrat?

Vermittlungsausschuss
Gemeinsames Gremium von Bundestag und Bundesrat (nach Art. 77 Abs. 2 GG), bestehend aus jeweils 16 Mitgliedern der beiden Organe;
Zweck: Vermittlung bei Uneinigkeiten zwischen Bundes- und Ländervertretung mit dem Ziel eines positiven Ergebnisses eines Gesetzgebungsverfahrens (oft ein Kompromiss).

Der Bundesrat ist […] die Institution, in der die Landesregierungen an der Bundesgesetzgebung und außerdem an der Gesetzgebung, die Angelegenheiten der Europäischen Union zum Inhalt hat, mitwirken. Die Besonderheit des Bundesrats besteht darin, dass er […] Länderinteressen in die Bundespolitik einbringt. Dafür sorgt die Art seiner Bestellung aus den Reihen der Landesregierungen. Mitglieder des Bundesrates sind die Ministerpräsidenten und weitere entsandte Mitglieder der Landesregierungen. […]

Der Bundesrat als Ganzes wird – im Unterschied zu anderen Zweiten Kammern, die […] aus volksgewählten Abgeordneten bestehen – nicht gewählt. Insofern ist er ein „ewiges Organ“. […] [D]ie Besonderheit des Bundesrates [besteht] darin, dass seine Mitglieder aus den Landesregierungen den Interessen ihrer Länder verpflichtet sind. […]

Der Bundesrat ist in jede Phase der Bundesgesetzgebung einbezogen. Er hat auch das Recht, Gesetze zu initiieren, also eigene Vorschläge zur Gesetzgebung zu machen. […] Zustimmungsgesetze bedürfen, weil sie Länderangelegenheiten berühren, der Zustimmung der Länder im Bundesrat. Bei allen anderen Bundesgesetzen kann der Bundesrat nur Einspruch einlegen. Der Bundestag kann diesen Einspruch mit der gleichen Mehrheit, mit der er vom Bundesrat beschlossen wurde, überstimmen, und das Gesetz tritt dennoch in Kraft. […]

Bei Zustimmungsgesetzen können Bundestag, Bundesregierung und Bundesrat den Vermittlungsausschuss anrufen (um das Scheitern eines Gesetzes zu vermeiden). […]

Für die Länder ist der Bundesrat das politische „Nadelöhr", durch das ihre Positionen in die Bundespolitik und die Europapolitik eingefädelt werden. Aus der Sicht des einzelnen Landes heißt das aber auch, dass kein Land in der Lage ist, seine Position eigenständig [...] einzubringen. Wenn politisch Einfluss genommen werden soll, muss erst die Abstimmung mit den anderen Ländern erfolgen. Diese Abstimmung geschieht in erster Linie nach den Regeln der Parteipolitik.

Sturm, Roland: Zusammenarbeit im deutschen Föderalismus. In: Informationen zur politischen Bildung. Föderalismus in Deutschland (Nr. 318). Bonn: Bundeszentrale für politische Bildung 2013, S. 22, 24 ff.

M18 Wie wird im Bundesrat abgestimmt?

Das Stimmgewicht der einzelnen Landesregierungen im Bundesrat ist [...] nicht gleich, sondern orientiert sich an der Bevölkerungszahl der Länder. Dabei wird aber strikte Proportionalität vermieden. Das heißt, der Bevölkerungsanteil eines Landes bestimmt dessen Stimmenanteil im Bundesrat nicht eins zu eins, sondern nur in eingeschränktem Maße („gemäßigtes Bundesratsprinzip"). [...] Die kleineren Länder sind gemessen an ihrer Einwohnerzahl im Bundesrat überrepräsentiert. [...]

Die Stimmen eines Landes können im Bundesrat nur einheitlich abgegeben werden. Dazu genügt es, wenn ein Stimmführer im Plenum anwesend ist. Dies verdeutlicht, dass im Bundesrat bei Abstimmungen das Land abstimmt und nicht der einzelne Abgeordnete wie im Bundestag. [...] Die Landeskabinette einigen sich über ihre Position zu den anstehenden Gesetzesentscheidungen. Für den Fall, dass dies nicht gelingen sollte, sehen die Koalitionsvereinbarungen der Länderregierungen in der Regel vor, dass sich das betreffende Land bei strittigen Gesetzesvorhaben der Stimme enthält.

Sturm, Roland: Zusammenarbeit im deutschen Föderalismus. In: Informationen zur politischen Bildung. Föderalismus in Deutschland (Nr. 318). Bonn: Bundeszentrale für politische Bildung 2013, S. 22

M19 Der Bundesrat – häufig durch Parteienvielfalt blockiert?

In der Wissenschaft wurde diskutiert, ob die Gleichzeitigkeit von parteipolitischer und landespolitischer Interessenvertretung im Bundesrat ein Verfassungsproblem sei. Der Politikwissenschaftler Gerhard Lehmbruch spricht von einem „Strukturbruch": Der Bundesrat sei im Grundgesetz als Länderkammer vorgesehen, und Parteipolitik widerstrebe dieser Strukturentscheidung. Dagegen lässt sich jedoch einwenden, dass Parteipolitik in einer Parteiendemokratie schlecht von politischen Institutionen, wie dem Bundesrat, ferngehalten werden kann. Ein größeres, praktisches Problem für Entscheidungen im Bundesrat ist, dass es in Deutschland immer mehr Parteien in den Parlamenten gibt. Damit vergrößert sich das Spektrum der Koalitionen auf Landesebene, und es wird unwahrscheinlicher, dass diese Koalitionen entweder alleine von Oppositionsparteien oder alleine von Regierungsparteien im Bund gestellt werden. Das behindert die Einigung auf das Stimmverhalten im Bundesrat bei kontroversen Themen, was wiederum eine Zunahme von Enthaltungen zur Folge hat. Im Ergebnis verstummen die Länder, was schlecht für deren politische Repräsentation ist. Häufig stehen so weder der Regierung noch der Opposition im Bundesrat absolute Mehrheiten zur Verfügung.

Sturm, Roland: Zusammenarbeit im deutschen Föderalismus. In: Informationen zur politischen Bildung. Föderalismus in Deutschland (Nr. 318). Bonn: Bundeszentrale für politische Bildung 2013, S. 24

Föderalismus/Bundesstaatlichkeit
Staatsstrukturprinzip; charakterisiert durch erhebliche Befugnisse zur eigenen Rechtssetzung einzelner Bundesländer in bestimmten Politikfeldern (z. B. Bildung, Kultur, Polizei, ...) bei gleichzeitiger Existenz einer Zentralregierung und -verwaltung. Zur Erledigung ihrer Aufgaben erhalten die Bundesländer Einnahmen aus vom Bund erhobenen Steuern.
Im Wettbewerbsföderalismus (z. B. USA) haben die Länder größere Autonomie als im kooperativen Föderalismus (z. B. Deutschland).

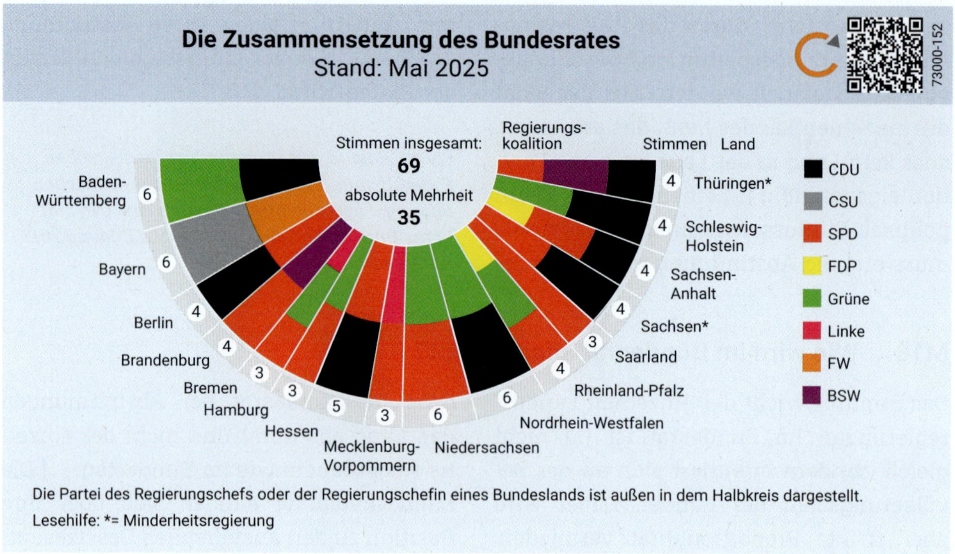

©C.C. Buchner Verlag, aktuelle Daten nach: Bundesrat (Datenerhebung: 2025; Grafikerstellung: 2025)

M20 Blockiert der Bundesrat Gesetze?

Gesetze vor dem Bundesrat

	20. Wahlperiode
vom Bundestag beschlossene und dem Bundesrat zugeleitete Gesetzesvorlagen	**333**
davon zustimmungsbedürftige Gesetze	112
davon Gesetzesinitiative der Bundesregierung	247
davon Gesetzesinitiative des Bundestages	84
davon Gesetzesinitiative des Bundesrates	**2**
vom Bundesrat beraten und zugestimmt	**333**
davon Zustimmung nach Verfahren vor dem Vermittlungsausschuss	**7**
Zustimmung des Bundesrates versagt	0

Bearbeiter, Daten nach: Bundesrat (Hg.): Statistik der parlamentarischen Arbeit des Bundesrates. Berichtszeitraum: 1010. bis 1052. Sitzung des Bundesrates (Sitzungen im Zeitraum der 20. Wahlperiode des Bundestages). Berlin 2025, S. 1-3

In der 20. Wahlperiode bestand die Bundesregierung unter Kanzler Olaf Scholz aus einer Koaliton aus SPD, Grüne und FDP.

Aufgaben

72018-216

1. Geben Sie die Funktionen des Bundesrates wieder (**M17**).
2. Erläutern Sie das von Sturm benannte Problem des „Verstummens von Ländern" im Bundesrat. Beziehen Sie dabei auch die Besonderheiten des Abstimmungsmodus' mit ein (**M18, M19**).
3. Überprüfen Sie die These der „Blockierung des Bundesrates durch Parteienvielfalt" vor dem Hintergrund des Abstimmungsverhaltens des Bundesrates (**M18, M19**).
4. „Im Bundesrat müssen die Vertreter einer Landesregierung alle ihre Stimmen einheitlich abgeben. Anders als bisher sollte ein Aufteilen der Stimmen je nach Regierungskoalition im Bundesland möglich sein!" Nehmen Sie Stellung zu dieser Forderung.

F zu Aufgabe 3
Erklären Sie, warum der Bundesrat die politische Mindestlohnerhöhung befürwortet.

2.3.6 Der Bundespräsident – zu machtlos?

Zum Thema: Der Bundespräsident repräsentiert Deutschland als Staatsoberhaupt, hat aber nur wenige direkte Machtbefugnisse. Dieses Kapitel beleuchtet seine verfassungsrechtliche Stellung, Aufgaben und die kontroverse Debatte, ob das Amt sinnvoll ist oder abgeschafft werden sollte.

M21 Mögliche Rechte und Aufgaben eines Staatsoberhaupts

Einstiegsaufgabe 72018-217

Wählen Sie Befugnisse aus, über die ein Staatsoberhaupt Ihrer Meinung nach verfügen sollte (**M21**). Begründen Sie Ihre Auswahl.

M22 Die verfassungsrechtliche Stellung des Bundespräsidenten

Der Bundespräsident

ist das **Staatsoberhaupt** der Bundesrepublik Deutschland. Er wird **von der Bundesversammlung gewählt.**

Die **Abgeordneten** des **Deutschen Bundestages** | gleiche Anzahl von **Delegierten** der **16 Bundesländer**

Amtssitze sind **Schloss Bellevue** in Berlin und **Villa Hammerschmidt** in Bonn.

Er wird **vom Präsidenten des Bundesrates vertreten.**

Die **Amtszeit** beträgt **fünf Jahre**; eine zweite Amtszeit ist möglich.

Der Bundespräsident ...
- **repräsentiert** Deutschland nach innen und außen
- **vertritt den Bund** völkerrechtlich und schließt Staatsverträge
- schlägt dem Bundestag **Kandidaten** für das Amt des **Bundeskanzlers** vor
- **ernennt und entlässt** Kanzler, Minister, Bundesrichter, Offiziere und Bundesbeamte
- kann in besonderen Fällen den **Bundestag auflösen** (z. B. nach einer gescheiterten Vertrauensfrage)
- **prüft** und **unterschreibt Gesetze**
- kann **Straftäter begnadigen**, die von einem Bundesgericht verurteilt wurden

Der Bundespräsident ist von der Tagespolitik unabhängig und soll sich **parteipolitisch neutral** verhalten. Um politische Wirkung zu erzielen, kann er in Reden gesellschaftliche Diskussionen anstoßen oder aufgreifen.

Nach seiner Amtszeit erhält der Bundespräsident einen **lebenslangen Ehrensold** in Höhe seiner ehemaligen Amtsbezüge.

Nach: Globus Grafik 11373

Frank-Walter Steinmeier (SPD), seit 2017 12. Bundespräsident der Bundesrepublik Deutschland; zuvor u. a. Kanzleramtschef (1999-2005) und Bundesaußenminister (2005-2009, 2013-2017)

openPetition Online-Petitionsportal des Petitionsausschusses des Deutschen Bundestages, auf dem Bürgerinnen und Bürger Petitionen starten und Unterstützer suchen können.

M23 Kontrovers diskutiert: Wird das Amt des Bundespräsidenten benötigt?

A Das Amt ist überflüssig!

Der öffentliche Dienst ist in den letzten Jahrzehnten erheblich verschlankt worden, [...] viele Sozialleistungen und Steuervergünstigungen wurden zurückgefahren und die Kommunen sind massiven Finanzierungsnöten ausgesetzt. [...] Angesichts dieser Prämissen ist das Amt des Bundespräsidenten ersatzlos zu streichen. Betriebswirtschaftlich unter Kosten-Nutzen-Aspekten betrachtet rechnet sich dieses Amt nicht. Der Bundespräsident, der vor allem repräsentative Aufgaben zu erfüllen hat, gestaltet weder die Politik noch ist er essenziell [= unverzichtbar] für unsere auswärtigen Beziehungen. Da Deutschland keine konstitutionelle Monarchie ist und auch keine entsprechende Tradition hat, wäre ein Abschaffen dieses Amtes kein Bruch mit unserer Geschichte, sondern befreite Haushaltsmittel für wichtigere Aufgaben. Außerdem gewänne dadurch unsere politische Führung an Glaubhaftigkeit, da sie somit verdeutlicht, dass sie nicht nur von uns Bürgern Verzicht verlangt, sondern auch bereit ist, ihren eigenen Apparat zu verschlanken.

Bundespräsident – Abschaffung des Amtes des Bundespräsidenten. In: www.openPetition.de, Abruf am 03.11.2025

B Das Amt wird benötigt!

Der von der Bundesversammlung gewählte Bundespräsident kann sich drauf konzentrieren, überparteilich zu sein. Er darf politisch sein. Aber eben nicht tagespolitisch. Er darf Richtungen benennen, aber nicht vorgeben. Er kann Orientierung geben, kann diese aber nicht durchsetzen. Das alles gibt ihm keine Macht, aber Bedeutung. Im besten Fall ist er eine moralische Instanz, eine Identifikations-Marke, an der sich ein jeder messen kann.

Erst seine Machtlosigkeit sorgt dafür, dass die Macht auf viele Schultern verteilt werden kann. Die Kanzlerin [bzw. der Kanzler] etwa muss sich für neue Gesetze immer wieder der Mehrheit in der Regierungskoalition versichern. Und oft reicht nicht einmal das. Dann muss auch der Bundesrat, die Länderkammer, noch zustimmen. Wäre die Kanzlerin zugleich Staatsoberhaupt, müsste ihr mehr Macht zugewiesen werden.

Das alles mag manche demokratischen Prozesse träge erscheinen lassen. Doch die breite Machtverteilung ist der beste Schutz gegen Populisten und Rattenfänger, von welcher Seite sie auch immer kommen mögen. Einen Trump, Erdoğan, Putin [...] wird es in Deutschland so schnell nicht geben können.

Denkler, Thorsten: Ein Amt gegen jedes Herrschergehabe. In: Süddeutsche Zeitung, 12.02.2017

Aufgaben

72018-218

1. Vergleichen Sie die von Ihnen ausgewählten Rechte eines Staatsoberhaupts mit den Befugnissen des deutschen Bundespräsidenten (**M21-M22**).
2. Erklären Sie, welche Befugnisse des Bundespräsidenten (**M22**) im Gesetzgebungsprozess eine Rolle spielen und wie sie die Entscheidung über Gesetze wie die Mindestlohnerhöhung beeinflussen können.
3. „Der Bundespräsident sollte eine deutlich machtvollere Rolle im Gesetzgebungsprozess einnehmen, z. B. indem auch er das Initiativrecht für Gesetze erhält.“ Diskutieren Sie diese Idee (**M22, M23**).

2.4 12 Euro Mindestlohn – rechtliche und gesellschaftliche Bewertung

2.4.1 Welchen Einfluss hat das Bundesverfassungsgericht im politischen Entscheidungsprozess?

Zum Thema: Das Bundesverfassungsgericht wacht über die Verfassungsmäßigkeit von Gesetzen und kann politische Entscheidungen kippen. Dieses Kapitel zeigt seine Aufgaben, Verfahrensarten und die Debatte, ob es zu viel Macht hat.

M1 Ist das Bundesverfassungsgericht der Tod für Bundesgesetze?

Karikatur: Klaus Stuttmann, 04.03.2010

Interpretationshilfe
In Karlsruhe hat das Bundesverfassungsgericht seinen Sitz.

Einstiegsaufgabe 72018-219

Analysieren Sie die Karikatur (**M1**).

M2 Aufgaben und Funktionen des Bundesverfassungsgerichts

Das Entscheidungshandeln der Richter kann sich [...] in drei Dimensionen des Politischen niederschlagen: im Verfassungsrahmen, im politischen Prozess und in den Inhalten.

(1) Als Hüterin der Verfassung hat das Ge-

Verfahrenszahlen am Bundesverfassungsgericht
Zahl der erledigten Verfahren im Zeitraum von 1951 bis 2025

Verfassungsbeschwerden:	261.677
Normenkontrollverfahren:	3.972
Parteiverbotsverfahren/ Auschluss einer Partei von staatl. Finanzierung:	10
Einstweilige Anordnungen:	4.967
Wahlprüfungsverfahren:	564
Organstreitverfahren:	388
Andere:	218

Bearbeiter, Zahlen nach: Bundesverfassungsgericht (Hg.): Jahresbericht 2025. Karlsruhe 2025, S. 57

richt die Substanz des Grundgesetzes zu bewahren und wo erforderlich weiterzuentwickeln.

(2) Das Bundesverfassungsgericht kann mitentscheiden, wer mit welcher Macht wann im politischen Prozess teilhat und nach welchen Spielregeln die Entscheidungsfindung abläuft. Im Fall des Konflikts zwischen politischen Akteuren [z. B. bei einem „Organstreit", s. u.] hat es die Kompetenz, im Sinne der einen oder der anderen Position zu entscheiden.

(3) In einigen Politikfeldern vermag das Bundesverfassungsgericht das materielle Recht weitgehend mitzugestalten, wenn es auf Grundlage einer Verfassungsinterpretation gesetzliche Regelungen verwirft und den Gesetzgeber auffordert, Recht nach Vorgaben des Gerichts zu schaffen. [...]

Zuständigkeiten

[...] Jeder, der sich durch das staatliche Handeln in seinen vom Grundgesetz geschützten Rechten verletzt sieht, kann eine Verfassungsbeschwerde einreichen. Voraussetzung für die Zulässigkeit ist, dass der Rechtsweg bereits vollständig ausgeschöpft wurde, also die ordentliche oder Fachgerichtsbarkeit dem Klageführer nicht recht gegeben hat. [...]

Die zweithäufigste Verfahrensart ist die Normenkontrolle: Hierbei wird ein bereits verabschiedetes Gesetz oder sonstiger Rechtsakt auf seine Verfassungsmäßigkeit hin überprüft, also eine geltende „Norm" kontrolliert. Zu unterscheiden ist zwischen der konkreten und der abstrakten Normenkontrolle; die Einordnung hängt davon ab, wer aus welcher Situation heraus den Antrag auf verfassungsrechtliche Überprüfung eines Gesetzes stellt:

(1) Bei der „konkreten" Variante leitet ein ordentliches oder ein Fachgericht die Normenkontrolle ein, wenn es in einem bei ihm anhängigen Verfahren auf die Unvereinbarkeit einer Norm mit der Verfassung meint gestoßen zu sein.

(2) Bei der „abstrakten" Variante kann das Verfahren entweder auf Antrag der Bundesregierung, einer Landesregierung oder auf Antrag von mindestens einem Viertel der Abgeordneten des Deutschen Bundestages eingeleitet werden – also auch von der Opposition, vorausgesetzt sie umfasst so viele MdBs.

Bei einem Organstreit, einer weiteren Verfahrensart, geht es – wie der Name schon sagt – um die Beilegung eines Konflikts zwischen zwei Staatsorganen respektive Teilen von ihnen. Auch den Parteien wird die Eigenschaft eines „Organs" zugesprochen. Somit sind diese gleichermaßen klageberechtigt. Bei den zu schlichtenden Streitigkeiten handelt es sich in der Regel um die unterstellte Beschneidung von Kompetenzen des klagenden Organs durch ein weiteres. [...]

Konflikte sind in einem Bundesstaat zudem zwischen den Interessen der Bundes- und der Länderebene denkbar, vertreten durch die jeweiligen Regierungen. Dabei kann es sich beispielsweise um Streitfälle handeln, die bei der Anwendung von Bundesrecht durch die Länder entstehen. [...]

Die Zuständigkeit des Bundesverfassungsgerichts bei Parteiverbotsverfahren wird im Artikel 21 Abs. 2 des Grundgesetzes zementiert. [...]

Wie das Parteiverbotsverfahren ist auch das Verfahren nach Artikel 18 GG (Verwirkung von Grundrechten) ein Instrument der wehrhaften Demokratie. Antragsberechtigt sind hierbei Bundestag, Bundesrat und Bundesregierung. [...]

Das Bundesverfassungsgericht kann [in keinem Fall] aus sich selbst heraus politische Streitfragen thematisieren oder Entscheidungen blockieren, sondern es gilt: Wo kein Kläger, da kein Richter.

Marschall, Stefan: Das politische System Deutschlands. 4. aktualisierte Auflage. Konstanz/München: UVK Verlag 2018, S. 199-202 (Reihenfolge geändert)

M3 Wie werden Bundesverfassungsrichter gewählt?

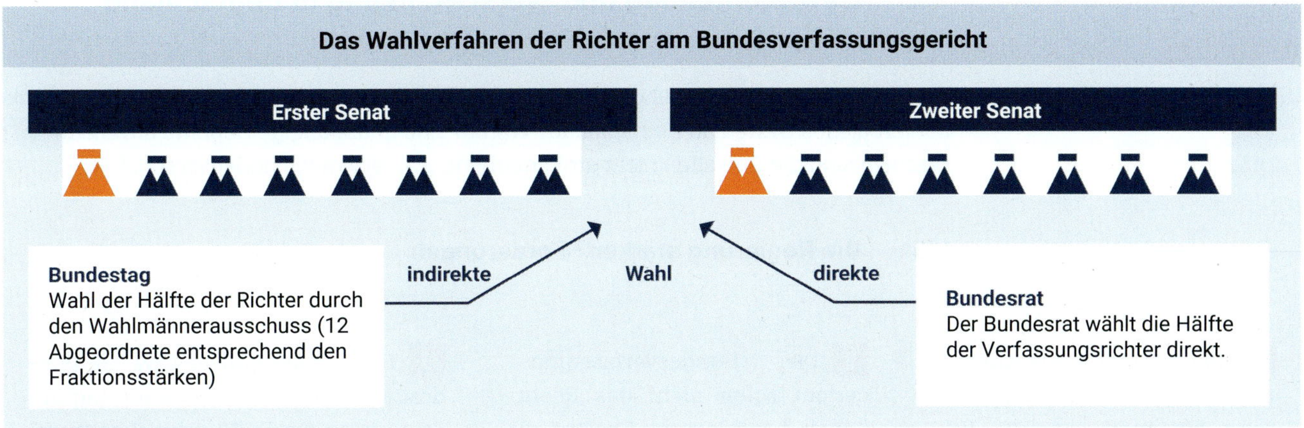

Bearbeitergrafik

M4 Wichtige Urteils des Bundesverfassungsgerichts (Auswahl)

Auswahl wichtiger Urteile des Bundesverfassungsgerichts

Jahr	Urteil
1966	Verbot des staatlichen Eingreifens in das freie Pressewesen und Verpflichtung des Staates, Meinungsmonopole aktiv zu verhindern
1983	Grundrecht auf informationelle Selbstbestimmung etabliert, wonach jeder das Recht hat, über die Preisgabe und Verwendung der eigenen personenbezogenen Daten zu bestimmen; 2008 ausgeweitet auf elektronisch gespeicherte Daten
1994	Auslandseinsätze der Bundeswehr im Rahmen von NATO/UNO erlaubt, wenn eine absolute Mehrheit des Bundestages zustimmt (Parlamentsvorbehalt)
2010	Verbot der Vorratsdatenspeicherung (anlasslose Speicherung der Telefon-Verbindungsdaten (u. a. Standort, Zeit, Rufnummern, IP-Adresse), die dem Staat zur Verbrechensbekämpfung dienen sollte)
2021	Einforderung eines deutlich wirksameren Klimaschutzgesetzes, da sonst Menschen zukünftiger Generationen „umfassende Freiheitseinbußen" erleiden müssten; erstmals Ausdehnung eines Grundrechts („freie Persönlichkeitsentfaltung") in die Zukunft

Bearbeiter

Aufgaben

72018-220

1. Geben Sie Funktionen und Aufgaben des Bundesverfassungsgerichts wieder (**M2**).
2. Beschreiben Sie das Wahlverfahren der Richterinnen und Richter am Bundesverfassungsgericht (**M3**).
3. „Lange, bevor es zur Eröffnung eines Verfahrens in Karlsruhe kommt, hat das Bundesverfassungsgericht bereits seine Wirkung entfaltet – ein ‚Damoklesschwert' also als Drohung im politischen Prozess." (Stefan Marschall) Erläutern Sie diese Aussage.
4. Diskutieren Sie folgende These: „Das Bundesverfassungsgericht hat, obwohl es Teil der Judikative ist, zu großen Einfluss auf die politischen Entscheidungen (also die Ergebnisse der Legislative)."

Damoklesschwert
Metapher aus der Antike für eine drohende, jederzeit mögliche Gefahr, die über jemandem schwebt – trotz äußerlich stabiler oder komfortabler Lage

2.4.2 Wozu überhaupt unabhängige Gerichte? Gewaltenteilung und -verschränkung in Deutschland

Zum Thema: Gewaltenteilung gehört zu den Grundprinzipien der Demokratie. Wie funktioniert dieses System in Deutschland? Warum sind unabhängige Gerichte unverzichtbar? Weshalb sind die Gewalten nicht strikt getrennt, sondern miteinander verschränkt?

M5 Die Regierung stärken? Forderungen

1 Die Bundesverfassungsrichter sollten von der Regierung bestimmt werden. Bei einem Regierungswechsel sollten auch umgehend die Bundesverfassungsrichter neu eingesetzt werden können.

2 Das Bundesverfassungsgericht sollte nicht das Recht haben, beschlossene Gesetze zu kassieren. Urteile sollten ausschließlich Verbesserungsvorschläge für Gesetze an die Regierung und den Bundestag sein.

3 Der Bundeskanzler bzw. die Bundeskanzlerin sollte den Bundestagsabgeordneten am Ende eines Beratungsprozesses (also nach der dritten Lesung eines Gesetzes) die Anweisung geben können, für ein Gesetz zu stimmen, das die Regierung vorgeschlagen hat.

Einstiegsaufgabe 72018-221

Problematisieren Sie diein **M5** genannten Forderungen.

> „Alles wäre verloren, wenn derselbe Mensch oder die gleiche Körperschaft der Großen, des Adels oder des Volkes diese drei Gewalten ausüben würde; die Macht, Gesetz zu geben, die öffentlichen Beschlüsse zu vollstrecken und die Verbrechen oder Streitsachen der einzelnen zu richten."
>
> *Charles-Louis de Montesquieu: Vom Geist der Gesetze. Ditzingen: Reclam 1994, S. 200*

M6 Warum Gewaltenteilung?

Am 8. September 1948 sprach der CDU-Abgeordnete und Staatsrechtler Adolf Süsterhenn (1905-1974) über das Verhältnis des zukünftigen Staates zu seinen Bürgerinnen und Bürgern. Hierbei betont er die Bedeutung der Gewaltenteilung.

Wir müssen wieder zurück zu der Erkenntnis, dass der Mensch nicht für den Staat, sondern der Staat für den Menschen da ist. [...] Höchstwert ist für uns die Freiheit und die Würde der menschlichen Persönlichkeit. Ihnen hat der Staat zu dienen [...].

Der Staat hat die Aufgabe, die persönliche Freiheit und Selbstständigkeit des einzelnen Menschen zu schützen sowie das Wohlergehen des Einzelnen und der innerstaatlichen Gemeinschaften durch die Verwirklichung des Gemeinwohls zu fördern. Der Staat darf nicht Selbstzweck sein [...].

Über die Statuierung [Festschreibung] der Menschen- und Grundrechte hinaus fordern wir zwecks Sicherung der menschlichen Freiheit bewusst eine pluralistische Gestaltung von Staat und Gesellschaft, die jede Machtzusammenballung an einer Stelle verhindert. Nach unserer Auffassung war es das historische Verdienst Montesquieus [politischer Philosoph, 1689-1755], erkannt und verkündet zu haben, dass jede Macht der Gefahr des Missbrauchs ausgesetzt ist, weil jeder Mensch geneigt ist, wie Montesquieu sagt, „die Gewalt, die er hat, zu missbrauchen, bis er Schranken findet". Aus dieser Erkenntnis heraus fordert Montesquieu die Teilung der Staatsgewalt in Gesetzgebung, ausführende Gewalt und Rechtsprechung und ihre Übertragung auf verschiedene, einander gleichgeordnete Träger.

Aus dem stenographischen Protokoll der zweiten Sitzung des Plenums des Parlamentarischen Rates vom 08.09.1948. In: www.gewaltenteilung.de, Abruf am 03.11.2025

M7 Ebenen der Gewaltenteilung in der Bundesrepublik Deutschland

Bearbeitergrafik

M8 Geteilte Gewalten, in Deutschland wieder verschränkt!?

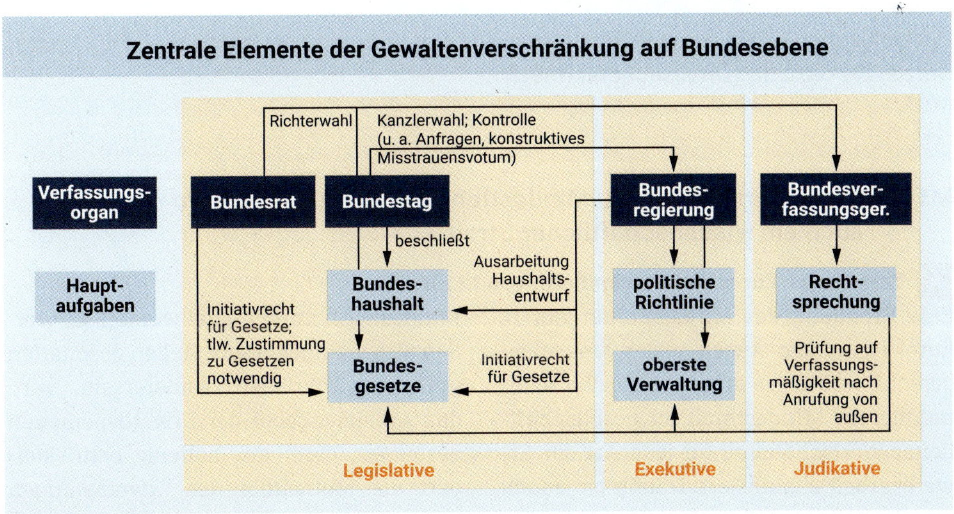

Bearbeitergrafik

Gewaltenteilung nach Winfried Steffani (dt. Politikwissenschaftler, 1927-2000)
Neben der **horizontalen** und **vertikalen** Gewaltenteilung (→ **M7**) unterscheidet Steffani die **temporale** (Begrenzung von Macht auf Zeit, z. B. durch Wahlperioden), **konstitutionelle** (Bindung an schwer bzw. nicht änderbare Verfassungsregeln, z. B. Ewigkeitsklausel), **dezisive** (Wettbewerb zwischen verschiedenen Entscheidungsträgern, z. B. Parteien, Verbände) und **soziale** (Verteilung von Machtchancen auf verschiedene gesellschaftliche Gruppen) Gewaltenteilung.

Aufgaben

72018-222

1. Erläutern Sie die Bedeutung der Gewaltenteilung für ein demokratisches System wie das der Bundesrepublik Deutschland (**M6, M7**).
2. Beschreiben Sie prominente Elemente der Gewaltenverschränkung in der Bundesrepublik (**M8**).
3. Beurteilen Sie die Forderung, dass die Bundesregierung kein Recht auf Gesetzesinitiativen haben sollte (**M5-M7**, Kap. 2.3.1).

2.4.3 Wie wird der Mindestlohn von 12 Euro beurteilt?

Zum Thema: Die Mindestlohnerhöhung auf 12 Euro löst auch unter Ökonomen hitzige Debatten aus: Steigert sie Kaufkraft und Produktivität oder kostet sie Jobs und antreibt Inflation? Dieses Kapitel stellt wissenschaftliche Positionen gegenüber und lädt zur eigenen Bewertung ein.

M9 Erhöhung des Mindestlohns: legitim und effzient?

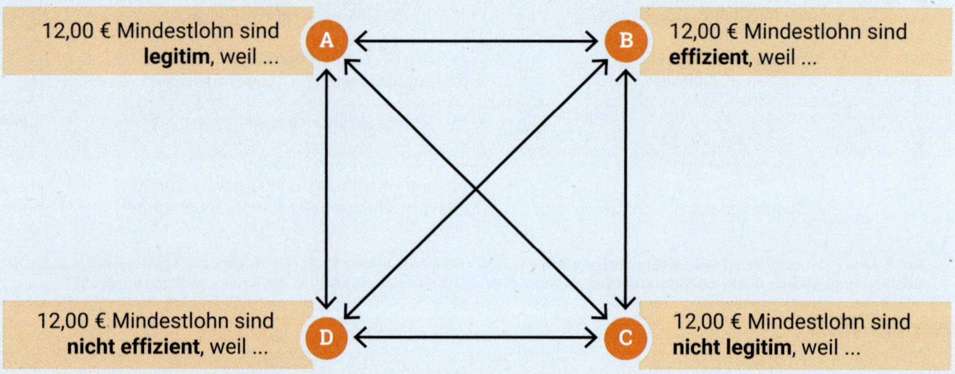

Einstiegsaufgabe 72018-223

Positionieren Sie sich zum Mindestlohn von 12 Euro sowie seiner politischen Einführung. Nutzen Sie dazu das Urteilsquadrat (**M9**).

M10 Kontrovers diskutiert: Mindestlohnerhöhung auf 12 Euro – auch ein wissenschaftlicher Streit

Tom Krebs
Professor für Makroökonomik und Wirtschaftspolitik an der Universität Mannheim

A Tom Krebs: Für einen Mindestlohn von 12 Euro

Eine Erhöhung des Mindestlohns [auf 12 Euro] ist in den Augen vieler Menschen gerecht, weil diese arbeitspolitische Maßnahme ein Mindestmaß an gesellschaftlicher Wertschätzung für jede Art der Erwerbsarbeit signalisiert. Häufig ist jedoch das Argument zu hören, dass ein höherer Mindestlohn Arbeitsplätze koste und Arbeitslosigkeit erzeuge. Eine Anhebung des Mindestlohns auf 12 Euro könnte also vielen Menschen indirekt schaden und so eine neue Ungerechtigkeit schaffen. Wie realistisch ist dieses Szenario? [...]

Einerseits führt eine Anhebung des Mindestlohns zu einem Rückgang der Arbeitsnachfrage der Unternehmen im Niedriglohnbereich, weil einige Jobs durch den Mindestlohn unprofitabel werden. Es werden also weniger offene Stellen geschaffen und ausgeschrieben. Andererseits wird das Arbeitsangebot der Erwerbspersonen gesteigert, denn ein höherer Lohn steigert die Motivation der Erwerbstätigen und den Suchanreiz der nicht-erwerbstätigen Personen. [...] [Eine] Erhöhung des Mindestlohns von derzeit 9,60 Euro auf 11 Euro [führt] langfristig zu einer leichten Steigerung der Beschäftigung. Eine weitere Erhöhung auf 12 Euro hat keinen nennenswerten Effekt auf die Gesamtbeschäftigung, denn einem erheblichen Rückgang der Anzahl der geringfügig Beschäftigten steht ein ebenso großer Anstieg der Anzahl der sozialversicherungspflichtig Beschäftigten (Teil- und Vollzeit) gegenüber. Hier halten sich also der positive Effekt eines Mindestlohns aufgrund der gesteigerten Suchanreize und der negative Effekt aufgrund der rückgängigen Arbeitsnachfrage im Niedriglohnbereich ungefähr die Waage. [...] Die [...] empirische Evidenz zeigt, dass die Einführung des Mindestlohns für die direkt betroffenen Erwerbspersonen [...] keinen nennenswerten Effekt auf die Beschäftigungswahrscheinlichkeit gehabt hat, [...] den Stundenlohn um durchschnittlich 7 Prozent gesteigert hat und [...] die geleisteten Arbeitsstunden nicht verändert oder sogar angehoben hat. [...]

Der Mindestlohn hat nicht nur einen Effekt auf die Beschäftigung und Arbeitslosigkeit, sondern er verändert auch die gesamtwirtschaftliche Produktion (Wirtschaftswachstum). [...] [Die] Einführung des Mindestlohns in Deutschland [hat] in 2015 zu Produktivitätsgewinnen geführt hat, weil er zu einer Verlagerung der Beschäftigung weg von weniger produktiven Jobs und hin zu Jobs mit höherer Produktivität geführt hat. [...] Konkret steigert eine Erhöhung des Mindestlohns von derzeit 9,60 Euro auf 12 Euro die durchschnittliche Produktivität um mindestens ein Prozent. [...] [Zudem] führt die Erhöhung des Mindestlohns von 9,60 Euro auf 12 Euro zu einem erheblichen Anstieg der gesamtwirtschaftlichen Produktion um mindestens eineinhalb Prozent bzw. mindestens 50 Mrd. Euro pro Jahr. Dieser Produktionsanstieg ist die Summe aus zwei Einzeleffekten. Zum einen steigt die durchschnittliche Produktivität je Arbeitsstunde und zum anderen nimmt die Gesamtzahl der geleisteten Arbeitsstunden zu, weil die Anzahl der geringfügig Beschäftigten zurückgeht und die Anzahl der Teilzeit- und Vollzeitbeschäftigten steigt. Die Erhöhung des Mindestlohns auf 12 Euro setzt also erhebliche Wachstumsimpulse.

[Schließlich] stärkt die Erhöhung des Mindestlohns die öffentlichen Finanzen, denn es steigen die öffentlichen Einnahmen aus Steuern und Sozialabgaben [...], eine grobe Abschätzung kann durchgeführt werden. Bei einer durchschnittlichen Steuer- und Abgabenquote von 40 Prozent würde einer Steigerung des Bruttoinlandsprodukts um 50 Milliarden Euro staatliche Mehreinnahmen von jährlich 20 Milliarden Euro generieren.

Krebs, Tom/Drechsel-Grau, Moritz: Mindestlohn von 12 Euro: Auswirkungen auf Beschäftigung, Wachstum und öffentliche Finanzen. IMK-Study Nr. 73, September 2021. In: www.boeckler.de, Reihenfolge durch Bearbeiter geändert

Lars Feld
Professor für Wirtschaftspolitik und Ordnungsökonomik an der Albert-Ludwigs-Universität Freiburg und Direktor des Walter Eucken Instituts; wissenschaftliches Mitglied der Mindestlohnkommission

Kombilohn
Staatliche Transferleistung, die daran geknüpft ist, dass Arbeitslose eine Erwerbsarbeit aufnehmen. Dadurch vergünstigt sich die Arbeitskraft für das beschäftigende Unternehmen. Es handelt sich also um eine Lohnsubvention.

B Lars Feld: Gegen einen Mindestlohn von 12 Euro

WirtschaftsWoche: Herr Feld, die Bundesregierung will den Mindestlohn im Oktober [2022] um gut 15 Prozent auf dann zwölf Euro pro Stunde anheben. Die Gewerkschaften betonen die positive Wirkung für [...] Millionen Beschäftigte, die Arbeitgebervertreter geißeln den Eingriff in die Tarifautonomie. Was überwiegt für Sie?

Lars Feld: Selbst die Gewerkschaften müssten erkennen, dass die Politik mit diesem Vorgehen die Tarifautonomie untergräbt; ich bin erstaunt, dass sie so gelassen sind. Der Mindestlohn ist ein wichtiges arbeitsmarktpolitisches Instrument, er korrigiert Wettbewerbsverzerrungen auf lokalen oder regionalen Märkten, wenn einzelne Unternehmen ihre Marktmacht ausnutzen, um Niedriglöhne zu diktieren. Als sozialpolitisches Instrument ist er allerdings ungeeignet.

Die Gewerkschaften verweisen darauf, trotz Mindestlohn von 9,82 Euro erhielten mehr als 100.000 Vollzeit arbeitende Menschen zusätzliche Leistungen aus der Grundsicherung, diese Löhne würden also von der Allgemeinheit subventioniert [= staatlich bezuschusst]. Ist das keine Schnittstelle zur Sozialpolitik?

Im Grundsatz sind Kombilohnmodelle als Mittel der Arbeitsmarktpolitik geeignet. Sie können Menschen mit niedriger

Küchenhelferinnen und Küchenhelfer erhalten für ihre Arbeit häufig den Mindestlohn.

Produktivität aus struktureller Arbeitslosigkeit in Arbeit bringen – damit sie sich dann weiterentwickeln und nicht mehr auf staatliche Leistungen angewiesen sind. Die Studienlage ist allerdings nicht eindeutig: Einem Teil der Menschen gelingt es aufzusteigen, einem anderen nicht. Genau wie beim Kombilohn braucht es beim Mindestlohn eine strenge Evaluation – insbesondere um die Beschäftigungswirkungen eines um 15 Prozent angehobenen Mindestlohns zu identifizieren.

Schon allein aufgrund der Altersstruktur werden in Deutschland die Arbeitskräfte knapp, viele Branchen tun sich schwer, Leute zu finden und geben auch Quereinsteigern eine Chance. Glauben Sie wirklich, dass wir mehr Arbeitslosigkeit fürchten müssen?

Natürlich haben wir eine generelle Arbeitskräfteverknappung, sodass Arbeitnehmer günstigere Bedingungen vorfinden. Möglicherweise hat ein höherer Mindestlohn von zwölf Euro deshalb geringere Auswirkungen auf die Beschäftigung. Gleichwohl müssen wir darauf achten, dass wir nicht Fachkräftemangel und zugleich eine höhere strukturelle Arbeitslosigkeit bekommen, wenn bestimmte Tätigkeiten sich aufgrund eines zu hohen Mindestlohns nicht mehr rechnen.

Mit dem Eingriff, die Lohnuntergrenze per Gesetz auf zwölf Euro anzuheben, höhlt die Bundesregierung auch das Prinzip aus, dass die unabhängige Mindestlohnkommission über deren Entwicklung entscheiden soll. Das Gremium, dem Sie als wissenschaftliches Mitglied angehören, hat de facto in diesem Jahr also nichts zu tun...

...im Gegenteil müssen wir dafür sorgen, dass es genau zu der wissenschaftlichen Begleitung kommt, die ich eben angedeutet habe. Die Mindestlohnkommission kann Forschungsaufträge vergeben und sicherstellen, dass die Folgen der Erhöhung der Lohnuntergrenze nach den neuesten Methoden und mit der besten Datengrundlage ausgewertet werden. Wenn die Politik eine solche Entscheidung trifft, muss sie auch Verantwortung für die Konsequenzen tragen.

Interview: Crocoll, Sophie: Ich bin erstaunt, dass die Gewerkschaften so gelassen sind. In: www.wiwo.de, 23.02.2023

Aufgaben

72018-224

1. Geben Sie die Argumentationen für und gegen die politisch durchgesetzte Mindestlohnerhöhung auf 12,00 Euro wieder (**M10**).
2. Nehmen Sie Stellung zur politisch beschlossenen Erhöhung des Mindestlohns auf 12,00 Euro im Jahr 2022.

ORIENTIERUNG & ÜBERBLICK

Interaktive Übung zur Selbstprüfung

72018-225

Gesellschaftliche Ausgangslage: Niedrige Löhne als politisches Problem

Immer mehr Menschen arbeiten in Deutschland im Niedriglohnbereich. – besonders häufig betroffen sind Ostdeutsche, Frauen, Minijobber oder Beschäftigte in prekären Branchen. Trotz Arbeit reicht das Einkommen oft nicht für eine gesicherte Existenz. Die gesellschaftliche Debatte darüber betrifft Fragen sozialer Gerechtigkeit, ökonomischer Stabilität und staatlicher Verantwortung.

Mindestlohn als politisches Steuerungsinstrument

Der gesetzliche Mindestlohn wurde 2015 eingeführt und seither mehrfach angepasst. Er soll Lohndumping verhindern, soziale Teilhabe ermöglichen und faire Wettbewerbsbedingungen sichern. Seine Festlegung ist jedoch umstritten: Wirtschaftslobby, Gewerkschaften, Parteien und Experten vertreten teils gegensätzliche Positionen. Die politische Erhöhung auf 12 Euro (2022) war ein Präzedenzfall, weil sie erstmals außerhalb der Mindestlohnkommission beschlossen wurde.

Politische Interessen und Meinungsvielfalt

Die Auseinandersetzung um den Mindestlohn ist ein Beispiel dafür, wie politische Willensbildung funktioniert: Parteien vertreten ihre sozial- oder wirtschaftspolitischen Leitbilder, Interessenverbände bringen ihre Positionen in Ausschüssen und Anhörungen ein, Medien und Öffentlichkeit begleiten den Diskurs. Dabei prallen Interessen aufeinander – etwa Gerechtigkeit vs. Wettbewerbsfähigkeit oder soziale Sicherheit vs. tarifliche Autonomie.

Der Gesetzgebungsprozess – ein Zusammenspiel politischer Akteure

Am Entscheidungsprozess zur Mindestlohnerhöhung waren mehrere Verfassungsorgane beteiligt:

- Die Bundesregierung schlug das Gesetz vor.
- Der Bundestag diskutierte und verabschiedete es.
- Der Bundesrat beriet mit, konnte aber in diesem Fall nur Stellung nehmen.
- Der Bundespräsident unterzeichnete das Gesetz.

Der Prozess zeigt: In einer parlamentarischen Demokratie entstehen Gesetze im Zusammenspiel vieler Akteure – mit unterschiedlichen Rollen und Einflussmöglichkeiten.

Rechtliche Kontrolle durch das Bundesverfassungsgericht

Das Bundesverfassungsgericht überprüft Gesetze auf ihre Verfassungskonformität. Im Zusammenhang mit dem Mindestlohn ging es u. a. um die Berufsfreiheit (Art. 12 GG), um Eigentumsrechte (Art. 14 GG) oder die Tarifautonomie (Art. 9 Abs. 3 GG). Die Gerichtsurteile verdeutlichen die Bedeutung rechtsstaatlicher Kontrolle im politischen System.

Politische Urteilskompetenz entwickeln

Die Auseinandersetzung um den Mindestlohn zeigt exemplarisch, wie komplex politische Entscheidungen sind. Um eine fundierte eigene Meinung zu entwickeln, braucht es:

- Verständnis für gesellschaftliche Probleme,
- Wissen über politische Prozesse,
- die Fähigkeit zur Perspektivenübernahme,
- sowie die Bereitschaft, Wertmaßstäbe zu reflektieren.

Sollte die Politik beim Mindestlohn mitmischen?

Professor Dr. Gregor Thüsing plädiert dafür, die Festsetzung des Mindestlohns der Mindestlohnkommission zu überlassen und hält gesetzgeberische Eingriffe für fehl am Platz.

Gregor Thüsing ist Direktor des Instituts für Arbeitsrecht und Recht der sozialen Sicherheit der Universität Bonn. Er ist Inhaber des Lehrstuhls für Arbeitsrecht.

Eine der Knackpunkte der Koalitionsverhandlungen ist bekanntlich der Mindestlohn. Man will ihn zügig auf 15 Euro anheben – 2026 ist das Ziel. Man scheut sich jedoch, eben dies gesetzlich verbindlich vorzugeben. Zu deutlich sind wohl in Erinnerung die mahnenden Worte der damaligen Opposition, der unabhängigen Mindestlohnkommission nicht politisch ins Handwerk zu pfuschen. Deshalb setzt man auf Vorgaben für die Mindestlohnkommission, die sich nun nicht nur einer Tarifentwicklung, sondern auch am Ziel „60 Prozent des Bruttomedianlohns von Vollbeschäftigten" orientieren soll.

Für den ein oder anderen mutet dieses Kriterium ein wenig seltsam an, denn gerade diese 60-Prozent-Grenze entstammt der europäischen Mindestlohnrichtlinie, die kürzlich noch der Generalanwalt am Europäischen Gerichtshof (EuGH) für europarechtswidrig gehalten hat. Aber dieses Kriterium findet sich auch bereits in der aktuellen Fassung der Geschäftsordnung.

Die Mindestlohnkommission hat sich im Januar 2025 in ihrer Geschäftsordnung darauf verständigt, dass sie sich zur Festsetzung des Mindestlohns im Rahmen einer Gesamtabwägung eben nicht nur – wie bisher – „nachlaufend an der Tarifentwicklung", sondern eben auch „am Referenzwert von 60 Prozent des Bruttomedianlohns von Vollzeitbeschäftigten" orientieren wird.

Der deutsche Gesetzgeber hat die Suche nach der richtigen Höhe des Mindestlohns bislang in die Hände einer unabhängigen Kommission gelegt. Das war gut so. So hat er die Höhe raus aus der Politik genommen und hineingelegt in ein Gremium, das sachnah und ausgewogen auch auf die Kompetenz und Teilnahme der Sozialpartner zählen kann. Diese Kommission bemüht sich, insbesondere nicht in Konkurrenz zu den Tarifpartnern zu treten und durch ihre Beschlüsse Tarifabschlüsse zu präjudizieren. Das ist legitim, und wer daran Hand anlegt, der muss begründen, warum die Festlegung nach Wählergunst besser als nach Sachverstand ist. Bei der Erhöhung auf 12 Euro im Jahr 2022 ist man einen anderen Weg gegangen und nicht nur die Arbeitgeberseite empfindet das heute noch als Sündenfall. [...]

Letztlich spiegelt sich hier die Frage: Soll der Mindestlohn das gewährleisten, was ich zum Leben brauche oder was der Mindestproduktivität meines Arbeitsverhältnisses entspricht? Hier eine angemessene Lösung zu finden, bedarf der Diskussion – am besten politisch fern in einer unabhängigen Kommission. Dort gehört es hin, und da ist es richtig verankert. Es braucht eine regelbasierte, keine politische Anpassung des Mindestlohns. Und was die Kommission da in ihre Geschäftsordnung Anfang des Jahres aufgenommen hat, ist eine Brücke, die dem Gesetzgeber gebaut wird, aber eben doch etwas ganz anderes als eine Festschreibung einer bestimmten Höhe. Denn „orientieren" ist ein bewusst weich gewähltes Verb. Das macht schon die Geschäftsordnung selbst deutlich, denn danach kann die Kommission von den Kriterien „abweichen, wenn besondere ökonomische Umstände vorliegen."

Und ganz allgemein heißt die Verpflichtung zur Orientierung an dieser Marge eben nicht: Die 60 Prozent müssen erreicht werden (wie es nun wohl aus der Politik der Wunsch ist), sondern dieses Ziel muss in die Entscheidung mit einbezogen werden. Das ist bei Gesetzen immer so. Wahllos herausgegriffen: „Die Zulassung ausländischer Beschäftigter orientiert sich an den Erfordernissen des Wirtschafts- und Wissenschaftsstandortes Deutschland" heißt es in § 18 Aufenthaltsgesetz – ein Anspruch auf Einwanderung ergibt sich daraus nicht.

Oder § 8 Bundespflegesatzverordnung: „Ab dem achten Tag des Krankenhausaufenthalts kann das Krankenhaus eine angemessene Abschlagszahlung (vom Patienten) verlangen, deren Höhe sich an den bisher erbrachten Leistungen in Verbindung mit den voraussichtlich zu zahlenden Entgelten orientiert." Die genaue Höhe ist dann eine Ermessensentscheidung des Krankenhauses, die nur auf Plausibilität überprüft werden kann. Oder § 8 Bayrisches Hochschulinnovationsgesetz: „Die Zuweisung der Stellen und Mittel orientiert sich an dem zur Erfüllung der Aufgaben … erforderlichen Bedarf und an den in Forschung und Lehre sowie bei der Förderung des wissenschaftlichen und künstlerischen Nachwuchses erbrachten Leistungen." Die Gewichtung der Kriterien ist dann wiederum eine Ermessensentscheidung.

Die Liste ließe sich beliebig verlängern. Aber das Wichtige ist: Die Kommission hat sich selbst verpflichtet, den Median des Einkommens mit in den Blick zu nehmen, dann ist es erst recht falsch, wenn die Politik ein bestimmtes Entgelt vorschreiben will. Schon deshalb, weil im Median das Gehalt in den ostdeutschen Bundesländern rund 16 Prozent unter den Gehältern im Westen liegt. Schon von der Sache her wäre es also sinnlos, diesen Gesichtspunkt zu verabsolutieren.

Was in der Geschäftsordnung steht, ist auch in Bezugnahme auf die 60-Prozent-Grenze letztlich deklaratorisch. Nach ihr soll die 60-Prozent-Grenze nachlaufend in Bezug genommen werden. Es geht eben nicht darum, einen künftigen Median abzubilden, sondern den zum Zeitpunkt der Entscheidung maßgeblichen. Und der ist ohnehin nach dem aktuellen Gesetz nicht irrelevant, heißt es doch im Mindestlohngesetz ausdrücklich: „Die Mindestlohnkommission prüft im Rahmen einer Gesamtabwägung, welche Höhe des Mindestlohns geeignet ist, zu einem angemessenen Mindestschutz der Arbeitnehmerinnen und Arbeitnehmer beizutragen, faire und funktionierende Wettbewerbsbedingungen zu ermöglichen sowie Beschäftigung nicht zu gefährden." Zu all dem gehört auch der Medianverdienst. […]

Die Gesamtumstände sind in den Blick zu nehmen – wie könnte man den Median ausblenden. Aber es bleibt bei den Gesamtumständen – nicht bei einem festen, politisch vorgeschriebenen Entgelt. Wir befinden uns in einer deutlichen Wirtschaftskrise. Eine Schrumpfung des BIP über drei Jahre hatten wir in der bundesdeutschen Wirtschaftskrise seit Kriegsende noch nie. Dies muss auch bei der Festsetzung des Mindestlohns berücksichtigt werden.

Es bleibt dabei: Der erneute Staatseingriff wäre letztlich das Aus einer unabhängigen Kommission. Das muss man wissen, und das müsste man wollen. Oder eben auch nicht. Politik raus aus dem Mindestlohn!

Thüsing, Gregor: Warum die Politik beim Mindestlohn nicht mitmischen sollte. In: www.haufe.de, 07.04.2025

Aufgaben

72018-226

1. Analysieren Sie die Argumentation des Autors, indem Sie zentrale Aussagen des Artikels herausarbeiten.
2. Erörtern Sie die Frage: Soll der Gesetzgeber künftig auf die Festlegung des Mindestlohns verzichten und diese ausschließlich der Kommission überlassen?
3. Wenden Sie die Makromethode „Problemstudie" (→ S. 82 f.) auf den Artikel an. Ordnen Sie den Text von Gregor Thüsing den sechs Schritten der Problemstudie zu. Notieren Sie zu jedem Schritt stichpunktartig, welchen Beitrag der Text dazu liefert – z. B. zur Problemdefinition, zu Ursachen oder zur Bewertung von Lösungen. Beziehen Sie bei Bedarf auch Inhalte des Kapitels mit ein.

Lösungsvorschläge und Erwartungshorizonte

72018-227

Abiturjahrgang 1890

Teil eines Abiturjahrgangs 2026

Jugendliche 2024

Jugendliche 1938

Werte, Normen und soziale Veränderungen

3

Werte und Normen als handlungsleitende Vorstellungen und Verhaltensweisen unterliegen einem stetigen Wandel. Im Gegensatz zu den eher traditionellen Werten, die vor allem den Erwartungen der Gesellschaft an die Individuen entsprechen und stärker an Pflichten und Sicherheiten orientiert waren, sind moderne Werte an den Selbsterwartungen der Individuen ausgerichtet. Hierzu zählen z. B. Werte der Selbstverwirklichung und der Selbstentfaltung, die möglicherweise durch ihre starke Ausrichtung auf die Individuen den gesellschaftlichen Zusammenhalt gefährden könnten (**Basiskonzept: Interessen und Gemeinwohl**).
Mit der zentralen Fundamentalnorm der Menschenwürde hat der Parlamentarische Rat mit der Wesensbestandsgarantie im Art. 79, Abs. 3 allerdings einen der Veränderung entzogenen absoluten Wert geschaffen, der für das gesellschaftliche Miteinander prägend ist und politisches Handeln eingrenzt (**Basiskonzepte: Regeln und Recht, Ordnung und Struktur**).
In diesem Kapitel sollen Sie die Wertorientierungen von Gleichaltrigen erforschen und auf mögliche Entwicklungstendenzen für Gesellschaften hin untersuchen. Darüber hinaus wird der Wertewandel an ausgewählten Fragestellungen analysiert: Wie kann die Gleichstellung von Männern und Frauen erreicht werden und wie hat sich die Bedeutung der medialen Erfahrung gegenüber der personalen verändert? Welche Auswirkungen haben globale Entwicklungen auf die Gesellschaft? Im Anschluss bearbeiten Sie soziologische Erklärungsansätze von Ronald Inglehart und Helmut Klages für den Wertewandel und bewerten deren Überzeugungskraft kritisch. Schließlich lernen Sie am Beispiel eines Wertkonfliktes (Triage) das Wertegerüst des Grundgesetztes (GG) kennen und dessen normative wertgebundene Reichweite einschätzen.

Kompetenzen

Am Ende dieses Kapitels sollten Sie Folgendes wissen und können:

- die Wertvorstellungen von Jugendlichen und jungen Erwachsenen analysieren.
- die Entwicklung der Gleichstellung von Frauen und Männern bewerten.
- die Bedeutung klassischer und digitaler Medien für die Lebenswelt und Identitätsbildung Jugendlicher bewerten.
- die soziologischen Theorien des Wertewandels im Hinblick auf ihre Erklärungskraft für aktuelle gesellschaftliche Entwicklungen erörtern.
- Wertekonflikte wie Triage-Situationen unter Bezug auf die Menschenwürdegarantie des Art. 1 GG und die Staatsstrukturprinzipien des Grundgesetzes beurteilen.

Aufgaben

72018-300

1. Beschreiben Sie die vier Bilder auf der linken Seite.
2. Arbeiten Sie Gemeinsamkeiten und Unterschiede heraus und entwerfen Sie aus der Perspektive jeweils einer Schülerin bzw. eines Schülers eine Abiturrede, in der Sie über die Werte Ihrer Generation sprechen.
3. Gestalten Sie ein Abiturfoto für Ihren Jahrgang und benennen Sie die bildhafte Aussageabsicht.

3.1 Aspekte des Wertewandels

3.1.1 Sind menschliche Bedürfnisse unersättlich?

Zum Thema: Kaum haben wir etwas gekauft, wollen wir das nächste Konsumgut haben – oft scheint es so, als ob wir unsere Wünsche nie stillen können. Dieses Unterkapitel beschäftigt sich mit den Grundannahmen der Ökonomie, der Herkunft von Bedürfnissen und der Frage, ob unsere Bedürfnisse tatsächlich unersättlich sind.

M1 Stimmenfang: Was wünschen Sie sich?

Ich wünsche mir,

... dass meine Rückenschmerzen endlich aufhören.
(Ron, 36 Jahre)

... dass ich eine Freundin fürs Leben finde.
(Carla, 27 Jahre)

... dass ich noch eine Karte für das Festival nächste Woche bekomme.
(Sina, 25 Jahre)

... dass niemand mehr vor dem Krieg fliehen muss.
(Paul, 32 Jahre)

... dass ich als Influencerin berühmt werde.
(Marie, 19 Jahre)

... dass ich immer genug zu essen habe.
(Alexander, 31 Jahre)

Einstiegsaufgaben 72018-301

1. Ordnen Sie die einzelnen Wünsche in **M1** A - F nach für Sie passenden Kategorien.
2. Überlegen Sie zu zweit, wovon die Wünsche eines Menschen abhängig sind.
3. Tauschen Sie sich in einer Kleingruppe darüber aus, ob Sie zwischen den genannten Wünschen eine Hierarchie herstellen können.

M2 Was bedeuten Bedürfnisse, Bedarf und Nachfrage?

A Wünsche können zu Bedürfnissen werden

Jeder Mensch hat vielfältige Wünsche. In Wünschen kommt das Gefühl eines Mangels zum Ausdruck. Mangelgefühle, die mit dem Bestreben verbunden sind, den empfundenen Mangel zu beseitigen, werden als Bedürfnisse bezeichnet. Bedürfnisse beziehen sich auf so unterschiedliche Lebensbereiche wie z. B.:

- Nahrung, Wohnung, Kleidung,
- Schlaf, Sexualität, Gesundheit,
- Sicherung von Arbeitsplatz und Einkommen,
- Freizeit, Geselligkeit, Unterhaltung, soziale Kontakte,
- Freundschaft, Liebe, Zuneigung,
- Anerkennung, Bestätigung, Selbstverwirklichung.

Lüpertz, Viktor: Problemorientierte Einführung in die Volkswirtschaftslehre. Lehr- und Aufgabenbuch. 9. Auflage, Braunschweig: Winklers 2018, S. 9

B Der Zusammenhang von Bedürfnis, Bedarf und Nachfrage

Bedürfnisse können sehr unterschiedlich sein, befriedigt werden sie in der Regel durch Güter und Dienstleistungen oder durch soziale Kontakte. Für die wirtschaftliche Betrachtung sind letztlich nur die Bedürfnisse von Bedeutung, die eine Leistungserbringung bzw. eine Bezahlung erforderlich machen. Zu diesen Bedürfnissen zählen neben den individuellen Bedürfnissen, wie Kleidung, Autos, Urlaub, auch die kollektiven Bedürfnisse nach Gesundheit, Bildung, Mobilität und nach einer sauberen Umwelt. Konkretisiert sich das Bedürfnis auf ein bestimmtes Produkt, wird dies als Bedarf bezeichnet. Der Bedarf ist die finanziell gesicherte Möglichkeit, ein Produkt zu kaufen, ohne dass dies tatsächlich erworben werden muss. Wenn der Bedarf auf einem Markt wirksam wird, spricht man von Nachfrage.

Weitz, Bernd O./Eckstein, Anja: VWL Grundwissen. 5. Auflage, o. O. Haufe 2019, S. 10 f.

Beispiel: Bedürfnisse, Bedarf und Nachfrage
Ein wirtschaftliches Bedürfnis ist der Wunsch nach einem Brot, das in einer Volkswirtschaft in der Regel bezahlt werden muss. Der Bedarf entsteht in dem Moment, wenn genug Geld da ist, um ein bestimmtes Brot zu kaufen, auch wenn es nicht gekauft wird. Erst wenn der Mensch zum Bäcker geht und das Brot tatsächlich verlangt, spricht man von der Nachfrage.

M3 Die Hierarchie der Bedürfnisse nach Abraham Maslow

Eine der bekanntesten Bedürfnis-Theorien entwickelte der Klinische Psychologe Abraham Harold Maslow. Bekannt wurde vor allem sein Modell einer Bedürfnishierarchie [...]. Maslow geht von „Grundbedürfnissen“ aus, die durch die menschliche Natur gegeben sind, also bei allen Menschen auftreten und für deren physiologische und psychische Entwicklung und Wachstum von zentraler Bedeutung sind. [...] Er betont dabei, dass das soziokulturelle Umfeld die Bedingungen für eine Befriedigung der Bedürfnisse bestimmt [...]. Maslow unterscheidet folgende fünf Grundbedürfnisse:

1. Die physiologischen Bedürfnisse [...]
2. Die Sicherheitsbedürfnisse [...]
3. Die Bedürfnisse nach Zugehörigkeit und Liebe [...]
4. Die Bedürfnisse nach Achtung [...]
5. Die Bedürfnisse nach Selbstverwirklichung [...].

Diese Bedürfnisse sind hierarchisch geordnet: Das jeweils niedrigere Bedürfnis muss „ausreichend“ befriedigt sein, bevor das höhere wirksam werden kann. Ausreichend bedeutet, dass eine 100 %-ige Befriedigung nicht vorausgesetzt wird, eine Befriedigung muss aber im Regelfall umso stärker sein, je niedriger (und damit grundlegender) die Bedürfnisse sind. [...] Während die physiologischen Bedürfnisse immer und in allen Entwicklungsstufen bzw. in jedem Lebensalter befriedigt werden müssen, werden die Bedürfnisse der höheren Ebenen 2 bis 5 von Maslow als „Wachstumsbedürfnisse“ gekennzeichnet, für die es keine „oberen Grenzen“, wie er dies nennt, bestehen. [...]

Bedürfnispyramide
Die Bedürfnishierarchie von Maslow wird in vielen Publikationen auch als Pyramide dargestellt, der sogenannten Maslowschen Bedürfnispyramide.

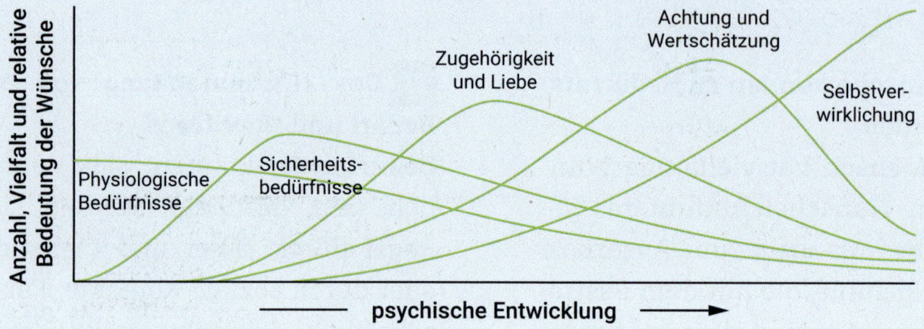

Nach: Methfessel, Barbara: Maslows Bedürfnistheorie und ihre Bedeutung für die Fachdidaktik. In: Haushalt in Bildung&Forschung 9 (2020). 1, S. 69-86

1 **Physiologische Bedürfnisse** [sind] für die Aufrechterhaltung und Entwicklung des Körpers notwendig [, z.B. Hunger, Durst, Nahrung, Ruhe, Schlaf].

2 **Sicherheitsbedürfnisse** umfassen „Sicherheit; Stabilität, Geborgenheit, Schutz, Angstfreiheit, Bedürfnis nach Struktur, Ordnung, Gesetz, Grenzen, Schutzkraft.

3 Sind die ersten beiden Bedürfnisse ausreichend befriedigt, gewinnen **soziale Bedürfnisse** nach Liebe, Zuneigung und Zugehörigkeit größere Bedeutung. [...]

4 **Achtung und Wertschätzung** durch andere ermöglichen den Aufbau von Selbstachtung und Selbstvertrauen. [...].

5 Aufgrund der Erfahrung mit Menschen, die scheinbar alles hatten, aber unzufrieden waren, postulierte Maslow die **Bedürfnisse nach Selbstverwirklichung** als höchster Stufe in seiner Hierarchie der Bedürfnisse. [...] Dies kann nicht ausgelebte künstlerische Begabungen betreffen oder auch intellektuelle Fähigkeiten [...].

Methfessel, Barbara: Maslows Bedürfnistheorie und ihre Bedeutung für die Fachdidaktik. In: Haushalt in Bildung&Forschung 9 (2020). 1, S. 69-86

M4 Die Bedürfnisse auf dem Prüfstand: Sind sie wirklich „unersättlich“?

Jacob liebt die Straßenmusik und das Leben im Bauwagen

Jacob (25) wohnt zurzeit als Gast auf dem Wagenplatz am Mainzer Uni-Gelände. Etwa 20 Personen leben hier permanent in bunten Bauwägen und ausgebauten Bussen [...]. [...] Zwar hat jeder sein eigenes Zuhause, aber Küchen- und Badewagen werden gemeinsam genutzt. Daneben gibt es genügend Platz für Gemeinschaftsaktivitäten, Feste, Konzerte und auch einen Gemüsegarten.

Jacob ist hier glücklich. Sein Geld verdient er mit Straßenmusik in der Mainzer Innenstadt. Aber Kohle ist Nebensache: „Jedes Mal, wenn ich loszieh' um Straßenmusik zu machen, zieht es mich hoch.

Hansen, Alexander/Schaper, Sander: Jacob liebt die Straßenmusik und das Leben im Bauwagen. In: www.swr.de, 17.09.2018

F **zu Aufgabe 2**
Entwickeln Sie anhand Ihrer Kenntnisse der Maslowschen Bedürfnishierarchie Maßnahmen zur Förderung der Motivation von Schülerinnen und Schülern (**M3**).

Aufgaben

72018-302

1. Erklären Sie die Begriffe „Bedürfnisse“, „Bedarf“ und „Nachfrage“ (**M2** A, B).
2. a) Erläutern Sie die Bedürfnishierarchie von Maslow (**M3**) und ordnen Sie die Bedürfnisse, die den Wünschen aus **M1** A - F zugrunde liegen, ein.
   b) Vergleichen Sie die Ergebnisse mit Ihren Aussagen aus der 3. Einstiegsaufgabe.
3. Analysieren Sie das Fallbeispiel von Jacob in **M4** im Hinblick auf die Frage, ob es die Annahmen von Abraham Maslow bezüglich der Hierarchie der Bedürfnisse bestätigt.

3.1.2 Wertorientierungen Jugendlicher im Wandel: Werden wir eine Gesellschaft von Egoisten?

Zum Thema: Unter Werten versteht man dauerhafte Orientierungen des Individuums in Bezug auf das sozial Wünschenswerte. Erwarte ich vor allem einen sicheren Arbeitsplatz oder ist es mir in meiner späteren Berufstätigkeit vor allem wichtig, etwas Sinnvolles zu tun? Wichtige Werte besitzen Verhalten steuernde Funktionen und ermöglichen es, den Individuen unter Verhaltensalternativen eine Auswahl zu treffen. Darüber hinaus besteht in der Wertforschung eine gewisse Übereinkunft darin, dass Werte vom Individuum durch Prozesse der Sozialisation übernommen und verankert werden. Im Fokus dieses Kapitels stehen die Analyse von Werteorientierungen Jugendlicher, die Reflexion eigener Wertvorstellungen und die Bewertung gesellschaftlicher Werteveränderungen.

M5 Umfrage im Kurs: Was ist Ihnen besonders wichtig?

Wenn Sie an Ihre aktuelle Situation, aber auch an Ihre Zukunft denken: Was ist Ihnen im Leben besonders wichtig?

Einstiegsaufgabe 72018-303

Formulieren Sie mindestens fünf Schlagwörter zu **M5** und vergleichen Sie Ihre Ergebnisse im Kurs.

M6 Was ist (mündigen) Bürgerinnen und Bürgern wichtig?

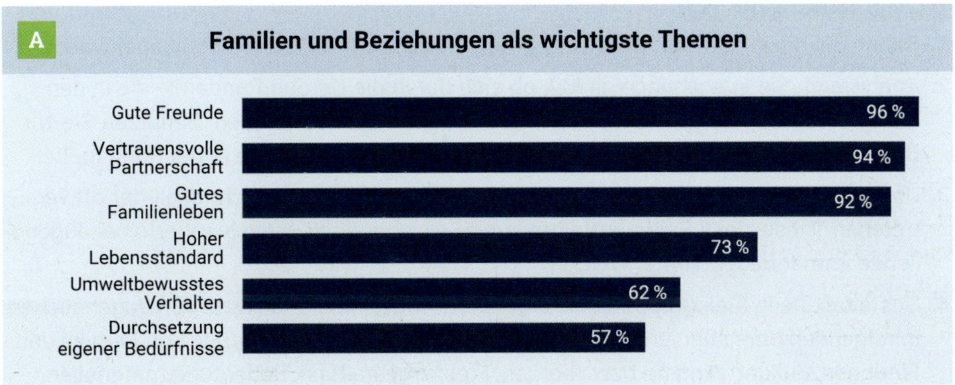

Nach: Shell Jugendstudie 2024

Weitere Grafiken
72018-304

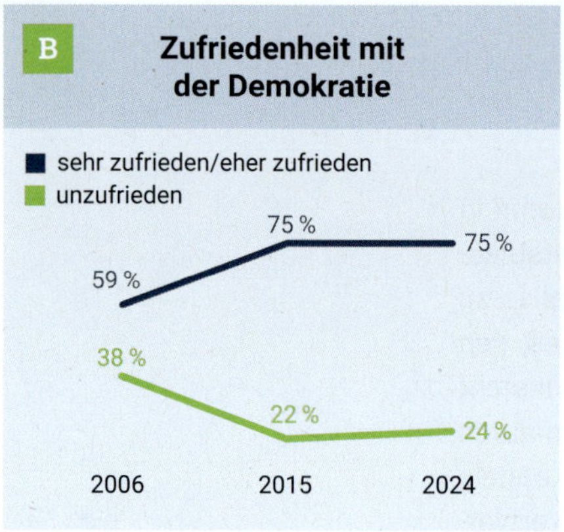

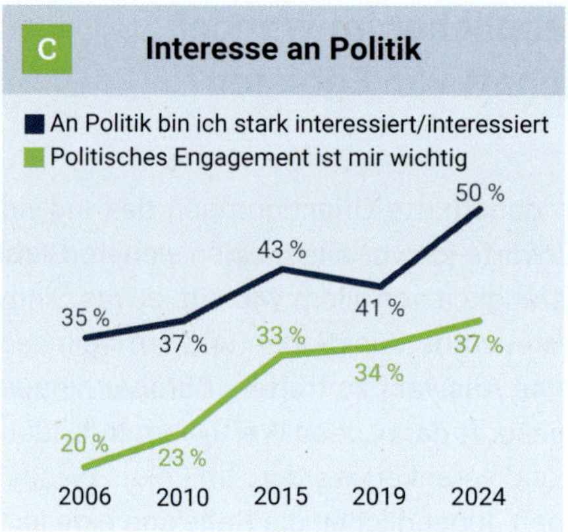

Nach: Shell Jugendstudie 2024; Grafik D: 2019

Zusatzmaterial:
Das ganze Interview mit dem Trendforscher Peter Wippermann
72018-305

M7 Wertpräferenzen nach Corona

Hinsichtlich der Veränderung der Wertpräferenzen durch die Corona-Pandemie sind die ersten Befunde noch uneinheitlich. Auf den ersten Blick haben sich die Rankings des Werteindex nicht deutlich verändert. Auffällig ist, dass gerade die Werte, die in der Pandemie im Besonderen nicht erfüllt werden konnten, Freiheit und Sicherheit, auf der Werteskala nach oben gewandert sind.

Obwohl es im Besonderen durch die großen Herausforderungen der Pandemie einen Wunsch nach Gemeinschaft und einem „Wir“ gibt, verstärkt die angestoßene Digitalisierung (Schulen, Universitäten etc.) den Trend zum Egozentrismus. Der Trendforscher Peter Wippermann geht sogar so weit zu sagen, dass wir in Zukunft noch stärker die virtuelle Realität nutzen werden, „um unsere sozialen Bedürfnisse zu organisieren“. Gerade unter den jungen Heranwachsenden zwischen 15 und 25 Jahren werden virtuelle Begegnungen den realen, sozialen Kontakten vorgezogen. Diese Entwicklung deutete sich vor der Pandemie bereits an, beschleunigte sich aber erkennbar durch die Corona-Pandemie.

Bearbeiter

Aufgaben

72018-306

1. Geben Sie die in den Grafiken (**M6** A - D) dargestellten Wertvorstellungen wieder.
2. Analysieren Sie ausgehend von **M7**, ob sich durch die Corona-Pandemie die in den Wertpräferenzen dargestellten Werte grundlegend geändert haben. Benutzen Sie zur Beantwortung der Frage auch das Interview hinter dem QR-Code in der Randspalte.
3. Überprüfen Sie mit Hilfe der Materialien **M6-M7** die sachliche Richtigkeit der oft vertretenen These, dass Selbstentfaltung und Selbstverwirklichung als Werte bei Jugendlichen immer bedeutsamer werden.
4. Gestalten Sie in Kleingruppen eine eigene Umfrage, in der Sie Werte von Jugendlichen in folgenden Bereichen erheben: Politische Einstellungen, Bedeutung von Familie und Freunden, Zukunftsängste bzw. -sorgen, Freizeitgestaltung, Bedeutung materiellen Wohlstandes, Gleichberechtigung, Umgang mit digitalen Medien.

3.1.3 Die Stellung von Männern und Frauen in der Gesellschaft: genügend gleichgestellt?!

Zum Thema: Mit der Einführung des aktiven und passiven Frauenwahlrechts im November 1918 in der Weimarer Republik wurde eine zentrale Forderung der Frauenbewegung des 19. Jahrhunderts, die politische Gleichstellung von Frauen und Männern, umgesetzt. Es dauerte dann allerdings bis 1949 bevor im Grundgesetz (GG) Artikel 3 das Gleichberechtigungsgebot verwirklicht wurde. Heute scheint vor allem die Gleichstellung in Beruf und Karriere immer noch nicht gänzlich umgesetzt zu sein.

M8 Geschlechteraufteilung bei der Berufstätigkeit

A	1991	2018
Stimme voll zu	8 %	4 %
Stimme eher zu	20 %	7 %
Weder noch	16 %	17 %
Stimme nicht zu	33 %	24 %
Stimme gar nicht zu	22 %	48 %

Entwicklung der Zustimmung zur Aussage „Die Aufgabe des Ehemannes ist es, Geld zu verdienen, die der Ehefrau, sich um Haushalt und Familie zu kümmern".

Nach: ALLBUS 1991 & 2018

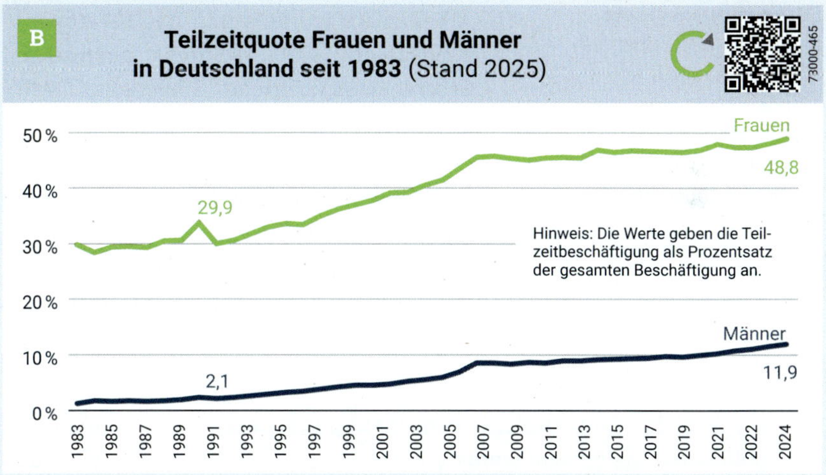

© C.C. Buchner Verlag, aktuelle Daten nach: Eurostat (Datenerhebung: 2024; Grafikerstellung: 2025)

Einstiegsaufgaben 72018-307

1. Analysieren Sie die Tabelle und die Grafik in **M8** A und B.
2. Erarbeiten Sie Gemeinsamkeiten und Widersprüche zwischen **M8** A und B. Kommentieren Sie diese.

M9 Gleichberechtigung im Wandel der Zeit

Lange Zeit waren Frauen in Europa auf vielen Ebenen des gesellschaftlichen Lebens benachteiligt. Durch das Menschenrechtsideal der Aufklärung geprägt, begannen sie im 19. Jahrhundert ihre tatsächliche Gleichberechtigung zu fordern. Im Besonderen verlangte die deutsche Frauenbewegung ein Ende der Vormundschaft von Vätern und Ehemännern sowie stärkere politische Teilhaberechte. Eine wichtige Etappe auf dem Weg der Gleichberechtigung war die Einführung des aktiven und passiven Frauenwahlrechts in der Weimarer Republik im November 1918. Nach dem Ende des 2. Weltkriegs wurde das Frauenwahlrecht wiederhergestellt und 1949 im Artikel 3 GG das Gleichberechtigungsgebot gegen erhebliche Wider-

Am 09.09.1978 demonstrieren nach Aufruf des Deutschen Gewerkschaftsbundes in Mainz überwiegend Frauen für Gleichberechtigung in der Arbeitswelt.

stände durchgesetzt. Erst 1957 verloren Ehemänner ihr Letztentscheidungsrecht in Fragen der Ehe und Kindererziehung. Mit der Reform des Eherechts entfiel 1976 die Vorgabe der „Hausfrauenehe“ im Bürgerlichen Gesetzbuch (BGB) und wurde durch ein partnerschaftliches Eheprinzip abgelöst. Frauen konnten nun ohne Erlaubnis des Ehemanns arbeiten gehen. Im Scheidungsrecht wurde das Schuldprinzip, das meist zum Nachteil der Frauen ausgelegt worden war, durch das Zerrüttungsprinzip ersetzt. Die Gleichbehandlung von Männern und Frauen am Arbeitsplatz wurde durch das EG-Anpassungsgesetz 1980 rechtlich umgesetzt. Geschlechtsspezifische Stellenausschreibungen sind unzulässig. Es gilt der Grundsatz: „Gleicher Lohn für gleiche Leistung“. Allerdings führte erst das Zweite Gleichberechtigungsgesetz von 1994 Sanktionen bei Verstößen ein. Artikel 3 GG erhielt den Zusatz, dass der Staat die Durchsetzung der Gleichberechtigung fördern soll. Der rechtlichen Entwicklung steht indes eine weiterhin von Diskriminierung geprägte Realität entgegen. Frauen verdienen im Schnitt weniger als Männer, sind öfter in unsicheren Arbeitsverhältnissen und seltener in Führungspositionen großer Unternehmen. Entsprechend verfolgt die Politik eine aktive Frauenförderung, z. B. mit der 2015 eingeführten Frauenquote in DAX-Unternehmen. Frauenrechte betreffen auch Bereiche wie sexuelle Gewalt oder das Recht auf Selbstbestimmung. Die Vergewaltigung in der Ehe beispielsweise ist erst seit 1997 strafbar.

Bearbeiter

EG-Anpassungsgesetz
Langtitel: Gesetz über die Gleichbehandlung von Männern und Frauen am Arbeitsplatz und über die Erhaltung von Ansprüchen bei Betriebsübergang

M10 Gesetzliche Quotenregelungen: ein sinnvolles Instrument zur Schaffung der Gleichstellung im Beruf von Frauen und Männern?

Pro-Argumente

- Die bestehende berufliche Benachteiligung muss politisch ausgeglichen werden.
- Männer verteilen die Macht unter sich und reproduzieren diese Machtverteilung, da sie Nachfolger suchen, die ihnen gleich sind.
- Ein freiwilliges Umdenken findet nicht statt, deshalb hilft nur eine staatliche Reglementierung
- Zwingt Unternehmen dazu Mitarbeiterinnen zu fördern und weibliche Vorbilder zu schaffen.
- Die starren Hierarchieebenen in den Unternehmen sind nur durch eine gesetzliche Quote zu verändern.

Kontra-Argumente

- Gleichstellung bedeutet Gleichmacherei. Individuen sind ungleich, deshalb sind auch ungleiche Tätigkeiten zu akzeptieren.
- Erzwungene Quote beseitigt nicht das Grundproblem der Benachteiligung von Frauen.
- Umdenken muss an anderer Stelle gefördert werden: bildungs-/gesellschaftspolitisch.
- Der Wettbewerb um die besten Talente wird durch eine Quote eingeschränkt.
- Gibt der Frau das Gefühl nur wegen der Quote auf der jeweiligen Position zu sein.

Bearbeiter

Aufgaben

72018-308

1. Entwerfen Sie aus den Informationen von **M9** einen Zeitstrahl, den Sie mit weiteren Rechercheergebnissen zur Entwicklung der Gleichbehandlung vervollständigen.
2. Erarbeiten Sie die Pro- und Kontra-Argumente zur gesetzlichen Quotenregelung (**M10**). Positionieren Sie sich: Was ist das für Sie wichtigste Argument?
3. Beschreiben Sie, wie sich Ihrer Meinung nach die Gleichberechtigung bis zum Jahr 2040 entwickeln wird.

F zu Aufgabe 3
Entwickeln Sie Kriterien einer erstrebenswerten Zukunft. Diskutieren Sie Ihre Ergebnisse und mögliche Schwierigkeiten bei der Konsensfindung.

3.1.4 Die Bedeutung von Medien für Jugendliche: Verdrängt die mediale die persönliche Erfahrung?

Zum Thema: Das Internet ist das Leitmedium des 21. Jahrhunderts geworden. Im Gegensatz zu den klassischen Medien (Rundfunk, Print und Fernsehen) generiert das Netz exponentiell mehr Inhalte und schafft so eine gesellschaftliche und politische Öffentlichkeit, die grundsätzlich anders funktioniert als die vorherigen. Die politische Öffentlichkeit differenziert sich aus, es bilden sich Nischen und Diskursblasen, in denen wiederum beurteilt und kommentiert wird mit der Folge, dass die politische Kommunikation weiter anwächst und in hohem Maße sich auf sich selbst bezieht (selbstreferentiell).

M11 Aussagen von Jugendlichen zur Bedeutung von (sozialen) Medien

Anna W. ©annaW_04 Folgen

TikTok nutze ich am meisten, da es super unterhaltsam ist, man aber auch von den neuesten Events oder über das, was gerade auf der Welt passiert, informiert wird.

Malek H. ©malekHu5 Folgen

Ich nutze TikTok am häufigsten. Ob das ein sinnvolles Medium ist, ist eine andere Frage. Ich nutze es zur Unterhaltung bzw. Entspannung, da man hauptsächlich mit Leuten des eigenen Alters in Kontakt kommt. Außerdem ist der Content komplett auf dich abgestimmt. Schlecht ist die große Beeinflussung und mögliche Fakenews.

Anissa N. @nissi_wow Folgen

Das Internet ist für mich das wichtigste Medium. Ich nutze es größtenteils zu Unterhaltungs- und Informationszwecken. (Youtube, Twitter, Zeitungen und Onlineartikel (Danke Öffis)). Zusätzlich Spotify und ein wenig Instagram.

Rene S. ©05_Renes Folgen

Mein wichtigstes Medium ist Evernote, da ich mit Hilfe dessen mein Leben strukturieren kann. Egal ob Notizen für die Schule, Summaries, Tagesplanungen; alles kann hier festgehalten werden. Jedoch würde mir nicht nur Evernote allein ausreichen, da die Informationsbeschaffung und Kommunikation darüber mit anderen nahezu unmöglich ist.

Kristina U. ©TinaU_2004 Folgen

Ich nutze vorwiegend Youtube, weil man Informationen, Entertainment und dumme Menschen zugleich hat. Richtige Informationen und dumme Menschen ist ein lustiges Duell. Zusätzlich nutze ich manche Kanäle für die Schule.

Bearbeiter

Einstiegsaufgaben 72018-309

1. Vergleichen Sie Gemeinsamkeiten und Unterschiede der abgebildeten Posts.
2. Verfassen Sie einen Post indem Sie darlegen, welche Bedeutung die (sozialen) Medien für Sie besitzen. Verteilen Sie die Posts im Kurs mit der Bitte, diese zu kommentieren.

M12 Wie viel Zeit verbringen Jugendliche täglich online?

Nach: JIM-Studie 2024, Medienpädagogischer Forschungsverbund Südwest, www.mpfs.de

M13 Wie stehen Jugendliche zur digitalen Kommunikation?

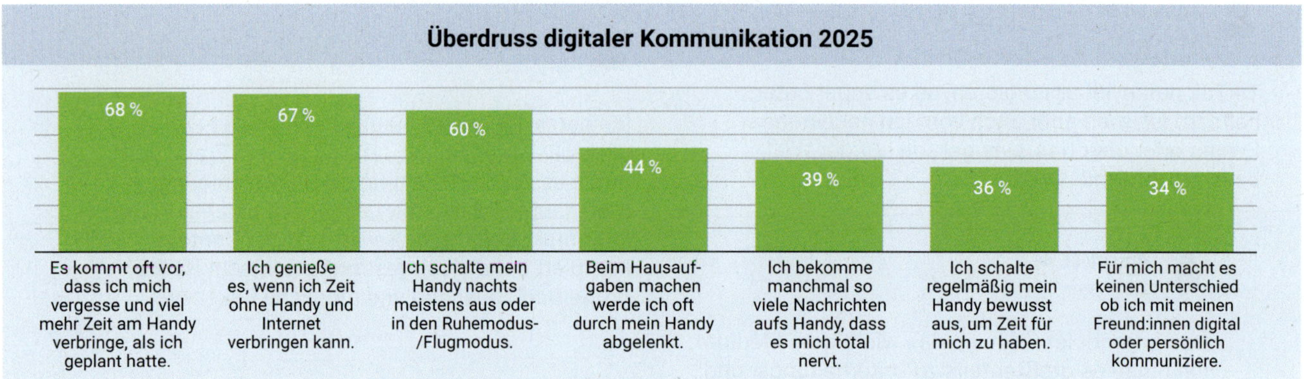

Hinweis: n= 1.200. Dargestellt ist eine Auswahl an Antworten. Die Zahlen beziehen sich auf die Anzahl der Befragten, die „stimme voll und ganz zu" und „stimme weitgehend zu" angegeben haben.

Nach: JIM-Studie 2025, Medienpädagogischer Forschungsverbund Südwest, www.mpfs.de

M14 Selbstdarstellung in sozialen Medien: Wer nicht auf dieser Bühne spielt, ist raus

Als man sie nach Facebook fragt, da lacht sie nur. „Das ist so was von gestern", sagt sie. Keiner ihrer Freunde interessiere sich noch ernsthaft für Facebook, inzwischen hätten ja selbst die eigenen Eltern, manchmal sogar die Großeltern die Vernetzungsplattform entdeckt. Das sei, als würde man auf derselben Party abhängen. [...] Sie ist siebzehn, heißt Lara, und wie alle ihre Freunde hat, sie einen Account bei der Foto-Sharing-Plattform Instagram, deren Nutzerzahlen unentwegt steigen. [...] Instagram ist Laras Standleitung zu ihren Freunden. Es ist ein Kommunikations- und Selbstvergewisserungsinstrument für Jugendliche. [...] Ohne soziale Netzwerke würde sich Lara vom Informationsfluss abschneiden und stünde im Abseits. Wie sollte sie auf dem Pausenhof über die peinlichen Fotos der Tussi aus der Parallelklasse mitlästern? Wie den hochgeladenen Videoclip ihrer Freundin kommentieren? [...] Surft man bei Instagram, sticht die Professionalität vieler Teenagerprofile ins Auge. Perfektes Make-up, perfektes Styling, perfektes Licht. Die Inszenierungsspielregeln sind bekannt. Instagram ist eine Bühne. Es geht dabei nicht immer um Schönheit, aber sehr oft. Es existieren unzählige Apps, die den Fotos den professionellen Schliff verleihen. Im Grunde kann beinahe jeder, der den nötigen Aufwand betreibt, bei Instagram gut aussehen. Was unter dem Label Schnappschuss oder Selfie daherkommt, wirkt oft wie das Ergebnis eines durchgeplanten Fotoshootings. Die Bandbreite reicht von mädchenhaft verspielt bis eindeutig erotisch. Je mehr Haut, desto besser. Viel Haut bedeutet viele Likes. Likes sind die soziale Währung, ein permanent abrufbares Ranking, sichtbar für jeden. „Die mit besonders vielen Likes sind die ‚Fame- Leute', sagt Lara. „Die sind halt like-geil." Sie wollen Applaus, jeder will Applaus, auch dieser Wettkampf ist Instagram-Realität. Was für die „Fame-Leute" Segen ist, kann für jene, die ignoriert werden, Fluch sein. Unkommentierte Sichtbarkeit ist Unsichtbarkeit. [...]

Lara ist eine hübsche junge Frau mit makelloser Haut, ohne Hang zum Tussihaften. [...] Sie wächst in einer Optimierungsgesellschaft auf, in der schon kleinen Mädchen suggeriert wird, dass sie es im Leben besonders weit bringen, wenn sie schön sind. In der zahllose weibliche Teenager Heidi Klum verehren und „Germany's next Topmodel" im Fernsehen schauen – eine Sendung, deren berühmtester Satz lautet: „Ich habe heute leider kein Foto für dich." In der Magazine behaupten, vierzig sei das neue dreißig und der Körper zu einer gestaltbaren Spielfläche mutiert, als ließe sich der Alterungsprozess tatsächlich aufhalten. Die Oberfläche als Schlüssel, der die Tür zu Glück und Erfolg öffnet. In der Liebe und im Beruf. [....]

Ada Borkenhagen ist Psychologin, zu ihrem Forschungsschwerpunkt zählt der moderne Körper und dessen ausgefeilte Modifikationsmöglichkeiten. Sie sagt: „Minimalinvasive Eingriffe wie Botox und Hyaluronsäure werden in Zukunft so normal werden wie die Zahnprophylaxe." Der Körper ist sehr viel wichtiger geworden, ebenso wie seine Vermarktung, die sich im Internet zuspitzt. „Das setzt Jugendliche unter Druck." Es gelte, immer und überall gut auszusehen. [....] Zahlreiche Studien beleuchten, wie sich die intensive Nutzung sozialer Plattformen auf das Selbstbewusstsein und die Beziehung zum eigenen Körper auswirkt. Damit exzessive Selbstbeschäftigung nicht in einen überkritischen Blick mündet, muss das Ego ziemlich ausgeprägt sein. Das kuschlige Aufgehobensein in einer virtuellen Gemeinschaft, das sich die sozialen Netzwerke ja auf die Fahnen schreiben, trifft jedenfalls nicht automatisch auf alle zu, im Gegenteil. Das macht Instagram weder zu einem gefährlichen Kommunikationsinstrument, noch nimmt es ihm seine Vernetzungskraft. Es zeigt aber, dass die Selbstprüfung durch Wettbewerb das Bild vom eigenen Ich mitunter gewaltig auf die Probe stellt.

Mühl, Melanie: Die Instagram-Jugend. Wer nicht auf dieser Bühne spielt, ist raus. In: www.faz.net, 17.01.2015 © Alle Rechte vorbehalten. Frankfurter Allgemeine Zeitung GmbH, Frankfurt. Zur Verfügung gestellt vom Frankfurter Allgemeine Archiv

Aufgaben

72018-310

1. Analysieren Sie das Onlinenutzungsverhalten Jugendlicher in **M12** und vergleichen Sie Ihr eigenes Nutzungsverhalten in Form eines Medientagebuchs mit den Durchschnittswerten.
2. Erklären Sie die möglichen Gründe für den Überdruss der Jugendlichen mit Hilfe von **M13**.
3. Benennen Sie mögliche Folgen der Inszenierung auf Instagram für die jugendlichen Konsumentinnen und Konsumenten (**M14**).
4. Beurteilen Sie den Einfluss der medialen Umwelt perspektivisch und kategorial. Gestalten Sie dazu einen Instagram-Feed, indem Sie sich kritisch mit den auf Instagram dargestellten Schönheitsidealen auseinandersetzen.

3.1.5 Verändern globale Entwicklungen die Gesellschaft?

Zum Thema: Kriege, Zerstörungen, Krisen, Katastrophen, aber auch globale Entwicklungen können sich grundlegend und auch langfristig auf das Leben in einer Gesellschaft auswirken. Insbesondere die zunehmende internationale Vernetzung von Staaten führt dazu, dass bestimmte Entwicklungen in einem Land auch Auswirkungen in anderen Ländern haben können.

M15 Die Corona-Pandemie in Deutschland und der Welt

Maskenpflicht in Deutschland Anfang 2021

100 Kreuze und Luftballons zum Gedenken an 100.000 Corona-Tote in Brasilien

Gräber für Corona-Tote am Stadtrand von Thessaloniki, Griechenland.

Einstiegsaufgabe 72018-311

Welche Auswirkungen hatte die Corona-Pandemie auf die gesellschaftliche Entwicklung? Erstellen Sie in Partnerarbeit eine Mindmap.

M16 (Terror)Angriffe auf die Zivilgesellschaft

Barcelona 2017: Ein islamistischer Attentäter fuhr auf dem Boulevard La Rambla einen Lieferwagen in eine Menschenmenge und tötete hierbei 14 Menschen. Auf der Flucht erstach der Attentäter eine weitere Person.

Wien 2020: Ein 20-jähriger Sympathisant des „Islamischen Staates", tötete vier Menschen und verletzte 23 Menschen zum Teil sehr schwer.

Magdeburg 2024: Ein Mann steuert ein Auto über den Weihnachtsmarkt. Sechs Menschen sterben und über 300 weitere Menschen werden verletzt.

M17 Wirtschaftliche Globalisierung

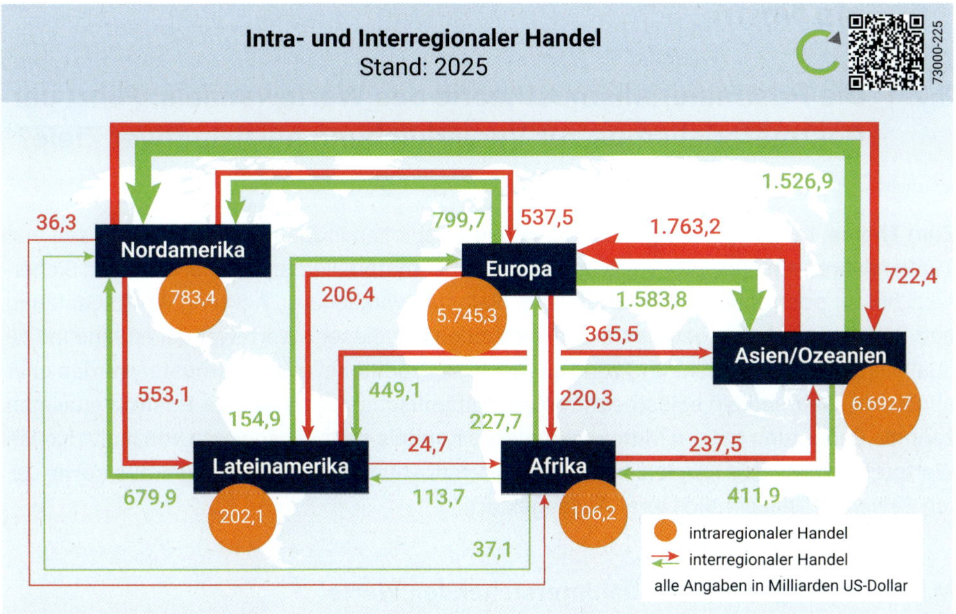

©C.C. Buchner Verlag, aktuelle Daten nach: UNCTAD (Datenerhebung 2024, Grafikerstellung 2025)

Aktivisten der Occupy-Bewegung machen auf die negativen Auswirkungen der Globalisierung aufmerksam.

M18 Klimawandel

Kinder spielen auf einem Platz im Inselstaat Tuvalu, der vom Meerwasser überflutet wurde. Tuvalu liegt im Südwesten des Pazifischen Ozeans, östlich von Papua-Neuguinea. Der Inselstaat ist nur 26 Quadratkilometer groß und ragt durchschnittlich nur zwei Meter aus dem Wasser. Durch den steigenden Meeresspiegel, der auf den globalen Klimawandel zurückzuführen ist, kämpfen die Bewohner mit verseuchtem Trinkwasser, dem Ausfall von Ernten und Überschwemmungen.

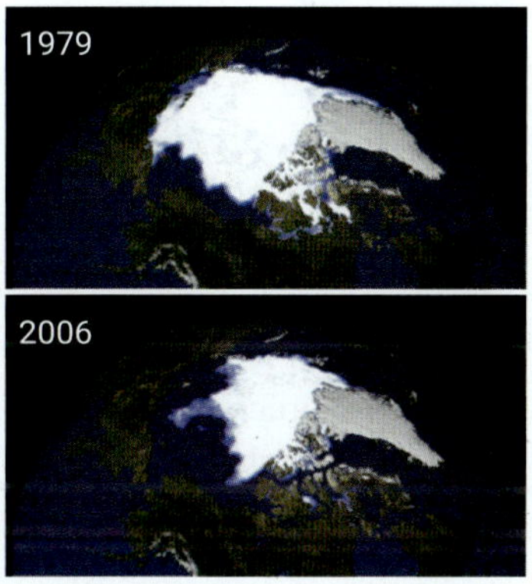

Der globale Klimawandel führt zur Erderwärmung und damit zum Schmelzen der Gletscher und Pole.

Aufgaben

72018-312

1. Die Materialien in **M15-M18** deuten auf globale Ereignisse, die von außen den Wandel der Sozialstruktur einer Gesellschaft verursachen und befördern können. Schildern Sie die jeweiligen zum Teil umstrittenen Hintergründe der Ereignisse und beurteilen Sie die entsprechenden Folgen für den gesellschaftlichen Wandel (national + international).
2. Suchen Sie vergleichbare globale Ereignisse und erklären Sie deren jeweiliges Potential für gesellschaftliche Veränderungen.

F zu Aufgabe 1
Stellen Sie ein globales Ereignis aus **M15-M18** in einem Kurzreferat vor.

3.2 Theorien des Wertewandels und die Verfassung als Norm

3.2.1 Die Postmaterialismustheorie des Wertewandels: Führt der Postmaterialismus zur Verwirklichung partizipativer Ziele?

Zum Thema: Laut Ronald Inglehart hat in den westlichen Industriegesellschaften seit den 1950er Jahren ein massiver Wertewandel von eher materiellen (z. B. Ernährung und Sicherheit) hin zu postmateriellen Werten (z. B. Selbstverwirklichung, Achtung, Wertschätzung und Partizipation) stattgefunden. Eng verbunden mit diesem Wertewandel ist eine Individualisierung und Pluralisierung von Lebensstilen. Traditionelle Lebensmuster werden eher abgelehnt, während ein selbstbestimmtes, authentisches Leben für die Postmaterialisten zentrale Bedeutung hat. Im Mittelpunkt dieses Kapitels steht, ausgehend von individuellen Wertpräferenzen, das Kennenlernen von Materialismus und Postmaterialismus sowie deren Bewertung hinsichtlich ihrer Aussagekraft.

M1 Aussagen und die dahinterstehenden Werte

A Materielle und postmaterielle Werte

1 Aufrechterhaltung von Ruhe und Ordnung

2 Kampf gegen steigende Preise

3 Mehr Einfluss der Bürger auf die Entscheidungen der Regierung

4 Schutz des Rechts auf freie Meinungsäußerung

B Fragen zur Gleichstellung von hetero- und homosexuellen Paaren:

- Würden Sie ein Gesetz, das homosexuellen Paaren die Ehe ermöglicht, befürworten oder ablehnen?
- Würden Sie es befürworten oder ablehnen, wenn homosexuelle genauso wie heterosexuelle Paare Kinder adoptieren dürfen?

Einstiegsaufgaben 72018-313

1. Wählen Sie aus **M1** A zwei Aussagen aus, die Ihnen besonders wichtig sind, und vergleichen Sie die Auswahl im Kurs.
2. Beantworten Sie die Fragen in **M1** B und ermitteln Sie ein Ergebnis für Ihre Lerngruppe. Vergleichen Sie Ihr Kursergebnis mit den Umfrageergebnissen im digitalen Aufgabenkasten. Nehmen Sie Stellung zu Gemeinsamkeiten und Unterschieden.
3. Im nebenstehenden QR-Code finden Sie globale Einstellungen zur Homosexualität. Interpretieren Sie das deutliche Gefälle innerhalb Europas und erörtern Sie die Frage, ob Toleranz gegenüber Homosexuellen etwas mit der materiellen Lebenssituation zu tun haben könnte.

Grafik: Globale Einstellungen zur Homosexualität

72018-314

M2 Wertewandel: vom Materialismus zum Postmaterialismus

Mit dem Ende des Zweiten Weltkrieges ist in den westlichen Industriegesellschaften ein Wertewandel in Gang gekommen. Während die vor 1945 geborenen Menschen noch vorwiegend materielle Werte wie Karriere, Wohlstand oder Sicherheitsbedürfnisse priorisieren, bevorzugen die nach 1945 geborenen eher postmaterialistische Werte wie Kreativität, Selbstentfaltung oder Schutz der Natur. Einen der bedeutendsten Erklärungsansätze für diesen Wertewandel hat der amerikanische Soziologe Ronald Inglehart in den siebziger Jahren des letzten Jahrhunderts entwickelt. Ausgehend von der Analyse der entwickelten Industriegesellschaften diagnostizierte Inglehart einen lang andauernden wirtschaftlichen Aufschwung nach dem 2. Weltkrieg, der dazu führen würde, dass materielle Werte, die eher zur Sicherung der physischen Existenz notwendig sind wie Nahrung und Abwesenheit von Krieg, unwichtiger bei den Wertprioritäten wurden, während postmaterielle Werte wie soziale Bedürfnisse, und individuelle Selbstverwirklichung auf der Werteskala immer häufiger genannt wurden. In Anlehnung an die Maslows-Bedürfnispyramide geht Inglehart davon aus, dass die Werteprioritäten das sozio-ökonomische Umfeld eines Menschen widerspiegeln. Wenn also in einer Gesellschaft die Existenz- und Überlebensbedürfnisse stabil befriedigt werden, wendet sich der Mensch den Bedürfnissen zu, die (noch) nicht befriedigt sind. Ausgehend von dieser Mangelhypothese lässt sich als Regel definieren, dass längere Phasen wirtschaftlichen Wachstums eher zur Ausbreitung postmaterialistischer Werte führen. Entsprechend bewirken langandauernde Phasen wirtschaftlichen Niedergangs vermehrt die Rückbesinnung auf materialistische Werte. Allerdings reicht nach Inglehart die Mangelhypothese nicht ausschließlich zur Erklärung des Wertewandels. Hinzu kommt mit der Sozialisationshypothese die Beobachtung, dass Menschen ihre Wertpräferenzen in den besonders prägenden primären (Elternhaus) und sekundären (Peer-Groups und Schule) Sozialisationsphasen entwickeln und diese im Anschluss zeitstabil bleiben. Die Werte, die die Individuen bis zum Erreichen des Erwachsenenalters ausgebildet haben, ändern sich auch unter wirtschaftlich veränderten Bedingungen kaum noch. Mit der Mangel- und der Sozialisationshypothese lassen sich dann für Inglehart verlässliche Prognosen über die Entwicklung des Wertewandels abgeben. Längere Phasen wirtschaftlichen Wohlstandes führen zu einer Bevorzugung postmaterialistischer Werte, während Menschen die unter existenzbedrohenden Lebensbedingungen aufgewachsen sind, auch wenn sich ihr materieller Wohlstand erhöht hat materiellen Werten verhaftet bleiben, da Wertepräferenzen, die sich bereits vor dieser Wohlstandsphase herausgebildet haben, relativ stabil bleiben, sodass der Wandel stärker an den nachwachsenden Generationen als an der Gesamtbevölkerung ablesbar ist.

Bearbeiter

Ronald Inglehart
(* 05.09.1934 in Milwaukee, † 08.05.2021 in Ann Arbor)

M3 Brauchen wir eine Rückkehr zu traditionellen Werten?

Einer verbreiteten Auffassung zufolge ist der mentale Zustand eines zunehmenden Teils der Bevölkerung problematisch. Dafür werden – als Folge der Wohlstandsentwicklung seit den fünfziger Jahren – ungünstige sozialpsychologische Veränderungen verantwortlich gemacht. Dieser Auffassung zufolge hat die Wohlstandsentwicklung die Menschen korrumpiert; es wird die Gefahr gesehen, dass die weitere gesellschaftliche Entwicklung immer mehr verantwortungsscheue, nicht nur am Allgemeinwohl, sondern auch am Mitmenschen uninteressierte Egoisten mit „Vollkasko-Mentalität“ hervorbringt. [...] Wir fragten uns, ob und inwieweit Wertorientierungen, die in der Forschung und auch im allgemeinen Verständnis als „traditionelle" und „moderne" Werte voneinander abgegrenzt werden, dennoch gemeinsam auftreten können. Wir fanden in der Tat einen Persönlichkeitstypus, der gleichermaßen „moderne" und „traditionelle" Werte besonders schätzt. Wir entschlossen uns, Menschen mit diesem bemerkenswerten Typus nach einer breiten Analyse ihrer Lebensumstände und Einstellungen aktive Realisten zu nennen.

Ein Überblick über die Merkmale der insgesamt fünf von uns aufgefundenen Wertetypen zeigt große Unterschiede in der Fähigkeit und Neigung, sich produktiv und „sozialverträglich" auf die Anforderungen der gesellschaftlichen Modernisierung und der Bürgergesellschaft einzulassen. Vorrangig traditionell orientierte Menschen (1999: 18 Prozent der Bevölkerung ab 14 Jahren) halten sich eher ans Bewährte und lassen wenig Neigung zur Selbstständigkeit und Risikofreude erkennen. Vorrangig hedonistisch und materiell Orientierte (15 Prozent) sind zwar flexibel. Die Dominanz des Lustprinzips und Jagd nach schnellen Gewinnen lassen sie jedoch nicht selten die Grenzen des sozial und legal Verträglichen austesten. Vorrangig idealistisch Eingestellte (17 Prozent) sind zwar verbale Fortschrittsbejaher, stehen jedoch wegen ihrer oft ideologisch geprägten Sichtweise der Realität der Modernisierung frustrationsanfällig gegenüber. „Perspektivenlos Resignierte" (16 Prozent) sind die eigentlichen „Stiefkinder" des gesellschaftlichen Wandels; Rückzug, Passivität und Apathie sind für sie typisch.

Aktive Realisten können dagegen von ihrer mentalen Grundausstattung her am ehesten als hochgradig modernisierungstüchtige Menschen charakterisiert werden. Die Gruppe umfasste 1999 34 Prozent der Bevölkerung und stellte somit den zahlenmäßig stärksten Typus dar. Menschen, die dieser Gruppe angehören, sind in der Lage, auf verschiedenartigste Herausforderungen „pragmatisch" zu reagieren, gleichzeitig aber auch mit starker Erfolgsorientierung ein hohes Niveau an „rationaler" Eigenaktivität und Eigenverantwortung zu erreichen. Sie sind auf eine konstruktiv-kritikfähige und flexible Weise institutionenorientiert und haben verhältnismäßig wenige Schwierigkeiten, sich in einer vom schnellen Wandel geprägten Gesellschaft zielbewusst und mit hoher Selbstsicherheit zu bewegen. [...]

Persönlichkeitseigenschaften, die zur Bewältigung und Gestaltung der Modernisierung wichtig sind, sind – wie wir [...] feststellen konnten – über die gesamte Bevölkerung hinweg betrachtet keineswegs schwach entwickelt. Die aktiven Realisten liegen allerdings praktisch bei allen Messwerten deutlich über dem Durchschnitt. Sie erweisen sich als „kooperative Selbstvermarkter" mit hoch entwickelter fachlicher Kompetenz und ausgeprägtem Erfolgsstreben, gleichzeitig aber auch mit ausgeprägter Fähigkeit zur Selbstkontrolle und rationalen Verhaltenssteuerung, zur Soziabilität und Kommunikation, ergänzt durch erhöhte Konflikt- und Durchsetzungsfähigkeit.

Alles dies mutet auf den ersten Blick betrachtet widersprüchlich an, repräsentiert aber das spannungsreiche Persönlichkeitsprofil, das den Menschen in Zukunft mehr und mehr abgefordert wird und zu dessen Realisierung es aller Voraussicht, nach der von den aktiven Realisten verkörperten, „Wertesynthese" als mentaler Grundlage bedarf. [....]

Angesichts der strategischen Bedeutung, welche der Wertesynthese zukommt, muss zunächst die dringliche Frage gestellt werden, ob die Gruppe der aktiven Realisten zahlenmäßig zunimmt oder kleiner wird. Sofern das Erstere der Fall ist, kann davon ausgegangen werden, dass der Wertewandel die Zukunftsfähigkeit der Menschen unter den Bedingungen der gesellschaftlichen Modernisierung stärkt. [...]. Ist dagegen das Letztere der Fall, so besteht Anlass zu großer Sorge.

- Ordnungsliebende Konventionalisten

spielen bei den jungen Leuten schon länger nur noch eine geringe Rolle.

- Perspektivenlose Resignierte, die „Stiefkinder" des Wandels, verharren auf etwa demselben Niveau.
- Nonkonforme Idealisten, die seit dem Ende der sechziger Jahre Konjunktur hatten, erlebten in den neunziger Jahren einen Einbruch, von dem sie sich nicht wieder erholten.
- Hedonistische Materialisten erlebten bis zur ersten Hälfte der neunziger Jahre einen steilen Aufstieg, der jedoch bald einen Gipfel erreicht und in der Folge einer deutlichen Rückläufigkeit weicht.
- Aktive Realisten erlebten fortgesetzte Zuwächse und stellen sich gegen Ende der neunziger Jahre mit vergrößerter Deutlichkeit als die stärkste Teilgruppe dar. [....]

Der entscheidende Spannungsgehalt einer Entwicklung, die bei den jungen Leuten besonders deutlich erkennbar wird, ist die Konkurrenz zwischen den aktiven Realisten und den hedonistischen Materialisten. Im Zeitraum zwischen dem Ende der achtziger und dem Ende der neunziger Jahre gab es zeitweilig ein „Kopf-an-Kopf-Rennen" zwischen diesen beiden Wertetypen. Die Hedonisten hatten bei der Messung im Jahr 1993 fast aufgeschlossen, wobei ihr höheres Wachstumstempo die Prognose eines bevorstehenden Vorbeiziehens an den aktiven Realisten nahe zu legen schien. Es war dies die Zeit, in welcher die auch heute noch vertretenen Diagnosen einer „Egoisten-Gesellschaft", „Spaßgesellschaft" oder „Ellenbogen-Gesellschaft" auftauchten. Wie die Daten zeigen, gab es während dieser Zeit in der Tat bei den jüngeren Teilen der Gesellschaft eine Tendenz in diese Richtung, die aber keinen „Trend", d. h. also keine nachhaltige Entwicklung darstellte. Als „nachhaltig" erwies sich letzten Endes einzig das Wachstum der Gruppe der aktiven Realisten.

Die strategische Frage, ob der Wertewandel die Zukunftsfähigkeit der Menschen unter den Bedingungen der gesellschaftlichen Modernisierung stärkt, kann insoweit mit „Ja" beantwortet werden. Die These lautet, dass sich die Wertesynthese immer deutlicher als die Leitlinie des Wertewandels herauskristallisiert. Die im Titel aufgeworfene Frage „Brauchen wir eine Rückkehr zu traditionellen Werten?" kann von diesem Ergebnis her verneint werden.

Klages, Helmut: Brauchen wir eine Rückkehr zu traditionellen Werten? In: www.bpb.de, 26.05.2002

Aufgaben

72018-315

1. Geben Sie die Hauptaussagen von Inglehart und Klages (**M2** und **M3**) mit eigenen Worten wieder.
2. Vergleichen Sie Ihre Ergebnisse aus der Einstiegsaufgabe 1 mit der Postmaterialismustheorie und beurteilen Sie die Erklärungskraft der Theorie.
3. Analysieren Sie die Infografiken im Kapitel zu Werteinstellungen (→ Kap. 3.1.2, S. 129-130) unter der Frage, ob man eher von einer Zunahme postmaterialistischer Werte (Inglehart, **M2**) oder von einer Wertsynthese (Klages, **M3**) sprechen sollte?
4. Arbeiten Sie aus den beiden soziologischen Erklärungsmodellen für den Wertewandel mögliche Chancen und Risiken heraus.
5. Nehmen Sie aus der Perspektive eines Jugendlichen und der Politik Stellung zu der Forderung für Kinder und Jugendliche eine Werteerziehung institutionell in der Schule zu verankern.

F

Gestalten Sie eine Befragung mit materialistischen und postmaterialistischen Werten und führen Sie diese mit Ihrer (Groß-) Elterngeneration durch. Analysieren Sie Gemeinsamkeiten und Unterschiede und überprüfen Sie, ob die Ergebnisse die Hypothesen Ingleharts stützen.

3.2.2 Das normative Fundament des Grundgesetzes: Menschenwürde – wer soll in der Triage bevorzugt medizinisch behandelt werden?

Zum Thema: Moderne Gesellschaften scheinen kein einheitliches Wertesystem mehr zu haben. Der Pluralismus der Weltanschauungen und Wertvorstellungen führt zu einer Verunsicherung, die verbunden mit allgemeinen Umwälzungsprozessen gesellschaftlicher Strukturen, verbindliche Orientierungspunkte bei den Fragen „Was soll ich tun“ bzw. „Wie soll ich handeln“ verschwinden lässt. Hier bietet der Art. 1 GG mit der Achtung der Menschenwürde einen Anker für das geordnete Leben der Menschen, da sie als Grundlage aller politischen Gesellschaften fungieren kann. Im Fokus dieses Kapitels stehen am Beispiel der Triage der Aufbau des Grundgesetzes, die Analyse von Bedeutung und Interpretationsmöglichkeiten für Art. 1 GG sowie die Positionierung in diesem Grundrechtskonflikt.

M4 Fallbeispiel: Triage – wer soll leben, wer muss sterben?

Aus Italien ist das Schreckensszenario in Intensivstationen schon bekannt: Ein über achtzig Jahre alter Patient hat den letzten freien Beatmungsplatz belegt, und es wird eine 35 Jahre alte Mutter von drei Kindern eingeliefert, die nur überleben wird, wenn sie ebenfalls beatmet wird. Soll der Arzt dann den älteren Patienten vom Beatmungsgerät abhängen und sein Sterben in Kauf nehmen, um die junge Mutter zu retten?

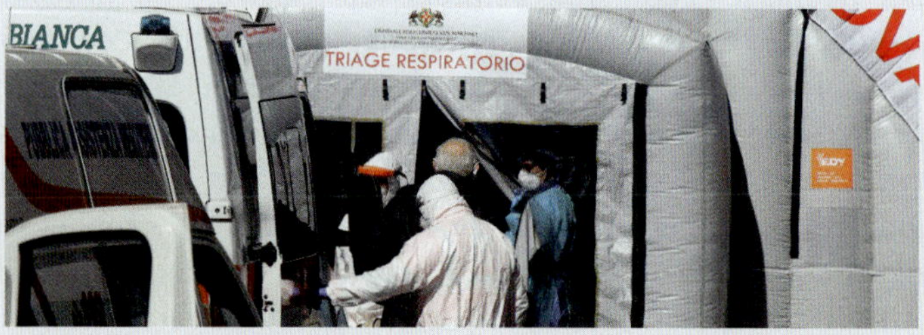

Krankenwagen bringen Covid-Erkrankte zu einem notdürftig errichteten Triage-Zelt vor dem Universitätsklinikum der italienischen Stadt Genua.

Schmoll, Heike: Vor tragischen Entscheidungen. In: www.faz.net, 28.03.2020

Einstiegsaufgaben 72018-316

1. Erläutern Sie den Fall in **M4**.
2. Wie soll in **M4** entschieden werden? Begründen Sie Ihren Vorschlag.

M5 Das Grundgesetz und die Ausgestaltung der Grundrechte

Die Verfassung ist die rechtliche Grundordnung unseres Gemeinwesens. Sie bestimmt die Leitprinzipien (auch Staatsstrukturprinzipien genannt), nach denen sich politische Einheit bildet und staatliche Aufgaben wahrgenommen werden sollen. Sie regelt Verfahren der Bewältigung von Konflikten innerhalb des Gemeinwesens. [...] Die Regelungen der Verfassung sind weder vollständig noch vollkommen. Zwar werden zahlreiche Fragen staatlicher Ordnung bis in Einzelheiten hinein normiert; aber weite Bereiche, auch solche des im engeren Sinne staatlichen Lebens, werden nur durch Bestimmungen von mehr oder minder großer inhaltlicher Weite und Unbestimmtheit, manche sogar gar nicht geordnet. So soll die Verfassung als oberste

Rechtsordnung des Gemeinwesens nicht alle Einzelfragen beantworten. Diese sind vielmehr von der Politik zu bewältigen. Die Wertordnung der Verfassung, welche sich aus der Gesamtheit ihrer Artikel ergibt, soll für Einzelfragen ausgelegt werden. So bleibt die Verfassung insgesamt zukunftsoffen. Sie soll aber die grundsätzliche Richtung des politischen Handelns bestimmen und diesem auch Grenzen setzen. [...] Es entspricht vielmehr dem Grundgedanken der Demokratie, dass die jeweils vom Vertrauen der Mehrheit der Bevölkerung getragenen Kräfte ihre Auffassungen und Vorstellungen in Politik umsetzen. [...] Verspricht die Verfassung mehr als Parlament und Regierung leisten können, so wird sie unglaubwürdig. Die weitgehende Übereinstimmung des Verfassungstextes mit der politischen Realität ist ein wichtiges Ziel, solche Verfassungen sind normativ. Nicht normative Verfassungen verlieren möglicherweise ihre Fähigkeit, den Grundkonsens des Gemeinwesens zu festigen, von dem das zwischen Regierenden und Regierten notwendige Vertrauensverhältnis abhängt. Andererseits ist Konsens in den Grundfragen notwendige Voraussetzung der Wirksamkeit der Verfassung. Dieser Konsens entsteht nicht durch die Verfassung, sondern wird von ihr aufgenommen und in ihren wesentlichen Aussagen zum Ausdruck gebracht. Im Grundgesetz geschieht dies vor allem durch das Bekenntnis zur Würde des Menschen als oberster Leitlinie staatlichen Handelns (Art. 1 GG) und durch die in der „Minimalverfassung" des Art. 20/28 GG niedergelegten Leitprinzipien der Verfassung, durch welche der deutsche Staat zum republikanischen, demokratischen, bundesstaatlichen und sozialen Rechtsstaat wird. Die Menschenwürde und die Leitprinzipien bilden den Kern der Verfassung und unterliegen einer Ewigkeitsgarantie. Aus ihnen ergeben sich unter anderem direkt die Grundrechte der Art. 2 bis 17 GG und die Verfahrens- und Kompetenzregeln für den Staatsapparat, welche in den übrigen Artikeln verfasst sind. Die Grundrechte umschreiben dabei nicht nur den jeder Bürgerin und jedem Bürger zustehenden Bereich der Freiheit, sondern schaffen auch die wesentlichen Voraussetzungen für die Verwirklichung jener tragenden Prinzipien. Aus ihnen ergeben sich etwa Meinungs- und Pressefreiheit, Achtung von Glaubens- und Gewissenüberzeugungen, die Gleichberechtigung der Geschlechter und viele andere Grundentscheidungen, die nicht nur Einzelfreiheiten sichern, sondern das Gesamtklima des politischen und gesellschaftlichen Lebens bestimmen sollen.
Das Grundgesetz geht als direkte Reaktion auf das Scheitern der Weimarer Republik und das Grauen des Dritten Reiches von einem bestimmten Menschenbild aus, das sich unmittelbar und konzentriert im Art. 1 GG ausdrückt. So bedeutet die Menschenwürde, dass der Mensch frei sein soll, d. h. seine Person nach eigener Entscheidung bilden und entfalten kann. Dahinter steht [...] die Auffassung, dass jeder Mensch eine eigene Würde habe, durch die er Person sei und sich vom Tier unterscheide. Soll der Mensch als Mensch leben können, dann muss seine personale Würde auch für die politischen Machtträger unantastbar sein. Das bedeutet: er darf nicht als Objekt behandelt, zum Werkzeug gemacht oder zur beliebig manipulierbaren Sache beispielsweise für politische, weltanschauliche oder ökonomische Zwecke herabgewürdigt werden. Als Objekt behandelt wird aber, wer bei der Wahrheitsermittlung durch Polizei und Strafjustiz durch physischen Zwang und durch Anwendung psychotechnischer Mittel in seinem freien Willen und seiner freien Entscheidung ganz oder teilweise beeinträchtigt wird. Aus dem Menschenbild folgt neben dem Anspruch auf Freiheit und körperliche Unversehrtheit auch das Recht der Gleichbehandlung. Ins Politische gewendet heißt das, dass alle Macht und Herrschaft an der unantastbaren Würde jedes einzelnen Menschen ihre Grenzen finden muss. Macht bedarf prinzipiell der Begrenzung und Kontrolle, und sie muss dazu auf der Zustimmung der Unterworfenen gründen,

da eine uneingeschränkte Zugriffsmöglichkeit den einzelnen in seiner Würde und Freiheit verletzen und entmündigen würde. Denn alles, insbesondere staatliche Macht, hat dem Ziel zu dienen, die Möglichkeiten und Chancen eines freien und menschenwürdigen Lebens für alle Glieder des Gemeinwesens zu sichern und zu steigern. Aus diesem Grund hat das Wesen der Grundrechte einen Doppelcharakter:
Zum einen sind die Grund- und Menschenrechte als Freiheitsrechte unmittelbar geltendes Recht, welche das Individuum vor staatlichen Eingriffen schützen soll. Doch der freiheitlich demokratische Staat bedarf auch der freien Mitgestaltung der gemeinsamen politischen Ordnung durch die Individuen und ihrer gesellschaftlichen Vereinigungen. Deshalb gewinnen die Freiheitsrechte über die Abwehr staatlicher Eingriffe hinaus positiv die Funktion, Grundlage, soziale und rechtliche Basis der staatlichen Ordnung zu sein. Die Betätigung vor allem der Meinungs- und Pressefreiheit, der Vereins- und Versammlungsfreiheit durch die Bürger in ihren Zusammenschlüssen ist eine notwendige Bedingung demokratischer Politik. Deshalb müssen die Grundrechte gleichermaßen als politische Teilhaberechte verstanden werden. [...]
Insgesamt stellt die Verfassung vielmehr eine vom Bundesverfassungsgericht bestätigte „objektive Wertordnung" (BverfGE 7, 198 ff.) dar. Diese Bezeichnung würde aber missverstanden, wollte man aus ihr eine Ermächtigung des Staates ableiten, eine für alle verbindliche Ideologie zu entwickeln. So ist es nicht der Staat, nicht die von ihm gesetzte Rechtsordnung und auch nicht die Verfassung, die die Grundüberzeugungen bildet oder gar erzwingt. Diese Überzeugungen werden vielmehr vorausgesetzt. [...] So ist die Menschenwürde ein vorstaatliches Recht (Naturrecht), das dem Menschen um sein Menschsein zusteht und nicht vom Staat geschaffen, sondern nur garantiert wird. Die Rechtsordnung ist aber auf diese Grundüberzeugungen des menschlichen Zusammenlebens angewiesen, wenn sie angenommen und befolgt werden soll. [...]
Das Grundgesetz ist demnach zwar unbedingt eine wertgebundene Ordnung, garantiert aber gleichzeitig die weltanschauliche Neutralität.

Bearbeiter nach: Benda, Ernst: Grundgesetz – Verfassung/Verfassungsreform. In: U. Andersen/W. Woyke (Hg.): Handwörterbuch des politischen Systems der Bundesrepublik Deutschland. Bonn: 1995, S. 221 f., Besson, Waldemar: Das Leitbild der modernen Demokratie. Bausteine einer freiheitlichen Staatsordnung. Bonn: Dietz 1991, S. 12 f. und Sutor, Bernhard: Politik. Ein Studienbuch zur politischen Bildung. Paderborn: Schöningh 1994, S. 113 f.

M6 Grundlagen zur Ausgestaltung der politischen Ordnung Deutschlands

Artikel 1 GG
(1) Die Würde des Menschen ist unantastbar. Sie zu achten und zu schützen ist Verpflichtung aller staatlichen Gewalt.
(2) Das Deutsche Volk bekennt sich darum zu unverletzlichen und unveräußerlichen Menschenrechten als Grundlage jeder menschlichen Gemeinschaft, des Friedens und der Gerechtigkeit in der Welt.
(3) Die nachfolgenden Grundrechte binden Gesetzgebung, vollziehende Gewalt und Rechtsprechung als unmittelbar geltendes Recht.

Artikel 20 GG
(1) Die Bundesrepublik Deutschland ist ein demokratischer und sozialer Bundesstaat.
(2) Alle Staatsgewalt geht vom Volke aus. Sie wird vom Volke in Wahlen und Abstimmungen und durch besondere Organe der Gesetzgebung, der vollziehenden Gewalt und der Rechtsprechung ausgeübt.
(3) Die Gesetzgebung ist an die verfassungsmäßige Ordnung, die vollziehende Gewalt und die Rechtsprechung sind an Gesetz und Recht gebunden.
(4) Gegen jeden, der es unternimmt, diese

Menschenwürde
Der Begriff basiert auf der Vorstellung, dass sie für den Menschen als solchen, unabhängig von Ethnie, gesellschaftlicher Stellung, Gesundheitszustand, Geschlecht oder politischer Überzeugungen, gilt. Menschenwürde kann nicht entzogen werden.

Ordnung zu beseitigen, haben alle Deutschen das Recht zum Widerstand, wenn andere Abhilfe nicht möglich ist.

Artikel 28 GG

(1) Die verfassungsmäßige Ordnung in den Ländern muß den Grundsätzen des republikanischen, demokratischen und sozialen Rechtsstaates im Sinne dieses Grundgesetzes entsprechen. In den Ländern, Kreisen und Gemeinden muß das Volk eine Vertretung haben, die aus allgemeinen, unmittelbaren, freien, gleichen und geheimen Wahlen hervorgegangen ist. Bei Wahlen in Kreisen und Gemeinden sind auch Personen, die die Staatsangehörigkeit eines Mitgliedstaates der Europäischen Gemeinschaft besitzen, nach Maßgabe von Recht der Europäischen Gemeinschaft wahlberechtigt und wählbar. In Gemeinden kann an die Stelle einer gewählten Körperschaft die Gemeindeversammlung treten.

(2) Den Gemeinden muss das Recht gewährleistet sein, alle Angelegenheiten der örtlichen Gemeinschaft im Rahmen der Gesetze in eigener Verantwortung zu regeln. Auch die Gemeindeverbände haben im Rahmen ihres gesetzlichen Aufgabenbereiches nach Maßgabe der Gesetze das Recht der Selbstverwaltung. Die Gewährleistung der Selbstverwaltung umfasst auch die Grundlagen der finanziellen Eigenverantwortung; zu diesen Grundlagen gehört eine den Gemeinden mit Hebesatzrecht zustehende wirtschaftskraftbezogene Steuerquelle.

(3) Der Bund gewährleistet, dass die verfassungsmäßige Ordnung der Länder den Grundrechten und den Bestimmungen der Absätze 1 und 2 entspricht.

M7 Ist die Würde des Menschen wirklich unantastbar?

Vor tragischen Entscheidungen

Aus Italien ist das Schreckensszenario in Intensivstationen schon bekannt: Ein über achtzig Jahre alter Patient hat den letzten freien Beatmungsplatz belegt, und es wird eine 35 Jahre alte Mutter von drei Kindern eingeliefert, die nur überleben wird, wenn sie ebenfalls beatmet wird. Soll der Arzt dann den älteren Patienten vom Beatmungsgerät abhängen und sein Sterben in Kauf nehmen, um die junge Mutter zu retten? Nichts fürchten Ärzte mehr als das Extubieren eines Patienten und eine so extreme Entscheidungssituation.

Rechtlich gesehen, wäre es aktives Töten. Die medizinischen Fachgesellschaften haben dafür ihre eigenen Kriterien entwickelt. Die Ad-hoc-Empfehlung des Deutschen Ethikrats unterscheidet sich insofern von den Empfehlungen der medizinischen Fachgesellschaften, als er die Normenkonflikte zwischen Recht und Ethik bedenkt, die sich nicht selten als nahezu unlösbares Dilemma erweisen.

Der Vorsitzende des Ethikrats, der evangelische Theologe Peter Dabrock, hält es für richtig, dass allein die klinische Erfolgsaussicht als Kriterium gelten soll, verweist aber auch darauf, dass Staat und Gesellschaft selbst in solchen Ausnahmesituationen „die Fundamente der Rechtsordnung“ sichern müssen und eine Erosion noch weniger ertragen können als sonst. Das Alter, die soziale Herkunft, Religionszugehörigkeit oder gar Behinderung des Patienten dürften bei der Entscheidung in Konfliktsituationen keine Rolle spielen. Der Gleichheitsgrundsatz müsse auch jetzt unaufgebbar bleiben. Er hält es für unabdingbar, Vertrauen in die Rechtsordnung, in das Gesundheitssystem und in die Ärzte zu stärken. „Der Staat darf menschliches Leben nicht bewerten und deshalb auch

Republik
von lat. res publica, „Gemeinwesen“, ist eine Staatsform, in der das Staatsoberhaupt nicht durch Erbfolge bestimmt wird, sondern die politische Gewalt vom Volk bzw. von seinen gewählten Vertretern ausgeht.

Demokratie
Herrschaftsform: Der Begriff Demokratie besteht aus Demos (Volk) und kratein (Herrschaft).

Rechtsstaat
Regierung und Verwaltung dürfen nur im Rahmen der bestehenden Gesetze handeln.

Bundesstaat
Bezeichnet den Zusammenschluss mehrerer Staaten (Gliedstaaten) zu einem Gesamtstaat, in dem Aufgaben unterschiedlich verteilt sind.

Sozialstaat
Ein Staat, der sich um soziale Gerechtigkeit und einen sozialen Ausgleich bemüht.

Weitere Informationen zu den Begriffen

72018-317

nicht vorschreiben, welches Leben in einer Konfliktsituation vorrangig zu retten ist. Selbst in Ausnahmezeiten eines flächendeckenden und katastrophalen Notstands hat er nicht nur die Pflicht, möglichst viele Menschenleben zu retten, sondern auch und vor allem die Grundlagen der Rechtsordnung zu garantieren", heißt es. Wer sich als Arzt an die transparenten Kriterien der medizinischen Fachgesellschaften hält, „kann im Fall einer möglichen (straf-)rechtlichen Aufarbeitung des Geschehens mit einer entschuldigenden Nachsicht der Rechtsordnung rechnen", lautet der semantische Kompromiss zwischen Ethikern und Rechtswissenschaftlern in dem Papier. Um diese sogenannte „Triage bei Ex-post-Konkurrenz" hat der Ethikrat am längsten gerungen. Der Hamburger Strafrechtler Reinhard Merkel, selbst Mitglied im Ethikrat und Mitautor des besonders strittigen Punkts im Ethikratspapier, verweist darauf, dass es den Verfassungs- und Strafrechtlern in dem Gremium nicht darum gegangen sei, die Rolle der „furchtbaren Juristen" einzunehmen, vielmehr fühlten alle „die entsetzliche Beklemmung mit". Juristen könnten die fundamentalen Rechtsprinzipien aber nicht ignorieren, vielmehr müsse der Staat auch und gerade in solchen Katastrophensituationen die fundamentalen Grenzlinien des Rechts bewachen. Der Staat habe selbst nichts zu empfehlen, er könne aus rechtlicher Perspektive aber nicht dulden, dass der über achtzig Jahre alte Patient extubiert wird, um die junge Mutter zu retten.

Ein drittes Szenario, das in der Stellungnahme keine Erwähnung findet, wird auf Deutschland zukommen. Es lässt sich gegenwärtig im Elsass beobachten, wo das präventive Vermeiden der Ex-post-Triage schon gang und gäbe ist. Auch wenn noch ein Beatmungsgerät frei wäre, wird der 75 Jahre alte Patient nicht intubiert, weil die dortigen Mediziner wissen, dass in Kürze nicht genügend Beatmungsgeräte frei sein werden, um jüngeren Patienten das Leben zu retten. In Frankreich wird schon jetzt offen gesagt, was hier noch niemand thematisiert: Solchen Patienten könnte schlimmstenfalls nur noch begleitende Sterbehilfe angeboten werden. [...]

Schmoll, Heike: Vor tragischen Entscheidungen. Stellungnahme des Deutschen Ethikrats zur Corona-Krise. In: www.faz.net, 28.03.2020

Aufgaben

72018-318

1. Erläutern Sie mit **M5** den Doppelcharakter der Grundrechte (Z. 125-126).
2. Gestalten Sie ausgehend vom Artikel 1 des GG im Zentrum ein Schaubild, indem die Ausgestaltung und Funktionen der Grundrechte und Staatsstrukturprinzipien der Artikel 20 GG und 28 GG (**M5** und **M6**) für die politische Ordnung der Bundesrepublik Deutschland erkennbar werden.
3. Beschreiben Sie die Wertkonflikte, die sich in der beschriebenen Triage (**M7**) gegenüberstehen.
4. Beurteilen Sie die Ausgangsfrage in **M4** unter Berücksichtigung des Verfassungsrechts aus der Perspektive des 80-jährigen Patienten/der Mutter von drei Kindern/des Arztes/des Politikers.
5. Entwerfen Sie ein Gesetz, das die Triage allgemeingültig regelt.

F zu Aufgabe 2
Lesen Sie den Text „Die Entscheidung für den sozialen Rechtsstaat" (→ digitaler Aufgabenkasten) und nehmen Sie anschließend Stellung zu der Frage, ob Rechtsstaat und Sozialstaat im Widerspruch stehen.

Interaktive Übung zur Selbstprüfung

72018-321

Bedürfnispyramide

Hierarchisches Modell des Psychologen Abraham Maslow mit fünf Grundbedürfnissen: physiologische Bedürfnisse, Sicherheit, Zugehörigkeit und Liebe, Achtung sowie Selbstverwirklichung. Niedrigere Bedürfnisse müssen ausreichend befriedigt sein, bevor höhere wirksam werden.

Werte

Werte sind dauerhafte Orientierungen, die angeben, was Menschen für sozial wünschenswert halten. Sie beeinflussten Entscheidungen und steuern Verhalten.

Normen

Normen sind (mehr oder weniger verbindliche) Regeln des Zusammenlebens, die Erwartungen an Verhalten ausdrücken.

Gleichberechtigung

Grundsatz des Art. 3 GG, wonach Männer und Frauen gleichberechtigt sind. Trotz rechtlicher Gleichstellung bestehen in Beruf und Gesellschaft faktische Ungleichheiten.

Sozialisation

Prozess, durch den Individuen gesellschaftliche Werte, Normen und Verhaltensweisen erlernen und verinnerlichen.

Wertewandel

Wertewandel bezeichnet die Veränderung von Wertvorstellungen über Zeit, z. B. von pflicht- und sicherheitsorientierten hin zu stärker selbstbezogenen Orientierungen. In westlichen Industriegesellschaften lässt sich seit den 1950er Jahren ein Wandel von materiellen zu postmateriellen Werten beobachten.

Postmaterialismus

Wertorientierung, die nach Befriedigung materieller Grundbedürfnisse immaterielle Ziele wie Selbstverwirklichung, Partizipation, Umweltschutz und Lebensqualität betont.

Grundrechte

Grundrechte wirken als Abwehrrechte gegen den Staat und zugleich als Grundlage politischer Teilhabe (z. B. durch Meinungs-, Presse-, Versammlungsfreiheit).

Menschenwürde

Oberster Verfassungsgrundsatz (Art. 1 GG). Sie ist unantastbar und vorstaatlich. Der Mensch darf nicht zum Objekt herabgewürdigt oder zum bloßen Mittel für fremde Zwecke gemacht werden.

Triage (Wertekonflikt)

Medizinische Entscheidungssituation bei Ressourcenknappheit (z. B. Beatmungsgeräte), bei der entschieden werden muss, welche Patienten bevorzugt behandelt werden. Wirft ethische und verfassungsrechtliche Fragen zur Menschenwürde auf.

KOMPETENZEN ANWENDEN

Mediale Selbstinszenierung und Gesundheit von Jugendlichen: Gefährdungen durch soziale Medien?

M1 Essstörungen unter Jugendlichen – der Einfluss sozialer Medien auf Körperbild und Gesundheit

„Essstörungen sind durch sehr viele Faktoren bedingt: soziale und soziokulturelle, aber auch biologische und psychologische. Es ist nicht Social Media allein. Zum Glück, sonst wären die Zahlen an Essstörungen noch viel höher, weil fast alle jungen Menschen diesen Trends ausgesetzt sind", sagt Psychologin Eva Wunderer. Die Professorin forschte an der Hochschule Landshut zum Zusammenhang zwischen Essstörungen und der Nutzung sozialer Medien. „Eine Reihe von Studien zeigt jedoch, dass die sozialen Medien, insbesondere die bildbasierten, zu einer größeren Unzufriedenheit mit dem eigenen Köper führen." Solche Videos seien nicht die alleinige Ursache für Essstörungen, aber sie trügen dazu bei – besonders, wenn jemand andere Risikofaktoren mitbringe wie einen niedrigen Selbstwert.

Eine australische Studie aus dem vergangenen Jahr untersuchte etwa, inwiefern Tiktok-Algorithmen die Symptome von Essstörungen verschlimmern. Dazu wurden 1,03 Millionen Tiktok-Videos analysiert, die 42 Personen mit Essstörungen und 49 gesunden Kontrollpersonen über einen Monat ausgespielt wurden. Die Ergebnisse zeigten, dass Tiktok-Algorithmen von Nutzern mit Essstörungen mehr Videos zu Aussehen, Diäten, Sport und toxischen Essstörungen lieferten als Algorithmen von gesunden Kontrollpersonen. Die Studie lieferte Hinweise darauf, dass der Tiktok-Algorithmus die Symptome einer Essstörung durch Personalisierungsprozesse verstärken könnte – zum Beispiel durch das Liken von Videos. [...]

Mehrere EU-Länder hatten Ende April auf ein schärferes Vorgehen gegen Tiktok gedrängt. Noch bis Anfang Juni propagierten Influencerinnen unter dem Hashtag #SkinnyTok ein extrem schlankes Körperbild als Schönheitsideal. [...] Das chinesische Unternehmen hat die Suchergebnisse für den Hashtag #SkinnyTok gesperrt, nachdem europäische Regulierungsbehörden Druck ausgeübt hatten. [...] [Wer] nun nach dem Hashtag #SkinnyTok sucht, wird auf eine Seite mit Hilfsangeboten zu Essstörungen weitergeleitet mit dem Hinweis: „Du bist nicht allein." Mit dem Blockieren einzelner Suchbegriffe will die Plattform so die Nutzer vor einem ungesunden Umgang mit dem eigenen Körper schützen. Doch was bringt das? Gibt man jetzt nur den Hashtag #Skinny in die Suchfunktion ein, gelangt man auf ähnliche Videos, teilweise sogar mit denselben Inhalten. Andere Influencerinnen verbreiten ihre Wie-werde-ich-superdünn-Videos alternativ unter dem Hashtag #Health. Der Hashtag ist beliebig austauschbar, die Inhalte bleiben. [...]

In Deutschland nehmen Essstörungen stark zu. Besonders betroffen sind Mädchen zwischen zwölf und 17 Jahren – im Auswertungszeitraum 2019 bis 2023 verzeichnete die Krankenkasse KKH bei ihnen einen Anstieg von fast 50 Prozent. „Die Studienlage zeigt, dass besonders Mädchen während und zu Beginn der Pubertät anfällig für Essstörungen sind. Das liegt an der körperlichen und geistigen Umbruchphase in der Entwicklung", sagt die KKH-Psychologin Franziska Klemm. In der Phase der Adoleszenz verglichen sich viele Jugendliche mit gesellschaftlich übermittelten Schönheitsidealen. „Je intensiver die Nutzung sozialer Medien ist, desto größer ist auch das Risiko für eine Unzufriedenheit mit dem eigenen Körper und damit verbundene Essstörungen."

Schon lange vor Social Media wurde darüber diskutiert, wie Medien zur Verbreitung unrealistischer Schönheitsideale beitragen – durch Fernsehsendungen, Werbung oder Magazine. „Social Media wirkt hier jedoch

Adoleszenz
Als Adoleszenz bezeichnet man die Entwicklungsphase zwischen Kindheit und Erwachsenenalter, in der neben körperlichen Veränderungen auch die psychische und soziale Reifung stattfindet. Sie ist geprägt von der Suche nach Identität, der Ablösung vom Elternhaus und der Entwicklung eigener Werte und Lebensentwürfe.

wie ein Brennglas“, sagt die Psychologin. „Es ist alltagsnah und immer verfügbar. Zusätzlich hat es noch diesen Kommunikationsaspekt: Ich kann direkt Likes und Komplimente bekommen oder eben auch Ablehnung erfahren.“ Einer der Hauptfaktoren für den Anstieg der Essstörungen sei noch immer die Corona-Pandemie.

Röhnsch, Helene: „Social Media wirkt hier wie ein Brennglas“. In: www.faz.net, 04.07.2025

M2 Selbstoptimierungswahn durch Instagram?

Unter der wissenschaftlichen Leitung von Dr. Maya Götz wurde 2018 vom Internationalen Zentralinstitut für das Jugend- und Bildungsfernsehen (IZI) beim Bayerischen Rundfunk in Kooperation mit der MaLisa-Stiftung eine Studie zur Selbstinszenierung von Instagram-Nutzerinnen und -nutzern durchgeführt. Die Studie erbrachte u. a. folgende Ergebnisse:

Selbstoptimierungswahn durch Instagram? (Stand: 2018)

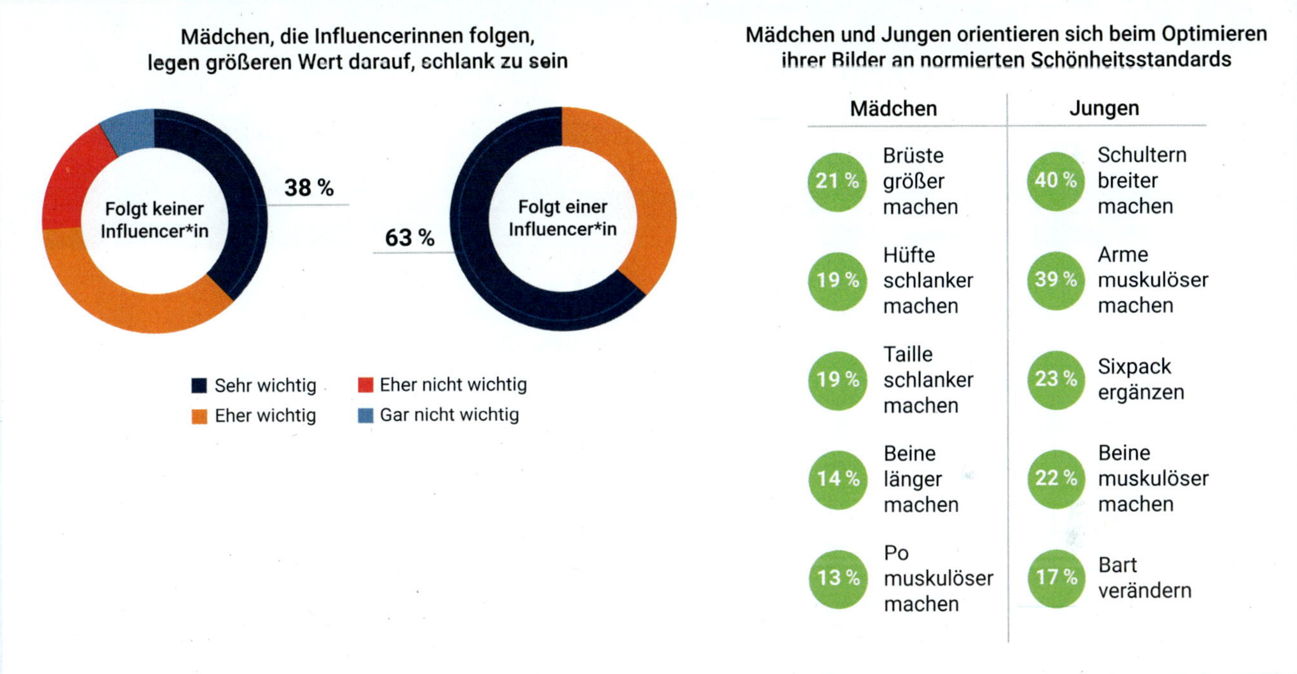

Malisa Stiftung: Weibliche Selbstinszenierung in den neuen Medien 2019, S. 8. In: www.malisastiftung.org, Abruf am 05.11.2025

Aufgaben

72018-319

1. Analysieren Sie den Zusammenhang zwischen der Nutzung sozialer Medien und der Zunahme von Essstörungen bei Jugendlichen.
2. Diskutieren Sie das Spannungsfeld zwischen Selbstdarstellung und Selbstwert im Kontext sozialer Medien. Inwiefern können Social-Media-Plattformen sowohl Chancen für die individuelle Persönlichkeitsentwicklung als auch Risiken für die psychische Gesundheit bergen?
3. Entwickeln Sie eine kreative Kampagne (Plakat, Video, Social-Media-Beitrag), die Jugendliche für einen verantwortungsvollen Umgang mit Schönheitsidealen und Selbstbild in sozialen Medien sensibilisiert.

Lösungsvorschläge und Erwartungshorizonte

72018-320

Viktoriastift in Finkenbach-Gersweiler

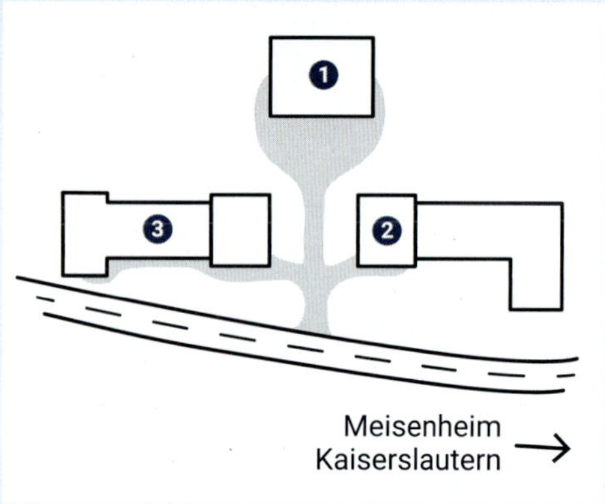

1 Herrenhaus	
Wohnung 1	Wohnung 2
Wohnung 3	Lagerräume
Keller 1	Keller 2

2 Verwaltungsgebäude
Wohnung 1
Wohnung 2

3 Große Scheune
(unbewohnbar)

Mit zwanzig gleichgesinnten Schülerinnen und Schülern Ihres Kurses möchten Sie die Schule verlassen und eine eigene Gemeinschaft gründen. Sie beschließen, das schlossähnliche Landgut Finkenbach-Gersweiler im Donnersbergkreis in Rheinland-Pfalz zu mieten. Das Land Rheinland-Pfalz hat Ihnen angeboten, die gesamte Anlage für einen symbolischen Preis von 100 Euro pro Monat mieten zu können.

Sie werden bei Ihrem Vorhaben von Ihren Eltern unterstützt. Zwei aus Ihrer Gruppe erhalten von ihren Eltern 2.000 Euro pro Monat, 12 Gruppenmitglieder werden 800 Euro beisteuern und sechs von Ihnen können lediglich 200 Euro pro Monat einbringen.

Das neubarocke Bauwerk (1919-1922) besteht aus einem Verwaltungsgebäude, zwei landwirtschaftlichen Zweckbauten, einer großen Scheune, einem Schlachthaus und dem höhergelegenen Herrenhaus (Bild). Im Herrenhaus können drei Wohnungen mit vier bis fünf Zimmern (je 20-40 m^2) belegt werden. Im Verwaltungsgebäude, rechts vor dem Herrenhaus gelegen (Bild), befinden sich zwei weitere Wohnungen mit je vier Zimmern (je 15 und 18 m^2). Dort gibt es aber im Gegensatz zu den Wohnungen des Herrenhauses keine Gasheizung und kein warmes Wasser. Es kann im Winter mit zwei kleinen Öfen mit Holz geheizt werden.

Zur benachbarten Kleinstadt Meisenheim kann man mit dem Fahrrad fahren (8 km). Die 30 km entfernte Stadt Kaiserslautern kann zweimal am Tag mit dem ÖPNV erreicht werden.

Basierend auf einer Idee von Andreas Petrik: Lehrstück „Wir gründen eine Dorfgemeinschaft", August 2005. In: www.blk-demokratie.de

Gesellschaftlicher Wandel in Deutschland

4

Gesellschaft ist im Wandel – doch wie lässt sich dieser Wandel beschreiben und politisch gestalten? Soziale Ungleichheit (Basiskonzept: Knappheit und Verteilung) durchzieht alle Lebensbereiche: Einkommen, Bildung und soziale Herkunft entscheiden maßgeblich über individuelle Lebenschancen und gesellschaftliche Teilhabe. Gesellschaftsmodelle – vom Klassenmodell über Schichtenmodelle bis hin zu modernen Sozialmilieus – helfen dabei, gesellschaftliche Strukturen sichtbar zu machen und zu erklären (**Basiskonzept: Ordnung und Struktur**). Dabei ist stets zu fragen, wer in einer Gesellschaft Entscheidungen trifft und wessen Interessen durchgesetzt werden (**Basiskonzept: Macht und Entscheidung**). Demografischer Wandel und Fachkräftemangel fordern staatliches Handeln in Deutschland ebenso heraus wie Fragen der Geschlechtergerechtigkeit, Migration und Integration. Wo die Grenze zwischen privater Lebensgestaltung und staatlichem Eingriff liegt (**Basiskonzept: Privatheit und Öffentlichkeit**) und welche Maßnahmen dem Gemeinwohl dienen (**Basiskonzept: Interessen und Gemeinwohl**), bleibt politisch umstritten.

Kompetenzen

Am Ende dieses Kapitels sollten Sie Folgendes wissen und können:

- die Trennung von Staat und Gesellschaft erläutern und begründet Stellung dazu nehmen, in welchem Maß staatliches Handeln in gesellschaftliche Lebensbereiche eingreifen darf.
- den demografischen Wandel und seine Folgen für Arbeitsmarkt und Sozialsysteme analysieren.
- Dimensionen sozialer Ungleichheit benennen und anhand konkreter Beispiele erläutern.
- klassische und aktuelle Gesellschaftsmodelle vergleichen und ihre Erklärungskraft für gesellschaftliche Wirklichkeit beurteilen.
- gesellschaftspolitische Maßnahmen zur Förderung von Geschlechtergerechtigkeit sowie zur Steuerung von Migration, Flucht und Integration analysieren und bewerten.

Aufgaben

72018-400

1. Teilen Sie die auf der linken Seite im Szenario erwähnten Zimmer des Landgutes unter sich im Kurs auf. Begründen Sie Ihre Verteilung der Zimmer.
2. Erstellen Sie eine gemeinsame Haus- und Hofordnung (Definition und Besetzung von Ämtern, Dienste und Aufgaben, Umgang mit Konflikten und Verstößen, Regeln für die Entscheidungsfindung). Verteilen Sie anschließend die Positionen nach dieser Ordnung.
3. Bestimmen Sie, welchen Anteil die jeweiligen Bewohnerinnen und Bewohner an den Miet-, Heiz-, Wasser- und Abfallkosten zahlen sollen.
4. Diskutieren Sie, ob das nachgespielte Szenario realistisch ist. Inwiefern zeigen sich in Ihrer Simulation (Un-)gleichheit und Benachteiligung bzw. Privilegierung?

MAKROMETHODE

Fallstudie – Handeln in Institutionen exemplarisch analysieren und bewerten

Politische Entscheidungen werden nicht im luftleeren Raum getroffen, sondern in Institutionen: Parlamente, Regierungen, Parteien, Verbände oder Gerichte müssen konkrete Fälle bearbeiten und Lösungen finden. Mit der Fallstudie können Sie untersuchen, wie Institutionen handeln, welche Möglichkeiten sie haben, welche Entscheidung sie treffen – und wie Sie diese Entscheidung selbst bewerten.

Die Methode ist in zwei Ebenen gegliedert: Analyse (Sachurteil) und Entscheidung (Werturteil).

ANALYSE (mit dem Ziel eines Sachurteils)

Kapitel 4.3, M1

1 Konfrontation und Beschreibung: Wie kann der Fall beschrieben werden?

Beschreiben Sie zunächst den zugrundeliegenden Fall möglichst objektiv aus verschiedenen Perspektiven. Versuchen Sie sich einen Überblick über die wichtigsten Fakten, Beteiligten und Rahmenbedingungen zu verschaffen.
Leitfragen:
- Wie stellt sich der Fall dar?
- Welche Institution(en), Akteure und Hintergründe sind wesentlich?
- Welche Ausgangssituation und welches Problem liegen vor?

Ziel ist es, ein möglichst **vollständiges und sachliches Bild** des Falls zu gewinnen, bevor eigene Urteile gebildet werden.

▼

Kapitel 4.3, M2-M4

2 Prüfung: Welche Handlungsmöglichkeiten aus Sicht der Beteiligten/Akteure gibt es?

Analysieren Sie die Handlungsmöglichkeiten, die den beteiligten Akteurinnen und Akteuren innerhalb der Institution offenstehen. Denken Sie dabei sowohl an rechtliche, politische als auch an informelle Wege.
Leitfragen:
- Welche Optionen bieten sich den Beteiligten?
- Welche Vorgaben, Erwartungen und Spielräume sind zu berücksichtigen?

Ziel ist es, das **gesamte Spektrum realistischer Handlungsoptionen** der Akteure systematisch zu erfassen.

▼

3 Diskussion im Kontroversverfahren: Welche Handlungsmöglichkeiten gibt es?

Kapitel 4.3, M4

Diskutieren Sie die unterschiedlichen Handlungsoptionen im Rahmen einer offenen Kontroverse. Stellen Sie dabei die verschiedenen Sichtweisen, Argumente und Interessenslagen der Akteure dar und wägen Sie deren Vor- und Nachteile ab.

Leitfragen:

- Welche Argumente sprechen jeweils für oder gegen die einzelnen Handlungsmöglichkeiten?
- Wie werden diese argumentativ von den Beteiligten begründet?.

Ziel ist es, durch das **Abwägen unterschiedlicher Perspektiven und Interessen zu einem begründeten Sachurteil** über die Handlungsoptionen zu gelangen.

▼

4 Vergleich: Was ergibt der Vergleich mit den tatsächlichen Entscheidungen?

Kapitel 4.3, M5

Vergleichen Sie Ihre zuvor herausgearbeiteten Handlungsmöglichkeiten mit den in der Realität tatsächlich getroffenen Entscheidungen oder bisher erfolgten Maßnahmen.

Leitfragen:

- Welche Unterschiede oder Gemeinsamkeiten lassen sich erkennen?
- Welche Konsequenzen ergaben sich daraus?
- Welche Alternativen wären denkbar gewesen?

Ziel ist es, die **eigene Analyse an der politischen Wirklichkeit zu überprüfen** und dabei auch nicht getroffene Entscheidungen als **mögliche Alternativen kritisch zu reflektieren**.

▼

ENTSCHEIDUNG mit dem Ziel eines Werturteils

5 Stellungnahme: Inwiefern entsprechen die Handlungsoptionen meinen politischen Überzeugungen und Werten?

Kapitel 4.3, M1-M4, Aufgaben

Beziehen Sie abschließend Stellung zu den diskutierten Handlungsoptionen: Welche halten Sie – auf Grundlage Ihrer Analyse und Ihrer persönlichen politischen Werte – für angemessen und warum?

Leitfragen:

- Welche Handlungsoption entspricht am meisten Ihren Überzeugungen zu Demokratie, Gerechtigkeit, Freiheit, Nachhaltigkeit oder anderen zentralen Werten?
- Wie begründen Sie Ihre Sicht im Vergleich zu anderen möglichen Urteilen?

Ziel ist es, auf Basis der vorangegangenen Analyse ein **eigenes, wertgebundenes Urteil** zu formulieren und dieses argumentativ gegenüber anderen Positionen zu begründen.

Bearbeiter, Ministerium für Bildung des Landes Sachsen-Anhalt (Hg.): Fachlehrplan Gymnasium – Sozialkunde. Magdeburg 2022, S. 11 f.

4.1 Struktur der Gesellschaft im Wandel

4.1.1 Trennung von Staat und Gesellschaft: Wie stark darf und soll die Politik in die Privatsphäre eingreifen?

Zum Thema: Wer oder was ist die Gesellschaft? Wer oder was ist der Staat? Diese grundlegenden Fragen des Faches stehen nachfolgend im Mittelpunkt. Dabei werden die Bereiche Gesellschaft und Staat voneinander abgegrenzt und diskutiert, wie stark der Staat in die Privatsphäre der Bürgerinnen und Bürger eingreifen darf und soll.

M1 Bilder von Gesellschaft und Staat

Familie beim Frühstück

Bürgerinnen und Bürger bei der Stimmabgabe

Schülerinnen und Schüler im Unterricht

Richterin in Sachsen-Anhalt

Einstiegsaufgaben 72018-401

1. Beschreiben Sie die Bilder (**M1**).
2. Welche Bilder zeigen „Gesellschaft“, welche den „Staat“? Begründen Sie Ihre Zuordnung durch zentrale Unterscheidungskriterien.

M2 Was bedeutet der Begriff Gesellschaft?

A Im Grundgesetz

§ **Artikel 20, Absatz 2 GG** §
„Alle Staatsgewalt geht vom Volke aus."

B Eine Definition von Gesellschaft

Gesellschaft ist ein vielschichtiger Begriff [...]. Die Verbundenheit oft sehr heterogener Personen für einen bestimmten Zweck, ob kurz- oder längerfristig, ist entscheidend.
Dem Wortursprung nach bedeutet Gesellschaft die Vereinigung oder ein Beisammensein mehrerer Gefährten. In der deutschen Sprachentwicklung ist Gesellschaft mit Gemeinschaft und Genossenschaft verknüpft. Wichtiger war die griechische und die lateinische Begriffsgeschichte. Seit Plato (428 – 348) und Aristoteles (384 – 322) hat der Begriff [...] einen bis heute beibehaltenen Sinn: Gesellschaft umfasst eine größere Gruppe von Menschen (wie z. B. in der polis, dem Stadtstaat der Griechen), die in einem Zusammenhang wechselseitig eingebrachter Interessen und Fähigkeiten stehen, auf einem klar definierten Territorium leben, sich als politische und soziale Einheit begreifen und außerhalb ihrer Grenzen auch so wahrgenommen werden. [...]
In allen Etappen der europäisch-abendländischen Staats- und Gesellschaftstheorie blieb der antike Kerngedanke von bürgerlicher Gesellschaft und schützendem Staat erhalten [...]. Unter den Bedingungen des Frühkapitalismus, der Aufklärung und der bürgerlichen Revolutionen bildete sich die spezifische Form der bürgerlichen Gesellschaft der Neuzeit heraus, als eine vom Liberalismus geprägte Marktgesellschaft, als politisch-nationale Einheit und als Rechtsgesellschaft, die die Freiheitsrechte aller Menschen zur Geltung bringt und sichert.
Die Staats- und Gesellschaftstheorie von G. F. W. Hegel (1770 – 1831) konzipierte [...] einen bis heute wirksamen Gesellschaftsbegriff: Familie, bürgerliche Gesellschaft und Staat sind die Basisinstitutionen einer durchgängig auf Recht beruhenden Gesellschaftsformation [...]. Konstitutiv ist die Trennung von Gesellschaft und Staat. Während der Staat für die innere, rechtliche, soziale und äußere Sicherheit zuständig ist, kann Gesellschaft als Handlungssphäre der freien Bürger bezeichnet werden; sie können sich nach ihren Vorstellungen in Vereinen und Genossenschaften assoziieren und in den Institutionen (wie Familie) und Gesellschaften des bürgerlichen Rechts (BGB) durch Verträge zusammenschließen.

Schäfers, Bernhard. In: Andersen, Uwe/Woyke, Wichard (Hg.): Handwörterbuch des politischen Systems der Bundesrepublik Deutschland. 8., aktual. Aufl. Heidelberg: Springer VS 2021. In: www.bpb.de

Heterogen
(Soziolog.) unterschiedlich aufgrund verschiedener Merkmale wie z. B. soziale Stellung, Geschlecht, Herkunft, körperliche und geistige Fähigkeiten

Assoziieren
Zusammenschließen, vereinigen

M3 Die Unterscheidung von Staat und Gesellschaft

[D]er Staat [ist], als organisierte politische Entscheidungseinheit, in seiner Tätigkeit funktional auf die Gesellschaft bezogen. Er nimmt für die Gesellschaft eine notwendige, ihren Bestand bedingende Erhaltungs-, Sicherungs- und auch Veränderungsfunktion wahr [...], indem er Verfahren und Instanzen zur friedlichen Konfliktregelung bereitstellt (Rechtsschutz und Rechtsdurchsetzung), indem er durch Gesetze die

Rahmenordnung festlegt und garantiert, innerhalb deren die freie, staatlich nicht gelenkte Tätigkeit und Entfaltung der Gesellschaft sich abspielen kann, indem er Gefahren für den Bestand und die Sicherheit der Gesellschaft durch eingreifende oder vorbeugende (planend-koordinierende) Maßnahmen abwehrt.

Staat und Gesellschaft sind also nicht zwei je geschlossene, voneinander isolierte Verbände oder Gemeinwesen, [...] der Staat ist vielmehr die politische Entscheidungseinheit und Herrschaftsorganisation für eine Gesellschaft (oder, wenn man will, „über" ihr); er steht in notwendiger und mannigfacher Wechselbeziehung mit dieser, ohne darum aufzuhören, von ihr organisatorisch und funktional unterschieden und gesondert zu sein. Diese organisatorische Zusammenfassung und Verselbständigung der politischen Entscheidungsfunktionen, ihre relative Herauslösung aus gesellschaftlicher Unmittelbarkeit ist es gerade, die einerseits die innerstaatliche Friedenseinheit möglich macht, anderseits die wirksame funktionale Reduzierung und Zweckausrichtung aller politischen Entscheidungsgewalt zugunsten der individuellen Freiheit.

Erst im totalitären System, wenn dem staatlichen, d. h. herrschaftlich-politischen Zugriff auf individuelle Verhaltensbereiche und die Verhaltensaktualisierung der Individuen keine Grenze mehr gezogen ist, ihm nichts mehr im eigentlichen Sinn vorausliegt, fallen Staat und Gesellschaft ineinander und kommt es zur sogenannten „Identität" von Staat und Gesellschaft; sie bedeutet zugleich das Ende der individuellen Freiheit. [...] Demokratisierung kann eine sinnvolle politische Forderung sein, wenn sie bedeutet, dass die demokratische Struktur der staatlichen Entscheidungsgewalt verbessert und dass gesellschaftliche Machtpositionen, die die Freiheit anderer oder den demokratischen Staat selbst gefährden, demokratischer Kontrolle unterstellt werden müssen. Bedeutet sie hingegen, dass alle Bereiche gesellschaftlicher Freiheit einer ‚demokratischen' Bestimmungsgewalt partieller Kollektive unterstellt werden müssen, um so die Gesellschaft einerseits vom Staat ‚frei' zu machen und anderseits in sich zu demokratisieren, so ist sie eine Wegmarke zum Totalitarismus. Sie löst dann eben jene Konzentrierung der politischen Entscheidungsgewalt bei der staatlichen Organisation auf, die eine notwendige Bedingung zur Sicherung individueller Freiheit ist, gerade um sie gegenüber den Lenkungs- und Vereinheitlichungsansprüchen partieller gesellschaftlicher Kollektive zu gewährleisten.

Böckenförde, Ernst-Wolfgang: Die Bedeutung der Unterscheidung von Staat und Gesellschaft im demokratischen Sozialstaat der Gegenwart. Erstdruck in: Rechtsfragen der Gegenwart. Festgabe für Wolfgang Hefermehl zum 65. Geburtstag. W. Kohlhammer, Stuttgart/Berlin/Köln/Mainz 1972, S. 11-36. In: www. momo-berlin.de, Abruf am 30.01.2026

Aufgaben

72018-402

1. Erklären Sie die Begriffe Gesellschaft und Staat mit eigenen Worten (**M2**).
2. Ordnen Sie die Bilder (**M1**) mit Hilfe von **M2** den Bereichen Staat und Gesellschaft zu.
3. Geben Sie die Grundaussagen in **M3** zur Trennung und Verbindung von Staat und Gesellschaft wieder und erläutern Sie diese am Beispiel (**M1**).
4. Beurteilen Sie am Beispiel einer privaten Gesprächssituation und der politischen Willensbildung (**M1**), ob Staat und Gesellschaft eher getrennt oder eher miteinander verbunden sein sollen.

4.1.2 Der demografische Wandel: Zuwanderung als Lösung für den Fachkräftemangel?

Zum Thema: Veränderungen der Geburtenrate, der Lebenserwartung und Migrationsbewegungen haben Auswirkungen auf die Zusammensetzung der Gesellschaft. Dieser Wandel stellt Deutschland in den nächsten Jahren vor besondere Herausforderungen. Im Mittelpunkt steht die Auseinandersetzung mit der Bevölkerungsstruktur sowie die Frage, ob Deutschland aufgrund der wissenschaftlich prognostizierten Überalterung der Gesellschaft gezielt ausländische Fachkräfte aufnehmen sollte.

M4 Wie setzt sich die Bevölkerung – zukünftig – zusammen?

Karikatur: Nel, 2005

Einstiegsaufgaben 72018-403

1. Analysieren Sie die Karikatur **(M4)**.
2. Stellen Sie begründete Vermutungen darüber an, welche Auswirkungen der demografische Wandel auf den Arbeitsmarkt haben könnte.

M5 Die Altersstruktur einer Bevölkerung

A Kennzahlen mit Einfluss auf die Altersstruktur

Die Alterszusammensetzung der Bevölkerung – man spricht auch von ihrer [...] Altersstruktur [...] – ist das Ergebnis der Geburtenhäufigkeiten, Wanderungsbewegungen und Sterbefällen der letzten 100 Jahre. Anhand eines Größenvergleichs verschiedener Altersgruppen kann man erkennen, ob die demografischen Rahmenbedingungen [...] in diesem Zeitraum stabil waren oder sich verändert haben. [...] Die Alterstruktur wird durch gravierende historische Ereignisse verändert, soweit sie einen Einfluss auf die Geburten- und Sterbehäufigkeiten haben [z. B. Naturkatastrophen wie Dürren und Seuchen, Kriege und damit zusammenhängende Zu- und Abwanderung].

Huinik, Johannes/Schröder, Torsten: Sozialstruktur Deutschlands. München 2019, S. 51 ff.

Altenquotient
Er bildet das Verhältnis der Personen im Rentenalter (z. B. 65 Jahre und älter) zu 100 Personen im erwerbsfähigen Alter (z. B. von 20 bis unter 65 Jahren) ab. Die Kennzahl zeigt, für wie viele potenzielle Rentenbezieherinnen und -bezieher Menschen im Erwerbsalter im weitesten Sinne sorgen müssen.

Demografischer Wandel
Veränderung der Zusammensetzung einer Gesellschaft in ihrer Altersstruktur, hervorgerufen z. B. durch eine Veränderung der Geburtenrate (Fertilitätsrate) oder der Sterberate (Mortalität).
In Deutschland ist z. B. die Lebenserwartung gestiegen, wodurch der Anteil der älteren gegenüber den jüngeren Menschen deutlich zugenommen hat.

B Altersaufbau der deutschen Bevölkerung

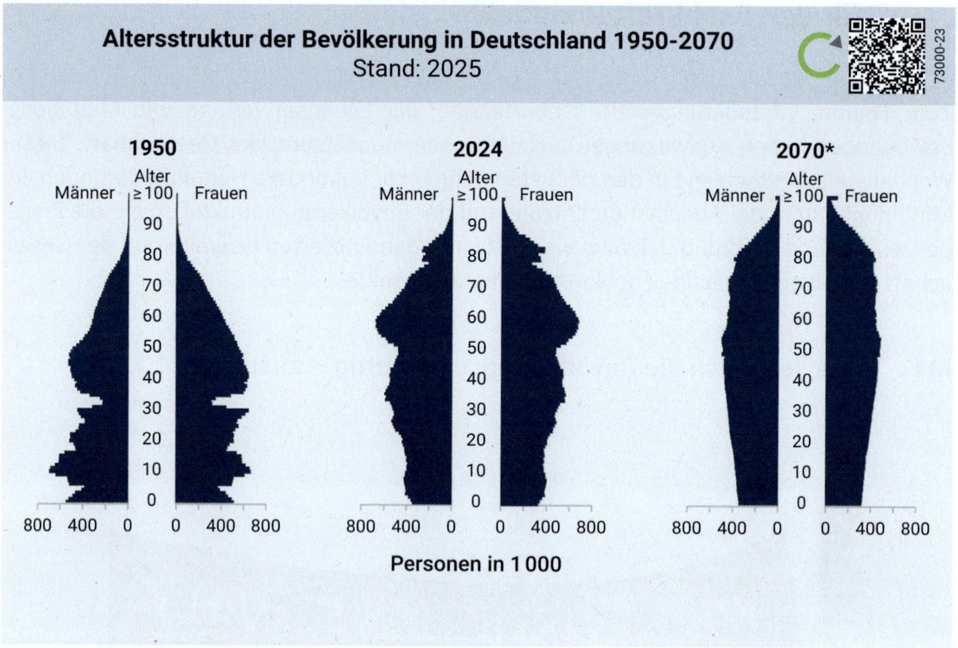

**2070: 15. koordinierte Bevölkerungsvorausberechnung*
©C.C. Buchner Verlag, aktuelle Daten nach: DESTATIS (Datenerhebung: 2024; Grafikerstellung: 2025)

M6 Ein lebendiges Diagramm – Fallbeispiele

Zahlen in Diagrammen und Statistiken bleiben oft abstrakt und sind schwer zu interpretieren. Beim „lebendigen Diagramm" werden konkrete Aussagen mit Hintergrundinformationen über Auswirkungen auf das Leben (fiktiver) Personen mit den Informationen aus Diagrammen zusammengeführt. Komplexe Sachverhalte lassen sich so mit Leben füllen.

a) Egon ist im Jahr 2021 ein Jahr alt geworden. Statistisch werden mehr Jungen als Mädchen geboren.

b) Martin ist im Jahr 1969 am Tag der Mondlandung geboren. Er feiert seinen 10. Geburtstag in der Grundschule. Die Klassengröße in der Grundschule Bingen ist enorm groß.

c) Hermann Weiß ist am Ende des 2. Weltkrieges 16 Jahre alt geworden und sucht einen Ausbildungsplatz.

d) Frau Koch hat keine Geschwister. Ihr Jahrgang war im Vergleich zu früheren auffällig klein. Sie wurde am Ende der Weltwirtschaftskrise 1932 geboren.

e) Bernd und Bärbel sind 22 Jahre und seit drei Jahren ein Paar. Sie studierten 1969 Soziologie an der Johannes-Gutenberg-Universität in Mainz. Aufgrund der Erfindung der Verhütungspille können sie ihren Kinderwunsch planen und nach dem Studium eine Familie gründen.

f) Frau Busch lebt seit drei Jahren in einem Seniorenheim. Es befinden sich dort auffällig viele Frauen und sehr wenige Männer ihres Alters.

g) Frau Grünspecht ist 100 Jahre alt geworden. Sie erhält von der Stadt Mainz einen Blumenstrauß.

h) Trotz eines ordentlichen Schulabschlusses erhält Jürgen keinen Ausbildungsplatz als Elektroniker.

i) Paul macht mit zehn weiteren Schülern seines Jahrgangs das Abitur an einem Gymnasium in Bad Kreuznach.

j) Herr Martini aus Neapel wird von VW angeworben, um bei der Autoproduktion in Wolfsburg zu arbeiten.

M7 Gibt es einen Zusammenhang zwischen demografischem Wandel und Arbeitsmarkt?

A Altenquotient in Deutschland

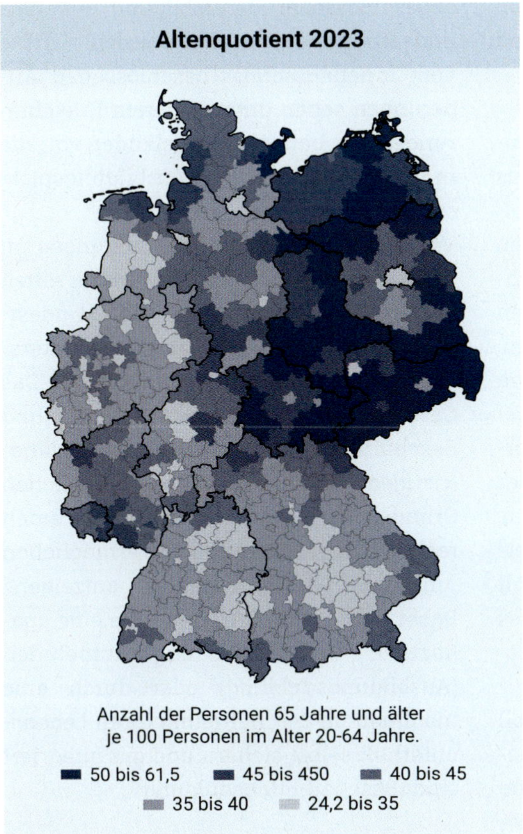

Nach: Bundesinstitut für Bevölkerungsforschung, Zahlen: Statistisches Bundesamt, Berechnungen BiB (2023)

B Umfrage zum Fachkräftemangel

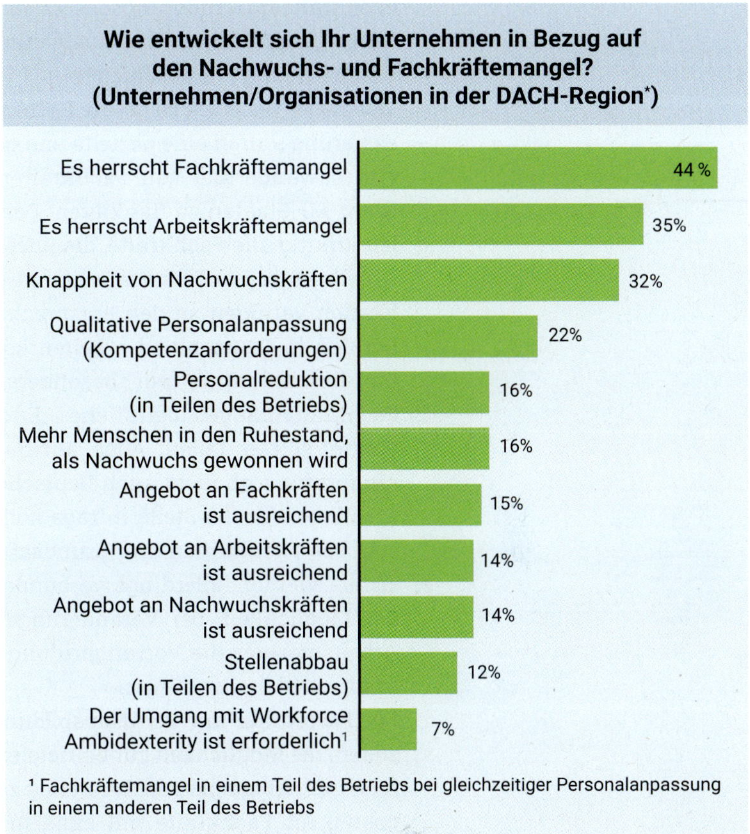

*Nach: Statista, Datenquelle: Hays; Institut für Beschäftigung und Employability, Februar 2022; * Deutschland (D), Österreich (A), Schweiz (CH)*

M8 Kommentar: Gesellschaftliche Reformen ohne Fachkräfte sind nicht möglich

[D]ie neue Regierung [will] bauen, um das Land möglichst zumutungsfrei sozial, klimaneutral und verteidigungsfähig zu machen. 400.000 Wohnungen, ein paar Tausend Windräder und jetzt noch: neue Panzer und Flugzeuge. [...] Die[s] [...] kann allerdings nur klappen, wenn es genug Arbeitslose gibt, die in Arbeit gebracht werden können. Denn Geld allein baut keine Windräder. Und auch keine Wohnungen. Und gewiss keine Panzer. Das tun Menschen. Und davon gibt es nicht unendlich viele. Die nun ausgerufene Zeitenwende fällt mit dem Beginn der kritischen Phase des demografischen Wandels zusammen. Bereits in diesem Jahr [2022] werden in Deutschland 300.000 Personen mehr in Ruhestand gehen, als neu in den Arbeitsmarkt eintreten. Bis zum Jahr 2030 summiert sich diese Lücke Schätzungen zufolge auf fünf Millionen Menschen. Und schon heute sind Fachkräfte knapp. Im Handwerk, in der Industrie, in der Pflege. Allein Rheinmetall plant, 3.000 Stellen zu schaffen, um die zusätzlichen Rüstungsaufträge abarbeiten zu können. Diese Leute fehlen dann anderswo. Wenn man sie überhaupt bekommt.

Schieritz, Mark: Wie bezahlen wir das?. In: Die Zeit, 24.03.2022, S. 23

M9 Eckpunkte eines Fachkräftezuwanderungsgesetzes

Am 07.06.2019 hatte der Bundestag die Entwürfe der Bundesregierung für ein Fachkräfteeinwanderungsgesetz und ein Gesetz „über Duldung bei Ausbildung und Beschäftigung" verabschiedet.

Ziel dieses Gesetzes ist es, die Fachkräftesicherung „durch eine gezielte und gesteuerte Zuwanderung von Fachkräften" aus Nicht-EU-Staaten zu flankieren. Dazu sollen künftig alle Fachkräfte, die über einen Arbeitsvertrag und eine anerkannte Qualifikation verfügen, in den entsprechenden Berufen in Deutschland arbeiten können. Die Beschränkung auf besonders vom Fachkräftemangel betroffene „Engpassberufe" soll entfallen. Auch auf die Vorrangprüfung, ob nicht auch Deutsche oder EU-Bürger für die Stelle infrage kommen, soll bei Fachkräften im Grundsatz verzichtet werden, allerdings verbunden mit der Möglichkeit, bei Veränderungen des Arbeitsmarktes die Vorrangprüfung kurzfristig wieder einzuführen.

Für Fachkräfte mit Berufsausbildung soll zudem die Möglichkeit zur befristeten Einreise zur Arbeitsplatzsuche analog zur Regelung für Fachkräfte mit akademischer Ausbildung geschaffen und für fünf Jahre befristet erprobt werden. Zudem soll laut Entwurf der Aufenthalt zu ergänzenden Qualifizierungsmaßnahmen für Angehörige von Nicht-EU-Staaten mit im Ausland abgeschlossener Berufsbildung erweitert und attraktiver gestaltet werden. [...] Die vom Innenausschuss beschlossenen Änderungen sehen unter anderem Erleichterungen für betroffene Ausländer vor, die in Deutschland einen Ausbildungsplatz suchen wollen. [...]

Verschärft wurden die Anforderungen an Menschen ab 45 Jahren, die nun für einen Aufenthalt zur Beschäftigung ein Mindestgehalt oder eine „angemessene Altersversorgung" nachweisen müssen. [...] Das Gesetz „über Duldung bei Ausbildung und Beschäftigung" zielt darauf ab, bei langfristigen Duldungen aus persönlichen Gründen für bestimmte Ausländer einen rechtssicheren Aufenthalt zu ermöglichen „und eine Bleibeperspektive aufzeigen". Dabei geht es um Betroffene, die eine qualifizierte Berufsausbildung aufnehmen (Ausbildungsduldung) oder durch eine „nachhaltige Beschäftigung ihren Lebensunterhalt selbst sichern und gut integriert sind (Beschäftigungsduldung)".

Deutscher Bundestag: Einwanderung in den deutschen Arbeitsmarkt neu geregelt. In: www.bundestag.de, Abruf am 30.01.2026

Aufgaben

72018-404

1. a) Analysieren Sie den Altersaufbau und die Zusammensetzung der Bevölkerung (**M5**).
   b) Prüfen Sie die Prognose im Schaubild (**M5** B).
2. Ordnen Sie in Kleingruppenarbeit (2-3 Personen) begründend die einzelnen Fallbeispiele (**M6**) dem Schaubild zum Altersaufbau der deutschen Bevölkerung (**M5** B) zu, indem Sie die Kennzeichnung (a-j) der Fallbeispiele mit dem jeweiligen „Alter in Jahren" (1-100) in Verbindung bringen.
3. Analysieren Sie das Material (**M7**, **M8**) im Hinblick auf die sozialen und wirtschaftlichen Folgen des demografischen Wandels in Deutschland.
4. Beurteilen Sie die Vorschläge des Fachkräftezuwanderungsgesetzes (**M9**) perspektivisch und kategorial.

4.1.3 Die Sozialstruktur unserer Gesellschaft: Soziale Ungleichheit – welche Kriterien haben Einfluss auf die soziale Stellung?

Zum Thema: Was macht soziale Ungleichheit aus und worin zeigt sie sich? Im Folgenden werden Dimensionen sozialer Ungleichheit vorgestellt und am konkreten Beispiel deren Relevanz und Tauglichkeit diskutiert.

M10 Zwei Personen im sozialen Gefüge

Peter Kleinschmitt	Dr. Charlotte Schramm
Eltern: ungelernte Arbeiter/Arbeiterin	Vater: Ingenieur, Manager bei BASF; Mutter: Grundschullehrerin, später Hausfrau
48 Jahre	50 Jahre
ohne Berufsausbildung	Abitur, abgeschlossenes Mathematik- und Informatikstudium
verschiedene Tätigkeiten im Einzelhandel	Informatikerin in einem bedeutenden Kreditinstitut
1.800 Euro im Monat	6.000 Euro im Monat
kein Vermögen	besitzt zwei Mietshäuser in Ingelheim am Rhein
wohnt zur Miete in einem Mehrfamilienhaus	wohnt im eigenen Haus in einer Großstadt
seit 20 Jahren verheiratet, drei Töchter im Alter von 7, 9 und 11 Jahren	geschieden, ein 10-jähriger Sohn
seit vielen Jahren Trainer im Fußballverein	Mitglied im Lesezirkel und im Freundeskreis des Programmkinos

Bearbeiter

Einstiegsaufgaben 72018-405

1. Vergleichen Sie die zwei Personen (**M10**) hinsichtlich ihrer sozialen Stellung. Begründen Sie Ihre Einschätzung mit den von Ihnen zugrunde gelegten Kriterien und tauschen Sie sich untereinander aus.
2. Diskutieren Sie, ob sich Ihre Rangordnung ändern würde, wenn Herr Kleinschmitt 6.000 Euro und Frau Dr. Schramm 1.800 Euro verdienen würde.

M11 Was ist soziale Ungleichheit?

Mit dem Wort „Ungleichheit" werden in den Sozialwissenschaften nicht bloße (horizontale) Unterschiede, sondern (vertikale) Besser- und Schlechterstellungen zwischen Menschen bezeichnet. Man spricht von „sozialer Ungleichheit" [...], wenn die Ressourcenausstattung (zum Beispiel der Bildungsgrad oder die Einkommenshöhe) oder die Lebensbedingungen (beispielsweise die Wohnverhältnisse) von Menschen aus gesellschaftlichen Gründen so beschaffen sind, dass bestimmte Bevölkerungsteile regelmäßig bessere Lebens- und Verwirklichungschancen als andere Gruppierungen haben. „Besser" sind Lebens- und Verwirklichungschancen dann, wenn

Sozialer Status (Stellung) bezeichnet die Wertschätzung, die einer Person in der Gesellschaft zukommt. Dieser kann zugeschrieben (z. B. durch Geburt) oder erworben (durch eigene Leistung) werden.

Ressourcenausstattung oder Lebensbedingungen bestimmten Menschen nach den jeweils geltenden gesellschaftlichen Maßstäben (zum Beispiel bezüglich Sicherheit, Wohlstand, Gesundheit) die Möglichkeiten zu einem „guten Leben" und zur weiteren Entfaltung der eigenen Persönlichkeit bieten, anderen Menschen jedoch nicht. [...] Der Begriff soziale Ungleichheit schließt somit nicht aus, dass Menschen mit vorteilhaften Bedingungen ein elendes Leben führen.

Neben den sozialen, das heißt gesellschaftlich entstehenden, relativ stabilen und verallgemeinerbaren existieren viele weitere Ungleichheiten zwischen Menschen. Nicht als soziale Ungleichheit gelten unter anderen individuelle, momentane und natürliche Vor- bzw. Nachteile. Sie entstehen zum Beispiel durch (un)vorteilhafte Persönlichkeitseigenschaften, Lotteriegewinne oder angeborene Behinderungen. [...] Wer landläufig von „sozialer Ungleichheit" spricht, verbindet mit diesem Begriff üblicherweise die Vorstellung der Illegitimität bzw. der Ungerechtigkeit. Dagegen lässt es der sozialwissenschaftliche Begriff der „sozialen Ungleichheit" offen, ob Sachverhalte sozialer Ungleichheit (zum Beispiel Einkommensabstände) als „gerecht" oder „ungerecht" gelten.

Hradil, Stefan: Soziale Ungleichheit – eine Gesellschaft rückt auseinander. In: Hradil, Stefan (Hg.): Deutsche Verhältnisse. Eine Sozialkunde. Frankfurt am Main 2013, S. 152 f.

M12 Die Dimensionen sozialer Ungleichheit

In Bezug auf die deutsche Gesellschaft geht man häufig von vier Dimensionen sozialer Ungleichheit aus, die alle als berufsnah gelten und stark mit der Erwerbstätigkeit und den damit verbundenen Einkommensverhältnissen verknüpft sind.

Dimensionen	Bildung	Materieller Wohlstand	Macht	Prestige
Indikatoren (messbare Beispiele)	• formaler Bildungsabschluss • soziale Herkunft	• Einkommen • Vermögen • Armut	• berufliche Befugnisse • Einkommen • Vermögen	• Berufszugehörigkeit • soziale Herkunft

Nach: Bock, Matthias/Jürgensen, Peter: Abiturtraining. Sozialwissenschaften. Halbergmoos: Stark 2014, S.113

Aufgaben

72018-406

1. Benennen Sie zentrale Aspekte der sozialen Ungleichheit nach Stefan Hradil (**M11**).
2. Untersuchen Sie die soziale Stellung von Herrn Kleinschmitt und Frau Dr. Schramm (**M10**) mit Hilfe der Dimensionen der sozialen Ungleichheit (**M12**). Prüfen Sie, ob bei den Personen eine ungleiche Verteilung an Ressourcen (z. B. Einkommen, Vermögen, Lebensbedingungen) und/oder fehlende Chancen (Bildung, Herkunft) vorliegen.
3. Beurteilen Sie die Tauglichkeit der Kriterien für die Messung sozialer Ungleichheit (**M11, M12**). Entwickeln Sie gegebenenfalls weitere Kriterien.

4.2 Gesellschaftsmodelle der sozialen Differenzierung

In welcher Gesellschaft leben wir, und was ist überhaupt eine ‚Gesellschaft'? Die Antwort auf diese Frage kann sowohl empirisch – durch Umfragen – oder auch durch Theoriebildung gefunden und gegeben werden. Gesellschaftsmodelle sind theoretische Beschreibungen zur Charakterisierung und Strukturierung von Gesellschaften. Neben einem analytischen Aspekt enthalten sie auch immer ein politisches Interesse, die Gesellschaft in einer bestimmten Art und Weise darzustellen. Ausgewählte Modelle und Theorien, welche in der Vergangenheit und Gegenwart besonders großen Einfluss auf unsere Vorstellung zur Zusammensetzung der Gesellschaft in Deutschland hatten, werden im Folgenden vorgestellt, verglichen und in ihrer Aussagekraft beurteilt.

4.2.1 Das Klassenmodell früher und heute: Ist Deutschland wieder eine Klassengesellschaft?

Zum Thema: Das Klassenmodell von Karl Marx ist eine der zentralen Beschreibungen der deutschen Gesellschaft. Es stammt zwar aus dem 19. Jahrhundert, doch wird auch aktuell diskutiert, ob sich Deutschland heute wieder auf dem Weg in eine Klassengesellschaft befindet. Gegenstand der Auseinandersetzung sind das Gesellschaftsmodell von Karl Marx sowie die Frage, ob oder inwiefern diese Beschreibung Deutschlands als Klassengesellschaft heute noch zutreffend ist und welche politischen Interessen hinter den jeweiligen Auffassungen stehen.

M1 Fallbeispiel: Vermögensverteilung in Deutschland

A Vermögensverteilung in der Karikatur

Karikatur: Burkhard Mohr/Baaske Cartoons

B Fakten zur Vermögensverteilung in Deutschland (2022)

a) Das Privatvermögen in Deutschland betrug 18,6 Billionen Euro.
b) 40 % der Deutschen haben so gut wie kein Vermögen.
c) Die Top 0,1 % der Vermögenden in Deutschland besitzen 22 % des Nettogesamtvermögens.

Einstiegsaufgaben 72018-407

1. Analysieren Sie die Karikatur **M1 A**. Vergleichen Sie die Karikatur mit den Fakten in **M1 B**.
2. Begründen Sie, ob sich die Gesellschaft in zwei Klassen (mit und ohne Vermögen) spaltet.

M2 Verschiedene Gesellschaftsmodelle

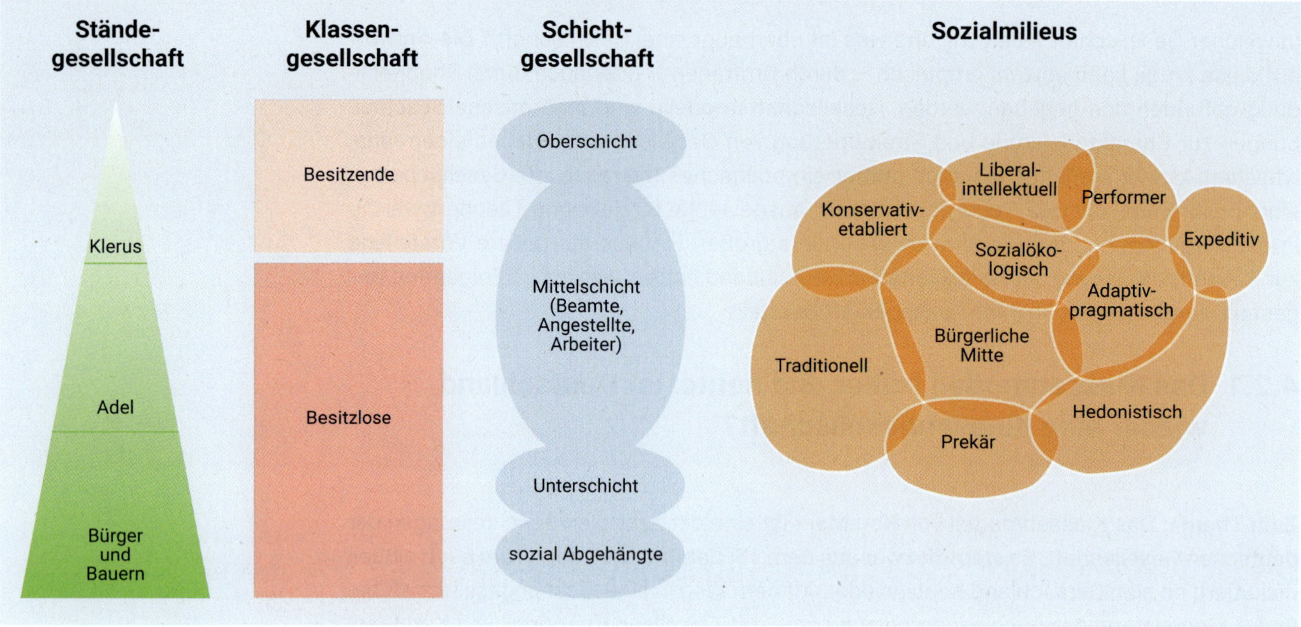

Bearbeitergrafik

M3 Vom Klassenmodell zu den Sozialmilieus

Gesellschaftsmodelle haben die Funktion, gesamtgesellschaftliche Zusammenhänge in einem bestimmten historischen Kontext zu erfassen und zu veranschaulichen. Modelle reduzieren dabei die komplexe Wirklichkeit und bilden die Realität vereinfacht und mit einem bestimmten erkenntnisleitenden Interesse ab. Die mittelalterliche Gesellschaft wurde mit dem klassischen Ständesystem beschrieben. Dieses wird im Zuge der Industrialisierung abgelöst durch das Modell der Klassengesellschaft. Ihr Begründer Karl Marx beschrieb darin im 19. Jahrhundert zwei antagonistische, gesellschaftliche Hauptklassen (Bourgeoise und Proletarier). Im Gegensatz zur Ständegesellschaft des Mittelalters und der darin durch Geburt festgelegten – Gott gewollten – Stellung in der Gesellschaft bestimme der Besitz und Nichtbesitz an Produktionsmitteln die jeweilige gesellschaftliche Position. Ab Mitte des 20. Jahrhunderts dominierte das Schichtenmodell als Beschreibung der modernen Dienstleistungs- und Industriegesellschaft in Deutschland. Berufe, Einkommen Vermögen, Bildung waren nun die zentralen Unterscheidungskriterien zur Erfassung der sozialen Unterschiede zwischen der Unter-, Mittel- und Oberschicht. Diese Modelle (z. B. von Bolte, Dahrendorf, Geißler etc.) wurden entwickelt, um die soziale Ungleichheit und die jeweilige soziale Stellung differenzierter darzustellen. Dabei wurde die (Nicht-)Mobilität zwischen den Schichten und deren Zuordnung zu den Wirtschaftssektoren berücksichtigt.

In den 1980er Jahren entwickelte sich eine zunehmende Individualisierung und Pluralisierung der Gesellschaft. Soziologen waren gezwungen, die traditionellen Schichtenmodelle weiterzuentwickeln. Mit Hilfe von sogenannten Sozialmilieus versuchten sie, subjektive Wertvorstellungen und Lebensweisen mit zu erfassen. Personen eines bestimmten Milieus unterscheiden sich dabei nicht nur bezüglich ihrer sozialen Lage, sondern auch in Grundorientierungen, Lebenszielen und Einstellungen.

Bearbeiter

M4 Die Klassentheorie nach Karl Marx

A „Zwei große feindliche Lager", Auszug aus dem 1. Kommunistischen Manifest

Die ganze Gesellschaft spaltet sich mehr oder wenig in zwei große feindliche Lager, in zwei große, einander direkt gegenüberstehe Klassen: Bourgeoisie und Proletariat."

Marx, Karl/Engels, Friedrich: Manifest der kommunistischen Partei, Stuttgart 1974 (Erstausgabe: 1848), S. 23 f.

Die Stellung (in der Gesellschaft) ist insbesondere durch den Besitz oder Nichtbesitz von Produktionsmittel bestimmt. [...] Die Nichtbesitzer (die Lohnarbeiter) geraten in wirtschaftliche Abhängigkeit von den Besitzern, weil sie ihre Arbeitsleistung an jene verkaufen müssen. [...] Innerhalb des liberalistisch-kapitalistischen Wirtschaftssystems wirken Mechanismen, die [...] zur Konzentration der Unternehmen sowie zur Freisetzung von Arbeitskräften und zum Lohndruck führen. Dies bedeutet zunehmende Macht und Reichtum der Kapitalisten und zunehmende Verelendung der Lohnarbeiter. [...] Ausgehend von den Produktionsverhältnissen spaltet sich also die Gesellschaft in [...] Bevorzugte und Benachteiligte auf. Sie haben ungleiche Lebenschancen und befinden sich in grundsätzlich ungleichen Lebenslagen. Ihre Interessen sind einander entgegengesetzt (antagonistisch). [...] Auf Dauer werden diese Interessen den Lohnarbeitern und Produktionsmittelbesitzern bewusstwerden. [...] Die beiden Klassen werden sich organisieren. Ein Klassenkampf wird entstehen. [...] Der Klassenkampf endet mit dem Sieg der besitzlosen Arbeiterklasse. Eine Revolution wird die kapitalistischen Produktionsverhältnisse und das Privateigentum an Produktionsmitteln beseitigen.

Hradil, Stefan: Soziale Ungleichheit in Deutschland. 8. Auflage. Opladen: Leske und Budrich 2001, S. 55

Zur Person von Karl Marx
Karl Marx (1818-1883) wurde in Trier geboren und 1842 Chefredakteur der „Rheinischen Zeitung" in Köln. Mit seinem Wegbegleiter Friedrich Engels trat Marx in den „Bund der Kommunisten" ein und schrieb mit ihm 1848 das „Manifest der kommunistischen Partei". In den 1850er Jahren entwickelt Marx im englischen Exil seine Kritik am kapitalistischen Wirtschaftssystem. Seine Klassentheorie entstand demnach zu einer Zeit, in der soziale Ungleichheiten durch die Industrialisierung deutlich sichtbar werden. „Das Kapital. Kritik der politischen Ökonomie" aus dem Jahr 1867 ist Marx' Hauptwerk, welches weitreichende Auswirkungen auf die Arbeiterbewegung in Europa und die gesamte Weltgeschichte des 20. Jahrhunderts hatte.

B Das Marxsche Konzept von Basis und Überbau

Marx und Engels unterteilten die Gesellschaft [...] in eine entscheidende „Basis" (die ökonomischen Beziehungen und die wirtschaftliche Struktur) und in den sekundären „Überbau" (Kultur, Moral, Politik und Religion). Es ging ihnen dabei um die „einfache Tatsache, dass die Menschen vor allen Dingen zuerst essen, trinken, wohnen und sich kleiden müssen, ehe sie Politik, Wissenschaft, Kunst, Religion usw. treiben können; dass also die Produktion der unmittelbaren materiellen Lebensmittel und damit die jedesmalige ökonomische Entwicklungsstufe eines Volkes oder eines Zeitabschnitts die Grundlage bildet, aus der sich die Staatseinrichtungen, die Rechtsanschauungen, die Kunst und selbst die religiösen Vorstellungen der betreffenden Menschen entwickelt haben" (MEW, Bd. 19, S. 335). Demnach bedinge die „Basis" kausal den „Überbau". Also führe ein ökonomischer auch zu einem politischen Wandel: „Mit der Veränderung der ökonomischen Grundlage wälzt sich der ganze ungeheure Überbau langsam oder rascher um" (MEW, Bd. 13, S. 9).

Nach: Pfahl-Traughber, Armin: Der Marxismus zwischen Ideologie und Wissenschaft. In: www.bpb.de, 10.03.2008

Zusatzmaterial: Prinzipien des Klassenbegriffs

72018-408

M5 Argumente zur Diskussion: Wiederkehr der Klassengesellschaft?

Seit einigen Jahren wird in Deutschland diskutiert, ob die Gesellschaft in Deutschland wieder mit einem Klassenmodell beschrieben werden kann. Nachfolgend finden Sie zentrale Argumente, die in dieser Diskussion geäußert werden.

1	Die Gesellschaft kann man nicht einfach in zwei Klassen (Arbeiter, Kapitalisten) aufteilen. Im Gegensatz zu marxistischen Vorstellungen sind Wohlstand und Massenkonsum in Deutschland kontinuierlich gestiegen. Insbesondere die gesellschaftliche Unterschicht profitierte von dieser Entwicklung.
2	Die deutsche Gesellschaft wird immer pluraler und fragmentierter. Der Begriff der Klasse ist veraltet. Einkommen und das Vermögen bestimmen nicht allein über die Position einer Person in der Gesellschaft. Es müssen weitere Kriterien wie Lebensstil, Freizeitverhalten, soziales Engagement etc. einbezogen werden.
3	Der Sozialstaat und die enorme Umverteilung haben verhindert, dass in Deutschland im Vergleich zu anderen Ländern größere gesellschaftliche Gruppen in Armut leben. Dies hat zur Herausbildung einer stabilen und leistungsfähigen Mittelstandsgesellschaft geführt.
4	57 % der Erwerbslosen, 42,7 % der alleinerziehenden Mütter und 35 % der Nichtdeutschen sind von Armut bedroht. Die soziale Ungleichheit zwischen Familien mit und ohne Kindern, Mann und Frau, Personen mit/ohne Migrationshintergrund ist strukturell und wird häufig von Generation zu Generation „weitervererbt".
5	57 % der Erwerbslosen, 42,7 % der alleinerziehenden Mütter und 35 % der Nichtdeutschen sind von Armut bedroht. Die soziale Ungleichheit zwischen Familien mit und ohne Kindern, Mann und Frau, Personen mit/ohne Migrationshintergrund ist strukturell und wird häufig von Generation zu Generation „weitervererbt".
6	Menschen ohne Berufsausbildung leben häufig in prekären Lebenssituationen. Auch im Alter sind sie auf Grund der geringen Rente von Armut bedroht. Ihre Lebenserwartung liegt deutlich unter dem Durchschnitt der Gesellschaft.

Bearbeiter

Aufgaben

72018-409

1. Erläutern Sie in Grundzügen die Entwicklung der Gesellschaftsmodelle (**M3**) anhand der Schaubilder in **M2**.
2. Erarbeiten Sie die Grundzüge der Gesellschaftstheorie nach Karl Marx (**M4**) und stellen Sie diese als Schaubild dar.
3. Begründen Sie, ob und inwiefern die Klassengesellschaft bei Marx ein interessengeleitetes Modell ist (**M4**).
4. Ist Deutschland (wieder) eine Klassengesellschaft? Entscheiden Sie, ob die jeweiligen Argumente (**M5**) für bzw. gegen die These einer deutschen Klassengesellschaft sprechen.
5. Begründen Sie, zu welcher politischen Grundorientierung (→ QR-Code in der Randspalte) die Pro- und die Kontra-Argumente gehören und analysieren Sie, inwiefern es sich bei der Frage von Klassengesellschaft um eine politische Debatte handelt.
6. Führen Sie zur Frage „Ist Deutschland wieder eine Klassengesellschaft?" eine Talkshow durch (Moderatorin bzw. Moderator, Vertreterinnen und Vertreter).

F zu Aufgabe 2
Erklären Sie mit Hilfe des Konzepts von Basis und Überbau (**M4** B) den berühmten Satz Karl Marx: „Das Sein bestimmt das Bewusstsein."

Übersicht über politischen Grundorientierungen

72018-410

4.2.2 Das Modell der Schichtgesellschaft: Interpretieren oder politisieren Modelle die Gesellschaft?

Zum Thema: Oftmals konkurrieren Gesellschaftsmodelle in einer bestimmten Zeit darum, die Gesellschaft treffender zu beschreiben. Neben den empirischen Befunden drückt sich dabei aber auch die Konkurrenz politisch motivierter Sichtweisen aus. Dies ist exemplarisch an den Schichtmodellen von Bolte und Dahrendorf in den 1960er Jahren zu erkennen. Doch Schichtmodelle sind auch eine wichtige Weiterentwicklung des Klassenmodells und haben die Funktion, die moderne westliche Industrie- und Dienstleistungsgesellschaft besser zu beschreiben. Wichtige Schichtmodelle werden vorgestellt sowie deren Aussagekraft analysiert und beurteilt.

M6 Thesen zur Gesellschaftsstruktur

These 1: Wir leben in einer sich angleichenden Mittelstandsgesellschaft. Verhaltensweisen, Lebensstile und wirtschaftliche Positionen haben sich angeglichen. Insbesondere die Sozialpolitik der letzten Jahrzehnte hat gravierende Ungleichheiten in der Gesellschaft verhindert.

These 2: Unsere Gesellschaft ist gespalten. Zwischen der Arbeiterschaft und dem Mittelstand gibt es eine geradezu unüberwindbare Barriere. Durch die Zugehörigkeit zu einer Schicht wird eine klare Grenze festgelegt. Gesellschaftlicher Aufstieg (Mobilität) ist nur begrenzt möglich.

Bearbeiter

Einstiegsaufgaben 72018-411

1. Erläutern Sie die beiden Thesen (**M6**) und stellen Sie diese grafisch dar.
2. Ordnen Sie die Thesen politischen Grundorientierungen bzw. Parteien zu.
3. Welcher These stimmen Sie eher zu? Begründen und diskutieren Sie Ihr Votum.

M7 Soziale Schichten – Konkurrenz von Gesellschaftsmodellen in den 1960er Jahren

In den 1960er Jahren gab es in der Bundesrepublik Deutschland zwei berühmte Gesellschaftsmodelle der Soziologen Ralf Dahrendorf und Karl Martin Bolte. Die beiden Schichtenmodelle unterscheiden sich aber fundamental voneinander, obwohl beide Wissenschaftler eine Analyse der Sozialstruktur der gleichen Gesellschaft vorgenommen haben.

Bolte teilte die Bevölkerung in Schichten ein. **Soziale Schichten** beschreiben dabei eine Gruppe von Personen in einer Gesellschaft, deren Mitglieder bestimmte gemeinsame soziale Merkmale haben und sich im Hinblick auf ihren Status als eigenständige Gruppen empfanden. In der Regel sind dies Bildungsstand, Einkommen und Beruf als klassische Faktoren. Moderne Schichtenbegriffe beziehen dabei auch Prestige und Lebensführung ein. Boltes Modell ähnelte dem einer Zwiebel. Er erweiterte die traditionelle Einteilung der Gesellschaft in Unter-, Mittelschicht und Oberschicht, indem er den Mittelstand deutlich differenzierte (neuer und alter Mittelstand) und der Arbeiterschaft zuordnete. Dahrendorf entwickelt für seine Beschreibung das Bild eines Hauses, in dem auch Schichten nebeneinander existierten und eine gewisse soziale Mobilität möglich war.

Bearbeiter

M8 Zwei Schichtmodelle

A Das „Hausmodell" nach Dahrendorf

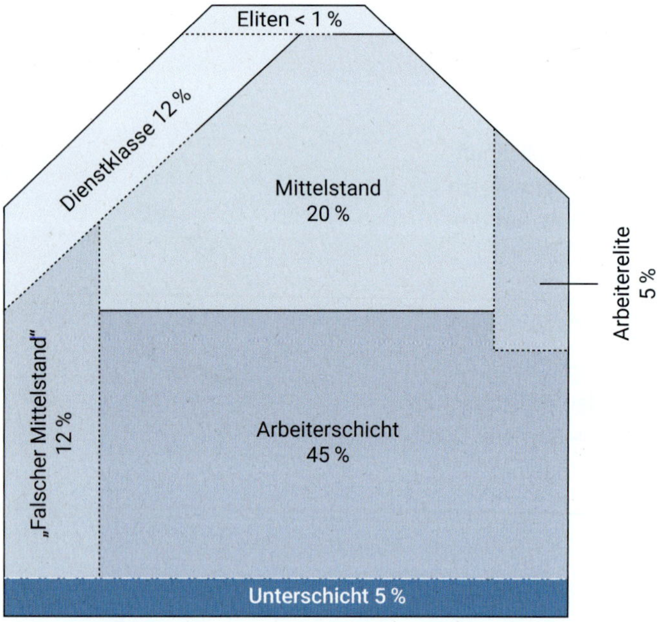

Dahrendorf, Ralf: Gesellschaft und Demokratie in Deutschland. München: Piper/Deutsche Bücherbund 1965, S. 105

B Die „Bolte-Zwiebel"

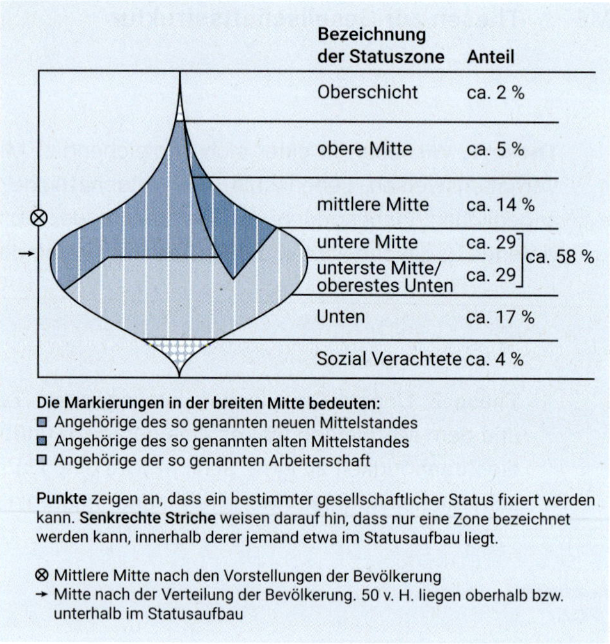

Nach: www.wikimedia.org/Karl Martin Bolte

Eliten: Machteliten in Politik, Wirtschaft, Medien
Dienstklasse: Verwaltungsangestellte
Mittelklasse: Selbstständige
Falscher Mittelstand: einfache Dienstleistungsberufe
Arbeitereliten: Meister, Schlosser, usw.
Arbeiterschicht: Facharbeiter und ungelernte Arbeiter
Unterschicht: Dauererwerbslose, soziale Randgruppen

C Soziale Schichtung der westdeutschen Bevölkerung (1960er Jahre)

Dahrendorf verglich die Gesellschaft mit einem Haus: An der Spitze stehen wie immer die Eliten. Im Obergeschoss residieren nebeneinander die bürokratischen Helfer der Eliten, die Dienstklasse, „insbesondere nichttechnische Verwaltungsangestellte aller Ränge", sowie der „alte Mittelstand" der Selbstständigen. Im Hauptgeschoss wohnen die große Arbeiterschicht und der „falsche Mittelstand" der einfachen Dienstleistungsberufe. Dessen soziale Stellung unterscheidet sich nicht von derjenigen der Arbeiter, er zählt sich jedoch seinem Selbstverständnis nach „fälschlicherweise" zur Mittelschicht. Die Arbeiterelite (hier Meister und Vorarbeiter) hat sich dagegen nach oben hin vom Rest der Arbeiterschaft abgesetzt. Der Keller des Hauses ist bevölkert von der Unterschicht der „Dauererwerbslosen, Unsteten, Rückfallkriminellen, Halbanalphabeten u. a.", die mitunter auch als „Bodensatz der Gesellschaft", „sozial Verachtete" oder „Lumpenproletariat" bezeichnet wurden.

Geißler, Rainer: Facetten der modernen Sozialstruktur. In: www.bpb.de, 16.12.2014

M9 Das Schichtmodell nach Geißler (2014)

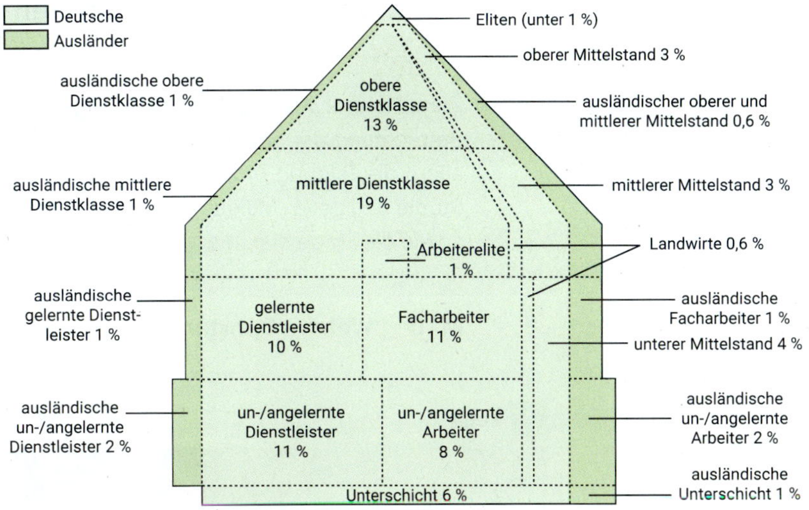

Geißler, Rainer: Facetten der modernen Sozialstruktur. In: www.bpb.de, 16.12.2014.

Die Schichten der beiden Häuser (Dahrendorf und Geißler) und ihre Prozentwerte lassen sich wegen der unterschiedlichen Vorgehensweise bei ihrer Konstruktion nicht genau miteinander vergleichen. Dennoch machen sie die massiven Unterschichtungen im vergangenen Jahrhundert deutlich. [...] In beiden oberen Etagen machen die beiden Dienstklassen inzwischen fünf Sechstel der Bewohner aus, während der früher dominierende Mittelstand auf gut ein Sechstel zusammengedrückt wurde. Und auch in den beiden unteren Etagen, wo einst die Arbeiterschicht vorherrschte, gibt es inzwischen mehr Dienstleister als Arbeiter. [...] Ihr Umfang ist inzwischen größer als derjenige der un- und angelernten Arbeiter. Auch ein Teil des Mittelstandes ist in der unteren Hälfte platziert.

Deutlich erkennbar sind die Entwicklungen Deutschlands zu einem Einwanderungsland und die tendenzielle Unterschichtung durch die Migranten. In den unteren Etagen des Hauses sind Ausländer deutlich stärker vertreten als in der unteren Mitte, und in den oberen Bereichen wohnen sie nur selten. Zwei wichtige qualitative Veränderungen werden im Schaubild nicht sichtbar. Zum einen hat sich die vergleichbar einfache Wohnung der 1960er Jahre inzwischen in eine ansehnliche Residenz mit Komfortappartement verwandelt [...]. Zum anderen sind die Decken und Wände noch durchlässiger geworden [...]. Die historisch langfristige Tendenz zur „Entschichtung" der Sozialstruktur [...] hat sich in der Bundesrepublik in den letzten Jahrzehnten fortgesetzt. Die Zusammenhänge von Soziallagen einerseits, Mentalitäten und Verhaltensweisen haben sich weiter gelockert.

Geißler, Rainer: Die Sozialstruktur Deutschlands. 8. Auflage. Wiesbaden: Springer VS 2014, S. 101 ff.

Aufgaben

72018-412

1. Analysieren Sie die Schichtmodelle von Bolte und Dahrendorf (**M8**) hinsichtlich der zentralen Unterschiede.
2. Recherchieren Sie die politische Grundorientierung/Parteipräferenz von Bolte und Dahrendorf (**M8**). Analysieren Sie, inwiefern sich in den jeweiligen Gesellschaftsmodellen ein politisches Interesse ausdrückt.
3. Beschreiben Sie das Schichtenmodell nach Rainer Geißler (**M9**). Nennen Sie die Veränderungen zwischen den Schichtungsmodellen Dahrendorf und Geißler (**M8, M9**).
4. Diskutieren Sie, ob Schichtmodelle eher informativ oder manipulativ sind.

4.2.3 Soziale Milieus und Lebenswelten in Deutschland: Welchem Milieu gehören Sie an?

Zum Thema: Als Weiterentwicklung der traditionellen Klassen- und Schichtmodelle zur Betrachtung der Sozialstruktur einer Gesellschaft wird in der jüngeren Vergangenheit vor allem die Bildung moderner sozialer Milieus diskutiert. Exemplarisch werden die Sinus-Studie und deren Milieus vorgestellt, das Modell konkret zur Marktforschung angewendet sowie die Frage diskutiert, inwiefern es auf Individuen und Kollektive anwendbar ist.

M10 Welche Sportart passt zu welchen Einstellungen und Werten?

A Yoga

Yoga im Park

B Bodybuilding

Bodybuilder im Fitnessstudio

C Fußball

Fußballtraining auf dem Platz in Mansfeld

Einstiegsaufgaben 72018-413

1. Analysieren Sie, welche möglichen Lebensstile und Einstellungen/Werte/Vorlieben/Abneigungen, aber auch Einkommens- und Bildungsverhältnisse durch das Betreiben der jeweiligen Sportart (**M10**) zum Vorschein kommen.
2. Verorten Sie sich selbst: Welchem Lebensstil stehen Sie nahe? Präsentieren Sie gegebenenfalls zusätzliche Bilder.

M11 Was sind soziale Milieus?

Der Begriff [soziale Milieus] wurde benutzt, um die Einflüsse spezifischer sozialer Umwelten auf die Einstellungen und Verhaltensweisen aufzuspüren. [...]
Bekannt geworden sind [...] die sogenannten Sinus-Milieus. Das Sinus-Institut [...] gruppiert Menschen mit ähnlicher Lebensauffassung und Lebensweise zu „sozialen Milieus“.
„Soziale Mileus fassen, um es vereinfacht auszudrücken, Menschen zusammen, die sich in Lebensauffassung und Lebensweise ähneln, die also gleichsam „subkulturelle“ Einheiten innerhalb der Gesellschaften bilden“. [...] Die Bevölkerung wird also nach „subkulturellen Einheiten“ oder Subkulturen untergliedert; dazu gehören Unterschiede in ihren Wertorientierungen und Lebenszielen, in ihren Einstellungen zu Arbeit, Freizeit und Konsum, zu Familie und Partnerschaft, in ihren Zukunftsperspektiven, politischen Grundüberzeugungen und Lebensstilen. [...]
Soziale Mileus lassen sich in der gesellschaftlichen Realität nicht scharf gegeneinander abgrenzen, die Übergänge zwischen ihnen sind [...] fließend. Die empirische Grundlage der Sinus-Milieus ist repräsentatives Interviewmaterial.

Geißler, Rainer: Die Sozialstruktur Deutschlands. 8. Auflage. Wiesbaden: Springer VS 2014, S. 114

M12 Wie lassen sich die sozialen Milieus darstellen?

A Das aktuelle „Milieu-Modell“ des Sinus-Instituts

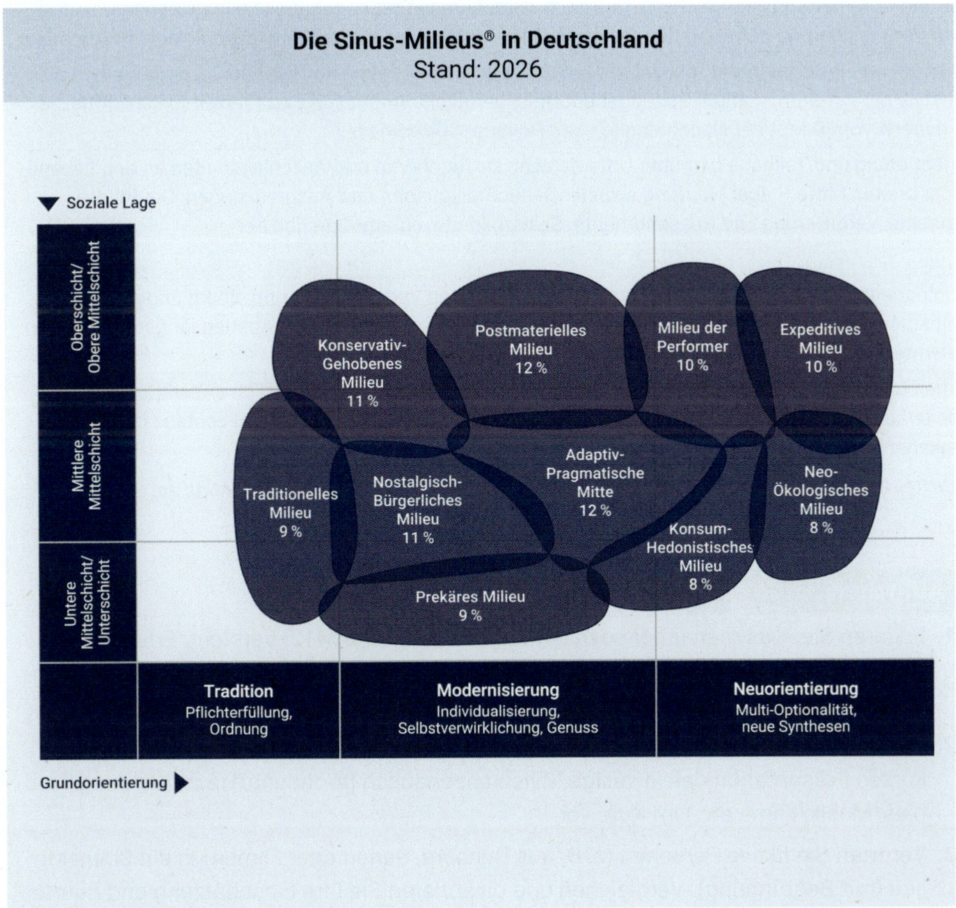

Nach: SINUS Markt- und Sozialforschung GmbH, 2026

Hinweise zur Methodik und Aktualität des Milieu-Modells des Sinus-Instituts
Die Daten für die Sinus-Milieus werden erhoben durch mehrstündige Interviews von Personen sowie durch Fragebögen, die die Befragten ausfüllen. Mit diesem Prozess kann das Sinus-Institut jährlich neue Daten über die Zusammenstellung der Gesellschaft gewinnen.

B Kurzcharakteristik der Sinus-Milieus

Sinus-Milieus	Kurzbeschreibung
Lehrmilieus	
Konservativ-Gehobenes Milieu	Die alte strukturkonservative Elite: klassische Verantwortungs- und Erfolgsethik sowie Exklusivitäts- und Statusansprüche; Wunsch nach Ordnung und Balance; Selbstbild als Fels in der Brandung postmoderner Beliebigkeit; Erosion der gesellschaftlichen Führungsrolle
Postmaterielles Milieu	Engagiert-souveräne Bildungselite mit postmateriellen Wurzeln: Selbstbestimmung und -entfaltung sowie auch Gemeinwohlorientierung; Verfechter von Post-Wachstum, Nachhaltigkeit, diskriminierungsfreien Verhältnissen und Diversität; Selbstbild als gesellschaftliches Korrektiv
Milieu der Performer	Die effizienzorientierte und fortschrittsoptimistische Leistungselite: globalökonomisches und liberales Denken; gesamtgesellschaftliche Perspektive auf der Basis von Eigenverantwortung; Selbstbild als Stil- und Konsum-Pioniere; hohe Technik- und Digital-Affinität
Zukunftsmilieus	
Expeditives Milieu	Die ambitionierte kreative Bohème: Urban, hip, digital, kosmopolitisch und vernetzt; auf der Suche nach neuen Grenzen und unkonventionellen Erfahrungen, Lösungen und Erfolgen; ausgeprägte Selbstdarstellungskompetenz, Selbstbild als postmoderne Elite
Neo-Ökologisches Milieu	Die Treiber der globalen Transformation: Optimismus und Aufbruchsmentalität bei gleichzeitig ausgeprägtem Problembewusstsein für die planetaren Herausforderungen; offen für neue Wertesynthesen: Disruption und Pragmatismus, Erfolg und Nachhaltigkeit, Party und Protest; Selbstbild als progressive Realisten; Umwelt- und klimasensibler Lebensstil
Moderner Mainstream	
Adaptiv-Pragmatische Mitte	Der moderne Mainstream: Anpassungs- und Leistungsbereitschaft, Nützlichkeitsdenken, aber auch Wunsch nach Spaß und Unterhaltung; starkes Bedürfnis nach Verankerung und Zugehörigkeit; wachsende Unzufriedenheit und Verunsicherung aufgrund der gesellschaftlichen Entwicklung; Selbstbild als flexible Pragmatiker
Konsum-Hedonistisches Milieu	Die auf Konsum und Entertainment fokussierte (untere) Mitte: Spaßhaben im Hier und Jetzt; Selbstbild als cooler Lifestyle-Mainstream; starkes Geltungsbedürfnis; berufliche Anpassung vs. Freizeit-Eskapismus; zunehmend genervt vom Diktat der Nachhaltigkeit und Political Correctness
Prekäres Milieu	Die um Orientierung und Teilhabe bemühte Unterschicht: Dazugehören und Anschlusshalten an den Lebensstandard der breiten Mitte – aber Häufung sozialer Benachteiligungen und Ausgrenzungen; Gefühl des Abgehängtseins, Verbitterung und Ressentiments; Selbstbild als robuste Durchbeißer
Traditioneller Mainstream	
Nostalgisch-Bürgerliches Milieu	Die harmonieorientierte (untere) Mitte: Wunsch nach gesicherten Verhältnissen und einem angemessenen Status; Selbstbild als Mitte der Gesellschaft, aber wachsende Überforderung und Abstiegsängste; gefühlter Verlust gelernter Regeln und Gewissheiten; Sehnsucht nach alten Zeiten
Traditionelles Milieu	Die Sicherheit und Ordnung liebende ältere Generation: verhaftet in der kleinbürgerlichen Welt bzw. traditionellen Arbeiterkultur; anspruchslose Anpassung an die Notwendigkeiten; steigende Akzeptanz der neuen Nachhaltigkeitsnorm; Selbstbild als rechtschaffene kleine Leute

SINUS-Institut, www.sinus-institut.de/sinus-milieus/sinus-milieus-deutschland, Abruf am 30.01.2026

Aufgaben

72018-414

1. Erklären Sie, was man unter sozialen Milieus (**M11** und **M12**) versteht. Erläutern Sie die zentralen Unterschiede dieses Modells zu den traditionellen Klassen- und Schichtenmodellen (→ Kapitel 4.2.2).
2. Teamarbeit: Erarbeiten Sie die jeweiligen Sinus-Milieus (**M12**). Stellen Sie in einer kurzen Präsentation das jeweilige Milieu anschaulich (Wohnung/Haus/Kleidung/Hobbies/Musik/Filme etc.) im Kurs vor.
3. Verorten Sie fiktive Personen (z. B. aus Büchern, Serien oder Filmen) in ein Sinus-Milieu (mit Begründung). Vergleichen und diskutieren Sie Ihre Einschätzung und beurteilen Sie dann die Aussagekraft der Sinus-Milieus für Individuen und für Kollektive.

4.2.4 Postmoderne Gesellschaftsmodelle: Wie gespalten ist unsere Gesellschaft heute?

Zum Thema: Der gesellschaftliche Wandel erzeugt Gewinner und Verlierer, Zukunftsängste aber auch große Hoffnungen und Freiheiten. Die Folge ist, dass eine Spaltung der Gesellschaft in die Gewinner und Verlierer des gesellschaftlichen Wandels droht oder schon vorliegt. Aktuelle Gesellschaftsmodelle beschreiben diese Situation, liefern Erklärungsansätze und Zukunftsprognosen. Dabei spielen sowohl politische, kulturelle, wirtschaftliche, aber auch die Digitalisierung als Faktoren des sozialen Wandels eine entscheidende Rolle. Wichtige neue Gesellschaftsmodelle werden vorgestellt, die Frage der Spaltung der Gesellschaft bewertet sowie Forderungen und Möglichkeiten für die Gesellschaft der Zukunft formuliert.

M13 Wie gespalten ist unsere Gesellschaft? Zwei Positionen

Auf dem Europäischen Polizeikongress 2022 wurde im Lichte des Krieges in der Ukraine, der Corona-Pandemie und verschiedener anderer Krisen die Frage diskutiert: Was macht das mit dem gesellschaftlichen Zusammenhalt in Deutschland? Zur Spaltung der Gesellschaft gab es dabei unter anderem diese beiden Positionen:

A

Katrin Göring-Eckardt
©GoeringEckardt
Ist unsere Gesellschaft gespalten? Meiner Meinung nach ist sie das nicht. Eine große Mehrheit steht hinter der Demokratie. Auch in Stresszeiten wie diesen. Aber eine laute Minderheit, die unsere Demokratie ablehnt und bekämpft, müssen wir genau im Blick behalten. #epk22 #epc22

B

Ahmad Monsour
©Ahmad Monsour_
Ist unsere Gesellschaft gespalten? Meiner Meinung nach ja, weil wir sehr oft Debatten moralisierend führen, weil wir verlernt haben zu streiten und weil die #Diskurskultur so eng geworden ist, dass wir nur die #Realität in der eigenen Blase kennen und akzeptie-

Nach: Twitter, #epk22

Einstiegsaufgaben 72018-415

1. Analysieren Sie die Positionen in **M13**. Welche Folgen sind damit verbunden?
2. Welche Position ist Ihrer Auffassung nach eher richtig? Begründen und diskutieren Sie.

M14 Was bezeichnet sozialer Wandel?

Sozialer Wandel bezeichnet alle Veränderungen in der Struktur und den Eigenschaften einer Gesellschaft. Darunter fallen die Schichtung, Mobilität, Arbeitswelt, Werteveränderungen, Religion, Familienstrukturen, aber auch Kulturtechniken (Buch, Fernsehen, Internet), die Veränderung von Sprache, Politischen Institutionen und Bildungsinstitutionen, Moden sowie im Kern auch Weltanschauungs- und Einstellungsveränderungen in kurzfristiger aber vor allem in langfristiger Hinsicht. Ursachen und Faktoren für einen sozialen Wandel sind sehr vielfältig. Genannt werden häufig die Veränderung von ökonomischen Möglichkeiten, technische Entwicklungen, politische Veränderungen sowie Kultur und Religion. Alle diese Faktoren sind mehr oder minder komplex und interdependent.

Bearbeiter

Ulrich Beck, deutscher Soziologe (* 1944, † 2015), vertrat vor allem in seinem Hauptwerk „Risikogesellschaft“ die These, dass sich die sozial und biographisch festgelegten Schichten veränderten hin zu einer Individualisierung der Gesellschaft (Von der „Normal“- zur „Wahlbiographie“). Seine Thesen bilden somit die Brücke zwischen den Schichtenmodellen der 1960-80er Jahre und den heutigen Gesellschaftsmodellen.

M15 Die Individualisierungsthese von Ulrich Beck

Nach Ulrich Beck (1986) haben der steigende Wohlstand, das Mehr an Freizeit, die schärfere individuelle Konkurrenz in Bildungseinrichtungen und im Beruf, die vermehrte Mobilität und die höheren Bildungsniveaus dazu geführt, dass die Menschen seit den 1960er Jahren sehr viel individueller handeln können und handeln müssen als früher. Wie sie leben, ist ihnen immer weniger von Familie, Gemeinde, Religion und sozialer Klasse vorgegeben. Es liegt heute weitgehend am Einzelnen selbst, wie er sein Leben gestaltet. Er kann sich dabei immer weniger auf Muster oder Vorbilder stützen, die als selbstverständlich gelten. Diese Entwicklung bezeichnet Ulrich Beck als Individualisierung [...]. Die individualisierten Einzelnen können sich einerseits darüber freuen, dass sie autonomer und freier als zuvor sind. Andererseits sind die Einzelnen den Gefahren der Anomie etwa hinsichtlich von Norm- und Orientierungslosigkeit mehr denn je ausgesetzt. [...]
Eine Pluralisierung von sozialen Milieus und Lebensstilen findet statt. Immer neue gesellschaftliche Formationen und soziale Identitäten bilden sich aus. [...] Hinsichtlich der Sozialstruktur moderner Gesellschaften behauptet Beck schließlich, dass das Gefüge sozialer Ungleichheiten sich seit den 1960er Jahren nicht wesentlich geändert hat. Die Einkommensabstände, Prestigeabstufungen, Machtgefälle und Ähnliches sowie die dadurch geprägten Lebenschancen wie ungleiche Gesundheit, Lebenserwartung oder Bildungschancen seien im Großen und Ganzen gleich geblieben.

https://studlib.de/5511/sozial/ulrich_beck_individualisierungsthese

Andreas Reckwitz (*1970) gilt momentan als einer der am meisten beachteten Soziologen in Deutschland. Er hat mit seiner „Gesellschaft der Singularitäten“ im Jahre 2017 eine Gesellschaftstheorie für die Spätmoderne veröffentlicht, die an den Klassen- und Milieutheorien anknüpft, aber auch weiterführt.

M16 Andreas Reckwitz: Zum Strukturwandel der Moderne

A Die Gesellschaft der Singularitäten

Wohin wir auch schauen in der Gesellschaft der Gegenwart: Was immer erwartet wird, ist nicht das Allgemeine, sondern das Besondere. Nicht an das Standardisierte und Regulierte heften sich die Hoffnungen, das Interesse und die Anstrengungen von Institutionen und Individuen, sondern an das Einzigartige, das Singuläre. Reiseziele beispielsweise können sich nicht länger damit begnügen, einförmige Urlaubsziele des Massentourismus zu sein. Es ist vielmehr die Einzigartigkeit des Ortes, die besondere Stadt mit authentischer Atmosphäre, die exzeptionelle Landschaft, die besondere lokale Alltagskultur, denen nun das Interesse des touristischen Blicks gilt. Und das ist nur ein Beispiel von vielen, denn diese Entwicklung hat die gesamte spätmoderne globale Ökonomie erfasst. Sowohl für materielle Güter wie für Dienstleistungen gilt, dass an die Stelle der Massenproduktion uniformer Waren jene Ereignisse und Dinge treten, die nicht für alle gleich oder identisch sind, sondern einzigartig, das heißt singulär sein wollen. [...]
Wir leben nicht mehr im industriellen, sondern im kulturellen Kapitalismus. Dies hat tiefgreifende Folgen auch für die Arbeits- und Berufswelt: Standen in der alten Industriegesellschaft eindeutige formale Qualifikationen und Leistungsanforderungen im Vordergrund, so geht es in der neuen Wissens- und Kulturökonomie darum, dass die Arbeitssubjekte ein außergewöhnliches „Profil“ entwickeln. Belohnt werden nur jene, die Außerordentliches leisten oder zu leisten versprechen, das den Durchschnitt hinter sich lässt, während Arbeitnehmer mit profanen Routinetätigkeiten das Nachsehen haben. [...]
Markant ausgeprägt ist dies in der neuen, der hochqualifizierten Mittelklasse, also in jenem sozialen Produkt von Bildungsexpansion und Postindustrialisierung, das zum Leitmedium der Spätmoderne geworden ist. An alles in der Lebensführung legt man hier den Maßstab der Besonderung an: wie man wohnt, was man isst, wohin

und wie man reist, wie man den eigenen Körper oder den Freundeskreis gestaltet. [...]

Die allgegenwärtigen sozialen Medien mit ihren Profilen sind eine der zentralen Arenen dieser Arbeit an der Besonderheit. Das Subjekt bewegt sich hier auf einem umfassenden sozialen Attraktivitätsmarkt, auf dem ein Kampf um Sichtbarkeit ausgetragen wird [...].

Zu Beginn des 21. Jahrhunderts [werden] nun auch die grundsätzlichen Krisenmomente der Spätmoderne sichtbar. [...] Die Krise der Anerkennung ergibt sich aus der Transformation von der industriellen Massenökonomie zur postindustriellen Ökonomie der Singularitäten. [...] Mit dem Ende der Industriegesellschaft [tut sich] eine systematisch begründete soziale Schere zwischen den Hochqualifizierten der neuen, expandierenden Wissens- und Kulturökonomie und den Geringqualifizierten auf, die sich vor allem mit einfachen Dienstleistungen oder außerhalb des Arbeitsmarktes finden. [...]

Der Polarisierung der Arbeitsverhältnisse entspricht eine nicht nur sozial-materielle, sondern auch kulturelle Polarisierung der Lebensstile. [...] Die neue, akademische Mittelklasse und die neue Unterklasse (teilweise auch die alte Mittelklasse) [entwickeln sich] in gegenläufiger Weise: kultureller Aufstieg und Abstieg stehen einander gegenüber und verlaufen gleichzeitig. Die neue Mittelklasse kann nicht nur auf berufliche Anerkennung zählen, sondern entfaltet eine kulturorientierte kuratierte Lebensführung, in der sie in allen Bereichen [...] am hohen (ethischen und ästhetischen) Wert arbeitet und als Trägerin eines wertvollen „guten Lebens" erscheint. Demgegenüber erfährt die neue Unterklasse eine Entwertung ihrer Arbeit, die mit einer Entwertung ihres gesamten Lebensstils einhergeht. Im Ergebnis scheint ein beträchtliches Segment der Gesellschaft von Fortschrittshoffnungen abgekoppelt. [...]

Schließlich kommt es in der Gesellschaft der Singularitäten zu einer Krise des Politischen. [...] Die Krise des Politischen betrifft sowohl die politische Öffentlichkeit und ihre kulturellen Grundlagen als auch den Staat. Nicht zuletzt angetrieben durch die Entwicklung der digitalen Medien, verlagert sich die politische Debatte in autonome Teilöffentlichkeiten. [...] Kulturelle Neogemeinschaften entziehen ihre Essenzialisierungen der politischen Debatte und erklären sich selbst für sakrosankt. [...] Angepasst an die Konsumbedürfnisse der Bürger, versteht sich der spätmoderne Staat eher als Einrichtung der Ermöglichung und weniger der Verfolgung gesamtgesellschaftlicher Ziele. [...] Alle genannten Krisen lassen sich so als Ausformungen einer Krise des Allgemeinen interpretieren.

Reckwitz, Andreas: Die Gesellschaft der Singularitäten. Zum Strukturwandel der Moderne. 5. Auflage. Berlin: Suhrkamp 2021, S. 7-14; 432-435

Populäre Gesellschaftsmodelle des 20. Jahrhunderts
In den vergangenen Jahrzehnten erreichten verschiedene Gesellschaftsmodelle besondere Popularität. Zu nennen wären die „Postindustrielle Gesellschaft" (Touraine/Bell), die „Informationsgesellschaft" (Spinner), die „Weltgesellschaft" (Giddens/Luhmann), die „Postmoderne" (Baumann/Welsch), die „individualisierte Gesellschaft" (Schimank), die „Risikogesellschaft" (Beck), die „Erlebnisgesellschaft" (Schulze) und die „Multioptionsgesellschaft" (Gross). Gesellschaftsmodelle sollen die Gesellschaft als Ganzes charakterisieren und mögliche Entwicklungen der Gesellschaft in der Zukunft vorhersagen. Sie liefern neben wichtigen Erklärungsansätzen auch genügend Potential für Diskussionen über ihre Aussagekraft und politische und gesellschaftliche Handlungsoptionen.

Erweiterte Textfassungen: Beck (**M15**) und Reckwitz (**M16** A)

72018-416

B Kritik: Reckwitz' Modell müsste erst empirisch geprüft werden

Soziologie wäre keine Wissenschaft, korrigierte sie nicht die Sicht der Gesellschaftsmitglieder auf ihre Gesellschaft. Wo Letztere überall Vielfalt, Freiheit und Unordnung sehen, muss das Fach Einheitlichkeit, Zwang und Ordnung nachweisen, gleichzeitig aber auch Wandel erkennen und damit alte von neuen Gesellschaftsformationen unterscheiden können. [...] Der Berliner Kultursoziologe Andreas Reckwitz hat mit seinen Arbeiten ein sehr erfolgreiches Beispiel für eine solche Diagnose abgeliefert, um die innerhalb des Faches eine hitzige Debatte entbrannt ist. Reckwitz' Kollege Steffen Mau wirft ihm jetzt vor, er habe in der Definition seines Klassenmodells der „Spätmoderne" einen wissenschaftlichen Fehler begangen. Er habe nämlich in der Definition seines Untersuchungsgegenstandes etwas begrifflich „verleimt", was erst zu überprüfen gewesen wäre. Reckwitz sei mit einer „weitgehenden Homologieannahme zwischen Struktur und Kultur" ins Feld gegangen, in der „Statuslage und kulturelle Muster beziehungsweise Lebensstil" bereits zusammengehen. Bei Reckwitz sei also „Klasse niemals nur Lage, sondern immer auch Kultur", bei ihm verschmölzen „soziale Klasse und gesellschaftspolitisches Lager". Das könne in der Realität ja vorkommen, so Mau, aber man müsse es doch erst mal empirisch prüfen und nicht bereits mit seinen Suchmustern unterstellen. [...]

Es könne [z. B.] [...] „signifikante Fraktionen der postindustriellen Arbeiterklasse" geben, die sich auf den von Reckwitz unterstellten kosmopolitischen Wertekanon gar nicht verpflichten lassen wollten. Umgekehrt müssten dann wohl nach Reckwitz alle Facharbeiter AfD wählen, viel Fleisch konsumieren und Diesel fahren. Es ist aber durchaus möglich, dass es auch in anderen Milieus als in den von Reckwitz publizistisch verklärten Akademikern „Ausdrucksformen der Singularität" gibt, die er schlicht übersieht, weil sie per definitionem nicht vorkommen sollten.

Wagner, Gerald: Gesellschaftlicher Leim und das tatsächliche Leben. In: www.faz.net, 04.09.2021

M17 Wolfgang Merkel: Konfliktlinie zwischen Kosmopolitismus und Kommunitarismus

Wolfgang Merkel (*1952), Direktor em. am Wissenschaftszentrum Berlin für Sozialforschung und Professor em. für Vergleichende Politikwissenschaft und Demokratieforschung an der Humboldt-Universität zu Berlin, formulierte vor einigen Jahren die vielbeachtete These, dass der Gegensatz zwischen Kosmopolitismus und Kommunitarismus eine neue Konfliktlinie (Cleavage) – vielleicht die entscheidende – in der Gesellschaft bilde und eine Spaltung der Gesellschaft entlang dieser Linie zu beobachten sei.

1 Die westlichen Gesellschaften haben in den vergangenen vier Jahrzehnten einen tief greifenden Kulturwandel erlebt. Neue Lebensformen, gleichgeschlechtliche Ehen, Chancengerechtigkeit der Geschlechter, Multikulturalismus und ökologische Fragen dominieren die Diskurse. [...] Kosmopolitische Eliten besetzen die Spitzenpositionen in Wirtschaft, Staat, Parteien und Medien. Der kosmopolitische Diskurs der Herrschenden wurde zum herrschenden Diskurs. Kritik an ihm wurde in der öffentlichen Sphäre häufig moralisch delegitimiert. [...] Zugleich wurden traditionell konservative Werte wie Nation, nationale Identität, Leitkultur oder die Ausschließlichkeit der Mann-Frau-Ehe anachronistisch. Die nostalgische Schließung gegenüber der kulturellen Modernisierung war dann die fast folgerichtige – und hilflose – Reaktion einer weniger gebildeten, vor allem männlichen Unter- und (unteren)Mittelschicht. Diese sieht sich als Verlierer der kulturellen Moderne.

Merkel, Wolfgang: Bruchlinien: Kosmopolitismus, Kommunitarismus und die Demokratie. In: WZB Mitteilungen, Heft 154, Dezember 2016

2 Die Globalisierung hat Gesellschaften, Konflikte, Institutionen, Organisationen, Verfahren, Ungleichheitslagen, Klassen, Diskurse und Rechtsverhältnisse verändert. [...]

Bei Kommunitaristen ist der Hang zu kühnen theoretischen Entwürfen weniger stark ausgeprägt. Sie heben in erster Linie die konstitutive Rolle von Gemeinschaft und Identität für die Entwicklung von sozialen Gesinnungen und Haltungen hervor. Aus dieser Perspektive sind Verteilungsgerechtigkeit und Demokratie abhängig von sozialen Kontexten, die meist territorial begriffen werden. [...] Es gibt keinen Konsens darüber, wie das Konzept Gemeinschaft zu verstehen ist. [...] Eine einheitliche These der kommunitaristischen Ausführungen ist jedoch die Annahme, dass diesen Gemeinschaften eine soziale und politische Identität zukommen soll, dass sie Solidarität und ein stabiles Gefühl der Zugehörigkeit ermöglichen, aber auch unterdrücken können sollen. [...] Grenzen werden als bedeutungsvoll und in gewissem Sinne auch als konstitutiv für Gerechtigkeitsvorstellungen angesehen. [...] Gleichzeitig wird jede Form der Übertragung von Kompetenzen und Rechten auf supranationale Institutionen mit Skepsis betrachtet. [...]

Der Kosmopolitismus ist zu einem erfolgreichen und kohärenten Narrativ geworden, das fortschrittliche Werte, einen eleganten Livestyle und transnationale Wirtschaftsinteressen vereint. Es ist daher zu erwarten, dass die Kosmopoliten ein überdurchschnittliches Bildungsniveau und Einkommen sowie ein hohes Maß an kulturellem Kapital und Humankapital aufweisen. Sie sind kulturell offen und sowohl räumlich als auch beruflich mobil, letztendlich also die Gewinner der Globalisierung.

Auf der anderen Seite gilt es idealtypisch zu erwarten, dass die Kommunitaristen die politischen Errungenschaften des Wohlfahrtsstaats der Nachkriegszeit verteidigen wollen und mit den entgegengesetzten Eigenschaften (der Kosmopoliten) zu beschreiben sind. Sie haben ein unterdurchschnittliches Bildungsniveau und Einkommen, ein eingeschränktes Kultur- und Humankapital und sind weniger mobil jenseits des Nationalstaats. Kommunitaristen neigen dazu, eher die Verlierer der Globalisierung zu sein und ein besonderes wirtschaftliches und kulturelles Interesse am National- wie Sozialstaat zu haben. Sie weisen eine starke Präferenz für eng kontrollierte nationalstaatliche Grenzen auf. [...]

Die im Entstehen begriffene neue Konfliktlinie erklärt sich durch die Effekte der Globalisierung.

Merkel, Wolfgang/Zürn, Michael: Kosmopolitismus, Kommunitarismus und die Demokratie. In: Nida-Rümelin, Julian/von Daniels, Detlef/Wloka, Nicole (Hg.): Internationale Gerechtigkeit und institutionelle Verantwortung. Berlin: DeGruyter 2019, S. 67 ff.

Konfliktstruktur: Zwei Konfliktlinien

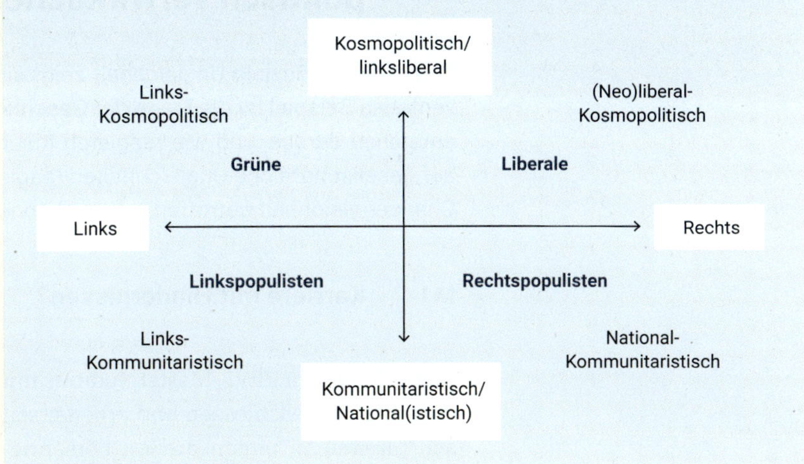

Nach: Wolfgang Merkel, 2022

Aufgaben

1. Erklären Sie den Begriff des sozialen Wandels (**M14**).
2. Gruppenarbeit: Stellen Sie die grundlegenden Aussagen sowie Gemeinsamkeiten und Unterschiede der jeweiligen Gesellschaftsmodelle **M15-M17** dar. Erläutern und verdeutlichen Sie die Modelle im Kurs anhand konkreter aktueller Beispiele.
3. Verfassen Sie zur Analyse von Reckwitz (**M16**) einen kritischen Gegenkommentar.
4. Beurteilen Sie die Frage nach der Spaltung der Gesellschaft. Benennen Sie dabei die für Ihre Position entscheidenden Faktoren, Argumente und Kategorien aus den entsprechenden Gesellschaftstheorien (**M16-M17**) und berücksichtigen Sie Ihre Erkenntnisse aus dem Kapitel zur sozialen Ungleichheit (→ Kap. 4.1.3).

4.3 Gesellschaftliche Herausforderungen: (Wie) Lässt sich Geschlechtergerechtigkeit politisch verwirklichen?

Zum Thema: Soziale Ungleichheit zeigt sich in vielen gesellschaftlichen Bereichen – ein zentrales Beispiel ist die Frage der Geschlechtergerechtigkeit. Welche Herausforderungen entstehen daraus, und wie reagieren Institutionen darauf? Untersucht wird, wie politisch auf gesellschaftliche Ungleichheiten reagiert wird – und welche Entscheidungen für mehr Chancengleichheit getroffen werden können.

M1 Karriere mit Hindernissen?

Marie S. hat ihr BWL-Masterstudium mit Bestnoten abgeschlossen und arbeitet seit acht Jahren in einem großen börsennotierten Unternehmen. Trotz positiver Leistungsbewertungen stagniert ihre Karriere: Während männliche Kollegen schneller befördert werden oder Führungspositionen einnehmen, bleibt ihr Aufstieg bisher aus. Sie erfährt wiederholt, dass ihr Engagement für die Familie als „Risiko" für Leitungsposten gesehen wird. Marie engagiert sich zugleich ehrenamtlich für mehr Chancengleichheit in ihrem Unternehmen und ist Vorstandsmitglied eines Frauenfördernetzwerks.

Bearbeiter

Einstiegsaufgaben

72018-418

1. Beschreiben Sie die Situation von Marie S. (**M1**). Welche Formen von Benachteiligung oder Ungleichheit werden sichtbar?
2. Überlegen Sie, welche Maßnahmen ihr Unternehmen, der Staat oder die Gesellschaft ergreifen könnten, damit Personen wie Marie S. keine beruflichen Nachteile erfahren. Diskutieren Sie Ihre Ideen anschließend im Plenum.

M2 Geschlechtergerechtigkeit: Wie ist die Situation in Deutschland?

A Gleichberechtigung: rechtliche Grundlagen

Die Gleichberechtigung der Geschlechter ist im Grundgesetz verankert. Artikel 3 GG garantiert die Gleichheit aller Menschen vor dem Gesetz und legt fest: „Männer und Frauen sind gleichberechtigt." Kein Mensch darf wegen seines Geschlechts benachteiligt oder bevorzugt werden. Das Grundgesetz wurde 1994 dahingehend erweitert, dass die Förderung der „tatsächlichen Durchsetzung" der Gleichberechtigung von Frauen und Männern sowie die „Beseitigung bestehender Nachteile" zur Aufgabe des Staates erklärt wurde (Art. 3 Abs. 2 GG). Ergänzend konkretisiert das Allgemeine Gleichbehandlungsgesetz (AGG) seit 2006 die Grundrechte. Dieses Gesetz hat zum Ziel, ungerechtfertigte Benachteiligungen aus Gründen der ethnischen Herkunft, des Geschlechts, der Religion, der Weltanschauung, einer Behinderung, des Alters oder der sexuellen Identität zu verhindern und zu beseitigen. So müssen z. B. Stellenanzeigen in Zeitungen so abgefasst werden, dass sich grundsätzlich jede Interessentin bzw. jeder Interessent auf die Stelle bewerben kann. Die Einhaltung wird von Gerichten, Gleichstellungsbeauftragten und Antidiskriminierungsstellen überwacht. Damit liegt ein umfassender rechtlicher Rahmen vor, der Chancengleichheit fördert und sichtbare wie verdeckte Benachteiligungen abbauen soll – ein Fundament, auf dem politische und institutionelle Gleichstellungspolitik aufbaut.

B Woraus bestehen die Ungleichheiten?

Die klassische Rollenverteilung bei der Kindererziehung stellt nach wie vor ein Karrierehindernis für Frauen dar.

Trotz dieser rechtlich formalen Gleichberechtigung der Geschlechter erleben Frauen in vielen Bereichen der Gesellschaft nach wie vor deutliche Benachteiligungen. Die Situation berufstätiger Frauen ist oft gekennzeichnet durch schlechtere Arbeitsbedingungen, geringere Bezahlung, Arbeitsplätze mit niedrigerem Sozialprestige sowie ein höheres Armuts- und Arbeitsplatzrisiko. In vielen gesellschaftlichen Bereichen werden traditionelle Rollenbilder noch immer reproduziert – etwa durch stereotype Erwartungen an die Berufswahl, ungleiche Elternzeiten, geringere Renten oder ungleiche Arbeitszeitmodelle. Hinsichtlich der beruflichen Aufstiegschancen gilt nach wie vor: Je höher die berufliche Position und je höher das Gehalt sind, desto geringer ist der Frauenanteil. Auch wenn die Frauen zunehmend Leitungspositionen einnehmen, sind die meisten Führungsetagen in Wirtschaft und Verwaltung nach wie vor reine Männerdomänen.

C Ursachen für die Ungleichheiten

Die klassische Rollenteilung in der Familie ist nach wie vor ein großes Hindernis für eine weibliche Karriere. Frauen tragen immer noch die Hauptverantwortung für Kindererziehung und Haushaltsführung und verzichten oft zugunsten der Familie auf das berufliche Vorankommen. Auch infolge der oft schwierigen Vereinbarkeit von Familie und Arbeitsleben steigen viele qualifizierte Frauen vorübergehend aus der Erwerbstätigkeit aus oder wechseln in eine Teilzeitbeschäftigung, während ihre männlichen Altersgenossen sich beruflich weiterentwickeln und dabei einen schwer einholbaren Vorsprung erhalten.

Die Berufswahl vieler Frauen verläuft weiterhin nach klassischen Mustern: Sie entscheiden sich nach wie vor häufig für „typisch weibliche" Ausbildungsgänge und Studienfächer, die traditionell oft gesellschaftlich weniger anerkannt und schlechter bezahlt sind als typische „Männerberufe".

Bearbeiter

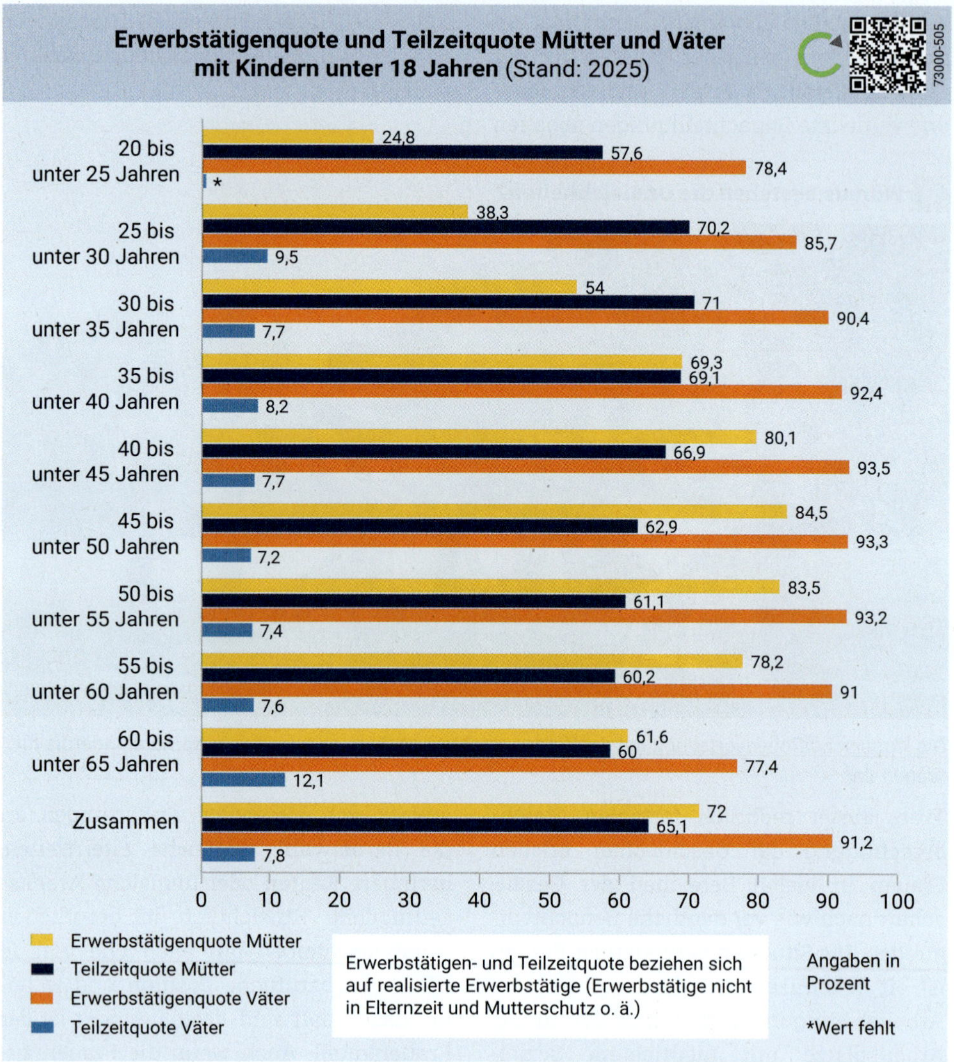

©C.C. Buchner Verlag, aktuelle Daten nach: DESTATIS (Datenerhebung: 2024; Grafikerstellung: 2025)

M3 Verwirklichung von Geschlechtergerechtigkeit: Wer ist beteiligt?

A Staat und Politik: Rahmensetzung und Anreize schaffen

Die Bundesregierung und der Bundestag gestalten den gesetzlichen Rahmen für Gleichstellung. Sie berufen sich dabei auf Artikel 3 Absatz 2 des Grundgesetzes, nach dem der Staat die tatsächliche Gleichberechtigung von Frauen und Männern fördern soll. Seit Anfang der 2000er-Jahre entstanden Programme zur Familienfreundlichkeit, zu fairer Bezahlung und zu mehr Frauen in Führungspositionen. Eine wichtige Rolle spielt das Bundesministerium für Familie, Senioren, Frauen und Jugend (BMFSFJ), das regelmäßig Gleichstellungsberichte veröffentlicht. Diese Berichte bilden die Basis für neue politische Initiativen, etwa Reformen im Elternzeitrecht oder Förderprogramme für Frauen in MINT-Berufen. Ziel ist, gesetzliche Rahmenbedingungen zu schaffen, die Chancengleichheit ermöglichen – ohne die Entscheidung der Bürgerinnen und Bürger zu erzwingen.

Im Mittelpunkt aktueller parlamentarischer Diskussionen steht die Frage, ob staatliche Maßnahmen wie Zielvereinbarungen, Förderprogramme oder finanzielle

Anreize ausreichen, um strukturelle Benachteiligungen wirksam abzubauen. In der öffentlichen Aufmerksamkeit stand dabei oft die Kontroverse um die Einführung einer gesetzlichen Frauenquote bei Führungspositionen.

B Wirtschaft zwischen Eigeninitiative und Marktlogik

Auch Unternehmen sind zentrale Akteure im Prozess gesellschaftlicher Gleichstellung. Viele große Firmen in Deutschland haben interne Gleichstellungsbeauftragte, Mentoring-Programme oder Diversity-Abteilungen eingerichtet. Andere setzen auf flexible Arbeitszeitmodelle, die die Vereinbarkeit von Familie und Beruf erleichtern sollen. Laut einer Erhebung der Bundesstiftung Gleichstellung (2024) gilt Flexibilität als Schlüssel zu mehr Chancengleichheit – sie birgt jedoch auch Risiken: Wenn Elternzeit und Teilzeit vorrangig von Frauen genutzt werden, kann dies traditionelle Rollenmuster weiter verfestigen.

Betriebliche Gleichstellungsstrategien hängen stark von der Unternehmensführung ab. Während einige Konzerne Vorreiter in Sachen Diversität sind, betrachten andere das Thema noch immer als Teil von Imagepflege oder Personalstrategie. Die Wirtschaft besitzt also Handlungsspielräume – nutzt sie aber sehr unterschiedlich.

C Gerichte und Zivilgesellschaft – Kontrolle, Unterstützung, Druck von außen

Gerichte sorgen dafür, dass bestehende Gesetze zur Gleichbehandlung tatsächlich angewendet werden, etwa das Allgemeine Gleichbehandlungsgesetz (AGG) von 2006. Es schützt vor Benachteiligung aufgrund des Geschlechts, insbesondere am Arbeitsplatz. Laut dem Antidiskriminierungsbericht 2024 stammt etwa ein Viertel aller gemeldeten Diskriminierungsfälle aus dem Bereich „Geschlecht oder familiäre Situation". Hier werden Unternehmen und staatliche Institutionen zur Rechenschaft gezogen, wenn Gleichstellung nicht gewährleistet ist.

Zugleich schaffen zivilgesellschaftliche Organisationen Bewusstsein und üben gesellschaftlichen Druck aus. Der Deutsche Frauenrat und internationale Akteure wie UN Women Deutschland setzen sich für verbindlichere Regelungen, faire Arbeitsbedingungen und eine höhere politische Repräsentanz von Frauen ein. Sie organisieren Kampagnen, beraten Betroffene und bringen Themen wie Care-Arbeit oder Einkommensunterschiede zwischen Männern und Frauen in öffentliche Diskussionen ein.

Bearbeiter

M4 Politische Maßnahmen zur Verbesserung der Geschlechtergerechtigkeit

A Gesetzliche Regelungen: Was macht die Politik?

Für die „tatsächlich Durchsetzung" der Gleichberechtigung von Frauen und Männern (Art. 3 Abs. 2 GG) wurden in Deutschland mehrere gesetzliche Schritte unternommen. Das **„Gesetz für die gleichberechtigte Teilhabe von Frauen und Männern an Führungspositionen"** (FüPoG) wurde erstmals 2015 eingeführt und richtete sich sowohl an die Privatwirtschaft als auch an den öffentlichen Sektor (Bundesverwaltung und Gerichte). In der Privatwirtschaft sind börsennotierte Unternehmen ab 1. Januar 2016 verpflichtet, eine feste Quote von 30 Prozent des jeweils unterrepräsentierten Geschlechts in ihren Aufsichtsräten zu erreichen. Im öffentlichen Sektor wurden die Quote analog zu den Regelungen in der Privatwirtschaft angepasst und darüber hinaus die Position der Gleichstellungsbeauftragten gestärkt, indem nun bis zu drei Stellvertreterinnen vorgesehen sind (in Abhängigkeit der Dienstellengröße).

Frauenanteil in den Vorständen deutscher Unternehmen
Stand: 2025

73000-712

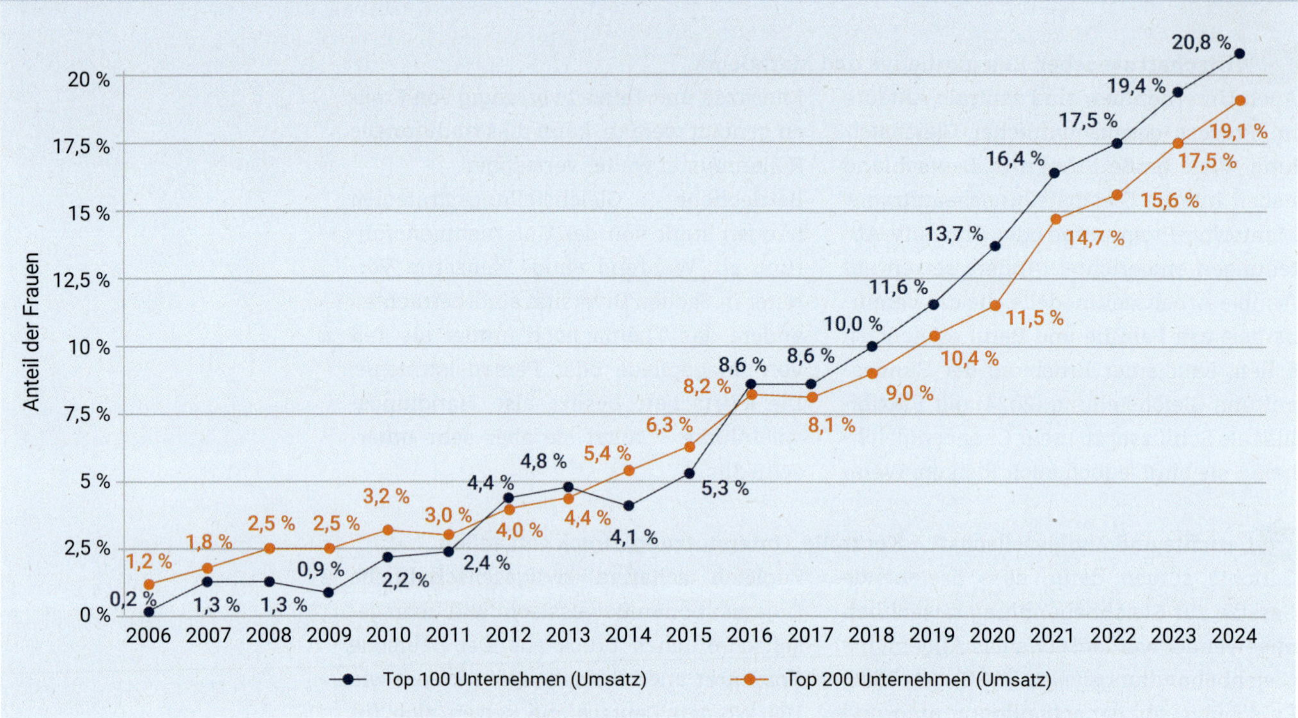

©C.C. Buchner Verlag, aktuelle Daten nach: DIW (Datenerhebung: 2024; Grafikerstellung: 2025)

Median
Der Median ist ein Mittelwert, bei dem die eine Hälfte der Werte kleiner und die andere Hälfte größer ist.

2021 wurde dieses Gesetz mit dem **Zweiten Führungspositionen-Gesetz** (FüPoG II) weiterentwickelt und erweitert. Es verpflichtet Unternehmen mit mehr als drei Personen im Vorstand seit dem 1. August 2022 dazu, mindestens eine Frau und mindestens einen Mann zu berufen, sofern diese Stellen vorhanden sind. Eine Abweichung von den Quoten für Aufsichtsrat und Vorstand muss künftig begründet werden. Für den öffentlichen Sektor legte das FüPoG II fest, bis Ende 2025 eine gleichberechtigte Teilhabe von Frauen und Männern an Führungspositionen in der Bundesverwaltung zu erreichen. Unternehmen mit Mehrheitsbeteiligung des Bundes müssen bei mehr als zwei Mitgliedern in der Geschäftsführung mit mindestens einer Frau und mindestens einem Mann besetzt sein. Des Weiteren wurde für die Leitungsorgane der Sozialversicherungsträger (gesetzliche Krankenkassen, Renten- und Unfallversicherung, Deutsche Rentenversicherung Bund, Bundesagentur für Arbeit) eine Mindestbeteiligung eingeführt.

Parallel dazu verfolgt das **Entgelttransparenzgesetz** (seit 2017 in Kraft) das Ziel, die Lohngleichheit zwischen Frauen und Männern bei gleicher oder gleichwertiger Arbeit durchzusetzen. Zu den Kerninhalten gehören:

- Der individuelle Auskunftsanspruch: Beschäftigte in Betrieben mit mehr als 200 Mitarbeiterinnen und Mitarbeitern können alle drei Jahre Informationen zur Entgeltstruktur einholen. Dieser Auskunftsanspruch bezieht sich jedoch nur auf Personen im Unternehmen, die in einer vergleichbaren Position arbeiten. Aus Gründen des Datenschutzes muss zudem eine Mindestgröße von sechs Personen innerhalb der Vergleichsgruppe erreicht sein, denn die Auskünfte werden anonymisiert gegeben. Aus dieser Vergleichsgruppe wird der Median der Gehälter ermittelt und mitgeteilt. Eine Information darüber, was bestimmte, einzelne Mitarbeiter verdienen, ist nicht möglich.

- Betriebliche Prüfverfahren: Unternehmen mit mehr als 500 Beschäftigten sind aufgefordert, ihre Entgeltstrukturen auf Gleichstellung hin zu überprüfen und gegebenenfalls anzupassen.
- Berichtspflichten: Große Unternehmen müssen regelmäßig über den Stand der Gleichstellung und Entgeltgleichheit berichten.

Diese gesetzlichen Maßnahmen ergänzen das bereits bestehende Allgemeine Gleichbehandlungsgesetz (AGG) und sind Teil eines umfassenden Versuchs, strukturelle Ungleichheiten abzubauen. Im April 2023 beschloss die Europäische Union eine neue Entgelttransparenz-Richtlinie, dessen Regelungen teilweise über das deutsche Entgelttransparenzgesetz hinausgehen. So werden beispielsweise die Auskunftsansprüche der Arbeitnehmerinnen und Arbeitnehmer ausgeweitet: Die Berichtspflicht greift bereits bei Unternehmen ab 100 Mitarbeiterinnen und Mitarbeitern, der Auskunftsanspruch ist nicht nur auf Unternehmern mit mehr als 200 Beschäftigten begrenzt, sondern besteht unabhängig von der Unternehmensgröße. Auch weitere Einschränkungen des deutschen Entgelttransparenzgesetzes entfallen mit der neuen EU-Richtlinie. Die Mindestanforderung von sechs Personen in der Vergleichsgruppe wird aufgehoben und verglichen werden nicht nur gleiche, sondern auch gleichwertige Tätigkeiten. Darüber hinaus wird eine Beweislastumkehr eingeführt: Bei Entgeltdiskriminierung muss künftig der Arbeitgeber nachweisen, dass keine ungleiche Behandlung vorliegt. Unternehmen, bei denen ein Entgeltgefälle von mehr als fünf Prozent zwischen den Geschlechtern festgestellt wird, sind verpflichtet, gemeinsam mit den Arbeitnehmervertretungen konkrete Maßnahmen zur Beseitigung dieser Ungleichheit zu ergreifen. Zudem müssen Stellenausschreibungen künftig Angaben zur Entlohnung oder zur Entgeltspanne enthalten. Diese Richtlinie muss bis zum 7. Juni 2026 in nationales Recht umgesetzt werden.

Bearbeiter

B Kommentar zur Frauenquote in den Vorständen deutscher Unternehmen: „Systemwidrige Symbolpolitik"

Gemischte, bunter zusammengesetzte Teams sind tendenziell innovativer und fassen bessere Entscheide als homogene Gruppen. Das lässt nicht nur der gesunde Menschenverstand vermuten, das legen mittlerweile auch Studien nahe. So gesehen sind die Vorstände vieler Konzerne – nicht nur, aber gerade auch in Deutschland – suboptimal besetzt: In den obersten Führungsgremien der Wirtschaft dominieren Männer, oft mit ähnlichem beruflichem und sozialem Hintergrund, eingebunden in Seilschaften, die bis in die Studienzeit zurückreichen.

Nun will der Gesetzgeber den Unternehmen Beine machen: [Im Juni 2021] hat der Bundestag das „zweite Führungspositionengesetz" verabschiedet, das unter anderem eine Mindestbeteiligung von Frauen in Vorständen vorschreibt. [Börsennotierte] Unternehmen mit mehr als 2000 Mitarbeitern, die der paritätischen Mitbestimmung unterliegen und deren Vorstand aus mindestens vier Mitgliedern besteht, müssen – nach einer Übergangsfrist und ab der nächsten Neubesetzung – mindestens eine Frau (und mindestens einen Mann) im Vorstand, dem obersten operativen Führungsgremium, haben. Für die Neuregelung, die eine bestehende Quotenregel für Aufsichtsräte ergänzt, haben die Koalitionsparteien CDU/CSU und SPD gestimmt, dagegen waren die AfD und die FDP. Grüne und Linke, denen die Vorgaben nicht weit genug gehen, enthielten sich.

Laut einer [...] Analyse des Deutschen Instituts für Wirtschaftsforschung (DIW Berlin) gilt die neue Vorgabe derzeit für insgesamt nur 64 Unternehmen, von denen 42 die Mindestbeteiligung bereits erfüllen. 8 Unternehmen hätten seit der Grundsatzeinigung einer Arbeitsgruppe der grossen Koalition aus Union und SPD im Herbst 2020 eine erste Frau in den Vorstand aufgenommen, das Gesetz habe «offenbar bemerkenswerte Antizipationseffekte ausgelöst», schreibt das DIW. Einige Konzerne haben laut dem Institut den Vorstand zugleich vergrößert; offenbar wurde für einige neu bestellte weibliche Vorstände eigens eine neue Stelle geschaffen.

Doch so berechtigt das Anliegen ist, so fragwürdig ist der eingeschlagene Weg: In einer liberal-marktwirtschaftlichen Ordnung setzt der Staat den Rahmen für private wirtschaftliche Tätigkeiten, er schreibt nicht deren Ergebnis vor. Übertragen auf die Zusammensetzung von Führungsgremien hieße das, dass der Gesetzgeber zum Beispiel mit Investitionen in die Kinderbetreuung oder mit Anpassungen der Arbeitszeit- und Steuervorschriften die Vereinbarkeit von Familie und Beruf weiter erhöhen sollte (wozu das neue Gesetz mit einer Mutterschutzregelung für Vorständinnen Ansätze enthält).

Auch ist zu überlegen, wie junge Frauen vermehrt zum Studium von natur- und wirtschaftswissenschaftlichen Fächern animiert werden könnten. Denn der deutschen Industrie mangelt es an Ingenieurinnen, und den Ingenieurinnen fehlt es an Kita-Plätzen.

Die Verbesserung solcher Rahmenbedingungen wirkt in die Breite, sie unterstützt einen Kulturwandel, der zäh begonnen hat, inzwischen aber durchaus stattfindet, und sie kommt allen Frauen zugute. Das neue Gesetz hingegen konzentriert sich mit starren Vorgaben auf die Vorstände einiger Dutzend Konzerne. Dies mag eine gewisse Signalwirkung haben, bleibt aber letztlich Symbolpolitik. Und für Symbolpolitik ist der Preis schlicht zu hoch: Der Staat greift mit Vorgaben für die Zusammensetzung von Vorständen tief in die unternehmerische Freiheit und in die Vertragsfreiheit ein. Die Verantwortung für die Bestellung von Vorständen trägt aber auch künftig nicht der Staat, sondern der Aufsichtsrat. Er muss den Aktionären gegenüber für Fehlbesetzungen geradestehen. Folglich sollte er auch frei entscheiden können.

Höltschi, René: Frauenquote für deutsche Vorstände: Der Bundestag betreibt systemwidrige Symbolpolitik. In: www.nzz.ch, 11.06.2021; Rechtschreibung durch Bearbeiter angepasst

Aufgaben

72018-419

1. Erklären Sie, ausgehend von den rechtlichen Grundlagen (**M2** A), wie in Deutschland Gleichberechtigung gesetzlich definiert und gesichert wird.
2. Untersuchen Sie, welche Faktoren und Ursachen zur bestehenden Ungleichheit zwischen Männern und Frauen im Beruf beitragen (**M2** B, **M3**).
3. Vergleichen Sie die im Kapitel dargestellten Handlungsoptionen von Unternehmen, Staat und Zivilgesellschaft (**M3**). Welche Ansätze erscheinen Ihnen aus institutioneller Sicht besonders wirksam, wo erkennen Sie Grenzen oder Problemfelder?
4. Diskutieren Sie die Wirkung der politischen Maßnahmen „Frauenquote" und „Entgelttransparenzgesetz" (**M4**).

4.4 Migrationsgesellschaft im Wandel

4.4.1 Migration: Deutschland – ein Einwanderungsland?

Zum Thema: Seit Jahrzehnten gibt es Zuwanderung nach Deutschland. Menschen kommen aus vielfältigen Gründen aus dem Ausland zu uns, beispielsweise um Schutz zu suchen vor Bedrohungen im Heimatland oder um bessere Arbeits- und Lebensbedingungen vorzufinden. Die Gesellschaft in Deutschland wird deshalb schon lange als Migrationsgesellschaft bezeichnet. Dennoch war und ist es politisch und gesellschaftlich umstritten, Deutschland als Einwanderungsland zu bezeichnen. Ein Blick auf die Geschichte der Migration nach Deutschland bildet die Grundlage, um diese Frage zu beurteilen und zu diskutieren, ob oder inwiefern Deutschland tatsächlich ein Einwanderungsland ist.

M1 Ist Deutschland ein Einwanderungsland?

Einwanderungsland?
Wir doch nicht!

Deutschland ist ein Einwanderungsland – dieser Fakt ist weitgehend akzeptierte Realität.

Einstiegsaufgaben 72018-420

1. Vergleichen Sie die Zitate (**M1**) inhaltlich. Nennen Sie Gründe, warum die Bezeichnung von Deutschland als Einwanderungsland umstritten ist.
2. Ist Deutschland Ihrer Einschätzung nach ein Einwanderungsland? Positionieren Sie sich zu dieser Frage.

M2 Was ist Migration?

Die Verlegung des Lebensmittelpunktes von Individuen und Gruppen über eine größere Entfernung bezeichnet man allgemein als Migration. Die Zu- und Fortzüge können zwischen Regionen innerhab eines Landes (Binnenmigration) oder über die Grenzen eines Landes hinweg (Außenwanderung/internationale Migration) geschehen. Im Gegensatz zu alltäglichen Formen der Mobilität (Tourismus, Fahrt zum Arbeitsplatz) wird bei der Migration der Lebensmittelpunkt langfristig verlegt. Von einer dauerhaften Migration kann gesprochen werden, wenn der Aufenthalt in einem anderen Land länger als ein Jahr anhält.

Nach der Internationalen Organisation für Migration (IOM) leben derzeit etwa 200 Millionen Menschen außerhalb ihrer Herkunftsländer. Migration und Migrationsbewegungen sind somit ein globales Phänomen. Die Motive sind dabei vielfältig: die Suche nach einem besseren Beruf (Arbeitsmigration), die Gründung einer Familie (Familienmigration), die Flucht vor Gewalt (Fluchtmigration) etc.

Sehr häufig spielen neben ökonomischen und politischen Ursachen die bereits existierenden Netzwerke in den Zielländern für Migrantinnen und Migranten eine wichtige Rolle. Insgesamt kann man sagen, dass Wanderungen immer zu Veränderungen der Gesellschaftsstruktur in den Ziel- und Herkunftsländern führen.

Basierend auf: Bundeszentrale für politische Bildung, Dossier Migration: Was ist Migration? In: www.bpb.de, 14.05.2018

M3 Migration in Deutschland: Vergangenheit und Gegenwart

A Geschichte der Migration in der Bundesrepublik Deutschland

1964: Der portugiesische Zimmermann Armando Rodrigues wird auf dem Bahnhof Köln-Deutz vom Bundesinnenminister als millionster Gastarbeiter in der Bundesrepublik begrüßt und erhält als Geschenk ein Motorrad.

Das besetzte Deutschland der unmittelbaren Nachkriegszeit war [...] eine Gesellschaft in Bewegung: rund zehn Millionen Menschen waren aus den zerbombten Städten evakuiert worden und konnten zum Teil, wenn überhaupt, erst nach Jahren zurückkehren. Hinzu kamen rund elf Millionen demobilisierte oder aus Kriegsgefangenschaft entlassene deutsche Soldaten. [...] Rund 14 Millionen Menschen flohen vor der anrückenden Roten Armee sowie vor spontanen und organisierten Vertreibungsaktionen: In der Folge waren Ende 1947 knapp ein Viertel der Bevölkerung der sowjetisch besetzten Zone Flüchtlinge; in der amerikanisch besetzten Zone waren es knapp 18 Prozent und in der britischen knapp 15 Prozent. [...]

Die Zahl der in der Bundesrepublik beschäftigten Ausländer stieg von etwa 73.000 (1954) über 329.000 (1960) auf 711.000 (1962) um 1965 erstmals die Millionenmarke zu überschreiten (1,2 Mio.). Nach einem kurzen Rückgang 1967 stieg ihre Zahl weiter an, um 1973, dem Jahr des Anwerbestopps, einen Höhepunkt von 2,6 Mio. zu erreichen. Insgesamt war gut ein Drittel der ausländischen Beschäftigten „Gastarbeiterinnen". [...] Migrantinnen und Migranten sollten für einige Jahre in die Industriezentren Europas kommen und dort arbeiten, um anschließend mit dem gesparten Geld zurückzukehren und neuen Arbeitskräften Platz zu machen. Dieses System funktionierte auch lange Zeit: So kamen zwischen Ende der 1950er und Anfang der 1970er Jahre rund 14 Mio. ausländische Arbeitskräfte in die Bundesrepublik, während im gleichen Zeitraum etwa 11 Mio. wieder zurückkehrten. [...]

Die Ölkrise im Herbst 1973 und die zunehmende Kritik der Gewerkschaften an der „Gastarbeiter"-Anwerbung gaben schließlich den Anlass für den Anwerbestopp [...].

Herkunftsgebiet der meisten Migranten in den 1990er Jahren war [...] das östliche Europa, von wo zunehmend Flüchtlinge, Arbeitskräfte, Spätaussiedler, Geschäftsleute, Wissenschaftler, Juden, Studierende und Au-pairs – so die Kategorien des Einwanderungsrechts – in das wiedervereinigte Deutschland kamen. [...] Zwischen 1988 und 1993 kamen rund 7,3 Mio. Menschen nach Deutschland, 3,6 Mio. verließen es im gleichen Zeitraum wieder, was eine Nettozuwanderung von 3,7 Mio. bedeutet. Angesichts des weiterhin vorherrschenden Selbstverständnisses Deutschlands, kein Einwanderungsland zu sein, führte dies zu schweren politischen Auseinandersetzungen [...].

Die Bürgerkriege des zerfallenden Jugoslawiens, die zunehmende Binnenmigration in Europa, wachsende globale Verflechtungen, vor allem aber ein zunehmend selbstbewusster Teil der eingewanderten Bevölkerung und ihrer Nachkommen führten schließlich gegen Ende des Zwanzigsten Jahrhunderts dazu, dass die Bundesrepublik sich ihrer Einwanderungsgeschichte stellte und diese zunehmend auch offiziell anerkannte: Im Jahr 2000 trat ein neues Staatsangehörigkeitsrecht in Kraft, das die Einbürgerung in Deutschland geborener Nachkommen von Einwanderern erleichterte [...].

Berlinghoff, Marcel: Geschichte der Migration in Deutschland. In: www.bpb.de, 14.05.2018

Fluchtzuwanderung seit 2015

Seit 2015 prägten vor allem Kriege und Konflikte in Syrien, Afghanistan und anderen Regionen eine starke Fluchtzuwanderung nach Deutschland, die 2015/2016 zu einem deutlichen Anstieg der Asylsuchenden führte. In den Folgejahren gingen die Zahlen der Erstanträge zwar zurück, zugleich blieb Deutschland aber eines der wichtigsten Zielländer in der EU. Politisch standen seither Fragen nach Begrenzung, Verteilung und Integration von Geflüchteten im Zentrum, was zu Reformen im Asyl-, Aufenthalts- und Einbürgerungsrecht führte.

B Entwicklung der Zu- und Abwanderung in Zahlen

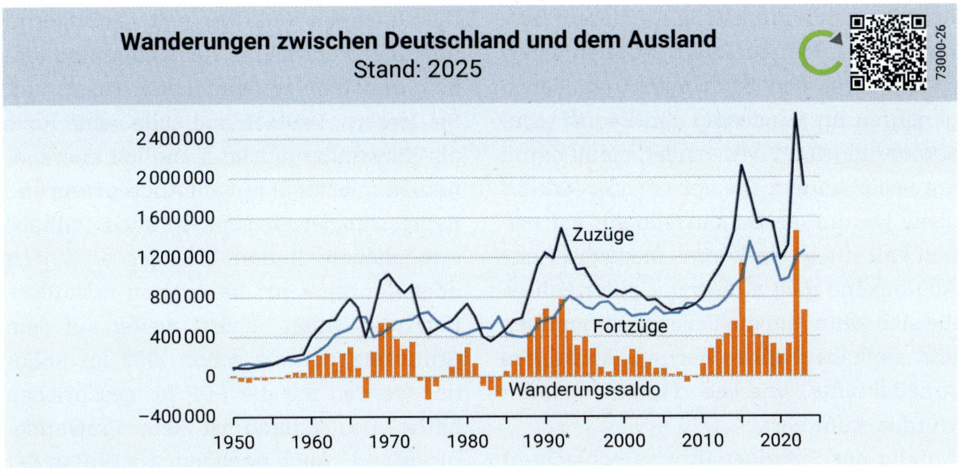

* bis 1990 früheres Bundesgebiet

©C.C. Buchner Verlag, aktuelle Daten nach: DESTATIS (Datenerhebung: 2024; Grafikerstellung: 2025)

C Mit Migrationshintergrund in Deutschland

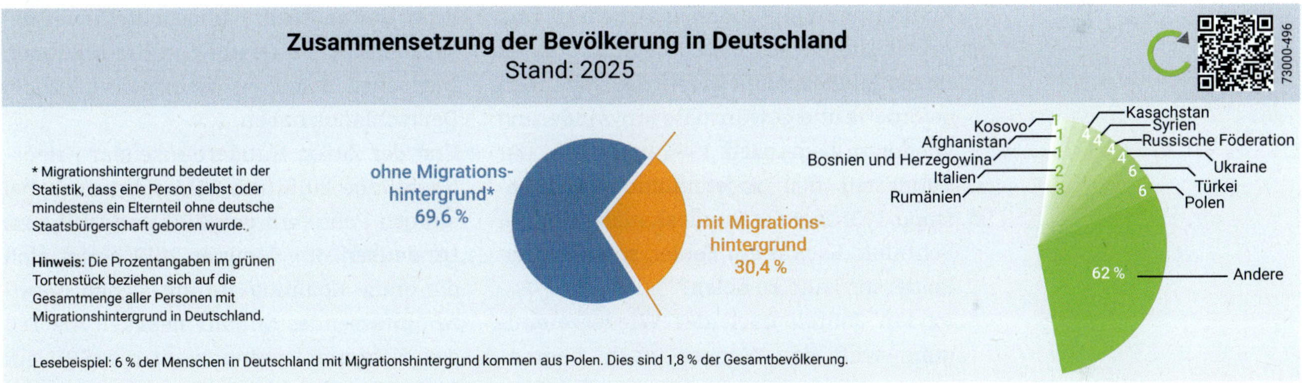

© C.C. Buchner Verlag, aktuelle Daten nach: DESTATIS (Datenerhebung: 2023; Grafikerstellung: 2024)

M4 Welche Erscheinungsformen von Migration werden diskutiert?

Erscheinungsformen von Migration	
Formen (Auswahl)	**Merkmale und Teilphänomene**
Arbeitswanderung	Aufnahme unselbstständiger Erwerbsarbeit in [...] Landwirtschaft, Industrie und im Dienstleistungsbereich
Bildungs- und Ausbildungswanderung	Erwerb schulischer, akademischer und beruflicher Qualifikationen
Hausarbeiterinnenwanderung	Aufnahme haushaltsnaher Dienstleistungen mit enger Bindung an Arbeitgeberfamilien und ungeregelter bzw. unterbezahlter Arbeit
Entsendung	Zeitlich befristete Entsendung im Rahmen und im Auftrag von Organisationen/Unternehmen [...]
Gewaltmigration	Nötigung zur Abwanderung aus politischen, nationalen, rassistischen oder religiösen Gründen
Lebensstilmigration	Migration finanziell unabhängiger Personen [...] aus kulturellen, klimatischen oder gesundheitlichen Erwägungen

Nach: Oltmer, Jochen: Globale Migration: Geschichte und Gegenwart. 2. Auflage. München: C.H. Beck 2016, S. 18 f.

M5 Zur Diskussion um den Begriff „Einwanderungsland"

Kein Einwanderungsland. An diesem Dogma halten Politiker aller Parteien lange fest. Wer in den Sechziger- und Siebzigerjahren im Bundestag den Begriff „Einwanderungsland" verwendet, meint damit entweder andere Staaten – oder erklärt eben, warum die Bundesrepublik auf keinen Fall eines sein könne. Die begriffliche Abgrenzung geht einher mit einer Politik, die sich kaum um die Lebensbedingungen und Teilhabechancen der „ausländischen Arbeitskräfte", wie sie damals genannt wurden, kümmert.

Anfang der Siebzigerjahre verschlechtert sich die wirtschaftliche Lage, die erste Ölkrise verursacht eine steigende Arbeitslosigkeit. Damit ändert sich auch die öffentliche Stimmung gegenüber den nun als Konkurrenz empfundenen Arbeitern und Arbeiterinnen aus dem Ausland. Schnell ist die Bundespolitik bereit, die eben noch geförderte und gewünschte Einwanderung wieder zu begrenzen: 1973 beschließt der Bundestag den sogenannten Anwerbestopp. 1981 sagt der Bundeskanzler Helmut Schmidt: „Es war ein Fehler, so viele Ausländer ins Land zu holen."

In den Jahren nach der Wiedervereinigung wird der Wunsch nach Abgrenzung noch viel stärker: Immer häufiger wird im Bundestag über Abschiebung gesprochen, auch die Klage über eine sogenannte Überfremdung hat nun wieder Konjunktur. [...] In den Neunzigerjahren thematisieren Politiker und Politikerinnen die wachsende Ausländerfeindlichkeit und den zunehmenden Rassismus. Sie fordern, Deutschland solle seine Rolle als Einwanderungsland endlich anerkennen, es solle nicht nur auf Abgrenzung und Repression setzen, sondern auch Teilhabe ermöglichen. Immer häufiger wird jetzt über Konzepte zur Integration diskutiert. Doch die Union beharrt weiter auf dem Grundsatz, den sie schon 1983 im Koalitionsvertrag mit der FDP festgeschrieben hatte: „Deutschland ist kein Einwanderungsland." Auch nachdem die FDP in der ersten Hälfte der Neunzigerjahre ihre Position ändert und ein Einwanderungsgesetz fordert, mit dem der Zuzug von Fachkräften geregelt werden soll, hält die Union an ihrer Haltung fest – ungeachtet einer gesellschaftlichen Realität, in der Millionen Menschen familiäre Wurzeln außerhalb Deutschlands haben.

Erst der Zuzug Hunderttausender Kriegsflüchtlinge 2015 und 2016 führt auch bei einigen Politikern von CSU und CDU zum Umdenken. Im Sommer 2019 einigt sich die große Koalition auf ein sieben Gesetze umfassendes Migrationspaket. Als Teil des Kompromisses handelt die SPD ein Fachkräfteeinwanderungsgesetz aus. [...] [E]s ist das erste Mal, dass ein Gesetz die längst bekannte Realität anerkennt.

Lindhoff, Alicia: Einwanderungsland? Wir doch nicht. In: Die Zeit, 17.09.2019

Aufgaben

72018-421

1. Erklären Sie den Unterschied zwischen Mobilität und Migration (**M2**).
2. Erstellen Sie mit Hilfe des Textes (**M3** A) eine Zeitleiste zur Migrationsgeschichte Deutschlands.
3. Analysieren Sie auf der Basis der Migrationsgeschichte Deutschlands die Grafiken **M3** B und C). Erklären Sie Auffälligkeiten.
4. Ordnen Sie die wichtigsten Migrationsbewegungen in Deutschland den Erscheinungsformen (**M4**) zu. Begründen Sie Ihre Zuordnung.
5. Beurteilen Sie differenziert die Frage, ob Deutschland ein Einwanderungsland ist (**M1-M5**).

4.4.2 Flucht und Asyl: Welche und wie viele Geflüchtete sollen in Deutschland aufgenommen werden?

Zum Thema: Viele Menschen flüchten nach Deutschland, zum Beispiel im Jahr 2015, aber auch in Folge des russischen Angriffs auf die Ukraine 2022. In Deutschland hat man sehr unterschiedlich auf die Ankommenden reagiert und über deren Aufnahme diskutiert.
Die Grundlagen des Asyl- und Flüchtlingsrechts stehen dabei ebenso im Mittelpunkt wie die umstrittene Frage, wie viele und nach welchen Kriterien Geflüchtete in Deutschland aufgenommen werden sollen.

M6 Fallbeispiele: Geflüchtete auf dem Weg in die Europäische Union

Einsatz der Sea Watch 2 am 27. Oktober 2016 im Mittelmeer. Am Morgen wurde ein Schlauchboot mit ca. 130 Menschen gesichtet und gerettet, gleichzeitig ertranken 340 Menschen an diesem Tag.

Mütter mit Kindern aus der Ukraine kommen in Deutschland an (Frühjahr 2022). Nach dem russischen Angriff auf die Ukraine fliehen Millionen vor dem Krieg.

Einstiegsaufgaben 72018-422

1. Erläutern Sie die Situation in den Bildern (**M6**).
2. Welche und wie viele Geflüchtete sollen in Deutschland aufgenommen werden? Begründen Sie mit Kriterien, die Ihrer Auffassung nach für und gegen die Aufnahme sprechen.

M7 Welche rechtlichen Grundlagen für die Aufnahme von Geflüchteten und Asylsuchenden gibt es?

Das System des Flüchtlingsschutzes beruht auf internationalen und nationalen Schutzvorschriften. Der Kern des internationalen Flüchtlingsschutzes ist die Genfer Flüchtlingskonvention von 1951 (GFK). Sie definiert, warum einer Person Flüchtlingsschutz zuzuerkennen ist. [...]
Daneben gibt es eine Reihe von regionalen Regelungen, die den Schutz von Flüchtlingen behandeln. [...] Die Kriterien der Genfer Flüchtlingskonvention werden dabei ausgelegt und präzisiert. So soll sichergestellt werden, dass in der gesamten Europäischen Union die gleichen Sachverhalte zu einem Schutzstatus führen. Zudem wurde auf europäischer Ebene der sogenannte subsidiäre Schutz eingeführt [...]. Das internationale Schutzsystem wird in Deutschland durch nationalen Schutz ergänzt. Das umfasst das verfassungsrechtlich gewährte Grundrecht auf Asyl und die Prüfung von nationalen Abschiebeverboten.

Aufenthaltserlaubnis auf Zeit
Flüchtlinge und Asylsuchende haben nach erfolgreicher Anerkennung einen Anspruch auf eine Aufenthaltserlaubnis, die zunächst für drei Jahre erteilt wird (mit Verlängerungsmöglichkeit), Personen mit subsidiärem Schutz bekommen zunächst eine Aufenthaltserlaubnis für ein Jahr.

[...] Menschen verlassen ihre Heimat aus unterschiedlichen Gründen. Grundsätzlich ist zwischen Flüchtlingen, Binnenvertriebenen und Migranten zu unterscheiden. Nur Flüchtlinge sind vom internationalen Flüchtlingsrecht erfasst. [...]

Ein Flüchtling ist eine Person, die sich außerhalb ihres Heimatlandes befindet, weil ihr dort schwere Menschenrechtsverletzungen drohen, die an die Rasse, Religion, Nationalität, politische Überzeugung oder an die Zugehörigkeit zu einer bestimmten sozialen Gruppe anknüpfen. Ein Flüchtling wird also wegen seiner angeborenen oder unveränderlichen Eigenschaften, seinen Überzeugungen oder seiner Identität verfolgt und kann deshalb nicht in seinem Heimatstaat leben. Da der Heimatstaat die betroffene Person nicht vor dieser Bedrohung schützt, benötigt er oder sie Schutz in einem anderen Land.

Der Unterschied zwischen Flüchtlingen und Asylberechtigten ist nicht groß. Die beiden Schutzformen basieren vor allem auf unterschiedlichen rechtlichen Grundlagen. Die Definition der Flüchtlingseigenschaft beruht auf der Genfer Flüchtlingskonvention; die Asylberechtigung ist in der deutschen Verfassung verankert. Der Flüchtlingsschutz nach der Genfer Flüchtlingskonvention umfasst auch den Schutz vor der Verfolgung durch nichtstaatliche Akteure. Das verfassungsrechtlich geschützte Asylrecht schützt dagegen nur von Gefahren, die vom Heimatstaat ausgehen. [...]

Die deutsche Verfassung gewährt politisch Verfolgten Asyl. Dieses Grundrecht kann jedoch nur derjenige in Anspruch nehmen, der nicht aus einem sicheren Drittstaat eingereist ist. Sichere Drittstaaten sind alle EU-Staaten sowie Norwegen und die Schweiz. Da Deutschland ausnahmslos von sicheren Drittstaaten umgeben ist, ist die praktische Bedeutung des Aslygrundrechts folglich gering. Eine Bedeutung hat das Grundrecht bei Einreise auf dem Luftweg, wenn die Einreise über einen Staat erfolgt, der kein sicherer Drittstaat ist. [...]

Die Asylberechtigung ist zudem ausgeschlossen, wenn ein Betroffener Schutz vor Verfolgung in einer anderen Region des Herkunftslandes finden kann und ihm ein Leben dort zuzumuten ist. [...]

Eine Person erhält subsidiären Schutz, wenn sie zwar nicht wie ein Asylberechtigter oder Flüchtling aus bestimmten Gründen verfolgt wird, ihr aber trotzdem in ihrer Heimat ein ernsthafter Schaden durch schwere Menschenrechtsverletzungen droht. Das ist der Fall, wenn einer Person die Todesstrafe, Folter, eine unmenschliche oder erniedrigende Behandlung oder Bestrafung droht. Außerdem liegt ein ernsthafter Schaden vor, wenn das Leben oder die körperliche Unversehrtheit einer Zivilperson aufgrund eines bewaffneten Konflikts gefährdet sind. Der subsidiäre Schutz kann also auch bei Vorliegen allgemeiner Gefahren greifen, etwa im Rahmen eines Krieges.

UNHCR Deutschland: FAQ Schutzformen.
In: www.unhcr.org/dach/de, Abruf am 30.01.2026

M8 Diskussion um die Aufnahme von Geflüchteten und Asylsuchenden

A Eine politische und gesellschaftliche Herausforderung

Nach der [im Herbst 2015] anfänglich weit verbreiteten Euphorie und Willkommenskultur in Deutschland gibt es inzwischen eine starke Polarisierung der öffentlichen Debatte. [...] Viele Menschen werden bewegt durch das Leid und die humanitäre Katastrophe der Flüchtlinge. Aber viele sind auch in Sorge um unsere sozialen und gesellschaftlichen Errungenschaften, sie fürchten einen Verlust an kultureller Identität angesichts vieler Flüchtlinge aus unterschiedlichen Kulturkreisen mit ganz anderen Wertvorstellungen und starken religiösen Prägungen, und sie sind [...] besorgt um die innere Sicherheit in Deutschland. [...] Doch zugleich sehen wir, dass auch die Hilfsbereitschaft von zahlreichen ehrenamtlichen Helfern, die sich unermüdlich, zum Teil bis zur Erschöpfung für Flüchtlinge einsetzen, nicht abnimmt.

Der Riss geht aber nicht nur durch Deutschland, sondern auch durch Europa. Viele Staaten der EU setzen inzwischen auf nationale Alleingänge und die einseitige Schließung ihrer Grenzen, Dublin-II gilt vielen als gescheitert. [...] Angesichts der gegenwärtigen Lage ist einigen Bürgern erkennbar der normative Kompass abhanden gekommen. Ihre Entscheidungen und Haltungen werden immer häufiger durch Ängste, Ungeduld, Egoismen oder Opportunismus bestimmt. Das gilt auch und gerade für einige Politiker, die um Wählerstimmen bei den nächsten Wahlen buhlen oder um Verluste fürchten. [...]

Es ist unbestreitbar, dass das Problem der Flüchtlingsaufnahme Fragen aufwirft [...]. Welche Langzeitfolgen hätte eine mehrjährige Zuwanderung von etwa einer Million Flüchtlingen pro Jahr für unseren gesellschaftlichen Zusammenhalt? Insbesondere wenn man bedenkt, dass viele Flüchtlinge durch Kulturen und Religionen geprägt sind, die nicht reibungslos mit unserem europäischen Selbstverständnis harmonieren. Wie groß werden die finanziellen Belastungen für unseren Sozialstaat auf lange Sicht sein? Wie viele der Flüchtlinge wird man wenigstens mittelfristig in Arbeit bringen können? Welche Auswirkungen wird diese Entwicklung auf die innere Sicherheit haben? Welche Konsequenzen ergeben sich für Europa und die Weltgemeinschaft? Wir wissen es nicht [...]. Welche Pflichten haben wir überhaupt gegenüber Flüchtlingen? – Woraus leiten sich diese Pflichten ab? – Wie sollten wir die Prioritäten zwischen diesen Pflichten und möglichen rivalisierenden Pflichten (dem Wohlstand der eigenen Bürger, der kulturellen Identität des Landes, seiner inneren Sicherheit) setzen? – Was muss ein Staat tun, wenn andere Staaten ihre Verantwortung nicht wahrnehmen? Nur wenn politische Akteure eine grundlegende normative Orientierung hinsichtlich dieser Fragen gewonnen haben, können sie sinnvoll nach Strategien suchen, diese Zielsetzungen und Werte praktisch zu berücksichtigen und zu realisieren.

Grundmann, Thomas/Stephan, Achim (Hg.): Welche und wie viele Flüchtlinge sollen wir aufnehmen? Philosophische Essays, Stuttgart: Reclam 2016, S. 8-10

Dublin II
Das Verfahren regelt, welcher EU-Staat für das Asylverfahren zuständig ist. Grundsätzlich gilt, dass dies der Staat ist, über den die Einreise in die EU erfolgt ist. Da dadurch bestimmte Staaten in der EU stärker als andere belastet werden, ist das Verfahren in der Kritik und gilt wegen der Nichteinhaltung als gescheitert.

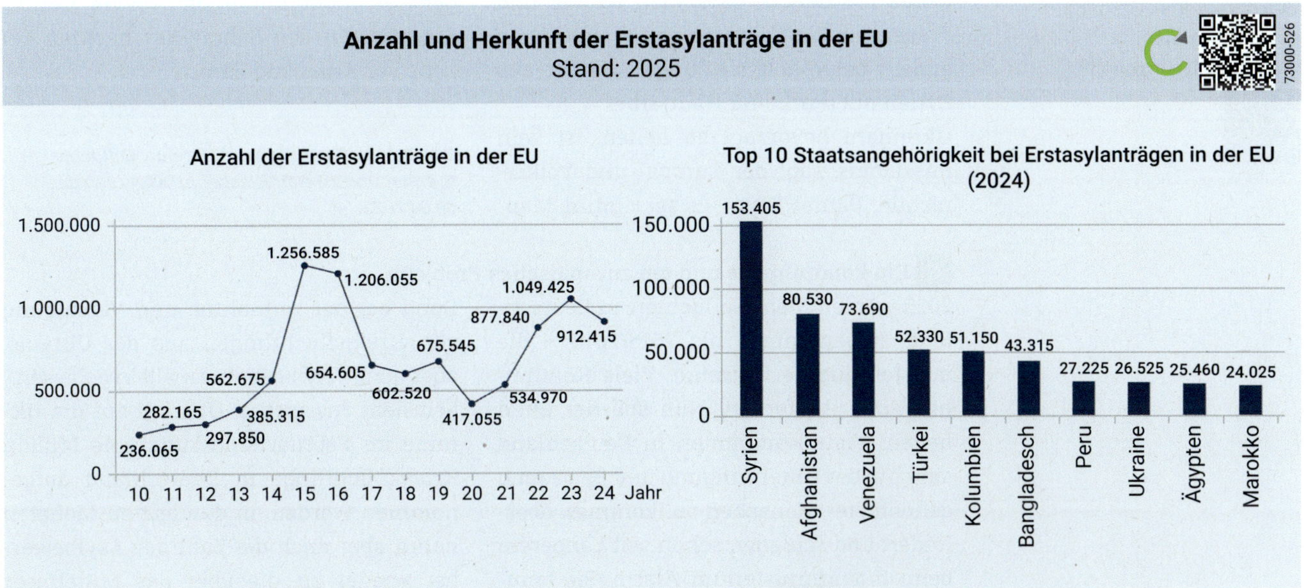

© C.C. Buchner Verlag, aktuelle Daten nach: Eurostat (Datenerhebung: 2024; Grafikerstellung: 2025)

Zusatzmaterial: Umgang mit Geflüchteten. Wem helfen wir zuerst?

72018-423

B Geflüchtete erster und zweiter Klasse?

Flüchtlingsschutz ist seit Jahrzehnten ein Zankapfel in der EU. Einigen können sich die Europäer nur auf eines, die Mauern der Festung Europa noch höher zu machen.
Vor dem Krieg in der Ukraine fliehen [im Frühjahr 2022] Millionen von Menschen und plötzlich ist alles anders: Freie Wahl des Fluchtlandes in der EU, keine Obergrenzen, Arbeitserlaubnis und Familiennachzug wird großzügig gewährt. Möglich durch EU-Recht, das bisher noch nie angewendet wurde. [...]
[W]as Europa den Geflüchteten aus der Ukraine bietet, ist ein Gebot der Menschlichkeit und der europäischen Werte. Aber es setzt auch ein großes Fragezeichen. In den vergangenen Wintermonaten sind Menschen aus Syrien und Afghanistan erfroren, an der Grenze zwischen Belarus und Polen. Ja, Polen, das EU-Land, das jetzt bereits eine Millionen Menschen aus der Ukraine aufgenommen hat, verletzt sonst an seiner Ostgrenze die Mindeststandards von Völker- und Europarecht.
Schafft dieses Europa, das sich jetzt so menschlich zeigt, gleichzeitig zwei Klassen von Geflüchteten? „Es sind dieses Mal echte Flüchtlinge“ war in der Neuen Zürcher Zeitung zu lesen. Und ist das nicht genau die Gefahr, dass man Kinder und Frauen aus der Ukraine mit weißer Haut anders behandelt als junge Männer aus Syrien mit dunklerer Hautfarbe?
Ukrainern bevorzugt zu helfen, ist kein Rassismus, sagt der Europa- und Völkerrechtler Daniel Thym. Es sei legitim, Menschen aus unterschiedlichen Staaten unterschiedlich zu behandeln. Denn: Es gebe nun einmal unterschiedliche Beziehungen zu unterschiedlichen Staaten. Entscheidend sei die politische und kulturelle Nähe [...]. Was Völkerrechtler Thym allerdings zugeben muss: Wenn man eine bestimmte Geflüchteten-Gruppe für willkommener erklärt als andere, dann ist das die Abkehr vom Flüchtlingsrecht als individuellem Recht. Beim klassischen Einwanderungsrecht gilt der Grundsatz: Ein Staat kann definieren, wen er als Bürger aufnehmen möchte. Beim Flüchtlingsrecht ist das aus gutem Grund anders. Da geht es darum, dass man nicht als Bürger, sondern als Mensch betroffen ist, und zwar von Krieg, Verfolgung und Elend. Und dass man deshalb als Mensch das Menschen-Recht hat, vor existentieller Bedrohung in andere Staaten zu fliehen. Geflüchteten-Rechte sind nur dann effektive Rechte, wenn sie frei sind von allen Gruppenzuordnungen – politischen, religiösen oder sexuellen. [...]
Was Europa jetzt aber unbedingt vermeiden muss, ist, Geflüchtete gegeneinander auszuspielen. Und das geschieht, wenn Europa Menschen, die nicht aus der Ukraine kommen, Rechte vorenthält. Und dabei geht es nicht um irgendwelche Rechte, sondern um den Schutz des nackten Lebens vor Krieg und Elend.

Bauer, Max: Flucht aus der Ukraine: Geflüchtete erster und zweiter Klasse? In: www.swr.de, 09.03.2022

C Ein kommunales und ein europäisches Problem

2022 werden mehr Geflüchtete in Deutschland aufgenommen als 2015/2016 – die meisten aus der Ukraine. Viele Kommunen sind überfordert. Nun soll der Bund helfen. Viele Kommunen in Deutschland sind mit der Unterbringung und Betreuung geflüchteter Menschen vollkommen überfordert und schlagen schon seit Längerem beim Innenministerium Alarm: Sie brauchen schlicht Hilfe. [...] Sie fühlen sich vom Bund bei der Aufnahme und Versorgung von Kriegsflüchtlingen aus der Ukraine, aber auch Asylbewerbern allein gelassen.
Seit dem russischen Überfall auf die Ukraine im Februar sind rund eine Million Kriegsflüchtlinge in Deutschland aufgenommen worden. In den letzten Monaten nahm aber auch die Zahl der Asylbewerber wieder zu, die über das Mittelmeer und die sogenannte Balkan-Route nach

Norden ziehen. Von Januar bis September 2022 wurden beim Bundesamt für Migration und Flüchtlinge 135.000 Erstanträge auf Asyl gestellt. Das sind 35 Prozent mehr als 2021. Immer mehr Kommunen melden voll belegte Unterkünfte. Turnhallen müssen als Notunterkünfte zweckentfremdet werden. Die Situation sei vergleichbar mit den Jahren der sogenannten Flüchtlingskrise 2015 und 2016, sagte der Vizepräsident des Deutschen Städtetags, Leipzigs Oberbürgermeister Burkhard Jung in Berlin. [...]

Während die weitere Aufnahme von Kriegsflüchtlingen aus der Ukraine nicht zur Debatte steht, will die Bundesregierung „unerlaubte Einreisen" von Asylbewerbern aus sicheren Drittstaaten unbedingt begrenzen. Nicht nur in Deutschland, sondern insgesamt an den EU-Außengrenzen steige der Druck aktuell an. „Das macht mir Sorgen", so [Bundesinnenministerin] Faeser, die für eine „klare Begrenzung" sorgen will. [...] Die europäischen Staaten seien „gemeinsam in der Verantwortung, illegale Einreisen zu stoppen".

Nach dem Willen der Bundesregierung soll auf europäischer Ebene auch darüber verhandelt werden, ob und wie Geflüchtete, die aus anderen EU-Staaten nach Deutschland gekommen sind, in diese Länder zurückgeführt werden können. [...]

In der Praxis haben weder Griechenland, wo die meisten Flüchtlinge aus der Türkei und über das Mittelmeer ankommen, noch andere Staaten auf der Balkan-Route ein Interesse daran, Menschen zurückzunehmen. Von einer „Asylwüste", die sich zwischen Griechenland und Österreich erstrecke, spricht der Migrationsforscher Gerald Knaus: „Die Länder liefern sich einen Wettstreit darum, wer potentielle Asylanten schlechter behandelt. Die Folge ist, dass fast niemand in einem Staat der Region bleiben möchte."

Kinkartz, Sabine: Neue Rekorde bei Geflüchteten – was Deutschland tun will. In: www.dw.de, 11.10.2022

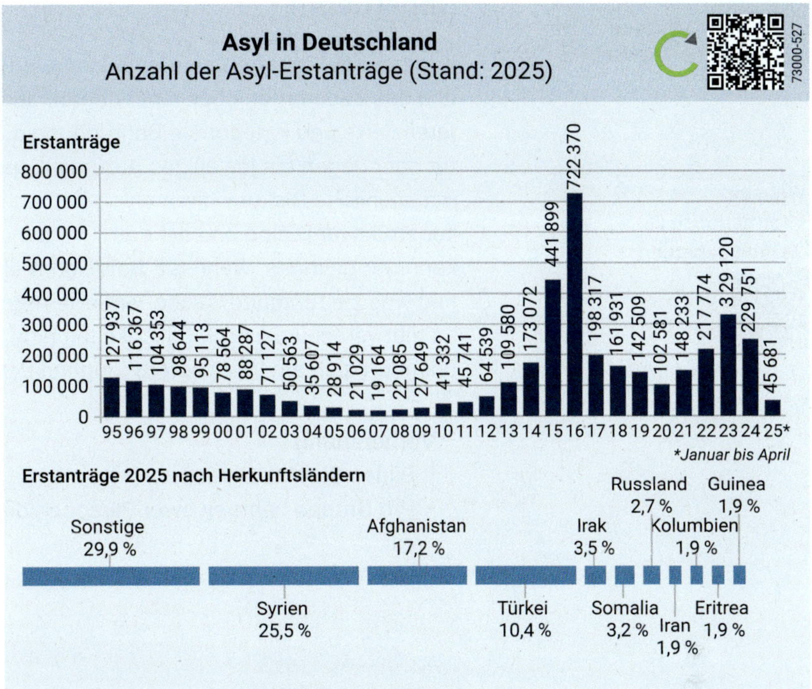

©C.C. Buchner Verlag, aktuelle Daten nach: BAMF (Datenerhebung: 2025; Grafikerstellung: 2025)

Geflüchtete aus der Ukraine

Februar 2022 bis Oktober 2024: 1.309.374

Zahlen: Bundesministerium des Innern auf Anfrage von www.mediendienst integration.de, Stand: 31.10.2025

Aufgaben

72018-424

1. Stellen Sie die rechtlichen Grundlagen des Flüchtlings- und Asylrechts mit eigenen Worten dar (**M7**).
2. Analysieren Sie die Aufnahme von Geflüchteten und Asylsuchenden als politische Situation auf kommunaler, Bundes- und europäischer Ebene (**M8**).
3. Formulieren Sie eine differenzierte Handlungsempfehlung an die politisch Entscheidenden, nach welchen Kriterien und wie viele Geflüchtete und Asylsuchende in Deutschland aufgenommen werden sollen.
4. Debattieren Sie die Frage, welche und wie viele Geflüchtete bzw. Asylsuchende Deutschland aufnehmen sollte (→ Handlungskompetenz, S. 194).

HANDLUNGSKOMPETENZ

Debattieren

Kontroverse Debatten sind eine zentrale Bedingung für eine funktionierende Demokratie und das Zusammenleben einer demokratischen Gesellschaft. Dabei kommt es auf die differenzierte und kategoriale Begründung der Argumente an. Man findet somit heraus, was für oder gegen ein jeweiliges Argument spricht. Debatten brauchen aber klare Regeln, damit sachliche Diskussionen entstehen und Argumente ausgetauscht werden können. Ein konstruktiver Dialog und der damit verbundene Austausch unterschiedlicher Perspektiven kann nur gelingen, wenn die Beteiligten einer Debatte genau wissen, wann sie sprechen und was zielführende, sachorientierte Argumente sind.
Es gibt verschiedenen Möglichkeiten eine Debatte aufzubauen. Der hier erläuterte Ablauf orientiert sich am Wettbewerb „Jugend debattiert“.

Website:
Informationen zu Jugend debattiert
72018-425

Vorbereitung

- Bilden Sie Vierergruppen.
- Pro Gruppe nehmen zwei Personen die Pro- und zwei Personen die Kontra-Haltung ein.
- Die Teilnehmenden bereiten ihre jeweilige Position vor.

▼

Durchführung der Debatte

1. Eröffnung

In der Eröffnungsrede gibt jedes Gruppenmitglied in zwei Minuten ein Plädoyer ab, das die Streitfrage aus die eigenen Perspektive darstellt. Sie tragen nacheinander ihr Plädoyer vor (Pro1, Kontra1, Pro2, Kontra2).

2. Aussprache

In der freien Aussprache werden weiter Argumente ausgetauscht und aufeinander bezogen. Dabei sollte immer an den vorherigen Beitrag angeknüpft werden. [12 Minuten]

3. Abschluss

In der Schlussrunde beantwortet jedes Gruppenmitglied in einem einminütigen Abschlussplädoyer abschließend die Streitfrage und berücksichtigt alle in der Debatte angeführten Elemente.

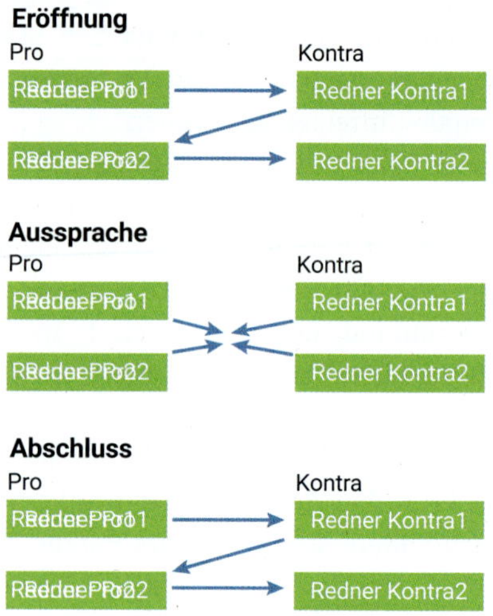

▼

Bewertung der Debatte

Die Beiträge der Gruppenmitglieder werden abschließend innerhalb der Gruppe auf Grundlage folgender Kriterien bewertet:

- Sachkenntnis
- Gesprächsfähigkeit
- Ausdrucksvermögen
- Überzeugungskraft

Formulierungshilfen
72018-426

Bearbeiter, basierend auf: Jugend debattiert

4.4.3 Integration und Integrationstheorien: In welcher Gesellschaft wollen wir leben?

Zum Thema: Seit vielen Jahren wird die Frage kontrovers diskutiert, ob und wie Migrantinnen und Migranten gesellschaftlich und politisch in Deutschland eingegliedert werden können. Um ein friedliches Zusammenleben zu erreichen, werden dabei mehr oder weniger Anpassungsleistungen von den neu Hinzukommenden auf der einen Seite und von der aufnehmenden Gesellschaft auf der anderen Seite gefordert.
Verschiedene Integrationsmodelle und -theorien beleuchten diese Debatte und bilden die Grundlage, um Kriterien für eine gelungene Integration zu entwickeln.

M9 Fallbeispiel: eine Briefmarke zum Thema Integration

Einstiegsaufgabe 72018-427

Entspricht das Klingelschild auf der Briefmarke Ihrer eigenen Vorstellung einer gelungenen Integration? Beziehen Sie begründet Stellung.

M10 Was bedeutet Integration?

Der Begriff Integration geht auf das Lateinische „integrare" zurück, das man mit erneuern, ergänzen, vervollständigen übersetzen kann.

Er meinte soziologisch den Prozess des Zusammenwachsens einer Gesellschaft. Der Begriff ist immer wieder Gegenstand politischer Auseinandersetzungen in der deutschen Gesellschaft. Dabei geht es in erster Linie darum, was unter einer erfolgreichen gesellschaftlichen Integration verstanden wird und um die Frage, wie unsere Gesellschaft aussehen soll.

Mit dem Begriff Integration werden konkrete soziale Prozesse beschrieben. Es muss immer wieder gesellschaftlich ausgehandelt werden, inwiefern Einzelne oder Gruppen diesen Prozess selbst gestalten können oder vorgegebene Anpassungsleistungen erbringen müssen.

Bis zur Jahrtausendwende galt die Annahme, Deutschland sei kein Einwanderungsland. Integrationsarbeit wurde vom Staat auf Wohlfahrtsverbände und zivilgesellschaftliche Akteure übertragen. Erst im Zuwanderungsgesetz von 2005 wurde Integration als staatliche Aufgabe verankert. Dabei wurden erstmalig Integrationskurse wie Sprachkurse, Orientierungskurse und landeskundliche Kenntnisse für Migrantinnen und Migranten angeboten.

Bearbeiter

Volltext:
Integrationstheorien und ihr Einfluss auf Integrationspolitik

72018-428

Akkulturation
wechselseitige Anpassungsprozesse von Migranten und der Aufnahmegesellschaft

Segregation
Trennung (oder Ausgrenzung) von Gesellschaftsgruppen mit bestimmten sozialen Merkmalen

M11 Wie wirken Integrationstheorien und -modelle auf die Integrationspolitik?

A Integrationstheorien und ihr Einfluss auf die Integrationspolitik

Die ersten theoretischen Erklärungsversuche der Migrationsforschung nehmen ihren Ausgang in der Auseinandersetzung mit den großen Einwanderungsbewegungen in die USA im 19. und frühen 20. Jahrhundert. Das Einfügen von Zuwanderer:innen in die Aufnahmegesellschaft wurde – ganz in der Tradition sozialwissenschaftlicher Evolutionstheorien – als ein fortschreitender Prozess gefasst, an dessen Ende die vollständige Anpassung (Assimilation) steht. Später entstanden stärker ausdifferenzierte Assimilationsmodelle. Assimilation verläuft in diesen Modellen nicht mehr linear und unvermeidlich; sie ist auch abhängig von der Bereitschaft im Zuwanderungsland, die gesellschaftliche Partizipation der Migrant:innen zuzulassen. [...]

In den 1960er Jahren verloren Assimilationsmodelle [...] schrittweise ihre Bedeutung und wurden durch das Gegenmodell des „ethnischen Pluralismus" verdrängt. Dieses Modell geht von einer Beibehaltung ethnischer Besonderheiten von Gruppen in modernen Gesellschaften aus. Auf diesen Konzepten beruhen integrationspolitische Ansätze, die die Anerkennung und den Schutz ethnischer und kultureller Unterschiede betonen und sich gegen einen „Druck" zur Assimilation wenden. Von einer solchen explizit multikulturellen Integrationspolitik haben inzwischen Staaten wie beispielsweise die Niederlande Abstand genommen. In der Migrationsforschung steht der Ansatz in der Kritik, weil er ethnische und kulturelle Gemeinschaften als homogene Gruppen versteht. Diese [...] Vorstellung dient z. B. auch rechtsnationalen Bewegungen als argumentative Grundlage einer ausgrenzenden Identitätspolitik. [...]

Deutlich mehr Einfluss auf das in der deutschen Integrationspolitik herangezogene Verständnis von Integration hatte die Theorie des Mannheimer Soziologen Hartmut Esser. Essers handlungstheoretisches Modell orientiert sich an einer kognitiven Theorie des Handelns und Lernens von Individuen. Entsprechend versteht er Handlungen als rationale Entscheidungen von Akteur:innen, die ihren individuellen Nutzen maximieren wollen. Die mit Migration verbundenen Problemstellungen (wie z. B. der Erwerb von Sprachkompetenz und Bildungsqualifikationen oder die Beteiligung am primären Arbeitsmarkt) versteht er somit als individuelle Anpassungsleistung.

Koch, Ute: Integrationstheorien und ihr Einfluss auf Integrationspolitik. In: www.bpb.de, 28.05.2018

B Modelle zur Integration von Zugewanderten

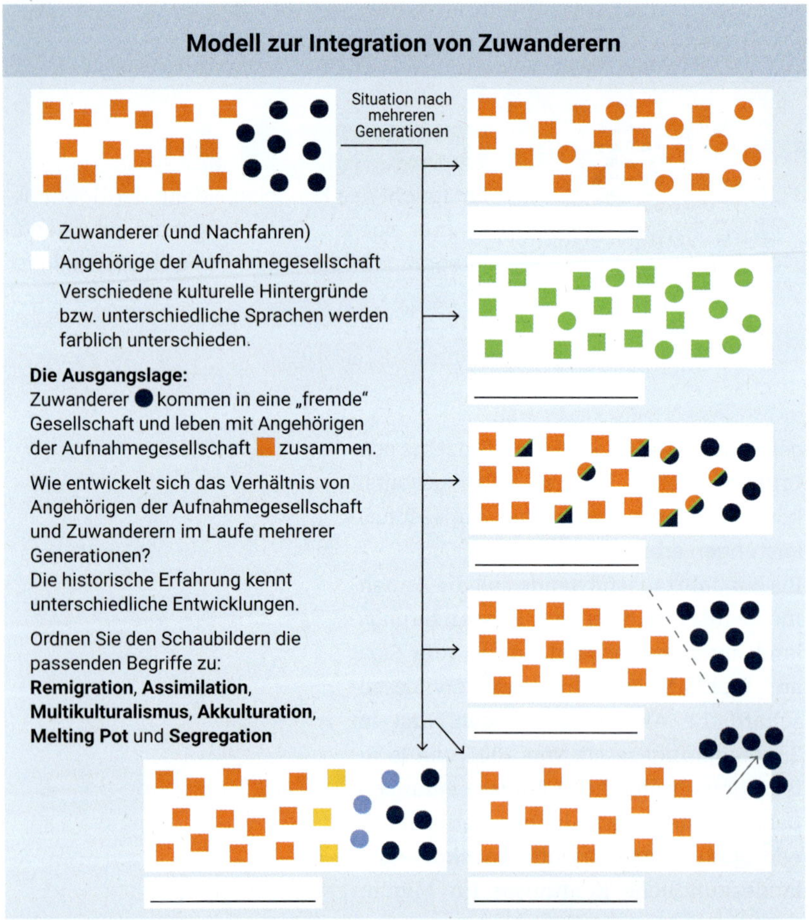

Nach: Pallaske, Christoph. In: Geschichte betrifft uns, Heft 6/2009: Migration – Auswanderer aus Deutschland, Zuwanderer nach Deutschland, Bergmoser + Höller Verlag, Aachen 2009

M12 Wann kann Integration gelingen?

Thesen		Zuordnung zu einem Integrationsmodell
1	Integration verläuft deutlich besser, wenn Einwanderungsgruppen sich in einem bestimmten Ausmaß kulturell an die Mehrheitsgesellschaft anpassen.	
2	Das Erlernen der deutschen Sprache und zahlreiche interkulturelle Kontakte zur Mehrheitsgesellschaft sind Voraussetzung für eine gelungene gesellschaftliche Eingliederung von Migrantinnen und Migranten.	
3	Einwanderer müssen die Wertevorstellungen einer modernen Gesellschaft (Gleichberechtigung von Mann und Frau, Akzeptanz der Religionsfreiheit, Anerkennung des staatlichen Gewaltmonopols) annehmen.	
4	Gute Bildungsabschlüsse und der Erfolg auf dem Arbeitsmarkt sind zentrale Indikatoren einer gelungenen Integration.	
5	Die Verfassung, Recht und Justiz müssen von allen Gesellschaftsmitgliedern akzeptiert werden.	
6	Die Beibehaltung kultureller Merkmale wie Sprache oder Religion der verschiedenen Einwanderergruppen und das Leben in Parallelgesellschaften schaden nachhaltig der Integration.	
7	Die deutsche Gesellschaft ist in ihren Wertvorstellungen, Lebenszielen, Identitäten sehr heterogen. Eine allgemeine Leitkultur, an die sich Migrierende anpassen könnten, gibt es nicht.	
8	Die Gesellschaft befindet sich permanent im Wandel. Jedes gesellschaftliche Mitglied muss sich in einem sozialen Prozess ständig neu integrieren und verändern.	
9	Die Mehrheitsgesellschaft muss auf die Migrantinnen und Migranten zugehen und Teilhabe/ Partizipation ermöglichen.	
10	Die bisher erbrachte Anpassungsleistung von Einwanderungsgruppen muss von der Mehrheitsgesellschaft akzeptiert und stärker gewürdigt werden.	

Bearbeiter

Kultur
umfasst im Allgemeinen alles, was der Mensch in einer Gesellschaft geschaffen hat. Darunter fallen auch die Konzepte, wie das Zusammenleben, die Wertevorstellungen und erlernte Verhaltensweisen der Menschen konkret gestaltet sind.

Aufgaben

72018-429

1. a) Erläutern Sie die unterschiedlichen Dimensionen des Integrationsbegriffes (**M10**).
   b) Geben Sie die Dimensionen des Integrationsbegriffs mit eigenen Worten wieder.
2. a) Erarbeiten Sie aus **M11** A die unterschiedlichen Integrationsmodelle.
   b) Übernehmen Sie das Schaubild (**M11** B) und tragen Sie die Begriffe darin ein.
3. Ordnen Sie die Thesen (**M12**) den jeweiligen Integrationsmodellen (**M11** B) zu.
4. Entwickeln Sie einen eigenen Kriterienkatalog für gelungene Integration (**M11, M12**). Stellen Sie diesen im Kurs in einer kurzen Rede dar.

F zu Aufgabe 3
Erläutern Sie den Einfluss der Theorien auf Integrationspolitik mit konkreten Beispielen (**M11, M3**).

ORIENTIERUNG & ÜBERBLICK

Interaktive Übung zur Selbstprüfung

72018-430

Demografischer Wandel

Veränderung der Altersstruktur einer Gesellschaft durch veränderte Geburtenraten, steigende Lebenserwartung und Migrationsbewegungen. In Deutschland führt dies zu einer zunehmenden Überalterung und einem wachsenden Fachkräftemangel.

Altenquotient

Kennzahl, die das Verhältnis der Personen im Rentenalter (65 Jahre und älter) zu 100 Personen im erwerbsfähigen Alter (20-64 Jahre) abbildet. Je höher der Altenquotient, desto größer die Belastung der Erwerbstätigen für die Finanzierung des Rentensystems.

Soziale Ungleichheit

Vertikale Besser- und Schlechterstellung von Menschen in einer Gesellschaft aufgrund gesellschaftlicher Faktoren. Gemessen wird sie anhand von vier Dimensionen: Bildung, materieller Wohlstand, Macht und Prestige.

Gesellschaftsmodell

Theoretische Beschreibung zur Charakterisierung und Strukturierung einer Gesellschaft. Modelle vereinfachen die komplexe Realität und enthalten neben einem analytischen Anspruch stets auch ein politisches Interesse an der Darstellung der Gesellschaft.

Klassengesellschaft (Karl Marx)

Karl Marx beschrieb die Gesellschaft als Konflikt zwischen zwei antagonistischen Klassen: der Bourgeoisie (Besitzer der Produktionsmittel) und dem Proletariat (Lohnarbeiter ohne Eigenbesitz). Die wirtschaftliche Basis bedingt dabei den politisch-kulturellen Überbau.

Schichtmodell

Ab der Mitte des 20. Jahrhunderts gängiges Modell zur Beschreibung sozialer Ungleichheit. Kriterien wie Beruf, Einkommen und Bildung ordnen Menschen in Unter-, Mittel- und Oberschicht ein. Bekannte Vertreter sind das Hausmodell nach Ralf Dahrendorf und die Bolte-Zwiebel nach Karl Martin Bolte.

Soziale Mobilität

Die Möglichkeit, die eigene soziale Position im Laufe des Lebens zu verändern – nach oben oder unten. Schichtmodelle unterscheiden sich u. a. darin, wie durchlässig sie die Grenzen zwischen sozialen Gruppen einschätzen.

Soziale Milieus/ Sinus-Milieus

Gruppen von Menschen mit ähnlicher Lebensauffassung und Lebensweise. Das Sinus-Institut unterscheidet zehn Milieus, die neben der sozialen Lage auch Wertorientierungen, Lebensziele und Lebensstile erfassen.

Sozialer Wandel

Sozialer Wandel bezeichnet langfristige Veränderungen in Struktur und Eigenschaften einer Gesellschaft – in Schichtung, Arbeitswelt, Wertvorstellungen und Familienstrukturen. Ausgelöst wird er durch technische, ökonomische, politische und kulturelle Entwicklungen, die interdependent zusammenwirken.

Individualisierung (Ulrich Beck)

Beck beschreibt, dass seit den 1960er Jahren Menschen immer selbstständiger und unabhängiger von traditionellen Strukturen (Familie, Religion, Klasse) leben können und müssen – mit mehr Freiheit, aber auch mit mehr Orientierungslosigkeit (Anomie).

Gesellschaft der Singularitäten (Andreas Reckwitz)

Nach Reckwitz ist die gegenwärtige Gesellschaft durch eine Orientierung am Besonderen und Einzigartigen geprägt. Dies führt zu einer Spaltung zwischen einer hochqualifizierten neuen Mittelklasse (kulturelle Aufsteiger) und einer neuen Unterklasse, deren Arbeit und Lebensstil entwertet werden.

Kosmopolitismus/ Kommunitarismus

Nach Merkel und Zürn beschreiben diese Konzepte zwei gesellschaftliche Lager: Kosmopoliten sind räumlich und kulturell mobil, profitieren von der Globalisierung und denken transnational. Kommunitaristen betonen nationale Zugehörigkeit, Sicherheit und Sozialstaatlichkeit und gelten eher als Globalisierungsverlierer.

Geschlechtergerechtigkeit

Das Ziel, dass alle Geschlechter gleiche Rechte, Chancen und gesellschaftliche Teilhabe besitzen. Trotz rechtlicher Gleichstellung (Art. 3 GG, AGG) bestehen in Deutschland strukturelle Ungleichheiten fort, etwa bei Einkommen, Karrierechancen und der Verteilung von Sorgearbeit.

Frauenquote/ FüPoG (I und II)

Das Führungspositionen-Gesetz (2015, erweitert 2021) verpflichtet börsennotierte Unternehmen, einen Mindestanteil von 30 % des unterrepräsentierten Geschlechts in Aufsichtsräten und bei mehr als drei Vorstandsmitgliedern auch im Vorstand zu erreichen.

Entgelttransparenzgesetz

Seit 2017 haben Beschäftigte in Betrieben ab 200 Mitarbeitenden das Recht auf Auskunft über die Entgeltstruktur vergleichbarer Positionen, um die Lohngleichheit von Frauen und Männern zu überprüfen und durchzusetzen.

Migration

Verlegung des Lebensmittelpunkts von Individuen oder Gruppen über eine größere Entfernung für einen Zeitraum von mindestens einem Jahr. Formen sind u. a. Arbeitsmigration, Bildungsmigration und Fluchtmigration.

Asyl/Flüchtlingsrecht

Das Grundrecht auf Asyl (Art. 16a GG) schützt politisch Verfolgte in Deutschland. Die Genfer Flüchtlingskonvention (GFK, 1951) definiert international den Flüchtlingsstatus und bildet die Grundlage des europäischen Schutzsystems.

Integration

Prozess der gesellschaftlichen Eingliederung von Migrantinnen und Migranten in die Aufnahmegesellschaft. Verschiedene Modelle beschreiben unterschiedliche Formen des Zusammenlebens: Assimilation (vollständige Anpassung), Akkulturation (wechselseitige Anpassung), Multikulturalismus (Bewahrung kultureller Vielfalt) und Segregation (Trennung).

KOMPETENZEN ANWENDEN

Deutschland: Märchenland oder gespaltene Gesellschaft?

1 Die gespaltene Gesellschaft

Karikatur: Jan Tomaschoff, 2020

2 Warum wir wieder von Klassen reden müssen

Lange war Deutschland ein Märchenland: Ein Land, in dem alle, die sich anstrengten, einen gewissen Wohlstand erreichen konnten. In dem sich alle eine Reihenhaushälfte kaufen, eine moderne Küche einbauen lassen, zwei Autos unters Carport stellen und einmal im Jahr in den Süden fahren konnten. Es war das Versprechen des Sozialstaats: Die nivellierte Mittelstandsgesellschaft – die Behauptung also, dass es in Deutschland keine richtigen Klassenschranken mehr gäbe, dass so gut wie alle zum Mittelstand gehören würden. Nur: So ganz gegeben hat es dieses Märchenland nie, und heute existiert es noch weniger – auch wenn viele immer noch daran glaubten und sich das Märchen der klassenlosen Gesellschaft bis in unsere Tage hält. Jahrzehntelang galt man als verbohrter Marxist, wenn man den Begriff „Klasse“ nur in den Mund nahm. Das scheint sich langsam zu ändern [...].

Schaut man sich ein paar Daten an, verwundert das keineswegs. Die Hälfte der Deutschen hat ein Vermögen von 20.000 Euro oder weniger – meistens viel weniger. Ein Drittel der Menschen muss ganz ohne Rücklagen auskommen, jeder Zehnte ist verschuldet. Und das, obwohl die Wirtschaft gebrummt hat in den letzten Jahren und Reiche immer reicher wurden: Seit Anfang der 1990er Jahre haben sich die Vermögen der oberen 10 Prozent der Bevölkerung inflationsbereinigt verdoppelt, während die ärmeren 50 Prozent sogar Vermögen verloren. Heute hält die reichere Hälfte der Menschen in Deutschland 99 Prozent der Vermögen. Die ärmere Hälfte nur 1 Prozent. Genauso krass sind die Zahlen am anderen Ende der Skala: Das reichste ein Prozent der Deutschen besitzt 30 Prozent des Gesamtvermögens. Die 45 reichsten Familien besitzen mehr als die ärmere Hälfte der Bevölkerung, immerhin

über 40 Millionen Menschen. Das klingt nicht gerade nach nivellierter Mittelstandsgesellschaft. [...]
Verändert hat sich aber nicht nur die traditionelle Arbeiterklasse – sondern auch die alte Mittelschicht. Laut dem Berliner Soziologen Andreas Reckwitz hat sie sich aufgespaltet: In eine neue, aufstrebende Mittelklasse der Akademiker und Akademikerinnen mit gut bezahlten Jobs, die eher in der Großstadt zu Hause ist [...]. Und in die alte, absteigende Mittelklasse der Menschen mit mittlerem Schulabschluss und Ausbildung, die eher auf dem Land leben und traditionelle Werte hochhalten [...].
Hier tobt ein heftiger Kulturkampf, der sich an scheinbaren Nebenschauplätzen entzündet: am Tempolimit, am Gendersternchen, an der Bratwurst. An Dingen, die aber den Kern der Identität vieler Menschen ausmachen – in beiden Klassen. Es sind Symptome eines Machtkampfs: Die neue Mittelklasse [...] steht auf der Gewinnerseite der gesellschaftlichen Dynamik. Das Selbstbild ist das des reflektierten Weltbürgers, der ein gutes, gerechtes Leben führt. Tatsächlich aber hat die neue Mittelklasse mit ihrer Ideologie der Liberalisierung auch in der Wirtschaft maßgeblich dazu beigetragen, dass Menschen aus der alten Mittelklasse – und auch aus der Working Class – entwertet wurden. Menschen aus der alten Mittelklasse und der Working Class wiederum antworten auf diese Entwertung häufig mit rechtsextremen Parolen. [...]
Tatsächlich soll mit Klassismus [als Begriff] beides in den Blick genommen werden: Die Ausbeutung und nun eben auch die vielen strukturellen und alltäglichen Diskriminierungen. Die beginnen spätestens in der Schule, sagt [der Soziologe] Andreas Kemper: „Die IGLU-Studie, die Internationale Grundschul-Lese-Untersuchung aus Dortmund, die alle fünf Jahre stattfindet, hat jedes Mal seit 2000 festgestellt, dass bei gleicher kognitiver Kompetenz Kinder aus der sogenannten Working Class von Lehrkräften benachteiligt werden, wenn es um die Frage geht: Wer soll zum Gymnasium gehen? Wer soll zur Realschule gehen?"
[...] Andreas Kemper sagt, man müsste den Menschen vielleicht Geld fürs Wählen geben, um zu zeigen, wie wichtig es ist. Und man müsse armen Menschen auch sonst mehr Geld geben bzw. zu höheren Löhnen verhelfen – damit alle von ihrer Arbeit gut leben und alle am gesellschaftlichen Leben teilnehmen könnten. Menschen aus der Working Class müssten aber auch selbst die Stimme erheben. [...]
Handeln statt appellieren: Wäre es Politikern und Politikerinnen wirklich ernst mit dem Kampf gegen Ungleichheit, gegen Populismus und für eine starke Demokratie, dann sollten sie vielleicht wirklich einmal die Ursachen angehen. Vorausgesetzt natürlich, sie haben überhaupt ein Interesse, die soziale Spaltung zu verringern. Ein erster Schritt wäre, die Realität anzuerkennen und wieder von Klassen zu sprechen [...].

Funk, Hardy: Warum wir wieder von Klassen reden müssen. In: www.br.de, 05.10.2021

Aufgaben

72018-431

1. Interpretieren Sie die Karikatur 1.
2. Erläutern Sie die Begriffe soziale Schicht, Klasse und Milieu und grenzen Sie diese voneinander ab.
3. Prüfen Sie, inwiefern die Hauptaussage der Karikatur zutreffend ist. Begründen Sie auch mit Hilfe geeigneter Gesellschaftstheorien.
4. Geben Sie die Grundaussagen des Textes 2 mit eigenen Worten wieder (Zeilenbelege) und erläutern Sie die „nivellierte Mittelstandsgesellschaft" (Z. 46 f.).
5. Beurteilen Sie die aufgestellten Thesen und Empfehlungen.

Lösungsvorschläge und Erwartungshorizonte

72018-432

Ein Containerschiff verlässt den Hafen.

Arbeiterinnen und Arbeiter in der Textilindustrie in Bangladesch

Umfrage zur Globalisierung

„Begreifen Sie die Globalisierung der Wirtschaft eher als Chance oder als Risiko?"

Die Globalisierung sehe ich als ...

Anteil der Befragten in Prozent

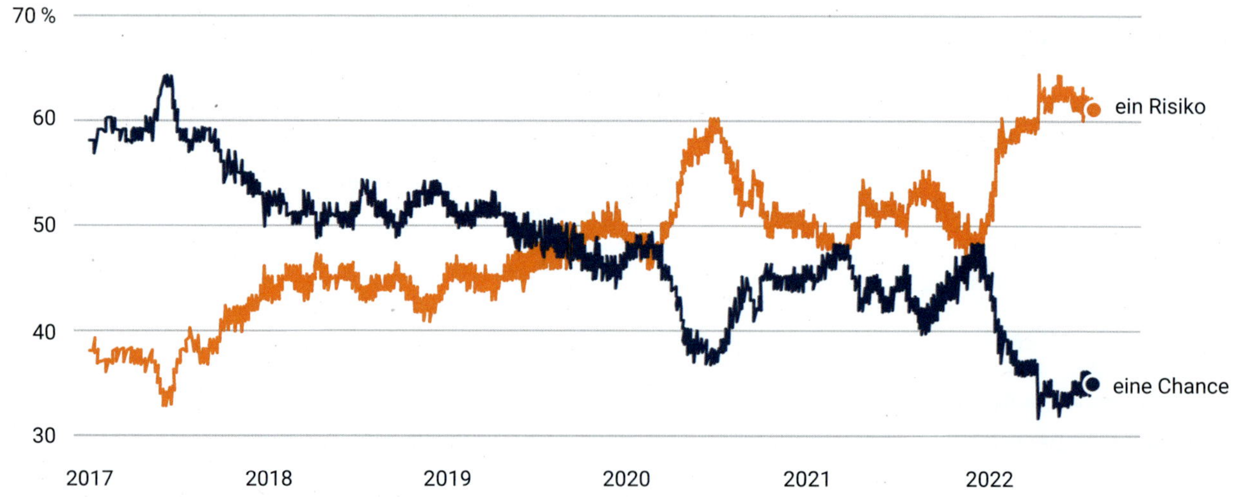

Repräsentative Umfrage. Die Antworten „eher ein Risiko/ein Risiko" und „eher eine Chance/eine Chance" wurden gruppiert.

Nach: Bidder, Benjamin: Die Deutschen wenden sich von der Globalisierung ab. In: www.spiegel.de, 01.08.2022; Daten: Wirtschaftsmonitor von Civey

Wirtschaft(en) in einer globalisierten Welt

5

Globalisierung prägt wirtschaftliches Handeln in einer vernetzten Welt: Wertschöpfungsketten erstrecken sich über Kontinente, Güter- und Kapitalströme verbinden Volkswirtschaften, und wirtschaftspolitische Entscheidungen wirken weit über nationale Grenzen hinaus. Doch wie wird Wirtschaft grundsätzlich organisiert, und welche Prinzipien liegen ihr zugrunde? (**Basiskonzept: Ordnung und Struktur**)
Jede Gesellschaft muss festlegen, wie knappe Ressourcen verteilt und Bedürfnisse befriedigt werden (**Basiskonzept: Knappheit und Verteilung**) – durch Marktmechanismen, staatliche Steuerung oder Kombinationen aus beidem. Dabei stellt sich zugleich die Frage, welche Akteure Macht über wirtschaftliche Entscheidungen besitzen (**Basiskonzept: Macht und Entscheidung**): Nationalstaaten wie die USA oder China, internationale Institutionen wie WTO und IWF, aber auch mächtige multinationale Konzerne.
Die Chancen globaler Vernetzung – Wohlstandsgewinne durch internationale Arbeitsteilung und Handel – stehen in Spannung zu ihren Risiken: sozialen Ungleichheiten, ökologischen Folgen und wirtschaftlichen Abhängigkeiten. Wessen Interessen die globale Wirtschaft dient und welche Regeln sie gestalten sollen, bleibt eine der drängendsten Fragen moderner Wirtschaftspolitik (**Basiskonzept: Interessen und Gemeinwohl**).

Kompetenzen

Am Ende dieses Kapitels sollten Sie Folgendes wissen und können:

- Wirtschaftsordnungen anhand zentraler Merkmale vergleichen und beurteilen.
- nachfrage- und angebotsorientierte Konzepte staatlicher Wirtschaftspolitik vergleichen und ihre Möglichkeiten sowie Grenzen beurteilen.
- den Stand und die Entwicklung der wirtschaftlichen Globalisierung anhand zentraler Indikatoren (Welthandelsvolumen und -ströme, ausländische Direktinvestitionen, Finanzmarktintegration) beschreiben.
- den internationalen Handel mit Hilfe wirtschaftstheoretischer Erklärungsansätze erklären (absolute und komparative Kostenvorteile, intraindustrieller Handel).
- Akteure und Ordnungsmodelle der Weltwirtschaft erläutern sowie aktuelle Entwicklungen einordnen.
- anhand von Standortfaktoren die Stärken und Schwächen von Volkswirtschaften im globalen Wettbewerb erörtern.

Aufgaben

72018-500

1. Beschreiben Sie die Statistik.
2. Erklären Sie, welche Überlegungen die Befragten zu ihrer Einschätzung gebracht haben könnten.
3. Globalisierung ist insgesamt eine Chance!
   Nehmen Sie (vorläufig) Stellung zu dieser These. Berücksichtigen Sie neben dem wirtschaftlichen Wachstum auch andere Aspekte, z. B. soziale und politische Folgen der Globalisierung.

5.1 Welchen Gestaltungsprinzipien folgt (unsere) Wirtschaft?

5.1.1 Markt oder Staat – wer soll die Wirtschaft koordinieren?

Zum Thema: Wirtschaftsordnungen bilden den Rahmen für das wirtschaftliche Handeln des Staates, der Unternehmen sowie der Menschen in einer Volkswirtschaft. Sie bestimmen u. a., wie über die Produktion von Gütern oder die Verteilung des Wohlstands entschieden wird. Sie lassen sich auch historisch verorten – ideengeschichtlich sowie in konkreten Versuchen ihrer Umsetzung. Wie lassen sich Wirtschaftsordnungen idealtypisch ausdifferenzieren und vergleichen? Und welche historischen Erfahrungen bestimmen ihre heutige Beurteilung?

M1 Kühlschranklehre – wie werden alle gut versorgt?

Planwirtschaft vs. Marktwirtschaft – am Beispiel des Lebensmitteleinkaufes in einer Wohngemeinschaft

1 Bei der Planwirtschaft wird über den Einkauf zentral entschieden: Einer legt fest, welche Lebensmittel alle anderen bekommen. Zwar wird der Einkauf gleichmäßig verteilt, denn jeder bekommt das Gleiche. Allerdings wird dabei der individuelle Geschmack nicht berücksichtigt. Es kann aber auch zu Fehlplanungen kommen – wird ein Produkt in zu großen Mengen gekauft, bleibt es übrig und verdirbt.

2 In der Marktwirtschaft trifft jeder seine Entscheidungen beim Einkauf selbst. Durch das Zusammenspiel von Angebot und Nachfrage ist die Lebensmittelversorgung gesichert. Natürlich kann es auch hier zu Fehlentscheidungen kommen: Kauft ein Bewohner z. B. nur Wurst für sich ein, fehlen ihm andere Produkte. Ist ihm das zu einseitig, muss er darauf hoffen, dass andere Bewohner mit ihm tauschen.

Einstiegsaufgaben 72018-501

1. Beschreiben Sie ausgehend von **M1** Vor- und Nachteile der beiden Möglichkeiten, die gemeinsame Lebensmittelversorgung in der WG zu organisieren.
2. Diskutieren Sie, welche „Spielregeln" für den Gebrauch des Kühlschranks aus Ihrer Sicht sinnvoll wären.

M2 Wie lassen sich Wirtschaftsordnungen vergleichen?

Die Wirtschaftsordnung ist neben der Rechts- und Sozialordnung das wichtigste Element der alle Bereiche des menschlichen Zusammenlebens umfassenden Gesellschaftsordnung. Das in der jeweiligen Gesellschaftsordnung vorherrschende gesellschaftspolitische Leitbild hat entscheidenden Einfluss auf die Wirtschaftsordnung. Als zwei extrem unterschiedliche Auffassungen vom Wesen des Menschen stehen sich dabei Individualismus (Individuum (lat.): der einzelne Mensch) und Kollektivismus (Kollektiv (lat.): Gruppe, Gemeinschaft) gegenüber. Der Individualismus sieht den Menschen als Ausgangs- und Mittelpunkt allen gesellschaftlichen Lebens. Sein oberstes Ideal ist die freie Entfaltung aller Anlagen, Kräfte und Interessen des Einzelnen. Diesem Menschenbild entspricht als Staats- und Gesellschaftsauffassung der Liberalismus.

Der Kollektivismus sieht dagegen den Einzelnen vor allem und zuerst als ein der Gemeinschaft (Kollektiv) untergeordnetes Wesen. Das beinhaltet die Auffassung, die Gemeinschaft habe eigenständige, übergeordnete Interessen, die möglicherweise von den Interessen des Einzelnen abweichen und gegen dessen Willen durchgesetzt werden müssen. [Diesem Menschenbild entspricht als Staats- und Gesellschaftsauffassung] der Sozialismus in seinen verschiedenen Ausprägungen, [von denen der Kommunismus als extremste Form angesehen wird]. Die gesellschaftspolitische Grundentscheidung zwischen Individualismus und Kollektivismus bestimmt weitgehend auch alle anderen wesentlichen Elemente einer Wirtschaftsordnung.

Happe, Volker / Horn, Gustav / Otto, Kim: Das Wirtschaftslexikon. Begriffe – Zahlen – Zusammenhänge. Bonn: Bundeszentrale für politische Bildung 2012, S. 192

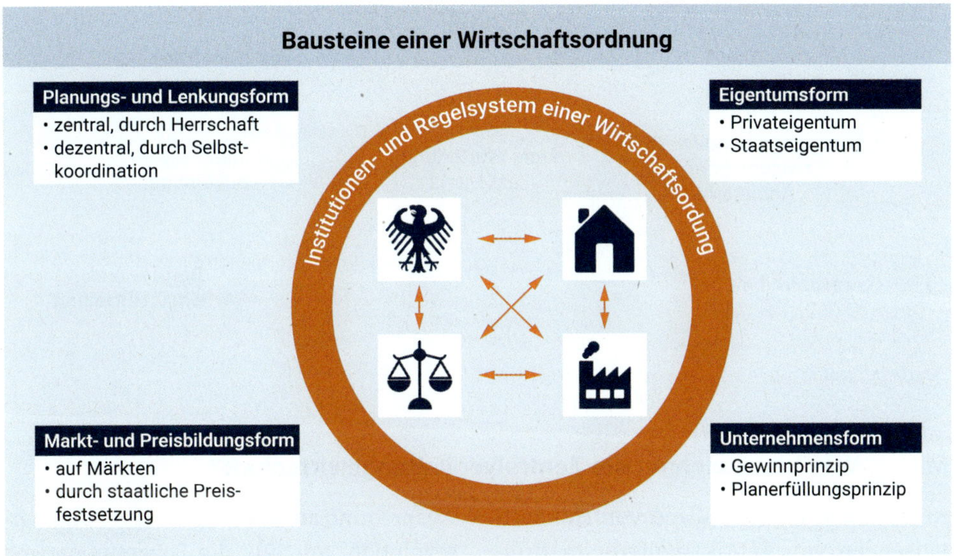

Bearbeitergrafik

M3 Was kennzeichnet die Freie Marktwirtschaft?

- Das Privateigentum an den Produktionsmitteln (z. B. Maschinen, Transportmittel, Boden) ist Voraussetzung dafür, dass sich die Unternehmen bei der Aufstellung und Verwirklichung ihre Produktionspläne frei entscheiden können.
- Die Vertragsfreiheit ermöglicht es den Vertragspartnern, beliebige Verträge abzuschließen und deren Inhalt selbst zu bestimmen. [...] Der Staat muss Rechtssicherheit garantieren, damit die Vertragspartner ihre Ansprüche notfalls mit staatlicher Hilfe (z. B. Gerichte, Polizei) durchsetzen können.
- Die Gewerbefreiheit ermöglicht es jedem Produzenten, ein beliebiges Gewerbe zu betreiben und sich am Markt frei zu betätigen. [...] Marktzutrittsschranken würden zu einer Verringerung des Wettbewerbs führen und die Entstehung marktbeherrschender Unternehmen fördern. Die Gewerbefreiheit umfasst auch die freie Wahl von Beruf und Arbeitsplatz.
- Die Produktionsfreiheit ermöglicht es jedem Produzenten, selbst darüber zu

Wirtschaftsordnung/-prozess (nach Walter Eucken)
Walter Eucken, Mitbegründer der Ordoliberalen Schule, versteht die Wirtschaftsordnung als rechtlich-institutionelles Rahmenwerk für das Handeln aller wirtschaftlichen Akteure. Eine funktionierende Ordnung sichert Wettbewerb und verhindert Machtkonzentrationen. Der Staat soll dabei nicht in einzelne Entscheidungen eingreifen, sondern durch klare Regeln die Marktvoraussetzungen schaffen und so gesellschaftlichen Wohlstand ermöglichen.

Knappheits-/Koordinationsproblem
Das Knappheitsproblem beschreibt die begrenzte Verfügbarkeit von Gütern und Ressourcen gegenüber unbegrenzten menschlichen Bedürfnissen. Daraus folgt die Notwendigkeit wirtschaftlicher Koordination: Es muss entschieden werden, welche Bedürfnisse wann und durch wen befriedigt werden – entweder über Marktmechanismen oder durch staatliche Eingriffe.

entscheiden, was und wie viel er produzieren will.

- Die Konsumfreiheit ermöglicht es jedem Konsumenten, selbst darüber zu entscheiden, wie er sein Einkommen verwenden und was er in welchem Umfang kaufen will.

Lüpertz, Viktor: Problemorientierte Einführung in die Volkswirtschaftslehre. 7. Auflage. Darmstadt: Winkler 2013, S. 263 f.

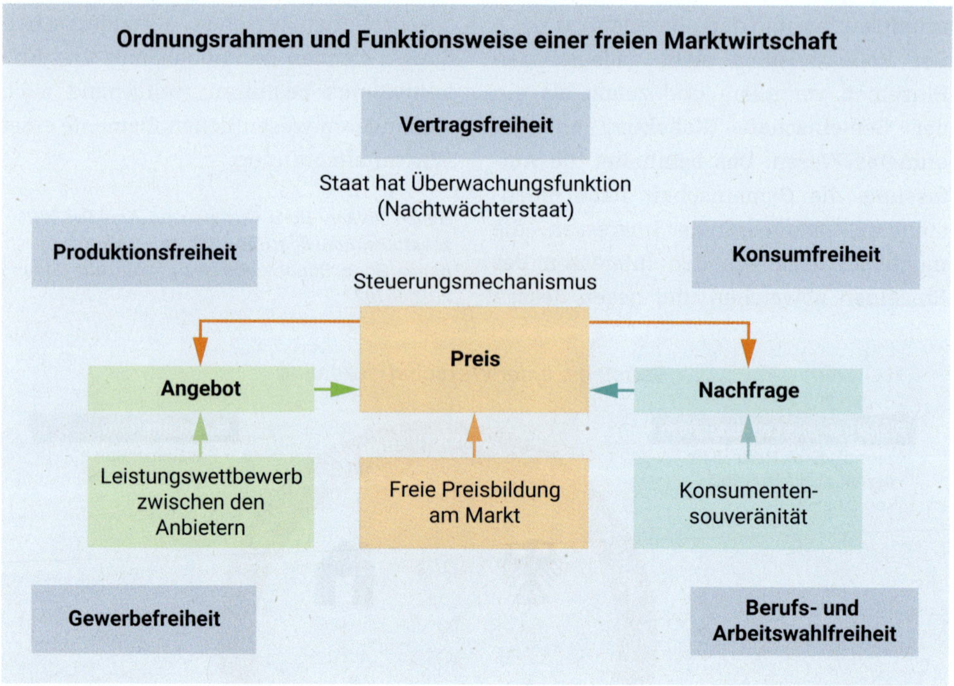

Bearbeitergrafik

M4 Was kennzeichnet die Zentralverwaltungswirtschaft?

Karl Marx (1818-1883) war ein deutscher Philosoph und Ökonom, der gemeinsam mit Friedrich Engels die theoretischen Grundlagen für den Sozialismus und Kommunismus legte.

Kinderarbeit und das Elend von Hunderttausenden von Fabrikarbeitern im frühkapitalistischen England waren für Karl Marx (1818–1883) und Friedrich Engels (1820–1895) Beleg dafür, dass die Verwirklichung der liberalen, marktwirtschaftlichen Ordnung zu wirtschaftlichen Krisen und einer ungerechten Verteilung von Vermögen, Einkommen und wirtschaftlicher Macht führt. Sie sehen in der Verfügungsgewalt über die Produktionsmittel das zentrale Problem und fordern die Enteignung der privaten Produktionsmittel und ihre Überführung in Kollektiveigentum. [...] Die Zentralverwaltungswirtschaft, auch Planwirtschaft genannt, basiert auf den Grundgedanken von Marx´ Ideen.

Dem Idealtyp der Zentralverwaltungswirtschaft entsprachen in der historischen Ausprägung am ehesten nach der Oktoberrevolution von 1917 die Sowjetunion und nach dem Zweiten Weltkrieg die anderen Länder des Ostblocks. [...] In der Gegenwart gibt es nur noch wenige planwirtschaftlich organisierte Staaten. Dazu gehören etwa Nordkorea, Kuba und Weißrussland.

In der Zentralverwaltungswirtschaft werden alle wirtschaftlichen Entscheidungen von staatlichen Stellen im Rahmen eines Gesamtplans zentral festgelegt. Der Staat ermittelt den Gesamtbedarf der Volkswirtschaft und setzt die Prioritäten über Art, Umfang und Rangfolge der zu befriedigenden Bedürfnisse fest. Die Preise werden staatlich reglementiert, ebenso die Investitionen, der von Staatsgesellschaften betriebene Außenhandel und die behördlich festgelegten Löhne. Märkte, nach denen sich Angebot und Nachfrage über bewegliche Preise einpendeln können, gibt es nur in rudimentärer Form, illegal als Schwarzmärkte oder gar nicht. Eine wichtige Bedingung der Zentralverwaltungswirtschaft besteht darin, dass die Verfügungsgewalt über die Produktionsmittel Boden und Kapital in der Hand des Staates liegen. Daher gibt es in Zentralverwaltungswirtschaften kein Privateigentum an Produktionsmitteln. Die Koordination von Bedarfs- und Produktionsplanung orientiert sich der Theorie nach am Bedarf.

Bauer, Max: Zentralverwaltungswirtschaft. In: Kompendium Politik – Neue Ausgabe. Bamberg: Buchner 2013, S. 100 f.

M5 Was kennzeichnet die Soziale Marktwirtschaft?

1. Die Soziale Marktwirtschaft basiert auf den Funktionen eines beweglichen und sich dynamisch entwickelnden Marktes. [...]
2. Die Soziale Marktwirtschaft ist angetreten mit dem Anspruch, durch den marktwirtschaftlichen Prozess nicht nur die Gütererzeugung anzuheben, den Bereich persönlicher freier Gestaltungsmöglichkeiten für die Einzelnen zu erweitern, sondern auch soziale Fortschritte zu bringen. [...]
3. Die Soziale Marktwirtschaft fordert keinen schwachen Staat, sondern sieht in einem starken demokratischen Staat die Voraussetzungen für das Funktionieren dieser Ordnung. Der Staat hat nicht nur der Sicherung der Privatrechtsordnung zu dienen, er [hat] [...] sich für die Erhaltung eines echten Wettbewerbs [...] einzusetzen. Die vom Staat zu sichernde Wettbewerbsordnung wehrt zugleich Machteinflüsse auf dem Markt ab.
4. Garant des sozialen Anspruchs der Marktwirtschaft ist nicht nur der Markt, dessen wirtschaftliche Leistungen sehr oft schon sozialen Fortschritt bedeuten. Der Staat hat vielmehr die unbestrittene Aufgabe, über den Staatshaushalt und die öffentlichen Versicherungen die aus dem Markt resultierenden Einkommensströme umzuleiten und soziale Leistungen, wie Kindergeld, Mietbeihilfen, Renten, Pensionen, Sozialsubventionen und so weiter, zu ermöglichen. [...] Das bedeutet keineswegs ein Hinüberwechseln aus dem Markt in den staatlichen Bereich, sofern man sich dabei bewusst ist, dass die Mittel, die der Staat transformiert [hier: umleitet], von der wirtschaftlichen Leistung des Marktes abhängig bleiben und marktkonform sein müssen. Es muss die Grenze eingehalten werden, deren Überschreitung eine Störung der Marktvorgänge bewirkt.
5. Neben den engeren Aufgaben der Wettbewerbssicherung und den weiteren Aufgaben des sozialen Schutzes steht der Staat seit je und heute bewusster als früher vor Aufgaben der Gesellschaftspolitik, um die [...] Lebensumstände für alle zu verbessern. [...] Ich nenne Erweiterung der Vermögensbildung, Verbesserungen der Investitionen im Bereich des Verkehrs, des Gesundheitswesens, Aufwendungen für Bildung und Forschung, Schutz gegen die wachsende Verschlechterung vieler Umweltbedingungen, Städtebauförderung. [...] Diese Aufgaben [...] bedeuten keine Grenze, an der die Soziale Marktwirtschaft gezwungen wäre, ihren marktwirtschaftlichen Charakter einzubüßen. Gerade darin liegen die besten Voraussetzungen, um die aus dem Wachstumsprozess herrührenden Mittel über [...] den Staat zur Verbesserung der öffentlichen Umweltbedingungen zu nutzen.
6. Die Ordnung der Sozialen Marktwirtschaft schließt also alle Ziele, die wir auch für eine weitere Zukunft ins Auge zu fassen haben, ein. Sie bleibt insofern Marktwirtschaft, als sie darauf besteht, dass das durch freie Betätigung aller Gruppen gesicherte Privateigen-

Der Wirtschaftswissenschaftler und Soziologe **Alfred Müller-Armack** (1901-1978) gilt als einer der Begründer der Sozialen Marktwirtschaft und prägte den Begriff bereits 1946.
Ab 1952 war er enger Mitarbeiter von Wirtschaftsminister Ludwig Erhard.

tum, eine gesicherte Rechtsordnung und stetes Wirtschaftswachstum auch [...] in der Zukunft die besten Grundlagen bieten, um die Fülle der vor uns stehenden Aufgaben im staatlichen und privaten Bereich zu fördern. [...] Die Soziale Marktwirtschaft ist ein Stil, der ein festes Formprinzip mit der Fülle der Gestaltungsmöglichkeiten im Einzelnen verbindet. [...]

Müller-Armack, Alfred: Die Soziale Marktwirtschaft und ihre Widersacher. In: Erhard, Ludwig/ Müller-Armack, Alfred (Hg.): Soziale Marktwirtschaft. Ordnung der Zukunft, Frankfurt/Main: Ullstein 1972, S. 25 ff.

M6 Wirtschaftsordnungen im Vergleich

Vergleich der Wirtschaftsordnungen			
Kriterium	**Freie Marktwirtschaft**	**Zentralverwaltungswirtschaft**	**Soziale Marktwirtschaft**
Menschenbild/gesellschaftspolitisches Leitbild			
Eigentumsform an Produktionsmitteln			
Planungs- und Lenkungsform			
Markt- und Preisbildung			
Rolle des Staates			
Unternehmensform/ Handlungsprinzip			

Bitte ins Heft

Bearbeiter

Aufgaben

72018-502

1. a) Beschreiben Sie den Zusammenhang zwischen Menschenbild und Wirtschaftsordnung (**M2**).
   b) Erläutern Sie, wie die Bausteine einer Wirtschaftsordnung (**M2**) je unterschiedliche „Spielregeln" für das wirtschaftliche Handeln des Einzelnen darstellen.
2. a) Vergleichen Sie mithilfe der Tabelle (**M6**) die Grundkonzeptionen der Freien Marktwirtschaft mit der Zentralverwaltungswirtschaft (**M2-M4**).
   b) Erläutern Sie vergleichend die Produktion und Verteilung von Backwaren in einer Freien Markt- bzw. Zentralverwaltungswirtschaft.
3. a) Geben Sie die wesentlichen Ziele und Prinzipien des Konzepts der Sozialen Marktwirtschaft nach Alfred Müller-Armack wieder (**M5**).
   b) Prüfen Sie die These, dass die Soziale Marktwirtschaft einen „dritten Weg" zwischen freier Marktwirtschaft und Zentralverwaltungswirtschaft darstellt, indem Sie die Soziale Marktwirtschaft mit den beiden anderen Wirtschaftsordnungen vergleichen (**M2-M6**).

5.1.2 Ist Wirtschaftspolitik „Magie“?

Zum Thema: In wirtschaftlichen Krisen wird – früher wie heute – ein aktives Eingreifen des Staates gefordert. Prägend für die Soziale Marktwirtschaft war das Stabilitäts- und Wachstumsgesetz, das der Bundestag im Jahr 1967 angesichts der sich verschlechternden „Konjunktur“ beschlossen hat. Auf welche wirtschaftspolitischen Ziele wurde der Staat dort verpflichtet? Welche sind im Laufe der Zeit hinzugekommen? Und in welchem Verhältnis stehen sie zueinander?

M7 Wirtschaftswachstum – das zentrale Ziel einer Volkswirtschaft?

Karikatur: Kostas Koufogiorgos, 10.04.2014

Einstiegsaufgaben 72018-503

1. Interpretieren Sie die Karikatur hinsichtlich des Stellenwerts relevanter wirtschaftspolitischer Ziele.
2. Positionieren Sie sich zur Frage, was Wirtschaftspolitik in einer Sozialen Marktwirtschaft leisten soll.

M8 Stabilität und Wachstum – Aufgaben des Staates?

Nicht erst seit der drastischen Zunahme der Arbeitslosigkeit in den 1970er Jahren in nahezu allen westlichen Industrienationen bildet das Problem der wirtschaftlichen Stabilität einen Schwerpunkt der wissenschaftlichen wie auch der öffentlichen Diskussion. Denn die Erfahrung zeigt, dass die Intensität wirtschaftlicher Tätigkeiten in kapitalistischen Systemen Schwankungen unterworfen ist. War die erste Phase der Entwicklung der Sozialen Marktwirtschaft von einer weitgehenden Passivität des Staates gegenüber Konjunkturschwankungen gekennzeichnet – begünstigt durch keine nennenswerten Konjunktureinbrüche im Zuge des stürmischen Wiederaufbaus der Bundesrepublik –, setzte sich mit dem Rückgang von Produktion und Beschäftigung Mitte der 1960er Jahre der Gedanke durch, mit wirtschaftspolitischen Steuerungsmaßnahmen stabilisierend in den Wirtschaftsprozess einzugreifen. Gerade die Marktwirtschaft jedoch lebt von der Dynamik ständiger Veränderungen. Nicht umsonst charakterisierte der österreichische Nationalökonom Joseph A. Schumpeter die marktwirtschaftliche Ordnung als Prozess der schöpferischen Zerstörung, die mit wechselhaften Wirtschaftsverläufen einhergehe.

Dass einer stabilen, berechenbaren wirtschaftlichen Entwicklung dennoch ein so hoher Stellenwert beigemessen wird, liegt vor allem daran, dass instabile Entwicklungen meist mit Planungsschwierigkeiten, Arbeitslosigkeit, Einkommensverlusten und politischen Krisen verbunden sind, welche die Politik vor große Aufgaben stellen.

1967 wurden deshalb in dem „Gesetz zur Förderung der Stabilität und des Wachstums der Wirtschaft" (Stabilitätsgesetz, StabG) Ziele staatlicher Wirtschaftspolitik formuliert. „Bund und Länder haben bei ihren wirtschafts- und finanzpolitischen Maßnahmen die Erfordernisse des gesamtwirtschaftlichen Gleichgewichts zu beachten. Die Maßnahmen sind so zu treffen, dass sie im Rahmen der marktwirtschaftlichen Ordnung gleichzeitig zur Stabilität des Preisniveaus, zu einem hohen Beschäftigungsstand und außenwirtschaftlichem Gleichgewicht bei einem stetigen und angemessenen Wirtschaftswachstum beitragen" (§ 1 StabG).

Die Charakterisierung der stabilitätspolitischen Zielsetzung als „magisches Viereck" bezieht sich darauf, dass zwischen den Zielen wechselseitige Beziehungen und Zielkonflikte bestehen, die es als unmöglich erscheinen lassen, alle Zielvorgaben gleichzeitig zu erfüllen.

Bearbeiter

M9 Das „Magische Sechseck" – ein wirtschaftspolitisches Update?

Das „Magische Viereck" ergibt sich aus den Zielen, die im Stabilitäts- und Wachstumsgesetz festgelegt sind. Seither sind zwei weitere Ziele hinzugekommen: Eine gerechte Einkommens- und Vermögensverteilung war bereits bei der Formulierung des Gesetzes von 1967 im Gespräch, damals konnte aber (noch) keine Einigung erzielt werden. Die Diskussion um verstärkten Schutz der Umwelt bildet sich im Ziel des Umweltschutzes ab, das seit 1994 auch grundgesetzlich verankert ist. Die nunmehr sechs Ziele sind nicht unabhängig von-, sondern bedingen einander auf je unterschiedliche Weise. Das wird in einem Sechseck dargestellt, das deshalb als „magisch" gelten darf, weil eben eine gleichzeitige Erreichung aller Ziele kaum möglich scheint.

Bearbeiter

Bearbeitergrafik

M10 Wie verhalten sich die wirtschaftspolitischen Ziele zueinander?

1 Vollbeschäftigung und Preisniveaustabilität

Bei Hochkonjunktur und damit verbundener Vollbeschäftigung gibt es praktisch keine Arbeitslosen, wohl aber offene Stellen. Auf dem Arbeitsmarkt besteht zwar Nachfrage, das Angebot ist jedoch ausgeschöpft. Die Gewerkschaften als Vertreter des Produktionsfaktors Arbeit haben bei Tarifverhandlungen eine starke Position. Sie können die Aufnahme größerer Lohnsteigerungen in die Lohntarife durchsetzen. Die höheren Löhne führen zu Kostendruck und Nachfragesog. Damit setzen sie die Lohn-Preis-Spirale in Bewegung, d. h. die Löhne treiben die Preise, die Preise wiederum die Löhne in die Höhe. Zwischen den beiden wirtschaftspolitischen Zielen Vollbeschäftigung und Preisniveaustabilität besteht also eine grundsätzliche Konfliktsituation.

2 Wirtschaftswachstum und lebenswerte Umwelt

Wirtschaftswachstum im herkömmlichen Sinne bedeutet, dass das reale Bruttoinlandsprodukt einer Volkswirtschaft innerhalb eines Jahres zunimmt. [...] Die Steigerung der bisherigen Produktionsmengen in den Industrieländern führt dazu, dass Rohstoff- und Energiequellen ausgebeutet werden. Viele Produkte und Produktionsverfahren, insbesondere auch in den Entwicklungsländern, führen zu einer überproportionalen Zunahme der Schadstoffbelastung in der Umwelt, zur Verminderung des lebensnotwendigen Waldes, zur Erosion der Böden und Einengung bzw. Zerstörung der tierischen und pflanzlichen Lebensräume. Gleichzeitig wachsen die Probleme bei der Entsorgung ausgedienter Produkte und Produktionsanlagen. Diese Konsequenzen eines stetig zunehmenden Wachstums gehen in erster Linie zulasten der nachfolgenden Generationen (unserer Kinder). [...] Zwischen den beiden Zielen (quantitatives) Wirtschaftswachstum und lebenswerte Umwelt besteht somit ein Zielkonflikt. [...]

3 Preisniveaustabilität und Wirtschaftswachstum

Ein Zielkonflikt zwischen Preisniveaustabilität und Wirtschaftswachstum entsteht dann, wenn

- sich die Beschäftigung hin zur Überbeschäftigung entwickelt und durch die Lohn-Preis-Spirale die Preisniveaustabilität gefährdet wird,
- übergroße Preissteigerungen für importierte Rohstoffe die Investitionsneigung verringern und damit zur Verlangsamung des Wirtschaftswachstums führen,
- die erforderlichen Umweltschutzinvestitionen (Reinigungs-, Entsorgungs- und Wiederaufbereitungsanlagen) die Preise für die Güter bestimmter Industrien in wettbewerbsfeindliche Höhen treiben.

Das Wirtschaftswachstum steht hier also in Konkurrenz mit der Preisniveaustabilität.

4 Vollbeschäftigung und Wirtschaftswachstum

Vollbeschäftigung ist vornehmlich in Zeiten kräftigen Wirtschaftswachstums möglich. Steigendes Wirtschaftswachstum zieht die Erhöhung des Beschäftigungsstandes mit sich. Beide Zielgrößen sind also auf proportionalem Wege miteinander verbunden. Ein Konflikt kann sich ergeben, wenn das Wachstum von rein quantitativer Art ist. Das Mehr an materiellen Gütern und an Einkommen geht zulasten der allgemeinen Lebensqualität durch umweltfeindliche Produktionsanlagen und -verfahren, Kahlschlag der Natur, Vermehrung der Luft-, Erd- und Wasserschadstoffe. [...]

© 123 Versicherung: Zielkonflikte zwischen den wirtschaftspolitischen Zielen – Magisches Viereck, www.123versicherung.eu, Abruf am 30.01.2026

5 Wirtschaftswachstum und gerechte Einkommens- und Vermögensverteilung

In vielen marktwirtschaftlichen Volkswirtschaften profitieren häufig jene Bevölkerungsgruppen überproportional von Wirtschaftswachstum, die bereits über Kapital und Vermögen während lohnabhängige Beschäftigte mitunter hinter der Wohlstandsentwicklung zurückbleiben. Staatliche Umverteilung durch Steuern, Transfers und öffentliche Investitionen kann Ungleichheit mindern und Chancengleichheit verbessern. Ob zwischen Wachstum und Verteilungsgerechtigkeit ein Zielkonflikt entsteht, hängt von der konkreten Ausgestaltung der Wirtschafts-, Steuer-, Bildungs- und Sozialpolitik ab: schlecht konzipierte Maßnahmen können Investitionen dämpfen, gut gestaltete Politik kann sowohl Wachstum als auch Teilhabe fördern.

Bearbeiter

Aufgaben

72018-504

1. a) Erklären Sie die Bedeutung des Stabilitäts- und Wachstumsgesetzes, indem Sie den wirtschaftspolitischen Richtungswechsel charakterisieren (**M6**).
   b) Erläutern Sie, inwiefern der staatlichen Wirtschaftspolitik durch den Zusatz „im Rahmen der marktwirtschaftlichen Ordnung“ Grenzen gesetzt sind.
2. a) Beschreiben Sie das „Magische Sechseck“ (**M7**) und erläutern Sie die Bedeutung der beiden „hinzugekommenen“ wirtschaftspolitischen Ziele.
   b) Recherchieren Sie exemplarisch die wirtschaftspolitische Bedeutung eines Ziels und tragen Sie Ihre Ergebnisse im Kurs vor.
3. Skizzieren Sie auf Grundlage von **M10** das Problem von Zielkonflikten.

5.1.3 Angebot oder Nachfrage – (wie) lässt sich Wirtschaft steuern?

Zum Thema: Zur Frage, ob und wie der Staat in die wirtschaftliche „Konjunktur“ eingreifen sollte, gibt es unterschiedliche Konzepte. Sie lassen sich grob in Angebots- und Nachfrageorientierung unterscheiden. Welche Zusammenhänge postulieren die jeweiligen Konzepte? Wie antworten Sie demnach auf aktuelle wirtschaftspolitische Fragen? Und helfen Sie in einer besonderen wirtschaftlichen Situation, die von multiplen Krisen bestimmt ist?

M11 Wie würden Sie in einer Wirtschaftskrise handeln?

1 Haushalte
Nachfrage nach Konsumgütern?

2 Unternehmen
Nachfrage nach Investitionsgütern?

3 Staat
Nachfrage des Staates?

4 Ausland
Nachfrage nach Exporten?

Einstiegsaufgaben 72018-505

1. Stellen Sie eine ökonomische Krise mit sinkender Produktion, steigender Arbeitslosigkeit und einer generellen Verunsicherung vor. Skizzieren Sie wahrscheinliche Verhaltensweisen eines Haushalts, eines Unternehmens, des Staates und eines ausländischen Unternehmens sowie deren jeweilige volkswirtschaftliche Folgen.
2. Begründen Sie, weshalb sich der Staat als einziger Akteur dieser Handlungslogik entziehen kann.

M12 Konjunktur – das regelmäßige Auf und Ab der Wirtschaft?

[Der Begriff „Konjunktur“ beschreibt die] aktuelle Gesamtlage einer Wirtschaft zu einem bestimmten Zeitpunkt. Die Konjunkturlage und die Konjunkturschwankungen werden durch Konjunkturindikatoren angezeigt. Der umfassendste Maßstab für die Konjunktur ist das Bruttoinlandsprodukt. [Der] Konjunkturzyklus umfasst die verschiedenen Phasen der Konjunktur. Er besteht nach gängiger Auffassung aus Aufschwung, Abschwung, Boom, Rezession [und Depression]. Dieser Ablauf wiederholt sich immer wieder in der gleichen Reihenfolge. Entgegen dem üblichen Verständnis von Zyklen ist im Konjunkturverlauf eine Regelmäßigkeit nur schwer zu entdecken, da der Konjunkturverlauf sehr stark durch irreguläre und globale Einflüsse wie Turbulenzen an den Finanzmärkten oder auch Währungskrisen bestimmt wird.

Happe, Volker H. / Horn, Gustav / Otto, Kim: Konjunktur. In: Das Wirtschaftslexikon. 3. Auflage. Bonn: Dietz 2017, S. 213 ff.

Grafik: Verlauf eines Konjunkturzyklus
72018-506

Matrix zur Analyse des Konjunkturzyklus zum Ausfüllen
72018-507

John Maynard Keynes, 1883-1946, berühmter engl. Volkswirt

M13 Was bedeutet Nachfrageorientierung?

Unter dem Eindruck der Weltwirtschaftskrise der dreißiger Jahre schrieb [der englische Ökonom John M. Keynes (1883-1946)] sein epochemachendes Werk, die „General Theory" (deutscher Titel: Allgemeine Theorie der Beschäftigung, des Zinses und des Geldes). Kein anderes ökonomisches Werk hat ähnlich weitreichende Auswirkungen auf die Wirtschaftstheorie und die praktische Wirtschaftspolitik in diesem Jahrhundert gehabt. Zurecht sprach man von der „Keynesianischen Revolution". Der entscheidende Punkt war der, dass Keynes in seinem Buch der bislang vorherrschenden „klassischen" Wirtschaftstheorie widersprach, wonach der Marktmechanismus automatisch zu einem Vollbeschäftigungsgleichgewicht führen würde. [...]

Keynes führt in seinem Werk die gesamtwirtschaftliche – makroökonomische – Analyse ein und behauptete, dass die Beschäftigung vor allem vom Niveau der gesamtwirtschaftlichen Produktion und diese wiederum von der Höhe der gesamtwirtschaftlichen Nachfrage abhänge. Die entscheidende Ursache für Arbeitslosigkeit sei also ein Rückgang der Produktion, und der sei auf eine unzureichende gesamtwirtschaftliche Nachfrage zurückzuführen. Eine Senkung der Löhne – darin bestand das Rezept der Klassiker – sei nicht möglich, so Keynes, weil dies zu einer Verringerung der Konsumnachfrage der privaten Haushalte führen würde. Dies würde also das Problem des gesamtwirtschaftlichen Nachfragemangels nur noch verschärfen.

Erforderlich sei vielmehr eine Erhöhung der Nachfrage, und die einzige Instanz, die autonom – in einer Krisensituation – zusätzliche Nachfrage schaffen könne, sei der Staat. Der Staat müsse also über Staatsverschuldung seine Ausgaben erhöhen. Die gesamtwirtschaftliche Nachfrageschwäche würde behoben und somit die Beschäftigung gesichert werden.

Willke, Gerhard: Wirtschaft – Dimensionen der Politik. Berlin: Cornelsen 1995, S. 56

Milton Friedman, 1912-2006, US-amerikanischer Wirtschaftswissenschaftler, der die keynesianische Wirtschaftstheorie ablehnte und stattdessen die Theorie des Monetarismus vertrat. Statt staatlicher Eingriffe sei das wichtigste Instrument demnach die Kontrolle der Geldmenge durch unabhängige Notenbanken.

M14 Was bedeutet Angebotsorientierung?

Die Angebotstheoretiker glauben nicht, dass eine wirtschaftliche Krise aus einer zu geringen Nachfrage entsteht. Eine Wachstumsschwäche hat ihre Ursache vielmehr auf der Angebotsseite und zwar bei den Unternehmen, die nicht investieren. Arbeitslosigkeit oder geringes Wachstum entsteht demnach durch zu geringe Investitionen. Die Ursache für die Zurückhaltung der Unternehmen sind schlechte Zukunftserwartungen der Unternehmen [...]. [Dadurch] wird die Produktion nicht gesteigert und es werden auch nicht mehr Arbeitskräfte eingestellt. Die Folgen für die Wirtschaft: ein stagnierendes oder gar sinkendes Beschäftigungsvolumen und geringeres Wachstum. [...]

Während die Anhänger von Keynes glauben, dass Märkte instabil sind und der Staat regulierend eingreifen muss, denken die Angebotstheoretiker, dass Märkte an sich stabil sind und dass Instabilitäten v. a. durch staatliche Eingriffe in den freien Markt resultieren. [Sie] fordern vielmehr eine Wirtschaftspolitik, die die Angebotsbedingungen verbessert. Da Investitionen für die Entwicklung einer Volkswirtschaft entscheidend sind, müssen Investitionshemmnisse abgebaut werden, [d. h.] alle Rahmenbedingungen, die Investitionen aufwendig, teuer und damit weniger lukrativ machen. Darunter fallen hohe Steuern auf Unternehmensgewinne, ausufernde bürokratische Vorschriften, lange Genehmigungsverfahren für Bauvorhaben und andere Investitionen, aber auch hohe Löhne sowie Sozialabgaben oder ein schlechtes Ausbildungsniveau von Arbeitnehmern.

Die staatliche Wirtschaftspolitik soll nach

der Auffassung der Angebotstheoretiker die Kosten für Investitionen senken und deswegen auch langfristig in Bildung, Forschung und die Verbesserung der Infrastruktur investieren. Kritisch wird auch eine dauerhafte Verschuldung des Staates gesehen. Vielmehr soll der Staat versuchen, einen ausgeglichenen Haushalt aufzustellen und Verschuldung abzubauen.

Hecht, Dörthe u. a.: Wirtschaftspolitik. In: Politik betrifft uns 05/2016, S. 16

M15 Angebots- oder Nachfrageorientierung?

A Wie sinnvoll ist aktive Konjunkturpolitik?

Herr Bofinger, Herr Grömling, 1967 war Deutschland erstmals nach dem Ende des Zweiten Weltkriegs in einer Rezession. Um die Wirtschaft wieder in Schwung zu bringen, verpflichtete sich Bund und Länder im Stabilitätsgesetz auf die Ziele Vollbeschäftigung, Geldwertstabilität, außenwirtschaftliches Gleichgewicht und stetiges Wachstum. War es damals sinnvoll, sich diese wirtschaftspolitischen Ziele zu setzen?

Bofinger: Das Gesetz ist ja eine Art Grundgesetz der Wirtschaftspolitik, das muss man nicht unbedingt im Zusammenhang mit der damaligen – übrigens sehr kleinen – Rezession sehen. Die deutsche Wirtschaftspolitik und die Ökonomie haben vielmehr das keynesianische Denken übernommen. Das war damals nicht selbstverständlich, denn bis dahin herrschte die ordoliberale Schule vor, die den freien Wettbewerb in den Mittelpunkt stellt und der keynesianischen Vollbeschäftigungspolitik sehr skeptisch gegenübersteht – sie galt als Weg in die Planwirtschaft.

Grömling: Die vier Ziele sind als Orientierungsrahmen durchaus sinnvoll. Strittig sind allerdings zwei Punkte: Erstens, über welche Größenordnungen reden wir jeweils – also was ist eigentlich ein angemessenes Wachstum, eine optimale Inflationsrate oder vor allem ein außenwirtschaftliches Gleichgewicht? Zweitens, wie soll und kann der Staat dazu beitragen, diese Ziele zu erreichen? Unter den Ökonomen gibt es dazu ganz unterschiedliche Vorstellungen.

Dem damaligen Wirtschaftsminister Karl Schiller schwebte eine Globalsteuerung der Wirtschaft vor, also eine aktive Konjunktur- und Wachstumspolitik. Dieses nachfrageorientierte Konzept unterstützte damals auch der Sachverständigenrat. Hat es denn funktioniert?

Grömling: Die Krisen der 1970er und frühen 1980er Jahre – ausgelöst durch Ölpreisschocks – haben klar gezeigt, dass eine keynesianische Nachfragepolitik nicht die Lösung ist, sondern zusätzliche Probleme schafft. Bei Angebotsschocks führt eine aktive Konjunktursteuerung durch staatliche Fiskalpolitik eher zu lang anhaltenden Strukturkrisen. [...]

Bofinger: Das nachfrageorientierte Rezept ist aufgegangen, alle großen Rezessionen, die wir seitdem hatten, sind damit therapiert worden. In der weltweiten Krise der Jahre 2008/2009 zum Beispiel haben die meisten Staaten ganz gezielt mit Nachfragepolitik reagiert und konnten den erschreckenden Abschwung relativ schnell abfangen. [...]

Der Sachverständigenrat hat jedoch schon 1976 mit seinem Gutachten „Zeit zum Investieren“ das Gegenkonzept präsentiert, also die angebotsorientierte Wirtschaftspolitik.

Bofinger: Ich sehe den Kontrast zwischen Angebots- und Nachfragepolitik nicht. Um mal einen medizinischen Vergleich zu ziehen: Angebotspolitik ist eine

Peter Bofinger, bis 2019 Mitglied des Sachverständigenrats (SVR) und Professor für Volkswirtschaftslehre an der Universität Würzburg

Michael Grömling, Leiter der Forschungsgruppe Gesamtwirtschaftliche Analysen und Konjunktur beim Institut der deutschen Wirtschaft (IW)

gute Prävention – das ist die Voraussetzung, um gesund zu bleiben. Aber wenn der Patient eine schwere Infektion hat, dann muss man eben von außen seine Selbstheilungskräfte mobilisieren und unterstützen – das ist Nachfragepolitik. Es kommt halt auf die richtige Diagnose und auf die richtige Dosierung der Medizin an – und darauf, die Medizin wieder rechtzeitig abzusetzen.

Grömling: Aber genau das ist ja oft das Problem. Was ist die richtige Dosierung und kommt die auch rechtzeitig an? [...] Die Infrastrukturprogramme waren angebotsseitig richtig, im Auge des Sturms 2009 aber irrelevant. Die meisten Bagger rollten erst in den Folgejahren.

Eine unerwünschte Nebenwirkung der nachfrageorientierten Therapie ist mehr Staatsverschuldung.

Bofinger: Richtig, aber wo liegen die vernünftigen Schwellenwerte für Verschuldung? Wann wird sie pathologisch?

Institut der deutschen Wirtschaft Köln e.V.: Wie sinnvoll ist aktive Konjunkturpolitik?. In: www.iwd.de, 23.05.2017

B Keynes vs. Friedman – Wer hat (un)recht?

Übersetzung zur Karikatur:
„Ich bin mir nicht sicher, ob ich für meine Armut die keynesianische Wirtschaftssteuerung, Friedmans Theorien des freien Marktes oder den Kobold verantwortlich machen soll, der in meiner Hosentasche wohnt."

Karikatur: Darrin Bell, 28.01.2013

M16 „Stagflation" – gerät die Wirtschaftspolitik an ihre Grenzen?

Stagflation, das ist die Kombination von Inflation und Stagnation. Also stark steigenden Preisen und wirtschaftlicher Flaute. Ausgelöst wird das in der Regel durch einen Angebotsschock, das heißt irgendein Produktionsfaktor steht plötzlich nicht mehr zur Verfügung. In den 1970er Jahren war das das Öl. Die Organisation erdölexportierender Länder (OPEC) beschloss aus politischen Gründen, weniger Öl zu fördern – daraufhin verdoppelte sich in wenigen Jahren der Preis und das löste eine schwere Wirtschaftskrise aus.

Das ungewöhnliche daran war, dass während der Krise die Preise weiter stiegen. Denn die Unternehmen gaben ihre höheren Energiekosten an die Verbraucher weiter. In der Folge forderten die Gewerkschaften höhere Löhne, um die Preissteigerungen auszugleichen. Das erhöhte wiederum die Kosten der Unternehmen. Die gefürchtete Lohn-Preis-Spirale fing an sich zu drehen. Die Wirtschaft fiel in eine Rezession, die Arbeitslosigkeit stieg und die Preise gingen weiter nach oben.

Das Phänomen der Stagflation ist wirtschaftspolitisch schwer zu bekämpfen. Es gibt keine gängigen Rezepte dafür. In der Ökonomie wird meist eine angebotsorientierte Wirtschaftspolitik empfohlen. Also Maßnahmen, die die Unternehmen auf der Kostenseite entlasten, damit sie weiter produzieren. Die Nachfrage zu stärken, zum Beispiel durch Entlastungen der Bürger, hilft in diesem Fall wenig, außer natürlich, um wirtschaftliche und soziale

Härten zu vermeiden.
Die Notenbanken sind in erster Linie der Preisstabilität verpflichtet. Das heißt, sie müssen die Inflation bekämpfen. Das geschieht in der Regel durch Zinserhöhungen. Sie dämpfen die Nachfrage und können dafür sorgen, dass diese wieder dem gesamtwirtschaftlichen Angebot entspricht. Allerdings haben Zinserhöhungen damit eben auch einen dämpfenden Einfluss auf die Konjunktur. Sie würden in einer Stagflation also die Wirtschaftskrise noch weiter verschärfen.
Derzeit gibt es gleich zwei Angebotsschocks, die eine Stagflation auslösen können. Zum einen sind durch die Corona-Pandemie immer noch Lieferketten gestört. [...] Das Angebot ist also geringer als die Nachfrage. Die Unternehmen können noch nicht wie gewohnt produzieren. [...] Gegen diese Lieferengpässe kann weder die Wirtschaftspolitik noch die Geldpolitik etwas tun. Die Unternehmen selbst müssen nach Alternativen suchen, ihre Lieferketten überdenken und womöglich abwarten, bis die Pandemie überwunden ist.
Der zweite Schock ist der Krieg gegen die Ukraine. Er hat einen Energiepreisschock ausgelöst, der ähnliche Wirkungen haben könnte, wie in den 1970er Jahren der Ölpreis. Auch hier hat die Politik kurzfristig wenig entgegenzusetzen. Sie kann weder den Krieg beenden, noch billige Energie herbeischaffen. Erleichterungen der Bürger und der Unternehmen zum Beispiel bei den Energiesteuern, könnten die Belastungen verringern, allerdings verliert der Staat damit auch Einnahmen, die irgendwie wieder ersetzt werden müssen – entweder durch spätere Steuererhöhungen oder durch höhere Schulden.
Im Gegensatz zur Ölkrise in den 1970er Jahren spricht einiges dafür, dass die Gefahr einer schweren Rezession nicht ganz so hoch ist. Am Arbeitsmarkt herrscht eher Mangel an Bewerbern, ein starker Anstieg der Arbeitslosenzahlen ist vorerst nicht zu befürchten. Und die Unternehmen können, sobald die Lieferengpässe überwunden sind, sehr schnell wieder ihre Produktion hochfahren.

Bergmann, Christine: Was ist eine Stagflation und was hilft dagegen? In: www.br.de, 12.03.2022

Aufgaben

72018-508

1. Erläutern Sie das Modell des Konjunkturzyklus (**M12**).
2. Übernehmen Sie die Matrix (QR-Code zu **M12**) in Ihr Heft und stellen Sie die Entwicklung von Beschäftigung, Nachfrage, Produktion und Preisen während der einzelnen Konjunkturphasen dar.
3. Vergleichen Sie die wirtschaftspolitischen Konzepte der Nachfrage- (Keynesianismus) und Angebotsorientierung (**M13**, **M14**).
4. a) Ordnen Sie die beiden Wirtschaftswissenschaftler aus **M19** A den beiden Konzepten zu. Begründen Sie Ihre Entscheidung.
   b) Arbeiten Sie anhand des Interviews (**M15** A) die unterschiedlichen wirtschaftspolitischen Positionen zum Thema Staatsverschuldung heraus.
5. Interpretieren Sie mithilfe von **M19** A die Karikatur (**M15** B) hinsichtlich der Frage, wie umfassend (unterschiedliche) wirtschaftspolitische Konzeptionen ökonomische Prozesse steuern und so auch soziale Probleme verhindern können.
6. a) Erläutern Sie den Begriff der „Stagflation" und begründen Sie, warum eine solche wirtschaftliche Lage eine besondere politische Herausforderung darstellt (**M16**).
   b) Vergleichen Sie die gegenwärtige Lage mit der Ölkrise der 1970er Jahre.

5.2 Wächst die Welt wirtschaftlich immer stärker zusammen?

5.2.1 (Ökonomische) Globalisierung – was ist das?

M1 Welchen Weg nimmt (d)ein Smartphone?

Globale Wertschöpfungsketten
engl.: global value chains (GVC); bezeichnet die länderübergreifende Aufteilung der einzelnen Produktionsschritte eines Gutes auf verschiedene Standorte weltweit. Dabei übernimmt jedes beteiligte Land oder Unternehmen denjenigen Schritt, den es am kostengünstigsten oder effizientesten ausführen kann – von der Rohstoffgewinnung über die Fertigung bis zum Verkauf. Koordiniert werden diese Ketten zumeist von multinationalen Unternehmen.

Volkswirtschaft
bezeichnet die Gesamtheit aller wirtschaftlichen Aktivitäten in einem bestimmten Wirtschaftsraum (z. B. einem Staat), also aller Haushalte, Unternehmen und staatlichen Einrichtungen, die Güter und Dienstleistungen produzieren, verteilen und konsumieren.

Zum Thema: Heutige Produkte wie Smartphones entstehen selten in einem Land – stattdessen durchlaufen sie globale Wertschöpfungsketten mit Rohstoffabbau in Afrika, Asien und Südamerika, Montage in Fernost und Vertrieb in Europa. Dieses Kapitel beleuchtet, was ökonomische Globalisierung bedeutet und welche Dimensionen (ökonomisch, kulturell, gesellschaftlich, politisch) sie umfasst.

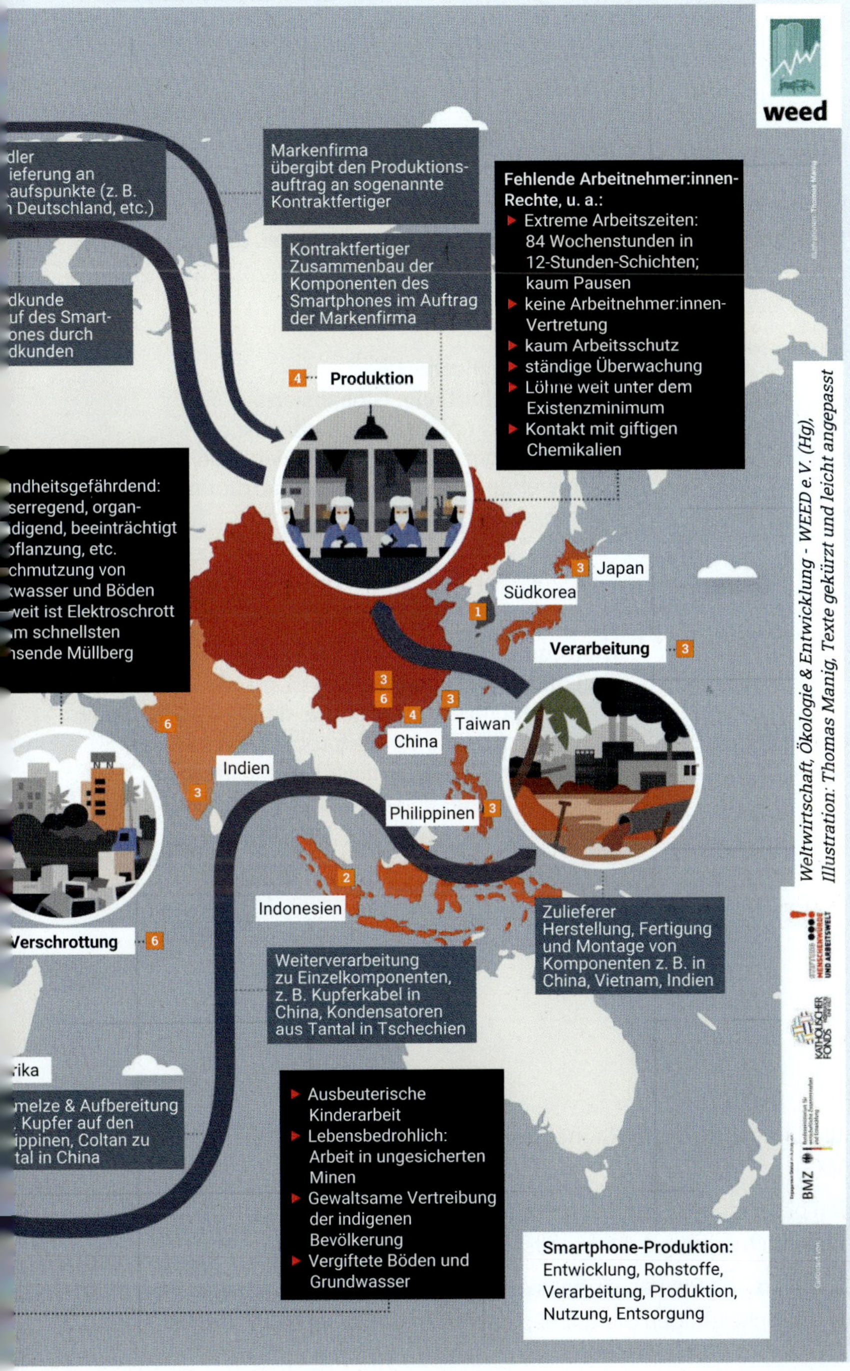

Weltwirtschaft, Ökologie & Entwicklung - WEED e.V. (Hg), *Illustration: Thomas Manig, Texte gekürzt und leicht angepasst*

Einstiegsaufgaben

72018-509

1. Beschreiben Sie anhand der Karte den Weg eines Smartphones von der Entwicklung bis zur Entsorgung (**M1**).
2. Erläutern Sie, inwieweit es sich bei Smartphones um ein Beispiel für (ökonomische) Globalisierung handeln könnte.

M2 Welche Smartphones sind wie stark verbreitet?

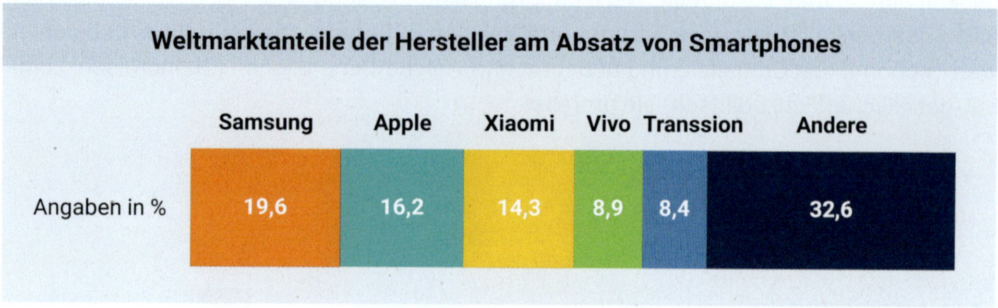

© C.C. Buchner Verlag, Daten nach: Statista, IDC (Datenerhebung: 2025; Grafikerstellung: 2026)

M3 Globalisierung oder: die Vernetzung der Welt?

Globalisierung ist ein Prozess der internationalen Verflechtung durch neue Technologien in Kommunikation, Produktion, Information und Transport sowie neu entwickelte Organisationsformen in der Produktion von Gütern. Der Begriff Globalisierung wird zur Konkretisierung in die folgenden Dimensionen differenziert:

Das „globale Dorf“ – die kulturelle Globalisierung
- weltumspannende Kommunikation ermöglicht die globale Wirkungsmacht von Marken und Kulturgegenständen

→ Entsteht eine globale Einheitskultur? Oder …

Die Weltgesellschaft – die gesellschaftliche Globalisierung
- Tourismus und Migration intensivieren transnationale Austauschbeziehungen
- Umweltgefahren machen vor territorialen Grenzen nicht Halt

→ Verhalten wir uns über die Grenzen solidarisch? Oder …

Globale Wirtschaft – die ökonomische Globalisierung
Eine globale Wirtschaft auf der Basis von:
- globaler Produktionsketten und -netzwerke
- globaler Güter-, Arbeits- und Finanzmärkte

→ Gelingt in einer globalen Wirtschaft eine Wohlfahrtssteigerung und ihre gerechte Verteilung? Oder …

Weltregelwerk und Weltinnenpolitik – die politische Globalisierung
- internationale Märkte sowie staatenübergreifende Sicherheits- und Umweltprobleme verlangen nach internationalen, durchsetzungsfähigen Rechtsnormen und somit nach internationalen Institutionen

→ Gestalten die Nationalstaaten angesichts dieser Herausforderungen eine gemeinsame Weltinnenpolitik? Oder …

Bearbeitergrafik

Aufgaben

72018-510

1. Erläutern Sie die Dimensionen der Globalisierung am Beispiel der „Reise eines Smartphones“ (**M1**, **M3**).
2. Erklären Sie den besonderen Einfluss der ökonomischen Seite der Globalisierung insbesondere auf die kulturelle und die gesellschaftliche Dimension (**M2**, **M3**).
3. Arbeiten Sie Chancen und Risiken globalisierten Wirtschaftens am Beispiel von Smartphones heraus. Berücksichtigen Sie dabei die einzelnen Phasen des Produktlebenszyklus.

5.2.2 Ist die Welt wirtschaftlich vollständig zusammengewachsen? Indikatoren ökonomischer Globalisierung

Zum Thema: Wirtschaftliche Globalisierung verbindet Märkte und Unternehmen weltweit miteinander. Welche Faktoren zeigen den Grad dieser Vernetzung an? Indikatoren wie Handel, Investitionen oder Finanzströme geben Hinweise. Wie stark ist die Welt wirklich global verflochten?

M4 Was bedeutet wirtschaftliche Globalisierung?

Einstiegsaufgabe 72018-511

Woran könnte sich wirtschaftliche Globalisierung zeigen?
Führen Sie in Ihrem Kurs ein Blitzlicht durch, bei dem alle Teilnehmenden einen sehr kurzen Wortbeitrag leisten dürfen. Visualisieren Sie Ihre Kursergebnisse, z. B. in einer Mindmap.

Indikator
Anzeichen; im ökonomischen Sinne auch: Messgröße für eine wirtschaftliche Situation oder Entwicklung

M5 Wie hat sich der Handel weltweit entwickelt?

Entwicklung des grenzüberschreitenden Handels weltweit
Stand: 2025

73000-369

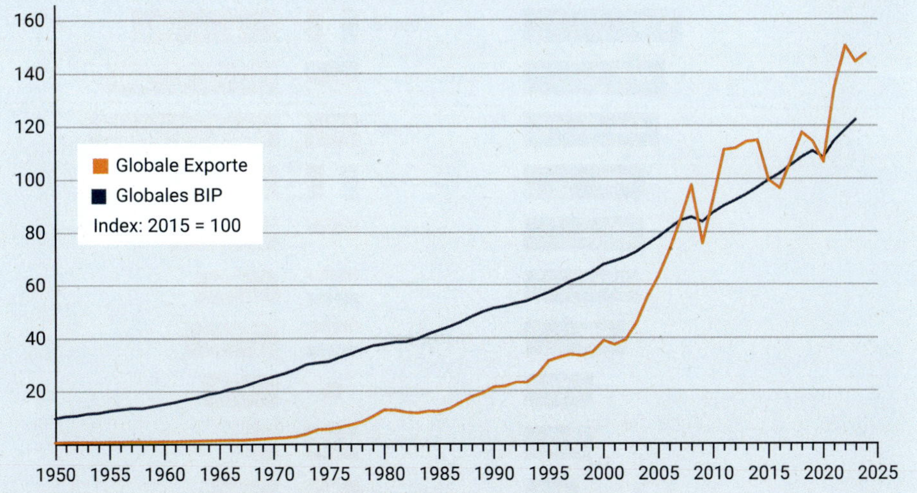

Lesebeispiel: Das globale BIP ist von 1970 bis 1980 um ca. 50 % gewachsen, die globalen Exporte sind von 1970 bis 1980 um mehr als 500 % gewachsen.

© C.C. Buchner Verlag, aktuelle Daten nach: WTO (Datenerhebung: 2024; Grafikerstellung: 2025)

Bedeutung eines Index in einem Diagramm
Indexierung bedeutet, dass ein Ausgangswert (z. B. 2015 = 100) festgelegt wird. Alle anderen Werte zeigen die relative Veränderung dazu: Werte über 100 bedeuten Anstieg, unter 100 Rückgang im Vergleich zum Basisjahr.

M6 Wie verteilt sich der Warenhandel global?

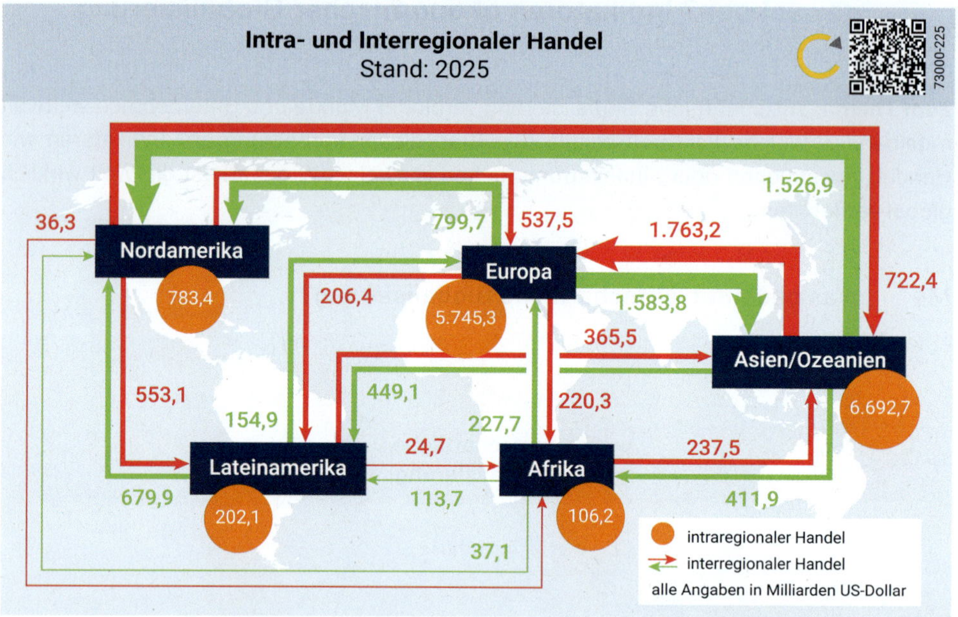

©C.C. Buchner Verlag, aktuelle Daten nach: UNCTAD (Datenerhebung 2024, Grafikerstellung 2025)

M7 Wer handelt mit Dienstleistungen?

International gehandelte Dienstleistungen
Zu den wichtigsten international gehandelten Dienstleistungen gehören Finanzdienstleistungen (z. B. Versicherungen und Fondsmanagement), IT-Dienstleistungen (z. B. Softwareentwicklung und IT-Beratung) sowie Dienstleistungen im Tourismus.

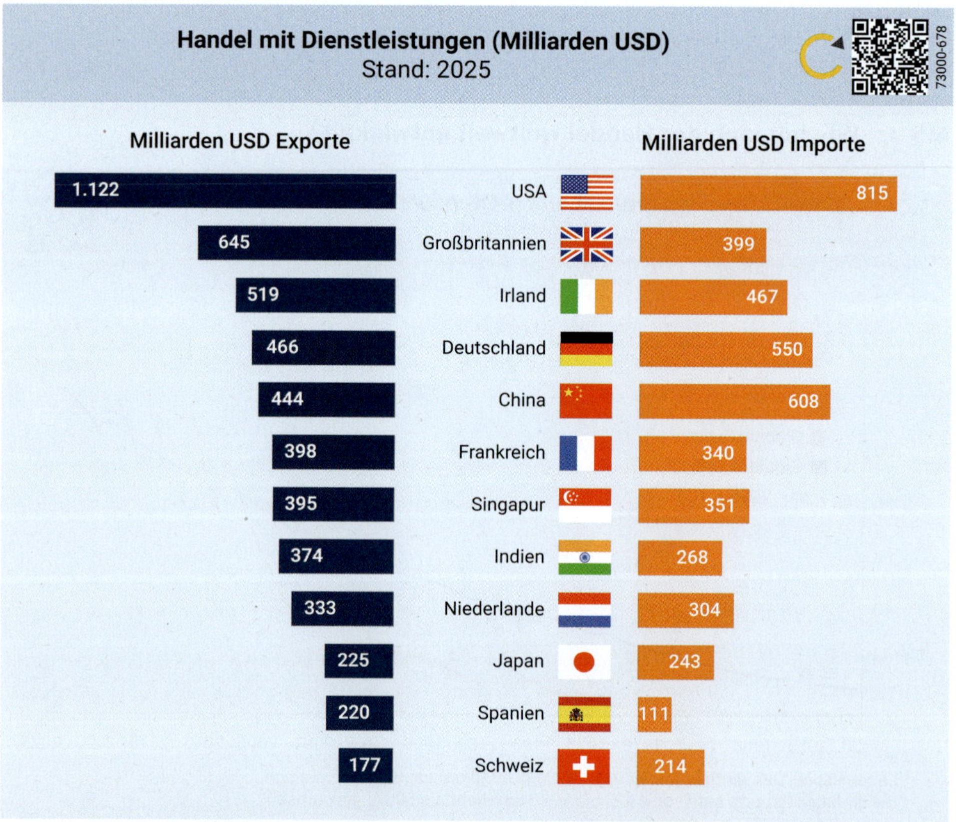

©C.C. Buchner Verlag, aktuelle Daten nach: WTO (Datenerhebung: 2024; Grafikerstellung: 2025)

M8 Wie entwickel(te)n sich ausländische Direktinvestitionen?

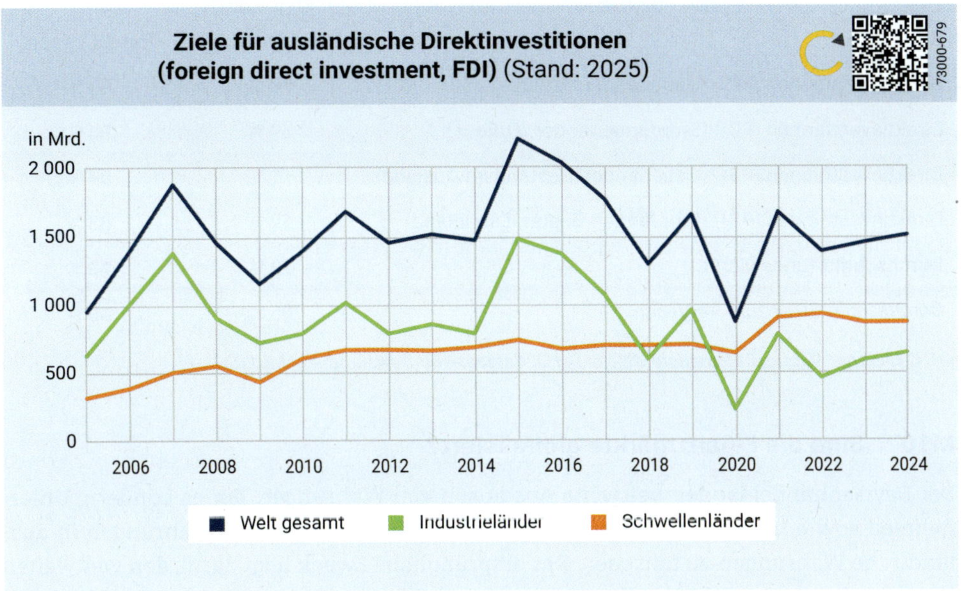

© C.C. Buchner Verlag, aktuelle Daten nach: UNCTAD (Datenerhebung: 2025; Grafikerstellung: 2025)

Ausländische Direktinvestitionen
engl.: *foreign direct investment* (FDI); Kapitalexporte von Wirtschaftssubjekten (vorrangig Unternehmen), die etwa dem Aufbau von Tochterunternehmen an einem ausländischen Standort oder der Beteiligung an einem ausländischen Unternehmen dienen.

M9 Welche Staaten bestimmen den Weltmarkt?

Wirtschaftliche Globalisierung wird häufig als ein umfassender, alle Teile der Welt erfassender Prozess beschrieben. Die Daten zur Entwicklung des Welthandels (**M5**) und der ausländischen Direktinvestitionen (**M8**) lassen erkennen, dass die Verflechtung der Weltwirtschaft tatsächlich stark zugenommen hat. Ein genauerer Blick auf die Verteilung dieser wirtschaftlichen Aktivitäten zeichnet ein differenzierteres Bild.
Die untenstehende Tabelle zeigt, dass auf die zehn größten Geberländer von Direktinvestitionen rund 70 Prozent aller weltweiten Kapitalabflüsse entfallen – die 25 größten Länder bündeln sogar 96 Prozent. Ähnliche Konzentrationseffekte lassen sich bei den Empfängerländern beobachten: Auch hier entfallen 69 Prozent der weltweiten Zuflüsse auf lediglich zehn Länder (Stand der Angaben: 2024). Das bedeutet im Umkehrschluss: Große Teile der Welt sind an den globalen Kapital- und Handelsströmen nur marginal beteiligt. Dies sind, abgesehen von einigen Schwellenländern in diesen Regionen, insbesondere viele Länder Afrikas, Lateinamerikas und Südasiens. Globalisierung ist demnach kein gleichmäßig verteiltes Phänomen, sondern konzentriert sich auf eine vergleichsweise kleine Gruppe von Industrie- und Schwellenländern.
Dieser Befund kann als **partielle Globalisierung** bezeichnet werden: Wirtschaftliche Verflechtungen entwickeln sich nicht universell, sondern räumlich ungleich – sowohl zwischen einzelnen Ländern als auch zwischen verschiedenen Weltregionen. Besonders stark integriert sind Nordamerika, (West-)Europa sowie die wirtschaftlich dynamischen Länder Ostasiens und Ozeaniens, wie auch die regionalen Handelsströme in M6 verdeutlichen. Weniger entwickelte Regionen hingegen bleiben häufig auf die Rolle von Rohstofflieferanten beschränkt. Sie sind zwar in die Weltwirtschaft eingebunden, sie leisten allerdings quantitativ betrachtet vergleichsweise geringe Beiträge und sie profitieren dementsprechend weniger von Wohlstandsgewissen des globalen Handels. Diese ungleiche Verteilung der Globalisierungsgewinne stellt eine zentrale Herausforderung für die internationale Wirtschaftspolitik dar.

Partielle Globalisierung Weltmarktanteile der TOP 10 und TOP 25 Staaten (2024)		
Kategorie	Top 10-Länder	Top 25-Länder
Direktinvestitionen (FDI) (Geberländer: Abfluss)	70 %	96 %
Direktinvestitionen (FDI) (Empfängerländer: Zufluss)	69 %	94 %
Direktinvestitionen (FDI) (Geberländer: Bestand im Ausland)	71 %	94 %
Direktinvestitionen (FDI) (Empfänger: Bestand im Inland)	69 %	88 %
Durchschnitt (ungewichtet)	**70 %**	**93 %**
Durchschnitt 2012 zum Vergleich	56 %	80 %

©C.C. Buchner Verlag, Daten nach: UNCTAD: FDI database on flows and stocks, 2025

M10 Sind die Finanzmärkte globalisiert?

Der Devisenhandel ist der weltweite Austausch von Währungen, der es Ländern, Unternehmen sowie Investorinnen und Investoren ermöglicht, nationale Währungen in ausländische Währungen zu tauschen. Der ursprüngliche Zweck liegt darin, den weltweiten Handel mit Waren und Dienstleistungen zu ermöglichen. Heute wird Devisenhandel in großem Umfang zur Erzielung von Gewinnen durch das Ausnutzen von Wechselkursschwankungen betrieben. Teilnehmende sind Banken, Zentralbanken, Unternehmen und Privatpersonen. Der Handel findet dezentral zwischen Finanzinstituten und nicht an einer zentralen Börse statt.

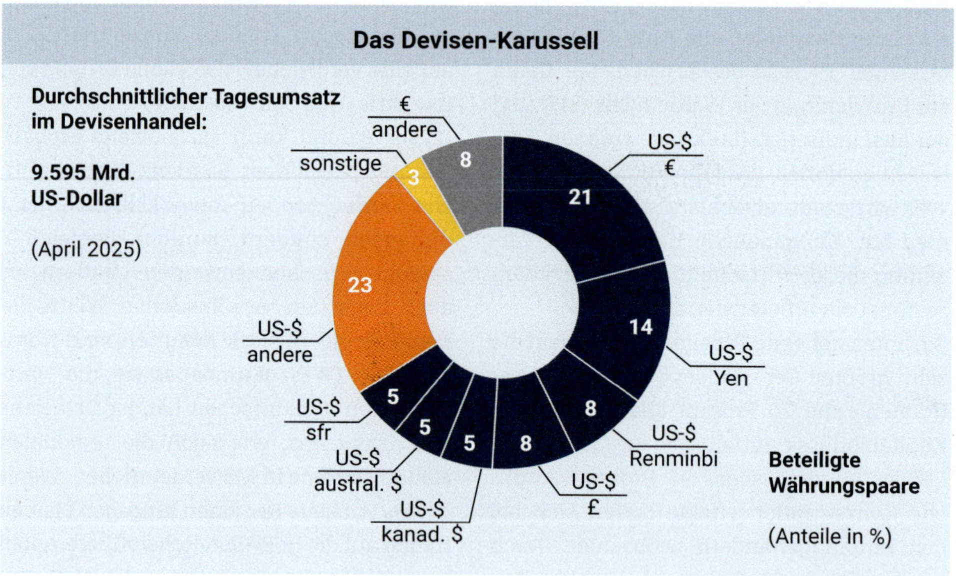

Nach: Bergmoser + Höller Verlag AG, Zahlenbilder: 625123; Daten: Bank für Internationalen Zahlungsausgleich

Aufgaben

72018-512

1. Analysieren Sie die Indikatoren für ökonomische Globalisierung (**M5-M10**).
2. Die Weltwirtschaft ist umfassend globalisiert. Überprüfen Sie diese Vermutung.

5.2.3 Exkurs: Welche Ursachen hat(te) die (ökonomische) Globalisierung?

Zum Thema: Wirtschaftliche Globalisierung beschreibt Prozesse zunehmender weltweiter Verflechtung. Welche Entwicklungen und Rahmenbedingungen dazu beitragen, lässt sich historisch unterschiedlich erklären. Technologischer Wandel, politische Entscheidungen und internationale Zusammenarbeit spielen dabei eine Rolle. Welche Ursachen die (ökonomische) Globalisierung hat, wird im Detail in diesem Kapitel untersucht.

M11 Globalisierung – ein Naturgesetz?

Karikatur: Thomas Plaßmann, Erstellungsdatum unbekannt

Einstiegsaufgaben 72018-513

1. Analysieren Sie die Karikatur (**M11**).
2. Positionieren Sie sich spontan zur Aussage der Karikatur.

M12 Wie kam es zur zweiten Globalisierungswelle?

[S]eit Mitte der 1980er-Jahre nehmen [die] grenzüberschreitenden wirtschaftlichen Interaktionen und Aktivitäten [...] stark zu. [...]

Ab Mitte der 1980er-Jahre setzten sich im Zuge eines weltweiten wirtschaftspolitischen Paradigmenwechsels [= Änderung grundlegender Rahmenbedingungen] Monetarismus und Neo-Liberalismus langsam durch. Immer mehr Staaten begannen das neue „Markt-Paradigma" mit den Schlagworten: Liberalisierung, Deregulierung, Privatisierung, „mehr Markt weniger Staat", freier Handel und mehr Wettbewerb politisch umzusetzen. [...]

Deregulierung ist ein Prozess, in dem die bestehenden nationalen Gesetze, Vorschriften und Regelungen einer eingehenden Revision unterzogen werden, mit dem generellen Ziel, als überflüssig erachtete Bestimmungen (Überregulierung) abzubauen, um Hindernisse für die Marktkräfte zu beseitigen und damit als Standort attraktiver zu werden. Hierbei geht es vor allem um den Abbau von Bürokratie auf allen relevanten Märkten, wie den Arbeits-, Finanz- und Gü-

Phasen der (De-)Globalisierung: Erste Globalisierungsphase (1840-1914)

- neue Ferntransportmittel (Dampfschiff, Dampflokomotive) → wirtschaftliche Erschließung neuer Landflächen
- verstärkt internationale Arbeitsteilung und Wertschöpfungsketten

Deglobalisierungsphase (1914-1945)

- durch den Ersten und Zweiten Weltkrieg

Wiederaufbauphase (1945-1989/90)
- bipolare wirtschaftliche Reintegration
- Industrialisierung u. a. ehem. europäischer Kolonien

Zweite Globalisierungsphase (seit Mitte der 1980er Jahre)
- technologische Entwicklungen: kommerzielle Computernutzung, Funktelefonie mittels Satellit → zunehmende Verlagerung industrieller Produktion ins kostengünstigere Ausland; Expansion des Banken- und Finanzmarkts
- standardisierter Container → drastisch sinkende Frachtkosten
- Loslösung der Unternehmen von ihren Herkunftsländern und Entstehen von *Global Playern*

Stagnation (seit 2008/09)?
- Wirtschafts- und Finanzkrise 2008/09
- protektionistische Wirtschaftspolitik unter US-Präsident Trump
- Covid-19-Pandemie → Störung für Welthandel
- russischer Angriffskrieg gegen Ukraine

Nach: Wolf, Nikolaus: Kurze Geschichte der Weltwirtschaft. In: APuZ B 1-3/2014, S. 11 ff. (ergänzt)

termärkten. [...] In den letzten Jahren zeigte sich allerdings, dass viele Staaten Deregulierungsmaßnahmen übertrieben hatten und notwendigen Kontrollmöglichkeiten zu wenig Aufmerksamkeit geschenkt hatten. Staatliche Aufsichtsregelungen waren vielfach kaum noch vorhanden, sodass dem Markt eine unangemessene, zu weit reichende und damit zunehmend gefährlicher werdende Gestaltungsfreiheit überlassen worden war. [...] [So] wurden [...] auch die Grundlagen für die zerstörerischen globalen Wirtschafts- und Finanzkrisen in den letzten Jahrzehnten geschaffen.

Durch **Privatisierung** sollten Staatsmonopole beseitigt, Staatsunternehmen profitabler gemacht und staatlich reglementierte Sektoren, wie Telekommunikation, Energie, Infrastruktur, Transport geöffnet werden. Auf diese Weise wurden neue Märkte geschaffen, auf denen nun private Anbieter ihre Produkte und vor allem Dienstleistungen wie Transport oder Telekommunikationsleistungen unter Markt- und Wettbewerbsverhältnissen anbieten können. Hierbei handelte es sich um Wachstumsmärkte, die aufgrund der langjährigen staatlichen Dominanz zunächst noch wenig erschlossen waren und damit hohe Zuwachsraten und Gewinne erwarten ließen. [...]

Liberalisierung lässt sich als Prozess der weltweiten Realisierung der vier zentralen wirtschaftlichen „Freiheiten" beschreiben: der Freiheit des Waren- und Dienstleistungsverkehrs, des freien Kapitalverkehrs, der Freizügigkeit von Personen und der Niederlassungsfreiheit für Unternehmer und Freiberufler. Diese Strategie wurde Anfang der 1990er-Jahre bei der Einrichtung des Europäischen Binnenmarktes, dann zunehmend aber auch auf globaler Ebene in immer mehr Ländern umgesetzt. Durch den Abbau von Handelsbeschränkungen, wie Zöllen und anderen behindernden Regulierungen des Außenhandels, wurde der grenzüberschreitende Handel mit Gütern und Dienstleistungen stimuliert. Die Reduzierung von Devisen- und Kapitalverkehrsvorschriften beschleunigte die Globalisierung des internationalen Kapitalverkehrs, den Zugang zu neuen Finanzierungsmöglichkeiten und Finanzprodukten sowie zu Kapitalimporten und grenzüberschreitenden Investitionen (Direktinvestitionen [...], FDI). Trotz vieler nach wie vor bestehenden natürlichen Interaktionshindernisse, zu denen u. a. auch Sprachbarrieren und Kulturunterschiede zählen, stellte der Abbau von protektionistischen Beschränkungen eine der wichtigsten Globalisierungsvoraussetzungen dar. In einer liberalisierten Welt haben Unternehmen leichteren Zugang zu [...] Arbeitskräften, Technologien, Kapital, Lieferanten oder Kunden. In- und ausländische Investoren erhalten einen besseren Zugang zu neuen Märkten, Spezialisierungs- und Größenvorteile werden geschaffen, neue Technologien werden zu attraktiven Konditionen ins Land geholt, der strukturelle Erneuerungsprozess wird beschleunigt und Arbeitsmigration erleichtert.

Koch, Eckart: Globalisierung: Wirtschaft und Politik. Chancen – Risiken – Antworten. 3. Auflage. Wiesbaden: Springer 2022, S. 7-9, 13-16

Aufgaben

72018-514

1. Gliedern Sie die Triebkräfte der Globalisierung in einem Strukturbild, sodass Ursache-Wirkung-Beziehungen deutlich werden (Randspalte, **M12**). Unterscheiden Sie zwischen ökonomischen, politischen und technologischen Faktoren.
2. Erläutern Sie die politischen Bedingungen für die zweite Globalisierungswelle (ab den 1980er-Jahren) an selbst gewählten Beispielen (**M12**).
3. Überprüfen Sie die Aussage der Karikatur vor dem Hintergrund der Ursachen der zweiten Globalisierungswelle (**M11**, **M12**, Randspalte).

5.2.4 Internationale Arbeitsteilung – Kostenvorteile und intraindustrieller Handel

Zum Thema: Warum handeln Staaten miteinander, obwohl viele Güter überall hergestellt werden könnten? Wirtschaftlicher Austausch folgt nicht allein dem Zufall, sondern bestimmten Erklärungsansätzen, die Unterschiede zwischen Volkswirtschaften in den Blick nehmen. Während klassische Theorien Handel aus ungleichen Voraussetzungen erklären, richten neuere Ansätze den Fokus auf Austausch innerhalb derselben Branchen. Das Kapitel führt in diese unterschiedlichen Denkmodelle ein und zeigt, wie sie helfen, heutige Handelsbeziehungen besser zu verstehen.

M13 Zwei Länder mit unterschiedlicher Produktivität

	Produktionsmenge beim Einsatz von 100 Arbeitseinheiten	
	Land A	**Land B**
Stahl	4	12
Autos	6	8

Bearbeiter

Einstiegsaufgabe 72018-515

Begründen Sie, ob Land B in dem fiktiven Beispiel sowohl Stahl als auch Autos selbst herstellen sollte oder ob sich Land B und Land A die Produktion besser aufteilen (**M13**). Gehen Sie dabei davon aus, dass eine Arbeitseinheit in beiden Ländern gleich viel kostet.

M14 Warum internationale Arbeitsteilung? Absolute und komparative Kostenvorteile

David Ricardo (1772-1823) englischer Ökonom, Börsenmakler und Abgeordneter des Unterhauses, der vor allem für seine zur damaligen Zeit Maßstab setzende Außenhandelstheorie der komparativen Kostenvorteile bekannt wurde.

Adam Smith (1723-1790), der Begründer der Nationalökonomie, hatte das Theorem der ***absoluten Kostenvorteile*** *aufgestellt. Demnach würde sich die Wirtschaft eines Landes immer auf das Produkt spezialisieren, bei dessen Herstellung es produktiver ist als andere Länder. Die somit in ihrer Produktion spezialisierten Staaten würden dann insgesamt mehr Güter erzeugen, miteinander internationalen Handel treiben und so Wohlstandsgewinne einfahren. Gäbe es aber auch internationale Arbeitsteilung, wenn ein Land bei der Produktion vieler oder gar aller Güter absolute Kostenvorteile hätte? Hierauf antwortete David Ricardo mit dem Theorem der* ***komparativen Kostenvorteile****:*

An einem einfachen Modell (zwei Länder A und B, sie verfügen jeweils über 100 Einheiten Arbeit als einzigen Produktionsfaktor, sie erzeugen zwei Güter: Stahl und Autos, Transportkosten fallen nicht an) soll das Prinzip der komparativen Kosten verdeutlicht werden. Mit 100 Arbeitseinheiten können im Land A pro Tag vier Einheiten Stahl oder sechs Autos – oder eine entsprechende Kombination von beiden – produziert werden. In Land B können mit 100 Arbeitseinheiten pro Tag zwölf Einheiten Stahl oder acht Autos – oder eine entsprechende Kombination von beiden hergestellt werden. [...]

Land B ist A bei beiden Produkten überlegen, allerdings in unterschiedlichen Relationen: Die Produktivität (Produktionsmenge pro Arbeitseinheit) von B übersteigt die von A bei Autos um 33 Prozent, bei Stahl um 200 Prozent. Man kann den Sachverhalt auch anders ausdrücken [...]: Ausgehend von einer beliebigen Kombination von Stahl und Autos muss Land A auf 0,67 Einheiten Stahl verzichten, wenn es ein Auto mehr produzieren will. Das heißt, im Land A betragen die Opportunitätskosten von einem Auto = 0,67 Einheiten Stahl. In Land B erfordert die Produktion eines zusätzlichen Autos den Verzicht auf 1,5 Einheiten Stahl, die Opportunitätskosten eines Autos betragen hier also 1,5 Einheiten Stahl.

Opportunitätskosten
auch: Alternativkosten; Kosten einer nicht gewählten Alternative in einer wirtschaftlichen Entscheidungssituation

In Opportunitätskosten gerechnet sind Autos in A und Stahl in B billiger. Für einen Händler aus Land A lohnt es sich, Autos von A nach B zu schaffen und dort gegen Stahl zu verkaufen: Zuhause in A erhält er für ein Auto 0,67 Einheiten Stahl, im Nachbarland B erhält er 1,5. Land A wird sich auf die Autoherstellung spezialisieren und Stahl in B einkaufen, für Land B gilt umgekehrt, dass es sich auf Stahl spezialisiert und Autos in A kauft.

Die Spezialisierung durch internationalen Handel führt für beide Länder zu einem Wohlstandsgewinn. Angenommen, vor Aufnahme des Handels hat Land A zwei Einheiten Stahl und drei Autos hergestellt, Land B hat neun Einheiten Stahl und zwei Autos produziert [...]. Nun setzt A alle Arbeitseinheiten in der Autoproduktion ein. Es produziert sechs Autos, exportiert davon drei und kauft vom Erlös drei Einheiten Stahl im Lande B. Land B hat sich auf Stahl spezialisiert, von den zwölf Einheiten hat es drei exportiert und dafür drei Autos erhalten. Wie man sieht, stehen sich beide Länder nach dem Tausch besser als zuvor: [...] A verfügt über gleich viel Autos, aber mehr Stahl, für B gilt das Umgekehrte. [...] Tatsächlich kann sich das Austauschverhältnis zwischen 0,67 und 1,5 einspielen – je nachdem profitiert das eine oder andere Land mehr vom internationalen Handel.

Produktion von Stahl und Autos im Kurvendiagramm

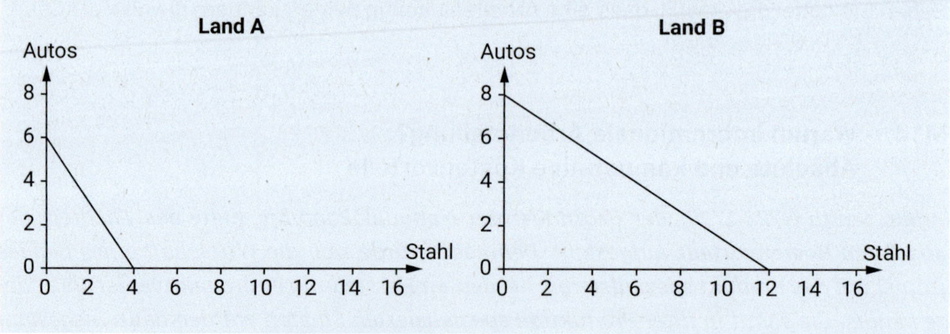

Kruber, Klaus-Peter / Mees, Anna Lisa / Meyer, Christian: Theoretische Grundlagen internationalen Handels. In: Informationen zur politischen Bildung. In: www.bpb.de, 27.08.2008

M15 Welche Bedeutung hat der intraindustrielle Handel?

Die klassischen Handelstheorien [z. B. von Ricardo] erklären, warum Länder unterschiedliche Güter [...]. Diese Form des Handels nennt man interindustriellen Handel [...]. Dies wird – nach den älteren Handelstheorien – der Fall sein, wenn die Staaten unterschiedliche Produktivitäten (komparative Vorteile) und Faktorausstattungen haben, also bei sehr unterschiedlichen Ländern. [...]

Ein bemerkenswerter Befund: Handel findet [heutzutage] weltweit eher zwischen entwickelten Industrienationen statt als zwischen reichen Industrienationen und armen Entwicklungsländern – Nord-Nord statt Nord-Süd. Wenn aber die Nationen, die in den Nord-Nord-Handel verwickelt sind, sich eher ähnlich sind, was Produktivität und Faktorausstattung angeht, so muss man vermuten, dass sie eigentlich nicht nach den Mustern der traditionellen Handelstheorien Handel betreiben. Hier finden wir eher das, was man als intraindustriellen Handel bezeichnet: Man handelt ähnliche Waren, Waren gleicher Güterklassen. Während interindustrieller Handel (Nord-Süd) also deutsche Maschinen gegen brasilianische Bananen bedeutet, ist intraindustrieller Handel eher deutsche Maschinen gegen amerikanische Maschinen.

Man kann intraindustriellen Handel auch messen: [...] [Man] kann einfach die Ex- und Importe eines Landes in den verschiedenen Güterklassen miteinander vergleichen – hat ein Land in einer Güterklasse viele Ex- und Importe zugleich, so ist das ein Hinweis auf intraindustriellen Handel; wenn ein Land in einer Güterklasse viele Exporte (oder Importe) hat, aber wenige Importe (Exporte), so würde das eher auf interindustriellen Handel hindeuten.

Diese Untersuchung macht man für alle Gütergruppen und summiert das auf. Das geschieht mittels des Grubel-Lloyd-Index [...]. Die untere Grenze dieser Zahl ist null (das Land hat nur 100 Exporte, aber null Importe), das bedeutet, dass das Land innerhalb einer Gütergruppe nur exportiert, aber nicht importiert – das würde für interindustriellen Handel sprechen. Die obere Grenze dieser Zahl ist eins (das Land hat 100 Exporte und 100 Importe), das bedeutet, dass das Land in einer Gütergruppe genauso viel exportiert wie importiert – das spricht für intraindustriellen Handel.

Beck, Hanno: Globalisierung und Außenwirtschaft. München: Vahlen 2016, S. 64 f.

M16 Wie gestaltet sich der Außenhandel Deutschlands?

© C.C. Buchner Verlag, aktuelle Daten nach: DESTATIS (Datenerhebung: 2024, Grafikerstellung: 2025)

Grafik: Die zehn wichtigsten Handelspartner (Export und Import) Deutschlands

73000-131

M17 Wann entsteht intraindustrieller Handel?

Intraindustrieller Handel findet vor allem zwischen den industrialisierten Nationen der OECD statt (Nord-Nord); interindustrieller Handel vor allem zwischen den industrialisierten Nationen und den Entwicklungsländern (Nord-Süd) und zwischen Entwicklungsländern (Süd-Süd).

Nachdem wir das Phänomen des Nord-Nord-Handels beschrieben haben, müssen wir uns kurz fragen, wie es zustande kommt [...].

- Nord-Nord-Handel entsteht durch Produktvarianten [...] – deutsche Autos gegen französische Autos. Das wäre klassischer intraindustrieller Handel.
- Das Gleiche kann bei steigenden Skalenerträgen passieren. [...]
- Auch die Nachfrage dürfte eine Rolle spielen: Staaten mit ähnlich hohem Einkommen und hoher kultureller Nähe haben ähnliche Vorlieben und Geschmäcker – das eröffnet Raum für den Handel ähnlicher Produkte.
- Allerdings gibt es auch Ökonomen, die im intraindustriellen Handel ein statistisches Artefakt [hier: künstlich hergestellter Zusammenhang] sehen: Würde man, so ihr Argument, die [...] Güterklassen fein genug machen, so würde das Phänomen des intraindustriellen Handels verschwinden. Keine Frage, inhaltlich ist das richtig: Wenn man Luxuslimousinen und Transporter als eine Güterkategorie behandelt, dann ist das intraindustrieller Handel; wenn man aber die beiden Produkte statistisch trennt und als verschiedene Güterkategorien behandelt, verschwindet der intraindustrielle Handel.
- Auch saisonale Effekte können zu intraindustriellem Handel führen: Im Winter importiert Deutschland Erdbeeren, im Sommer hingegen sind sie auch ein deutsches Exportgut.

Müsste man das Ganze kurz zusammenfassen, so kann man vermuten, dass intraindustrieller Handel vor allem bei technologisch anspruchsvolleren Produkten auftritt (weil man hier leichter Varianten bilden kann, die man dann handelt) und tendenziell eher zwischen industrialisierten Nationen (weil diese sich sehr ähnlich in ihrer Produktivität und Faktorausstattung sind, sodass hier wenig Raum für den klassischen interindustriellen Handel ist). Interindustrieller Handel entsteht durch unterschiedliche Produktivitäten und Faktorausstattungen, also eher zwischen ungleichen Ländern – Nord-Süd.

Beck, Hanno: Globalisierung und Außenwirtschaft. München: Vahlen 2016, S. 66 f.

In Deutschland neu produzierte Autos der Luxusklasse stehen im Hafen von Emden für den bevorstehenden Export per Schiff in die USA bereit.

Skalenerträge
Kostensenkende Effekte, die auftreten, wenn Unternehmen wachsen oder ihre Produktion ausweiten. Ein Unternehmen muss dann i. d. R. nicht alle Produktionsfaktoren (Kapital, Boden, Arbeit) im proportionalen Verhältnis erhöhen, um mehr Güter herzustellen. Je größer ein Unternehmen wird, desto effizienter kann es produzieren und so die Kosten pro Einheit senken (steigende Skalenerträge).

Aufgaben

72018-516

1. Fassen Sie vergleichend die Annahmen von absoluten und komparativen Kostenvorteilen sowie die sich daraus in der Theorie ergebende internationale Arbeitsteilung zusammen (**M14**).
2. Erläutern Sie die Theorie des intraindustriellen Handels (**M16-M18**).
3. Beurteilen Sie, inwiefern die Theorie des intraindustriellen Handels geeignet ist, internationalen Handel zu erklären.

F zu Aufgabe 2
Charakterisieren Sie den Außenhandel Deutschlands unter Bezugnahme auf die Theorie des intraindustriellen Handels (**M16, M17**).

5.3 Akteure und Ordnungsmodelle der Weltwirtschaft

Zum Thema: Die Weltwirtschaft wird von vielfältigen Akteuren geprägt: Staaten wie USA, China und die EU, internationale Organisationen wie WTO und IWF, multinationale Konzerne und zivilgesellschaftliche Kräfte. Wie agieren sie? Welche Konflikte entstehen? Und nach welchen Ordnungsmodellen – Anarchie, Hegemonie oder Global Governance – funktioniert die globale Wirtschaft?

M1 Wer hat Macht in der Weltwirtschaft?

Wirtschaftsmacht im Vergleich (Stand: 2025)		
Akteur (Auswahl Staaten)	**Wirtschaftskraft 2024 (BIP in Mrd. US-Dollar)**	**Anteil am Welthandel 2024 (Exporte)**
USA	29.298	8,44 %
China	18.750	14,62 %
EU-27	19.460	11,43 % *
Deutschland	4.684	6,88 %
Japan	4.019	2,89 %
Norwegen	484	0,69 %
Luxemburg	93	0,07 %
Akteur (Auswahl multinationaler Unternehmen):	**Umsatz 2024 (in Mrd. US-Dollar)**	
Walmart	648	–
Amazon	575	–
China National Petroleum	422	–
Apple	383	–
Volkswagen	348	–
Toyota	312	–
Akteur (Regulierung Welthandel)	**Relevanz**	**Anteil des Welthandels nach WTO-Regeln****
Welthandelsorganisation (WTO)	166 Staaten / repräsentieren 98 % des Welthandels	ca. 74 %

** nur Exporte in Staaten außerhalb der EU, ohne Export zwischen EU-Staaten*
*** Anteil des Welthandels, der dem Meistbegünstigungsprinzip unterliegt, d. h. Handelsvorteile, die einem Vertragspartner gewährt werden, müssen allen Vertragspartnern gewährt werden.*

Einstiegsaufgabe 72018-517

Vergleichen Sie die wirtschaftliche Macht der verschiedenen Akteure. Welche Akteure könnten die Regeln des Welthandels am stärksten beeinflussen – und warum?

M2 Was sind die zentralen staatlichen und internationalen Akteure der Weltwirtschaft?

Die ökonomische Globalisierung hat eine Vielzahl von Akteuren hervorgebracht, die auf unterschiedliche Weise die Weltwirtschaft gestalten. An erster Stelle stehen **staatliche Akteure**, die nach wie vor zentrale Entscheidungen über Handelspolitik, Zölle und wirtschaftliche Rahmenbedingungen treffen.

Die **Vereinigten Staaten** sind mit einem Bruttoinlandsprodukt von 28 Billionen US-Dollar (2025) die größte Volkswirtschaft der Welt. Seit dem Zweiten Weltkrieg prägten sie maßgeblich die internationale Wirtschaftsordnung. Der US-Dollar fungiert als wichtigste Reservewährung, was den USA erheblichen Einfluss auf globale Finanzströme verschafft. Die amerikanische Wirtschaftspolitik schwankt zwischen Freihandel und Protektionismus: Während die USA traditionell multilaterale Handelsabkommen unterstützten, setzte Präsident Trump (2017–2021 und erneut seit 2025) auf „America First"-Politik mit Zöllen gegen China und Europa. Diese Politik zielt darauf ab, amerikanische Arbeitsplätze zu schützen und Handelsdefizite abzubauen. Die USA kontrollieren zudem im Internationalen Währungsfonds 16,49 Prozent der Stimmrechte – genug, um wichtige Entscheidungen zu blockieren.

US-Präsident Donald Trump verkündet Anfang April 2025 umfangreiche Zölle gegen verschiedene Staaten.

China hat sich zur zweitgrößten Volkswirtschaft entwickelt und verfolgt ein hybrides Modell aus staatlich gelenkter Planung und Marktwirtschaft. Mit der Belt-and-Road-Initiative (auch genannt: Neue Seidenstraße) investiert China seit 2013 über eine Billion US-Dollar in Infrastrukturprojekte in mehr als 150 Ländern und schafft dadurch wirtschaftliche Abhängigkeiten. China ist mit einem Handelsüberschuss von 1,2 Billionen US-Dollar (2025) der weltgrößte Exporteur. Kritiker werfen China unfaire Handelspraktiken vor: Subventionierung heimischer Unternehmen, erzwungener Technologietransfer und Dumpingpreise besonders bei Elektroautos und Solarpanels. China fordert gleichzeitig mehr Mitsprache in internationalen Organisationen und stellte mit der Asian Infrastructure Investment Bank (AIIB) eine Alternative zur westlich dominierten Weltbank auf.

Züge werden im Containerhafen Duisburg be- und entladen. Duisburg ist einer der Endpunkte der sogenannten Neuen Seidenstraße. Seit 2011 fahren regelmäßig Güterzüge zwischen chinesischen Industrieregionen und Duisburg. Von Duisburg aus werden die Container zu den Seehäfen oder in die europäischen Nachbarstaaten weitertransportiert.

Die **Europäische Union** agiert als wirtschaftspolitischer Akteur mit 27 Mitgliedstaaten und einem gemeinsamen Binnenmarkt von 450 Millionen Menschen. Die EU verhandelt Handelsabkommen zentral über die Europäische Kommission und setzt auf regelbasierten multilateralen Handel. Ihre besondere Stärke liegt in der regulatorischen Macht: EU-Standards etwa beim Datenschutz (DSGVO) oder bei Produktsicherheit werden weltweit übernommen – der sogenannte „Brüsseler Effekt". Gleichzeitig steht die EU vor Herausforderungen: Sie ist abhängig von amerikanischer Technologie (Cloud-Dienste, Halbleiter) und chinesischen Importen (Seltene Erden, Batterien). Die Abstimmung zwischen 27 Staaten erschwert schnelle Reaktionen auf externe Schocks wie Handelskriege.

Neben staatlichen Akteuren prägen **internationale Organisationen** die Weltwirtschaft durch Regelsetzung und Koordination. Die **Welthandelsorganisation (WTO)** mit 166 Mitgliedern ist das zentrale Forum für Handelsliberalisierung. Sie senkt Zölle durch Verhandlungsrunden, überwacht Handelsregeln und löst Konflikte durch ein eigenes Streitbelegungsverfahren. Allerdings ist die WTO seit 2019 weitgehend gelähmt: Die USA blockieren die Neubesetzung von Richtern am Berufungsgericht, sodass wichtige Streitfälle (etwa Airbus gegen Boeing) nicht abschließend entschieden werden können. Dies schwächt das multilaterale Handelssystem erheblich.

Der **Internationale Währungsfonds (IWF)** und die **Weltbank** wurden 1944 in Bretton Woods gegründet, um Finanzstabilität und Entwicklung zu fördern. Der IWF vergibt Kredite an Staaten in Zahlungskrisen (etwa Griechenland 2010-2014: etwa 30 Milliarden Euro) und überwacht die globale Währungspolitik. Kritik richtet sich gegen die Kreditauflagen: Empfängerländer müssen oft Sparmaßnahmen umsetzen, die soziale Härten verursachen. Die Weltbank finanziert Infrastruktur- und Entwicklungsprojekte in ärmeren Ländern. Beide Institutionen werden von westlichen Industriestaaten dominiert – die USA haben faktisches Vetorecht, während China trotz seiner Wirtschaftskraft nur sechs Prozent Stimmanteil beim IWF besitzt.

Regionale Organisationen ergänzen die globale Ebene: Die EU mit ihrem Binnenmarkt, ASEAN (Verband Südostasiatischer Nationen) mit elf Mitgliedern und Wachstumsraten von fast fünf Prozent jährlich, Mercosur in Südamerika oder die Afrikanische Union koordinieren Handel und Investitionen in ihren Regionen. Sie dienen oft als Verhandlungsblöcke gegenüber größeren Wirtschaftsmächten.

Bearbeiter

M3 Multinationale Unternehmen und globale Zivilgesellschaft

Neben Staaten und Organisationen spielen **multinationale Unternehmen (MNU)** eine zentrale Rolle in der Weltwirtschaft. Diese Konzerne organisieren Produktion und Vertrieb über Ländergrenzen hinweg und kontrollieren globale Wertschöpfungsketten.

Multinationale Unternehmen wie Apple, Volkswagen, Amazon oder Samsung erwirtschaften Umsätze, die das Bruttoinlandsprodukt mittelgroßer Staaten übersteigen. Apple erzielte 2025 einen Umsatz von 391 Milliarden US-Dollar – mehr als das BIP von Ländern wie z. B. Rumänien oder Portugal. Diese Konzerne organisieren ihre Produktion nach dem Prinzip der internationalen Arbeitsteilung: Design und Forschung erfolgen in Hochlohnländern (z. B. USA), die Fertigung in Niedriglohnländern (z. B. China, Vietnam, Bangladesch). Ein iPhone enthält Komponenten aus über 40 Ländern – von taiwanesischen Chips über japanische Displays bis zu chinesischer Montage.

Die wirtschaftliche Macht multinationaler Unternehmen zeigt sich in mehreren Dimensionen: Nach Angaben der OECD entfallen auf globale Wertschöpfungsketten, die maßgeblich von multinationalen Unternehmen gesteuert werden, rund 70 Prozent des internationalen Handels. Darüber hinaus tragen multinationale Unternehmen mehr als ein Drittel zur globalen Wirtschaftsleistung bei und verantworten rund 65 Prozent der weltweiten Exporte – ihr Einfluss auf Handel und Investitionen ist erheblich. Durch Investitionsentscheidungen beeinflussen sie Arbeitsmarktbedingungen weltweit – wenn ein Automobilhersteller ein Werk verlagert, verlieren Tausende Menschen ihre Jobs. MNU betreiben intensives Lobbying bei Regierungen und internationalen Organisationen, um Handelsregeln in ihrem Sinne zu gestalten. Durch Steuervermeidungsstrategien (Gewinnverlagerung in Niedrigsteuerländer wie Irland oder die Niederlande) entziehen sie Staaten Einnahmen in Milliardenhöhe.

Herausforderungen ergeben sich aus der **Machtasymmetrie** zwischen Konzernen und Staaten: Wenn Unternehmen mit Verlagerung drohen, können sie Regierungen zu Steuersenkungen oder niedrigeren Umweltstandards zwingen – ein „race to the bottom“. Gleichzeitig fehlt eine wirksame internationale Regulierung: Kartellrecht, Arbeitsschutz und Umweltauflagen sind national organisiert, während Konzerne global agieren. Die OECD versucht mit Mindestbesteuerungsregeln (15 Prozent ab 2024) gegenzusteuern, doch die Durchsetzung bleibt schwierig.

Globale Wertschöpfungsketten
engl.: global value chains (GVC); bezeichnet die länderübergreifende Aufteilung der einzelnen Produktionsschritte eines Gutes auf verschiedene Standorte weltweit. Dabei übernimmt jedes beteiligte Land oder Unternehmen denjenigen Schritt, den es am kostengünstigsten oder effizientesten ausführen kann – von der Rohstoffgewinnung über die Fertigung bis zum Verkauf. Koordiniert werden diese Ketten zumeist von multinationalen Unternehmen.

Als Gegengewicht zu staatlichen und wirtschaftlichen Machtstrukturen fungiert die **globale Zivilgesellschaft**. Darunter versteht man Nichtregierungsorganisationen (NGOs), Gewerkschaften, Verbraucherschutzverbände, Umweltinitiativen und soziale Bewegungen, die grenzüberschreitend für ihre Anliegen eintreten.

Organisationen wie Oxfam, Greenpeace, Amnesty International oder Transparency International setzen sich für faire Handelsbedingungen, Umweltschutz, Menschenrechte und Armutsbekämpfung ein. Sie wirken durch **Öffentlichkeitskampagnen**: Nach dem Einsturz der Textilfabrik Rana Plaza in Bangladesch 2013 (1.135 Tote) zwangen Kampagnen westliche Modeketten zu verbindlichen Sicherheitsstandards. Durch **Monitoring** dokumentieren NGOs Missstände in globalen Lieferketten – etwa Kinderarbeit in der Kakaoproduktion oder Umweltverschmutzung durch Bergbau. Bei **internationalen Verhandlungen** (UN-Klimakonferenzen, WTO-Ministerkonferenzen) artikulieren sie Interessen, die sonst ungehört blieben.

Gewerkschaften wie die International Trade Union Confederation (ITUC) kämpfen für Arbeitsrechte in globalen Produktionsnetzwerken. Fair-Trade-Bewegungen etablieren alternative Handelsbeziehungen mit garantierten Mindestpreisen für Produzenten in Entwicklungsländern. Verbraucherinitiativen erzwingen durch Boykottdrohungen Verhaltensänderungen bei Unternehmen.

Allerdings: Die Wirkung zivilgesellschaftlicher Akteure ist begrenzt. Sie verfügen nicht über formale Entscheidungsmacht und sind auf moralischen Druck angewiesen. Die Finanzierung ist oft prekär.

Bearbeiter

M4 Weltordnungsmodelle – wie ist die globale Wirtschaft strukturiert?

Die Vielzahl von Akteuren wirft die Frage auf: Nach welchen Prinzipien ist die Weltwirtschaft organisiert? Die Politikwissenschaft unterscheidet vier grundlegende Ordnungsmodelle, die jeweils unterschiedliche Antworten auf die Frage geben, wie internationale Wirtschaftsbeziehungen koordiniert werden.

Anarchie der Staatenwelt beschreibt ein System ohne zentrale Autorität. In dieser Sicht handeln Staaten als souveräne Einheiten ausschließlich nach nationalem Interesse. Es gibt keine „Weltpolizei“, die Regeln durchsetzen könnte. Internationale Kooperation entsteht nur, wenn sie dem Eigennutz dient. Sobald Vorteile wegfallen, werden Abkommen gebrochen. Handelskriege, einseitige Zölle oder Währungsmanipulationen sind logische Folgen dieser Anarchie. Die Blockade der WTO-Streitschlichtung durch die USA zeigt Elemente dieses Modells: Wenn eine Großmacht internationale Regeln als nachteilig empfindet, ignoriert sie diese.

Das Modell der **hegemonialen Ordnung** geht davon aus, dass ein dominanter Staat (Hegemon) die Weltordnung stabilisiert, indem er Regeln setzt und deren Einhaltung überwacht. Nach dem Zweiten Weltkrieg übernahmen die USA diese Rolle: Sie schufen das Bretton-Woods-System mit IWF und Weltbank, garantierten freien Seehandel durch ihre Marine, stellten mit dem Dollar die globale Leitwährung bereit und öffneten ihren Markt für Importe. Diese „Pax Americana“ ermöglichte jahrzehntelangen Wachstum des Welthandels. Der Hegemon profitiert von seiner Position trägt aber auch Kosten (Militärausgaben, Handelsdefizite). Mit dem Aufstieg Chinas wird diskutiert, ob eine neue hegemoniale Ordnung unter chinesischer Führung entsteht oder ob mehrere Großmächte um Hegemonie konkurrieren (multipolare Welt).

Global Economic Governance bezeichnet ein Modell, in dem Staaten, internationale Organisationen, Unternehmen und Zivilgesellschaft ohne zentrale Weltregierung zusammenarbeiten. „Governance“ meint Steuerung durch Koordination statt hierarchischer Herrschaft. Internationale Institutionen wie WTO, IWF, G20 oder Klimarahmenkonvention dienen als Foren für Verhandlungen und Regelsetzung. Entscheidungen werden im Konsens oder durch qualifizierte Mehrheiten getroffen. Staaten geben freiwillig Souveränität ab (etwa bei EU-Handelsabkommen), weil sie gemeinsame Probleme (Finanzkrisen, Klimawandel) nur kooperativ lösen können. Multinationale Unternehmen werden über Corporate Social Responsibility eingebunden, NGOs bringen zivilgesellschaftliche Perspektiven ein.
Global Governance hat Erfolge vorzuweisen: Seit Gründung der WTO 1995 stieg der Welthandel von fünf auf über 24 Billionen US-Dollar (2024). Die Zahl absolut Armer, die weniger als 2,15 US-Dollar pro Tag zur Verfügung haben, sank weltweit von 1,9 Milliarden (1990) auf unter 700 Millionen (2023). Gleichzeitig zeigen sich Schwächen: Konsensprinzipien führen zu Blockaden, Machtasymmetrien bleiben bestehen (G20 vs. UN-Vollversammlung), Durchsetzung ist schwach.

Corporate Social Responsibility (CSR)
engl.: gesellschaftliche Unternehmensverantwortung; bezeichnet die freiwillige Übernahme von Verantwortung durch Unternehmen, die über die Einhaltung gesetzlicher Vorschriften hinausgeht. CSR umfasst drei Dimensionen: soziale Verantwortung (z. B. faire Arbeitsbedingungen), ökologische Verantwortung (z. B. Umwelt- und Klimaschutz) sowie ökonomische Verantwortung (z. B. transparente Unternehmensführung).

Das Modell einer **Weltregierung** mit zentraler Autorität, eigenem Gewaltmonopol und Steuerhoheit existiert nicht und gilt den meisten als unrealistisch. Staaten sind nicht bereit, ihre Souveränität so weit abzugeben. Die Vereinten Nationen besitzen kein Durchgriffsrecht und sind auf freiwillige Beiträge angewiesen. Befürworter einer Weltregierung argumentieren, globale Probleme (Klimawandel, Pandemien, Steuerflucht) erforderten zentrale Lösungen. Gegner warnen vor demokratischen Defiziten und kulturellem Einheitszwang.

Bearbeiter

M5 USA gegen China: Zerreißt der Machtkampf die Weltwirtschaft?

Der Handelskonflikt zwischen den beiden größten Volkswirtschaften ist kaum noch zu stoppen, selbst wenn es Zugeständnisse geben sollte. Im Hintergrund läuft ein politisches Programm: das Ringen um den Status als Weltmacht Nummer eins. Die Spuren dieser Entwicklung zeigen sich längst im Alltag. Chinas Exporte in die USA sinken, während der Handel mit dem Süden und Osten rapide wächst. Zentralasien, der Nahe Osten, Südamerika, Südostasien und Afrika werden zu neuen Wachstumsmärkten. Dort sucht Peking Absatz, Ressourcen und politische Verbündete. Lieferketten werden verlegt, Häfen, Pipelines und Datenrouten gebaut; nicht als Rückzug, sondern als strategische Umlenkung: weg von westlicher Abhängigkeit, hin zur Selbstversorgung. Damit sorgt China vor, wenn die US-Regierung, wie angekündigt, tatsächlich die Zölle um zusätzliche 100 Prozent erhöhen sollte, aufbauend auf den bestehenden Zöllen. Natürlich ist ein solches Niveau für chinesische Exporteure kaum zu ertragen, auch wenn manche Produkte so ramschgünstig sind, dass sie selbst mit solchen Aufschlägen noch halbwegs wettbewerbsfähig sein könnten. Doch auf solche Rechenspiele lässt sich auch in China keiner ein [...]

Und daran wird sich so schnell auch nichts mehr ändern, auch dann nicht, wenn [US-Präsident] Trump und [Chinas Staatschef] Xi [...] ein weiteres Zollmoratorium verkünden, Xi Chinas Sojabohnen-Boykott abschwächt, sich Trump handzahm zeigt und Xi Besserung bei den restriktiv gehandhabten Exporten von seltenen Erden verspricht. Es ist auch möglich, dass China und die USA ihre gegenseitigen Hafengebühren reduzieren oder gar abschaffen – was aus Sicht der Globalisierung alles wünschenswert wäre.

Am Befund allerdings ändert das alles nichts: Niemand weiß, wie lange eine Zolleinigung dieses Mal hält. 24 Stunden? Oder 24 Tage? Wochen? Niemand weiß, wie viel Zeit vergeht, bis Chinas Führung wieder neue Maßnahmen einführt, die Trump verärgern, und umgekehrt. [...] Diese Erkenntnis ist auch für Europa wichtig. Die Zeiten, in denen China als Wachstumsmotor galt, sind vorerst vorbei – eine Lehre, die sich weithin durchgesetzt haben dürfte. Was ungleich schwieriger zu akzeptieren ist: Die EU muss in einer Welt bestehen, in der China Märkte abschirmt und Rohstoffe noch stärker als geopolitisches Druckmittel einsetzt, die USA protektionistischer werden und andere Regionen aufsteigen.

Was daraus folgt? Europa darf nicht zusehen, wie die tektonischen Platten der Weltwirtschaft neu verschoben werden, sondern muss seine eigene Rolle definieren; als eigenständiger Akteur, nicht als Zuschauer des US-China-Konflikts.

Benninghoff, Martin: Die alte Weltordnung ist schon verloren. In: www.handelsblatt.de, 27.10.2025

Aufgaben

72018-518

1. Beschreiben Sie die Rolle der WTO in der globalen Wirtschaft und erläutern Sie, warum sie seit 2019 geschwächt ist (**M2**).
2. Vergleichen Sie die wirtschaftspolitischen Strategien der USA, Chinas und der EU. Arbeiten Sie Gemeinsamkeiten und Unterschiede heraus (**M2**).
3. Analysieren Sie die Machtquellen multinationaler Unternehmen und die Herausforderungen, die sich daraus für staatliche Regulierung ergeben (**M3**).
4. Erläutern Sie die vier Weltordnungsmodelle und ordnen Sie aktuelle Beispiele (z. B. WTO-Blockade, Belt-and-Road-Initiative) den Modellen zu (**M4**).
5. Überprüfen Sie ausgehend von **M5**, ob das in **M4** beschriebene Modell der „Global Economic Governance" in der Realität des Jahres 2025 Bestand hat.

5.4 Deutschland im internationalen Standortwettbewerb

5.4.1 Was wird (nicht) in Deutschland produziert?

Zum Thema: Deutschland glänzt mit hohem Industrieanteil und Exportstärke – Automobil, Maschinenbau, Chemie. Doch warum keine Smartphones oder Textilien? Welche Branchen tragen zum Bruttoinlandsprodukt (BIP) bei, welche fehlen?

M1 Wie setzt sich das deutsche Bruttoinlandsprodukt zusammen?

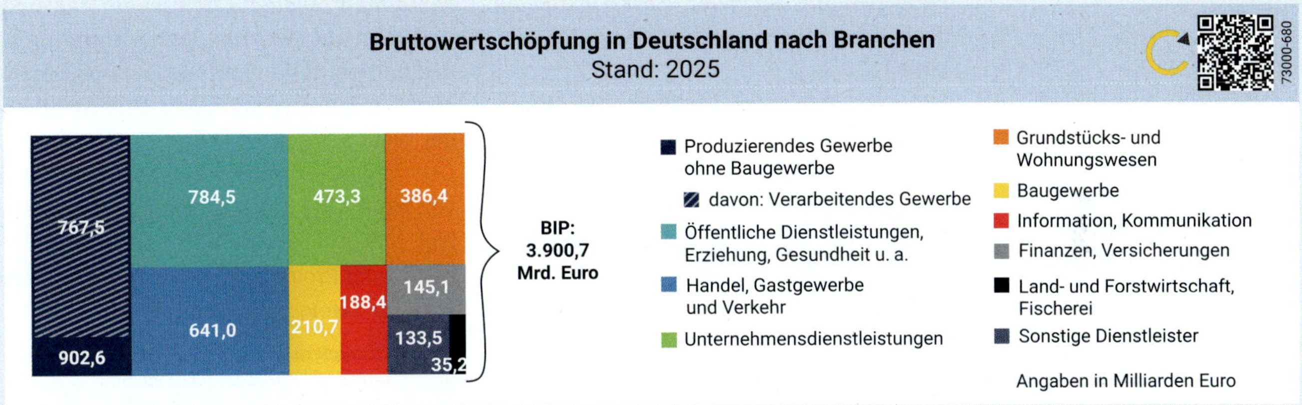

©C.C. Buchner Verlag, aktuelle Daten nach: DESTATIS (Datenerhebung: 2024; Grafikerstellung: 2025)

Einstiegsaufgabe 72018-519

Stellen Sie zu einzelnen Bereichen der Bruttowertschöpfung (**M1**) begründete Vermutungen dazu an, welche Branchen in Deutschland den größten Beitrag leisten.

M2 Was wird in Deutschland produziert?

In den meisten Branchen sind in den vergangenen Jahren trotz erheblicher konjunktureller Schwankungen die Umsätze gestiegen. Dabei spielen besonders exportorientierte Branchen eine wichtige Rolle. Spitzenreiter ist nach wie vor die Automobilindustrie mit einem Umsatz von 411 Mrd. Euro im Jahr 2021. Als Innovationsführer trägt sie einen wichtigen Teil zu Wachstum und Wohlstand bei. Der Fahrzeugbau sichert auch die Umsätze für weitere Bereiche, denn er ist eng mit Unternehmen im Chemie-, Elektrotechnik-, dem Stahl-, Metall- und Textilsektor verknüpft. Aber auch Unternehmen anderer Branchen erwirtschaften hohe Umsätze, zum Beispiel in der Gesundheitswirtschaft (392 Mrd. Euro im Jahr 2021) oder im Elektrotechnik- und Elektroindustriesektor (182 Mrd. Euro im Jahr 2020). Mit einem breiten Dienstleistungsportfolio bieten diese Branchen vielfältige Beschäftigungsmöglichkeiten. [...]

Das US-Magazin „Time" fasste kürzlich den Erfolg der deutschen Wirtschaft so zusammen: Viele Firmen in Deutschland hätten sich auf die „unsexy side of the industrial spectrum" spezialisiert – keine

Hinweis zum Text in M2
Das Material stammt von einer Website der Bundesregierung, die sich an Fachkräfte aus dem Ausland richtet. Die Website soll Interessierte über Deutschland informieren und sie motivieren, sich für eine Arbeitsaufnahme in Deutschland zu entscheiden.

Smartphones oder iPads, sondern Maschinen, Zulieferteile und schwere Ausrüstungen. […]

[I]m Kern passt die Analyse, wonach hochspezialisierte Industriefirmen mit hochspezialisierten Gütern Deutschlands Wachstumsmotor sind. […] Die Industrie ist und bleibt eine wichtige Basis für den Wohlstand. Mit seinem hohen Industrieanteil ist die deutsche Volkswirtschaft weltweit gut positioniert.

Die große Mehrheit der deutschen Warenexporte sind Industriewaren und in vielen Bereichen und auf vielen Märkten sind die deutschen Unternehmen weltweit führend. […]

Mehr als 99 Prozent der deutschen Unternehmen zählen zum Mittelstand. […] Rein statistisch werden alle Unternehmen mit weniger als 500 Beschäftigten als Mittelständler betrachtet. Oft werden aber auch deutlich größere Unternehmen dazu gezählt, wenn diese „mittelständisch" geführt sind. Gemeint ist damit, dass der Inhaber oder die Inhaberin die unternehmenspolitisch relevanten Entscheidungen weitgehend selbst trifft – und Risiko und Haftung übernimmt. […]

Viele Unternehmen im „German Mittelstand" sind […] technologiegetrieben. Hauptverkaufsargument ihrer Produkte und Dienstleistungen ist in der Regel nicht der Preis, sondern die Qualität sowie der hohe Grad an umgesetzten Innovationen. Eine große Zahl dieser Firmen ist europa- oder weltweit Marktführer in ihrer Branche. […]

Neuheiten kommen häufig von den sogenannten „*Hidden Champions*", das sind überwiegend weithin unbekannte Mittelständler, die auf ihren Spezialmärkten aber zu den drei stärksten Unternehmen der Welt gehören.

Deutschlands Volkswirtschaft profitiert von rund 1.500 solcher *Hidden Champions* [vgl. M8]. Auch weil sie oft versteckt in der deutschen Provinz sitzen und produzieren, wird ihr Erfolg manchmal unterschätzt.

Die Bundesregierung: Wirtschaft. In: www.make-it-in-germany.com, Abruf am 08.01.2026

Hidden Champions
Meist eher große mittelständische Unternehmen, die der breiten Öffentlichkeit kaum bekannt sind, aber in ihrer Branche zu den drei wichtigsten auf dem Weltmarkt zählen.

Hinweis zur Grafik in M3
Mit einem Anteil von über 21 Prozent am Bruttoinlandsprodukt trägt das produzierende Gewerbe den größten Anteil zur Wertschöpfung in Deutschland bei (vgl. **M1**). In der Grafik in **M3** sind die größten Branchen des produzierenden Gewerbes dargestellt.

M3 Welche Branchen prägen die deutsche Industrie?

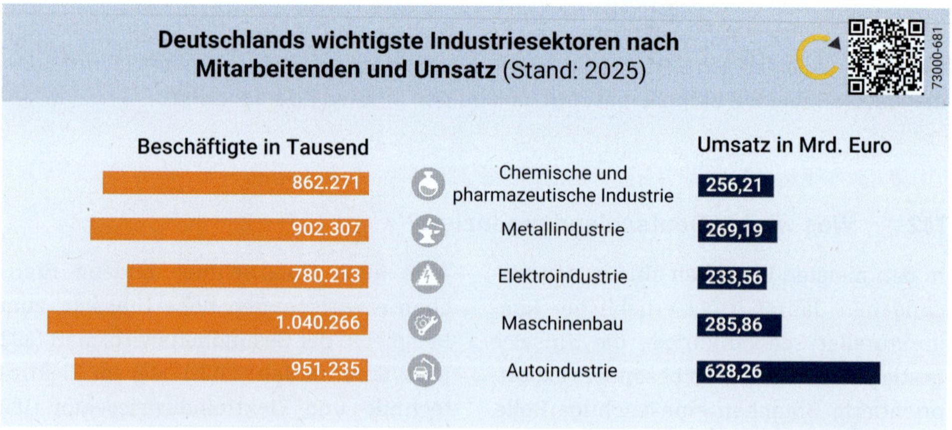

©C.C. Buchner Verlag, aktuelle Daten nach: DESTATIS (Datenerhebung: 2024; Grafikerstellung: 2025)

Aufgaben

72018-520

1. Charakterisieren Sie die Produktionsstruktur Deutschlands (**M1-M3**; Kap. 6.1.5, **M16**).
2. Erklären Sie die Produktionsstruktur Deutschlands mit Hilfe der Theorien internationaler Arbeitsteilung (Kap. 5.2.4).

5.4.2 Welche Qualitäten hat der Wirtschaftsstandort Deutschland im internationalen Vergleich?

Zum Thema: Ist der Wirtschaftsstandort Deutschland eine Erfolgsgeschichte oder ein Auslaufmodell? Anhand von Standortfaktoren und internationalen Rankings lässt sich einschätzen, wo Deutschland im globalen Wettbewerb stark aufgestellt ist – und wo strukturelle Schwächen zunehmend zur Belastung werden.

M4 Deutschland im internationalen Standortranking

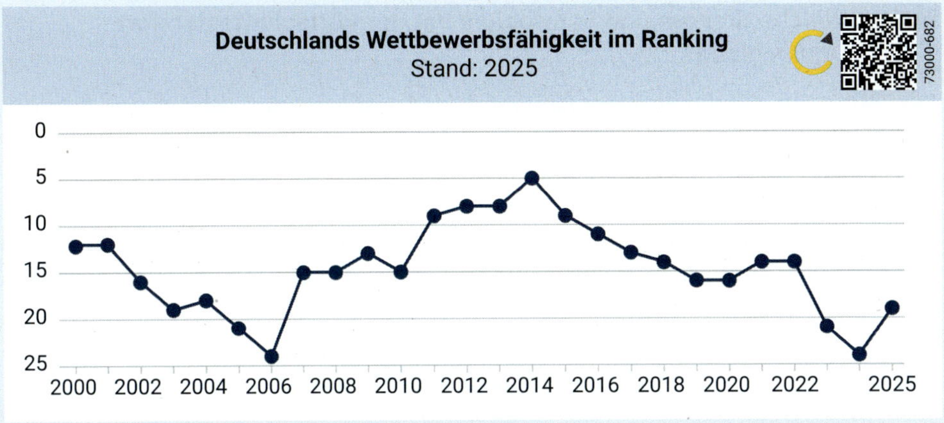

©C.C. Buchner Verlag, aktuelle Daten nach: IMD (Datenerhebung: 2025; Grafikerstellung: 2025)

Hinweis zur Grafik
Der World Competitiveness Index ist ein jährlich erscheinender Bericht der privaten Schweizer Wirtschaftshochschule International Institute for Management Development (IMD). Er misst die Wettbewerbsfähigkeit verschiedener Länder anhand von Kriterien wie Wirtschaftsleistung, Infrastruktur, Bildungssystem, Gesundheitswesen, Technologie und politische Stabilität.

Einstiegsaufgabe 72018-521

Stellen Sie Vermutungen über mögliche Ursachen für den Rückgang der Wettbewerbsfähigkeit Deutschlands seit 2015 laut *World Competitiveness Index* an (**M4**).

M5 Welche Standortfaktoren gibt es?

	Harte Standortfaktoren	Weiche Standortfaktoren
Beschaffung	• Nähe zu Rohstoffmärkten • Nähe zu Zulieferern • Zugang zum Kapitalmarkt • staatliche Subventionen • Einfuhrzölle/-beschränkungen ...	
Produktion	• Klima und Geologie • Arbeitskräfte: Lohnniveau, Qualifikationsniveau • Grundstückspreise/Mietkosten • Abfallentsorgung, Umweltschutzauflagen • Verfügbarkeit von Gebäuden und Maschinen • Zugang zum Kapitalmarkt • staatliche Subventionen ...	• Wertvorstellungen • wohlfahrtsstaatliche Absicherung der Arbeitnehmerinnen und Arbeitnehmer • Nähe zu Forschungs- und Entwicklungseinrichtungen • personenbezogene Faktoren (Bildungs-, Kultur-, Wohnraum-, Medizin-, Erholungs-, Freizeitangebote, Umweltqualität) ...

Absatz (Vertrieb)	• Nähe zu Absatzmärkten • Größe der Absatzmärkte • Zahl der Wettbewerber am Markt • Kaufkraft an nahen Absatzmärkten ...	
Übergreifend	Energiepreise, Infrastruktur (Verkehrsanbindung, Kommunikationsnetz und -kosten ...), Steuern und Abgaben	politische Stabilität, Rechtsstaatlichkeit/ Rechtssicherheit, Kooperationsbereitschaft der Verwaltung, Beziehungsgeflecht in der (erweiterten) Wirtschaftsregion, Innovationsfreundlichkeit, Wirtschaftsklima

Nach: Vahs, Dietmar / Schäfer-Kunz, Jan: Einführung in die Betriebswirtschaftslehre. München: Schäffer-Poeschel 2015, S. 113 (verändert, ergänzt)

M6 Welche Stärken und Schwächen hat der Wirtschaftsstandort Deutschland?

Das *IMD World Competitiveness Ranking* erstellt eine Rangliste der Länder nach ihrer Fähigkeit, ein wettbewerbsfähiges Umfeld für Unternehmen zu schaffen und zu erhalten. Dabei werden vier Hauptfaktoren berücksichtigt: Wirtschaftsleistung, Regierungseffizienz, Unternehmenseffizienz und Infrastruktur. Jeder dieser Faktoren hat 5 Unterfaktoren, die zahlreiche Kriterien umfassen. Diese Kriterien können harte Daten (wie das Bruttoinlandsprodukt) oder weiche Daten (wie die Wahrnehmung von Kompetenz) sein. Harte Daten haben ein höheres Gewicht in der Gesamtbewertung.

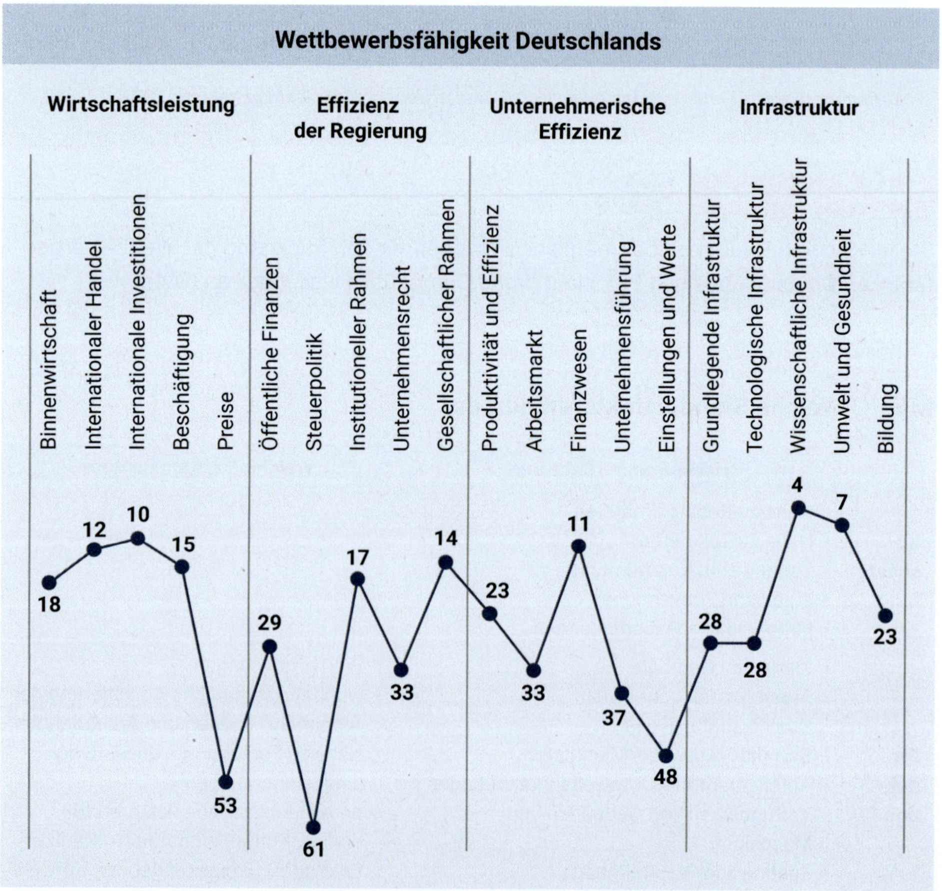

Nach: IMD: World Competitiveness Booklet 2025. Lausanne: IMD 2025, S. 75

M7 Standort Deutschland – eine Katastrophe?

Ein bisschen kann einem Robert Habeck fast leidtun, wenn er derzeit auf Konferenzen oder Podiumsdiskussionen auf selbstbewusste Firmenchefs trifft, die dem Bundeswirtschaftsminister immer dasselbe vorwerfen. Der Standort Deutschland sei eine Katastrophe. Alles viel zu teuer, viel zu kompliziert, viel zu langsam. [...] Sind die Klagen der CEOs übertrieben oder berechtigt? [...]

Die führenden Forschungsinstitute gehen davon aus, dass Deutschland in den kommenden Jahren Hunderttausende und in den kommenden Jahrzehnten Millionen Arbeitskräfte fehlen werden. Und hierbei geht es nicht allein um Menschen, die hoch qualifizierte Tätigkeit ausüben, sondern um die gesamte Bandbreite an Arbeit. Das Institut für Arbeitsmarkt- und Berufsforschung (IAB) hat kürzlich das Potenzial an Erwerbspersonen für die kommenden Jahre prognostiziert. Aspekte wie der demografische Wandel, Geburtenrate, Zuwanderung und Abwanderung wurden dabei miteinberechnet. „Die Ergebnisse zeigen, dass den Betrieben in den nächsten Jahrzehnten deutlich weniger Arbeitskräfte zur Verfügung stehen werden", sagt der IAB-Wissenschaftler Enzo Weber. Bis 2060 werde das Potenzial um 11,7 Prozent zurückgehen. Der Berechnung zufolge leben dann nur noch 72,6 Millionen Menschen in Deutschland, also etwa zehn Millionen weniger als jetzt.

Die Bevölkerung im erwerbsfähigen Alter wird der Studie zufolge in den kommenden Jahren aufgrund der zu geringen Geburtenrate so stark abnehmen, dass dies selbst durch Einwanderung kaum abgemildert werden kann. [...]

Die Frage in dieser Lage ist, wie stark und an welchen Stellen politisch nachgesteuert werden kann, um den Standort wieder attraktiver zu gestalten. Fast schon traditionell klagen Unternehmen in diesem Zusammenhang über zu hohe Steuern. Aber stimmt das auch für die jetzige Situation? Das Leibniz-Zentrum für Europäische Wirtschaftsforschung in Mannheim (ZEW) untersucht seit Längerem die Steuerbelastung für Unternehmen im internationalen Vergleich. „Im Jahr 2022", schreibt das Institut in seiner aktuellen Erhebung, „weist Deutschland im Vergleich zu Frankreich, Italien, dem Vereinigten Königreich und dem EU-Durchschnitt die höchste Steuerbelastung für traditionelle Geschäftsmodelle auf." [...] Ohne deutliche Reformen werde Deutschland aus einer „steuerlichen Perspektive" ein vergleichsweise „unattraktiver Standort für Unternehmen" bleiben. Schließlich lag dem ZEW zufolge die effektive durchschnittliche Steuerbelastung eines profitablen Investitionsprojekts in Deutschland im Jahr 2022 bei 28,8 Prozent. Das übersteigt den EU-Durchschnitt um zehn Prozentpunkte. Im internationalen Vergleich haben der Studie zufolge nur zwei der betrachteten Länder eine höhere Abgabenlast: Spanien und Japan. [...]

Aber hohe Steuern können für Unternehmen auch akzeptabel sein, wenn sie von einem Staat eingezogen werden, der dafür eine leistungsfähige Verwaltung und Infrastruktur bereitstellt. Auch hier jedoch gibt es starke Zweifel, inwiefern Deutschland den Unternehmen im internationalen Vergleich die erwünschten Bedingungen bietet. Die Weltbank hat zuletzt im Jahr 2020 untersucht, wie hoch im internationalen Vergleich der bürokratische Aufwand ist, wenn man ein Unternehmen gründen möchte. Gemessen wurden die formalen Arbeitsschritte, Zeit und Kosten, die bei der Anmeldung einer Kapitalgesellschaft entstehen. Auch wenn die Zahlen hier etwas älter sind, dürften sie noch aussagekräftig sein, da es um strukturelle Fragen geht. Auch hier belegt Deutschland einen der letzten Ränge, Platz 18 von insgesamt 21 untersuchten Ländern.

Zacharakis, Zacharias: Standortdebakel Deutschland. In: www.zeit.de, 12.07.2023

Chief Executive Officer (CEO)
Englische Bezeichnung für die geschäftsführende Person eines Unternehmens.

M8 Wer trägt die wirtschaftlichen Innovationen in Deutschland?

Von 2015 bis 2020 ist die Zahl der deutschen *Hidden Champions* um ein Fünftel gewachsen, obwohl die Globalisierung insgesamt in diesem Zeitraum eher ins Stocken geraten ist. Bei den *Hidden Champions* handelt es sich meist um traditionsreiche Familienunternehmen: Viele sind bereits über 100 Jahre am Markt, das Durchschnittsalter der Betriebe liegt bei rund 70 Jahren. [...]
Der durchschnittliche Umsatz der deutschen *Hidden Champions* liegt nach Analysen von Hermann Simon [der BWL-Professor und Wirtschaftsberater prägte den Begriff] bei 467 Millionen Euro pro Jahr. Die geringe Bekanntheit als Kriterium für „*Hidden*" ergibt sich daraus, dass üblicherweise nicht der Endkonsument Abnehmer der Produkte ist. [...] Während rein definitorisch die Zugehörigkeit zu den Top 3 „reicht", sehen sich sogar 35 Prozent der deutschen *Hidden Champions* als die globale Nummer eins.
Weitere knapp 18 Prozent erfüllen das traditionelle deutsche Mittelstandskriterium und weisen weniger als 500 Mitarbeiter auf. Als „echte" Großunternehmen mit mindestens 1.000 Beschäftigten zählen knapp 42 Prozent der identifizierten Hidden Champions. Insgesamt beschäftigen die 1.573 in Deutschland ansässigen *Hidden Champions* weltweit über 3,5 Millionen Mitarbeiter.
Kerngebiet der deutschen *Hidden Champions* ist das verarbeitende Gewerbe, zu dem mehr als 80 Prozent der betreffenden Unternehmen zählen. Der Maschinenbau dominiert einer Untersuchung des Zentrums für Europäische Wirtschaftsforschung zufolge mit gut 22 Prozent Anteil vor dem Elektronikbereich mit einem Zehntel der Firmen.
Die geringe Präsenz dieser kleinen *Global Player* in den Dienstleistungen sowie neuen Technologien außerhalb der Industrie wie Softwareentwicklung und digitalen Plattformen ist ein Wermutstropfen in der Erfolgsstory. Durch die wachsende Start-up-Aktivität in Deutschland beginnt sich dies allerdings schrittweise zu ändern: So sind Unternehmen wie TeamViewer aus Göppingen oder DeepL aus Köln mit ihrer Fernwartungssoftware beziehungsweise KI-gestützten Übersetzungssoftware inzwischen ebenfalls weltweit präsente *Hidden Champions* [...].

Schmiedendorf, Berit: Hidden Champions: Die Starken aus der zweiten Reihe. In: www.iwd.de, 27.09.2022

Anzahl der Hidden Champions

	je 1 Mio. Einwohner (gerundet)	insgesamt
Schweiz	19,4	171
Österreich	18,8	171
Deutschland	18,6	1.573
Japan	2,3	283
Frankreich	1,7	111
Italien	1,7	102
Vereinigtes Königreich	1,1	74
USA	1,0	350
China	0,1	97
Welt gesamt		**3.400**

Nach: Schmiedenhof, Berit: Hidden Champions: Die Starken aus der zweiten Reihe. In: www.iwd.de, 27.09.2022 (Datenerhebung: 2022; Grafikerstellung: 2024)

Aufgaben

72018-522

1. Arbeiten Sie zentrale Stärken und Schwächen Deutschlands als Wirtschaftsstandort heraus (**M6, M7, M8**).
2. Erläutern Sie die Bedeutung der Hidden Champions für den Wirtschaftsstandort Deutschland (**M8**).
3. Erörtern Sie anhand von Standortfaktoren (**M5**) die Qualität des Standorts Deutschland im globalen Wettbewerb.

F zu Aufgabe 3
Beziehen Sie zur Analyse „weicher Standortfaktoren" auch Kenntnisse zur Partizipation und zur Sozialen Marktwirtschaft in Deutschland mit ein.

ORIENTIERUNG & ÜBERBLICK

Interaktive Übung zur Selbstprüfung

72018-523

Absolute Kostenvorteile Magisches Sechseck
Stabilitäts- und Wachstumsgesetz Ordoliberalismus Angebotsorientierung
Zentralverwaltungswirtschaft Deglobalisierung Stagflation
Wertschöpfung Nachfrageorientierung Lohn-Preis-Spirale
Bruttoinlandsprodukt Standortfaktoren Partielle Globalisierung
Interindustrieller Handel Protektionismus Freie Marktwirtschaft
Marktwirtschaft Ausländische Direktinvestitionen
Internationaler Währungsfonds
Boom Soziale Marktwirtschaft Freihandel
Wirtschaftsordnung Hidden Champions Zielkonflikt
Wirtschaft(en) in einer globalisierten Welt
Internationaler Handel Planwirtschaft
Mittelstand Privateigentum
Keynesianismus
Rezession Globalisierung Deregulierung Liberalisierung
Global Governance Multinationale Unternehmen Konjunkturzyklus
Intraindustrieller Handel Welthandelsorganisation Devisenhandel

Wirtschaftsordnung

Die Wirtschaftsordnung ist ein Regelwerk, das die wirtschaftlichen Grundentscheidungen einer Gesellschaft bestimmt: Wer besitzt die Produktionsmittel? Wer entscheidet über Produktion und Preise? Wirtschaftsordnungen lassen sich nach Eigentumsform, Lenkungsform und Unternehmensform unterscheiden.

Freie Marktwirtschaft

Die freie Marktwirtschaft ist eine Wirtschaftsordnung, in der Angebot und Nachfrage die Produktion und Preisbildung steuern. Privateigentum, Gewerbe-, Vertrags-, Produktions- und Konsumfreiheit sind die tragenden Prinzipien. Der Staat übernimmt eine reine Schutzfunktion (Nachtwächterstaat).

Zentralverwaltungswirtschaft

Die Zentralverwaltungswirtschaft ist eine Wirtschaftsordnung, in der der Staat alle wirtschaftlichen Entscheidungen zentral plant und lenkt. Produktionsmittel befinden sich in Staatseigentum; Preise und Löhne werden behördlich festgelegt. Freie Märkte existieren kaum.

Soziale Marktwirtschaft

Die Soziale Marktwirtschaft wird oft als „Dritter Weg" zwischen freier Marktwirtschaft und Zentralverwaltungswirtschaft bezechnet: Marktmechanismus und Wettbewerb bleiben erhalten, werden aber durch staatliche Sozial- und Umverteilungspolitik ergänzt. Das Konzept geht auf Alfred Müller-Armack und Ludwig Erhard zurück.

Ordoliberalismus

Der Ordoliberalismus ist eine wirtschaftstheoretische Schule (Walter Eucken), die einen starken Ordnungsrahmen des Staates fordert, um Wettbewerb zu sichern und Machtkonzentrationen zu verhindern – ohne direkt in wirtschaftliche Entscheidungen einzugreifen.

Magisches Sechseck

Die sechs wirtschaftspolitischen Ziele Preisniveaustabilität, hoher Beschäftigungsstand, Wirtschaftswachstum, außenwirtschaftliches Gleichgewicht, gerechte Einkommensverteilung und Umweltschutz gehen auf den Stabilitäts- und Wachstumsgesetzes (1967) zurück. Sie gelten als „magisch", weil sie sich nicht alle gleichzeitig erreichen lassen, klassische Beispiele: Vollbeschäftigung versus Preisniveaustabilität (Lohn-Preis-Spirale) oder Wirtschaftswachstum versus Umweltschutz.

Konjunkturzyklus

Als Konjunkturzyklus wird die regelmäßige Abfolge wirtschaftlicher Phasen bezeichnet: Aufschwung, Boom/Hochkonjunktur, Abschwung, Rezession/Depression. Gemessen wird die Konjunkturlage vor allem am preisbereinigten (realen) Bruttoinlandsprodukt (BIP), da es Preissteigerungen herausrechnet.

ORIENTIERUNG & ÜBERBLICK

Nachfrageorientierung (Keynesianismus)	Die Nachfrageorientierung ist ein wirtschaftspolitisches Konzept nach John M. Keynes: In Wirtschaftskrisen soll der Staat durch erhöhte Staatsausgaben (auch auf Kredit) die gesamtwirtschaftliche Nachfrage stützen und so Arbeitslosigkeit bekämpfen.
Angebotsorientierung	Die Angebotsorientierung ist das wirtschaftspolitisches Gegenkonzept zum Keynesianismus (u. a. Milton Friedman): Krisen entstehen durch mangelnde Investitionsbereitschaft der Unternehmen. Lösung: Senkung von Steuern, Bürokratieabbau und Lohnkosten, um Investitionsanreize für Unternehmen zu stärken.
Stagflation	Gleichzeitiges Auftreten von wirtschaftlicher Stagnation (Rezession, Arbeitslosigkeit) und Inflation. Klassisches Beispiel: Ölpreisschock der 1970er Jahre. Stagflation ist mit herkömmlichen Mitteln der Wirtschaftspolitik kaum zu bekämpfen.
Globalisierung	Zunehmende weltweite Verflechtung von Güter-, Kapital- und Arbeitsmärkten durch Abbau von Handelshemmnissen, technologischen Fortschritt und internationale Arbeitsteilung. Globalisierung umfasst neben der ökonomischen auch kulturelle, gesellschaftliche und politische Dimensionen.
Ausländische Direktinvestitionen (FDI)	Ausländische Direktinvestitionen sind Kapitalexporte von Unternehmen zum Aufbau von Tochtergesellschaften oder zur Beteiligung an Unternehmen im Ausland. Sie gelten als wichtiger Indikator für den Grad wirtschaftlicher Globalisierung.
Absolute/komparative Kostenvorteile	Die Theorien der absoluten und komparativen Kostenvorteile erklären den internationalen Handel: Adam Smith begründet Handel durch absolute Produktivitätsvorsprünge; David Ricardo zeigt, dass Handel auch dann lohnt, wenn ein Land bei allen Gütern unterlegen ist – entscheidend sind die relativen (komparativen) Kostenunterschiede.
Interindustrieller Handel	Beim interindustriellen Handel tauschen Länder Güter verschiedener Branchen aus – etwa deutsche Maschinen gegen südamerikanische Bananen. Er entsteht auf Grundlage unterschiedlicher Produktivitäten und Faktorausstattungen (komparative Kostenvorteile nach Ricardo) und findet vor allem zwischen wirtschaftlich ungleichen Ländern statt.
Intraindustrieller Handel	Beim intraindustriellen Handel werden ähnliche oder gleichartige Güter derselben Güterklasse gehandelt – etwa deutsche gegen amerikanische Maschinen. Er tritt vor allem zwischen wirtschaftlich ähnlichen Industrienationen auf und wird durch Produktvarianten, steigende Skalenerträge sowie ähnliche Einkommens- und Konsumpräferenzen erklärt.
Welthandelsorganisation (WTO)/Internationaler Währungsfonds (IWF)	WTO (Welthandelsorganisation): regelt multilateralen Güter- und Dienstleistungshandel und streitet Handelskonflikte bei. IWF (Internationaler Währungsfonds): stabilisiert das internationale Währungssystem und unterstützt Länder in Zahlungsbilanzkrisensituationen mit Krediten.
Global (Economic) Governance	Gesamtheit der internationalen Regelwerke, Institutionen und Normen, die globale wirtschaftliche Prozesse koordinieren sollen. Aktuell steht das System unter Druck durch den Machtwettbewerb zwischen USA, China und der EU.
Standortfaktoren	Kriterien, nach denen Unternehmen Produktionsstandorte auswählen. Unterschieden werden harte Faktoren (Lohnkosten, Steuern, Infrastruktur) und weiche Faktoren (Bildungsangebote, Rechtsstaatlichkeit, Innovationsklima).

Sollte der Einfluss Chinas auf deutsche Unternehmen begrenzt werden?

China [ist] für die deutsche Wirtschaft größter Absatzmarkt, wichtigster Handelspartner und hochwillkommener Geldgeber zugleich [...]. Es ist aber auch jener Systemrivale, der unermüdlich am Aufbau einer neuen Weltwirtschaftsordnung unter Pekinger Führung arbeitet und dabei weder vor Spionage noch vor Druck und Repressalien zurückschreckt. Schon seit einiger Zeit werden Teil- oder gar Vollübernahmen deutscher Unternehmen durch chinesische Konkurrenten von der Bundesregierung deshalb sehr viel kritischer überprüft, als das in der Vergangenheit der Fall war. [...]

Bisher wird eine Investitionsprüfung fällig, wenn sich ein ausländisches Unternehmen mit 25 Prozent oder mehr an einem deutschen Wettbewerber beteiligen will. Bei sogenannten kritischen Infrastrukturen, also Firmen aus Bereichen wie der Telekommunikation oder der Energie-, Gesundheits- oder Nahrungsmittelversorgung, liegt die Schwelle bei zehn Prozent. Künftig will das Wirtschaftsministerium auch solche Kooperationen untersuchen, bei denen ein Investor [...] sich mithilfe vertraglicher Regelungen [...] Zugriff auf dessen Produkte oder Technologien verschafft. [...]

Einen Schwerpunkt will Habeck zudem auf die Überarbeitung jener 27 sogenannten Branchen-Fallgruppen legen, die der Staat als besonders sicherheitsrelevant eingestuft hat. Dazu zählen neben Hafen-, Energienetz- und Betreibern anderer kritischer Infrastrukturen auch kritische Technologien wie Halbleiter und künstliche Intelligenz. In den sensibelsten Bereichen könnten gar sogenannte Regelbeispiele eingeführt werden. Das hieße konkret: Laut Gesetz gilt jeder Erwerb in diesen Sektoren als mutmaßlich sicherheitskritisch. Will der ausländische Investor dennoch eine Freigabe für eine derartige Kapitalbeteiligung erhalten, muss er diese gesetzlich festgelegte Vermutung im laufenden Investitionsprüfverfahren widerlegen.

Darüber hinaus könnten die Schwellen, von denen an eine Prüfung in diesen Bereichen obligatorisch [= verpflichtend] ist, weiter gesenkt werden. Betroffen wären vor allem börsennotierte Unternehmen, deren Aktionärsversammlungen oft nur von einem kleinen Teil der Anteilseigner besucht werden. Damit besteht die Gefahr, dass anwesende Aktionäre Abstimmungen gewinnen, obwohl sie nur eine Minderheit der Kapitalanteile besitzen. [...]

Befürchtungen, eine zu strenge Überprüfung chinesischer Investitionsvorhaben in Deutschland werde hiesige Unternehmen einer wichtigen Kapitalquelle berauben, weist man im Wirtschaftsministerium derweil zurück. Verwiesen wird etwa auf den Fall Elmos, jene Dortmunder Chipfabrik, deren Verkauf an ein chinesisch kontrolliertes Unternehmen die Bundesregierung im vergangenen Jahr untersagt hatte. Damals hieß es, der Fabrik mit ihren 200 Mitarbeitern drohe nunmehr das Aus. Am Ende war das Gegenteil der Fall: Nach einem erneuten Investitionsprüfverfahren stimmte das Wirtschaftsministerium dem Verkauf des Werks kürzlich zu: an den US-Elektronikhersteller Littelfuse.

Hulverscheidt, Claus: Lex Peking. In: www.sueddeutsche.de, 21.08.2023

Repressalien
Druck, Strafmaßnahmen

Aufgaben 72018-524

1. Fassen Sie das Vorhaben und die im Text genannte Begründung dafür zusammen.
2. Erklären Sie unter Rückgriff auf die Theorien des internationalen Handels die große Bedeutung Chinas für die deutsche Wirtschaft.
3. Diskutieren Sie, ob der Einfluss Chinas auf deutsche Unternehmen stärker begrenzt werden sollte.

Probleme des Welthandels in drei Fallgeschichten

Fall 1
Das wirtschaftlich aufstrebende Land Laboristan verfügt über große und leicht zu erschließende Vorkommen „Seltener Erden" – ein Sammelbegriff für Metalle, die für die Produktion modernster Elektronikartikel unverzichtbar sind und daher auch von den Herstellern in Palumbien und Westererde dringend gebraucht werden. Auch Laboristan baut inzwischen eine international agierende Elektronikindustrie auf, die vor allem aufgrund der vergleichsweise geringen Lohnkosten international konkurrenzfähig ist. Diese aufstrebende Industrie unterstützt die laborische Regierung nun durch folgende Maßnahme: Während die Gewinnung der „Seltenen Erden" in Laboristan weiter ausgebaut wird, wird der Export dieser Metalle durch zwei handelspolitische Maßnahmen gedrosselt: Es wird eine Höchstgrenze für auszuführende Rohstoffe (nach Gewicht) festgesetzt und die Ausfuhr zudem mit erheblichen Zöllen belegt.

Fall 2
Das agrarisch geprägte Land Laktanien verfügte über viele Jahrhunderte über eine gut funktionierende Viehwirtschaft, die auf der Grundlage kleinbäuerlicher Strukturen die Versorgung der Menschen mit Milch und Milchprodukten zu angemessenen Preisen über regionale Märkte sicherstellte. Dies hat sich, seit die Regierung Laktaniens die Einfuhr agrarischer Güter vollkommen freigab, massiv geändert: Der Großteil der Kleinbauern musste seinen Betrieb einstellen, da er mit den günstigen Preisen ausländischer Konkurrenz nicht mithalten konnte. Diese besteht vor allem aus Großfabrikanten aus Westererde, die den Markt Laktaniens mit Milchpulver „fluten". Um den heimischen Markt nicht mit Angebot zu „überfüllen", zahlt die Regierung Westererde Prämien an Großbetriebe, die ihre Produkte exportieren, weshalb diese ihr Milchpulver trotz der Transportkosten sehr günstig in Laktanien anbieten können.

Fall 3
Die Regierung von Westererde hat ein Investitionsprogramm zum Klimaschutz der Wirtschaft in nie zuvor gesehener Dimension gestartet: Mit umgerechnet 300 Milliarden Euro sollen in den kommenden 15 Jahren für Maßnahmen der Dekarbonisierung der Energieerzeugung, der Industrie und der Mobilität gefördert werden. Damit könnten die CO_2-Emissionen allein bis 2030 um 40 Prozent sinken. Allerdings sind die staatlichen Subventionen an Bedingungen geknüpft: Produkte wie E-Autos, Photovoltaik- oder Windkraftanlagen müssen zu einem vorgegebenen und sukzessive steigenden Anteil in Westererde selbst hergestellt worden sein, um Anspruch auf die Förderung zu haben. Aktuell liegt der Anteil bei 40 Prozent, steigt aber bis 2030 auf 55 Prozent. Bei Batterien liegt der Anteil momentan bei 70 Prozent, bei Eisen und Stahl müssen sogar schon jetzt zu 100 Prozent in Westererde produziert worden sein. Daher prüfen viele international tätige Unternehmen, z. B. auch aus Palumbien, ihre Produktion in Westererde auszuweiten oder neue Standorte zu errichten.

Bearbeiter

Welthandel und Welthandelspolitik zwischen Freihandel und Protektionismus

6

Offene Märkte schaffen Wohlstand – aber auch Konflikte: Wer profitiert vom globalen Handel, wer verliert, und wer soll geschützt werden (**Basiskonzept: Knappheit und Verteilung**)? Staaten und Staatengemeinschaften ringen daher um Regeln, die Handel zugleich fair und berechenbar machen – und geraten dabei unweigerlich in Zielkonflikte zwischen Freihandel und Protektionismus (**Basiskonzept: Interessen und Gemeinwohl**). Angesichts geopolitischer Rivalitäten und Handelskonflikten wächst zudem die Frage, ob Handelsbeziehungen künftig auch nach gemeinsamen Werten gestaltet werden sollen (**Basiskonzept: Macht und Entscheidung**). Welche Regeln den globalen Austausch rahmen und wie Internationale Organisationen diese durchsetzen können, steht dabei im Mittelpunkt (**Basiskonzept: Regeln und Recht**).

Kompetenzen

Am Ende dieses Kapitels sollten Sie Folgendes wissen und können:

- Leitbilder der (europäischen) Außenhandelspolitik (Freihandel und Protektionismus) und deren Instrumente beschreiben.
- nationale und europäische Handelspolitiken hinsichtlich ihrer Instrumente (insbesondere: Handelshemmnisse) und Leitbilder analysieren.
- den institutionellen Rahmen (Handels- und Entscheidungsregeln) der Welthandelspolitik darstellen.
- aktuelle Tendenzen der Welthandelspolitik analysieren und vor diesem Hintergrund Möglichkeiten und Grenzen von Handelsregimen (u. a. WTO, internationale Handelsabkommen) erörtern.
- Konzepte des globalen Regierens anhand von Beispielen erläutern und Perspektiven des Multilateralismus diskutieren.
- das Konzept der Nachhaltigkeit und die UN-Ziele für nachhaltige Entwicklung erläutern und als Ansatz globaler Governance einordnen.

Aufgaben

72018-600

1. Formulieren Sie (arbeitsteilig) für jede Fallschilderung (1-3) eine Überschrift, die die dargestellte Herausforderung bzw. Problemstellung „auf den Punkt" bringt.
2. Analysieren Sie „Ihren" Fall – ausgehend von der gewählten Überschrift – anhand der in der Tabelle angegebenen Leitfragen und stellen Sie Ihre Ergebnisse im Kurs vor.

Worin besteht das Problem/bestehen die Probleme?	Für wen ist die Situation problematisch? Wer profitiert?	Was sind die möglichen Ursachen der Probleme?	Welche handelspolitischen Forderungen können aus dem Problem resultieren?

MAKROMETHODE

Planspiel: Wie sollte die Europäische Union handelspolitisch auf den Inflation Reduction Act der USA reagieren?

Der inflation Reduction Act der USA benachteiligt europäische Industrien, etwa in der E-Mobilität und Batterieproduktion, fördert Standortverlagerungen und verschärft die Gefahr eines zunehmenden Protektionismus. Die EU muss reagieren – doch wie? In diesem Planspiel verhandeln Sie als Europäische Kommission, Mitgliedstaaten, Wirtschaftsverbände und NGO eine gemeinsame handelspolitische Antwort der EU und treffen dabei Entscheidungen zwischen Gegenzöllen, Subventionsprogrammen und dem Festhalten an freiem Handel.

Rollenkarten zu Schritt 1:

72018-601

Phase 1 – Vorbereitung

Schritt 1: Rollenverständnis erarbeiten

Nach Verteilung der Rollen lesen Sie zunächst die Rollenkarte (QR-Codes) und arbeiten heraus:

- Hauptinteressen Ihrer Rolle,
- rote Linien (nicht verhandelbare Punkte),
- Befürchtungen bei falschen Entscheidungen,
- zwei bis drei Schlüsselargumente.

Damit entwickeln Sie einen kurzen und strukturierten Argumentationsrahmen.

Schritt 2: Ziel- und Strategieformulierung

- Formulieren Sie eine Zielaussage zu Ihrer Rolle in einem Satz (z. B. „Unsere Rolle strebt an, ... zu erreichen, ohne ... zu gefährden.").
- Entscheiden Sie sich bewusst für einen Verhandlungsstil und begründen Sie ihn kurz:
  - **defensiv:** bestehende Regelungen schützen, Risiken vermeiden, wenige Zugeständnisse machen;
  - **kompromissbereit:** Ausgleich zwischen Interessen suchen, Verhandlungsräume öffnen;
  - **offensiv:** eigene Interessen aktiv durchsetzen, klare Forderungen stellen.
- Erarbeiten Sie ein bis zwei konkrete Kompromissangebote, bei denen Sie benennen:
  - worauf Ihre Rolle verzichten oder eingehen könnte,
  - welche Gegenleistung sie dafür von anderen Akteuren erwartet.

▼

Phase 2 – Spiel und Entscheidung

Runde 1: Interessenartikulation im Plenum (ca. 10-15 Minuten)

Ziel: Alle Akteure stellen kurz und präzise die wichtigsten Interessen ihrer Rolle vor. Am Ende dieser Runde entsteht so eine Übersicht aller Konfliktlinien, es identifizieren sich erste Gemeinsamkeiten und die Rollen „verorten" sich politisch.

Arbeitsaufträge für die Rollen:

- Formulieren Sie begründet maximal zwei Hauptziele (z. B. Schutz der heimischen Industrie).
- Nennen Sie eine rote Linie (z. B. kein Handelskrieg).
- Stellen Sie eine konkrete Forderung an die anderen Akteure.

Runde 2: Arbeitsgruppen – Bündnisse suchen (15-20 Minuten)

Ziel: In dieser Runde erarbeiten Sie in Gruppen grobe Verhandlungspakete. Priorität haben dabei Aspekte, die dringend gelöst werden müssen. Sie schließen sich in interessenübergreifenden Arbeitsgruppen zusammen, z. B.: industriepolitisch orientierte Akteure, regelfokussierte Akteure (WTO etc.), klimabezogene Akteure.

Arbeitsaufträge innerhalb der Gruppen:

- Vergleichen Sie Ihre Interessen und roten Linien.
- Entwickeln Sie zwei gemeinsame Forderungen an den Hauptakteur (z. B. EU).
- Identifizieren Sie mögliche Kompromisse gegenüber anderen Gruppen.
- Überlegen Sie, welche Risiken Ihr Kurs für andere Akteure hätte.

Runde 3: Moderierte Verhandlungen (ca. 15–20 Minuten)

Ziel: In dieser Runde werden Konflikte sichtbar und Kompromisslösungen ausgehandelt. Als Ergebnis formulieren Sie einen Vorschlag für ein EU-Maßnahmenpaket.

Arbeitsaufträge für alle Rollen:

- Verhandeln Sie aktiv: Bieten Sie Kompromisse an, fordern Sie Gegenleistungen.
- Setzen Sie Argumente ein, die im Kapitel erarbeitet wurden.
- Versuchen Sie, zumindest Teil-Einigungen zu erreichen.

Runde 4: Schlussbestimmung (ca. 10–15 Minuten)

Ziel: Die EU legt eine einheitliche Handlungslinie fest.

Arbeitsauftrag für die Klasse:

- Abstimmung: **Stimmberechtigt** sind die Europäische Kommission, das Europäische Parlament sowie die Mitgliedstaaten im Rat der EU. Die Entscheidung erfolgt durch **einfache Mehrheit** dieser Akteure.
- Verbände, NGOs und die US-Delegation nehmen ohne Stimmrecht teil.

Phase 3 – Reflexion

Rückblick aus der Rolle:

- Wurden die Interessen Ihrer Rolle berücksichtigt?
- Welche Argumente waren besonders wirksam?
- Gab es unerwartete Bündnissen?

Anerkennen oder kritisieren?

War das Ergebnis sinnvoll, teilweise sinnvoll oder ist es problematisch? (mögliche Perspektiven: Wirtschaft, Politik, Klima, Handel)

Meta-Ebene:

- Welche Interessen dominieren in der realen Handelspolitik?
- Welche Akteure haben Entscheidungsgewalt?
- Welche Kompromisse sind tragfähig?

Transfer – Verknüpfung des Planspiels mit drei zentralen Aspekten des Kapitels:

- Freihandel vs. Protektionismus
- Regelbasierte vs. wertebasierte Handelsordnung
- Multilateralismus: Ist die WTO noch ein relevanter Akteur?

Hinweis zum Abstimmungsmodus in Phase 2, Runde 4

Zur Vereinfachung wird im Planspiel mit einfacher Mehrheit abgestimmt – und zwar abweichend von der Realität unter Einbeziehung aller am Planspiel beteiligten EU-Akteure. Im realen Verfahren der EU werden handelspolitische Maßnahmen in der Regel im Rat der EU mit qualifizierter Mehrheit beschlossen, auf Vorschlag der Kommission und unter Beteiligung des Europäischen Parlaments.

Jede Rolle erklärt vor der Abstimmung: Zustimmung oder Ablehnung, ein Kernargument, ein Risiko.

▼

Bei fehlender Einigung: modifizierter Vorschlag oder erneute Abstimmung

▼

Letzte Möglichkeit: Vertagung und zusätzliche Verhandlungsrunde (kurz, fünf Minuten)

Bearbeiter, basierend auf: Ministerium für Bildung des Landes Sachsen-Anhalt (Hg.): Fachlehrplan Gymnasium – Sozialkunde. Magdeburg 2022, S. 11 f.

6.1 Welthandel – ungeregelt oder mit Grenzen?

6.1.1 (Wie) Sollte der Welthandel geregelt werden?

Zum Thema: Welthandel schafft Wohlstand, erzeugt aber auch Konflikte: Wer profitiert, wer verliert – und wer soll geschützt werden? Sollten für alle Länder dieselben Regeln gelten oder differenzierte? Das Kapitel klärt, warum Freihandel und Protektionismus als Leitbilder konkurrieren und mit welchen Instrumenten.

M1 Zwei Stimmen zum Welthandel

1 „Offene Märkte sorgen dafür, dass Produkte billiger werden und mehr Auswahl entsteht. Regeln sollten Handel nicht unnötig behindern."

2 „Ohne Grenzen im Handel geraten Arbeitsplätze und Schlüsselindustrien unter Druck. Manche Güter sollten aus Sicherheits- oder Umweltgründen besonders geschützt werden."

Einstiegsaufgaben 72018-602

1. Ordnen Sie die beiden Aussagen in **M1** auf einer Positionslinie zwischen „möglichst freier Handel" und „stark regulierter Handel" ein und begründen Sie Ihre Einordnung mit je zwei Argumenten aus dem Material.
2. Formulieren Sie drei Kriterien, nach denen entschieden werden könnte, wann Handel eher geöffnet und wann eher begrenzt werden sollte.

HANDLUNGSKOMPETENZ

M2 Instrumente der (regulierenden) Außenhandelspolitik

Zölle – die sogenannten tarifären Handelshemmnisse – werden ähnlich wie Steuern auf importierte oder – seltener – exportierte Waren erhoben. Sie verteuern somit die betroffenen Produkte für die Konsumierenden, die sich dann möglicherweise für ein anderes Produkt, das eine Regierung bevorzugen will, entscheiden (Schutzzoll). Zugleich lassen sich mit Zöllen Staatseinnahmen in zum Teil nicht unerheblicher Höhe generieren (Finanzzoll).

Nicht-tarifäre Handelshemmnisse sind vielfältiger und nicht immer eindeutig von anderen wirtschaftspolitischen Zielsetzungen (Verbraucherschutz, Standortpolitik) zu unterscheiden. Sie umfassen:

- Einfuhrbeschränkungen durch Einfuhrkontingente (Mengenbeschränkungen für bestimmte Waren oder auf alle Waren aus bestimmten Ländern) oder aufgrund von Produktstandards (wie technische Normen, Verbraucher- und Umweltschutz).
- Subventionen für einheimische Produzenten, wodurch diese einen Preisvorteil im globalen Wettbewerb mit anderen Anbietern erlangen können.
- Öffentliche Auftragsvergabe an einheimische Unternehmen.

Bearbeiter

M3 Braucht der Welthandel (Spiel-)Regeln?

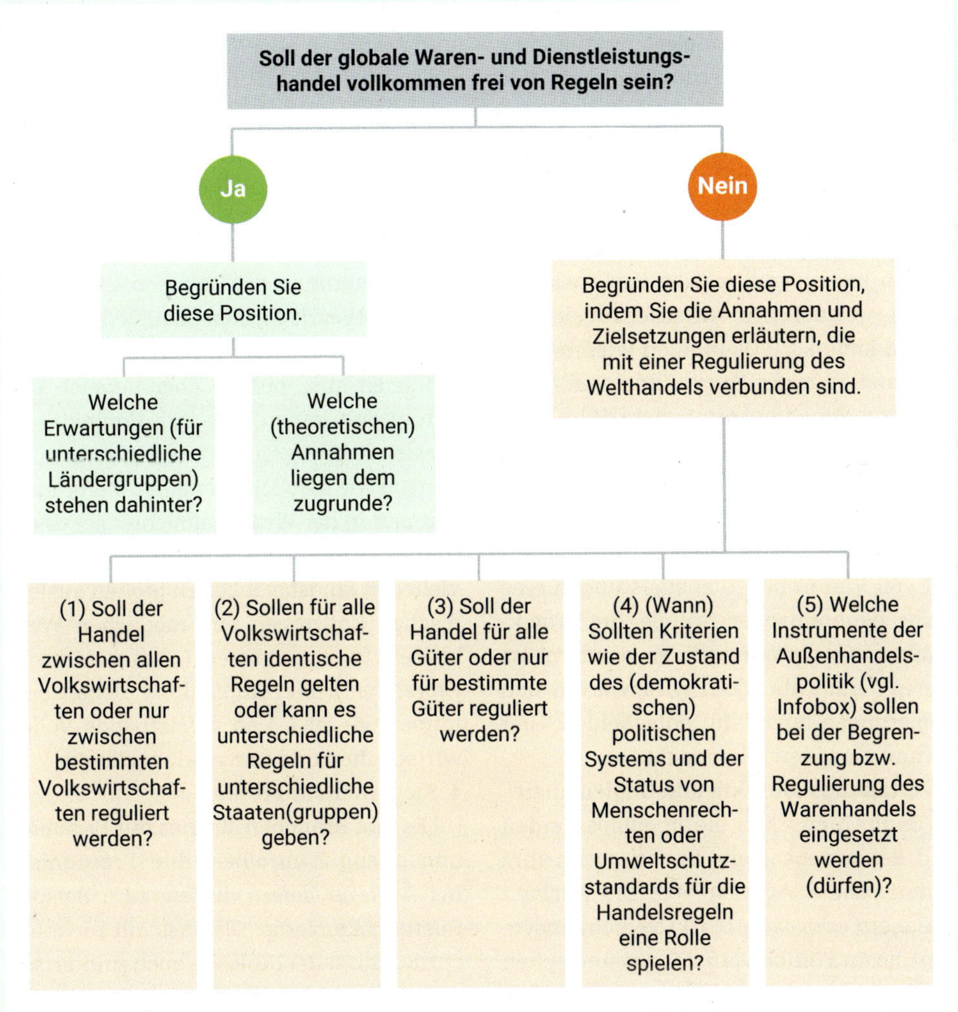

Bearbeitergrafik

Staatengruppen
Zu unterscheidende Staatengruppen können sein:
- bereits seit Längerem industrialisierte, reichere Staaten des „globalen Nordens"
- Schwellenländer, die sich am Übergang vom (ärmeren) Entwicklungsland zum Industrieland befinden (z. B. Indien)
- rohstoffexportierende Länder (v. a. Export von Öl, Gas und Mineralien)
- arme und ärmste Länder des „globalen Südens".

1. Entwickeln Sie in Grundzügen „Spielregeln" für den Welthandel, indem Sie die Instrumente der Außenhandelspolitik (**M1**) und Leitfragen (**M2**) auswerten. Beziehen Sie sich mindestens auf die gesellschaftlichen Grundwerte der Freiheit, Sicherheit und Gerechtigkeit sowie das Kriterium der Wirtschaftlichkeit.

2. Bereiten Sie eine übersichtliche (Poster-)Präsentation der von Ihnen favorisierten Welthandelsordnung vor, die Sie im Kurs vorstellen.

M4 Freihandel vs. Protektionismus: Leitbilder der Außenhandelspolitik

Zur Annahme, Freihandel ermögliche einen höheren Wohlstand, vgl. die Ökonomen **Adam Smith** und **David Ricardo** → Kap. 5.2.4

Freihandel geht im Prinzip sehr einfach. Eine Regierung [...] braucht bloß alle Zölle, Qualitätsanforderung[en] und andere Handelsvorschriften abzuschaffen – und schon hat dieses Land für sich Freihandel etabliert. Verbraucher, Unternehmen und öffentliche Institutionen entscheiden dann, welche Waren, Dienstleistungen und Wertpapiere sie von inländischen Anbietern kaufen und welche von ausländischen – je nachdem, wie sie es für sich am besten finden. [...] Ökonomen wissen, dass Freihandel [in der Folge] allgemein einen höheren Wohlstand ermöglicht. [...] Gleichzeitig ist Protektionismus keineswegs verschwunden [...]. Tatsächlich gibt es auch in der Wirtschaftslehre neben dem großen Argument für freien Handel von Waren und Dienstleistungen eine Reihe ökonomischer Gründe, die Protektionismus nicht nur erklären, sondern aus denen heraus auch klar wird, warum sich Regierungen teils dafür entscheiden. Hier kommt eine kleine Übersicht:

1. Verteilungskonflikte und Ungleichheit

[...] Es gibt Menschen, die arbeitslos werden und keine neue Stelle finden, wenn ihre Unternehmen Arbeitsplätze ins Ausland verlagern oder vom Markt verschwinden, weil sie im Wettbewerb mit ausländischen Konkurrenten existentiell unterliegen. Werden diese Menschen nicht aus dem Wohlstands-Zuwachs [des Freihandels] insgesamt „entschädigt", ergeht es ihnen wirklich schlechter. [Es kann unter Umständen] politisch opportun [= angebracht] sein, so eine Umverteilung durch Außenhandel nicht zuzulassen oder zumindest zu bekämpfen. [...]

2. Alte Industrien und Strukturwandel

Handel erschließt vielen Unternehmen und Branchen neue Absatzmärkte, steigert deren Profitabilität und schafft Arbeitsplätze. Andere hingegen schrumpfen, weil sie vergleichsweise weniger mithalten können mit Anbietern aus dem Ausland. [Eine Regierung kann ggf. entscheiden, Betroffene] schützen zu wollen oder den Strukturwandel zumindest zu bremsen. [...]

3. Aufstrebende Firmen schützen

Häufig fangen einige (kleine) Firmen an, probieren aus, müssen über Versuch und Irrtum erst lernen, wie ihre Produkte am besten ankommen und wie sie diese so günstig wie möglich herstellen. Das braucht Zeit und in der Wirtschaftslehre gibt es darum das Argument, sie währenddessen vor vielleicht längst etablierten großen ausländischen Konzernen und möglichen Wettbewerbern zu schützen („*Infant Industry Protection*"). Die Empfehlung richtet sich immer wieder [...] an aufstrebende Volkswirtschaften und Entwicklungsländer.

4. Sicherheitsinteressen

[...] Es gibt Branchen, die nur mit Erlaubnis und streng kontrolliert ihre Erzeugnisse ins Ausland liefern dürfen, zum Beispiel Rüstungskonzerne. Gleiches gilt für manche Schlüsseltechnik, die auch militärisch genutzt werden kann. Hinzu kommen Güter, bei denen viele Länder schlicht nicht vom Ausland abhängig und damit theoretisch erpressbar sein wollen – Nahrungsmittel sind ein prominentes Beispiel [...].

Armbruster, Alexander: Fünf Gründe fürs Abschotten. In: www.faz.net.de, 16.01.2017

Aufgaben

72018-603

1. Stellen Sie die außenhandelspolitischen Leitbilder Freihandel und Protektionismus hinsichtlich ihrer Grundannahmen, Zielsetzungen und Instrumente tabellarisch gegenüber (**M4**).
2. Diskutieren Sie anhand der Ergebnisse Ihre eigenen Vorschläge für eine Welthandelsordnung (**M3**, Handlungskompetenz)

6.1.2 Der Inflation Reduction Act der USA – Anlass für einen Handelskonflikt mit der Europäischen Union?

Zum Thema: Mit dem Inflation Reduction Act (IRA) hat die US-Regierung 2022 ein Investitionsprogramm über mehrere Hundert Milliarden US-Dollar für Klimaschutz und erneuerbare Energien aufgelegt. Doch die Maßnahmen sind an Bedingungen geknüpft: Produkte müssen zu erheblichen Teilen in den USA hergestellt werden. Ist der IRA ein ambitioniertes Klimaschutzprogramm oder protektionistische Industriepolitik? Und welche Folgen hat er für Handelspartner wie die Europäische Union, die um Investitionen und Arbeitsplätze fürchten?

M5 Ziele und Maßnahmen des Inflation Reduction Act

A Posting vom ehemaligen US-Präsidenten Joe Biden

PresidentBiden
@POTUS

The Inflation Reduction Act incentivizes the domestic production of solar panels and wind turbines, boosting American manufacturing and creating good-paying American jobs.

We're building a clean energy economy.

US-Präsident Joe Biden auf X: https://x.com, 03.08.2023

to incentivize
einen Anreiz schaffen
domestic
hier: inländisch, heimisch
manufacturing (jobs)
Industriearbeitsplätze

B Übersicht der Investitionsbereiche und -summen des IRA

Die wichtigsten Investitionsbereiche des Inflation Reduction Act (in Milliarden US-Dollar)

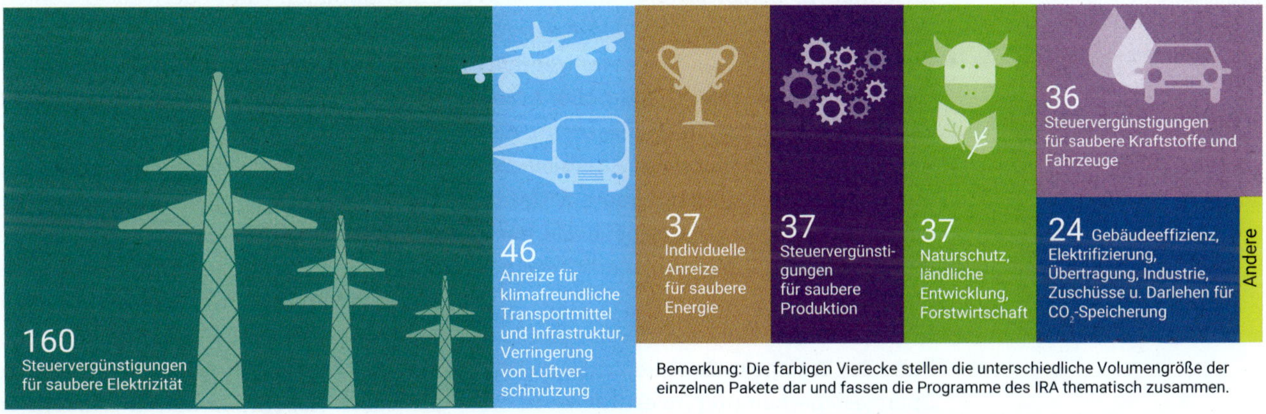

Nach: Bernoth, Kerstin / Meyer, Josefin: US-Investitionspaket Inflation Reduction Act erfordert schnelles strategisches Handeln der EU. In: DIW Wochenbericht 6/2023, S. 61

Einstiegsaufgaben 72018-604

1. Beschreiben Sie die Investitionsbereiche und die Ziele des *Inflation* Reduction Act (IRA) (M5 B).
2. Kommentieren Sie das Posting von Joe Biden aus Sicht von US-Handelspartnern wie der EU (M5 A).

M6 Der Inflation Reduction Act – Klimaschutzprogramm oder Protektionismus?

Local-Content-Anforderungen für Steuervergünstigungen
Eisen und Stahl muss zu 100 Prozent in den USA produziert sein. Für Produkte wie elektrische Autos, Solar- oder Windanlagen gilt, dass ein bestimmter Anteil des Produktes in den USA hergestellt werden muss. Dieser Anteil liegt 2023 bei 40 Prozent mit einer graduellen Steigerung auf 55 Prozent bis 2026. Bei Batterien liegt dieser Anteil bei 80 Prozent im Jahr 2026.

Bernoth, Kerstin / Meyer, Josefin. a.a.O.

Zuschüsse für Klimaschutz im IRA
Der IRA gewährt Kaufprämien für Elektroautos von bis zu 7.500 Dollar, die an verschiedene Bedingungen geknüpft ist. U. a. muss die Endmontage in den USA erfolgt sein. Formal handelt es sich um eine Steuergutschrift, die beim Kauf des Autos vom Preis abgezogen wird.

Angesichts der großen Klimaherausforderungen, stetig steigender Staatsverschuldung und hoher Inflation hat der US-Kongress im August 2022 den Inflation Reduction Act (IRA) verabschiedet. Das Gesetz stellt geschätzt 369 Milliarden Dollar für Investitionen in den Klimaschutz [...] über einen Zeitraum von zehn Jahren zur Verfügung. [...]

Die im IRA enthaltenen Klimaschutzinvestitionen sind die in der Geschichte der USA größte Beteiligung an einer klimaorientierten Transformation der US-Wirtschaft und Gesellschaft. Die beiden anderen großen aktuellen Ausgabenprogramme, der Infrastructure Investment and Jobs Act sowie der Chips & Science Act, sind zwar teilweise im Gesamtvolumen größer, sehen aber weitaus weniger Ausgaben für den Klimaschutz vor. Beim IRA sollen die Investitionen hauptsächlich über Steuervergünstigungen (*Tax Credits*), Zuschüsse und Darlehensbürgschaften für nahezu alle erdenklichen Klimaschutzmaßnahmen fließen, beispielsweise den Ausbau der erneuerbaren Energien, den Kauf von Elektrofahrzeugen und umweltfreundlichen Technologiegütern. Der größte Anteil des IRA unterstützt Maßnahmen für den Ausbau von erneuerbaren Energien sowohl durch die Unterstützung auf Unternehmens- und Haushaltsebene als auch durch die Förderung strukturschwacher Regionen. [...]

Klimapolitische Ziele des IRA sind die Senkung der Energiekosten, die Erhöhung der Energiesicherheit und Investitionen in die Dekarbonisierung aller Wirtschaftssektoren durch innovative Lösungen. Es wird erwartet, dass das gesamte Paket die gesamtwirtschaftlichen Emissionen bis zum Jahr 2030 um etwa 40 Prozent gegenüber dem Basisjahr 2005 senken wird. [...]

Gleichzeitig verfolgt der IRA aber auch klare industriepolitische Ziele. So soll das Gesetz die Vormachtstellung der USA als größter Energieproduzent langfristig sicherstellen, die Reindustrialisierung der US-Wirtschaft insbesondere in benachteiligten ländlichen Gemeinden unterstützen sowie sozial- und arbeitsmarktpolitische Impulse geben. Dies erreichen die USA, indem sie die Gewährung von Steuervergünstigungen an verschiedene Nebenbedingungen knüpfen, die den IRA zu weit mehr als nur einem Subventions- und Investitionsprogramm in Klima- und Umweltschutz machen. So beinhaltet ein Großteil der klimarelevanten Bestimmungen des Gesetzes eine Steuergutschrift, die sich bei Erfüllung verschiedener Kriterien kumuliert. Das ITC (*Investment Tax Credit*) sieht beispielsweise eine sechsprozentige Gutschrift für die Ausgaben für erneuerbare Energien wie kleinere Solar- und Offshore-Windkraftanlagen vor, die von der Steuerlast abgezogen wird. Diese Gutschrift kann auf bis zu 70 Prozent steigen, wenn Projekte innerhalb fossil geprägter Kommunen realisiert werden und/oder wenn bestimmte Lohn- und Ausbildungsanforderungen und/oder Local-Content-Vorgaben erfüllt sind. Wird keine dieser Voraussetzungen erfüllt, kann für das Projekt nur der Basis-Gutschriftenbetrag in Anspruch genommen werden.

Insgesamt weisen rund 60 Prozent aller Steuervergünstigungen eine Local-Content-Bestimmung aus [vgl. Randspalte], das heißt, dass ein bestimmter Anteil des Produktes in den USA hergestellt werden muss oder aus Ländern kommt, mit denen die USA ein Freihandelsabkommen geschlossen haben. [Zu diesen Ländern gehören insbesondere Mexiko und Kanada, nicht aber die EU.]

Bernoth, Kerstin / Meyer, Josefin: US-Investitionspaket Inflation Reduction Act erfordert schnelles strategisches Handeln der EU. In: DIW Wochenbericht 6/2023, S. 60 f.

M7 (Wie) Wirkt der Inflation Reduction Act in den USA und in der EU?

Kurz vor Weihnachten 2022 konnten sich die Bewohnerinnen und Bewohner des [Doddridge County im US-Bundesstaat West Virginia] über eine schöne Bescherung freuen: Der Energiekonzern Competitive Power Ventures (CPV) entschloss sich, ein neues Gaskraftwerk in dem Landkreis zu errichten, das gleichzeitig den größten Teil der Kohlendioxidemissionen der Anlage wieder auffangen kann. Investitionssumme: drei Milliarden US-Dollar. Allein für die Bauarbeiten werden 2.000 Arbeitskräfte gebraucht. Gut bezahlte Jobs also, wie sie hier schon lange nicht mehr die Regel sind. [...]

CPV hatte lange gezögert, bevor der Konzern das Projekt bewilligte. Die Wirtschaftlichkeit war nicht sichergestellt, die Kosten für ein modernes Werk mit Carbon-Capture-Technologie sind hoch. Aber als US-Präsident Joe Biden am 16. August 2022 den Inflation Reduction Act (IRA) unterzeichnete, änderte sich die Kalkulation. Die geplante Anlage profitierte plötzlich von Steuernachlässen [...]. [D]as neue Kraftwerk [wird] förderwürdig sein – und sich für CPV lohnen. [...]

Ankündigungen wie die aus Doddridge County sind [seit Inkrafttreten des IRA] keine Seltenheit in den USA. Seit gut einem Jahr ist der IRA jetzt in Kraft – und er beginnt seine Wirkung zu entfalten. [...]

Bei den Unternehmen [...] fand das Gesetz großen Anklang. Bidens Industriepolitik hat ein höchst attraktives Investitionsklima geschaffen, das zahlreiche Firmen für sich nutzen wollen. Laut Zahlen des Weißen Hauses haben private Unternehmen seit dem Amtsantritt des Präsidenten mehr als 500 Milliarden US-Dollar in Zukunftsprojekte gesteckt – mehr als 230 Milliarden US-Dollar in die Halbleiterindustrie, mehr als 130 Milliarden US-Dollar in die Herstellung moderner Batterien und E-Autos und mehr als 100 Milliarden US-Dollar in die Förderung grüner Energiequellen. Das schafft Arbeitsplätze. Fast 800.000 neue Industriejobs seien bislang [...] entstanden, heißt es im Weißen Haus – also genau die Art Stellen, die in den vergangenen Jahrzehnten im Zuge der Globalisierung zum großen Teil aus den USA abgewandert sind. Ein Ende dieser positiven Entwicklung ist (derzeit) nicht in Sicht. [...]

Nicht überall ist man über den Boom begeistert. Gerade in Europa etwa fürchtet man, dass die großzügige Förderpolitik der USA zunehmend Investitionen aus der EU absaugt – zumal der Standort USA ja auch von niedrigen Energiekosten und laxerer Regulierung profitiert. An Beispielen mangelt es nicht. Zuletzt teilte etwa der Schweizer Solarzellenhersteller Meyer Burger mit, den geplanten Ausbau eines Werks in Sachsen-Anhalt zu streichen und stattdessen eine neue Fabrik im US-Bundesstaat Colorado aufzubauen. Auch deutsche Unternehmen nehmen die Vorteile gern mit. Einer Umfrage der Deutsch-Amerikanischen Handelskammer zufolge wollen 93 Prozent der in den Vereinigten Staaten ansässigen deutschen Unternehmen in den kommenden drei Jahren weitere Investitionen in ihrer neuen Heimat tätigen.

Heißler, Julian: Amerika boomt wieder. In: www.zeit.de, 01.08.2023

Aufgaben

72018-605

1. Stellen Sie die Regelungen des Inflation Reduction Act (IRA) und seine Auswirkungen auf die wirtschaftliche Entwicklung in und außerhalb der USA dar (**M6, M7**).
2. Ordnen Sie den IRA in die außenhandelspolitischen Leitbilder ein (**M5-M6**).
3. Analysieren Sie mögliche Folgen für den globalen Handel, insbesondere zwischen den Volkswirtschaften der USA und der EU (**M6, M7**).

F zu Aufgabe 3
Beziehen Sie sich dabei auch auf die theoretischen Grundlagen des internationalen Handels (vgl. Kap. 5).

M8 Vom Handelskrieg zur Eskalation – Zölle als globales Machtinstrument

Der IRA ist nicht die einzige protektionistische Maßnahme der jüngeren Zeit. Seit 2018 setzen die USA, China und zunehmend auch die EU Zölle als wirtschafts- und geopolitisches Instrument ein. Hinzu kommen Wirtschaftssanktionen als Mittel der Außenpolitik – etwa gegen Russland nach dem Angriff auf die Ukraine.

1 USA – Strafzölle als Dauerstrategie

Seit 2018 erheben die USA Strafzölle auf Stahl und Aluminium aus der EU, China und anderen Ländern – offiziell aus Gründen der „nationalen Sicherheit". Auf chinesische Waren wurden schrittweise Zölle bis zu 25 Prozent verhängt, die auch unter Präsident Biden bestehen blieben. 2024 kündigte die US-Regierung zusätzlich Zölle von bis zu 100 Prozent auf chinesische Elektroautos an. Die Begründung: Schutz amerikanischer Arbeitsplätze und Verhinderung unfairer Konkurrenz durch staatlich subventionierte chinesische Hersteller.

2 China – Vergeltung und strategische Rohstoffpolitik

China reagiert auf westliche Handelsbarrieren mit gezielten Gegenmaßnahmen. 2024 verhängte China Antidumping-Zölle auf europäisches Schweinefleisch und französischen Brandy – politisch kalkuliert, um Druck auf die EU auszuüben. Noch wirkungsvoller sind Exportbeschränkungen für kritische Rohstoffe wie Gallium und Germanium, die für die Chip-Produktion unverzichtbar sind. China nutzt damit seine Marktmacht als strategisches Druckmittel.

3 Russland-Sanktionen – Handelspolitik als Sicherheitspolitik

Nach dem russischen Angriff auf die Ukraine 2022 verhängten EU und USA weitreichende Handelsbeschränkungen gegen Russland – keine Zölle im klassischen Sinn, aber faktische Handelsverbote für viele Güter. Russland reagierte mit Gegensanktionen, etwa dem Gas-Lieferstopp. Dieses Beispiel zeigt: Handelspolitik wird auch als Instrument der Außen- und Sicherheitspolitik verstanden.

4 EU – Zölle als klimapolitisches und strategisches Instrument

Die EU setzt Zölle zunehmend auch als wirtschafts- und klimapolitisches Instrument ein. 2024 verhängte sie Ausgleichszölle von bis zu 35 Prozent auf chinesische Elektroautos, um staatlich subventionierte Preisvorteile auszugleichen. Daneben trat der CO_2-Grenzausgleichsmechanismus (CBAM) in Kraft, der Importeure aus Ländern ohne vergleichbaren Klimaschutz finanziell belastet. Handelspartner kritisieren beide Maßnahmen als verdeckten Protektionismus.

Bearbeiter

Aufgabe

72018-606

4. a) Vergleichen Sie die protektionistischen Instrumente der USA, Chinas und der EU (**M5, M6, M8**) Berücksichtigen Sie dabei Art des Instruments, Ziel und Adressaten.

b) Erläutern Sie für die USA und China jeweils einen Vorteil des eingesetzten Instruments für den einsetzenden Staat sowie einen Nachteil für die betroffenen Handelspartner (**M6–M8**).

6.1.3 (Wie) Sollte die Europäische Union auf den Inflation Reduction Act handelspolitisch reagieren?

Zum Thema: Der Inflation Reduction Act lockt Investitionen in die USA und löst in der Europäischen Union intensive Debatten aus. Soll Europa mit eigenen Subventionsprogrammen und einem „Buy European Act" reagieren oder würde dies einen schädlichen Protektionismus-Wettlauf auslösen?

M9 Braucht die EU einen *Buy European Act*?

Ich denke, dass [...] [der Inflation Reduction Act] nicht freundschaftlich gesinnt ist. [...] Ich glaube, es bedarf eines europäischen Erwachens in dieser Angelegenheit. Europa kann nicht der einzige Ort sein, an dem es kein *Buy European Act* gibt, und es kann nicht der einzige Ort auf der Welt sein, an dem gleichzeitig ein System von staatlichen Hilfen fortgesetzt wird, das gewissermaßen Regeln aufstellt, als gäbe es keine Konkurrenz von außen. Unsere beiden großen Wettbewerber [die Vereinigten Staaten und China] haben heute staatliche Subventionssysteme, die viel umfangreicher als unsere sind.

Emmanuel Macron bei einem Treffen mit französischen Industrie-Vertretern, übersetzt von Bernd Wessel. In: www.vie-publique.fr, 08.11.2022

Emmanuel Macron, französischer Präsident

Einstiegsaufgabe 72018-607

(Wie) Sollte die Europäische Union auf den IRA reagieren? Positionieren Sie sich zu der These von Frankreichs Staatspräsident Emmanuel Macron (**M6**).

M10 Kontrovers diskutiert: Wie positioniert sich die Europäische Union zum IRA?

Nach der Verabschiedung des Inflation Reduction Act im Sommer 2022 diskutierte man innerhalb der Europäischen Union kontrovers über eine angemessene Reaktion Europas. Im Februar 2023 stellte die Präsidentin der Europäischen Kommission, Ursula von der Leyen, daraufhin ein Maßnahmenpaket für grüne Industrien vor. Zunächst sollen staatliche Subventionsregeln befristet gelockert, vorhandene EU-Gelder schneller bereitgestellt und Genehmigungsverfahren beschleunigt werden. Langfristig fordert die Kommission zusätzlich einen „Souveränitätsfonds", mit dem durch neue gemeinsame Schulden Subventionen in der EU finanziert werden sollen.

A Ein Subventionswettlauf wäre schädlich für die EU-Wirtschaft

Der Inflation Reduction Act ist nicht der Beginn einer protektionistischen US-Wirtschaftspolitik, sondern die Gegenreaktion der Amerikaner auf die interventionistische EU-Politik der vergangenen Jahre. Als Biden 2021 sein Amt antrat, hatte die EU bereits knapp 600 Milliarden Euro für die Finanzierung des Europäischen Green Deals verplant – mit dem klaren Ziel, der europäischen Cleantechbranche durch Subventionen unter die Arme zu greifen. Wenn man die nationalen Subventionen der Mitgliedstaaten dazurechnet, sind die in zehn Jahren auszugebenden 369 Mil-

Cleantech-Unternehmen entwickeln bzw. nutzen (neuartige) Technologien, die Ressourceneinsatz bzw. CO_2-Emissionen reduzieren.

liarden US-Dollar der Amerikaner bestenfalls Peanuts dagegen.

Auch die protektionistischen Ansiedlungsanforderungen des neuen US-Gesetzes können nicht unabhängig von der geplanten europäischen CO_2-Grenzsteuer gesehen werden, mit der die EU ihre Unternehmen vor der günstigeren, weniger klimabewussten Konkurrenz aus Drittstaaten schützen möchte.

Die EU ist entsprechend nicht Opfer, sondern ein Auslöser der neuen amerikanischen Subventionspolitik. Eine Subventionspolitik, von der wir als Freihandelspartner der USA heute im Übrigen nicht negativ betroffen wären, hätten deutsche Chlorhuhn-Angstmacher die EU-US-Freihandelsvertragsverhandlungen vor Jahren nicht absichtlich zu Fall gebracht. Wenn wir eine Veränderung bei den Amerikanern erwirken wollen, sollten wir deshalb zunächst vor der eigenen Türe kehren.

Wer die US-Wirtschaftspolitik nun als Vorwand nutzt, um zusätzliche EU-Subventionen zu fordern, heizt den negativen Protektionismus-Wettlauf nur weiter an und beschädigt damit nachhaltig die freihandelsbasierte globale Marktwirtschaft, der Deutschland seinen Wohlstand verdankt. [...] Eine staatsinterventionistische Subventionswirtschaft ist kein Zukunftsmodell, sondern ein Geschäftsmodell für den ökonomischen Untergang.

Statt in einen ruinösen Abschottungs- und Subventionswettkampf einzutreten, muss die EU ihre Politik darauf konzentrieren, die Globalisierung voranzubringen und neue Handelsverträge abzuschließen. Ein Binnenmarkt mit knapp 450 Millionen Einwohnern hat genug Marktmacht, um die bestehenden Regeln der internationalen Handels- und Wirtschaftsbeziehungen durchzusetzen.

Die EU braucht keine weiteren Geldtöpfe. Die erwähnten Green-Deal-Gelder sind nicht nur nicht ausgeschöpft, sondern von zahlreichen Mitgliedstaaten noch nicht einmal angezapft worden. Nur ein Bruchteil der bereitgestellten Corona-Wiederaufbaugelder wurde bis jetzt überwiesen und auch der Großteil der Strukturmittel aus dem aktuellen EU-Haushalt bleibt seit zwei Jahren de facto ungenutzt.

Es ist also nicht nur genug, sondern mehr Geld, als gebraucht wird, vorhanden. Die daraus langfristig resultierende Überförderung ist Gift für die Wirtschaft. Ein mit Staatshilfen aufgepumpter EU-Markt wird ineffiziente Betriebe im Markt halten, kostensenkende Innovationen behindern und damit einen desaströsen Inflationsturbo entfachen.

Das Ergebnis wären langfristige Wettbewerbsnachteile für europäische Unternehmen und signifikante Wohlstandsverluste für europäische Konsumenten. Wer verhindern möchte, dass europäische Cleantechunternehmer irgendwann, ähnlich wie manche Landwirte, zwei Drittel ihres Einkommens aus Subventionen beziehen, möge deshalb rechtzeitig die Budget-Reißleine ziehen.

Körner, Moritz: Die EU ist nicht Opfer, sondern Auslöser. In: Die Welt, 01.02.2023

Moritz Körner ist haushaltspolitischer Sprecher der FDP im Europäischen Parlament.

TTIP
(Transatlantic-Trade-and-Investment-Partnership)
Ein bislang nicht abgeschlossenes Freihandelsabkommen zwischen der EU und den USA. In der öffentlichen Kontroverse argumentierten Gegnerinnen und Gegner von TTIP u. a. mit der Gefahr sinkender Verbraucherstandards in der EU. Das Bild einer unkontrollierten Einfuhr von amerikanischem Hähnchenfleisch, das mit Chlor desinfiziert wird (**„Chlorhuhn“**), war prägend in der Debatte.

Neoliberalismus
Denkrichtung des Liberalismus, die eine freiheitliche, marktwirtschaftliche Wirtschaftsordnung anstrebt; staatliche Eingriffe in die Wirtschaft werden nicht ganz ablehnt, sollen aber auf ein Minimum beschränkt sein.

Planetarische Grenzen
Zustand der Erdgesundheit anhand verschiedener Ökosystem-Kategorien (z. B. Klima, Artensterben, Süßwasserverfügbarkeit etc.); eine dauerhafte Überschreitung der Belastungsgrenzen gefährdet das Ökosystem der Erde und damit die Lebensgrundlage der Menschen.

B Wir brauchen einen *Buy European Act*!

Europa wurde um den Binnenmarkt und die Verbraucher herum aufgebaut. Es hat dabei die Unternehmen einem erbitterten Wettbewerb innerhalb und außerhalb der Union überlassen. Dieser Ansatz [...] zugunsten des Binnenmarktes und zugunsten des Freihandels auf dem Weltmarkt ist gescheitert. Die Entscheidung für eine neoliberale Globalisierung hat Europa nicht nur de-industrialisiert, indem die EU zu oft das soziale, ökologische und steuerliche Dumping eines unlauteren internationalen Wettbewerbs hingenommen hat. Die neoliberale Globalisierung hat auch die europäische Arbeiterklasse im Stich gelassen, um sie in anderen Teilen der Welt auszubeuten. Sie hat die Grenzen des Planeten gesprengt und zu einer enormen Konzentration des Reichtums geführt. Statt die Ausbreitung der Demokratie zu fördern, schürt sie nun individuelle und kollektive Ängste [...] und begünstigt autoritäre Regime. Wir müssen aus dieser Spirale heraus. [...]

Die Verabschiedung des Inflation Reduction Act [IRA] [...] erschüttert Europa. Sein Ziel ist zweifältig: die Dekarbonisierung der amerikanischen Wirtschaft und Unternehmen der grünen Transformation in die Vereinigten Staaten locken. [...] Die Folgen [...] waren sofort spürbar. Tesla, Audi und Volkswagen haben ihre Investitionen in Europa reduziert, um sie jenseits des Atlantiks auszuweiten. Dem Forschungsinstitut Transport & Environment zufolge sind zwei Drittel der europäischen Großprojekte für Batterieproduktion bedroht [...].

Angesichts dieser [amerikanischen] Offensive, die zur chinesischen Aggressivität hinzukommt, erwartete man, dass in Europa eine „Welt der Zukunft" entstehe, indem die europäische Industrie neu aufgestellt und teilweise zurückverlagert werde, insbesondere in den Bereichen Arzneimittel, Digitaltechnik und grünen Transformation (erneuerbare Energien, nachhaltiger Verkehr und Landwirtschaft, Kreislaufwirtschaft ...) [...].

Aber zwischen dem liberalen Dogmatismus der EU-Kommission, der restriktiven Haushaltspolitik einiger Staaten und dem industriellen Nationalismus anderer [...] ist es dagegen die Welt von gestern, die sich [offensichtlich] fortsetzt [...]. Europa setzt seine Zukunft aufs Spiel, wenn wir das regulatorische Arsenal nicht durch eine mit unseren Wettbewerbern vergleichbare Haushaltsmacht ergänzen. Unsere Industrie ist existenziell bedroht, wenn wir uns nicht mit einem „Buy European Act" ausstatten, um bei [...] öffentlichen Aufträgen die Produktion auf europäischem Boden zu bevorzugen. Das öffentliche Auftragswesen in Europa macht 14% des BIP aus, 1.800 Milliarden Euro pro Jahr!

Auf vier Säulen müssen wir die Wirtschaft von morgen aufbauen: einen Rechtsrahmen, um den Kurs der grünen Transformation zu halten, sowie die [...] Verlässlichkeit des politischen Willens zu untermauern; eine sozialstaatliche Unterstützung, um die Schwächsten unter uns zu den großen Gewinnern der Transformation zu machen; ein gemeinsames Budget für Innovation und Investitionen; und schließlich einen „Buy European Act", um das „Made in Europe" zu beleben [...].

Europa übernimmt seit vierzig Jahren eine weltweite Führungsrolle beim Klimaschutz. [...] Aber der Kampf gegen den Klimawandel ist auch zu einem Wirtschaftskrieg geworden. Vor fünfzehn Jahren überließ Europa [...] unsere Photovoltaikindustrie dem chinesischen Expansionsdrang. Lassen Sie uns nicht die gleichen Fehler machen, indem wir den heutigen Schritt verpassen: Lassen Sie uns den Klimawandel [...] zu einem Zukunftsprojekt machen, das alle Kräfte der Gesellschaft mobilisiert. Es ist dringend!

Jadot, Yannick: „Un ‚Buy european Act' est nécessaire pour dynamiser le ‚made in Europe' et relocaliser notre industrie". In: www.lemonde.fr, 04.04.2023, übersetzt von Bernd Wessel

Yannick Jadot war 2009-2023 Mitglied des Europäischen Parlaments für die europäischen Grünen, seit 2023 ist er Mitglied des französischen Senats.

Photovoltaik-Industrie
Die chinesische Regierung fördert seit Anfang der 2000er massiv die Entwicklung und Produktion dieses Industriezweiges. In der Folge konnten europäische Unternehmen nicht mehr mit den asiatischen Herstellern im (Dumping-) Preiswettbewerb konkurrieren. Es wird aktuell diskutiert, ob auf chinesische Solarmodule wieder ein Einfuhrzoll erhoben werden sollte. Schon vor zehn Jahren gab es Einfuhrzölle, die den Niedergang in Europa aber nicht verhinderten.

Aufgaben

72018-608

1. Geben Sie die Forderungen von Moritz Körner und Yannick Jadot zu einer Reaktion der EU auf den Inflation Reduction Act (**M10**) wieder.
2. Ordnen Sie die Vorstellungen von Körner und Jadot in wirtschafts- bzw. außenhandelspolitische Denkschulen ein (**M10, M4**).
3. Erörtern Sie, ob bzw. wie die EU bzw. Deutschland auf die Regelungen des IRA reagieren sollte.

F
Setzen Sie sich mit den wirtschaftspolitischen Grundüberzeugungen von Körner und Jadot auseinander.

6.2 Die multilaterale Freihandelsordnung vor dem Aus? Welthandelspolitik in Zeiten der Deglobalisierung

6.2.1 Die Welthandelsordnung der WTO – (k)ein geeigneter Rahmen (mehr) für globalen Handel?

Zum Thema: Die WTO sollte den Welthandel durch gemeinsame Regeln fairer und berechenbarer machen – doch ihre Handlungsfähigkeit steht unter Druck. Welche Ziele verfolgt die Organisation, welche Prinzipien (z. B. Nichtdiskriminierung, Gegenseitigkeit) trägt sie, und wie entstehen Entscheidungen im Konsens? Das Kapitel prüft außerdem, wie wirksam die WTO Streitigkeiten tatsächlich lösen kann.

M1 Handelskonflikte im Schatten der WTO

1 **„Welthandelsorganisation:** Trump legt die WTO lahm"
Handelsblatt, 05.12.2019

2 **„Nach langen Verhandlungen:** WTO einigt sich auf Abkommen zu Fischerei und Impfstoffen"
Spiegel, 17.06.2022

3 **„Inflation Reduction Act (IRA): Showdown im Handelsstreit**
Der Handelskonflikt um das Anti-Inflationsgesetz der USA steuert auf seinen Höhepunkt zu: Entweder gibt es bald Ausnahmeregelungen für Europas Industrie, oder die EU ergreift Gegenmaßnahmen."
Tagesspiegel Background, 30.11.2022

4 **„Strafzölle:** Die EU macht Ernst bei E-Autos aus China"
Deutschlandfunk, 30.10.2024

Einstiegsaufgaben 72018-609

1. Beschreiben Sie anhand der Schlagzeilen, welche Arten von Handelskonflikten zwischen Staaten entstehen können (**M1**).
2. Erörtern Sie, welche Vor- und Nachteile eine internationale Organisation wie die WTO haben könnte, um solche Konflikte zu regeln (**M1**). Berücksichtigen Sie dabei sowohl die Perspektive einzelner Staaten als auch die Perspektive der Weltgemeinschaft.

M2 Ziele und Abkommen der Welthandelsorganisation (WTO)

Auszug aus der Präambel des WTO-Vertrags

Die Vertragsparteien [...] [kommen überein] – in der Erkenntnis, dass ihre Handels- und Wirtschaftsbeziehungen auf die Erhöhung des Lebensstandards, auf die Verwirklichung der Vollbeschäftigung, auf einen ständigen Zuwachs des Realeinkommens und der effektiven Nachfrage auf hohem Niveau sowie auf die Steigerung der Produktion und des Handels mit Waren und Dienstleistungen gerichtet sein sollen, wo-

bei gleichzeitig die optimale Erschließung der Ressourcen der Welt im Einklang mit dem Ziel einer nachhaltigen Entwicklung möglich sein soll, im Hinblick auf den Schutz und die Erhaltung der Umwelt und auf den verstärkten Einsatz von Mitteln, die mit den ihrem jeweiligen wirtschaftlichen Entwicklungsstand entsprechenden Bedürfnissen und Bestrebungen vereinbar sind; […]
in dem Wunsch, zur Verwirklichung dieser Ziele durch den Abschluss von Vereinbarungen beizutragen, die auf der Grundlage der Gegenseitigkeit und zum gemeinsamen Nutzen auf einen wesentlichen Abbau der Zölle und anderer Handelsschranken sowie auf die Beseitigung der Diskriminierung in den internationalen Handelsbeziehungen abzielen;
entschlossen, ein integriertes, funktionsfähigeres und dauerhafteres multilaterales Handelssystem zu schaffen, […]
entschlossen, die fundamentalen Grundsätze dieses multilateralen Handelssystems zu wahren und die Verwirklichung seiner Ziele zu fördern.

Abkommen zur Errichtung der Welthandelsorganisation, abgeschlossen in Marrakesch am 15.04.1994. In: www.fedlex.admin.ch, 24.03.2022

Multilateralismus
internationale Zusammenarbeit mehrerer Staaten

Abkommen unter dem Dach der WTO (Stand: 2024)

166 Mitgliedstaaten
Die 166 Mitglieder decken 98 % des Welthandelsvolumens ab.

Hauptorgan: Ministerkonferenz
- **Prinzip der Konsensentscheidungen:** eine Entscheidung gilt als angenommen, wenn ihr kein Mitgliedstaat formell widerspricht
- **Prinzip der formalen Gleichheit:** „one state, one vote"

Güter- und Zollabkommen (GATT: General Agreement on Tariffs and Trade)	Dienstleistungsabkommen (GATS: General Agreement on Trade in Services)	Abkommen über geistiges Eigentum (TRIPs: Trade Related Aspects of Intellectual Property Rights)
regelt den Warenverkehr in den Bereichen *Industriegüter*: Zollsenkungen bis zu 100 %, *Landwirtschaft*: Abbau von Exportbeschränkungen	regelt den Handel mit *Dienstleistungen*, Abbau von Handelshemmnissen in den Bereichen: Telekommunikation, Banken und Versicherungen, Transport, Tourismus	regelt den Schutz des *geistigen Eigentums* in den Bereichen: Patente, Marken, Urheberrecht, Industriedesign, Computerprogramme
30.10.1947 seit 01.01.1995 unter dem Dach der WTO	01.01.1995	1995/2001 (Review)

***Dispute Settlement Body (DSB)* / Streitschlichtung**
Regelung bei Handelskonflikten

Nach: Politik und Unterricht 4/2003: Globalisierung, Landeszentrale für politische Bildung Baden-Württemberg, S. 28 (aktualisiert)

World Trade Organization

Die Nigerianerin Ngozi Okonjo-Iweala ist seit 2021 Generaldirektorin der WTO.

M3 Die Prinzipien der WTO

Zu den wichtigsten Prinzipien [der WTO] zählen das Prinzip der Nichtdiskriminierung (Meistbegünstigung und Gleichbehandlung) sowie das Prinzip der Gegenseitigkeit. Sie gelten nicht nur für den Handel mit Waren (GATT), sondern auch für Dienstleistungen (GATS) und für das geistige Eigentum (TRIPS).

Das **Prinzip der Meistbegünstigung** besagt, dass alle Vorteile und Vergünstigungen, die ein Vertragspartner einem anderen gewährt, unverzüglich und bedingungslos allen Mitgliedstaaten gewährt werden müssen. So darf beispielsweise keine Ware wegen ihrer Herkunft aus einem Land zollpolitisch schlechter gestellt werden als

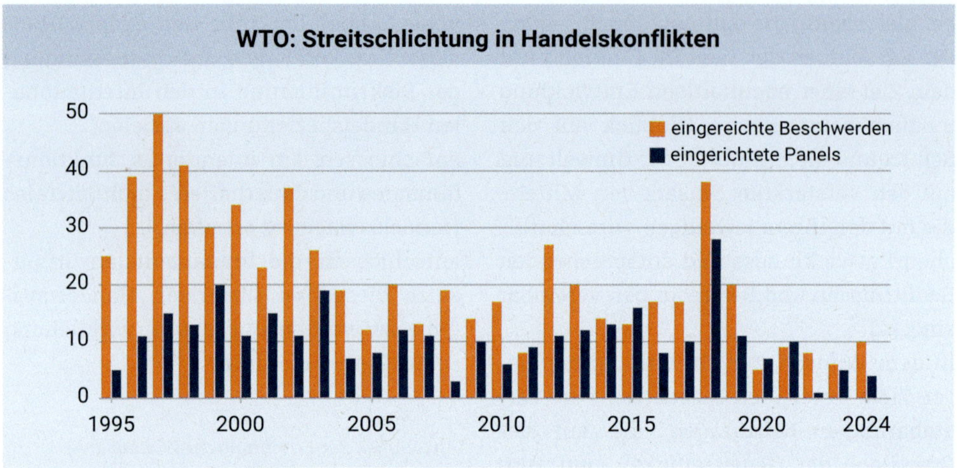

Nach: World Trade Organization: Annual Report 2025, S. 121

die gleiche Ware aus einem anderen WTO-Mitgliedsland.

Nach dem **Prinzip der Gleichbehandlung** [vielfach auch: Inländerbehandlung] müssen importierte Produkte nach Überschreitung der Grenze genauso behandelt werden wie gleiche oder gleichartige Produkte aus inländischer Herstellung. Das bedeutet, dass auf ausländische Produkte keine zusätzlichen Steuern oder Abgaben erhoben oder besondere Anforderungen bezüglich des Verkaufs, der Beförderung oder der Verteilung gestellt werden dürfen. Importierte Waren dürfen also nicht schlechter gestellt werden als Waren inländischen Ursprungs.

Das **Prinzip der Gegenseitigkeit** (Reziprozität) bedeutet, dass Staaten, denen von anderen Vertragspartnern handelspolitische Vergünstigungen eingeräumt werden, gleichwertige Gegenleistungen zu erbringen haben. Ausgenommen vom Prinzip der Gegenseitigkeit sind die Entwicklungsländer, von denen die Industrieländer keine gleichwertigen Zugeständnisse verlangen sollen. [Zudem gilt die Meistbegünstigungsklausel nach Artikel 24 des GATT-Abkommens nicht bei Freihandelszonen und Zollunionen, die somit gegenüber Drittländern weiterhin Zölle erheben können.]

Zu den weiteren Grundsätzen zählen das **Prinzip der Liberalisierung** und das **Prinzip der Transparenz**. [Mitgliedsländer müssen danach ihre Regelungen und Beschränkungen des Außenhandels veröffentlichen und Änderungen der WTO mitteilen.] [...]

Es gibt allerdings auch Ausnahmen: Das GATT-Abkommen enthält in Art. XX eine Regelung, nach der ein Mitgliedstaat Maßnahmen zum Schutz der Gesundheit von Mensch, Tier und Pflanzen, zum Schutz nationalen Eigentums mit künstlerischem, historischem oder archäologischem Wert oder zur Erhaltung begrenzter Naturschätze treffen kann, die mit den Kernprinzipien der WTO nicht in Einklang stehen. Diese Maßnahmen sind allerdings nur zulässig, wenn sie zu keiner willkürlichen und ungerechtfertigten Diskriminierung von Ländern, in denen gleiche Verhältnisse bestehen, oder zu einer verschleierten Beschränkung des internationalen Handels führen.

Furtak, Florian T.: Internationale Organisationen. Staatliche und nichtstaatliche Organisationen in der Weltpolitik. Wiesbaden: Springer 2015, S. 331 f.

M4 Wie kommen globale Handelsregelungen zustande?

Höchstes Entscheidungsgremium [der WTO] ist die Ministerkonferenz. Sie besteht aus Vertretern aller Mitgliedstaaten – in der Regel sind es die Wirtschafts-,

Handels- oder Außenhandelsminister – und tritt mindestens alle zwei Jahre zusammen. Sie [...] ist befugt über alle Fragen, die unter das Fach des WTO-Abkommens fallen (GATT, GATS und TRIPS), zu entscheiden [...].
Die Beschlussfassung in der Ministerkonferenz [...] erfolgt im Konsens. Er liegt dann vor, wenn in der Sitzung, in der der Beschluss ergeht, keines der anwesenden Mitglieder Einspruch gegen den Gegenstand des Beschlusses erhebt. Kommt ein Konsens nicht zustande, so wird über die zu beschließende Angelegenheit abgestimmt, wobei jedes Mitglied über eine Stimme verfügt. Ein Beschluss ist bei Vorliegen einer Mehrheit der abgegebenen Stimmen gefasst. [...]
Es gibt allerdings [gewichtige Ausnahmen] vom einfachen Mehrheitsprinzip. Interpretationen des WTO-Abkommens und der multilateralen Handelsübereinkünfte werden mit einer Dreiviertel-Mehrheit der Mitglieder gefasst [...]. [Dasselbe Quorum gilt für den Beschluss über die (zeitweise) Entbindung eines Mitgliedstaates von bestimmten vertraglichen Verpflichtungen („*waiver*"). Änderungen der vertraglichen Rechte und Pflichten der WTO-Mitglieder bedürfen einer Zweidrittel-Mehrheit, sind jedoch nur für die zustimmenden Staaten bindend.]

Furtak, Florian T.: Internationale Organisationen. Staatliche und nichtstaatliche Organisationen in der Weltpolitik. Wiesbaden: Springer 2015, S. 332 ff.

M5 Wie funktioniert das Streitschlichtungsverfahren der WTO?

Eine wesentliche Neuerung bei der Gründung der Welthandelsorganisation (WTO) gegenüber ihrem Vorgänger (GATT) ist in der Institutionalisierung eines wirksamen, weil durchsetzungsfähigen Schlichtungs- bzw. Gerichtsverfahrens für Handelsstreitigkeiten zu sehen. Hierbei kann ein Mitglied der WTO ein anderes wegen des Verstoßes gegen die Prinzipien der Welthandelsorganisation (vgl. M2) vor dem Streitschlichtungsorgan *(Dispute Settlement Body – DSB)* anklagen, wobei der Eröffnung eines Streitbeilegungsverfahrens vergleichsweise geringe Hürden gesetzt sind. Die Streitparteien sind verpflichtet, zunächst außergerichtlich eine Einigung zu verhandeln. Scheitern diese, überprüft ein hierfür eingerichtetes Panel (internationale Handelsexperten und -expertinnen) den Fall und nimmt eine Bewertung dessen vor. Diese Stellungnahme kann nur einstimmig vom DSB abgelehnt werden. Eine unterlegene Streitpartei kann daher das Streitbeilegungsverfahren nicht durch ein eigenes Veto unterlaufen, sondern muss sich der Entscheidung der Mehrheit der WTO-Mitgliedstaaten fügen. Es besteht die Möglichkeit beim *Appellate Body* – der letzten Instanz im Streitschlichtungsverfahren – Berufung gegen die Entscheidungen des Panels einzulegen. Anders als die Weiterentwicklung des Handelsrechts durch Regierungsvertretungen (vgl. M3) handelt es sich beim Streitschlichtungsverfahren somit um ein supranationales Element in der WTO-Architektur.

Bearbeiter

M6 Die WTO – eine internationale Organisation mit Zukunft?

Die WTO soll eine Art Schiedsrichter der Weltwirtschaft sein: für freien und fairen Handel sorgen, Protektionismus eindämmen und so den Wohlstand auf der Welt mehren. Doch schon seit vielen Jahren steckt die WTO in der Dauerkrise einer andauernden Selbstblockade. Politiker und Experten kanzelten die WTO schon als Auslaufmodell ab.
Doch immerhin etwas Hoffnung gibt es nach diesem Jahr. Denn auf ihrer 12. Ministerkonferenz im Juni [2022 in Genf] lie-

ferte die Organisation überraschend: Die oftmals zerstrittenen Mitglieder einigten sich auf die Aussetzung der geistigen Eigentumsrechte an Coronaimpfstoffen, das Streichen schädlicher Fischereisubventionen und versprachen einen Reformprozess für die schwerfällige Organisation. [...]
Optimisten hoffen, dass sich die WTO nun endlich reformiert und die Organisation ihrem Gründungsauftrag endlich wieder voll nachkommen wird: Liberalisierung des Warenaustausches, Verabschiedung neuer multilateraler Handelsregeln, Überwachung der Verträge und Schlichtung von Konflikten unter den Mitgliedern. [...]
Eine rasche Implementierung [des Genfer Pakets] könnte [...] aber an der mangelnden konstruktiven Führung innerhalb der WTO scheitern. Die USA hätten sich unter Präsident Donald Trump von ihrer Führungsrolle verabschiedet. „Unter dem [...] Präsidenten Joe Biden sind die Amerikaner nicht wieder ihrer Rolle als Vormacht gerecht geworden", sagt Görg [Präsident des Kieler Instituts für Weltwirtschaft]. „Gleichzeitig überlassen die USA aber keinem anderen Mitglied eine bestimmende Rolle." Außer den USA verfügt nur noch die EU über die nötige Stärke, in der WTO die Richtung vorzugeben. [...]
Die Eigenwilligkeit der USA lässt sich eindrücklich bei dem gelähmten WTO-Streitschlichtungssystem beobachten, das einst das „Herzstück" der WTO war. Mehr als 20 Jahre befasste sich das zweistufige WTO-Handelsgericht mit Hunderten großen und kleinen Fällen: vom Bananendisput über die Rivalität zwischen den Flugzeugherstellern Boeing und Airbus bis hin zu Tiefkühlkost. Im Dezember 2019 musste die Berufungsinstanz des WTO-Handelsgerichts [*Appellate Body*] ihre Arbeit jedoch einstellen – und die Blockade dauert bis heute an. Denn die USA stemmen sich weiter gegen neue Richterernennungen.
Eingeleitet wurde diese Konfrontationspolitik vom früheren US-Präsidenten Barack Obama, sein Nachfolger Trump verschärfte sie und der jetzige Amtsinhaber Biden setzt sie fort. Washington wirft der Berufungsinstanz vor, systematisch ihre Befugnisse zu übertreten und neues Recht schaffen zu wollen. [...]
Die Blockade der Berufungsinstanz beleuchtet ein weiteres Problem der 1995 gegründeten WTO: Die Mitglieder entscheiden alles im Konsens. Jedes Mitglied kann praktisch ein Veto einlegen. Das gilt für die Großen drei – die USA, die EU und China – genauso wie für kleine Länder [...].
Das Konsensprinzip trug auch zum Scheitern der Doha-Welthandelsrunde bei. Die WTO-Mitglieder beschlossen 2001 in Doha die Aufnahme von Verhandlungen zur Öffnung der Märkte und Einbindung armer Länder. Doch die Blockademacht jedes Mitgliedes und die überbordende Agenda ließen die Doha-Gespräche versanden.

Hiebermann, Jan Dirk: WTO: Die Welthandelsorganisation kommt nicht aus ihrer Krise heraus. In: www.handelsblatt.com, 30.12.2022

Aufgaben

72018-610

1. Stellen Sie die Ziele, Regeln und Institutionen der Welthandelsordnung im Rahmen der WTO dar (**M2-M5**).
2. Analysieren Sie, inwieweit die Maßnahmen des Inflation Reduction Act (Kap. 6.1.2) mit geltendem WTO-Recht vereinbar sind.
3. Beurteilen Sie die Entscheidungs- und Durchsetzungsfähigkeit der WTO als Rechtsetzungsinstanz für globalen Handel (**M2-M6**).
4. Die WTO – eine demokratische und effektive Arena zur Ausgestaltung fairen Welthandels? Erörtern Sie diese Fragestellung (**M2-M6**).

6.2.2 Die Renaissance bilateraler und regionaler Handelsabkommen – neue Hoffnung für einen regelbasierten Welthandel?

Zum Thema: Bilaterale und regionale Freihandelsabkommen boomen – oft als Reaktion auf Blockaden im multilateralen Handelssystem der WTO. RCEP in Asien und zahlreiche EU-Abkommen schaffen neue, teils sehr umfassende Regelwerke. Offen bleibt, ob diese „Freihandelsinseln" den regelbasierten Welthandel stärken oder die globale Ordnung weiter zersplittern.

M7 Wie haben sich Freihandels- und Präferenzabkommen entwickelt?

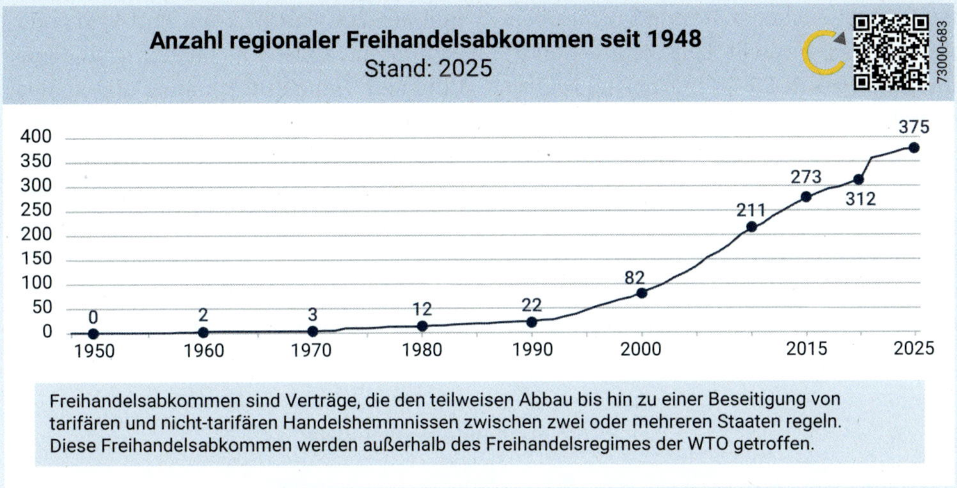

©C.C. Buchner Verlag, aktuelle Daten nach: WTO (Datenerhebung 2025; Grafikerstellung: 2025)

Einstiegsaufgaben 72018-611

1. Beschreiben Sie die Statistik (**M7**).
2. Formulieren Sie begründete Vermutungen für die Entwicklung.

M8 RCEP – ein „Mega-Deal" für den weltweiten Freihandel?

Viele Regeln der Welthandelsorganisation WTO werden den Anforderungen des modernen Handels nicht mehr gerecht. Als Reaktion darauf haben WTO-Mitgliedstaaten verstärkt regionale und bilaterale Handelsabkommen abgeschlossen (vgl. M7). Ein Beispiel ist die Comprehensive and Progressive Transpacific Partnership (CPTPP), die von elf Staaten unter Führung von Japan und Australien erfolgreich abgeschlossen wurde und nach dem Rückzug der USA 2018 in Kraft getreten ist. Der zweite bedeutende Megadeal ist die Regional Comprehensive Economic Partnership (RCEP).

Nach: Schmucker, Claudia: Die Krise des Welthandels. In: IP Januar/ Februar 2023, S. 33-37

Asien [besitzt nun] mit [...] RCEP [...] die größte Freihandelszone der Welt. Die Gespräche wurden von den ASEAN-Staaten (Brunei, Indonesien, Kambodscha, Laos, Malaysia, Myanmar, den Philippinen, Singapur, Thailand und Vietnam)

ASEAN
internationale Organisation südostasiatischer Staaten; ursprüngliches Ziel war die Verbesserung der wirtschaftlichen, politischen und sozialen Zusammenarbeit; Betätigung erweitert um Sicherheits-, Kultur- und Umweltfragen

angestoßen. Nach mehr als neun Jahren Verhandlungsdauer konnten sich die ASEAN-Staaten mit China, Japan, Südkorea sowie Australien und Neuseeland auf das Abkommen verständigen. [...] Auf den ersten Blick scheint das Abkommen keine großen Vorteile für die Mitgliedstaaten zu bringen. Anders als bei den meisten anderen Handelsabkommen sind die tarifären und nichttarifären Barrieren zwischen den Partnern bereits weitgehend abgebaut: mit Ausnahme von Japan und China sowie Japan und Südkorea existieren zwischen allen 15 Mitgliedstaaten Handelsabkommen. Der durchschnittliche Zollsatz auf Handel innerhalb des RCEP-Raums betrug 2017 lediglich 1,6 %.

Allerdings ist die Harmonisierung der Ursprungsregeln eine wichtige Errungenschaft des Abkommens. Auch wenn die Handelshemmnisse für bilateralen Handel gering sind, stellen die bis dato geltenden Einzelverträge eine Herausforderung für Exporteure dar. Für jedes der Handelsabkommen gelten andere bürokratische Regeln (Ursprungsregeln), die eingehalten werden müssen, um den präferenziellen [= bevorzugten] Marktzugang zu erhalten. Exporteure müssen einen Ursprungsnachweis liefern, der die „heimische Produktion" belegt. So müssen chinesische Automobilexporteure belegen, dass mindestens 40 % der Produktion entweder in China oder einem der ASEAN-Länder erfolgt ist, um zollfrei nach Laos exportieren zu dürfen; wird dieser Nachweis nicht erbracht, fällt ein Zoll von 20 % an. Für Automobilexporte in andere Zielländer, mit denen China ein Handelsabkommen abgeschlossen hat, gelten ähnliche Regeln. Beispielsweise dürfen für chinesische Exporte nach Australien nur Vorleistungen aus China oder aus Australien verwendet werden, um den Anteil von 40 % heimischer Produktion zu erreichen. Das ist kostspielig und ineffizient, insbesondere für Exporteure

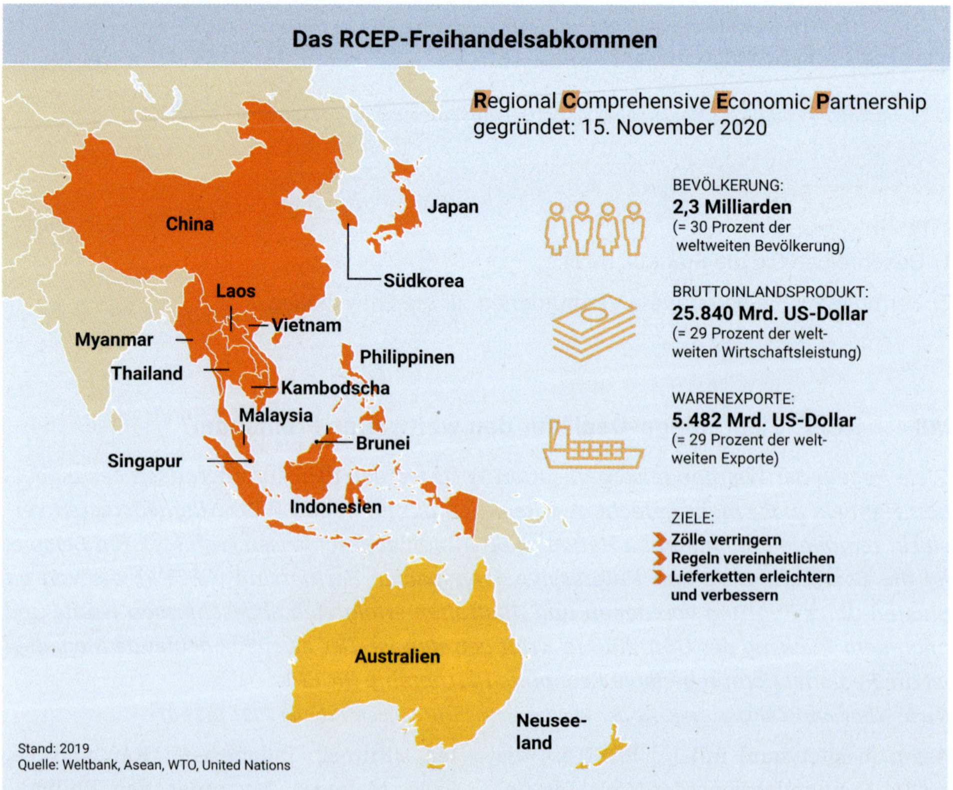

Nach: Globus-Grafik 14299

mit komplexen Wertschöpfungsketten, die sich über mehrere asiatische Länder erstrecken. RCEP konsolidiert und harmonisiert die Ursprungsregeln der bestehenden Verträge. So dürfen in Zukunft bei der Berechnung der heimischen Wertschöpfung Vorleistungen aus allen 15 Mitgliedstaaten verwendet werden. Deshalb ist durch RCEP eine noch stärkere wirtschaftliche Verflechtung zwischen den Mitgliedsländern, insbesondere durch den Ausbau bereits bestehender Lieferketten, zu erwarten – trotz magerer Zollreduktionen.

Auch europäische Unternehmen, die in der Region tätig sind, profitieren von resilienteren Lieferketten. Des Weiteren ist mit einer Harmonisierung von Standards über alle 15 RCEP-Mitgliedsländer hinweg zu rechnen. Diese Vereinheitlichung erleichtert europäischen Exporteuren die Geschäfte mit Asien. Dennoch wird Europa durch Handelsumlenkungseffekte, die durch den neuen Mega-Deal entstehen, insgesamt verlieren: Wenn der Handel zwischen den asiatischen Ländern ansteigt, fällt die Nachfrage nach Waren aus dem Westen.

Flach, Lisandra / Teti, Feodora: RCEP-Abkommen: Versteckte Auswirkungen. In: Wirtschaftsdienst Heft 12/2020, S. 904 ff.

Wertschöpfungsketten
→ Kap. 5.2.1

Resilienz
Widerstandsfähigkeit

M9 Vorreiter des globalen Freihandels? Die aktuelle Außenhandelspolitik der EU

A Welche tarifären Handelshemmnisse setzt die EU ein?

Wie offen ist die EU gegenüber dem internationalen Handel? Ein guter Ausgangspunkt, um diese Frage zu beantworten, ist die EU-Zollpolitik. Die EU-Mitgliedstaaten bilden seit 1968 eine Zollunion mit einem gemeinsamen Außenzoll gegenüber Einfuhren aus Nicht-EU-Ländern. [...] Im Jahr 2021 [fiel] für knapp 70 Prozent der EU-Importe kein Zoll an. Dies liegt zum großen Teil daran, dass die EU für viele Produkte den sogenannten Meistbegünstigungszollsatz auf Null gesetzt hat. Der Meistbegünstigungszollsatz ist der Zollsatz, den die EU nach dem Meistbegünstigungsprinzip (Most Favoured Nation, MFN) gegenüber allen anderen Mitgliedsländern der Welthandelsorganisation [...] anwendet. Insgesamt erfolgten fast 80 Prozent aller EU-Einfuhren unter solchen MFN-Bedingungen. Dies betrifft beispielsweise den Handel mit großen Volkswirtschaften wie China, den USA und Indien, was die nach wie vor zentrale Bedeutung des multilateralen Handelssystems für den EU-Außenhandel verdeutlicht. [...]

Ein genauerer Blick auf die angewandten Zölle zeigt allerdings auch für die EU eine durchaus große Heterogenität zwischen einzelnen Produktgruppen. Besonders auffällig sind die hohen angewandten Zölle im Agrarsektor. So fallen im Durchschnitt auf landwirtschaftliche Güter MFN-Zölle in Höhe von 11,7 Prozent an, während die durchschnittlichen Einfuhrzölle für Industriegüter bei etwa 4,1 Prozent liegen. Besonders hohe Zölle werden dabei insbesondere bei Einfuhren von Milchprodukten (39,5 Prozent), Zucker und Zuckerwaren (24,3 Prozent) sowie Getränke und Tabak (19,9 Prozent) erhoben. Für Maschinen, Metalle und Mineralien liegt der durchschnittlich angewandte MFN-Zollsatz dagegen bei rund zwei Prozent. Diese Zahlen weisen auf eine stark protektionistisch ausgerichtete Handelspolitik der EU im Agrarsektor hin und zeigen, dass die EU auch hinsichtlich ihrer Einfuhrzölle durchaus noch weitere Schritte in Richtung Handelsliberalisierung gehen kann.

Baur, Andreas / Flach, Lisandra: Ökonomische Resilienz durch mehr Protektionismus? Die Handelspolitik der Europäischen Union. In: APuZ 42/2022, S. 41 f.

B Mit welchen Ländern bestehen Freihandelsabkommen?

Die EU ist weltweit einer der Vorreiter, was die Anzahl der unterzeichneten Handelsabkommen angeht: Nach Angaben der WTO hat die EU 45 Handelsabkommen mit 77 Ländern abgeschlossen, auf die (exklusive der EU) rund ein Fünftel des weltweiten Bruttoinlandsprodukts (BIP) entfallen. Darunter sind mehrere kleine Länder und Inselstaaten, die in den vergangenen zehn Jahren Handelsabkommen mit der EU unterzeichnet haben, wie beispielweise Botswana, El Salvador oder St. Lucia, aber auch größere Volkswirtschaften wie Kanada, Singapur, Südkorea, Vietnam oder zuletzt das Vereinigte Königreich nach dem erfolgten Brexit.

Moderne Handelsabkommen sind mit der Zeit wesentlich umfassender geworden, da sie neben Zollvereinbarungen auch weitere Regelungen wie beispielweise die Harmonisierung von Produktsicherheits- und Hygienestandards, Zulassungsverfahren, die Anerkennung geografischer Ursprungsbezeichnungen sowie den Zugang zu lokalen Dienstleistungsmärkten umfassen. Besonders für den Handel mit Dienstleistungen spielen weitreichende Handelsabkommen durch die Reduzierung von nichttarifären Handelsbarrieren eine zentrale Rolle. [...] Allerdings geht der Abschluss von vertieften Handelsabkommen häufig auch mit einem verstärkten Einsatz von unilateralen Handelsschutzinstrumenten einher, was wiederum zu einer Erhöhung von Handelsbarrieren führt. So werden beispielweise technische Handelshemmnisse und Antidumpingmaßnahmen oft aus klassischen protektionistischen Motiven heraus eingesetzt.

Trotz des Erfolgs der EU hinsichtlich der Anzahl an Freihandelsabkommen im internationalen Vergleich erwiesen sich ihre jüngsten Verhandlungs- und Ratifizierungsprozesse jedoch häufig als langwierig, wie beispielweise die Verhandlungen über das Assoziierungsabkommen zwischen der EU und dem Mercosur oder das Wirtschaftspartnerschaftsabkommen zwischen der EU und Westafrika zeigen.

Baur, Andreas / Flach, Lisandra: Ökonomische Resilienz durch mehr Protektionsimus? Die Handelspolitik der Europäischen Union. In: APuZ 42/2022, S. 43

Mercosur
Seit 1991 bestehende Wirtschaftsgemeinschaft der südamerikanischen Staaten Brasilien, Argentinien, Paraguay, Uruguay und Venezuela (letzteres seit 2017 suspendiert)

M10 (Warum) Gefährdet RCEP die multilaterale Welthandelsordnung?

Der Abschluss der Verhandlungen zum Freihandelsabkommen „Regional Comprehensive Economic Partnership" (RCEP) am 15. November 2020 wurde vielfach als wichtiger Schritt in der Entwicklung des internationalen Handelssystems gepriesen. Dass in dieser Zeit die größte Freihandelszone geschaffen wird, die die Welt je gesehen hat, ermöglicht es, Protektionismus nicht mehr als einzige Option für die Handelspolitik im dritten Jahrzehnt des 21. Jahrhunderts zu sehen. [...]

RCEP leistet einen Beitrag zur Liberalisierung des Handels zwischen den teilnehmenden Ländern. Innerhalb der Freihandelszone werden die Kosten des grenzüberschreitenden Waren- und Dienstleistungsverkehrs gesenkt. Gleichwohl befördert RCEP die weitere Erosion des multilateralen Handelssystems. Jedes Freihandelsabkommen stellt eine Ausnahme vom berühmten Artikel 1 des Allgemeinen Zoll- und Handelsabkommens (GATT) dar. Diese „Meistbegünstigungsklausel" – alle Maßnahmen der Handelsliberalisierung werden automatisch allen WTO-Mitgliedsländern gewährt – ist in Freihandelsabkommen nicht anwendbar. Diese Ausnahme ist in Artikel 24 des GATT geregelt. Voraussetzung dafür ist jedoch, dass das Freihandelsabkommen „den Hauptteil des Handels" (substantially all the trade) abdeckt. Das tut das RCEP aber nicht. Die Landwirtschaft ist weitgehend ausgenommen, ebenso die Fischerei. Die Regelungen zum Handel mit Dienstleistungen sind schwach. Allerdings gelten diese Mängel für nahezu alle Freihandelsabkommen, ohne dass es bisher zu einer Sanktionierung regelwidriger Verträge in der WTO gekommen wäre. Der Grund hierfür ist einfach: Klage erheben müsste ein WTO-Mitgliedstaat, und da sämtliche Vertragsparteien selbst gegen die Regeln des Artikels 24 verstoßen, wird nicht geklagt.

Somit stellt das RCEP keine Rückkehr zum Geist der Handelsliberalisierung der 1980er und 1990er Jahre dar. Es schwächt das multilaterale Handelssystem eher weiter, anstatt es zu stärken. Es mag für die teilnehmenden Volkswirtschaften von Vorteil sein, aber nicht für die Weltwirtschaft. Selbst für die Mitgliedstaaten sind die Auswirkungen marginal. Gemäß einer Studie des Peterson Institute for International Economics (PIIE) werden die RCEP-Länder bis 2030 zusätzliches BIP im Volumen von jährlich 174 Milliarden US-Dollar erwirtschaften. Da RCEP schon heute eine Bevölkerung von über 2,5 Milliarden Menschen umfasst, wird der wirtschaftliche Nutzen für den Einzelnen kaum messbar sein. Pro Kopf und Jahr wird die Wirtschaftsleistung in der RCEP-Zone nach diesen Berechnungen also um etwa 70 US-Dollar steigen. Niemand wird diesen Zugewinn als beträchtlich bezeichnen können.

RCEP wird auch nicht, wie oft vermutet, zu einem von China geführten neuen Wirt- schaftsblock führen. Der Regelungsgehalt des Abkommens ist nicht sehr ambitioniert. RCEP enthält keine Vorgaben für den Umweltschutz und bietet auch keinen einheitlichen Arbeitnehmerschutz. Noch wichtiger ist, dass das Agreement die beteiligten Volkswirtschaften in ihrer künftigen Handelspolitik nicht einschränkt. Im Gegensatz zur Europäischen Union – eine Zollunion, die mit einer gemeinsamen Handelspolitik der Mitgliedstaaten einhergeht – erlaubt RCEP den Teilnehmerländern weiterhin, ihre eigene Handelspolitik zu betreiben. So kann Australien beispielsweise ein Freihandelsabkommen mit der EU abschließen, wenn es dies wünschen sollte. Wenn RCEP eine Zollunion wäre, würde sich das Bild ändern. Aber im heutigen politischen Klima ist es schwer vorstellbar, dass sich Länder wie Australien oder Japan mit der Volksrepublik China auf eine Zollunion verständigen könnten. Das RCEP ist damit Ausdruck der größtmöglichen Bindung an China in einem eng begrenzten Ausschnitt des Außenhandels. Das Abkommen ist nicht der Beginn eines asiatisch-pazifischen Integrationsprozesses.

Dieter, Heribert: Die asiatische Freihandelszone RCEP. In: SWP-Aktuell 97/2020, S. 3

Aufgaben

72018-612

1. Stellen Sie das Zustandekommen und die Wirkungen des RCEP-Freihandelsabkommens dar (**M7**, **M8**).
2. Charakterisieren Sie die Strategien und Merkmale der aktuellen EU-Außenhandelspolitik (**M7**, **M9**).
3. Erklären Sie die Folgen von bilateralen und regionalen Freihandelsabkommen für die regelbasierte Welthandelsordnung der WTO (**M10**).
4. „Die einzig richtige Reaktion der EU auf RCEP ist der Einsatz für eine regelbasierte Welthandelsordnung und eine reformierte WTO. Denn mit einem funktionierenden Welthandelsregime erreichen wir sehr gute Handelsbedingungen für alle Staaten – auch ohne Freihandelsabkommen."
   Nehmen Sie Stellung zu dieser Forderung.
5. Entwickeln Sie mögliche Reformperspektiven für die Welthandelsorganisation WTO. Orientieren Sie sich auch an den Ergebnissen aus Kap. 6.1.1.

F
Analysieren Sie, welche Ländergruppen (Industrie-, Schwellen- bzw. Entwicklungsländer) durch die Außenhandelspolitik der EU eher begünstigt bzw. benachteiligt werden.

F
Bilaterale Handelsabkommen – eine Sicherheitsbedrohung? Setzen Sie sich mit dieser Frage auseinander.

6.2.3 Die Zukunft des Welthandels: von einer regelbasierten zu einer wertebasierten Handelsordnung?

Zum Thema: Die Debatte um die Zukunft des Welthandels dreht sich zunehmend um die Frage, ob Handelsbeziehungen nur noch nach Regeln oder auch nach gemeinsamen Werten gestaltet werden sollen. Im Mittelpunkt stehen Konzepte wie „wertebasierte" Handelspartnerschaften, Friend-Shoring und die sicherheitspolitische Bedeutung globaler Lieferketten.

M11 Handelsbilanzen der EU mit ausgewählten Partnerländern

Hinweis zur Grafik in M11
Die positiven Zahlen (orange) bedeuten einen Handelsbilanzüberschuss, d. h. der Wert der Exporte aus der EU in diese Staaten ist höher als der Wert der Importe aus diesen Staaten in die EU. Bei den negativen Zahlen (blau) ist es umkehrt: Der Wert der Importe aus diesen Staaten in die EU ist höher als der Wert der Exporte aus der EU in diese Staaten (Handelsbilanzdefizit).

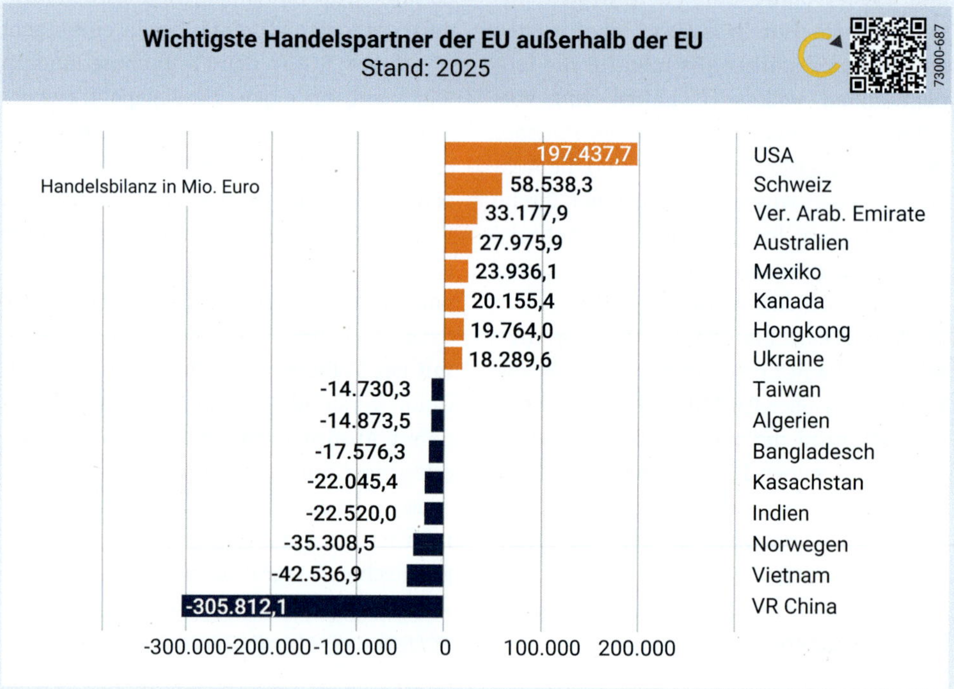

©C.C. Buchner Verlag, aktuelle Daten nach: Eurostat (Datenerhebung: 2024; Grafikerstellung: 2025)

Einstiegsaufgaben 72018-613

1. Beschreiben Sie die Verteilung des Handels mit Partnerländern außerhalb der Europäischen Union (**M11**).
2. Positionieren Sie sich: Mit welchen Ländern sollte die EU ihre Handelsbeziehungen beispielsweise durch Freihandelsabkommen ausweiten? Mit welchen Ländern sollten Handelsbeziehungen eingeschränkt werden? Begründen Sie Ihre Position.

M12 Kontrovers diskutiert: von einer regelbasierten zu einer wertebasierten Handelsordnung?

A Wir brauchen wertebasierte Regeln für den Welthandel!

Die Globalisierung, wie wir sie bisher kennen, ist tot. Spätestens seit dem Beginn des Angriffskriegs von Russland auf die Ukraine ist klar, dass die Idee eines glo-

bal unbegrenzten Handelsaustauschs gescheitert ist. [...]
Was heißt dies für die Zukunft des Welthandels? Man sollte sich zunächst nicht täuschen. Die jüngsten Schläge gegen den Welthandel haben nicht dessen wechselseitige Vorteilhaftigkeit außer Kraft gesetzt. [...] Wenn die Sicherheit des Handels erhöht werden soll, stellt sich die Herausforderung, die Handelsbeziehungen global neu zu definieren. Das Ergebnis sollte eine neue Präferenzordnung für Handelspartner sein, die sich nicht mehr allein an der kurzfristigen Profitabilität des Austauschs orientiert. Vielmehr sollte die staatliche und die gesellschaftliche Verfasstheit der Handelspartner ebenfalls eine maßgebliche Rolle spielen. Handelspolitik sollte in Zukunft wertebasiert sein. Die zugrundeliegenden Werte sollten denen liberaler und sozialer Demokratien entsprechen [...].
Mit diesem Blick auf die Handelsbeziehungen ergibt sich eine Rangfolge gewünschter Handelsverflechtungen, die man grundsätzlich grob in drei Kategorien teilen kann. Da sind zunächst die präferierten Handelspartner, die eine enge Wertegemeinschaft in geografischer Nähe bilden sollten. In diese Kategorie fallen alle Mitglieder der EU und des Europäischen Wirtschaftsraums. Zwischen diesen Volkswirtschaften sollten keine Handelshemmnisse bestehen. Darüber hinaus sollten sie eine Arbeitsteilung vereinbaren, wie sie in Krisenzeiten unter Ausnutzung der geografischen Nähe ihre Widerstandsfähigkeit (Resilienz) wechselseitig stärken können. [...]
Die zweite Kategorie kann man als enge Handelspartner bezeichnen. Auch mit ihnen sollte eine gemeinsame politische Wertebasis bestehen, und der Handel sollte auf möglichst wenige Hindernisse treffen. Hierzu könnte man die USA, Japan oder auch die Türkei zählen. [...]
Die dritte Kategorie könnte man als funktionale Handelspartner bezeichnen. Handel findet mit diesen – wie bisher – allein wegen dessen Rentabilität statt. Eine gemeinsame Wertebasis ist jedoch nicht notwendigerweise gegeben. Daher sind diese Handelsströme in Zukunft mit wesentlich größerer Vorsicht zu behandeln. Wenn die politischen Systeme in diesen Ländern ins Aggressive degenerieren, gerät schließlich der Handel in Gefahr zur Waffe gegen unsere Werte zu werden. [...]
Von daher sollte darauf bestanden werden, dass jeder einzelne dieser Handelspartner jederzeit mit möglichst geringen ökonomischen Schäden durch andere ersetzt werden kann. [...] Im Zweifel muss in einer solchen Lage die Produktion bei den präferierten oder engen Handelspartnern nachgefragt werden, auch wenn diese teurer ist. In die Kategorie funktionaler Handelspartner gehört in jedem Fall ein künftiges Russland, aber auch die Golfstaaten, Saudi-Arabien und vor allem China. Allein diese Aufzählung zeigt, welch gewaltige Herausforderungen sich mit einer neu orientierten Handelspolitik stellen.

Horn, Gustav: Deutschland braucht neue Spielregeln für den globalen Handel. In. www.zeit.de, 26.04.2022

Gustav A. Horn leitete das Institut für Makroökonomie und Konjunkturforschung der gewerkschaftsnahen Hans-Böckler-Stiftung und hat eine Professur für VWL an der Universität Duisburg-Essen inne. Horn ist Mitglied des SPD-Parteivorstands.

B Ein klares Nein zu „Friend-Shoring"

In den letzten Jahren sind die Schwachstellen in den globalen Lieferketten sichtbar geworden. In ihrem Bestreben nach Effizienzmaximierung haben die Unternehmen manchmal den Aspekt der Resilienz übersehen. Klimakatastrophen (darunter Überschwemmungen, Dürren und Waldbrände) und Schocks wie die pandemiebedingten Lockdowns haben die zahlreichen Nadelöhre in den Just-in-time-Lieferketten deutlich werden lassen. [...]
Eine noch gefährlichere Bedrohung [für den Welthandel] stellt jedoch der – durch neue geopolitische Rivalitäten getarnte und verstärkte – wiederauflebende Protektionismus dar. [...]

Just-in-time
Organisation von Lieferketten, bei der Zulieferteile genau dann am Produktionsort angeliefert werden, wenn sie im Produktionsablauf benötigt werden. Damit können Lagerhaltung und Lagerkosten minimiert werden.

Es ist legitim, dafür zu sorgen, dass Waren und Dienstleistungen, die für die nationale Verteidigung eines Landes unerlässlich sind, im Inland oder von befreundeten Nachbarländern produziert werden. Das Problem besteht darin, dass der Begriff „unerlässlich" von protektionistischen Interessen oft so weit gefasst wird, dass er sogar so verbreitet hergestellte Güter wie Stahl oder Aluminium umfasst.

Sollte eine derart weit gefasste Kategorisierung auf künftige Friend-Shoring-Mandate Anwendung finden, hätte dies verheerende Auswirkungen auf den internationalen Handel. Schließlich wird Friend-Shoring typischerweise so ablaufen, dass man mit Ländern handelt, die über ähnliche Werte und Institutionen verfügen. In der Praxis heißt das, nur mit Ländern auf ähnlichem Entwicklungsniveau Geschäfte zu machen.

Die Vorteile einer globalen Lieferkette ergeben sich jedoch gerade aus der Tatsache, dass sie Länder mit sehr unterschiedlichem Einkommensniveau einbezieht, so dass jedes Land seinen Kostenvorteil in den Produktionsprozess einbringen kann [...]. Friend-Shoring würde diese Dynamik tendenziell aufheben und damit die Produktionskosten und Verbraucherpreise erhöhen. [...]

[E]ine konzentrierte Produktion innerhalb einer geschlossenen Gemeinschaft fortgeschrittener Volkswirtschaften [würde aber] nicht unbedingt die Sicherheit der Gemeinschaft erhöhen. Wie der Brexit gezeigt hat, bestehen Freundschaften nicht ewig. Und selbst Länder, die sich von ihrer Wesensart her so nahe stehen wie die USA und Kanada, hatten während der Präsidentschaft Trumps ernsthafte Meinungsverschiedenheiten.

Wichtiger noch: bestehende wirtschaftliche Interdependenzen können geostrategische Rivalen eher zögern lassen, aufeinander Raketen zu schießen. Zahlreiche Beobachter stellen fest, dass China es sich zweimal überlegen wird, in Taiwan einzumarschieren, nachdem man den Schaden der Sanktionen für Russland gesehen hat. Sollte sich China jedoch auf eine Invasion vorbereiten wollen, würde man wohl damit beginnen, die Abhängigkeit von der westlichen Wirtschaft zu verringern – ein Prozess, den das westliche Friend-Shoring ungewollt vorantreiben würde. Wirtschaftliche Verflechtungen [...]helfen, den Frieden zu erhalten.

Schließlich würde Friend-Shoring tendenziell jene armen Länder ausschließen, die den weltweiten Handel am meisten brauchen, um wohlhabender und demokratischer zu werden. Damit würde sich die Gefahr erhöhen, dass diese Länder zu gescheiterten Staaten werden, die einen Nährboden für die Entstehung und den Export von Terrorismus bilden. Mit zunehmender Gewalt und chaotischen Zuständen stiege auch die Wahrscheinlichkeit, dass es zu einer Tragödie der Massenemigration kommt.

Rajan, Raghuram G.: Ein klares Nein zu Friend-Shoring. In: www.project-syndicate.org, 03.06.2022

Raghuram G. Rajan, ehemaliger Chef der indischen Notenbank, ist Professor an der Universität von Chicago.

Aufgaben

72018-614

1. Geben Sie die Positionen von Gustav Horn und Raghuram Rajan zur zukünftigen Ausgestaltung des internationalen Handels wieder (**M12**).
2. Erklären Sie die Positionen von Horn und Rajan aus handels- und sicherheitspolitischer Perspektive.
3. „Es sollten nur noch Wertepartner untereinander Handel treiben."
   Setzen Sie sich mit der Forderung auseinander.

6.3 Globales Regieren in der Welt von morgen

6.3.1 Kann Regieren jenseits des Nationalstaats funktionieren?

Zum Thema: Die Welt von heute ist globalisiert und vernetzt. Viele Probleme, die wir in der internationalen Politik lösen müssen, stellen große globale Herausforderungen dar. Die Frage ist nun, ob Nationalstaaten die heutigen Probleme alleine lösen können.

M1 Vor welchen Herausforderungen stehen Staaten?

Migration: Die Flucht über das Mittelmeer hält an.

Vor allem in den deutschen Großstädten kämpfen die Menschen mit steigenden Mieten.

Europäische Rechtspopulisten vernetzen sich in den sozialen Medien.

Gletscherschmelze durch Klimawandel: Die Welt erwärmt sich immer mehr.

Im Pazifik haben sich Müllberge aus Plastik gebildet.

In Südamerika wird Regenwald gerodet, um Ackerflächen für den Sojaanbau zu gewinnen. Ein großer Teil der Ernte geht in den Export.

Einstiegsaufgabe 72018-615

Diskutieren Sie, welche der dargestellten Probleme von Nationalstaaten (z. B. Deutschland) alleine gelöst werden können (**M1**).

M2 Machen Probleme an Grenzen halt?

In der internationalen Politik gibt es Probleme, die Nationalstaaten alleine nicht lösen können. Als anschauliche Beispiele können Umweltprobleme dienen. Hier wird deutlich, dass es die Inkongruenz zwischen den Staatsgrenzen einerseits und den Grenzen von Ökosystemen andererseits ist, die das Problem der ökologischen Interdependenz bedingen. Ein Fluss fließt über Staatsgrenzen hinweg (z. B. der Rhein) und Luft verbreitet sich ungehindert über den ganzen Planeten (z. B. Emissionen aus der industriellen Produktion). Aufgrund dieser ökologischen Inter-

inkongruent
nicht deckungsgleich

dependenz ist der Schutz der natürlichen Lebensgrundlagen einzelner Staaten vom Umweltverhalten anderer Staaten abhängig. Diese gegenseitige Abhängigkeit zwingt die Staaten dazu, bei der Bearbeitung von grenzüberschreitenden – also transnationalen – Problemen zu kooperieren. Aber nicht nur Umweltprobleme haben eine transnationale Dimension. In einer globalisierten Welt ergeben sich auch im Bereich Wirtschaft (z. B. Welthandel) und im Bereich Sicherheit (z. B. internationaler Terror) Probleme mit transnationalem Charakter.

Bearbeiter

Mancur Olson (1932-1998)
war ein amerikanischer Wirtschaftswissenschaftler, der durch seine Erkenntnisse auch die Politikwissenschaft stark beeinflusste.

M3 Warum gemeinsames Handeln nicht immer funktioniert

Mancur Olson hat das Problem kollektiven Handelns beschrieben und dabei folgende Hypothese aufgestellt: Die Bereitstellung eines Gutes durch eine Gruppe wird immer unwahrscheinlicher, je größer diese betreffende Gruppe ist. Auch hier besteht ein Problem individuell-rationaler Logik. Stellt eine Staatengruppe ein bestimmtes Gut zur Verfügung, so ist es für einzelne Staaten sinnvoll, sich nicht an den Kosten zur Bereitstellung des Gutes zu beteiligen, allerdings vom Nutzen zu profitieren. Hier tritt das Problem der sogenannten „Trittbrettfahrer" auf.

Bearbeiter

M4 Wie die Welt regieren? Global Governance

Biodiversität
Biologische Vielfalt

Jurisdiktion
Rechtsprechung

Globalisierung ist heute eine gesellschaftliche Tatsache und wird als solche kaum noch in Frage gestellt. Das Augenmerk richtet sich vielmehr auf den politischen Umgang mit ihr. Klimawandel, Verlust an Biodiversität, weltweit operierender Terrorismus, Banken-, Währungs- und Finanzkrisen – solche globalen Probleme sind nicht mehr von Nationalstaaten allein zu lösen. Eine mit Gewaltmonopol und Legitimität ausgestattete zentrale Weltregierung existiert nicht. Aber es entwickelt sich zunehmend ein System globalen Regierens, das die Politikwissenschaft als Global Governance bezeichnet. Es umfasst die Gesamtheit der kollektiven Regelungen, die auf globale Problemlagen oder Sachverhalte zielen. Governance umfasst dabei den zu regelnden Inhalt wie auch die Normen, die den Prozess beschreiben, über den eine Regelung zustande kommt und durchgesetzt wird. [...]

[N]ationale Regierungen spielen dabei nach wie vor eine wichtige Rolle. Sie koordinieren und harmonisieren ihre Politik, gegebenenfalls beziehen sie auch nichtstaatliche Akteure ein. Die wechselseitige Verpflichtung, auf eine diskriminierende Handelspolitik zu verzichten, ist ein Beispiel für dieses globale Regieren durch gemeinsames Regierungshandeln.

Es haben sich zunehmend auch andere Formen transnationalen Regierens entwickelt: Gesellschaftliche Gruppierungen wirken grenzüberschreitend zusammen und geben sich selbst Regeln, ohne dass die Staaten dabei eine wesentliche Rolle spielen. Die Domain-Namen im Internet zum Beispiel werden durch ICANN (Internet Corporation for Assigned Names and Numbers) vergeben – auch hier ohne die formale Beteiligung von Regierungen. [...]

Es ist das Gesamtarrangement dieser verschiedenen Steuerungsformen, das Global Governance ausmacht. Mit der Entwicklung solcher Steuerungsformen hat sich die internationale Politik grundlegend gewandelt, es entsteht internationale politische Autorität: Staaten erkennen formal oder de facto an, dass Entscheidungen oder Interpretationen auf der internationalen Ebene getroffen werden können, die die eigene Jurisdiktion betreffen und selbst dann Bindekraft haben, wenn sie den eige-

nen national-staatlichen Regelungen und Prioritäten widersprechen. Das Delegieren einer Entscheidungskompetenz an den Internationalen Strafgerichtshof oder die Bereitschaft, Mehrheitsentscheidungen des UN-Sicherheitsrates zu akzeptieren, sind Beispiele für die Entstehung politischer Autorität jenseits des Nationalstaates. Freilich kann die Durchsetzung solcher internationaler Entscheidungen oder Urteile in der Regel nicht erzwungen werden.
Mit Global Governance wird das lange Zeit kennzeichnende Strukturmerkmal traditioneller internationaler Politik untergraben: Internationale Politik ist nicht mehr nur horizontale Politik zwischen Staaten, sondern besitzt nun auch vertikale Komponenten zwischen internationalen Institutionen einerseits und Staaten sowie Individuen andererseits. Global Governance wirkt damit tief und machtvoll in nationale Gesellschaften hinein, ohne dass dies durch die nationale Regierung einfach unterbunden werden kann.

Zürn, Michael: Globalisierung und Global Governance. In: Informationen zur politischen Bildung Nr. 325/2015, S. 7

M5 Wie werden in der internationalen Politik Entscheidungen getroffen?

Formen des Regierens in der internationalen Politik

▶ **Regieren mit Staaten**
Nach diesem Konzept des Regierens mit Staaten sind es auch andere Akteure, die die internationale Politik beeinflussen. Hierzu gehören internationale Organisationen (z.B. die Vereinten Nationen) oder auch transnationale Unternehmen. Regieren im internationalen System findet demnach in einem Zusammenspiel von Staaten und anderen Akteuren statt.

▶ **Regieren durch Staaten**
Nach dieser Vorstellung sind die Nationalstaaten die alleinigen Akteure der internationalen Politik. Sie bestimmen durch ihr Handeln, wie sich das internationale System entwickelt und wie politische Fragen bearbeitet werden.

▶ **Regieren ohne Staaten**
Dieses Konzept geht davon aus, dass Bereiche der internationalen Politik ohne den Einfluss von Staaten regiert werden können. Akteure sind in diesem Bereich z.B. internationale Organisationen, Gerichte und Unternehmen, die selbstständig Entscheidungen treffen können.

Bearbeitergrafik

Aufgaben 72018-616

1. Erläutern Sie, was unter einem „transnationalen Problem" verstanden wird (**M2**).
2. Überprüfen Sie, ob es sich bei den Beispielen aus **M1** um transnationale Probleme handelt (**M2**).
3. Erläutern Sie anhand eines Alltagsbeispiels (z. B. öffentliche Verkehrsmittel) das Problem der kollektiven Güter (**M3**).
4. Erklären Sie anhand des Klimawandels, weshalb das Problem der kollektiven Güter internationale Kooperation erschwert.
5. Ordnen Sie die Beispiele aus **M4** den unterschiedlichen Formen des Regierens zu (**M5**).

6.3.2 Nachhaltigkeit als Prinzip globalen Handelns: Kann mehr Nachhaltigkeit nur global erreicht werden?

Zum Thema: Wachstum steht bei Unternehmen, aber auch bei den allermeisten Staaten häufig an oberster Stelle der eigenen Wirtschaftsziele. Dieses nahezu unbeschränkte Wachstum geht allerdings oft einher mit einer Zerstörung der Umwelt und der Lebensverhältnisse in vielen Regionen dieser Erde. So wird deutlich, warum das Ziel der Nachhaltigkeit, bei dem der schonende Umgang mit Ressourcen im Mittelpunkt steht, immer stärker in den Fokus politischer und wirtschaftlicher Entscheider rücken sollte. Das Kapitel erläutert den Begriff der Nachhaltigkeit und die UN-Ziele für nachhaltige Entwicklung und ordnet sie als Antwort auf globale Herausforderungen im Rahmen von Global Governance ein.

M6 Nachhaltigkeit – global oder bottom-up?

Mitch Landrieu, Bürgermeister von New Orleans, Juni 2017

„Der Klimawandel ist eine der größten Bedrohungen für unsere Küstengemeinden, die Nation und die Welt, und wir brauchen ein koordiniertes Handeln auf allen Regierungsebenen, um dem Ausmaß dieser Herausforderung gerecht zu werden."

US-Bürgermeister widersprechen Trump mit lauter Stimme. In: www.sonnenseite.com, 03.06.2017

„Für mich ist es wichtig, dass wir Ressourcen schonen und unabhängig vom Ausland wirtschaften."

„Der Wandel kommt, ob es euch gefällt oder nicht." In: www.hagerhof.de, 05.02.2019

Greta Thunberg, schwedische Klimaaktivistin, Dezember 2018

Einstiegsaufgaben 72018-617

1. Beschreiben Sie die unterschiedlichen Perspektiven auf das Ziel einer nachhaltigen Weltwirtschaft. Analysieren Sie, inwiefern sich die beiden Zitate in **M6** tatsächlich unterscheiden.
2. Positionieren Sie sich: Kann mehr Nachhaltigkeit nur global erreicht werden?

M7 Was versteht man unter Nachhaltigkeit?

A Der Begriff „Nachhaltigkeit"

„Nachhaltigkeit bedeutet vor allem: Verantwortung für die zukünftige Generation zu übernehmen. Das Konzept basiert auf der Überzeugung, dass wir nicht auf Kosten unserer Kinder und Enkel leben dürfen und der Einsicht, dass Umwelt, Wirtschaft und Gesellschaft sich gegenseitig beeinflussen. Dauerhafter wirtschaftlicher und gesellschaftlicher Fortschritt und eine intakte Umwelt bedingen sich gegenseitig, das heißt, das eine ist ohne das andere nicht möglich. Nachhaltige Entwicklung bedeutet also, dass Entwicklung so gestaltet wird, dass alle Menschen weltweit gleiche Entwicklungsmöglichkeiten haben, die Bedürfnisse der gegenwärtigen Generation befriedigt werden und dabei die Interessen nachfolgender Generationen ausdrücklich berücksichtigt werden."

© 2020 Deutsches Komitee für UNICEF: Die globalen Ziele für nachhaltige Entwicklung. In: www.unicef.de, Abruf am 30.01.2026

B Die drei Säulen der Nachhaltigkeit

1 **Ökologische Nachhaltigkeit** beschreibt die Zieldimension, Natur und Umwelt für die nachfolgenden Generationen zu erhalten. Dies umfasst den Erhalt der Artenvielfalt, den Klimaschutz, die Pflege von Kultur- und Landschaftsräumen in ihrer ursprünglichen Gestalt sowie generell einen schonenden Umgang mit der natürlichen Umgebung.

2 **Die ökonomische Nachhaltigkeit** stellt das Postulat auf, dass die Wirtschaftsweise so angelegt ist, dass sie dauerhaft eine tragfähige Grundlage für Erwerb und Wohlstand bietet. Von besonderer Bedeutung ist hier der Schutz wirtschaftlicher Ressourcen vor Ausbeutung.

3 **Die soziale Nachhaltigkeit** versteht die Entwicklung der Gesellschaft als einen Weg, der die Partizipation für alle Mitglieder einer Gemeinschaft ermöglicht. Dies umfasst einen Ausgleich sozialer Kräfte mit dem Ziel, eine auf Dauer zukunftsfähige, global gerechte und lebenswerte Gesellschaft zu erreichen.

Bearbeiter

M8 Die Geschichte der nachhaltigen Entwicklungsziele

1 1992: Die Rio-Konferenz

Die Geschichte der nachhaltigen Entwicklungsziele beginnt ursprünglich 1992. In diesem Jahr riefen die Vereinten Nationen eine Konferenz zu Umwelt und Entwicklung in Rio de Janeiro aus, um über umwelt- und entwicklungspolitische Fragen des kommenden Jahrhunderts zu diskutieren. Im Zuge dieser Konferenz wurde das Konzept der nachhaltigen Entwicklung als internationales Leitbild festgelegt, um durch wirtschaftliche Effizienz, soziale Gerechtigkeit und die Erhaltung natürlicher Lebensgrundlagen wichtige Voraussetzungen für ein gutes Leben für alle zu schaffen.

▼

2 2000: Die Millenniumsentwicklungsziele

Im Jahr 2000 wurden auf dem UN-Millennium-Gipfel acht Millenniumsentwicklungsziele (MDGs) bis 2015 beschlossen. Sieben dieser Ziele in Bezug auf

- die Bekämpfung von extremer Armut und Hunger,
- Primärschulbildung für alle,
- die Gleichstellung der Geschlechter und die Stärkung der Rolle der Frau,
- die Senkung der Kindersterblichkeit,
- die Verbesserung der Gesundheitsversorgung für Mütter,
- die Bekämpfung von HIV/AIDS, Malaria und anderen schweren Krankheiten,
- die Sicherung der ökologischen Nachhaltigkeit

nahmen vor allem die Entwicklungsländer in die Pflicht. Das achte Ziel betrifft alle Mitgliedsländer, jedoch vor allem die entwickelten Länder, ihre globale Machtstellung für den Aufbau einer globalen Partnerschaft für Entwicklung einzusetzen.

Zur Messbarkeit der Ziele legten die UN außerdem Unterpunkte und Indikatoren sowie Referenzdaten zur Evaluierung der Ziele fest. Die Ziele wurden aus vielerlei Gründen kritisiert, unter anderem wegen ihrer einseitigen Perspektive auf Entwicklung aus Sicht der entwickelten Länder und die viel zu geringe Betrachtung von ökologischen und Umweltzielen.

Laut des entsprechenden Berichts der UN von 2015 wurden die Ziele letztendlich fast, jedoch ungleich erfüllt. So besteht beispielsweise bezüglich der Ungleichheit von Geschlechtern, Klimawandel und Umweltzerstörung und Frieden und Konfliktprävention weiter Handlungsbedarf. Vor allem in der Beseitigung von Armut und Hunger und im Bereich Gesundheit wurden Fortschritte erzielt.

▼

3 2015: Sustainable Development Goals

Da die MDGs im Jahr 2015 ausliefen, wurde auf dem MDG-Gipfel 2010 die Notwendigkeit einer neuen Agenda (Agenda 2030 für nachhaltige Entwicklung) formuliert. Ein wichtiger Aspekt bei der Formulierung dieser Agenda ist die Integration der nachhaltigen Entwicklungsziele, den Sustainable Development Goals (SDGs), die Ziele im Bereich Wirtschaft, Ökologie und Sozialem vereinen und miteinander verknüpfen. [...] Das neue Zielsystem gilt, anders als die MDGs, für Entwicklungs-, Schwellen- und Industrieländer gleichermaßen und [soll] entwickelte Länder [...] stärker in die Pflicht nehmen, ihre Vormachtstellung abzubauen. Außerdem umfassen die neuen Entwicklungsziele alle Aspekte von nachhaltiger Entwicklung [...].

Bundesvereinigung Nachhaltigkeit e.V.: Die globalen Ziele für Nachhaltige Entwicklung. In: https://nachhaltigkeit.bvng.org, Abruf am 30.01.2026

M9 Die UN-Ziele für nachhaltige Entwicklung

© 2013-2021 Bundesvereinigung Nachhaltigkeit e.V.

Aufgaben

72018-619

1. Nennen Sie wesentliche Schritte und Gründe für die Entwicklung der Ziele für Nachhaltigkeit der UN (**M8**).
2. Erläutern Sie überblicksartig, was unter den UN-Zielen für nachhaltige Entwicklung zu verstehen ist (**M8, M9**).
3. Ordnen Sie die UN-Ziele zur nachhaltigen Entwicklung als Versuch ein, auf globale Probleme eine Antwort durch Global Governance zu finden.

6.3.3 Erleben wir das Scheitern des Multilateralismus?

Zum Thema: Bereits mit der ersten Amtszeit (2017-2021) von US-Präsident Trump und seiner „America first"-Politik wurde der Beginn einer neuen Weltordnung ausgerufen. Der Angriffskrieg auf die Ukraine hat die Krise des multilateralen Systems noch verschärft. Welche Perspektiven gibt es für die Zukunft der globalen Ordnung?

M10 „Sie fahren direkt zur Hölle, Botschafter"

„Geben Sie dem Frieden eine Chance, Präsident Putin", sagt Antonio Guterres. „Halten Sie Ihre Truppen davon ab, die Ukraine anzugreifen." Es ist Mittwochabend in New York, als der sichtlich aufgewühlte UNO-Generalsekretär seinen letzten Appell an Moskau richtet. Was Guterres nicht weiß: Just in den Minuten, als er mit seiner kurzen Rede die Dringlichkeitssitzung des UNO-Sicherheitsrats zur Ukraine eröffnet, beginnt Tausende Kilometer entfernt jener Krieg, den der Rat zu verhindern sucht. [...] Es ist eine bizarre Situation. „Putin hat die Entscheidung getroffen, eine Militäroperation zu starten", bestätigt schließlich der russische Botschafter, der – welch bittere Ironie – turnusgemäß die Sitzung leitet. Im Raum herrscht Konsternation. Viele Mitgliedstaaten des Gremiums melden sich neuerlich zu Wort, es folgen harsche Verurteilungen. Zum Schluss der rund einstündigen Sitzung spricht der ukrainische Botschafter. „Wir verurteilen die Aggression, die Sie gegen mein Volk verüben", sagt er an den mürrischen russischen Sitzungsleiter gerichtet. Und fährt dann fort: „Es gibt kein Fegefeuer für Kriegsverbrecher. Sie fahren direkt zur Hölle, Herr Botschafter."

Urech, Fabian: Sie fahren direkt zur Hölle, Botschafter. – Eine Sitzung des Uno-Sicherheitsrats wird zum Sinnbild für die tiefe Krise des Multilateralismus. In: www.nzz.ch, 25.02.2022

Einstiegsaufgabe 72018-620

Sammeln Sie in einem zweischrittigen Blitzlicht Gedanken und Ideen:
- Was sagt die Situation im UN-Sicherheitsrat über den Zustand des Gremiums aus (**M10**)?
- Welche Folgen sollte die internationale Gemeinschaft aus diesen Ereignissen ziehen?

M11 Die tiefe Krise des Multilateralismus

Im Kern widerspiegeln die Ereignisse [...] [im UN-Sicherheitsrat nach Beginn des Angriffskrieges, vgl. M9] aber weit mehr als die Ohnmacht der Vereinten Nationen. Sie stellen vielmehr den Höhepunkt einer jahrelangen Entwicklung dar, die sich als schleichender Niedergang des Multilateralismus insgesamt beschreiben lässt. Der amerikanische Politikberater Robert Kagan hat diesen Trend bereits vor Jahren treffend als „Zurückwachsen des Dschungels" bezeichnet. Er meint damit eine Entwicklung hin zu einer Welt, in der internationale Regeln immer weniger gelten, in der multilaterale Organisationen deutlich an Einfluss verlieren, nur noch das Faustrecht des Stärkeren maßgebend ist in der Ausgestaltung internationaler Politik.

„Der Multilateralismus liegt im Sterben", sagte der kenyanische UNO-Botschafter vor zwei Tagen in einer vielbeachteten Rede. Was das heißt, hat die Welt bereits in den letzten zwei Jahren während der Bekämpfung der Corona-Pandemie erfahren müssen. Dass viele Staaten auf den Alleingang statt auf die Zusammenarbeit setzten, führte zu großem Leid und gigantischen Kosten. Nun zeigt Putins Krieg gegen die Ukraine noch deutlicher, was es für die Welt bedeutet, wenn internationale Politik zu einem Machtspiel ohne Regeln und ohne jeglichen Kooperationswillen wird. Um den Trend umzukehren, wird man sich spätestens jetzt intensiver und ernsthafter als zuvor die Frage stellen müssen, wie das multilaterale System – ein Abbild der längst überholten Weltordnung nach dem Zweiten Weltkrieg – so reformiert werden kann, dass es für die Lösungsfindung bei künftigen Krisen besser gewappnet ist. Einfach wird das nicht.

Urech, Fabian: Sie fahren direkt zur Hölle, Botschafter. – Eine Sitzung des Uno-Sicherheitsrats wird zum Sinnbild für die tiefe Krise des Multilateralismus. In: www.nzz.ch, 25.02.2022

M12 Steckt die internationale Politik in einem Dilemma?

Die Krise des Multilateralismus ist also greifbar. Multilateralismus besagt, dass die Regierungen dieser Welt gemeinsam nach Lösungen in Foren suchen sollen, in denen alle betroffenen Länder ihre Positionen einbringen können [...]. In einer Zeit, in der ein starkes globales politisches System besonders notwendig wäre, um die globale Klimakrise durch aktive Politik abzuwenden, um einen erneuten Crash der Finanzmärkte zu verhindern, um die neuen Giganten der digitalen Ökonomie einzuhegen, um neue Rüstungsspiralen zu vermeiden, um Handelskriege und Supermachtrivalitäten zwischen der USA und China zu begrenzen, genau in dieser Zeit werden die Institutionen der Global Governance fundamental angegriffen und deren normativen Grundlagen zurückgewiesen. Dabei lassen sich unterschiedliche Herausforderungen sowie Herausforderer des globalen politischen Systems unterscheiden:

1 **Autoritäre Potentaten** wie beispielsweise Putin, Erdogan und Orbán, die insbesondere die nationale Souveränität betonen und die konkrete Praxis internationaler Institutionen kritisieren;

2 **Autoritär-populistische Gruppierungen** in konsolidierten Demokratien (Le Pen, Trump, Wilders und Co.), die internationale Institutionen als ein Instrument einer kosmopolitischen Klasse porträtieren, das gegen die nationalen Interessen verstößt;

3 **Sogenannte „rising powers"** (aufstrebende Mächte) wie China, Brasilien, Indien, die zwar die prinzipiellen Notwendigkeiten internationaler Institutionen anerkennen, sie aber von der westlichen Dominanz befreien wollen;

4 **Fundamentalistische religiöse Bewegungen**, insbesondere im Mittleren Osten, die internationale Institutionen als Herrschaftsinstrument einer gottverlorenen westlichen Ordnung sehen;

5 **Transnationale Nichtregierungsorganisationen** wie ATTAC oder Occupy, die in kapitalismuskritischer Haltung zumeist andere, oft allerdings stärkere internationale Institutionen anstreben.

Zürn, Michael: Der Multilateralismus in der Krise – Legitimationsprobleme im globalen politischen System. In: Deutschland & Europa 78/2019, S. 9

M13 Kontrovers diskutiert: Hat der Multilateralismus eine Zukunft?

A Multilateralismus – wie ein Zauberwort verpufft

Von einer Zeitenwende hat der Bundeskanzler gesprochen, vor dem Bundestag [...]. Mit Russlands brutalem Angriffskrieg auf die Ukraine verpufft eine Idee, die deutsche Außenpolitiker, allen voran der ehemalige Außenminister Heiko Maas, wie eine Monstranz vor sich hergetragen haben. Multilateralismus war das Zauberwort deutscher Außenpolitik der vergangenen Jahre [...]. Im Kern bedeutet Multilateralismus, dass Staaten ihre eigenen Interessen nicht ohne Rücksicht auf die Interessen anderer Länder verfolgen. Das hört sich gut an, friedlich, vernünftig und weise [...]. Die Botschaft an die Welt: Wir sind die Guten.

Auf den Schlachtfeldern in der Ukraine aber zeigt sich, dass dieses Konzept nie mehr war als „Wishful Thinking". Wir haben uns die Welt schöner gemalt als sie ist und unsere Gegner dabei stärker gemacht als sie waren. [...]

So richtig es ist, Rücksicht zu nehmen auf die Interessen der Schwächeren, so selbstmörderisch ist es Rücksicht zu nehmen auf die Interessen derer, deren erklärtes Ziel es ist, Schwächere zu dominieren oder zu vernichten, so wie es Russland gerade in der Ukraine versucht. Ob Georgien, die Krim oder der Donbass – seit vielen Jahren ist klar, der Diktator [Putin] im Kreml hält sich nicht an die Spielregeln sympathischer deutscher Außenpolitik. Sein erklärtes Ziel war und ist es, die Vorherrschaft des Westens zu brechen, die NATO und die EU und die Demokratien in sich selbst zu spalten und die US-Truppen aus Europa zu vertreiben. Europa und die NATO sind für ihn Papiertiger, moralisch verkommen und dekadent, die am Ende nicht bereit sind, ihre Werte und ihre Verbündeten zu verteidigen. [...] Putin lotet aus, wie weit er gehen kann. Mit jeder Eskalation macht er klar, dass er das Heft des Handelns in der Hand hat. Auf der großen politischen Bühne verhöhnt er die Welt, lässt seinen Botschafter bei den Vereinten Nationen und seinen Außenminister verkünden, Russland habe die Ukraine gar nicht angegriffen.

Auf perverse Art hat er das Konzept des Multilateralismus ad absurdum geführt und in sein Gegenteil verkehrt. Er verfolgt seine großen geopolitischen Ziele, während er das Interesse des Rests der Welt berücksichtigt, einen Weltenbrand zu verhindern. Er spielt mit unseren Ängsten vor einem Dritten Weltkrieg und dem Einsatz von Atomwaffen. Putin und seine Helfer zwingen der Welt einen Krieg auf, der erst möglich wurde, weil wir viel zu lang die Interessen eines menschenverachtenden Despoten und seiner Großmachtfantasien berücksichtigt und rationalisiert haben. [...]

Vielleicht erleben wir gar keine Zeitenwende, sondern erwachen nur aus einem Traum und müssen einsehen, dass die Welt ist, wie sie ist, dass mächtige Aggressoren nur durch größere Macht in Schach gehalten werden können. [...]

Politik und Gesellschaft müssen sich jetzt die unbequeme und lange politisch inkorrekte Frage stellen, ob wir im Kampf um die Zukunft gewinnen wollen und wie weit wir bereit sind, dafür zu gehen. Dafür aber braucht es eine große politische Debatte darüber, wer wir sind und wohin wir wollen und welche langfristigen Interessen wir dabei verfolgen; multilaterale Zusammenarbeit kann eines davon sein. Doch Gewinnen wollen heißt, dass man bereit sein muss, im Zweifel seine Interessen auch ohne Rücksicht auf die Interessen anderer durchzusetzen.

Hano, Johannes: Wie ein Zauberwort im Ukraine-Krieg verpufft. In: www.zdf.de, 18.03.2022

B Klima, Corona, kriegerische Konflikte und Hunger: Ohne internationale Kooperation geht es nicht

Die durch den russischen Angriffs-Krieg erfolgte teilweise Unterbrechung der globalen Handelswege insbesondere für Lebensmittel und die mögliche krisenhafte Zuspitzung der Welternährungslage drohen zu einem Lackmustest für das globale System zu werden. Die Frage ist, wie und von wem diese Krise gemanagt werden soll. Es darf an dieser Stelle auch nicht vergessen werden, dass der reiche globale Norden die Länder des Südens in der immer noch andauernden Coronapandemie nicht ausreichend mit Impfstoffen unterstützt hat. [...]

Die Frage nach der adäquaten globalen Governance stellt sich aber noch viel grundsätzlicher: Ist das heutige multilaterale System unter diesen Bedingungen in der Lage, die kombinierte Krise aus Klima, Corona, kriegerischen Konflikten und Armut ernsthaft anzugehen? „Multilateralismus as usual" [wird nicht ausreichen].

Um hier kein Missverständnis aufkommen zu lassen: Es bedarf für die Bewältigung der vielfältigen globalen Herausforderungen der internationalen Kooperation. Das UN-System wurde genau zu dem Zweck gegründet, Aufgaben, für deren Erledigung einzelne Staaten zu klein sind – und seien diese Staaten auch noch so groß – durch gezielte Kooperation und Interessensausgleich anzugehen und damit einen Mehrwert für alle zu schaffen. [...] Das multilaterale System hat unter Beweis gestellt, dass es möglich ist, Mitgliedstaaten, Zivilgesellschaft, Wissenschaft und zunehmend Wirtschaft in internationalen Verhandlungen zu einer gemeinsamen Problemanalyse und zu langfristigen globalen Zielbeschreibungen zusammenzuführen. Aber die „Achillesferse" dieses Systems ist die viel zu langsame oder gar ausbleibende Implementierung der Beschlüsse durch die Vertragsparteien und die sonstigen Stakeholder. Probleme wurden erkannt und beschrieben, aber in der Realität nicht gelöst. [...]

[Die internationale Gemeinschaft] muss sich dieser Aufgabe stellen! Es gibt hier zwei Alternativen: Entweder kann das multilaterale System in einem Kraftakt die Hungerkrise abwenden, oder die G7 müssen gemeinsam mit den akut vom Hunger bedrohten Ländern eine neue Allianz zur Bekämpfung des Hungers gründen. Ohne eine wirkungsvolle Initiative zur Lösung der drohenden Hungerkrise wird nicht nur die Glaubwürdigkeit des Nordens weiter geschwächt. [...] Das Drama der nicht geteilten Impfstoffe darf sich nicht wiederholen. Eine solche Aktion kann auch einen Neustart in der gemeinsamen Implementierung der erforderlichen Maßnahmen zum Schutz des Klimas unterstützen.

Müller, Alexander: Die neue menschliche Umwelt. In: www.boell.de, Abruf am 30.01.2026

Alexander Müller ist Diplom-Soziologe und Leiter einer globalen Studie des UN-Umweltprogramms «The Economics of Ecosystems and Biodiversity for Agriculture and Food» und Geschäftsführer von TMG – Töpfer, Müller, Gaßner GmbH, Think Tank for Sustainability.

G7
Informeller Zusammenschluss der zu ihrem Gründungszeitpunkt bedeutendsten Industrienationen der westlichen Welt in Form regelmäßiger Gipfeltreffen der Staats- und Regierungschefs. Das Forum dient dem Zweck, Fragen der Weltwirtschaft zu erörtern.

Aufgaben

72018-621

1. Fassen Sie die Krise des Multilateralismus und die Herausforderungen des globalen politischen Systems zusammen (**M11, M12**).
2. Diskutieren Sie Möglichkeiten, wie künftig internationale Krisen gelöst werden können (**M13**).

ORIENTIERUNG & ÜBERBLICK

Interaktive Übung zur Selbstprüfung

72018-622

Freihandel

Freihandel ist ein handelspolitisches Leitbild, bei dem alle Zölle, Kontingente und sonstigen Handelshemmnisse abgebaut werden. Freihandel ermöglicht laut ökonomischer Theorie (Adam Smith, David Ricardo) gesamtwirtschaftlich höheren Wohlstand durch internationale Arbeitsteilung, begünstigt aber nicht alle Gruppen gleichermaßen.

Protektionismus

Protektionismus ist ein handelspolitisches Leitbild, bei dem ein Staat den Import ausländischer Waren einschränkt, um heimische Industrien, Arbeitsplätze oder sicherheitsrelevante Bereiche zu schützen. Instrumente sind u. a. Zölle, Subventionen, Einfuhrkontingente und technische Standards.

Tarifäre und nicht-tarifäre Handelshemmnisse

Tarifäre Handelshemmnisse sind Zölle, die importierte Waren verteuern (Schutzzoll, Finanzzoll). Nicht-tarifäre Handelshemmnisse umfassen Mengenbeschränkungen, Produktstandards, staatliche Subventionen und die bevorzugte Vergabe öffentlicher Aufträge an inländische Unternehmen.

Inflation Reduction Act (IRA)

Der IRA ist ein 2022 von den USA verabschiedetes Investitionsprogramm über rund 369 Milliarden US-Dollar für Klimaschutzmaßnahmen. Es verknüpft Steuervergünstigungen mit Local-Content-Anforderungen (Mindestanteil heimischer Produktion), was Handelspartner wie die EU als protektionistische Industriepolitik kritisieren.

Welthandelsorganisation (WTO)

1995 gegründete internationale Organisation mit 166 Mitgliedern, die Regeln für den globalen Handel setzt. Kernprinzipien sind Meistbegünstigung (Gleichbehandlung aller Mitglieder), Inländerbehandlung und Gegenseitigkeit. Entscheidungen fallen im Konsensprinzip. Das Streitschlichtungsorgan (DSB) vermittelt und entscheidet bei Handelskonflikten.

Meistbegünstigungsprinzip (Most Favoured Nation, MFN)

Es handelt sich um einen WTO-Grundsatz, nach dem jeder handelspolitische Vorteil, den ein Mitglied einem anderen gewährt, automatisch auf alle übrigen Mitglieder ausgedehnt werden muss. Ausnahmen gelten für Freihandelszonen, Zollunionen und Entwicklungsländer.

Bilaterale und regionale Freihandelsabkommen

Freihandelsabkommen sind Handelsverträge zwischen zwei oder mehreren Staaten außerhalb des WTO-Rahmens, die Zölle und Handelshemmnisse abbauen. Beispiele sind RCEP (größte Freihandelszone der Welt, 15 asiatisch-pazifische Staaten) und TTIP (zwischen EU und USA, bisher nicht abgeschlossen). Sie können die regelbasierte Welthandelsordnung der WTO unterlaufen.

ORIENTIERUNG & ÜBERBLICK

Regelbasierte vs. wertebasierte Handelsordnung	Zwei konkurrierende Konzepte für die Gestaltung des Welthandels: Die regelbasierte Ordnung setzt auf universelle, für alle gleiche WTO-Regeln unabhängig von politischen Systemen. Die wertebasierte Ordnung will Handelspartnerschaften nach gemeinsamen Werten (Demokratie, Rechtsstaatlichkeit, Menschenrechte) ausrichten und sicherheitspolitische Aspekte einbeziehen (Friend-Shoring).
Friend-Shoring	Friend-Shoring ist ein Konzept einer wertebasierten Außenhandelspolitik, bei dem Staaten ihre Handelsbeziehungen bevorzugt mit politisch und demokratisch nahestehenden Partnern gestalten. Das Konzept zielt auf eine Reduzierung von Abhängigkeiten gegenüber geopolitischen Rivalen und autokratisch regierten Staaten.
Deglobalisierung	Deglobalisierung bezeichnet den Trend zur Fragmentierung und Renationalisierung des Welthandels infolge geopolitischer Konflikte, Handelskriege und protektionistischer Wirtschaftspolitiken. Dieser Trend stellt die bisherige regelbasierte Welthandelsordnung grundlegend in Frage.
Global Governance	Gesamtheit der kollektiven Regelungen jenseits des Nationalstaats, die auf globale Problemlagen abzielen. Es wirken Nationalstaaten, internationale Organisationen und nichtstaatliche Akteure (NGOs, transnationale Unternehmen) zusammen.
Transnationale Probleme und kollektive Güter	Transnationale Probleme überschreiten staatliche Grenzen (z. B. Klimawandel, Welthandel, Migration) und erfordern internationale Kooperation. Das Problem kollektiver Güter (Mancur Olson) beschreibt, warum Staaten als Trittbrettfahrer von gemeinsamen Gütern profitieren, ohne sich an den Kosten zu beteiligen – was globale Zusammenarbeit erschwert.
Multilateralismus	Prinzip der internationalen Politik, bei dem mehrere Staaten gemeinsam und regelgebunden Entscheidungen treffen und gegenseitige Rücksicht auf Interessen anderer nehmen. Der Multilateralismus ist unter Druck geraten durch Russlands Angriffskrieg auf die Ukraine, den Aufstieg Chinas und die America-first-Politik der USA unter US-Präsident Donald Trump. Machtinteressen überlagern zunehmend gemeinsame Regeln.
Nachhaltigkeit – drei Säulen	Nachhaltigkeit bedeutet, die Bedürfnisse der Gegenwart zu befriedigen, ohne die Lebensgrundlagen künftiger Generationen zu gefährden. Sie beruht auf drei gleichrangigen Dimensionen: ökologische Nachhaltigkeit (Schutz von Natur und Umwelt), ökonomische Nachhaltigkeit (dauerhaft tragfähige Wirtschaftsweise) und soziale Nachhaltigkeit (gerechte, partizipative Gesellschaft).
Sustainable Development Goals (SDGs) – Agenda 2030	Die SDGs sind 17 globale Ziele für nachhaltige Entwicklung, die 2015 von der UN als Nachfolge der Millenniumsentwicklungsziele (MDGs) beschlossen wurden. Sie verbinden wirtschaftliche, ökologische und soziale Ziele und gelten erstmals für alle Staaten – Industrie-, Schwellen- und Entwicklungsländer. Grundlage ist die Rio-Konferenz von 1992.
CO_2-Grenzausgleichsmechanismus (CBAM – Carbon Border Adjustment Mechanism)	Es handelt sich um ein von der EU eingeführtes Instrument, das Importe aus Ländern ohne vergleichbar strenge Klimaschutzauflagen finanziell belastet. Ziel ist es, Wettbewerbsverzerrungen zulasten europäischer Unternehmen zu vermeiden und gleichzeitig Anreize für den globalen Klimaschutz zu setzen.

Der europäische „Klimazoll" – ein Weg für globalen Klimaschutz im Handel?

[Es ist das] neueste [...] Klimaschutzinstrument der EU: de[r] „Grenzausgleich" für klimaschädliche Emissionen. [...] Fast zwei Jahrzehnte nachdem Europas Kraftwerke und Fabriken gelernt haben, für ihre Emissionen Zertifikate zu kaufen, entsteht mit diesem „Emissionszoll" das Pendant für Zulieferer jenseits der Grenzen. [...] Auf emissionsintensive Einfuhren wie Stahl oder Zement wird künftig eine Abgabe fällig – zumindest, solange es im Herkunftsland keinen oder einen zu niedrigen CO_2-Preis gibt. Das soll die Wettbewerbsnachteile europäischer Firmen ausgleichen. [...]

Der Carbon Border Adjustment Mechanism, kurz CBAM, [...] sieht vor, dass Importeure einen Aufschlag zahlen müssen, wenn sie Eisen, Stahl und Aluminium, Zement, Dünger, Wasserstoff oder Strom importieren. [...] Firmen [müssen] genau dokumentieren, wie viele Emissionen bei der Produktion der Importe entstanden sind. Sie müssen außerdem die Daten der Kommission melden. Kommen sie der Meldepflicht nicht nach, drohen mittelfristig Strafen [...].

Derzeit kämpfen alle Betroffenen mit Gesetzestext und Leitlinien, müssen eruieren [= genau prüfen], was für sie gilt, und das gegebenenfalls Geschäftspartnern erklären. Europas größter unabhängiger Stahlhändler Klöckner & Co. kritisiert, die Regelung führe bei Importen zu „bürokratischem Mehraufwand". Wie groß der sei, werde sich bald zeigen, sagte ein Sprecher. Denn zuerst muss sich herausstellen, ob und wie leicht Zulieferer die nötigen Daten herausrücken. [...] Doch selbst wenn die Firmen an die CO_2-Daten ihrer Lieferanten kommen – stimmen die dann auch? [...] Bislang erhielten emissionsintensive Unternehmen in der EU einen Teil ihrer CO_2-Zertifikate frei zugeteilt. Das läuft mit der Reform des Emissionshandels nach und nach aus. Der Klimazoll soll nun sicherstellen, dass die Firmen trotzdem international wettbewerbsfähig bleiben.

Allerdings krankt das System absehbar an seiner Einseitigkeit. Denn die EU erhebt zwar Importzölle, aber Subventionen für Exporte gibt es keine. Wer innerhalb der EU Stahl produziert, konkurriert auf dem Weltmarkt also notwendigerweise mit Unternehmen, die keiner CO_2-Abgabe unterliegen und allein deshalb einen Wettbewerbsvorteil haben. Der Anreiz, besonders klimaschädliche Produktion ins Ausland zu verlagern, bleibt entsprechend hoch. „Carbon Leakage", das Abwandern von Emissionen, heißt das in der Fachsprache. Passiert das in großem Stil, verfehlt der Emissionshandel an der Stelle seine Wirkung.

Außerdem bietet CBAM auch Stoff für Handelskonflikte. Wichtige Handelspartner der EU drohen schon mit Verfahren bei der Welthandelsorganisation. „Der von der EU vorgeschlagene Grenzausgleichsmechanismus hat bei vielen WTO-Mitgliedern Zweifel geweckt", erklärte das chinesische Handelsministerium [...]. Die EU solle „protektionistische Maßnahmen und grüne Handelsbarrieren vermeiden". [...] „CBAM ist vollständig mit den Regeln der Welthandelsorganisation vereinbar und dient nicht dem Schutz des Handels, sondern dem Schutz der Klimaziele der EU", [verteidigte Wirtschaftskommissar Paolo Gentiloni daraufhin das Projekt.]

Bauchmüller, Michael/Diesteldorf, Jan/Finke, Björn: Deutsche Wirtschaft fürchtet Chaos wegen CO_2-Grenzabgabe. In: Süddeutsche Zeitung, 30.09.2023 (Reihenfolge geändert)

Aufgaben 72018-623

1. Geben Sie die Ziele und Maßnahmen des europäischen Grenzausgleichsmechanismus sowie die Reaktionen darauf wieder.
2. Charakterisieren Sie den europäischen Grenzausgleichsmechanismus aus handels- und umweltpolitischer Sicht.
3. Erörtern Sie die Einführung des europäischen Grenzausgleichsmechanismus.

Lösungsvorschläge und Erwartungshorizonte

72018-624

1 Die Republik A ist ein sehr junger Staat. Obwohl es bereits seit fast 200 Jahren eine Nationalbewegung und vor knapp 100 Jahren erste kurze Phasen der Souveränität gegeben hatte, konnte der Staat erst vor ungefähr 25 Jahren gegründet werden. Vorher war er ca. 70 Jahre Teil des noch heute deutlich größeren Nachbarstaates. Die Republik A ist in ihren Grenzen von der Völkergemeinschaft anerkannt.

2 Der Nachbarstaat – die Föderale Republik B – ging hervor aus einem noch größeren Land, das fast 70 Jahre Bestand hatte. Vor allem aus dieser Zeit stammt eine B-Bevölkerungsminderheit, die verstärkt in einem bestimmten Gebiet der Republik A an der Grenze zur Föderalen Republik B zu Hause ist. Große Teile dieser Minderheit fühlen sich eher der Föderalen Republik B als der Republik A zugehörig.

3 In diesen Gebieten bildeten vor einigen Jahren Teile der Bevölkerung Milizen, um gegen die Republik A zu kämpfen und eine Abspaltung der Gebiete und den Anschluss an die Föderalen Republik B zu erzwingen. Sie werden dabei – zunächst verdeckt, später immer offensichtlicher – von der Föderalen Republik B mit Waffen und Ausrüstung versorgt und auch von deren regulären Truppen im Kampf unterstützt.

4 Ungefähr zur selben Zeit entsandte der Präsident der Föderalen Republik B Truppen in einen weiteren Randteil der Republik A. Sich dagegen wehrende Abgeordnete des Regionalparlaments wurden abgesetzt und kritische Fernseh- und Radiosender sowie Internetformate abgeschaltet. Die Föderale Republik B erzwang ein Referendum darüber, ob sich diese Region von der Republik abspalten und der Föderalen Republik B anschließen solle. Angeblich fast die gesamte Bevölkerung stimmte für den Anschluss an B, der dann rasch vollzogen wurde. Die Regierung der Republik A fordert vehement, diesen Landesteil zurückzuerhalten.

Internationale Politik in Zeiten von Krisen und Krieg

7

Krieg und Frieden scheinen auf den ersten Blick eindeutige Gegensätze zu sein – doch die Wirklichkeit ist weit vielschichtiger. Bewaffnete Konflikte haben in den vergangenen Jahrzehnten neue Formen angenommen: von hybriden Kriegen über Cyberangriffe bis hin zu Bedrohungen durch Klimawandel und Ressourcenknappheit. Was Krieg überhaupt ist, welche Arten von Frieden angestrebt werden können und welche Risiken die internationale Sicherheit gefährden, sind Fragen, mit denen sich dieses Kapitel grundlegend auseinandersetzt (**Basiskonzept: Ordnung und Struktur**).
Dabei zeigt sich: Der Begriff der Sicherheit hat sich gewandelt. Er umfasst heute weit mehr als den Schutz vor militärischen Angriffen – er schließt ökologische, humanitäre und gesellschaftliche Dimensionen ein (Basiskonzept: Interessen und Gemeinwohl). Gleichzeitig stehen Staaten in einem Sicherheitsdilemma: Der Versuch, die eigene Sicherheit zu erhöhen, kann die Unsicherheit anderer verstärken (**Basiskonzept: Macht und Entscheidung**).
Wie Deutschland auf diese Herausforderungen reagiert, wird am Beispiel der Bundeswehr deutlich: Ihr verfassungsrechtlicher Auftrag und ihre Transformation seit 1989 zeigen, wie sicherheitspolitische Entscheidungen unter veränderten Bedingungen neu ausgerichtet werden müssen (**Basiskonzept: Regeln und Recht**).

Kompetenzen

Am Ende dieses Kapitels sollten Sie Folgendes wissen und können:

- Krieg anhand wissenschaftlicher Kriterien definieren sowie verschiedene Kriegs- und Konfliktformen unterscheiden.
- zentrale Konzepte von Frieden und Sicherheit – darunter positive und negative Friedensbegriffe sowie das Sicherheitsdilemma – erläutern.
- den erweiterten Sicherheitsbegriff darstellen und neue sicherheitspolitische Herausforderungen als Bedrohungen für die internationale Sicherheit einordnen.
- den verfassungsrechtlichen Auftrag und die Aufgabenfelder der Bundeswehr beschreiben.
- die Transformation der Bundeswehr seit 1989 erläutern und Maßnahmen zur Stärkung der Landes- und Bündnisverteidigung bewerten.

Aufgaben

72018-700

1. Arbeiten Sie Probleme für Sicherheit und Frieden heraus, die sich aus dem Szenario ergeben. Berücksichtigen Sie dabei die lokale Ebene, die Weltregion, in der sich die beiden Staaten befinden, und ggf. auch Probleme, die sich für die Staatenwelt als Ganze ergeben.
2. Stellen Sie dar, was geschehen müsste, um zu einem friedlichen und sicheren Zustand zurückzukehren.
3. Entwerfen Sie erste Vorschläge für internationale Institutionen, die dafür Sorge tragen können, dass ein friedlicher und sicherer Zustand gewahrt bleibt bzw. wiederhergestellt wird.

7.1 Krieg, Frieden und Sicherheit

7.1.1 Wie sieht (für uns) Krieg aus?

Zum Thema: Was ist Krieg – und wo beginnt er? Nicht jede bewaffnete Auseinandersetzung ist ein Krieg. Die Wissenschaft definiert Krieg anhand klarer Merkmale und unterscheidet verschiedene Kriegstypen. Ein Blick auf die aktuelle Verteilung von Konflikten und Kriegen weltweit zeigt: Gewaltanwendung zwischen Menschen und Staaten ist bis heute globale Realität.

M1 Ist das Krieg?

Der Öl-Lieferant Oiltanking wurde im Februar 2022 über mehrere Wochen Opfer eines Hackerangriffs. Dadurch waren Kraftstofflieferungen im Norden Deutschlands beeinträchtigt.

Soldaten bei einer Militäroperation zur Zerstörung von Mohnpflanzen zur Drogenbekämpfung (Mexiko, 2017).

Ukrainische Soldaten einer Artillerieeinheit in der Oblast Donezk (Ukraine, 2024).

Kämpfer der Freien Syrischen Armee (FSA) im Feuergefecht mit syrischen Streitkräften (Syrien, 2012).

Einstiegsaufgaben 72018-701

1. Beschreiben Sie die Bilder (**M1**).
2. Ordnen Sie die Bilder begründet zu: Handelt es sich bei der dargestellten Situation um eine Kriegssituation oder nicht um Krieg?

M2 Eine Definition von Krieg

Die Arbeitsgemeinschaft Kriegsursachenforschung (AKUF) definiert das Phänomen Krieg anhand der folgenden Merkmale, die alle zugleich erfüllt sein müssen.

a) An den Kämpfen sind zwei oder mehr bewaffnete Streitkräfte beteiligt, bei denen es sich mindestens auf einer Seite um reguläre Streitkräfte (Militär, paramilitärische Verbände, Polizeieinheiten) der Regierung handelt;
b) auf beiden Seiten muss ein Mindestmaß an zentralgelenkter Organisation der Kriegführenden und des Kampfes gegeben sein, selbst wenn dies nicht mehr bedeutet als organisierte bewaffnete Verteidigung oder planmäßige Überfälle (Guerillaoperationen, Partisanenkrieg usw.),
c) die bewaffneten Operationen ereignen sich mit einer gewissen Kontinuierlichkeit und nicht nur als gelegentliche, spontane Zusammenstöße, d. h. beide Seiten operieren nach einer planmäßigen Strategie, gleichgültig ob die Kämpfe auf dem Gebiet einer oder mehrerer Gesellschaften stattfinden und wie lange sie dauern.

Kriege werden als beendet angesehen, wenn die Kampfhandlungen dauerhaft, d. h. für den Zeitraum von mindestens einem Jahr, eingestellt bzw. nur unterhalb der AKUF-Kriegsdefinition fortgesetzt werden.

Als bewaffnete Konflikte werden [demgegenüber] gewaltsame Auseinandersetzungen bezeichnet, bei denen die Kriterien der Kriegsdefinition nicht in vollem Umfang erfüllt sind. In der Regel handelt es sich dabei um Fälle, in denen eine hinreichende Kontinuität der Kampfhandlungen nicht mehr oder auch noch nicht gegeben ist.

Jakobeit, Cord: Kriegsdefinition. Universität Hamburg/AKUF. In: www.wiso.uni-hamburg.de, Abruf am 12.03.2026

M3 Kriegstypen: Warum werden Kriege geführt?

Die Arbeitsgemeinschaft Kriegsursachenforschung unterscheidet zwischen fünf Kriegstypen:

Antiregime-Kriege:
Kriege, in denen um den Sturz der Regierenden oder um die Veränderung oder den Erhalt des politischen Systems oder gar der Gesellschaftsordnung gekämpft wird.

Autonomie- und Sezessionskriege:
Kriege, in denen um größere regionale Autonomie innerhalb des Staatsverbandes oder um Sezession vom Staatsverband gekämpft wird.

Zwischenstaatliche Kriege:
Kriege, in denen sich Streitkräfte der etablierten Regierungen mindestens zweier staatlich verfasster Territorien gegenüberstehen, und zwar ohne Rücksicht auf ihren völkerrechtlichen Status.

Dekolonisationskriege:
Kriege, in denen um die Befreiung von Kolonialherrschaft gekämpft wird.

Sonstige Kriege:
Zahlreiche Kriege lassen sich nicht eindeutig einem dieser Typen zuordnen, weil sich verschiedene Typen überlagern oder sich der Charakter des Krieges im Verlauf der Kampfhandlungen verändert, so dass sich Mischtypen bilden.

Ein weiteres Kriterium für die Typologisierung von Kriegen ist die Fremdbeteiligung. Als Intervention oder Fremdbeteiligung berücksichtigt die AKUF nur diejenigen Fälle, in denen die Streitkräfte eines weiteren Staates unmittelbar an den Kämpfen teilnimmt. Bloße Waffenlieferungen, finanzielle oder logistische Unterstützung und dergleichen werden nicht als Intervention gewertet.

Jakobeit, Cord: Kriegstypologie. Universität Hamburg/AKUF. In: www.wiso.uni-hamburg.de, Abruf am 12.03.2026

M4 Was sind alte und neue Kriege?

Guerillakriegsführung
„guerilla" (spanisch): „Kleiner Krieg"; kleine Gruppen von Kämpfenden, die nicht als solche zu erkennen sind und sich als Zivilisten tarnen, kämpfen in ihrem Lande gegen Soldatinnen und Soldaten einer Armee.

Der klassische Staatenkrieg [...] scheint zu einem historischen Auslaufmodell geworden zu sein; die Staaten haben als die faktischen Monopolisten des Krieges abgedankt, und an ihre Stelle treten immer häufiger parastaatliche, teilweise sogar private Akteure – von lokalen Warlords und Guerillagruppen über weltweit operierende Söldnerfirmen bis zu internationalen Terrornetzwerken, für die der Krieg zu einem dauerhaften Betätigungsfeld geworden ist. Nicht alle, aber doch viele von ihnen sind Kriegsunternehmer, die den Krieg auf eigene Rechnung führen und sich die dazu benötigten Einnahmen auf unterschiedliche Art und Weise verschaffen: Sie werden durch reiche Privatleute, Staaten oder Emigrantengemeinden finanziell unterstützt, verkaufen Bohr- und Schürfrechte für die von ihnen kontrollierten Gebiete, betreiben Drogen- und Menschenhandel oder erpressen Schutz- und Lösegeld, und durchweg profitieren sie von den Hilfslieferungen internationaler Organisationen, da sie die Flüchtlingslager (oder zumindest die Zugänge zu ihnen) kontrollieren.

Wie auch immer aber die Kriegsparteien zu den erforderlichen Mitteln gelangen – stets ist die Finanzierung des Krieges, anders als in den klassischen Staatenkriegen, ein wichtiger Aspekt der Kriegführung selbst.

[...] Angesichts der Unübersichtlichkeit der Konfliktgründe und Gewaltmotive bevorzuge ich den unscharfen, aber offenen Begriff der neuen Kriege [...]. [...]

[Es] werden namentlich drei Entwicklungen zu verfolgen sein: zunächst die bereits angesprochene Entstaatlichung beziehungsweise Privatisierung kriegerischer Gewalt. Sie wurde dadurch möglich, dass die unmittelbare Kriegführung in den neuen Kriegen relativ billig ist. Leichte Waffen sind allenthalben günstig zu erhalten und erfordern keine langen Ausbildungszeiten. Diese Verbilligung hat mit der zweiten für die neuen Kriege charakteristischen Entwicklung zu tun, der Asymmetrisierung kriegerischer Gewalt, also dem Umstand, dass in der Regel nicht gleichartige Gegner miteinander kämpfen. Es gibt keine Fronten mehr, und deshalb kommt es auch nur selten zu Gefechten und eigentlich nie zu großen Schlachten, sodass sich die militärischen Kräfte nicht aneinander reiben und verbrauchen, sondern sich gegenseitig schonen und die Gewalt stattdessen gegen die Zivilbevölkerung richten. Diese Asymmetrisierung wiederum ist dadurch gekennzeichnet, dass in ihr bestimmte Formen der Gewaltanwendung [...] selbst eine eigenständige strategische Dimension erlangt haben. Das gilt für den Partisanenkrieg, wie er sich nach dem Ende des Zweiten Weltkriegs entwickelt hat, und insbesondere für den Terrorismus. Man kann hier [drittens] von einer sukzessiven Verselbstständigung oder Autonomisierung [zuvor] militärisch eingebundener Gewaltformen sprechen. In der Folge haben reguläre Armeen die Kontrolle über das Kriegsgeschehen verloren, und diese ist zu erheblichen Meilen in die Hände von Gewaltakteuren geraten, denen der Krieg als Auseinandersetzung zwischen Gleichartigen fremd ist. [...]

Neben ethnischen Konflikten [...] spielen dabei nicht selten auch religiös-kulturelle Differenzen eine erhebliche Rolle. [...] Außerdem beuten die Kriegsakteure solche Unterschiede nur zu gern als ideologische Ressource aus, mit der sich Anhänger gewinnen und Unterstützung mobilisieren lassen. [...] Kurz, ethnische wie religiöse Gegensätze sind meist nicht die Ursachen eines Konflikts, sondern sie verstärken ihn nur. [...] Besonders dieses Gemisch unterschiedlicher Motive und Ursachen macht es so schwer, diese Kriege zu beenden und einen stabilen Friedenszustand herzustellen. [...]

Der [alte] Krieg wurde nach Regeln erklärt, und nach ebensolchen Regeln wurde er auch wieder beendet. Dementsprechend war er zeitlich präzise begrenzt: An seinem Anfang stand die Kriegserklärung und an seinem Ende der Friedensschluss.

[Der Staatenkrieg hat] im Wesentlichen unsere Vorstellung vom Krieg bis heute geprägt: Er ist ein Kampf zwischen Soldaten, der nach Regeln, die als Kriegsrecht kodifiziert sind, ausgetragen wird. Nur wenn im Krieg nicht alles erlaubt ist, kann von Kriegsverbrechen gesprochen werden, die geahndet werden müssen. All dies ist in den neuen Kriegen nicht der Fall.

Münkler, Herfried: Die neuen Kriege. Hamburg: Rowohlt 2002, S. 7 ff., 24

M5 Was sind hybride Kriege?

Hybride Kriegführung ist eine spezifische Form der Kriegführung, die sich anhand von drei zentralen Merkmalen und deren Interaktion beschreiben lässt. Diese beziehen sich auf den Entscheidungsraum, die Operationsführung und den Mittel-/Methodeneinsatz. Je nach Ausprägung dieser Merkmale lassen sich darauf basierend Art und Grad der Hybridität einer Auseinandersetzung bestimmen.

Entscheidungsraum: Im Rahmen hybrider Kriegführung werden unterschiedliche Domänen und Dimensionen als eigenständige Handlungsfelder miteinander kombiniert, wodurch das [ursprünglich rein militärische] Gefechtsfeld erweitert wird. Dies schließt Domänen wie Politik, Diplomatie, Information, Wirtschaft, Finanzen, kritische Infrastruktur, Technologie, Militär, Gesellschaft und Kultur ein. Auch weiche Dimensionen wie Legitimität und Moral kommen im Rahmen hybrider Kriegführung regelmäßig zum Tragen. Wichtig ist, dass die Gesamtentscheidung im Rahmen hybrider Kriegführung primär auf nicht-militärischen Gravitationsfeldern [...], oftmals auch in domänenübergreifender oder kombinierter Form, angestrebt wird. Hybride Kriegführung ist damit weit mehr als der rein militärische Kampf. [...]

Operationsführung: Hybride Kriegführung kennzeichnet sich durch das Operieren in Grauzonen von Schnittstellen. Diese bilden sich in den schwer zu fassenden Bereichen zwischen Krieg und Frieden, Freund und Feind, innerer und äußerer Sicherheit, ziviler und militärischer Verantwortung, Wahrheit und Lüge, legalen und illegalen Methoden des Vorgehens sowie staatlichen und nicht-staatlichen Akteurskategorien. Damit schafft hybride Kriegführung bewusst Ambiguitäten und löst gezielt traditionelle Ordnungskategorien und Verantwortungsbereiche auf. Lagefeststellung und Entscheidungsfindung des Gegners werden so paralysiert und seine Reaktionsmöglichkeiten begrenzt. Vor dem Hintergrund des Operierens im Grauzonenbereich von Schnittstellen kann hybride Kriegführung auch als Schattenkriegführung oder Grauzonenkriegführung bezeichnet werden.

Mittel-/Methodeneinsatz: Hybride Kriegführung kombiniert unterschiedlichste, zivile und militärische, reguläre und irreguläre sowie offene und verdeckte Mittel, Methoden, Taktiken und Strategien auf besonders kreative Art und Weise. Sie verbindet Elemente miteinander, die ansonsten eher getrennt voneinander zu sehen sind. Dabei entstehen immer wieder neue hybride Mischformen, bei denen Vorgehensweisen und Konzepte, auch hierarchie- und ebenenübergreifend, unorthodox miteinander verbunden werden. Mittel und Methoden der Diplomatie (z. B. in Form von Scheinverhandlungen), der Desinformation, der Propaganda, des Wirtschaftskrieges (z. B. in Form der Blockade von Wirtschaftsbeziehungen, Handelsströmen, Versorgungsketten), der militärischen Konfrontation oder auch des gesellschaftlichen Kulturkampfes können dabei miteinander orchestriert werden. Im militärischen Bereich kann das zum Beispiel die Kombination aus konventioneller Kriegführung und Guerilliakriegführung bedeuten. [...]

Die physische Vernichtung von Streitkräf-

Ambiguität
Mehrdeutigkeit

paralysieren
Jemanden handlungsunfähig machen.

ten steht in der Regel nicht im Mittelpunkt hybrider Kriegführung. Da es eines der Wesensmerkmale hybrider Kriegführung ist, das Gefechtsfeld horizontal zu entgrenzen, kann letztendlich alles zum Angriffsziel werden. Der Zusammenhalt einer Gesellschaft kann ebenso angegriffen werden wie die Moral eines Akteurs oder die Legitimität politischer Zielsetzungen. [...] Der Informationsraum ist heute ein besonders einfach, kostengünstig und gefahrlos anzugreifendes Ziel. Über den Cyberraum ergeben sich gerade hier neue Angriffsvektoren. Dazu müssen nicht gepanzerte Streitkräfte in Raum und Zeit bewegt und Menschenleben aufs Spiel gesetzt werden. Die Bewegung von Bits und Bytes kann genügen. Aber auch andere weiche Faktoren wie Recht, Geschichte, Kultur und Legitimität können zu eigenständigen Gefechtsfeldern im Rahmen hybrider Kriegführung werden. So lässt sich beispielsweise über gezielte Uminterpretation von Geschichte und die Verbreitung entsprechender Narrative die Existenzberechtigung von Staaten infrage stellen, wie dies jüngst der Ukraine widerfahren ist. Selbstverständlich können auch die Streitkräfte zum Angriffsziel hybrider Akteure werden, insbesondere wenn diese in Relation zum Gegner schwach oder in ihrem Handeln eingeschränkt sind. Hier steht dann aber in der Regel nicht die physische Vernichtung, sondern die geistig-moralische Paralysierung im Mittelpunkt.

Schmid, Johann: Was ist hybride Kriegsführung? In: https://zms.bundeswehr.de, 30.09.2022, Hervorhebungen durch Bearbeiter

Johann Schmid war Offizier der Bundeswehr in verschiedenen internationalen (NATO-)Operationen; wissenschaftlich untersucht er den Wandel des Krieges und hat Forschungsprojekte zur hybriden Kriegsführung geleitet.

M6 Symmetrischer, asymmetrischer oder Neuer Krieg?

Hinweise zum Schaubild:
Im symmetrischen Krieg stehen sich in der Regel reguläre staatliche Armeen gegenüber. Sie weisen eine ähnliche strategische, organisatorische und waffentechnische Vergleichbarkeit auf. In asymmetrischen Kriegen sind die Gegner der regulären Armeen oftmals weniger organisiert, zahlenmäßig unterlegen und wenden andere Strategien an (z. B. Anschläge etc.).

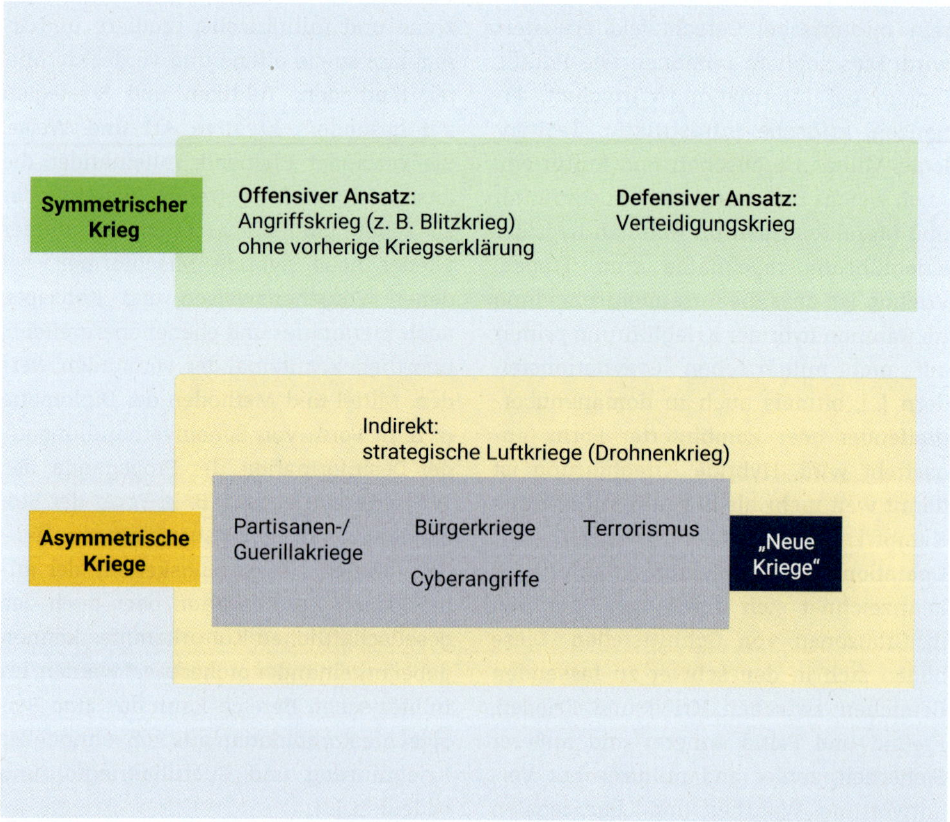

Bearbeitergrafik

M7 Konflikte, Krisen und Kriege weltweit

Nationale und internationale Konflikte
Stand: 2025

73000-489

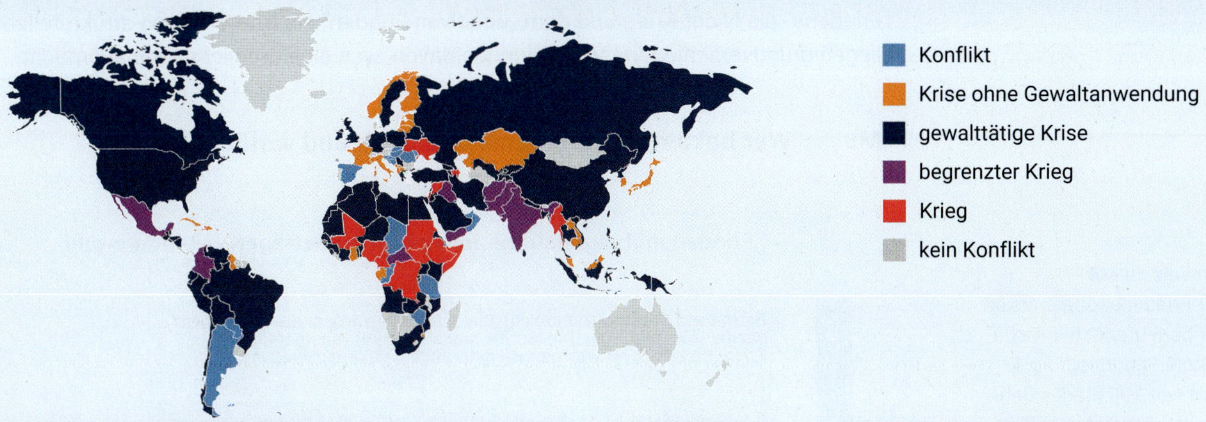

Intensitätsstufe	Bezeichnung	Gewaltniveau	Intensitätsklasse
1	Konflikt	nicht-gewalttätige Konflikte	geringe Intensität
2	Krise ohne Gewaltanwendung		
3	gewalttätige Krise	gewalttätige Konflikte	mittlere Intensität
4	begrenzter Krieg		hohe Intensität
5	Krieg		

Ausschlaggebend für die Intensitätsstufe ist unter anderem, welche (bzw. ob) Waffen verwendet werden, wie viele Menschen am Konflikt beteiligt sind, wie viele Verletzte es gibt, ob Flüchtlinge beteiligt sind (und in welcher Anzahl) und ob zivile oder militärische Infrastruktur beschädigt wurde.

©C.C. Buchner Verlag, aktuelle Daten nach HIIK, eigene Anpassungen (Datenerhebung: 2023; Grafikerstellung: 2025)

Hintergrund: Deutschland

Die Einordnung Deutschlands in Kategorie 3 (gewalttätige Krise) wird mit den gewalttätigen Ausschreitungen rechter Gruppierungen und fremdenfeindlicher Individuen begründet. Im Jahr 2024 wurden 36.554 Straftaten mit rechtsextremistisch motiviertem Hintergrund festgehalten, von denen 1.281 gewalttätig waren. Insgesamt wurden 1.121 Personen verletzt.

Bearbeiterin, Zahlen nach: Verfassungsschutzbericht 2024

Aufgaben

72018-702

1. Ordnen Sie die Abbildungen (**M1**) in Ihre bisherige Kriegsdefinition ein.
2. Vergleichen Sie Ihre Kriegsdefinition mit der Definition der Arbeitsgemeinschaft Kriegsursachenforschung (**M2**, **M3**).
3. Vergleichen Sie die „alten“ und „neuen“ Kriege nach Münkler (**M4**) anhand folgender Kriterien: Akteure, Ziele, Kriegsende und Abgrenzung von Krieg und Frieden, Intensität und Dauer, Finanzierung, Kriegsrecht, Kriegsführung, Angriffsziele.
4. Beschreiben Sie hybride Kriegsführung nach Johann Schmid (**M5**).
5. Erklären Sie symmetrische, asymmetrische und neue Kriege (**M6**).
6. Beschreiben Sie die regionale Verteilung von Konflikten, Krisen und Kriegen (**M7**).

F zu Aufgabe 6
Stellen Sie Vermutungen an, warum in manchen Ländern Konflikte zur Zeit gewaltsam ausgetragen werden (**M7**).

7.1.2 Was ist (für uns) Frieden?

Zum Thema: Frieden bedeutet mehr als die bloße Abwesenheit von Krieg. Aber was genau ist Frieden – und wie lässt er sich erreichen? Zwischen dem Konzept des „negativen Friedens" als Nicht-Krieg und dem „positiven Frieden" als Überwindung struktureller Gewalt liegen grundverschiedene Vorstellungen davon, was eine friedliche Welt ausmacht.

M8 Wer bekam den Friedensnobelpreis und wofür?

Hinweis zu M8
Der Friedensnobelpreis ist der bedeutendste internationale Friedenspreis. Er wird seit 1901 jedes Jahr am 10. Dezember in Oslo verliehen. **M5** zeigt eine Auswahl der Friedensnobelpreisträgerinnen und Peisträger.

Friedensnobelpreisträgerinnen und -preisträger – eine Auswahl

1905	**Bertha von Suttner** (Österreich): Die Schriftstellerin wandte sich in dem pazifistischen Roman „Die Waffen nieder!" (1889) vehement gegen Krieg. Bereits zuvor war sie sehr aktiv in der Friedensbewegung.
1953	**George C. Marshall** (USA): Der US-Außenminister wird für seine Leistungen um den wirtschaftlichen Wiederaufbau Europas nach dem Marshall-Plan ausgezeichnet.
1971	**Willy Brandt** (Deutschland)**:** Der deutsche Bundeskanzler wird für die auf Annäherung (an DDR und UdSSR) und Ausgleich zielende Ostpolitik (insbesondere durch eine Aussöhnung mit Polen durch Anerkennung von Staatsgebiet und Grenzen) ausgezeichnet.
1977	**Amnesty International:** Die Organisation erhält die Auszeichnung wegen des Einsatzes für Menschenrechte.
2006	**Muhammad Yunus** (Bangladesch): Der Ökonom erhält den Preis für die Vergabe von Mikrokrediten an Arme und die Begründung des Mikrofinanz-Gedankens.
2007	**Al Gore** (USA): Der US-amerikanische Politiker und Unternehmer wird für seinen Einsatz gegen eine drohende Klimakatastrophe ausgezeichnet.
2012	**Europäische Union:** Der Staatenbund wird für die Förderung von Versöhnung, Demokratie und Menschenrechten in Europa ausgezeichnet.
2017	**Internationale Kampagne zur Abschaffung von Atomwaffen** (Schweiz): Die Organisation erhält den Preis für ihren Einsatz, Atomwaffen vertraglich international zu verbieten.
2018	**Nadia Murad** (Irak): Die Menschenrechtsaktivistin erhält den Preis für ihren Einsatz gegen sexuelle Gewalt als Waffe in Kriegen.
2021	**Maria Ressa** (Philippinen) und **Dimitri Muratow** (Russland): Die beiden erhalten den Preis für ihren Einsatz für Meinungsfreiheit als Voraussetzung für Frieden und Demokratie.

Willy Brandt (1913-1992)

Nadia Murad bei einem Empfang im Bundestag, 2022

Bearbeiterin

Einstiegsaufgabe 72018-703

Arbeiten Sie aus den Begründungen für die Vergabe des Friedensnobelpreises (**M8**) unterschiedliche Friedensbegriffe heraus.

M9 Positiver und negativer Frieden

Frieden ist mehr als Abwesenheit von Krieg. Gewaltvolle Konflikte haben nicht nur direkte, sondern auch indirekte und strukturelle Ursachen, zum Beispiel Armut, Hunger, politische Diskriminierung oder soziale Ungleichheit. Der Begriff „positiver Frieden“ berücksichtigt diese Aspekte und zielt auf einen Zustand, in dem nicht nur direkte Gewalt eingestellt wird, sondern auch indirekte und strukturelle Formen von Gewalt präventiv und nachhaltig beseitigt werden. [...]

Der Begriff des „positiven Friedens“ geht auf den norwegischen Mathematiker und Mitbegründer der Friedens- und Konfliktforschung Johan Galtung zurück. Er unterscheidet „negativen Frieden“ als Abwesenheit physischer Gewalt und „positiven Frieden“ als gerechten und in jeder Hinsicht wünschenswerten Zustand. Daraus ergibt sich die Unterscheidung zwischen Frieden als Ziel und als Prozess: Während „negativer Frieden“ einem Zustand des „Nicht-Krieges“ entspricht, wird „positiver Frieden“ als dynamischer Prozess im Sinne einer produktiven Schaffung gerechterer sozioökonomischer und politischer Verhältnisse verstanden – oder umgekehrt als Beseitigung der Ursachen für diesen potenziellen Gewaltausbruch durch eine „positive“ Gestaltung und Regulierung der Beziehungen.

Die Unterscheidung beruht auf einer differenzierten Ausweitung des Gewaltbegriffs auf alle negativen Folgen sozialer, politischer und wirtschaftlicher Verhältnisse und Beziehungen. Die Ursache gewaltförmiger Konflikte und Kriege liegt oftmals in der „strukturellen Gewalt“ begründet, in sozialen, politischen und ökonomischen Verhältnissen und Beziehungen, genauer: in Formen von Ausbeutung, Unterdrückung, Rassismus und Sexismus, ungleichen Bildungsbedingungen, enormem Reichtum und bitterer Armut, ökologischer Zerstörung usw.

„Positiver Frieden“ bedeutet, nicht erst dann an Frieden zu denken, wenn das Kind bereits in den Brunnen gefallen ist. Konflikte finden meist erst dann Beachtung, wenn sie gewalttätig geworden sind. Häufig werden sie dann auf religiöse, ethnische oder auf rein geopolitische oder regionale Konflikte reduziert. Oft sind Konflikte aber schon da, lange bevor sie offen gewalttätig werden. Meist beginnen diese als Verteilungs- oder Befreiungskonflikte, die dann entlang konfessioneller oder ethno-regionaler Grenzen sowie auf internationaler und regionaler Ebene ausgetragen werden. Kritische Konfliktanalysen müssen daher nach den Ursachen fragen. Sie müssen die verschiedenen Akteure sowie ihre jeweiligen Interessen untersuchen: nationale und internationale, jene, die davon profitieren ebenso wie jene, die darunter leiden.

Um dieser Analyse Rechnung zu tragen, entwickelte Galtung das Verständnis von Gewalt als einer Situation, die im Wesentlichen durch zwei miteinander in Konflikt stehende Akteure gekennzeichnet ist, weiter. Nach dieser neuen Definition ist die Gewalt so in eine Struktur eingebaut, dass keiner dem anderen direkt zu schaden scheint. Galtung weist in diesem Zusammenhang darauf hin, dass die beiden Begriffe aufeinander folgen oder gezielt eingesetzt werden können. So wurde im Kolonialismus „direkte Gewalt“ eingesetzt, um „strukturelle Gewalt“ zu etablieren, die früher oder später zu direkter Gegengewalt in Form von Unterdrückung und Entfremdung führte, wie in den antiimperialistischen Befreiungsbewegungen des 20. Jahrhunderts. [...]

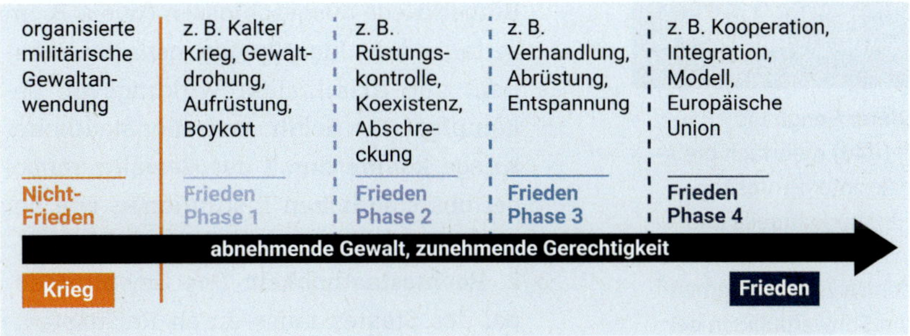

Bearbeiter

Galtung versteht Frieden als „Mehrebenenprozess", was bedeutet, dass er nicht nur eine Angelegenheit von Staaten und Regierungen, eine Frage der Kriegsvermeidung und Abrüstung ist, sondern dass er als gesamtgesellschaftliche Aufgabe entscheidend mit den Lebensbedingungen der Menschen zu tun hat.

Wuchold, Eva: Positiver Frieden. In: https://zeitschrift-luxemburg.de, Abruf am 12.03.2026

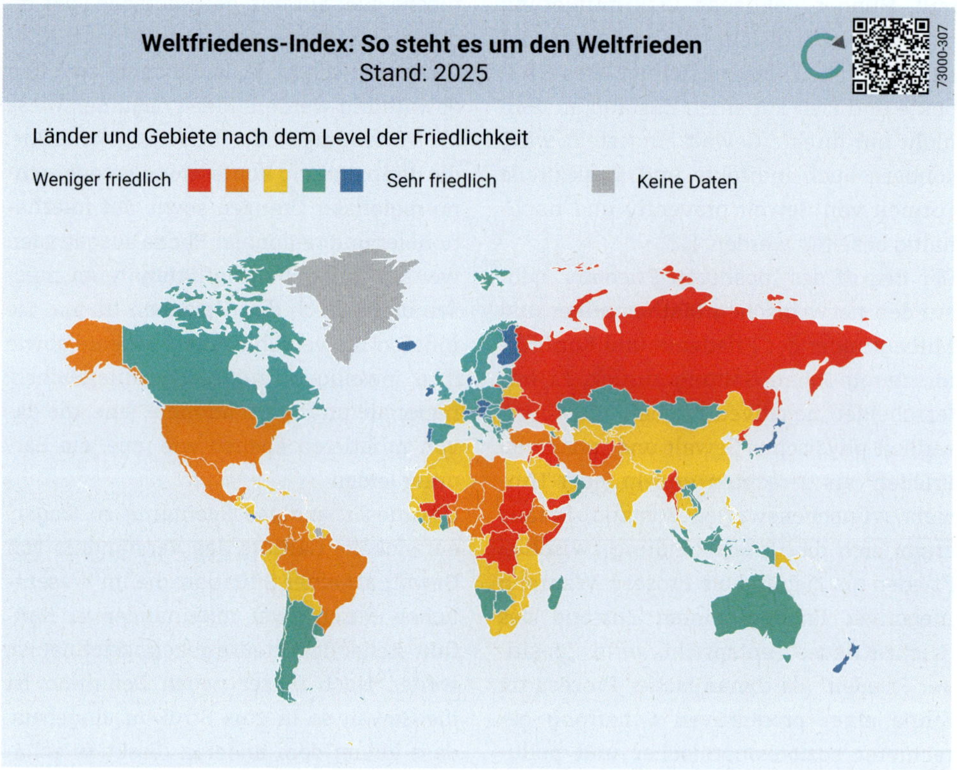

©C.C. Buchner Verlag, aktuelle Daten nach: Global Peace Index / Institute for Economics and Peace (Datenerhebung: 2025; Grafikerstellung: 2025)

M10 Wann ist eine Gesellschaft friedlich? Das zivilisatorische Hexagon

*Ein bedeutendes Modell für eine friedliche und stabile Gesellschaft ist das **zivilisatorische Hexagon**, das von dem Bremer Friedensforscher Dieter Senghaas entwickelt wurde. Es benennt sechs Bedingungen, die zusammen eine tragfähige Friedensordnung ermöglichen.*

Dieter Senghaas (*1940) mehrfach preisgekrönter Professor für interkulturelle und internationale Studien an der Universität Bremen mit Schwerpunkt in der Friedensforschung

1. Gewaltmonopol: Mit einer Durchsetzung des Gewaltmonopols des Staates wären Bürgerkriege ausgeschlossen (wie z. B. im zerfallenden Jugoslawien oder im Libanon) und Kriminalität wirkungsvoll bekämpfbar. Die Gefahr zwischenstaatlicher Kriege könnte durch das Gewaltmonopol bei überstaatlichen Institutionen wie der UNO verringert werden.

2. Rechtsstaatlichkeit: Das Gewaltmonopol des Staates muss durch Rechtsstaatlichkeit zivilisiert werden (Bindung des Staates an eine freiheitlich demokratische Verfassung), um diktatorische Regime zu verhindern.

3. Demokratische Partizipation: Die demokratische, gleichberechtigte Teilhabe aller gesellschaftlichen Gruppen, einschließlich religiöser, ethnischer oder sexueller Minderheiten, verhindert, dass Teile der Bevölkerung von politischen Entscheidungen ausgeschlossen und diskriminiert werden und ihre Interessen im äußersten Falle gewaltsam vertreten.

4. Soziale Gerechtigkeit: Das Ziel der sozialen Gerechtigkeit im Sinne von Chancen- und Verteilungsgerechtigkeit sowie einer Sicherung der Grundbedürfnisse muss politisch verfolgt werden, um zu verhindern, dass Teile der Gesellschaft ausgegrenzt werden und chancenlos sind. Sozialpolitik ist somit eine Bedingung für die Erhaltung des inneren Friedens.

5. Interdependenzen und Affektkontrolle: Die friedliche Austragung von Konflikten im Rahmen von Regelungsinstitutionen (z. B. Gerichten) muss getragen sein von einer Sozialisation, deren Ziel Selbstbeherrschung und Affektkontrolle bei den Konfliktparteien ist. Es muss also die Bereitschaft in der Gesellschaft vorherrschen, sich auf die institutionalisierte Konfliktregelung zu verlassen und nicht sein vermeintliches Recht gewaltsam zu verfolgen.

6. Konstruktive Konfliktkultur: Die Bereitschaft zur Kompromisssuche bei Konflikten sowie eine tolerante Grundhaltung muss in der Gesellschaft selbstverständliche Orientierung sein und die politische Kultur prägen. Die rechtsstaatlichen Regeln und demokratischen Institutionen des Gemeinwesens werden so von einer positiven emotionalen Einstellung der Bürger getragen.

Diese sechs Elemente greifen ineinander. Fehlt eines davon, kann die Stabilität des Gesamtsystems gefährdet sein.

Nach: Senghaas, Dieter: Frieden als Zivilisationsprojekt. In: ders. (Hg.), Den Frieden denken. Frankfurt am Main: Suhrkamp 1995, S. 198 ff.

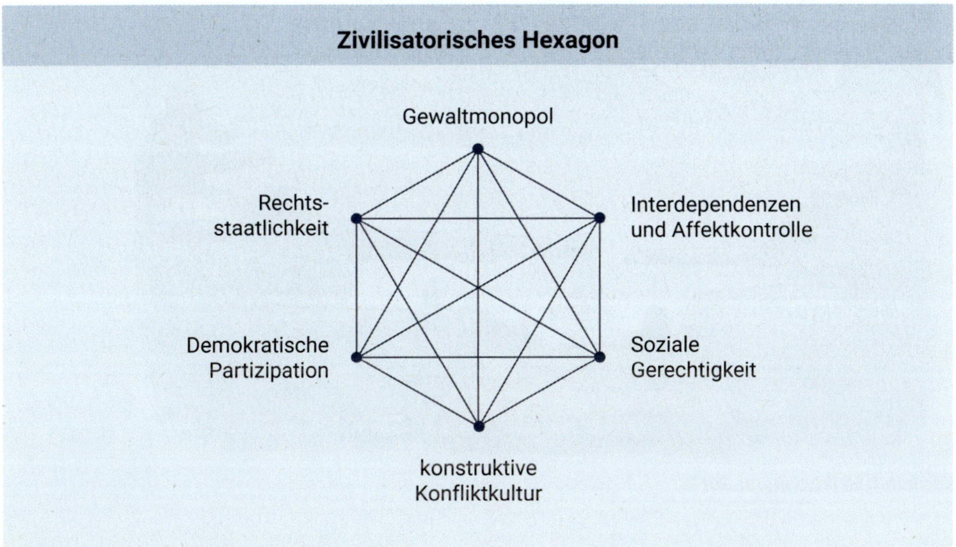

Bearbeitergrafik, basierend auf Dieter Senghaas

M11 Das Sicherheitsdilemma

A Theoretische Überlegungen

Die tragische Lage, in der sich eine zwiegespaltene und mit Atombomben gesegnete Welt derzeit befindet, spiegelt lediglich in äußerster Zuspitzung ein Dilemma wider, mit dem sich menschliche Gesellschaften von Anbeginn ihrer Geschichte auseinanderzusetzen hatten. Das Dilemma entspringt einer grundlegenden Sozialkonstellation, der zufolge eine Vielzahl miteinander verflochtener Gruppen politisch letzte Einheiten darstellen, d. h. nebeneinander bestehen, ohne in ein noch höheres Ganzes integriert zu sein. Wo und wann auch immer eine solche „anarchische" Gesellschaft existiert hat – und in den meisten Epochen der uns bekannten

Geschichte hat sie das auf irgendeiner Ebene –, ergab sich für Menschen, Gruppen, Führer eine Lage, die sich als „Sicherheitsdilemma" bezeichnen lässt. Gruppen oder Individuen, die in einer derartigen, eines Schutzes „von oben" entbehrenden Konstellation leben, müssen um ihre Sicherheit vor Angriffen, Unterwerfung, Beherrschung oder Vernichtung durch andere Gruppen oder Individuen fürchten, eine Besorgnis, die sich aus der Sachlage selber ergibt. Und in dem Streben nach Sicherheit vor solchen Angriffen sehen sie sich gezwungen, immer mehr Macht zu akkumulieren, nur um der Macht der anderen begegnen zu können. Dies wiederum macht die anderen unsicherer und zwingt sie, sich auf „das Schlimmste" vorzubereiten. Da sich in einer Welt derart konkurrierender Einheiten niemand je ganz sicher fühlen kann, ergibt sich ein Wettlauf um die Macht, und der Teufelskreis von Sicherheitsbedürfnis und Machtanhäufung schließt sich.

Herz, John: Idealistischer Internationalismus und das Sicherheitsdilemma. In: Herz, John: Staatenwelt und Weltpolitik, übersetzt von Lili Flechtheim. Hamburg: Hoffmann und Campe 1974, S. 39-56

B „Sie lassen uns keine Wahl ..."

Karikatur: Heiko Sakurai, 2014

Aufgaben

72018-704

1. Geben Sie das Konzept positiven und negativen Friedens nach Johan Galtung wieder (**M9**).
2. Arbeiten Sie die Entwicklung der Friedensbegriffe (**M5**) heraus. Beziehen Sie sich dabei auf die Friedensdefinitionen nach Galtung (**M9**).
3. Erläutern Sie, inwiefern das zivilisatorische Hexagon nach Senghaas (**M10**) als Konkretisierung des Konzepts des „positiven Friedens" nach Galtung (**M9**) verstanden werden kann. Gehen Sie dabei auf mindestens drei der sechs Elemente des Hexagons ein.
4. Stellen Sie das Sicherheitsdilemma nach John Herz (**M11 A**) dar.
5. Ordnen Sie die Aussage der Karikatur (**M11 B**) in die Friedensbegriffe (**M9**) und das Sicherheitsdilemma (**M11 A**) ein.

F zu Aufgabe 2
Vergleichen Sie Ihre Friedensdefinition (Auftaktseite) mit den Friedensbegriffen des Nobelpreiskomitees (**M8**) und der Friedensforschung (**M9**).

7.1.3 Sicherheit heute – vom engen zum erweiterten Sicherheitsbegriff

Zum Thema: Was bedeutet Sicherheit – und wessen Sicherheit ist gemeint? Der traditionelle Sicherheitsbegriff war eng gefasst, doch er hat sich im Laufe der Zeit grundlegend gewandelt. Was ein „erweiterter Sicherheitsbegriff" heute umfasst, welche Dimensionen er berücksichtigt und welche Herausforderungen damit verbunden sind, ist Gegenstand dieses Kapitels.

M12 Begriffe von „internationaler Sicherheit"

Enger/traditioneller Begriff internationaler Sicherheit	**Erweiterter Begriff internationaler Sicherheit**
Abwehr militärischer Bedrohungen eines Staates durch andere Staaten	???

Einstiegsaufgabe 72018-705

Stellen Sie Vermutungen an, was ein „erweiterter Sicherheitsbegriff" umfassen könnte (**M12**). Führen Sie dazu ein Blitzlicht durch.

M13 Dimensionen des erweiterten Sicherheitsbegriffs

Sicherheit ist zum zentralen Wertbegriff moderner und postmoderner Gesellschaften geworden, zum Goldstandard des Politischen, wenn man so will. Das war nicht immer so. In der internationalen Politik konkurrierten lange die Begriffe Frieden und Sicherheit um den Vorrang in Strategiedebatten und Parteiprogrammen. Heute ist globale Sicherheit ein unbestrittener Wert, und von Frieden ist nur noch in Sonntagsreden die Rede.

Auch in der Entwicklungspolitik wird heute dort, wo früher die Überwindung der Not als Friedensziel galt, von menschlicher Sicherheit gesprochen. [...]

Trotz der Allgegenwart des Sicherheitsbegriffs ist seine Bedeutung vager denn je. Das kann nicht verwundern, sind es doch gerade die evaluativen Begriffe, also diejenigen, die gesellschaftliche Werte ausdrücken, die mehrdeutig und umstritten sind. [...]

[Es] müssen vier Dimensionen der Erweiterung [des Sicherheitsbegriffs] unterschieden werden. Die erste Dimension betrifft die Sachdimension, also die Frage, in welchem Problembereich die politischen Sicherheitsgefahren gesehen werden. Im Laufe der letzten 50 Jahre sind neben militärischen auch ökonomische und ökologische, zuletzt auch humanitäre Aspekte unter den Sicherheitsbegriff subsumiert worden. Die zweite Dimension betrifft die Referenzdimension, also die Frage, wessen Sicherheit gewährleistet werden soll. Auch hier hat eine Bedeutungsverschiebung stattgefunden und zwar vom Staat über die Gesellschaft zum Individuum als Referenzobjekt der Sicherheitspolitik. Die dritte Dimension betrifft die Raumdimension, also die Frage, für welches geographische Gebiet Sicherheit angestrebt wird. Hier lässt sich eine Ausdehnung des Verständnisses von Sicherheit feststellen, insofern zunächst von territorial-staatlicher, dann von regionaler und internationaler und schließlich von globaler Sicherheit die Rede war. Die vierte Dimension bezieht sich schließlich auf die Gefahrendimension, also die Frage, wie das Problem konzeptualisiert [hier: verstanden] wird, auf das die Sicherheitspolitik antworten soll. Ist es eine konkrete Bedrohung, die eigene Verwundbarkeit oder sind es diffuse Risiken, die als Herausforderung für die Sicherheitspolitik angesehen werden?

In gewisser Weise hängen diese Dimensionen natürlich zusammen. Während früher mit einem „engen Sicherheitsbegriff" vor allem die militärische Bedrohung nationaler Territorialität thematisiert wurde, kann heute mit einem „erweiterten Sicherheitsbegriff" auch das individuelle Risiko globaler Menschenrechtsverletzungen erfasst werden. Gleichzeitig lassen sich Sicherheitsaspekte aber auch kombinieren, so dass etwa die regionale Verwundbarkeit von Staaten angesichts ökologischer Katastrophen oder die Risiken globaler Wirtschaftskrisen für das Wohlergehen der Menschen in den Blick genommen werden können. Das deutet darauf hin, dass die genannten Dimensionen hinreichend unabhängig voneinander sind [...].

Daase, Christopher: Der erweiterte Sicherheitsbegriff. In: Projekt Sicherheitskultur im Wandel (Hg.): Working Paper Series (1). Frankfurt am Main: Goethe Universität 2010, S. 2 f.

Dimensionen des erweiterten Sicherheitsbegriffs

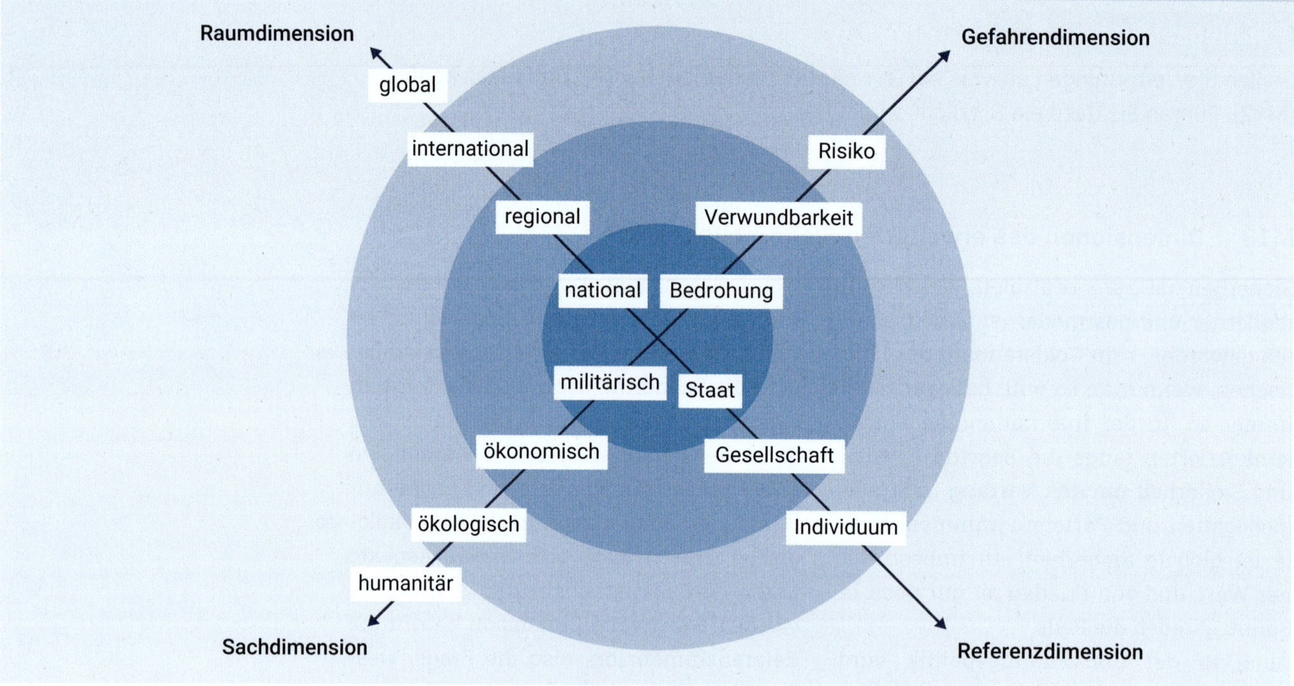

Nach: Daase, Christopher: Der erweiterte Sicherheitsbegriff. In: Working Paper 1/2010. Hg. vom Projekt Sicherheitskultur im Wandel an der Goethe-Universität Frankfurt, S. 2 f.

Aufgaben

72018-706

1. Stellen Sie den erweiterten Sicherheitsbegriff dar (**M14**).
2. Diskutieren Sie, warum der erweiterte Sicherheitsbegriff in der heutigen internationalen Politik an Bedeutung gewonnen hat (**M14**).

7.2 Bedrohungen der nationalen und internationalen Sicherheit

7.2.1 Wodurch wird die Sicherheit Deutschlands und Europas (zukünftig) bedroht?

Zum Thema: Womit muss Deutschland und Europa heute rechnen, wenn es um äußere Sicherheit geht? Neben klassischen militärischen Bedrohungen rücken Cyberangriffe auf staatliche und wirtschaftliche Infrastrukturen sowie der Klimawandel als Konflikttreiber in den Fokus. Das Kapitel fragt, welche sicherheitspolitischen Bedrohungen heute eine Herausforderung darstellen.

M1 Welche äußeren Sicherheitsbedrohungen sah Deutschland 2016 für sich?

Im sogenannten Weißbuch wurden die äußeren Bedrohungen für die Sicherheit Deutschlands von der Regierung eingeschätzt und sicherheitspolitische Grundsätze festgelegt. Der folgende Auszug stammt aus dem Inhaltverzeichnis des jüngsten Weißbuchs von 2016 aus der Zeit der Regierung Angela Merkels (damalige Bundeskanzlerin, CDU) unter der Verantwortung der damaligen Bundesverteidigungsministerin Ursula von der Leyen (CDU). Die Weißbücher wurden 2023 von der sogenannten Nationalen Sicherheitsstrategie abgelöst.

Herausforderungen für die deutsche Sicherheitspolitik

- Transnationaler Terrorismus
- Herausforderungen aus dem Cyber- und Informationsraum
- Zwischenstaatliche Konflikte
- Fragile Staatlichkeit und schlechte Regierungsführung
- Weltweite Aufrüstung und Proliferation von Massenvernichtungswaffen
- Gefährdung der Informations-, Kommunikations-, Versorgungs-, Transport- und Handelslinien und der Sicherheit der Rohstoff- und Energieversorgung
- Klimawandel
- Unkontrollierte und irreguläre Migration
- Pandemien und Seuchen

Bundesministerium der Verteidigung (Hg.): Weißbuch zur Sicherheitspolitik und zur Zukunft der Bundeswehr. Berlin 2016, S. 11

Proliferation
hier: Verbreitung bzw. Weitergabe

Einstiegsaufgaben 72018-707

1. Stellen Sie Bezüge zwischen einzelnen Sicherheitsbedrohungen her (**M1**).
2. Die zehn genannten Bedrohungen der äußeren Sicherheit Deutschlands (**M1**) sind 2016 formuliert worden. Gewichten und diskutieren Sie aus Ihrer heutigen Sicht die Bedrohungen.

M2 Droht ein Atomkrieg (in Europa)?

Letztmals im Jahr 2010 handelten die großen Atommächte USA und Russland mit „New Start" ein Abkommen zur Begrenzung der Nuklearwaffen aus. Es begrenzt die Zahl der Nuklearsprengköpfe auf 1.550 und die der Trägersysteme auf 800 pro Staat.

Update-Grafik
Länder mit Atomwaffen

73000-610

Atomwaffen in Belarus
Im Jahr 2023 begann die russische Regierung unter Wladimir Putin damit, im verbündeten Belarus, das an Polen, Litauen, Lettland und die Ukraine angrenzt, Nuklearwaffen zu stationieren.

Als Erfolg gilt seither bereits die Bewahrung des Status quo [= der bestehenden Bedingungen]. Dies betraf konkret New START. Der Vertrag wäre am 5. Februar 2021 ausgelaufen. Weil es keine echte Aussicht auf einen Nachfolgevertrag gab, lag die Verlängerung um fünf Jahre nahe, um die Obergrenzen des Abkommens zu erhalten. [...]

Eine starke Triebfeder ist der Aufstieg neuer Mächte, die in der Rüstungskonkurrenz „mitmischen". Da alle bisherigen nuklearen Rüstungsbegrenzungsverträge allein die Arsenale von Russland und den USA beschränkten, setzen neue Akteure, die ungebunden aufrüsten, die etablierte Ordnung unter Druck. China, das Obergrenzen für sein Atomarsenal bisher ablehnt, spielt dabei die Hauptrolle. [...] [Chinas] rasch wachsende Zahl an Mittelstreckenraketen ließ Russland schon Anfang der 2000er Jahre mehrfach in Washington nachfragen, ob man den INF-Vertrag nicht auflösen könne; die USA lehnten jeweils ab. Mittlerweile bauen oder entwickeln im Indopazifik und Mittleren Osten zehn weitere Länder, darunter vier Staaten [Indien, Pakistan, Nordkorea, China] mit Kernwaffen, landgestützte Mittelstreckenraketen. So ergibt ein vollständiger Verzicht auf diese Raketen allein von Russland und den USA für beide immer weniger Sinn.

Der zweite Erosionstreiber besteht in der Wiederkehr von Großmachtrivalitäten um regionale Vorherrschaft. Moskaus und [Pekings] Bestreben, ihren Einfluss in Osteuropa beziehungsweise in Ostasien auf Kosten amerikanischer Partner auszubauen, hat Russland einen Krieg beginnen lassen und das Kriegsrisiko in Asien im vergangenen Jahrzehnt erhöht. In diesem Kontext hat atomare Abschreckung fühlbar an Bedeutung gewonnen, die Rolle von Kernwaffen in den Sicherheitspolitiken der Großmächte und ihrer Partner ist gewachsen. Nukleare Risikoreduzierung wird nun zwar wichtiger; die Fähigkeit, neue solche Schritte zu vereinbaren und umzusetzen, nimmt bei konfliktgeprägten Beziehungen aber ab: Alle Versuche der USA, für Krisen einen direkten Draht zur chinesischen Militärführung aufzubauen, sind ins Leere gelaufen. Auch die Rüstungsbegrenzung wird schwieriger [...]: Die Atomarsenale der beteiligten Großmächte sind nicht nur das Sicherheitsnetz für ihre kompetitiven [= gegeneinander gerichteten] Außenpolitiken. Sie sind selbst eine zentrale Währung im Ringen um Einfluss. [...]

Bereits vor dem Ukraine-Krieg hatte die schwierige Lage der nuklearen Rüstungskontrolle negative, aber keineswegs dramatische Effekte auf die internationale Politik. Die Gefahr, dass Russland oder die Nato Kernwaffen gegeneinander einsetzen, war 2021 trotz des Zerfalls der Rüstungskontrollarchitektur minimal. [...]

Schließlich stellt sich die Frage, ob die Erosion der Rüstungskontrolle ein nukleares Wettrüsten ausgelöst hat. Bisher ist dies nicht der Fall. [...]

Die für die nukleare Risikoreduzierung gedachten Kommunikationskanäle zwischen Moskau und Washington scheinen [aber] trotz des Krieges [gegen die Ukraine] weiterhin zu funktionieren. Als etwa Russland im April [2022] seine neueste Interkontinentalrakete testete, hat das russische Militär einen etablierten Gesprächskanal genutzt, um das Pentagon vorab darüber in Kenntnis zu setzen und eine ungewollte Eskalation zu vermeiden. Damit die USA und Russland wegen der Ukraine nicht in einen größeren Krieg miteinander geraten, haben sie Anfang März 2022 noch eine Deeskalationshotline zwischen dem US-Militärkommando für Europa und dem Verteidigungsministerium in Moskau eingerichtet. Obschon Schritte zur Risikoreduzierung gefühlt nie genug sind: Die Krisenkommunikation funktioniert; das Risiko unbeabsichtigter Atomschläge erscheint minimal.

Schneider, Jonas: Ende der Abrüstung. Nukleare Rüstungskontrolle heute. In: Aus Politik und Zeitgeschichte 72/2022, S. 20 ff.

M3 Cyberangriffe – eine unterschätzte Bedrohung?

A Angriffe auf öffentliche Netze

Katastrophenfall, das klingt dramatisch. Das klingt nach Hochwasser und Waldbränden, nach Reaktorunfällen, Flugzeugabstürzen und Terroranschlägen. Im Landkreis Anhalt-Bitterfeld steht der Begriff seit dem Sommer 2021 für ein weiteres Szenario: einen Hackerangriff. In der ersten Juliwoche ging in der Verwaltung des Landkreises praktisch nichts mehr: keine E-Mails, keine KFZ-Zulassungen, kein Begleichen von Sozialleistungen. Um besser reagieren zu können und Hilfe von anderen Stellen anzufordern, rief der Landrat am 9. Juli schließlich den ersten Cyberkatastrophenfall in der Geschichte Deutschlands aus. Glaubt man Experten, wird es nicht der letzte gewesen sein.

Mindestens 100 deutsche Ämter, Regierungsstellen, landeseigene Kliniken, Stadtverwaltungen und Gerichte sind in den vergangenen sechs Jahren Opfer von Hackerangriffen geworden [...]. Fast immer nutzen die Angreifer so genannte Ransomware: Schadsoftware, die über Sicherheitslücken oder eine infizierte Datei eingeschleust wird und Computer und Daten verschlüsselt – so lange, bis die Opfer bereit sind, das geforderte Lösegeld zu zahlen.

Kühl, Eike: Deutschlands „extrem verwundbare" IT-Infrastruktur. In: www.spektrum.de, 12.08.2021

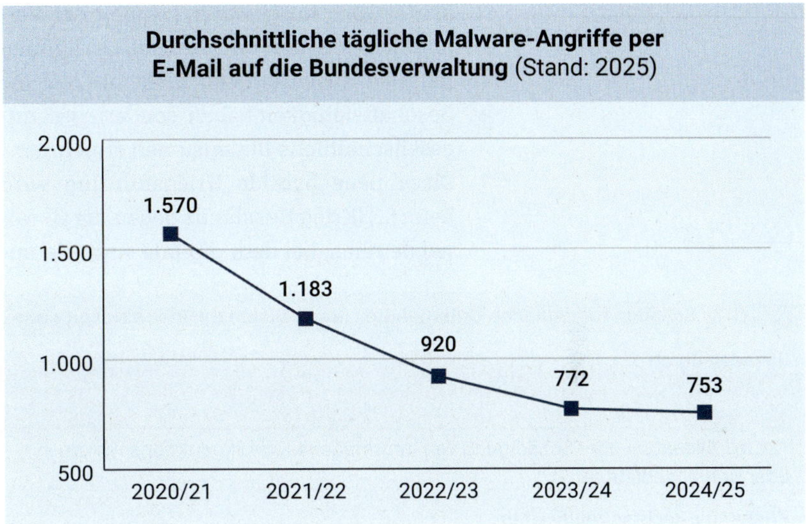

Nach: Bundesamt für Sicherheit in der Informationstechnik (Hg.): Die Lage der IT-Sicherheit in Deutschland 2025

B Angriffe auf Unternehmen und kritische Infrastrukturen

In der Ukraine regnen derzeit Bomben und Raketen auf Elektrizitäts- und Wasserwerke [...]. Aber auch im Rest von Europa geraten Produzenten und Versorger in den Bereichen Energie, Wasser, Finanzwesen und Gesundheit sowie Industrieunternehmen zunehmend ins Visier von Cyber-Angreifern. Die Folge: millionenschwere Produktionsausfälle und Versorgungsengpässe, bis hin zur Gefährdung von Menschenleben. Jüngste Beispiele sind etwa Attacken auf die größte Pipeline der USA, die irische Gesundheitsbehörde oder ein Vorfall in einem kroatischen Umspannwerk, der Europa an den Rand eines Strom-Blackouts führte. [...] Wie rasch die Lebensmittelproduktion ins Stocken geraten kann, wurde anhand der Cyberattacke auf den drittgrößten österreichischen Molkereibetrieb deutlich, bei dem sämtliche Unternehmensbereiche von der Produktion über die Logistik bis hin zur Kommunikation betroffen waren.

Zudem zeigte der Angriff auf die Grundwasseraufbereitungsanlage Oldsmar in Florida die potenziell lebensgefährlichen Folgen einer kompromittierten [= manipulierten] kritischen Infrastruktur. Die Angreifer drangen erfolgreich in das Computersystem ein, das die Wasseraufbereitungsanlage steuerte, und manipulierten aus der Ferne einen Computer, um das chemische Gleichgewicht der Wasserversorgung zu verändern, was Menschen schwer schädigen hätte können.

Vor dem Hintergrund dieser steigenden Zahl an Angriffen, müssen sich Betreiber kritischer Infrastrukturen und Unternehmen mit besonderer volkswirtschaftlicher Bedeutung daher nicht nur mit Erpressungsversuchen, sondern auch mit dem Thema Cyberkrieg auseinandersetzen.

Cyber-Angreifer
Private Unternehmen und kommunale Verwaltungen werden meistens von kriminellen Gruppen (aus dem Ausland) angegriffen, um „Lösegelder" für erbeutete/gesperrte Inhalte zu erpressen. Aber auch Angriffe von Terroristen oder feindlichen Staaten sind denkbar.

72018-708

Denn wenn Cyberkriminelle nur ein Lösegeld fordern, können Organisationen im Vorfeld zumindest entsprechende Handlungsrichtlinien implementieren, falls es etwa zu einem erfolgreichen Ransomware-Angriff kommt.

Ist eine Cyberattacke jedoch rein politisch motiviert, und die Organisation wurde von einem feindlichen Nationalstaat nur als [...] Opfer ausgewählt, [...] fehlt der Verhandlungspartner und die Schäden können massive Auswirkungen nicht nur auf die Geschäftsfähigkeit haben, sondern gesamtgesellschaftliche Dimensionen annehmen. Diese neue hybride Kriegsführung wird beim [...] [Krieg Russlands gegen die Ukraine] deutlich, bei dem digitale Angriffe militärischen bereits vorausgingen und auch zukünftig flankieren könnten. So gelang es Russland bereits 2015 durch einen großen Cyberangriff, einen Teil des ukrainischen Stromnetzes lahmzulegen, wodurch eine Viertelmillionen Ukrainer im Winter ohne Strom waren. [...] [Es] ist nicht auszuschließen, dass sich derartige Vorfälle weit über die Landesgrenzen der Ukraine ausdehnen könnten. Deutsche Sicherheitsbehörden haben bereits insbesondere Betreiber kritischer Infrastrukturen dazu aufgerufen, sich gegen mögliche Cyberattacken zu wappnen.

Jung, Jakob: Kritische Infrastrukturen vor Cyber-Angriffen schützen. In: www.zdnet.de, 14.03.2022

Schäden für deutsche Unternehmen durch Diebstahl, Industriespionage oder Sabotage in Mrd. Euro im Jahr 2025

Schaden durch ...	Schadenssumme (in Mrd. Euro)		
	2025	2024	2023
Ausfall, Diebstahl oder Schädigung von Informations- und Produktionssystemen oder Betriebsabläufen	73,3	54,5	35,0
Kosten für Rechtsstreitigkeiten	53,0	53,1	29,8
Kosten für Ermittlungen und Ersatzmaßnahmen	37,0	32,2	25,2
Umsatzeinbußen durch nachgemachte Produkte (Plagiate)	30,6	39,2	15,3
Datenschutzrechtliche Maßnahmen (z. B. durch Behörden)	23,8	27,2	12,4
Umsatzeinbußen durch Verlust von Wettbewerbsvorteilen	23,1	11,2	21,5
Patentrechtsverletzungen, auch vor Anmeldung	16,0	14,8	10,4
Imageschaden bei Kunden oder Lieferanten, negative Medienberichterstattung	15,9	20,2	35,5
Sonstige Schäden	0	0	1,1
Gesamtschaden pro Jahr	**289,2**	**266,6**	**205,9**

Nach: Bitkom Research 2025, Wintergerst, Ralf: Wirtschaftsschutz 2025, S. 4 (Auswahl, Mehrfachnennungen möglich; n = 1.002)

M4 Erderhitzung und fragile Staatlichkeit – eine Sicherheitsbedrohung

Der Klimawandel ist die größte, langfristige Bedrohung für die Menschheit. [...] So besteht ein weitgehender wissenschaftlicher Konsens darüber, dass der Klimawandel schon heute erhebliche, negative Auswirkungen auf die Sicherheit von Staaten, Gesellschaften und Menschen hat, die sich in einem schnellen Tempo weiter verstärken. Die entscheidende Erkenntnis dabei ist, dass die Zusammenhänge zwischen Konflikten und Klimawandel komplex sind und sich einfacher, monokausaler Erklärungen entziehen. [...] Der Klimawandel wirkt vielmehr als Risikomultiplikator. [...] Die wichtigsten, durch den Klimawandel bedingten Fragilitätsrisiken und Konflikttreiber lassen sich sieben Entwicklungstrends zuordnen. [...]

1. Extreme Wetterereignisse und Katastrophen

Extreme Wetterereignisse, wie Stürme, Fluten und Dürren, nehmen tendenziell zu und verstärken sich. Ihre oft desaströsen Auswirkungen auf Menschen und Umwelt erhöhen den Druck auf bereits schwache staatliche Institutionen, vermindern wirtschaftliches Wachstum, zerstören Infrastruktur und vertreiben Menschen. [...]

Ein Beispiel für eine negative Dynamik ist der Bürgerkrieg in Syrien. Die ungewöhnliche Trockenheit der Jahre 2007 bis 2010 verstärkte die Landflucht vieler bäuerlicher Familien. Durch die Überbevölkerung und die Notlage der Neuankömmlinge in den Städten verstärkten sich die soziale und politische Unzufriedenheit, die 2011 infolge der Repression des Assad-Regimes in einen gewaltsamen Konflikt umschlug.

2. Anstieg des Meeresspiegels und Küstenerosion

Mit dem Anstieg des Meeresspiegels und zunehmenden Überschwemmungen geht die Nutzbarkeit von Küstengebieten nach und nach verloren. Gleichzeitig nimmt die Gefahr durch Extremwetterereignisse, wie Sturmfluten und Zyklone, zu. Dies verstärkt viele der klimabedingten Fragilitätsrisiken. Ebenso können sich verändernde Küstenlinien und das Versinken ganzer Inseln Hoheitsgrenzen in Frage stellen und dadurch zu Spannungen und Konflikten beitragen. [...]

3. Bedrohte Lebensgrundlagen

Der Klimawandel bedroht in vielen Regionen die Weideflächen und den Zugang zu Wasser für die Bewässerung der Felder sowie Jobs in klimasensiblen Wirtschaftsbereichen. Der Mangel an Alternativen und die Perspektivlosigkeit, vor allem bei jungen und männlichen Bevölkerungsgruppen, kann den Unmut über die eigene Lage und bestehende Ungleichheiten verstärken. In politisch bereits angespannten Situationen kann dies dazu führen, dass insbesondere junge Männer anfälliger für die Rekrutierung durch Rebellengruppen und gewalttätige Extremisten werden oder sich stärker an kriminellen Aktivitäten beteiligen, z. B. Wilderei, Piraterie oder Drogenproduktion und -handel. [...]

4. Lokale Ressourcenkonflikte

In vielen Regionen der Welt schränkt der Klimawandel in zunehmendem Maße die Verfügbarkeit lebenswichtiger natürlicher Ressourcen, wie Land und Wasser, ein. Gleichzeitig wächst der Bedarf infolge des Bevölkerungs- und Wirtschaftswachstums. Die durch zunehmende Verknappung und steigende Nachfrage ausgelöste Konkurrenz kann zu Instabilität und gewalttätigen Konflikten führen. Das Risiko ist dort besonders hoch, wo effektive Mechanismen zur Konfliktlösung fehlen. Dies ist in vielen Ländern der Sahelzone der Fall. Dort nehmen u. a. Konflikte zwischen nomadischen Pastoralisten, die vor allem von der Viehhaltung leben, und sesshaften Bauern signifikant zu.

Rüttinger, Lukas: Klimawandel als Risikomultiplikator und Konflikttreiber. In: www.bpb.de, 26.10.2020

Pastoralismus
Landnutzung durch extensive Weidewirtschaft

Aufgaben

72018-709

1. Fassen Sie die drei dargestellten Sicherheitsbedrohungen zusammen (**M2-M4**).
2. Charakterisieren Sie, inwieweit die dargestellten Bedrohungen auch die Sicherheit Deutschlands betreffen (**M2-M4**).
3. Ordnen Sie die Sicherheitsbedrohungen in den (erweiterten) Sicherheitsbegriff ein (Kap. 7.1.3).
4. Entwickeln Sie Eckpunkte, wie die Bundesrepublik sicherheitspolitisch auf die (neueren) Bedrohungen reagieren könnte.

7.2.2 Der Iran als dauerhafte globale Sicherheitsherausforderung: Kann Eindämmung Sicherheit schaffen?

Zum Thema: Der Iran ist für die internationale Politik seit Jahren ein Sicherheitsproblem, weil sich dort Nuklearfrage, regionale Machtkonkurrenz, Raketen- und Drohnenpolitik sowie die Kontrolle wichtiger Handels- und Energierouten überlagern. Seit März 2026 hat sich die Krise weiter verschärft und es zeigt sich besonders deutlich, wie eng regionale Konflikte, globale Märkte und internationale Ordnung heute miteinander verbunden sind.

M5 Ein Krisenraum mit globalen Folgen

Am 28. Februar 2026 griffen die USA und Israel iranische Ziele an; kurz darauf tagte der UN-Sicherheitsrat in einer Dringlichkeitssitzung, und wenige Tage später kam der Tankerverkehr in der Straße von Hormus fast vollständig zum Erliegen. Die Meerenge zwischen den Staaten Iran und Oman ist deshalb besonders wichtig, weil bedeutende Mengen der weltweiten Öl- und Flüssiggastransporte diese Route passiert.

Bearbeiter

Einstiegsaufgaben 72018-710

1. Beschreiben Sie, welche Politikbereiche in **M1** angesprochen werden.
2. Erläutern Sie, warum eine Krise im Nahen und Mittleren Osten auch für Europa und Deutschland sicherheitspolitisch bedeutsam sein kann.

Karte:
„Pulverfass Naher und Mittlerer Osten"
72018-711

Proliferation
Verbreitung von Massenvernichtungswaffen oder von Technologien zu ihrer Herstellung.

IAEA
Internationale Atomenergie-Organisation; sie kontrolliert zivile Nuklearprogramme und überprüft internationale Verpflichtungen.

M6 Warum gerade der Iran? Staat, Region, Machtpolitik

Der Iran ist ein großer Regionalstaat im Nahen und Mittleren Osten und liegt an einem geopolitisch sensiblen Raum zwischen Irak, Afghanistan, Pakistan, der Türkei, dem Kaspischen Meer und dem Persischen Golf. Für die Sicherheitslage ist vor allem seine strategische Lage an der Straße von Hormus wichtig, weil durch diese Meerenge Energieexporte aus den Golfstaaten in Richtung Weltmarkt verlaufen.
Die Konfliktlage um den Iran hat mehrere Ebenen: Erstens gibt es seit Jahrzehnten schwere Spannungen zwischen Iran und den USA, die sich aus der Islamischen Revolution von 1979, der Geiselnahme in der US-Botschaft, gegenseitigen Sanktionen und immer neuen militärischen Krisen entwickelt haben. Zweitens steht der Iran in regionaler Konkurrenz zu anderen Staaten, vor allem zu Saudi-Arabien und Israel. Drittens geht es um die Frage, ob der Iran dauerhaft an der Entwicklung von Fähigkeiten arbeitet, die den Bau von Atomwaffen ermöglichen könnten.
Damit ist der Iran-Fall ein Beispiel für **Sicherheitsdilemma** (→ Kap. 7.1.2). Aus iranischer Perspektive dienen Raketenprogramme, regionale Einflusszonen und technologische Aufrüstung der eigenen Abschreckung. Aus Sicht der USA, Israels und anderer Staaten wirken dieselben Maßnahmen aber bedrohlich und führen zu Gegensanktionen, Aufrüstung und militärischen Drohungen. Gerade dadurch kann ein Kreislauf entstehen, in dem sich alle Akteure auf mehr Sicherheit berufen und zugleich die Unsicherheit für die Weltgemeinschaft wächst.

Bearbeiter

M7 Zeitleiste: Der Irankonflikt – USA-Iran-Spannungen und Atomprogramm

1953: Unter Beteiligung der Geheimdienste der USA und Großbritanniens wird der iranische Premierminister Mohammed Mossadegh gestürzt. Auslöser ist sein Vorhaben, die iranische Ölindustrie zu verstaatlichen. Der absolutistisch herrschende Schah Resa Pahlewi wird daraufhin von westlichen Staaten politisch und wirtschaftlich gestützt.

1979: Die Islamische Revolution beendet die Herrschaft des Schahs. Unter Führung von Ayatollah Khomeini wird die Islamische Republik Iran ausgerufen. Im November besetzen iranische Studenten die US-Botschaft in Teheran und nehmen 63 Mitarbeiter als Geiseln.

1980: Die USA brechen ihre diplomatischen Beziehungen zum Iran ab. Im September beginnt der Irak unter Saddam Hussein einen Angriffskrieg gegen den Iran; westliche Staaten, einschließlich der USA, unterstützen den Irak politisch und militärisch. Der Krieg dauert bis 1988 und fordert hunderttausende Todesopfer.

1987-1988: Im Zuge des Irak-Iran-Krieges greifen iranische Streitkräfte Öltanker im Persischen Golf an. Es kommt zu direkten Gefechten zwischen der US-Marine und iranischen Verbänden. Die USA intensivieren ihre Marinepräsenz in der Region.

2002: Nach den Terroranschlägen vom 11. September 2001 bezeichnet US-Präsident George W. Bush den Iran gemeinsam mit dem Irak und Nordkorea als „Achse des Bösen". Die USA erheben erstmals öffentlich den Verdacht, der Iran könnte heimlich an der Entwicklung von Atomwaffen arbeiten.

2006: Der Iran gibt die Wiederaufnahme seiner Urananreicherung bekannt und droht mit dem Ausstieg aus dem Atomwaffensperrvertrag (NPT). Der UN-Sicherheitsrat verabschiedet in den Folgejahren mehrere Resolutionen mit weitreichenden Wirtschaftssanktionen gegen den Iran. Die internationale Gemeinschaft fordert vollständige Transparenz gegenüber der Internationalen Atomenergie-Organisation (IAEA).

2013: Mit der Wahl des als moderat geltenden Hassan Rohani zum iranischen Präsidenten öffnet sich ein diplomatisches Fenster. Rohani signalisiert Verhandlungsbereitschaft und strebt ein Ende der Wirtschaftssanktionen an. Unter Leitung von US-Außenminister John Kerry beginnen intensive Verhandlungen der sogenannten P5+1-Gruppe (die fünf ständigen UN-Sicherheitsratsmitglieder plus Deutschland) mit dem Iran.

2015:

Das Atomabkommen mit dem Iran (Joint Comprehensive Plan of Action)

Verpflichtungen der internationalen Gemeinschaft

Die USA verpflichten sich dazu „eingefrorene" iranische Konten wieder freizugeben und alle Wirtschaftssanktionen mit Blick auf das Atomprogramm schrittweise aufzulockern.

Die Vereinten Nationen lockern die Sanktionen und die EU beendet das Ölembargo. Unternehmen dürfen jetzt wieder mit Iran handeln.

Sollte der Iran sich nicht an das Abkommen halten, können die Strafmaßnahmen aber umgehend wieder eingeführt werden. Zudem bleibt das UN-Verbot zum Aus- und Einfuhr von Waffen bestehen.

Verpflichtungen des Iran

Iran unterwirft seine Urananreicherung bis zu 25 Jahre lang einem mehrstufigen System von Beschränkungen und Kontrollen durch die IAEA.

Uran darf nur noch auf 3,67 Prozent und in einer Anlage (Natanz) angereichert werden. Für eine Atombombe wäre 90 Prozent angreichertes Uran nötig. Zweidrittel aller Zentrifugen zur Herstellung von waffenfähigem Uran werden unter der Beobachtung schrittweise abgebaut.

Die Ausbruchszeit bis zu der Iran eine Atombombe bauen könnte, beträgt unter dem Abkommen mindestens ein Jahr. Vorher betrug sie wenige Monate.

Die Menge bereits angereichertem Uran wird für 15 Jahre von mehr als 10.000 auf 300 Kilogramm reduziert und Russland überstellt.

Bearbeitergrafik

In Wien wird das Atomabkommen (JCPOA – Joint Comprehensive Plan of Action) unterzeichnet. Der Iran verpflichtet sich, seine Urananreicherung drastisch zu begrenzen, zwei Drittel seiner Zentrifugen abzubauen und umfangreiche IAEA-Inspektionen zuzulassen. Im Gegenzug werden Wirtschaftssanktionen aufgehoben. Die IAEA bestätigt in der Folge die Einhaltung des Abkommens durch den Iran.

2018: US-Präsident Donald Trump kündigt das JCPOA einseitig auf – trotz vehementer Proteste der europäischen Vertragspartner. Die USA setzen umfassende Sanktionen gegen den Iran wieder in Kraft und drohen Drittstaaten mit Strafmaßnahmen bei Handel mit dem Iran. Als Reaktion beginnt der Iran schrittweise, seine im Abkommen eingegangenen Verpflichtungen aufzukündigen.

2019: Die USA erklären die iranischen Revolutionsgarden (IRGC) zur Terrororganisation – ein bislang beispielloser Schritt gegenüber einer staatlichen Streitkraft. Im Golf von Oman kommt es zu Angriffen auf Öltanker, für die die USA den Iran verantwortlich machen. Die iranischen Revolutionsgarden schießen eine US-Aufklärungsdrohne ab; ein bereits angeordneter US-Gegenschlag wird in letzter Minute abgesagt.

2020: Bei einem gezielten US-Drohnenangriff nahe dem Flughafen Bagdad wird General Ghassem Soleimani, Kommandeur der mächtigen Al-Kuds-Brigaden, getötet. Der Iran kündigt schwere Vergeltung an und beschießt mehrere US-Militärstützpunkte im Irak mit Raketen; über 100 US-Soldatinnen und Soldaten werden verletzt. Eine weitere Eskalation wird u. a. durch innenpolitischen Widerstand in den USA verhindert.

2021-2022: Der neue US-Präsident Joe Biden strebt eine Rückkehr der USA zum JCPOA an. Verhandlungen in Wien gestalten sich schwierig: Der neue iranische Präsident Ebrahim Raisi gilt als Hardliner und Gegner des Abkommens. Der Iran steigert seine Urananreicherung auf bis zu 60 Prozent – weit über die im JCPOA erlaubten 3,67 Prozent – und verweigert IAEA-Inspekteuren zunehmend den Zugang zu den Anlagen.

7. Oktober 2023: Die palästinensische Terrororganisation Hamas verübt den schwersten Terroranschlag in der Geschichte Israels: Über 1.200 Menschen werden getötet, rund 250 als Geiseln in den Gazastreifen verschleppt. Israel erklärt der Hamas den Krieg. Der Iran, der Hamas über Jahre politisch, finanziell und militärisch unterstützt hat, distanziert sich offiziell vom Anschlag.

April 2024: Der Iran greift Israel erstmals in seiner Geschichte direkt mit über 300 Drohnen und Raketen an – als Vergeltung für einen israelischen Angriff auf das iranische Konsulat in Damaskus. Der Großteil der Geschosse wird von Israel, den USA und verbündeten Staaten abgefangen. Die direkte Konfrontation markiert eine neue Eskalationsstufe im israelisch-iranischen Konflikt.

Oktober 2024: Der Iran greift Israel mit rund 180 Raketen an.

Dezember 2024: Das Regime von Präsident Baschar al-Assad in Syrien bricht zusammen. Für den Iran bedeutet dies den Verlust seines einzigen staatlichen Verbündeten in der Region sowie der strategisch wichtigen Landverbindung zur Terrororganisation Hisbollah im Libanon. Die regionale Machtarchitektur des Iran gerät grundlegend unter Druck.

Juni 2025: Am 13. Juni 2025 startet Israel die „Operation Rising Lion" mit umfassenden Luftangriffen auf iranische Atomanlagen, Militärstützpunkte und Raketenstellungen. Am 21./22. Juni 2025 beteiligen sich die USA mit gezielten Angriffen auf Nuklearanlagen im Iran. Mindestens 20 hochrangige iranische Militärkommandeure werden getötet; das Atomprogramm wird nach Experteneinschätzung um ein bis zwei Jahre zurückgeworfen.

28. Februar 2026: Nach dem Scheitern von Verhandlungen zwischen USA und Iran über das iranische Atomprogramm starten Israel und die USA koordinierte Luftangriffe auf den Iran – Beginn des Irankriegs 2026. Beim ersten Angriff wird Oberster Führer Ali Chamenei getötet; sein Tod wird am 1. März 2026 offiziell von iranischen Staatsmedien bestätigt. Ebenfalls getötet werden der Generalstabschef sowie mehrere weitere ranghohe Militär- und Geheimdienstvertreter.

März 2026: Der Iran blockiert den Schiffsverkehr durch die Straße von Hormus weitgehend. Dies hat deutliche Auswirkungen auf die Weltwirtschaft durch steigende Ölpreise. Der Iran setzt Seeminen ein und droht, jedes die Meerenge passierende Schiff anzugreifen. Die Weltwirtschaft steht vor einer neuen Energiekrise.

Bearbeiter

M8 Die Straße von Hormus: regionale Krise, globale Folgen

Die Eskalation mit dem Iran ist nicht nur wegen der Nuklearfrage bedeutsam, sondern auch wegen ihrer wirtschaftlichen Folgen. Durch die Blockade der Straße von Hormus durch den Iran ist der Schiffsverkehr durch die Meerenge im März 2026 zum Stillstand gekommen. Bereits Anfang März warteten etwa 200 Schiffe im offenen Wasser vor der Meerenge. Durch die Straße von Hormus wird mehr als ein Viertel des weltweit auf dem Seeweg transportierten Rohöls und etwa ein Fünftel des globalen Handels mit Flüssigerdgas (LNG) befördert. Seit dem 27. Februar 2026 stiegen die Rohölpreise (Sorte Brent) um zeitweise über 50 Prozent auf mehr als 111 US-Dollar pro Barrel (1 Barrel = ca. 159 Liter) – den höchsten Stand seit Jahren. Europäische Erdgaspreise verdoppelten sich innerhalb weniger Tage nahezu (Stand 16.03.2026). Neben Öl und Gas passieren wichtige Chemikalien wie z. B. Düngemittel in bedeutenden Mengen die Meerenge. Bleiben diese Lieferungen aus, sind besonders in armen Ländern die Ernten bedroht, Preise für Lebensmittel könnten steigen.

Damit zeigt der Iran-Konflikt besonders deutlich, was mit dem **erweiterten Sicherheitsbegriff** (→ Kap. 7.1.2) gemeint ist. Es geht nicht nur um militärische Sicherheit eines Staates, sondern zugleich um wirtschaftliche Verwundbarkeit, Versorgungssicherheit, internationale Handelswege und die Sicherheit einzelner Gesellschaften. Selbst Staaten, die nicht direkt am Konflikt beteiligt sind, können über

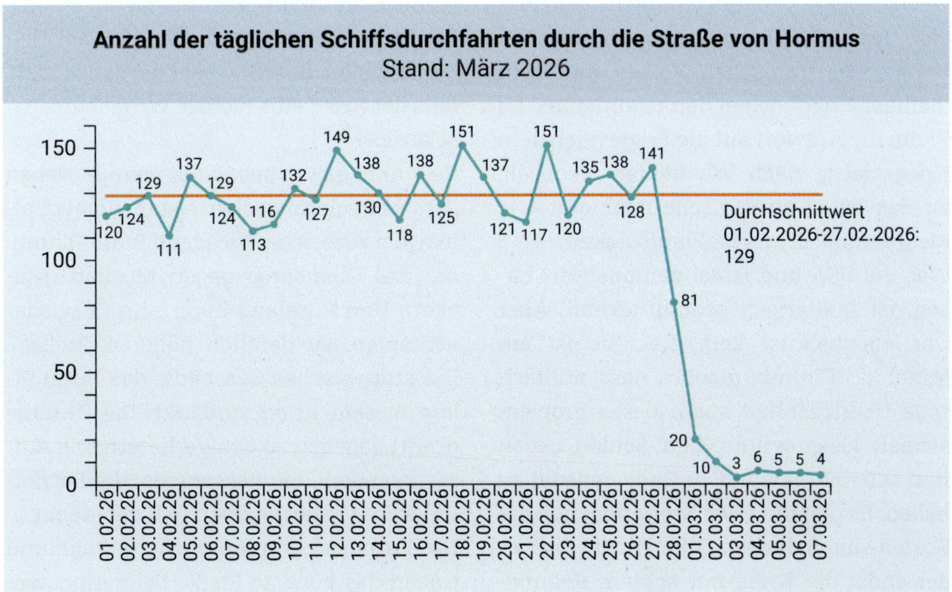

©C.C. Buchner Verlag, Daten nach: UN Trade & Development (UNCTAD), 2026

steigende Energiepreise, Lieferprobleme oder neue politische Spannungen betroffen sein.
Zugleich verdeutlicht die Lage, wie eng militärische und wirtschaftliche Sicherheit zusammenhängen. Wenn Seewege unsicher werden, geraten nicht nur Energieexporte, sondern auch Nahrungsmittelimporte und Lieferketten unter Druck. Für die Sicherheitsanalyse ist der Iran deshalb kein isolierter Spezialfall, sondern ein Beispiel dafür, wie regionale Machtpolitik globale Risiken erzeugen kann.
Bearbeiter

M9 „Überlegenheit ist kein Ziel" – ein Kommentar zum Irankrieg 2026

Der Krieg hat nach zehn Tagen bereits Israel, den Libanon, die Golfstaaten, Jordanien, den Irak und Zypern erfasst. Trump fordert die bedingungslose Kapitulation des Regimes, aber was das eigentliche Ziel seines Krieges ist, bleibt so unklar wie seit dem ersten Angriff.
Mehr als 1300 Menschen in Iran sind tot, darunter Kinder in einer wohl von den USA beschossenen Schule. Die Straße von Hormus ist seit einer Woche praktisch geschlossen. Der Ölpreis ist um mehr als ein Drittel auf deutlich über 100 US-Dollar gestiegen, europäische Gaspreise haben sich fast verdoppelt. [...] Ein Krieg ohne klares Ziel kann ausufern und alle Beteiligten in eine Lage zwingen, die schlimmer ist als vorher. Genau das droht gerade.
Innerhalb von zehn Tagen hat die Trump-Regierung eine atemberaubende Zahl wechselnder Rechtfertigungen geliefert: erst das Atomprogramm, dann die Befreiung des iranischen Volkes, dann ein „heiliger Krieg" gegen den Islamismus. [...] Wenn die Antwort auf die Frage nach dem Kriegsziel je nach Wochentag wechselt, ist das keine strategische Ambiguität [= Mehrdeutigkeit]. Es ist Planlosigkeit.
Was die USA und Israel demonstriert haben, ist militärisch beeindruckend. Aber Überlegenheit ist kein Ziel. Sie ist ein Mittel. [...] [Trump] glaubte, dass militärische Überlegenheit auch dieses Problem schnell lösen würde. Den Schlag gegen Iran scheint niemand zu Ende gedacht zu haben. Es gibt nur zwei Szenarien, und die Kosten sind in beiden Fällen hoch. Entweder endet der Krieg mit echtem Regimewechsel. Oder er löst gar nichts: Atomanlagen können wieder aufgebaut werden, Kommandeure ersetzt – und das Regime schmückt sich mit Märtyrern, gestärkte Hardliner verbuchen jeden künftigen Verhandlungsansatz als Naivität.
Ein Regimesturz ist mit Luftschlägen allein aber kaum erreichbar. Dafür braucht es bewaffnete Kräfte am Boden, eine Opposition, die ein Machtvakuum füllen kann. Nichts davon ist bisher zu sehen. Und wer Luftschläge für unzureichend hält, landet bei der nächsten Eskalationsstufe: Bodentruppen, eine Verstrickung, aus der es noch schwieriger wird herauszukommen.
Das Regime zeigt sich bisher auch militärisch resilienter [= widerstandsfähiger] als die US-Regierung offenbar annahm. Amerikanische Patriot-Abfangraketen, die Millionen pro Abschuss kosten, müssen am Golf nun gegen Drohnen eingesetzt werden, die einen Bruchteil davon kosten. Die Rechnung zahlen die Staaten am Golf – und vielleicht schon bald die ganze Welt, falls der Krieg eine globale Wirtschaftskrise auslöst.
Gewinner gibt es bisher nur wenige. Neben [Israels Regierungschef] Netanyahu vor allem [der russische Präsident] Putin. Trump hat das Ölembargo gegen Moskau gelockert. Und Russland kann sein Öl wieder verkaufen, zu deutlich höheren Preisen. Ein strategisches Geschenk, das Putin allein diesem Krieg verdankt. Die Ukraine gehört dagegen zu den Verlierern: Die Aufmerksamkeit, die Ressourcen, die Patriot-Raketen werden jetzt am Golf gebraucht.
Die Europäer wurden nicht gefragt und tragen das höchste Risiko bei geringstem Einfluss. Die EU-Kommission hat intern

Im Rahmen der Militäroperation „Operation Epic Fury“ feuert ein Kriegsschiff der USA am 1. März 2026 eine Rakete auf ein Ziel im Iran.

bereits vor einer neuen Migrationskrise gewarnt. Europas Gasspeicher stehen auf dem niedrigsten saisonalen Stand seit Jahren, der Preis hat sich verdoppelt.

Für Trump wird das militärische Abenteuer aber auch selbst zum wachsenden politischen Risiko. Löst der Krieg eine schwere Wirtschaftskrise aus, gilt das umso mehr. Er hat sich als Friedenskandidat wählen lassen und führt nun einen schwer vermittelbaren Krieg. Im Herbst stehen die Midterm-Wahlen bevor.

Es ist zwar jederzeit denkbar, dass Trump den Krieg für beendet erklärt und sich zum Sieger ausruft. Doch je länger er dauert, desto schwieriger wird auch das. Und ja, es ist nicht völlig ausgeschlossen, dass das Regime doch irgendwann kollabiert. Doch darauf deutet nichts hin.

Was bleibt, ist das Bild dieser zehn Tage: ein Krieg, der mit der Gewissheit militärischer Überlegenheit begonnen wurde, ohne Plan für den Tag danach. Irans Bevölkerung leidet seit Jahrzehnten unter einem Regime, das sie unterdrückt und arm hält. Bisher ist nicht erkennbar, was ihr dieser Krieg bringen soll – außer Trümmern, Toten und einer Region, die noch schwerer zu befrieden sein wird als zuvor.

Rohr, Mathieu von: Die Planlosigkeit dieses Kriegs ist eine Gefahr für die Welt. In: www.spiegel.de, 09.03.2026

Midterm-Wahlen
US-Zwischenwahlen zur Halbzeit der Präsidentschaft; gewählt werden alle Abgeordneten des Repräsentantenhauses und ein Teil des Senats. Sie gelten als Stimmungstest für die Politik des amtierenden US-Präsidenten.

Aufgaben

72018-712

1. Erläutern Sie das Konzept des Sicherheitsdilemmas (→ Kap. 7.1.2, **M11**) anhand des Iran-Konflikts.
2. Analysieren Sie die Eskalationsdynamik des Iran-Konflikts anhand der Zeitleiste (**M7**) mit Blick auf die Frage, an welchen Wendepunkten diplomatische Lösungsansätze gescheitert sind. Benennen Sie jeweils wesentliche Ursachen des Scheiterns.
3. Arbeiten Sie anhand von **M8** heraus, welche wirtschaftlichen und sozialen Risiken die Eskalation im Irankrieg 2026 für verschiedene Staaten und gesellschaftliche Gruppen erzeugt.
4. Beurteilen Sie auf der Grundlage von **M9**, ob die militärische Strategie der USA im Irankrieg 2026 geeignet ist, politisch tragfähige Ziele zu erreichen. Berücksichtigen Sie dabei die im Text genannten Szenarien sowie die Interessen unterschiedlicher Akteure.

F zu Aufgabe 3
Stellen Sie den Zusammenhang zum erweiterten Sicherheitsbegriff (→ Kap. 7.1.3, **M13**) heraus.

7.2.3 Wie kann und sollte internationaler Terrorismus bekämpft werden?

Zum Thema: Zwar mag der Einsatz in Afghanistan nach den Terroranschlägen 2001 zu Ende sein, der Kampf gegen den internationalen Terrorismus gilt insbesondere für Staaten des Mittleren Ostens und Nordafrika als besondere Herausforderung. Anschläge in Paris 2015 oder auch in Berlin 2016 verdeutlichen diese Gefahr. Nach wie vor sehen auch die USA, Europa und Staaten wie Russland in der militärischen Bekämpfung von Terrorgruppen wie den „Islamischen Staat" oder „Al Qaida" ein vitales Interesse zum Schutz der eigenen Sicherheit.

M10 Szenario: Eine neue internationale Terrororganisation im Mittleren Osten …

Sie sind außenpolitische Entscheidungsträgerinnen und -träger und werden mit folgenden Geheimdienstinformationen konfrontiert: Eine islamistische Terrorgruppe hat sich in einem grenzüberschreitenden Gebiet Nordafrikas verbreitet und zehntausende Kämpfer rekrutiert. Sie drohen nicht nur den dortigen Staaten mit Gewalt und Schrecken, sondern auch mit Terrorattacken in Europa und den USA. Ihnen werden drei Optionen präsentiert

- Gezielte Luftangriffe auf die Stellungen;
- Terroristen vor Ort gefangenennehmen und präventiv in einem Gefangenenlager unterbringen;
- Verhandeln.
- Nicht reagieren.

Bearbeiter

Einstiegsaufgabe 72018-714

Diskutieren Sie im Plenum mögliche Reaktionen auf die Ihnen präsentierte Bedrohung und stimmen Sie über die genannten Vorschläge ab.

M11 Was wollen Terroristen?

A Der Bundesnachrichtendienst gibt Antworten

Terrorgruppen verfolgen zwar unterschiedliche politische und ideologische Ziele, doch sie ähneln sich in ihrer Gewaltstrategie. Und sie alle setzen auf den gleichen psychologischen Effekt: Die Verbreitung von Angst und Schrecken. In einer vernetzten Welt kann der Terror zudem schnell vom Ausland ins Inland transportiert werden.

Bundesnachrichtendienst: Internationaler Terrorismus. In: www.bnd.bund.de, Abruf am 12.03.2026

B Taliban, IS und Al-Qaida: Ähnlich und doch verschieden?

Taliban, Al-Kaida und den „Islamischen Staat" verbindet ein Element – die fundamentale Zurückweisung westlicher Werte. Sie lehnen entschieden eine demokratische Ordnung ab, in der Frauen und Männer gleichberechtigt sind und nach weltlich- säkularen Regeln per Wahl die Zusammensetzung eines Parlaments bestimmen. Grundlage politischen Handelns, gesellschaftlichen Lebens und wirtschaftlichen Wirkens muss ihrem Verständnis nach einzig und allein die Scharia sein – das sogenannte Islamische Recht. Wichtigste Quellen der Scharia sind der Koran sowie die Sammlung überlieferter Sprüche des Propheten Mohammed.

Baumgarten, Reinhard: Was Taliban, IS und Al-Kaida trennt. In: www.tagesschau.de, 20.08.2021

M12 Verbreitung des islamistischen Terrorismus weltweit

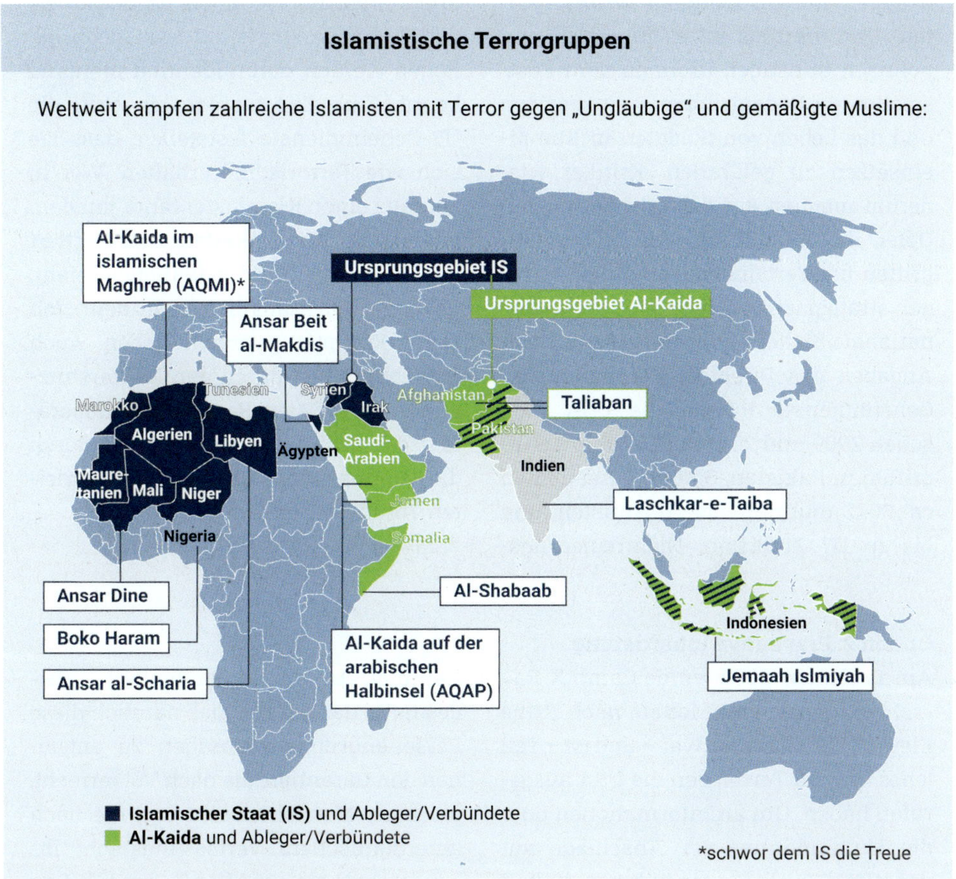

Nach: dpa, Datenquelle: Stratfor, dpa, www.foreignpolicy.com

M13 Drei Handlungsoptionen und sicherheitspolitische Erfahrungswerte aus den USA

Option 1: Gezielte Tötung

Mit der Präsidentschaft Barack Obamas verschärften die USA den Einsatz von Kampfdrohnen für gezielte Tötungen (Targeted Killings) von mutmaßlichen Terroristen. Kampfdrohnen kommen u. a. in Afghanistan, Irak, Syrien, Pakistan, Jemen, Somalia, Libyen und der nordafrikanischen Sahel-Zone zum Einsatz. Befürworter des amerikanischen Drohnenprogrammes verweisen auf vier Argumente: Erstens können mit Kampfdrohnen hochrangige Terroristen nahezu „chirurgisch“ in asymmetrischen Kriegsgebieten getötet werden, womit

Targeted Killing bedeutet die absichtliche Tötung einer Zielperson durch einen Staat oder Bedienstete des Staates, die unter der Vorgabe der Rechtmäßigkeit handeln.

das Risiko für zivile Opfer deutlich reduziert wird. Zweitens wurden durch Drohnenangriffe eine große Zahl an hochrangigen Terroristen eliminiert. Drittens sind Drohnenangriffe verantwortlich für die Zerstörung der personellen, logistischen und operativen Fähigkeiten von Gruppen zur Ausübung zu Terrorangriffen. Und viertens ist es finanziell und politisch günstiger, Drohnen statt kostspieligere Bodentruppen einzusetzen und das Leben von Soldaten in Kampfeinsätzen zu gefährden. Kritiker wiederum machen auf die Zahl der zivilen Opfer, die Ablehnung von Drohnenangriffen bei Verbündeten und den geringen strategischen Gewinn für die eigene nationale Sicherheit aufmerksam. Nach Angaben des Direktors der nationalen Geheimdienste töteten die USA zwischen 2009 und 2016 in 526 Drohnenangriffen in Pakistan, Somalia und Jemen ca. 3022 mutmaßliche Terroristen, und bis zu 117 Zivilisten. Nichtregierungsorganisationen gehen davon aus, dass der Drohnenkrieg mit der Aufhebung der Einsatzregeln Obamas zum Schutz von zivilen Opfern in der Ära Präsident Trumps deutlich verschärft wurde. Besonders kontrovers ist die Praxis der „signature strikes". Der englische Ausdruck steht für die Tatsache, dass viele der Drohnenangriffe auf Menschen geflogen werden, deren Identität niemand kennt. Zum Ziel werden sie, weil die US-Geheimdienste feststellen, dass sie sich wie Terroristen verhalten. Wer in Somalia einen Kleinlaster fährt, mit dem Islamisten zuvor Waffen transportiert haben, ist im Zweifel in tödlicher Gefahr. Oder wer ein Haus betritt, in dem sich zuvor Kämpfer getroffen haben. Auch Deutschland ist durch den Militärstützpunkt der USA in Ramstein Kollaborateur des Drohnenkriegs und war durch die Kundus-Affäre 2009 direkt an gezielten Tötungen beteiligt.

Bearbeiter

Option 2: Präventive Inhaftierung

Am 11. Januar 2002 wurde Camp X-Ray eröffnet, genau vier Monate nach „Nine Eleven". Guantanamo war – und ist – Teil jenes War on Terror, den die USA ausgerufen haben. Um an Informationen über die Hintermänner der Anschläge auf das World Trade Center zu kommen und weitere Terroranschläge zu verhindern, war der Regierung fast jedes Mittel recht. Dazu zählten geheime Verhörzentren der CIA in Polen und Rumänien, aber vor allem Guantanamo, so Florian Jeßberger, Experte für internationales Strafrecht an der Humboldt-Universität zu Berlin. Das Internierungslager befindet sich auf kubanischem Boden, den die USA seit über hundert Jahren gepachtet haben – ein rechtsfreier Raum: „Das eine war Internierung außerhalb des Territoriums, und das zweite war Deklarierung dieser Personen als sogenannte ungesetzliche Kämpfer, ‚Unlawful Combattants'. Beides hatte das gleiche Ziel, nämlich diese Personengruppe sozusagen zu entziehen den Garantien, die nach Völkerrecht, die nach Menschenrecht und die nach amerikanischem Verfassungsrecht ihnen eigentlich zustehen." Camp X-Ray wurde nach knapp vier Monaten durch das deutlich größere Camp Delta ersetzt, aus Käfigen wurden Arrestzellen. Die Verhörmethoden, die heute als Folter bezeichnet werden, und die Rechtlosigkeit blieben. Zehn Jahre nach Einrichtung des Lagers waren von den fast 800 Gefangenen 170 immer noch inhaftiert: Der Terrorverdacht reicht für eine prinzipiell unbefristete Internierung [...]. [...] Nachdem die Kritik an Guantanamo im In- wie Ausland immer stärker wurde und der Oberste Gerichtshof der USA die Einhaltung der Verfassung gefordert hatte, wollte Präsident Obama das Lager 2009 schließen lassen. Doch wohin mit den Gefangenen? Der Kongress hatte bereits früh beschlossen, den Internierten aus Sicherheitsgründen keine Einreise in die USA zu erlauben. Dazu Florian Jeßberger: „Damit war auch der Regierung dieser Weg abgeschnitten, und das zweite war, dass ordentliche Strafverfahren mit den dafür auch gewährten Garantien deswegen schwierig waren, weil viele der Beweismittel eben auf Wegen erlangt worden waren, die mit einem rechtsstaatlichen Strafverfahren nicht vereinbar waren." So blieb eigentlich nur die Möglichkeit, die Internierten in ihre Heimatländer abzuschieben, doch genau das war in vielen Fällen nicht möglich, weil ihnen auch dort die Folter droht.

Bertsch, Matthias: 20 Jahre Guantánamo – und kein Ende in Sicht. In: www.deutschlandfunk.de, 11.01.2022

Option 3: Verhandlungen

Die ehemalige afghanische Ministerin Nargis Nehan, die jetzt in Norwegen lebt, warnt vor einer schleichenden Anerkennung der Taliban und weigert sich deshalb, an den Gesprächen mit ihnen in Olso teilzunehmen. Sie befürchtet, dass die Taliban dadurch normalisier und gestärkt werden, sagt sie und fragt: „Welche Garantie gibt es dieses Mal, dass sie ihre Versprechen einhalten werden?" Die Antwort lautet, dass es dafür keine Garantie gibt. Aber trotzdem spricht viel dafür, die Kontakte mit den Taliban zu intensivieren und weiter zu versuchen, Hilfe von der Erfüllung von Bedingungen wie der Gewährung von Menschenrechten und der Gleichberechtigung von Frauen abhängig zu machen. Der Druck muss aufrechterhalten werden, auch wenn die Vertreter demokratischer Staaten genau wissen, dass im „Failed State" Afghanistan auch jene Taliban, die in Kabul nun die Macht haben, ihre oft noch weit radikaleren Glaubensbrüder in den Provinzen kaum mäßigen und kontrollieren können. Womöglich hilft dieser Gedanke: Das moralische Dilemma, durch offizielle Gespräche nun Terroristen aufzuwerten, lässt sich nicht dadurch auflösen, dass man die Menschen in Afghanistan dem Hunger überlässt.

Monath, Hans: Norwegen trifft hochrangige Vertreter: Verhandlungen mit den Taliban sind ein Dilemma ohne Ausweg. In: www.tagesspiegel.de, 24.01.2022

Aufgaben

72018-715

1. Verteilen Sie die Materialien als Stationen im Raum:
   a) Analysieren Sie die Karten zur Verbreitung von Al Qaida und dem „IS" (**M12**).
   b) Erläutern Sie die Ziele der islamistischer Terrororganisationen **M10** A und gehen Sie auf die Unterschiede zwischen Taliban, Al Qaida und dem „Islamischen Staat" ein (**M11** B)
   c) Vergleichen Sie die sicherheitspolitischen Handlungsoptionen hinsichtlich ihrer Vorgehensweise sowie der jeweiligen Chancen und Risiken (**M13**).
2. Bewerten Sie die sicherheitspolitischen Handlungsoptionen aus militärischer, rechtlicher und politischer Perspektive (**M13**).
3. Entscheiden Sie erneut, wie sie auf das Szenario **M10** reagieren wollen.

7.2.4 Internationaler Rechtsterrorismus – eine neue Bedrohung?

Zum Thema: Rechtsterroristische Täter agieren heute transnational vernetzt, radikalisieren sich online und beziehen sich aufeinander. Was treibt sie an? Wie unterscheidet sich Rechtsterrorismus von anderen Gewaltformen? Und welche Bedrohung geht von international vernetzten rechtsextremistischen Strukturen aus?

M14 Opfer des Rechtsterrorismus

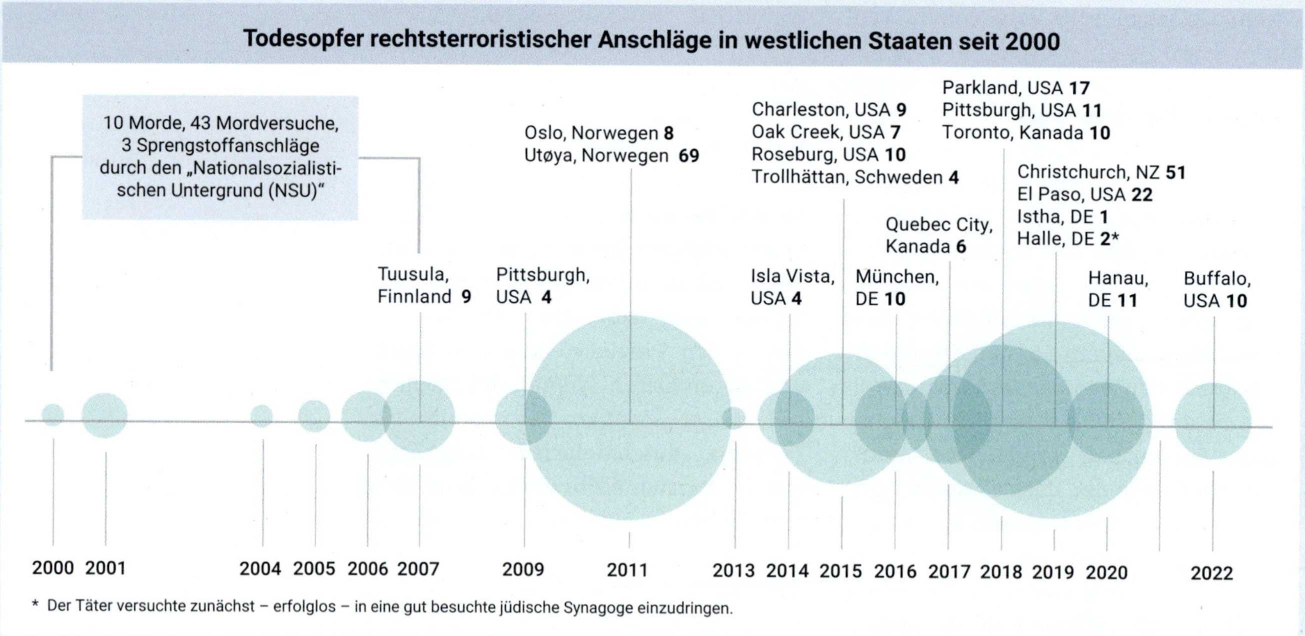

Bearbeitergrafik, Zahlen nach: Bonn International Center for Conversion et al.: 2020 / Im Schatten der Pandemie: letzte Chance für Europa / Friedensgutachten. Bielefeld 2020, S. 146 (ergänzt und aktualisiert)

Todesopfer rechtsextremistischer Terroristen in Deutschland seit 2000:

NSU (2000-2007)
Enver Şimşek
Abdurrahim Özüdoğru
Süleyman Taşköprü
Habil Kılıç
Mehmet Turgut
İsmail Yaşar
Theodoros Boulgarides
Mehmet Kubaşık
Halit Yozgat
Michèle Kiesewetter

München (2016)
Armela S. (14 Jahre)
Sabina S. (14)
Sevda D. (45)
Can L. (14)
Selçuk K. (15)
Janos Roberto R. (15)
Hüseyin D. (17)
Dijamant „Dimo“ Z. (20)
Guiliano-Josef K. (19)

Istha (2019)
Walter Lübcke (65), Regierungspräsident Kassel

Halle (Saale) (2019)
Jana Lange
Kevin Schwarze

Hanau (2020)
Gökhan Gültekin (37)
Sedat Gürbüz (29)
Said Nesar Hashemi (21)
Mercedes Kierpacz (35)
Hamza Kurtović (22)
Vili Viorel Păun (22)
Fatih Saraçoğlu (34)
Ferhat Unvar (23)
Kaloyan Velkov (33)
Gabriele Rathjen (72)

Einstiegsaufgaben 72018-716

1. Beschreiben Sie die Entwicklung der Todesopfer-Zahlen rechtsextremistischer Terroristen in westlichen Staaten (**M13**).
2. Leiten Sie Hypothesen zu möglichen Verbindungen dieser Morde untereinander ab.
3. Rechtsextremistische Terroristen hängen entsprechenden politischen Überzeugungen an. Sammeln Sie Ihnen bekannte Bestandteile solcher Überzeugungen.

M15 Was unterscheidet Rechtsterrorismus von anderen Gewaltformen?

A Terrorismus als Kommunikationsstrategie

Grundsätzlich gilt Terrorismus primär als eine „Kommunikationsstrategie", die auf die psychologischen Effekte der Gewaltakte setzt, um Botschaften an mehrere Adressaten gleichzeitig zu senden. Einerseits gilt es, Panik und Schockeffekte zu erzeugen, um eine Gesellschaft, eine Regierung oder einen Personenkreis einzuschüchtern und um öffentliche Aufmerksamkeit für bestimmte Anliegen zu erhalten. Dazu werden je nach Kontext sowohl Ziele mit hohem Symbolwert, beispielsweise Regierungs- und Parlamentsgebäude, Polizeistationen, religiöse Orte, Denkmäler, urbane Wahrzeichen, als auch viel besuchte öffentliche Orte wie Flughäfen, Bahnhöfe, Geschäftszentren, Restaurants, Hotels oder Marktplätze attackiert […]. Andererseits sollen durch solche Gewaltakte potenzielle Unterstützer*innen mobilisiert und politisch nahestehende Milieus radikalisiert werden, um die eigene Basis auszubauen, ideologische Positionen zu verbreiten oder gar eine revolutionäre Stimmung herbeizuführen. Terroristen verstehen sich daher oftmals als eine Art selbsternannte Avantgarde [= Vorkämpfer], die beansprucht, für die Interessen anderer einzutreten, die sich nicht gegen „Unterdrückung", „Ausbeutung" oder „Marginalisierung" wehren oder wehren können.

Schneckener, Ulrich: Terrorismus im Spannungsfeld politischer Gewalt. Eine Begriffs- und Standortbestimmung. In: Kärgel, Jana (Hg.): Terrorismus im 21. Jahrhundert. Bonn 2022, S. 20, 23

Schaubild: Terrorismus als Kommunikationsstrategie

72018-717

B Rechtsterrorismus – eine Definition

Rechtsterrorismus beschreibt die konspirative [= geheim im Untergrund] und vorsätzliche Planung und Durchführung schwerer Gewalttaten, die durch rechte Überzeugungen oder Kampagnen motiviert sind und die über die unmittelbaren Opfer und Ziele hinaus eine Botschaft aussenden.

Sehr häufig handelt es sich bei rechtsterroristischen Anschlägen zugleich um Hasskriminalität gegen gesellschaftlich marginalisierte Gruppen (bspw. Muslim:innen, Geflüchtete, Migrant:innen), deren Ausschluss und Unterordnung durch die Gewalt hergestellt oder verstärkt werden soll. […]

Als Mittel politischer Auseinandersetzungen ist der Terrorismus von rechts eine spezifische Form gewaltsamer Machtausübung aus der Mehrheitsgesellschaft mit dem Ziel, soziale Machtasymmetrien [= Macht-Ungleichgewichte] durchzusetzen und zu verfestigen.

Quent, Matthias: Rechtsterrorismus. In: Rothenberger, Liane u. a. (Hg.): Terrorismusforschung. Interdisziplinäres Handbuch für Wissenschaft und Praxis. Baden-Baden: Nomos 2022, S. 183

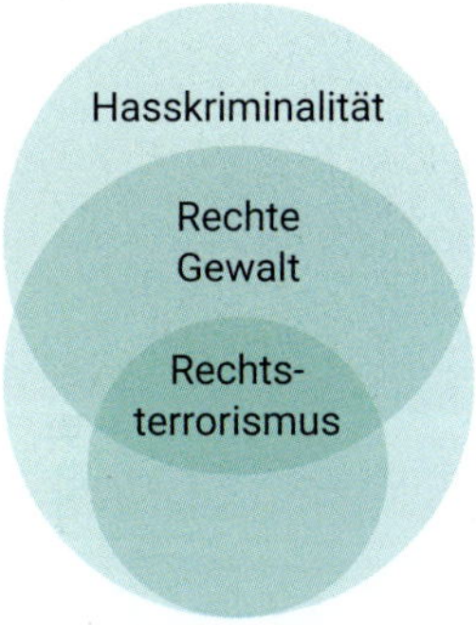

M16 Was treibt Rechtsterroristen an? Ideologien und Motive

Wenngleich unterschiedlich elaboriert, ähneln sich die inhaltlichen Begründungen der Täter [rechtsextremer Terroranschläge] doch in wesentlichen Punkten: Festzustellen sind in der Regel ein ausgeprägter Rassismus und antisemitische Verschwörungsideologien, zudem Autoritarismus, Antirationalismus und Wissenschaftsfeindlichkeit.

In einer klassisch rassistischen Diktion [= Wortwahl] geht es manchen Tätern dabei explizit um die Verteidigung der „weißen Rasse" oder der „weißen Überlegenheit" („*white supremacy*"). Gerade in der internationalen Neonaziszene und ihren Netzwerken wird seit Jahrzehnten ein kommender „Rassenkrieg" beschworen. Andere Täter […] geben vor, die durch vielfältige Faktoren angeblich bedrohte westliche Kultur retten zu wollen. Allgemein

Rassismus
Ideologie, wonach Menschen aufgrund äußerer Merkmale oder negativer Zuschreibungen als eine bestimmte „Rasse" oder ein „Volk" abgewertet und/oder ausgegrenzt werden

Autoritarismus
Diktatorische Herrschaftsvorstellung (hier: verbunden mit Ablehnung bestimmter Ethnien bzw. Bevölkerungsgruppen)

Antirationalismus
Ablehnung der Vorstellung, dass die Vernunft beim Schaffen von Wissen Vorrang hat

Bevölkerungsaustausch
Von dem französischen Schriftsteller Renaud Camus 2011 geschöpfter neurechter, rassistischer Kampfbegriff („Großer Austausch"), nach dem politische Eliten bewusst Einwanderung fördern würden, um die weiße Mehrheitsbevölkerung zu verdrängen

wird der Zusammenbruch „des Systems" erwartet und – schon seit Jahrzehnten – als „Tag X" herbeigesehnt.
Für den Täter von Buffalo [...] waren Rassismus und Antisemitismus zentrale Tatmotive. Ebenso wie [...] [die Täter von München (2016) und Christchurch (2019)] argumentierte [...] [er] mit angeblichen Problemen von „Massenimmigration" und „Islamisierung". Oftmals werden klassische Elemente rechtsextremer Ideologie mit zum Teil neu erfundenen Verschwörungstheorien verbunden, etwa in einem als notwendig angesehenen Kampf gegen einen von „den Eliten" bzw. Regierungen vermeintlich vorbereiteten Bevölkerungsaustausch („Volkstod", „Umvolkung", „großer Austausch") bzw. im Kampf gegen eine angeblich gesteuerte Verbreitung „des Islam" mit dem Ziel der kulturell-religiösen Hegemonie [= Führungsrolle] („Islamisierung"), und gegen eine behauptete Vormachtstellung der „Linken" („Kulturmarxismus", „1968"). Einige Täter zeigen auch einen expliziten Antifeminismus und einen deutlichen Frauenhass, der sich vielfach mit Rassismus und Antisemitismus zu einem „Motivkomplex" verbindet. [...]
Während die ideologischen Bausteine also im Grunde altbekannt sind, so wirken sie doch neu in einem veränderten gesellschaftlichen Umfeld. Ursprünglich rechtsextreme Diskurse und Positionen sind in der „Mitte der Gesellschaft" angekommen und vielfach im Mainstream anschlussfähig geworden. In vielen Ländern grassiert ein Rechtspopulismus, der mittlerweile weltweit die Diskrepanz zwischen einem (durch eine vermeintlich gemeinsame Abstammung definierten) Volk und „den Eliten" einerseits sowie „dem Volk" und „dem Fremden" andererseits konstruiert. [...] Im Ganzen ist die Schnittmenge zwischen den dabei präsentierten Meinungen, die teilweise auch von Parteien oder Personen vertreten werden, die sich als in der Mitte der Gesellschaft stehend bezeichnen würden, und den Motiven, die Rechtsterroristen weltweit antreiben, beträchtlich.

Coester, Marc et al.: Neuer Rechtsterrorismus? Vermessungen eines komplexen Feldes. In: Coester, Marc et al. (Hg.): Rechter Terrorismus: international – digital – analog. Wiesbaden: Springer 2023, S. 7 f.

M17 Rechtsterrorismus – ein transnationales Phänomen!?

A Transnationale Ideologie und Kommunikation

In einem Interview erläutert der Rechtsextremismusforscher Miro Dittrich die transnationalen Dimensionen des Rechtsterrorismus.

LGBTQIA+
Sammelabkürzung für lesbische, schwule, bisexuelle, transsexuelle, intersexuelle bzw. queere Menschen. Der Gegensatz dazu ist Heteronormativität, also die Vorstellung, dass es nur zwei Geschlechter gebe und nur Heterosexualität normal sei.

8chan
(heute: 8kun) Imageboard, das in Teilen von Rechtsextremisten genutzt wird

Der Attentäter von Halle kommt [...] aus einer internationalen Community?
Ja, wir haben es hier ganz klar mit internationalem Terrorismus zu tun. Dieser rechtsextreme Terrorismus hat keine klar verfolgbaren Strukturen und Organisation, aber es ist eine weltweite Szene, die sich online in den Boards trifft und die daran arbeitet, dass weitere Taten passieren, das Jüdinnen und Juden ermordet werden, Muslim*innen, „Linke", Frauen, LGBTIQ. Es werden Pläne geschmiedet, Konzepte optimiert, Waffen besprochen und verbreitet. Es gibt Brainstormings zu Zielen und Vorbereitungen: Wie kann der nächste Täter es „besser" machen? Immer wieder gibt es auch Gespräche über Finanziers von Aktionen, ohne dass man bisher Geldflüsse belegen kann. Der Attentäter von Halle gibt in einer seiner „Schriften" an, er habe eine Unterstützung von 0,1 Bitcoin – etwa 750 Euro – von einem Bekannten von 8chan erhalten. Dem habe er versprochen, er würde nur Muslime töten, weil der selbst jüdischen Glaubens sei. [...]
Was wollen die Rechtsterroristen, die sich da vernetzen?
Ihr Thema ist: Acceleration, das heißt Beschleunigung. Sie glauben, dass das demokratische System sowieso kollabiert, und diesen Zusammenbruch wollen sie beschleunigen. [...] [Rechtsterroristische]

Gewaltakte sollen [...] nicht nur konkret Menschen töten – sie sollen auch Gleichgesinnte oder Nachahmungstäter „zu den Waffen" rufen, sie sollen zeigen, man könne sich „wehren". Sie sollen die „Weißen" wachrütteln, die als schlafend und unwissend gesehen werden. Und wir können sehen, dass das Konzept für diese Szene funktioniert, dass die Täter voneinander inspiriert werden und sich aufeinander beziehen. [...]

[Das] begann praktisch mit den Attentaten 2011 in Oslo und Utøya, bei denen insgesamt 77 Menschen getötet und zur Tat ein politisches Manifest veröffentlicht wurde. Seit dem Attentat von Christchurch im März 2019, als ein Attentäter in zwei Moscheen in Christchurch (Neuseeland) insgesamt 51 Menschen tötete und weitere 50 verletzte, gehört neben dem „Manifest" ein Livestream der Tat mit dazu, unterlegt mit inhaltlich aufgeladener Musik, die ein weiteres Stilmittel ist.

Interview: Simone Rafael: Die Boards der rechtsterroristischen Attentäter als internationale Kaderschmiede. In: www.belltower.news, 18.10.2019

B Transnationale rechtsextremistische Organisationsstrukturen

Mit Ausnahme der französischen GRX-Szene [GRX = Gewaltorientierter Rechtsextremismus], welche hauptsächlich auf Französisch kommuniziert, legen die meisten internationalen GRX-Akteure Wert auf Beziehungen zu deutschen Gesinnungsgenossen. Es ist anzunehmen, dass dies durch eine gewisse historische Bewunderung für das Dritte Reich und deren selbsternannte ideologische Nachkommen zu erklären ist sowie mit der Stärke und Vielfalt des Deutschen GRX. Dieser besteht aus informellen Gruppierungen (Gruppe Freital 2017, Oldschool Society 2017 , Revolution Chemnitz 2018, Aryans 2019, Nordadler 2020), Parteien (NPD, Der III. Weg und Die Rechte), Mischszenen (GRX und Rocker/Biker, Reichsbürger, Prepper und Wutbürger) sowie „unstrukturierten Einzelpersonen". Dementsprechend verfügen einige Organisationen des deutschen GRX und insbesondere politische Parteien wie Der III. Weg, die NPD und Die Rechte offenbar über die umfangreichsten transnationalen Netzwerke aller in diesem Bericht behandelten Akteure. [...]

Die etablierte deutsche Partei NPD und ihre Jugendorganisation JN unterhalten enge Verbindungen zu gewaltbereiten Organisationen im Ausland wie der neofaschistischen Partei Goldene Morgenröte in Griechenland. Die NPD gehört der europäischen Allianz für Frieden und Freiheit (APF) an, deren Stiftung Europa Terra Nostra e.V. (ETN) das Ziel verfolgt, „ein internationales Netzwerk aufzubauen, um nationalistische Organisationen und Kämpfer zu unterstützen."

Ibsen, David et al.: Gewaltorientierter Rechtsextremismus und Terrorismus – Transnationale Konnektivität, Definitionen, Vorfälle, Strukturen und Gegenmaßnahmen. Berlin: CEPG 2020, S. 18 f.

Reichsbürger
Sehr lose verbundene, teils bewaffnete Gruppierungen, die die Bundesrepublik Deutschland als Staat und deren Regierung grundsätzlich ablehnen. Für sie existiert noch das deutsche Kaiserreich bzw. Deutschland in den Grenzen von 1937.

Prepper
Personen, die sich durch umfassende Maßnahmen vor Katastrophen schützen wollen. Das sind z. B. Schutzräume und -kleidung, große Lebensmittelvorräte, Wertgegenstände, teilweise Waffen.

Aufgaben

72018-718

1. Geben Sie die Definition von rechtsextremem Terrorismus – auch in Abgrenzung zu anderen rechtsextremen Gewaltphänomenen – wieder (**M15**).
2. Arbeiten Sie die wesentlichen Ideologiebestandteile rechtsextremer Terroristen heraus (**M16, M17**).
3. Erklären Sie, inwiefern es sich beim rechtsextremen Terrorismus der Gegenwart um ein inter- bzw. transnationales Phänomen handelt (**M17**).

F Ordnen Sie transnationalen Terrorismus in den (erweiterten) Sicherheitsbegriff ein (→ Kap. 7.1.3).

7.2.5 Außenpolitisch gegen Terrorismus vorgehen – die Anti-Terrorismus-Politik der Europäischen Union

Zum Thema: Terrorismusbekämpfung ist in der EU eine gemeinsame Aufgabe. Welche Maßnahmen setzt die EU ein – von der Löschung terroristischer Online-Inhalte über Einreisekontrollen bis hin zu Finanzsanktionen? Und wo geraten Sicherheitsmaßnahmen in Konflikt mit Grundrechten? Das Kapitel beleuchtet Möglichkeiten und Grenzen europäischer Anti-Terror-Politik.

M18 Sicherheit vs. Freiheit – ein Grundkonflikt

„Wer Terrorismus bekämpfen will, muss Überwachung ausbauen, Grenzen kontrollieren und schnell handeln können – auch wenn das bedeutet, dass Bürgerrechte vorübergehend eingeschränkt werden."

„Wer im Namen der Sicherheit Grundrechte einschränkt, untergräbt genau das, was Terroristen zerstören wollen: eine freie, offene Gesellschaft."

Einstiegsaufgabe 72018-719

Sicherheitspolitisch ist auch die Europäische Union für die Terrorismusbekämpfung zuständig. Sammeln Sie Ideen für (polizeiliche) Maßnahmen zur Terrorismusbekämpfung auf EU-Ebene.

M19 Welche Anti-Terror-Maßnahmen gibt es in der EU?

Nach einer Reihe von Attentaten islamistischer Terroristen in Staaten der Europäischen Union beschloss die EU seit 2015 weitgehende Maßnahmen, um Terrorismus auf ihrem Gebiet zu verhindern.

A Bekämpfung terroristischer Propaganda

Seit 2022 können EU-Staaten deutlich einfacher gegen terroristische Inhalte im Internet vorgehen. Als terroristisch wird ein Inhalt dann eingestuft, wenn

- zu terroristischen Inhalten aufgerufen wird,
- Anleitungen zu Straftaten gegeben werden,
- Terrororganisationen Mitglieder werben.

Folgender Mechanismus steht den Staaten gegenüber den Plattformbetreibern zur Verfügung:

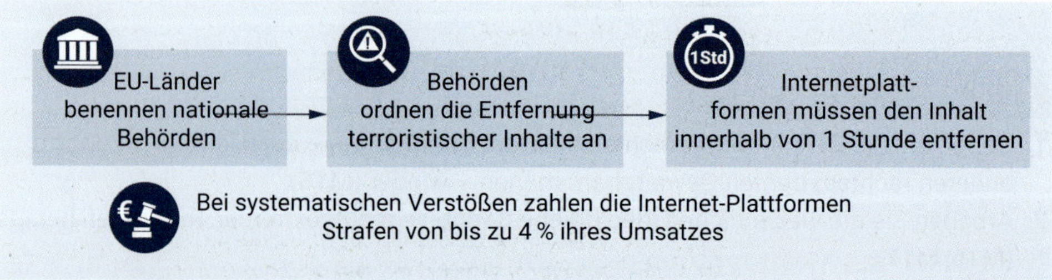

Text: Bearbeiter; Schaubild nach: Rat der Europäischen Union: Infografik – Bekämpfung der Verbreitung terroristischer Online-Inhalte. In: www.consilium.europa.eu, 2022

B EU-Terroristenliste

Die Europäische Union hat [bereits] im Dezember 2001 als Teil ihrer Reaktion nach den Anschlägen vom 11. September 2001 eine Liste von Personen, Vereinigungen und Körperschaften festgelegt, die an terroristischen Handlungen beteiligt waren und restriktiven Maßnahmen unterliegen sollen. [...]
Auf der Liste stehen Personen und Vereinigungen, die innerhalb und außerhalb der EU agieren. Sie wird regelmäßig, mindestens aber einmal pro Halbjahr überprüft. [...]
Für die in der Liste aufgeführten 13 Personen sowie 23 Vereinigungen und Körperschaften [Stand: März 2026] gilt, dass ihre Gelder und sonstigen Vermögenswerte in der EU eingefroren werden. Darüber hinaus ist es Personen und Organisationen in der EU verboten, den in dieser Liste aufgenommenen Personen und Organisationen finanzielle Mittel zur Verfügung zu stellen.

Rat der Europäischen Union: EU-Terroristenliste. In: www.consilium.europa.eu, Abruf am 12.03.2026

C Einreise von Terrorverdächtigen verhindern

Seit 2011 sind Schätzungen zufolge 4.000 bis 5.000 EU-Bürgerinnen und -Bürger in Konfliktgebiete – hauptsächlich in Irak und Syrien – gereist oder haben den Versuch dazu unternommen, um sich terroristischen Gruppierungen wie ISIL/Da'esh anzuschließen. 30 % von ihnen sind bereits in ihre Heimatländer zurückgekehrt. [...]
Im März 2017 hat die EU eine Richtlinie zur Terrorismusbekämpfung erlassen. [...] Mit der Richtlinie werden folgende Handlungen unter Strafe gestellt:

- die Teilnahme an einer Ausbildung oder das Reisen für terroristische Zwecke
- die Organisation oder die Erleichterung solcher Reisen
- die Bereitstellung oder Sammlung von Geldern im Zusammenhang mit terroristischen Gruppen oder Aktivitäten

Im März 2017 hat die EU außerdem eine Verordnung zur Änderung des Schengener Grenzkodex angenommen. Aufgrund der neuen Vorschriften müssen die Mitgliedstaaten bei allen Personen, die die Außengrenzen überschreiten, einschließlich EU-Bürgerinnen und -Bürger und ihrer Familienangehörigen, einen systematischen Abgleich mit den einschlägigen Datenbanken vornehmen.

Rat der Europäischen Union: Die Reaktion der EU auf den Terrorismus. In: www.consilium.europa.eu, Abruf am 12.03.2026

ISIL/Da'esh
(auch IS) islamistische Terrororganisation, die bereits große Gebiete in Vorderasien und Afrika kontrolliert(e) und dort und in Europa für zahlreiche Terroranschläge verantwortlich ist

Schengener Grenzkodex
1985 begonnener EU-Regelungskatalog, wonach zwischen Ländern der EU (sowie Island, Lichtenstein, Norwegen und der Schweiz, aber nicht Irland, Bulgarien, Rumänien, Zypern) keine Grenzkontrollen stattfinden; benannt nach dem Ort Schengen (Luxemburg), in dem das erste dieser Abkommen ausgehandelt wurde.

M20 Anti-Terrorismus-Maßnahmen außerhalb der EU

Der Rat der Europäischen Union sieht die hauptsächliche Terrorismus-Gefahr für europäische Bürgerinnen und Bürger im islamistischen Terrorismus. Dieser ist derzeit vor allem stark und im europäischen Fokus in der Sahelzone sowie am Horn von Afrika. In diesen Regionen verüben islamistische Terrororganisationen wie der sogenannte „Islamische Staat" (IS), die somalische Miliz Al-Shabaab und andere Gruppen mit ähnlicher Ideologie Anschläge auf staatliche Einrichtungen (u. a. auch das Militär) und die Zivilbevölkerung. Es drohe eine (weitere) Destabilisierung dieser Staaten, die dazu führen könnte, dass sich Terrororganisationen noch weiter ausbreiten (u. a. auf die westafrikanischen Küstenstaaten) und auch Ziele in Europa angreifen könnten. So trainierten Al-Qaida-Terroristen in den 1990er-Jahren weitgehend unbehelligt in Afghanistan, wodurch große Terroranschläge auf Ziele in den USA und Europa überhaupt erst möglich wurden. Ebenso breitete sich im destabilisierten Irak ab 2006 jahrelang der IS aus, der ebenfalls für zahlreiche Terroranschläge in der EU verantwortlich ist.
Bis 2022/23 versuchte die EU (und u. a. in diesem Zusammenhang auch Deutschland) einen Beitrag zur Stabilisierung von Sahelstaaten wie Mali und Niger durch Training des Militärs und der Polizei zu

leisten. Allerdings wurde in beiden Staaten die gewählte Regierung durch das Militär gestürzt und die EU-Missionen wurden – auch auf Drängen der neuen Machthaber – beendet bzw. ausgesetzt. Insofern nimmt die Möglichkeit der Stabilisierung der EU in den genannten Regionen ab.

Bearbeiter

M21 Welche Risiken birgt die EU-Terrorismusabwehr?

Gesetze und politische Maßnahmen zur Terrorismusbekämpfung [können] direkt oder indirekt schwerwiegende Einschränkungen der Grundrechte und -freiheiten mit sich bringen, wie ein neuer Bericht der Agentur der Europäischen Union für Grundrechte (FRA) zeigt. [...]

Der Bericht enthält faktengestützte Ratschläge, um Politikschaffende in der gesamten EU dazu zu bewegen, die Richtlinie unter uneingeschränkter Achtung der Grundrechte anzuwenden:

- Klarstellung was „Terrorismus" im Strafrecht bedeutet: Eine weite Definition des Begriffs „terroristische Straftat" lässt viel Spielraum für Interpretationen. Mehr Rechtsklarheit würde sicherstellen, dass die Länder ihre Rechtsvorschriften zur Terrorismusbekämpfung EU-weit einheitlich anwenden. [...]
- Ermöglichung wirksamer Schutzvorkehrungen bei Ermittlungen: Um Terrorismus zu verhindern, verfügen die Ermittler häufig über weitreichende Ermittlungsbefugnisse, darunter Überwachungsmaßnahmen und die Sammlung nachrichtendienstlicher Erkenntnisse. Dies kann sich auf den Datenschutz, die Privatsphäre und den Zugang zu justiziellen Rechten auswirken. Um sicherzustellen, dass Ermittlungen zielgerichtet und gerechtfertigt sind, müssen die Länder adäquate Schutzvorkehrungen, klare Genehmigungssysteme und eine Überwachung der Ermittlungen vorsehen.
- Vermeidung der Diskriminierung bestimmter Gruppen: Gegen Angehörige einer Religionsgemeinschaft, vor allem des muslimischen Glaubens, werden möglicherweise mit größerer Wahrscheinlichkeit strafrechtliche Ermittlungen eingeleitet. Einige religiöse Praktiken können auch als Anzeichen für Radikalisierung missverstanden werden. Dies erfordert Leitlinien und Schulungen zur Vermeidung von Voreingenommenheit und Missverständnissen sowie die Erhebung von Daten, um die Auswirkungen auf die verschiedenen Gruppen zu bewerten. [...]

European Union Agency for Fundamental Rights: Terrorismus bekämpfen, Grundrechte wahren. In: www.fra.europa.eu, 18.11.2021

Aufgaben

72018-720

1. Stellen Sie die zentralen Anti-Terrorismus-Maßnahmen der EU dar (**M19, M20**).
2. Arbeiten Sie mögliche Einschränkungen der Rechte bestimmter Personengruppen heraus, die durch die Anti-Terrorismus-Maßnahmen der EU hervorgerufen werden könnten (**M21**).
3. Beurteilen Sie die Anti-Terrorismus-Maßnahmen der EU (**M18-M21**): Inwieweit gelingt es der EU, wirksam gegen Terrorismus vorzugehen, ohne dabei Grundrechte unverhältnismäßig einzuschränken?

7.3 Deutschlands Einsatz für Sicherheit und Frieden

7.3.1 Auftrag und Grundlagen der Bundeswehr

Zum Thema: Von der Bundeswehr wurde lange Zeit wenig gesprochen, die Ausgaben für das Militär waren im Vergleich zu anderen Staaten vergleichsweise niedrig, die Wehrpflicht wurde ausgesetzt. Welche Rolle und welche Aufgaben aber soll die Bundeswehr übernehmen?

M1 Waffen für die klassische Landesverteidigung?

Karikatur: Nel, 2018

Einstiegsaufgabe 72018-721

Tragen Sie zusammen, welche Fragen sich aus der Karikatur (**M1**) in Bezug auf Aufgaben und Probleme der Bundeswehr ergeben.

M2 Der verfassungsrechtliche Auftrag der Bundeswehr

Art. 87a GG – (1) Der Bund stellt Streitkräfte zur Verteidigung auf. Ihre zahlenmäßige Stärke und die Grundzüge ihrer Organisation müssen sich aus dem Haushaltsplan ergeben.
(2) Außer zur Verteidigung dürfen die Streitkräfte nur eingesetzt werden, soweit die-

ses Grundgesetz es ausdrücklich zulässt.
(3) Die Streitkräfte haben im Verteidigungsfalle und im Spannungsfalle die Befugnis, zivile Objekte zu schützen und Aufgaben der Verkehrsregelung wahrzunehmen, soweit dies zur Erfüllung ihres Verteidigungsauftrages erforderlich ist. Außerdem kann den Streitkräften im Verteidigungsfalle und im Spannungsfalle der Schutz ziviler Objekte auch zur Unterstützung polizeilicher Maßnahmen übertragen werden; die Streitkräfte wirken dabei mit den zuständigen Behörden zusammen.
(4) Zur Abwehr einer drohenden Gefahr für den Bestand oder die freiheitliche demokratische Grundordnung des Bundes oder eines Landes kann die Bundesregierung, wenn die Voraussetzungen des Artikels 91 Abs. 2 vorliegen und die Polizeikräfte sowie der Bundesgrenzschutz nicht ausreichen, Streitkräfte zur Unterstützung der Polizei und des Bundesgrenzschutzes beim Schutze von zivilen Objekten und bei der Bekämpfung organisierter und militärisch bewaffneter Aufständischer einsetzen. [...]
Grundgesetz für die Bundesrepublik Deutschland, Art 87a

M3 Die Bundeswehr als ein Instrument der deutschen Sicherheits- und Verteidigungspolitik

Abgeleitet aus ihrem Auftrag nimmt die Bundeswehr in einem gesamtstaatlichen Ansatz folgende Aufgaben wahr:

1 **Landes- und Bündnisverteidigung im Rahmen der NATO und der EU** einschließlich Verteidigungsaufgaben auf deutschem Hoheitsgebiet sowie Maßnahmen zur Abschreckung in allen Dimensionen; Verteidigung gegen Angriffe auf das Hoheitsgebiet von Bündnispartnern; Verteidigung gegen terroristische und hybride Bedrohungen; [...] Maßnahmen der Rückversicherung und Unterstützung von Bündnispartnern im Rahmen der Bündnissolidarität, um Deutschland, seine Staatsbürger und Partner zu schützen und potenzielle Gegner abzuschrecken.

2 **Internationales Krisenmanagement einschließlich aktiver militärischer und zivil-militärischer Beiträge** zur nationalen Krisenfrüherkennung; im Rahmen internationaler Organisationen, Bündnisse und Partnerschaften zur Konfliktverhütung, Krisenbewältigung, Krisennachsorge und Stabilisierung; zu Friedensmissionen der Vereinten Nationen; zum Kampf gegen den transnationalen Terrorismus, gegen Bedrohungen aus dem Cyber- und Informationsraum [...] sowie zur Durchsetzung von Embargos und Sanktionen, um unser internationales Umfeld im gesamten Bedrohungs- und Krisenspektrum zu stabilisieren und Gefahren für unser Land und unsere Verbündeten abzuwenden.

3 **Heimatschutz, nationale Krisen- und Risikovorsorge und [...] Unterstützungsleistungen in Deutschland** einschließlich Wahrnehmung nationaler territorialer Aufgaben; Überwachung und Sicherung des deutschen Luft- und Seeraums; Überwachung kritischer Weltrauminfrastruktur; [...] Hilfeleistungen in Fällen von Naturkatastrophen, schweren Unglücksfällen und bei innerem Notstand sowie Amtshilfe; Beiträgen zur Terrorabwehr im Rahmen der verfassungsmäßigen Voraussetzungen; Rettung und Rückführung im Ausland isolierter Personen; Beiträgen zur Evakuierung aus krisenhaften Lagen sowie Beiträgen zur Geiselbefreiung im Ausland, um zur gesamtstaatlichen Sicherheitsvorsorge und zur Resilienz (=Stärkung/Widerstandskraft) von Staat und Gesellschaft beizutragen.

Die Bundesregierung: Weißbuch 2016. Zur Sicherheitspolitik und zur Zukunft der Bundeswehr, S. 91 f.

M4 Wie hat sich die Bundeswehr seit 1989 entwickelt?

Transformation der Bundeswehr

1989
- *Bundeswehr:* Truppenstärke ca. 495.000 Soldatinnen und Soldaten (davon ca. 218.000 Wehrdienstleistende)
- *Nationale Volksarmee der DDR (NVA):* Truppenstärke ca. 155.000 Soldatinnen und Soldaten (zzgl. Grenztruppen)

1990
- Auflösung der NVA
- 2 + 4-Verträge (zur deutschen Einigung) setzen maximale Truppenstärke auf 370.000 Soldatinnen und Soldaten fest

1992
Beginn der umstrittenen Einsätze im Rahmen der Staatenzerfallskriege Jugoslawiens

1994
Bundesverfassungsgericht urteilt, dass der Bundestag allen Auslandseinsätzen der Bundeswehr (nach Art. 24 GG) zustimmen muss (Parlamentsarmee).

1999
- Erster Kampfeinsatz der NATO und der Bundeswehr, Bombardierung der jugoslawischen Armee zum Schutz von verfolgten Kosovo-Albanern; kein UN-Mandat
- UN-Mandat zur Einrichtung einer ständigen NATO-Schutztruppe im Kosovo (KFOR); Gesamtstärke 2012: 6.000 Soldatinnen und Soldaten (davon 1.230 deutsche)

2001
- Terroranschläge in den USA (11.09.); NATO ruft ersten Bündnisfall ihrer Geschichte aus
- Zweiter Kampfeinsatz: Im Rahmen des UN-Mandats ISAF sind deutsche Soldatinnen und Soldaten in Afghanistan zur Sicherung der Regierung sowie als zivile Aufbauhelfende im Einsatz.

2003
Schnelle Eingreiftruppe der NATO (insg. 50.000 Soldatinnen und Soldaten) wird installiert

2011
- Truppenstärke: 221.000 Soldatinnen und Soldaten (davon ca. 9.300 Wehrdienstleistende)
- Aussetzung der Wehrpflicht zum 1. Juli 2013
- NATO-Einsatz an der syrischen Grenze der EU-Beitrittskandidatin Türkei
- Beginn des Auslandseinsatzes im westafrikanischen Mali 2014

2021
Abzug aus Afghanistan

2023
- Truppenstärke: ca. 181.000 Soldatinnen und Soldaten (davon ca. 9.400 freiwillig Wehrdienstleistende)
- Abzug aus Mali mit dem Auslaufen der UN-Mission

2024
Marine-Einsatz gegen die Huthi im Roten Meer vor Jemen.
Bis 2027 soll die Zahl der Bundeswehrsoldatinnen und -soldaten auf 203.000 angehoben werden.

2025
Wehrdienst-Modernisierungsgesetz: Wehrdienst basiert auf Freiwilligkeit; Männer ab 18 Jahren (ab Geburtsjahrgang 2008) müssen einen Fragebogen zur Dienstbereitschaft und körperlichen Eignung ausfüllen, Musterungen ab 01.07.2027. Sollstärke bis 2035: 255.000 aktive Soldatinnen und Soldaten.

Bearbeiter

Aufgaben

72018-722

1. Arbeiten Sie den verfassungsrechtlichen Auftrag der Bundeswehr heraus (**M2**).
2. Erläutern Sie, inwiefern die Bundeswehr mit den Einsatzfeldern ihrem Auftrag gerecht wird (**M2, M3**).
3. Beschreiben Sie die wichtigsten Veränderungen der Bundeswehr (**M4**).
4. Bewerten Sie, inwiefern die Transformation der Bundeswehr (**M4**) eine Reaktion auf den erweiterten Sicherheitsbegriff (→ Kap. 7.1.3) darstellt.

7.3.2 Bundeswehr ab 2022: Armee zur Landes- und Bündnisverteidigung?!

Zum Thema: Der russische Angriff auf die Ukraine 2022 hat die deutsche Sicherheitspolitik grundlegend verändert. Bundeskanzler Scholz sprach von einer „Zeitenwende" – und leitete daraus eine Neuausrichtung der Bundeswehr sowie ein 100-Milliarden-Sondervermögen ab. Doch ist Aufrüstung die richtige Antwort auf die neue Bedrohungslage, oder gefährdet sie sozialen Zusammenhalt und Frieden?

M5 Olaf Scholz: Sicherheitspolitische „Zeitenwende"

Bundeskanzler Olaf Scholz bei der Sondersitzung im Bundestag am 27.02.2022

Der 24. Februar 2022 [Tag des russischen Angriffs auf die Ukraine] markiert eine Zeitenwende in der Geschichte unseres Kontinents. Mit dem Überfall auf die Ukraine hat der russische Präsident Putin kaltblütig einen Angriffskrieg vom Zaun gebrochen – aus einem einzigen Grund: Die Freiheit der Ukrainerinnen und Ukrainer stellt sein eigenes Unterdrückungsregime infrage. Das ist menschenverachtend. Das ist völkerrechtswidrig. [...]

Wir erleben eine Zeitenwende. Und das bedeutet: Die Welt danach ist nicht mehr dieselbe wie die Welt davor. Im Kern geht es um die Frage, ob Macht das Recht brechen darf [...].

Ja, wir wollen und wir werden unsere Freiheit, unsere Demokratie und unseren Wohlstand sichern. [...] Mit dem Überfall auf die Ukraine will Putin nicht nur ein unabhängiges Land von der Weltkarte tilgen. Er zertrümmert die europäische Sicherheitsordnung, wie sie [...] fast ein halbes Jahrhundert Bestand hatte.

Scholz, Olaf: Regierungserklärung vom 27.02.2022. In: Die Bundesregierung: Reden zur Zeitenwende. Bundeskanzler Olaf Scholz. 2., ergänzte Auflage. Berlin 2022, S. 7 f.

Einstiegsaufgabe 72018-723

Tragen Sie zusammen, was unter der von Bundeskanzler Scholz genannten „Zeitenwende" verstanden werden könnte (**M5**).

M6 Bundesregierung: Aufgaben durch den Krieg Russlands gegen die Ukraine

Regierungserklärung „Zeitenwende" von Bundeskanzler Olaf Scholz (2021-2025)

72018-724

Zum Krieg gegen die Ukraine
→ vgl. Kap. 8.1

Fünf Handlungsaufträge liegen nun vor uns. Erstens: Wir müssen die Ukraine in dieser verzweifelten Lage unterstützen. [...]

Unser zweiter Handlungsauftrag ist, Putin von seinem Kriegskurs abzubringen. Der Krieg ist eine Katastrophe für die Ukraine. Aber der Krieg wird sich [u. a. durch harte Wirtschaftssanktionen der Europäischen Union und der USA] auch als Katastrophe für Russland erweisen. [...]

Die dritte große Herausforderung liegt darin, zu verhindern, dass Putins Krieg auf andere Länder in Europa übergreift. Das bedeutet: Ohne Wenn und Aber stehen wir zu unserer Beistandspflicht in der Nato. Das habe ich auch unseren Alliierten in Mittel- und Osteuropa gesagt, die sich um ihre Sicherheit sorgen. [...]

Und das ist mein viertes Anliegen. [...] Putin will ein russisches Imperium errichten. Er will die Verhältnisse in Europa nach seinen Vorstellungen grundlegend neu ordnen, und dabei schreckt er nicht zurück vor militärischer Gewalt. Das sehen

wir heute in der Ukraine. Wir müssen uns daher fragen: Welche Fähigkeiten besitzt Putins Russland, und welche Fähigkeiten brauchen wir, um dieser Bedrohung zu begegnen, heute und in der Zukunft? [...]
Klar ist: Wir müssen deutlich mehr in die Sicherheit unseres Landes investieren, um auf diese Weise unsere Freiheit und unsere Demokratie zu schützen. [...] Ziel ist eine leistungsfähige, hochmoderne, fortschrittliche Bundeswehr, die uns zuverlässig schützt. [...] Aber machen wir uns nichts vor: Bessere Ausrüstung, modernes Einsatzgerät, mehr Personal – das kostet viel Geld. Wir werden dafür ein [schuldenfinanziertes] Sondervermögen Bundeswehr einrichten [...]. Der Bundeshaushalt 2022 wird dieses Sondervermögen einmalig mit 100 Milliarden Euro ausstatten. [...]
Damit bin ich beim fünften und letzten Punkt. Putins Krieg bedeutet eine Zäsur [= einen massiven Einschnitt], auch für unsere Außenpolitik. So viel Diplomatie wie möglich, ohne naiv zu sein, dieser Anspruch bleibt. Nicht naiv zu sein, das bedeutet aber auch, kein Reden um des Redens willen. Für echten Dialog braucht es die Bereitschaft dazu auf beiden Seiten. [...] Wenn wir wollen, dass [die] letzten 30 Jahre [ohne Bedrohungen für das Territorium der Bundesrepublik Deutschland] keine historische Ausnahme bleiben, dann müssen wir alles tun für den Zusammenhalt der Europäischen Union, für die Stärke der Nato, für noch engere Beziehungen zu unseren Freunden, Partnern und Gleichgesinnten weltweit.

Scholz, Olaf: Regierungserklärung vom 27.02.2022. In: Die Bundesregierung: Reden zur Zeitenwende. Bundeskanzler Olaf Scholz. 2., ergänzte Auflage. Berlin 2022, S. 9 f., 12-15, 18

Sondervermögen für die Bundeswehr
Kreditfinanzierte Sonderzahlung an die Bundeswehr bis 2027 in Höhe von 100 Milliarden Euro, mit der vor allem schwere/s Waffen/Gerät angeschafft werden soll (u. a. Kampfjets, Hubschrauber, Schiffe, U-Boote, Panzer sowie Ausgaben für Digitalisierung)

M7 Neue Bedeutung der Landes- und Bündnisverteidigung?!

Der völkerrechtswidrige Angriffskrieg der Russischen Föderation gegen die Ukraine hat den Krieg nach Europa zurückgebracht. [...] Wir müssen unsere Freiheit und Sicherheit gemeinsam mit unseren Verbündeten verteidigen können. Unsere Bereitschaft zur Verantwortung und unser Wille zur Gestaltung begründen unser starkes Engagement für die europäische Sicherheitsarchitektur und die internationale regelbasierte Ordnung – auch militärisch.
Unser sicherheitspolitisches Umfeld erfordert eine konsequente Fokussierung der Bundeswehr auf die Landes- und Bündnisverteidigung im gesamtstaatlichen Kontext. Ihr Beitrag zur Gesamtverteidigung ist Voraussetzung für die Handlungsfähigkeit der Bundesregierung und damit für den umfassenden Schutz der Bevölkerung [...]. Abschreckungsfähigkeit, Kriegstüchtigkeit sowie Wirksamkeit im Einsatz sind der Anspruch an eine zukunftsfähige, voll ausgestattete sowie dauerhaft und jederzeit einsatz- und kampfbereite Bundeswehr. Damit ist zeitgemäße Landes-und Bündnisverteidigung für die Bundeswehr strukturbestimmend.
Die Sicherheit unserer Bündnispartner ist die Sicherheit Deutschlands. Die Zeitenwende verändert die Rolle Deutschlands und der Bundeswehr im Bündnis fundamental. Gerade die Bundesrepublik Deutschland hat im Kalten Krieg als „Frontstaat" umfassend von der Präsenz der Verbündeten der Nordatlantischen Allianz (NATO) auf ihrem Territorium über Jahrzehnte profitiert. Umso mehr stehen wir heute in der Verantwortung, wesentliche Beiträge für den Schutz und die Sicherheit unserer Verbündeten zu leisten. Dies umfasst auch eine verstetigte Präsenz an der [östlichen] NATO-Außengrenze in neuer Qualität. Die permanente Stationierung einer Brigade in Litauen ist in der Geschichte der Bundeswehr ohne Präzedenz [hier: Vorbild] und ein wichtiges Signal für die gemeinsame Kraft der Allianz.

Bundesministerium der Verteidigung (Hg.): Verteidigungspolitische Richtlinien 2023. Bonn 2023, S. 9 f.

NATO-Ostflanke
Grenze zwischen den ostmitteleuropäischen NATO-Staaten und ihren Nachbarstaaten im Osten (Russland, Belarus, Ukraine, Moldau)
→ vgl. auch Kap. 8.1.2

Brigade
Kleinster Großverband eines Heeres bestehend aus 1.500 bis 5.000 Soldatinnen und Soldaten

M8 Aufrüstung unnötig und sozial schädlich! Ein Kommentar

[Die Befürwortenden des Sondervermögens für die Bundeswehr behaupten], dass die Hochrüstung jetzt nötig sei, weil Russland die Ukraine überfallen hat.

[...] Die Politik steht heute vor zwei Aufgaben: Sie muss das Blutvergießen in der Ukraine schnellstmöglich beenden. Und sie muss eine Eskalation des Krieges in der Ukraine und über ihre Grenzen hinaus in einen Dritten Weltkrieg mit Atommächten verhindern. Aber: Die 100 Milliarden Euro, die jetzt zusätzlich vor allem für die Luftwaffe und die Marine ausgegeben werden sollen, sind nicht für die Ukraine bestimmt. Sie leisten keinen Beitrag, das Blutvergießen zu beenden. [...]

[E]s bedürfe angesichts des russischen Angriffskriegs der „Abschreckung".

Auch das ist eine Verdrehung der Tatsachen! Schon 2021 überstiegen die Militärausgaben der NATO-Staaten diejenigen Russlands um fast das 20fache. Schon heute stehen 1,9 Millionen Soldaten der europäischen NATO-Staaten (also ohne die USA) nur 0,9 Millionen russische Soldaten gegenüber, die im Übrigen über die gesamte Fläche des mit Abstand größten Landes der Welt verteilt sind. Im Hinblick auf die Waffensysteme weisen die europäischen NATO-Staaten heute schon eine mindestens zweifache Überlegenheit gegenüber Russland auf, wenn es um Kampfflugzeuge, Artillerie, Kampfpanzer und gepanzerte Fahrzeuge geht. Aber auch diese haushohe militärische Überlegenheit allein der europäischen NATO-Staaten, um von den USA als mit Abstand mächtigstem Militärstaat der Welt gar nicht zu sprechen, hat den russischen Krieg nicht verhindert!

Trotz dieser krassen Asymmetrie [...] haben alle Parteien im Bundestag mit Ausnahme der LINKEN am 3. Juni 2022 beschlossen, Deutschland zum Land mit dem drittgrößten Militärhaushalt nach den USA und China machen. Deutschland heizt damit [...] ein gefährliches neues globales Wettrüsten weiter an [...].

[D]ie Hochrüstung sei jetzt nötig, weil man die Bundeswehr „systematisch kaputtgespart" habe.

[...] Nach Angaben des Bundesrechnungshofes sind die Militärausgaben schon seit 2014 systematisch und signifikant [= erheblich] von 32,5 auf 50,3 Milliarden Euro gesteigert worden. [...]

Woher kommt eigentlich das Geld? [...]

Die Hochrüstung macht Deutschland und Europa nicht friedlicher und nicht sicherer. Sie zweckentfremdet gesellschaftliche Ressourcen, die wir im Kampf gegen Armut, soziale Unsicherheit, globalen Hunger und Pandemien und die laufende Klimakatastrophe dringend bräuchten. Als Gesellschaft können wir uns diese Hochrüstung im Namen der Zukunft nicht leisten!

Solty, Ingar: Sondervermögen für die Bundeswehr: Einer Demokratie absolut unwürdig. In: www.freitag.de, 16.06.2022

Aufgaben

72018-725

1. Fassen Sie die sicherheitspolitischen „Handlungsaufträge" sowie die daraus abgeleiteten Entwicklungsbedarfe für die Bundeswehr zusammen (**M6**, **M7**).
2. Charakterisieren Sie die eingeleitete Transformation der Bundeswehr von einer Armee mit Hauptfokus auf Auslandseinsätze hin zu einer Armee mit Fokus auf Landes- und Bündnisverteidigung (**M6**, **M7**, Kap. 7.3.1).
3. Erläutern Sie mögliche Zusammenhänge zwischen deutlich erhöhten Militärausgaben und Verschlechterung der sozialen Lage von Bevölkerungsgruppen (**M8**).
4. Erörtern Sie die insgesamt deutlich steigenden Rüstungsausgaben (**M6-M8**).

Interaktive Übung zur Selbstprüfung

72018-726

Krieg

Krieg wird definiert als bewaffnete Auseinandersetzung mit mindestens zwei organisierten Streitkräften, planmäßiger Strategie und kontinuierlicher Führung (AKUF). Neue Kriege (Münkler) unterscheiden sich durch privatisierte, entstaatlichte Gewalt: Nichtstaatliche Akteure (Warlords, Söldner, Terrornetze) übernehmen die Kriegführung. Die Grenzen zwischen Krieg und Frieden sind dabei oft fließend. Hybride Kriege kombinieren militärische und zivile Mittel – Desinformation, Cyberangriffe, wirtschaftlicher Druck – und operieren bewusst in Grauzonen.

Sicherheitsdilemma (John Herz)

Wenn ein Staat seine Sicherheit durch Aufrüstung erhöht, fühlen sich andere Staaten bedroht und rüsten ebenfalls auf. Selbst defensive Absichten können so einen Kreislauf aus Machtanhäufung und wachsender Unsicherheit auslösen.

Frieden

Johan Galtung unterscheidet zwei Friedensbegriffe: Negativer Frieden meint die bloße Abwesenheit direkter Gewalt – den „Nicht-Krieg". Positiver Frieden geht darüber hinaus und zielt auf die Überwindung struktureller Gewalt wie Armut, Diskriminierung und Unterdrückung. Dieter Senghaas konkretisiert dies im Zivilisatorischen Hexagon: Erst wenn sechs Bedingungen zusammenwirken – Gewaltmonopol, Rechtsstaatlichkeit, demokratische Partizipation, soziale Gerechtigkeit, Affektkontrolle und konstruktive Konfliktkultur – entsteht eine stabile Friedensordnung.

Erweiterter Sicherheitsbegriff (Christopher Daase)

Der erweiterte Sicherheitsbegriff umfasst vier Dimensionen: Sach-, Referenz-, Raum- und Gefahrendimension. Neben militärischen Bedrohungen werden ökologische, wirtschaftliche und humanitäre Risiken einbezogen.

Terrorismus

Durch gezielte Gewaltakte werden Schockeffekte erzeugt, um Gesellschaften einzuschüchtern und politische Ziele zu verfolgen. Islamistischer Terrorismus und Rechtsterrorismus bilden dabei unterschiedliche, aber gleichermaßen transnationale Bedrohungsformen.

Bundeswehr: Auftrag und Zeitenwende

Gemäß Art. 87a GG dient die Bundeswehr der Verteidigung; weitergehende Einsätze bedürfen einer ausdrücklichen Grundgesetzgrundlage. Das Weißbuch 2016 benennt drei Aufgabenfelder: Landes- und Bündnisverteidigung, internationales Krisenmanagement sowie Heimatschutz. Der russische Angriff auf die Ukraine 2022 veranlasste Bundeskanzler Scholz zur Ausrufung der „Zeitenwende": Ein Sondervermögen von 100 Milliarden Euro soll die Bundeswehr für Landes- und Bündnisverteidigung ertüchtigen.

KOMPETENZEN ANWENDEN

Krieg und Frieden – welche Rolle spielt Demokratie?

M1 Frieden im Wandel?

Karikatur: Nel, 19.06.2021

M2 Demokratie – Garant für Frieden?

Die Vorstellung, dass Demokratie eine Friedensursache ist, geht auf das Zeitalter der Aufklärung zurück. Besondere Bekanntheit hat eine Passage in Immanuel Kants Spätwerk „Zum ewigen Frieden" (1795) erlangt.

„Wenn […] die Bestimmung der Staatsbürger dazu erfordert wird, um zu beschließen, ‚ob Krieg sein solle, oder nicht', so ist nichts natürlicher, als daß, da sie alle Drangsale des Krieges über sich selbst beschließen müßten […], sie sich sehr bedenken werden, ein so schlimmes Spiel anzufangen: Da hingegen in einer Verfassung, wo der Untertan nicht Staatsbürger […] ist, es die unbedenklichste Sache der Welt ist, weil das Oberhaupt nicht Staatsgenosse, sondern Staatseigentümer ist, an seinen Tafeln, Jagden, Lustschlössern, Hoffesten u.d.gl. durch den Krieg nicht das mindeste einbüßt."

Ähnliche Gedanken über den Zusammenhang von Herrschaftsform und Außenverhalten finden

sich auch bei Montesquieu (1689-1855) und Thomas Paine (1736-1809). Politisch wirksam werden sie zur Zeit des Ersten Weltkrieges. In Großbritannien gründen liberale Politiker die „Union of Democratic Control", deren Kernforderung die verstärkte demokratische Kontrolle der Außenpolitik ist. Gegen Ende des Krieges machte der amerikanische Präsident Woodrow Wilson (1913-1921) die Demokratisierung des Deutschen Reiches zur Voraussetzung für Friedensverhandlungen und erhob Demokratie zu einem Hauptpfeiler der von ihm anvisierten Nachkriegsordnung. Vom Zweiten Weltkrieg bis in die 1980er-Jahre spielte die Idee der Demokratie als Friedensursache dann wiederum keine nennenswerte Rolle. Das Ende des Ost-West-Konflikts fällt dann mit der Wiederentdeckung und schnellen Popularisierung der Demokratie als Friedens-These zusammen.

Im Gegensatz zur Diskussion im Zeitalter der Aufklärung und zu Beginn des 20. Jahrhunderts werden in der zeitgenössischen Debatte zum Zusammenhang zwischen Demokratie und Frieden jedoch zwei Varianten streng voneinander getrennt. Die sogenannte dyadische Variante behauptet, dass Demokratien untereinander Frieden halten, aber anderen (nicht-demokratischen) Staaten gegenüber genauso gewaltbereit sind, wie andere Staaten. Hingegen behauptet die so genannte monadische Variante, dass Demokratien generell friedlicher sind als andere Staaten. Diese Unterscheidung entspricht der Trennung von internationaler Politik als Ergebnis von Interaktionen zwischen Staaten auf der einen Seite und von Außenpolitik als Handlung eines Staates auf der anderen Seite.

Die monadische These, wonach Demokratien generell friedlicher sind, ist bis heute umstritten. Vieles hängt davon ab, was genau unter „Friedlichkeit" verstanden wird. Nimmt man die Zahl von Kriegen, in die Demokratien verwickelt sind, wird man in der Regel keine besondere Friedfertigkeit finden. Untersucht man allerdings das Ausmaß an staatlicher Gewalt, beispielsweise die Zahl der Kriegstoten, zeigt sich, dass von Demokratien begonnene Kriege weit weniger eigene Verluste mit sich bringen als von Nicht-Demokratien begonnene Kriege. Auch in weiteren Aspekten finden sich Indizien einer höheren Friedensneigung von Demokratien: Sie würden sowohl Kriege als auch militarisierte zwischenstaatliche Dispute seltener initiieren und sich eher um eine friedliche Konfliktlösung bemühen. [...] Der empirische Befund, dass Demokratien untereinander Frieden halten, wird hingegen kaum noch in Frage gestellt. [...] Ob es keinen einzigen oder doch einige wenige Kriege zwischen Demokratien gegeben hat, hängt von der Einschätzung einiger Grenzfälle ab. Dazu gehören der Krieg Großbritannien gegen die USA 1812, der Amerikanische Bürgerkrieg (1861-1865), der Krieg Englands gegen Transvaal und den „Orange Free State" in Südafrika („Burenkrieg", 1899-1902), der Krieg Finnlands gegen die Alliierten im Zweiten Weltkrieg und der Kargil-Krieg zwischen Indien und Pakistan 1999. Verteidiger der Demokratie/ Frieden-These argumentieren, dass es sich weder beim Amerikanischen noch beim [sogenannten] Burenkrieg um einen internationalen Krieg handelte, weil jeweils eine Seite international nicht als eigenständiger Staat anerkannt war; dass Großbritannien bis zu den Wahlrechtsreformen Mitte des 19. Jahrhunderts keine Demokratie war und dass es zwischen Finnland und der Sowjetunion, nicht aber den demokratischen Alliierten Kampfhandlungen gegeben hat. Hinsichtlich des Kargil-Krieges [wird angemerkt] [...], dass es sich nicht um einen zweifelsfrei zwischenstaatlichen Konflikt handelte, [...] dass es sich [aber] um einen Ausnahmefall vom Demokratischen Frieden handeln könnte. Zusammen genommen machen die verschiedenen Grenzfälle deutlich, wie viel von der Definition der beiden Kernbegriffe „Demokratie" und „Frieden" abhängt.

Geis, Anna / Wagner, Wolfgang: Demokratischer Frieden, Demokratischer Krieg und „liberales peacebuilding". In: Ide, Tobias: (Hg.): Friedens- und Konfliktforschung. Opladen/Berlin: Verlag Barbara Budrich 2017, S. 133 ff.

Aufgaben

72018-727

1. Erläutern Sie die zentrale Aussage der Karikatur (**M1**) hinsichtlich der heutigen sicherheitspolitischen Entwicklungen.
2. Erläutern Sie auf der Grundlage von **M2**, warum laut demokratischer Friedensforschung Demokratien tendenziell friedlicher agieren.
3. Beurteilen Sie, inwiefern Demokratien heute noch als Garanten für Frieden gelten können (**M1, M2**). Gehen Sie dabei auf Chancen und Grenzen demokratischer Friedenspolitik ein und berücksichtigen Sie dabei aktuelle sicherheitspolitische Herausforderungen wie Drohnenkrieg oder Cyberangriffe.

Lösungsvorschläge und Erwartungshorizonte

72018-728

1

Der ukrainische Präsident Selenskyj besucht die Front bei Kupjansk in der Region Charkiw und lässt sich einen deutschen Panzer zeigen (Oktober 2023).

2

Ein Bundeswehrsoldat der NATO-Speerspitze in Vilnius, Litauen (März 2022)

3

Der ukrainische Präsident Selenskyj ist einer Sitzung des UN-Sicherheitsrats in New York zugeschaltet, auf der über den russischen Angriff auf die Ukraine diskutiert wird (April 2022).

4

Nach mehr als 200 Jahren der Bündnisneutralität tritt Schweden der NATO bei: Premierminister Kristersson hinterlegt im Beisein von US-Außenminister Blinken die NATO-Beitrittsurkunde, Washington (März 2024).

Frieden und Sicherheit dauerhaft bedroht? Der Angriffskrieg gegen die Ukraine als Herausforderung

8

Der 24. Februar 2022 markiert eine Zäsur in der europäischen Geschichte nach dem Zweiten Weltkrieg: Mit dem großangelegten Angriff Russlands auf die Ukraine wurde eine neue Realität geschaffen – Krieg in Europa. Was als regionale Krise begann, hat sich zu einem Konflikt entwickelt, der Bündnisse, Institutionen und die internationale Ordnung insgesamt auf den Prüfstand stellt.
Welche Interessen treiben die beteiligten Akteure an – und wessen Sicherheit steht auf dem Spiel (**Basiskonzept: Interessen und Gemeinwohl**)? Wie reagiert das westliche Verteidigungsbündnis NATO auf die veränderte Bedrohungslage, und welche Rolle spielen Energieabhängigkeiten als machtpolitisches Druckmittel (**Basiskonzept: Macht und Entscheidung**)?
Die Vereinten Nationen sollen als oberstes Gremium Weltfrieden und internationale Sicherheit sichern – doch welche Strukturen ermöglichen oder blockieren ihr Handeln (**Basiskonzept: Ordnung und Struktur**)? Und welche Normen des Völkerrechts gelten, wenn ein Staat die Grenzen eines anderen mit Gewalt verletzt (**Basiskonzept: Regeln und Recht**)?
Dieses Kapitel erschließt diese Fragen und lädt dazu ein, Frieden und Sicherheit nicht als Selbstverständlichkeit, sondern als aktiv zu gestaltende politische Aufgabe zu begreifen.

Kompetenzen

Am Ende dieses Kapitels sollten Sie Folgendes wissen und können:

- einen internationalen Konflikt bzw. Krieg (hier: Russlands Krieg gegen die Ukraine) sowie dessen Ursachen beschreiben und analysieren.
- die NATO als Bündnis kollektiver Sicherheit (in Europa) beschreiben und beurteilen.
- politische, soziale und ökonomische Herausforderungen der Konfliktlösung bzw. Konfliktbewältigung darstellen.
- Handlungsmöglichkeiten der UNO (und insb. des UN-Sicherheitsrats) zur Friedenssicherung und Konfliktbewältigung beschreiben und analysieren.
- kriterienorientiert Möglichkeiten des Sicherheitsrates zur Konfliktbewältigung sowie Reformvorschläge für die Entscheidungsstrukturen innerhalb der UNO erörtern.
- Theorien internationaler Beziehungen erläutern und auf den russischen Angriffskrieg gegen die Ukraine anwenden.

Aufgaben

72018-800

1. Beschreiben Sie die Bilder.
2. Bringen Sie die Bilder in einen Zusammenhang und machen Sie diesen deutlich.
3. Schätzen Sie persönlich auf einer Skala von 0 (gar nicht) bis 10 (sehr stark) ein, ob bzw. wie stark Frieden und Sicherheit Deutschlands von außen bedroht werden. Begründen Sie Ihre Einschätzung kurz.

MAKROMETHODE

Konfliktanalyse – einen internationalen Konflikt systematisch analysieren

Internationale Konflikte sind häufig schwer zu überblicken, da es in ihnen eine Vielzahl von Akteuren und nicht immer eindeutig zu identifizierenden Interessen gibt. Zudem ist der Konfliktverlauf dynamisch, so dass sich die jeweilige Situation und Konstellation schnell verändern kann. Um einen Konflikt angemessen zu untersuchen und sich darauf aufbauend ein eigenes, begründetes politisches Urteil (zum Beispiel zu Lösungsvorschlägen) zu bilden, ist es notwendig, den Konflikt systematisch zu erschließen.

A ANALYSE

Kapitel 8.1.1

1 Konfrontation – Worin besteht der zentrale Konflikt?

Beschreiben Sie kurz und sachlich, worum es im Konflikt „Russlands Angriffskrieg gegen die Ukraine" geht.

▼

2 Analyse (Sachurteil)

Kein internationaler Konflikt verläuft wie ein anderer, dennoch gibt es immer bestimmte Aspekte, die bei seiner Analyse betrachtet werden müssen. Diese Aspekte können zu Kategorien zusammengefasst werden.
Untersuchen Sie den Konflikt systematisch Kategorien.

- **Akteure:** Welche unterschiedlichen Akteure gibt es – Hauptakteure (Staaten, Organisationen), Unterstützer, internationale Organisationen? (**Kapitel 8.1.1, 8.2.2**)
- **Interessen:** Welche (politischen, wirtschaftlichen oder sicherheitspolitischen) Interessen und Ideologien liegen dem Handeln verschiedener Beteiligter zugrunde? Wie (in)kompatibel sind die jeweiligen Interessen der Akteure? (**Kapitel 8.1.1, 8.1.2, 8.1.3, 8.1.5, 8.2.2**)
- **Recht:** Welche Rechtsgrundlagen existieren? Welche völkerrechtlichen Regelungen sind relevant? Wird internationales Recht eingehalten oder verletzt? (**Kapitel 8.2.1, 8.2.2**)
- **Macht und Mitbestimmung:** Wer hat welche Möglichkeiten (militärisch, wirtschaftlich, rechtlich, diplomatisch, religiöse, ethnische, ...), seine Interessen durchzusetzen? Wer kann bei der Entscheidung wie mitbestimmen? (**Kapitel 8.1.2-8.1.4, 8.2.1-8.2.3**)
- **Solidarität und Menschenwürde:** Welche Allianzen und Bündnisse existieren? Wie wird Unterstützung ausgedrückt? Welche Verstöße gegen Menschenrechte und humanitäres Völkerrecht finden statt? (**Kapitel 8.1.1, 8.1.5, 8.2.1, 8.2.2, 8.2.4**)

▼

3 Beurteilung – Welche Regelung zur Konfliktlösung ist angemessen?

Entwickeln Sie auf Basis Ihrer Analyse (Schritt 2) Lösungsoptionen. Stellen Sie sich dabei folgende Fragen:

- Welche Lösungsoptionen erscheinen anhand Ihrer Analyse realistisch (z. B. militärische Lösung, internationale Vermittlung)?
- Welche Regelung schützt am ehesten die Menschenwürde und Sicherheit (z. B. territoriale Lösungen)?
- Wo erkennen Sie Zielkonflikte (z. B. schnelle Waffenruhe vs. gerechte Friedensordnung)?

▼

4 Kontroversverfahren – z. B. Durchführung über die Simulation einer Weltsicherheitsratssitzung

Kapitel 8.2.2, Handlungskompetenz, S. 359-360

1. Bereiten Sie Ihre Rolle im Sicherheitsrat anhand der zuvor erarbeiteten Kategorien (Akteure, Interessen, Recht, Macht, Solidarität) vor.
2. Verhandeln Sie im Rollenspiel über den Resolutionsentwurf zum russischen Angriff auf die Ukraine.
3. Beobachten Sie dabei, wie sich Macht- und Interessenkonstellationen auf das Ergebnis auswirken (Spannungsverhältnis von Macht und Recht).

▼

5 Generalisierung – Wofür steht der Konflikt?

- Leiten Sie aus Ihrer Analyse übergreifende Einsichten ab, u. a. zur Notwendigkeit von Bündnissen wie z. B. der NATO, zur Funktionsweise kollektiver Sicherheit (UNO), zu Grenzen des Völkerrechts, zur Bedeutung von Energieabhängigkeiten, zum Spannungsverhältnis zwischen staatlicher Souveränität und internationaler Schutzverantwortung.
- Beziehen Sie die Theorien internationaler Beziehungen (→ Kap. 8.2.6) ein, um den Konflikt in größere Muster einzuordnen (z. B. machtpolitische vs. kooperative Sichtweisen).

▼

B ENTSCHEIDUNG (Werturteil)

6 Stellungnahme – Begründetes Werturteil (Entscheidung)

Auf Basis aller bisherigen Schritte bilden Sie ein eigenes begründetes Werturteil: Welche der diskutierten Lösungsmöglichkeiten halten Sie warum für richtig?

Die Anforderungen an Ihr Werturteil sind:
- klare Position beziehen,
- Begründung mit Fakten aus der Analyse,
- Berücksichtigung mehrerer Perspektiven,
- Reflexion der eigenen Wertvorstellungen (z. B. Demokratie, Sicherheit, Frieden, Gerechtigkeit).

Bearbeiter, basierend auf: Ministerium für Bildung des Landes Sachsen-Anhalt (Hg.): Fachlehrplan Gymnasium – Sozialkunde. Magdeburg 2022, S. 11 f.

8.1 Die NATO und der Krieg gegen die Ukraine

8.1.1 Russlands Krieg gegen die Ukraine – Akteure, Verlauf und Ursachen

Zum Thema: Russlands Angriffskrieg gegen die Ukraine hat Europa seit 2022 grundlegend verändert. Doch wie konnte es dazu kommen, und wer trägt Verantwortung? Die Ursachen des Krieges, Akteure, Verlauf und Hintergründe stehen im Mittelpunkt des Kapitels.

M1 Die Entwicklung der Ukraine bis zum russischen Angriffskrieg

Zerfall der Sowjetunion
Zwischen dem 11. März 1990 (Unabhängigkeitsreferendum Litauens) und Ende Dezember 1991 zerfiel die Sowjetunion, indem sich viele ihrer ehemaligen Teilstaaten für unabhängig erklärten; neben der Ukraine u. a. Belarus, Lettland, Litauen, Estland, Moldau und Georgien.

01. Dezember 1991
Erfolgreiches Referendum über die Unabhängigkeit von der Sowjetunion und damit souveräne Republik Ukraine.

2004
Wahl des tendenziell westlich und reformorientierten Politikers Wiktor Juschtschenko; nach Manipulationen und einer wiederholten Stichwahl wurde dieses Ergebnis in der friedlichen „orangenen Revolution" bestätigt.

2008
Von Russland provozierter „Georgienkrieg", bei dem Russland auf der Seite der international nicht anerkannten Republiken Südossetien und Abchasien gegen die georgische Armee kämpfte; EU-Friedensplan und Rückzug der russischen Truppen, aber Anerkennung der Unabhängigkeit von Südossetien und Abchasien durch Russland.

2013/ 14
Prowestliche Massenproteste „Euromaidan" mit der Kernforderung der Korruptionsbekämpfung entzündeten sich an der überraschenden Nicht-Unterzeichnung des EU-Assoziierungsabkommens durch Präsident Janukowitsch; die zunächst friedlichen Proteste eskalieren als Janukowitsch Gewalt gegen die Protestierenden anwendet. Ein international verhandelter Kompromiss scheitert, als Janukowitsch sich nach Russland absetzt.

1991-2004

2008-2010

2013/2014

5. Dezember 1994
Mit dem „Budapester Memorandum" gibt die Ukraine alle aus der Sowjetzeit stammenden Atomwaffen ab. Im Gegenzug erhält sie von den USA, Russland und Großbritannien die Zusicherung der Unverletzlichkeit ihrer Grenzen und eines Gewaltverzichts.

2008
Auf dem Gipfeltreffen in Bukarest werden der Ukraine und Georgien ein Beitritt zum westlichen Verteidigungsbündnis NATO in Aussicht gestellt, allerdings ohne einen konkreten Plan oder Zeitrahmen.

2010
Wahl des tendenziell pro-russischen und reformkritischen Wiktor Janukowitsch zum Präsidenten der Ukraine; Abwendung von der Europäischen Union und Plan, der von Russland dominierten Eurasischen Wirtschaftsunion (weitere Mitglieder: Armenien, Belarus, Kasachstan, Kirgisistan) beizutreten.

ab Februar 2014
Unruhen im ukrainischen Südosten (Donezk, Luhansk), russische Unterstützung für Aufständische; Einmarsch russischer Sondereinheiten ohne Hoheitsabzeichen auf der Krim.

Juni 2014
Wahl des tendenziell pro-westlichen Politikers Petro Poroschenko zum ukrainischen Präsidenten.

September 2014/ März 2015
Minsker Abkommen (I und II): Vereinbarung von Waffenstillstand, Abzug schwerer Waffen, mehr Autonomierechten für Donezk und Luhansk; Abkommen nicht umgesetzt, Kämpfe bis 2021. USA leistet finanzielle Unterstützung beim Ausbau der ukrainischen Armee.

Mai 2018
Russland nimmt Brücke vom Festland auf die Krim in Betrieb und kontrolliert damit faktisch völkerrechtswidrig den Zugang der Ukraine zum Asowschen Meer.

24. Februar 2022
Beginn des Angriffkriegs Russlands gegen die gesamte Ukraine.

30. September 2022
Nach dem Scheitern des schnellen Regierungssturzes annektiert Russland nach völkerrechtswidrigen Scheinreferenden die Regionen Luhansk, Donezk, Saporischschja und Cherson.

2014/2015

2016-2019

2022

März 2014
Völkerrechtswidriges Scheinreferendum auf der Halbinsel Krim zum Anschluss an Russland unter massivem Einsatz russischen Militärs; der russische Präsident Putin erklärt im Anschluss die Krim und die Stadt Sewastopol zu russischem Staatsgebiet.

2014/15
Andauernde Kämpfe zwischen der ukrainischen Armee und den von Russland unterstützten Aufständischen im Südosten der Ukraine.

01. Januar 2016
Freihandelsabkommen zwischen der Ukraine und der EU tritt in Kraft.

2019
Wahl des tendenziell pro-westlichen Wolodymyr Selenskyj zum ukrainischen Präsidenten; weiterhin US-amerikanische Militärbeihilfe.

Seit Februar 2022
Wirtschaftssanktionen der EU-Staaten und der USA gegen Russland (u. a. Ausschluss von Banken aus internationalem Zahlungssystem Lieferverbote (u. a. Computerchips, Flugzeugteile) Fertigstellung von Nord Stream II-Pipeline gestoppt, Einfrieren russischer Guthaben); aber: Erdgashandel zunächst fortgeführt; Lieferung von (schweren) Waffen v. a. aus den USA und vielen EU-Staaten an die Ukraine.

Bearbeiter

Der Kriegsverlauf seit Februar 2022 bis 2026

72018-802

Einstiegsaufgaben

72018-801

1. Geben Sie die Entwicklung seit der Gründung der Ukraine bis einschließlich zum russischen Angriffskrieg gegen die Ukraine in Grundzügen wieder (**M1**).
2. Stellen Sie Hypothesen zu den Bedingungen auf, die den Krieg gegen die Ukraine begünstigt haben (**M1**).

Autokratie
Politisches System, in dem eine Person oder eine kleine Personengruppe – auch durch eine Verfassung legitimiert – nahezu unbeschränkte Macht ausübt

Imperialismus
politische Einflussnahme auf fremde Völker bis hin zu deren Unterwerfung und ökonomischen Ausbeutung (Ziel: Machtausdehnung bis hin zu Großreichen).
Zwischen 1870 und 1914 gab es die größte Ausdehnunswelle des sog. europäischen historischen Imperialismus in weite Teile Asiens, Afrikas, Südamerikas und Ozeaniens hinein.

M2 Bedingungen für Russlands Krieg gegen die Ukraine

Die Bezeichnung „Putins Krieg“ greift zu kurz, auch wenn Putin diesen Krieg auslöste. Auch gibt es nicht nur eine einzige Kriegsursache. Vielmehr war es ein Geflecht von miteinander verbundenen Entwicklungen, die die notwendigen, aber nicht hinreichenden Bedingungen für den Krieg schufen:

- die Autokratisierung Russlands verbunden mit wachsenden neo-imperialen Machtansprüchen
- die Durchdringung der russischen Gesellschaft mit staatlicher Geschichtspolitik und Propaganda
- die Demokratisierung und Westorientierung der Ukraine
- die Stärkung einer staatszentrierten [nationalen] ukrainischen Identität [in Abgrenzung zur ethnischen Zugehörigkeit]
- die zunehmende Diskrepanz zwischen westlicher und russischer Sicherheitswahrnehmung
- die wachsenden Widersprüche der westlichen Russlandpolitik
- die sukzessive Ausweitung des Krieges seit 2014.

Erst in ihrem Zusammenspiel ermöglichten diese Dynamiken Russlands Krieg gegen die Ukraine, und Putin [...] ließ diese Möglichkeit zur Realität werden. [...] Meiner Ansicht nach spielen die erste und die dritte Entwicklung in ihrer Wechselwirkung die zentrale Rolle – sowohl als Erklärung für die steigende Wahrscheinlichkeit des Krieges als auch für die sich entfaltende Kriegsdynamik. [...] Eine demokratische, in westliche Institutionen integrierte Ukraine stellt für das autoritäre Russland unter Präsident Wladimir Putin eine Gefahr dar. Zum einen unterläuft die Ukraine den regionalen – und indirekt auch den globalen – Machtanspruch Russlands, der eine wichtige Legitimitätsgrundlage des autoritären Systems ist. Zum anderen könnte das Modell der Ukraine auch für die russische Gesellschaft oder die Eliten zu einem Kristallisationspunkt für Hoffnungen und Erwartungen werden, die das existierende Staatsmodell von innen in Frage stellen. Es geht im Kern um Russlands autoritären Systemerhalt samt seiner neo-imperialen Machtprojektion. [...]

Autokratisierung Russlands verbunden mit wachsenden neo-imperialen Machtansprüchen
Die Ernennung Putins zum Präsidenten der Russländischen Föderation im Mai 2000 war der Auftakt zu einem systematischen Aufbau eines autoritären Systems.[...] Das System stützte sich [mit der Zeit] immer stärker auf den Sicherheitsapparat und die Armee. Die Zentralisierung und Personalisierung des Systems gingen einher mit einer immer umfassenderen Medienkontrolle, Repressionen [= Unterdrückungsmechanismen] gegen jegliche Form der politischen Opposition und einer zunehmenden Atomisierung [= starke Zersplitterung] der Gesellschaft. [...] Die enge Verknüpfung zwischen Innen- und Außenpolitik gehört zu den Rückkopplungsmechanismen, die das politische System erhalten. Russische Außenpolitik ist immer auch russische Innenpolitik und dient somit der internen Legitimation. [...] Unter Putin ist Neo-Imperialismus ein fester Bestandteil des Autoritarismus geworden. Zum systematischen Ausbau des autoritären Systems gehörte somit die explizite Formulierung und teilweise Umsetzung von regionalen und globalen Machtansprüchen, so z. B. in Georgien ab 2008 und in der Ukraine ab 2014. [...]

Demokratisierung und Westorientierung der Ukraine
In den über 30 Jahren seit der ukrainischen Unabhängigkeit hat eine Transformation der Ukraine in ein politisches System stattgefunden, das eine klare Alternative zum Autoritarismus russischer Prägung darstellt. Der Transformationsprozess ist nicht immer gradlinig verlaufen und ist noch nicht abgeschlossen, aber die grundlegende Weichenstellung erfolgte durch

wiederholte gesellschaftliche Mobilisierung für Unabhängigkeit, Demokratie und Rechtsstaatlichkeit. Die Zyklen der Massenproteste – v. a. die Orangene Revolution 2004 und der Euromaidan 2013/14 – haben die Erfahrungen, Erwartungen und Hoffnungen der ukrainischen Gesellschaft geprägt und eine neue Grundlage für politisches Interesse sowie soziales, zivilgesellschaftliches und politisches Engagement geschaffen. [...] Die Demokratisierung der Ukraine war eng mit der schrittweisen Westorientierung verbunden. Die Annäherungen an die EU und die NATO [...] setzte sich [...] mit dem Euromaidan auf der politischen Ebene durch. Neben dieser Grundsatzentscheidung war die gesellschaftliche Westorientierung auch eine logische Folge der in den Protestbewegungen eingeforderten Werte und Lebensstandards. [...]

Zunehmende Diskrepanz zwischen westlichen und russischen Sicherheitswahrnehmungen

Das von Putin in seinen Reden benannte Kriegsmotiv bezieht sich auf die Wahrnehmung einer Bedrohung Russlands durch die Politik des Westens, insbesondere durch die NATO-Osterweiterung und die Annäherung der Ukraine (und Georgiens) an die NATO. Auch wenn Putin die EU nie explizit als Sicherheitsrisiko benannt hat, so stellt auch die partielle [= teilweise] Integration der Ukraine in den EU-Binnenmarkt über das Handels- und Assoziierungsabkommen und vor allem die mit dem Krieg konkret gewordene Beitrittsperspektive ein politisches und wirtschaftliches Risiko für Russland dar. [...] Putin wusste genau, dass die NATO-Mitgliedschaft der Ukraine (und Georgiens) auf absehbare Zeit nicht auf der Tagesordnung stand. Auch die Tatsache, dass Putin nicht auf das von Selenskyj in den ersten Kriegstagen unterbreitete Angebot einging, über eine Neutralität der Ukraine im Gegenzug für belastbare Sicherheitsgarantien zu verhandeln, zeigt, dass es Putin um mehr als das Verhältnis der Ukraine zur NATO geht. [...] Seit Ende des Kalten Krieges ist es nicht gelungen, eine europäische oder internationale Sicherheitsarchitektur zu etablieren, die die unterschiedlichen Wahrnehmungen und Interessen hätte integrieren können. Der politische Wille dazu war zunächst bei den ostmitteleuropäischen Staaten, die ihre Sicherheit nur durch die NATO garantiert sahen, und dann sowohl in Russland als auch im Westen gering. [...]

Wachsende Widersprüche in der westlichen Russland-Politik

Die Widersprüche in der westlichen Russland-Politik [...] sind in den letzten Jahren immer deutlicher geworden. [...] Einerseits war Deutschland eine der treibenden EU-Kräfte hinter den ersten EU-Sanktionen als Antwort auf die Krim-Annexion [2014] und den Donbas-Krieg [...]. Andererseits wurde insbesondere in Deutschland viel von Dialogkanälen, die geöffnet bleiben sollten, gesprochen – obwohl in der Realität kaum Dialog stattfand und auf vielen Ebenen Kontakte abbrachen. [...] Trotz der EU- und US-Sanktionen sowie russischer Gegensanktionen wurden Russlands Prestigeprojekte Nord Stream I und II bewusst vorangetrieben und rhetorisch mit der Beschreibung „Wandel durch Handel" positiv konnotiert. Die hohe Energieabhängigkeit Deutschlands und anderer EU-Staaten wie Österreich, Italien und Ungarn von Russland wurde trotz der wachsenden politischen und wirtschaftlichen Konfrontation in Kauf genommen. Die damit verbundenen Sicherheitsbedenken der ostmitteleuropäischen Staaten und der Ukraine wurden nicht ernst genommen.

Sasse, Gwendolyn: Der Krieg gegen die Ukraine. Hintergründe, Ereignisse, Folgen. C. H. Beck: München 2022, S. 13ff.

Gwendolyn Sasse ist Direktorin des Zentrums für Osteuropa- und internationale Studien (ZOiS) und Einstein-Professorin an der Humboldt-Universität zu Berlin.

Zu Nord Stream I und II
→ vgl. Kap. 8.1.3

Aufgaben

72018-803

1. Stellen Sie das Bedingungsgefüge dar, das den russischen Krieg gegen die Ukraine ermöglicht hat (**M1, M2**).
2. Analysieren Sie die Interessen der betroffenen bzw. beteiligten Akteure (**M1, M2**).

F Ordnen Sie den Krieg gegen die Ukraine kriegstypologisch ein (→ Kap. 7.1.1).

8.1.2 Welche Rolle spielte die NATO seit 1990 in Europa? Geopolitische Einflussfaktoren auf den Krieg

Zum Thema: Die NATO ist das zentrale Verteidigungsbündnis des Westens – doch welche Rolle spielt sie im Kontext des Krieges gegen die Ukraine? Besonders die Frage der NATO-Osterweiterung ist umstritten: Hat sie Sicherheit in Europa geschaffen oder Russland provoziert?

M3 NATO-Agieren in der Karikatur

Interpretationshilfe
2018 hielt die NATO im Ostseeraum und in Norwegen das größte Übungsmanöver seit Ende des „Kalten Krieges" ab. Hintergrund waren die russische Besetzung der Krim, der Krieg in der Ostukraine seit 2014 und diverse große russische Militärübungen.

Karikatur: Schwarwel, Juni 2018

Einstiegsaufgabe 72018-804

Analysieren Sie die Karikatur (**M3**).

M4 Grundlagen und Entwicklung der NATO

A Gründungsakte der NATO

Artikel 1

Die Parteien verpflichten sich, in Übereinstimmung mit der Satzung der Vereinten Nationen, jeden internationalen Streitfall, an dem sie beteiligt sind, auf friedlichem Wege so zu regeln, dass der internationale Friede, die Sicherheit und die Gerechtigkeit nicht gefährdet werden, und sich in ihren internationalen Beziehungen jeder Gewaltandrohung oder Gewaltanwendung zu enthalten, die mit den Zielen der Vereinten Nationen nicht vereinbar sind.

Artikel 5

Die Parteien vereinbaren, dass ein bewaffneter Angriff gegen eine oder mehrere von ihnen in Europa oder Nordamerika als ein Angriff gegen sie alle angesehen wird; sie vereinbaren daher, dass im Falle eines solchen bewaffneten Angriffs jede von ihnen in Ausübung des in Artikel 51 der Satzung der Vereinten Nationen anerkannten Rechts der individuellen oder kollektiven Selbstverteidigung der Partei oder den Parteien, die angegriffen werden, Beistand leistet, indem jede von ihnen unverzüglich für sich und im Zusammenwirken mit den anderen Parteien die Maßnahmen, einschließlich der Anwendung von Waffengewalt, trifft, die sie für erforderlich erachtet, um die Sicherheit des nordatlantischen Gebiets wiederherzustellen und zu erhalten.

Artikel 6[1]

Im Sinne des Artikels 5 gilt als bewaffneter Angriff auf eine oder mehrere der Parteien jeder bewaffnete Angriff

- auf das Gebiet eines dieser Staaten in Europa oder Nordamerika, auf das Gebiet der Türkei oder auf die der Gebietshoheit einer der Parteien unterliegenden Inseln im nordatlantischen Gebiet nördlich des Wendekreises des Krebses;
- auf die Streitkräfte, Schiffe oder Flugzeuge einer der Parteien, wenn sie sich in oder über diesen Gebieten oder irgendeinem anderen europäischen Gebiet, in dem eine der Parteien bei Inkrafttreten des Vertrags eine Besatzung unterhält oder wenn sie sich im Mittelmeer oder im nordatlantischen Gebiet nördlich des Wendekreises des Krebses befinden.

NATO: Der Nordatlantikvertrag. In: www.nato.int, Abruf am 19.02.2026

[1] In der anlässlich des Beitritts Griechenlands und der Türkei 1952 durch Artikel 2 des Protokolls zum Nordatlantikvertrag geänderten Fassung.

B Mitgliederentwicklung der NATO

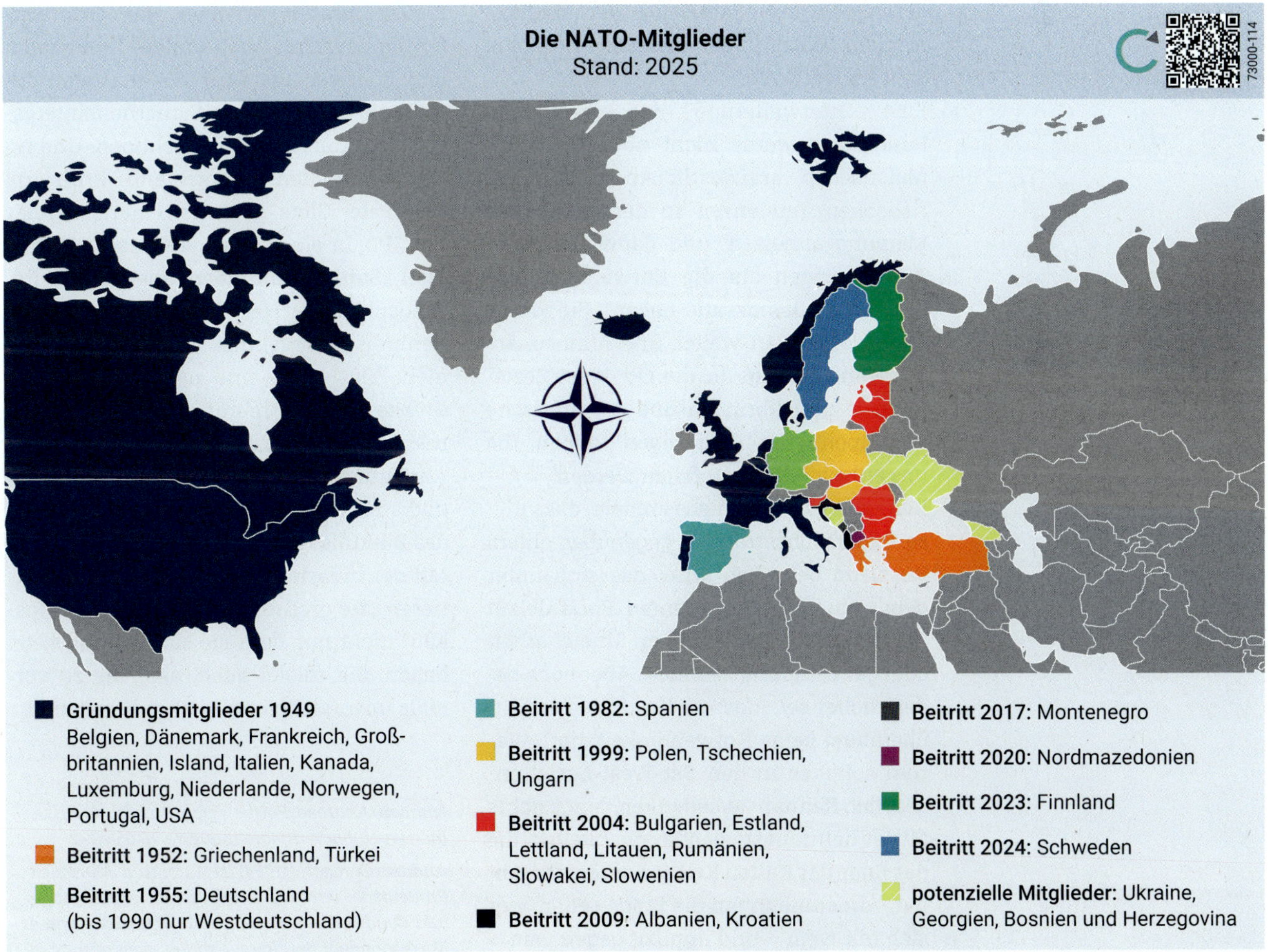

©C.C. Buchner Verlag, aktuelle Daten nach: NATO (Datenerhebung: 2025; Grafikerstellung: 2025)

Sicherheitsstrategien während des „Kalten Krieges"
Während die USA versuchten, einen Ring von Verbündeten um gegnerische Staaten(-Blöcke) zu schaffen (sog. Containment), war es Strategie der Sowjetunion, diese (aus ihrer Perspektive) „Einkreisung" zu verhindern und stets einen Ring verbündeter Staaten um das eigene Staatsgebiet zu errichten (sog. Pufferzone).

M5 Kontrovers diskutiert: Spielt die NATO-Osterweiterung eine Rolle für den Angriffskrieg?

A Andreas Zumach: „Der Westen" hat Russlands Sicherheitsinteressen verletzt

Jenseits der moralischen und völkerrechtlichen Ebene gibt es [...] auch die Ebene realpolitischer Einsichten und Abwägungen. Und hier muss man leider feststellen, dass Putin mit der Invasion in die Ukraine in überaus brutaler Weise das getan hat, was der US-Diplomat und Historiker George F. Kennan (1904–2005) bereits wenige Jahre nach der Auflösung der Sowjetunion prophezeit hat.

Die vorausschauende Analyse des damals schon über 90-jährigen Veteranen des Kalten Kriegs erschien am 5. Februar 1997 in der New York Times unter dem Titel „A fateful error" und lief auf eine Warnung hinaus: „Eine Erweiterung der Nato wäre der verhängnisvollste Fehler der amerikanischen Politik in der gesamten Ära nach dem Kalten Krieg."

Eine Osterweiterung des westlichen Bündnisses werde nicht nur „die nationalistischen, antiwestlichen und militaristischen Tendenzen in der russischen Meinung anheizen" und damit „negative Auswirkungen auf die Entwicklung der russischen Demokratie haben". Sie werde auch, so Kennan weiter, „die Atmosphäre des Kalten Kriegs in die Ost-West-Beziehungen zurückbringen und die russische Außenpolitik in Richtungen treiben, die uns entschieden missfallen werden".

Kennan bedauerte insbesondere, dass diese Expansionsstrategie gegenüber einem Russland betrieben wird, das sich unter dem damaligen Präsidenten Boris Jelzin „in einem Zustand hoher Unsicherheit oder gar Lähmung befindet". Aber noch bedenklicher sei, „dass es für diesen Schritt überhaupt keine Notwendigkeit gibt". Warum sollte es in den Ost-West-Beziehungen, gab Kennan zu bedenken, „angesichts all der hoffnungsvollen Möglichkeiten, die das Ende des Kalten Kriegs hervorgebracht hat, vornehmlich um die Frage gehen, wer sich mit wem – und implizit gegen wen – verbündet". [...]

Ein Vierteljahrhundert später bleibt die Frage aktuell, was der Westen dazu beigetragen hat, dass ein „höchst unwahrscheinlicher Konflikt" keine Phantasterei, sondern Realität ist. George F. Kennan war kein Pazifist, kein Linker und auch kein Freund der Sowjetunion. Er hatte nach dem Zweiten Weltkrieg das Konzept der „Eindämmung" (*containment*) gegen den Ostblock konzipiert. Ein Konzept, das auf militärischer Ebene damals die Doktrin der „massiven Vergeltung" (*massive retaliation*) beinhaltete, die der 1949 gegründeten Nato von ihrer Führungsmacht vorgegeben wurde. [...]

Im Übrigen hatte nicht nur Kennan in den 1990er Jahren vor einer Nato-Osterweiterung gewarnt. Auch andere Diplomaten und Politiker aus den USA mahnten damals an, die „legitimen Sicherheitsinteressen" Moskaus zu berücksichtigen. Und im wiedervereinten Deutschland kritisierte 1995 Peter Glotz, vormals Generalsekretär der SPD, in einem Spiegel-Essay mit dem Titel „Saftige Dummheit" die Osterweiterungspläne der Nato mit Argumenten, die Kennans Intervention sogar vorwegnahmen: „Das zieht eine neue, willkürliche Grenze durch Osteuropa, stärkt die großrussischen Kräfte in Moskau, gefährdet die Abrüstungsvereinbarungen mit Russland und schwächt die Entscheidungsfähigkeit des Bündnisses."

Mit der Invasion in die Ukraine demonstrieren „die großrussischen Kräfte in Moskau" nicht nur, dass sie sich durchgesetzt haben. Sie zeigen auch, dass sie zu vormals unvorstellbaren Risiken bereit sind.

Zumach, Andreas: Putins Krieg, Russlands Krise. In: www.monde-diplomatique.de, 10.03.2022

*Andreas Zumach (*1954) ist Autor und Journalist für deutsch- und englischsprachige Zeitungen und Rundfunkanstalten. Von 1998 bis 2020 war er Korrespondent der linksliberalen tageszeitung (taz) bei der UNO.*

B Die NATO-Osterweiterung schuf Sicherheit in Europa

[Am] 16. Dezember 1997 unterzeichneten die damaligen Nato-Staaten das Protokoll für den Beitritt von Polen, Ungarn und Tschechien, der 1999 vollzogen wurde. Seitdem kamen elf weitere Staaten hinzu, Finnland [und] Schweden [...] folgen, weitere haben großes Interesse. [...]

Für Liana Fix vom [Think Tank] *Council on Foreign Relations* in Washington stabilisierte die Nato-Aufnahme der drei Länder die östliche Nachbarschaft Deutschlands. Man habe damit verhindert, dass diese zu einer Grauzone unklarer Sicherheit werde. „Das Projekt war ein entscheidender Schritt für ein geeintes Europa, das das Erbe der sowjetischen Vorherrschaft nach dem Ende des Zweiten Weltkriegs beendet und diesen Ländern eine sichere Perspektive für Wohlstand und Entwicklung gegeben hat," erläutert Fix.

Mit der Nato-Russland-Grundakte habe man gleichzeitig die russischen Sicherheitsbedenken [vor der Osterweiterung] aufgenommen und zum Beispiel die Stationierung von Atomwaffen auf dem Territorium neuer Mitglieder ausgeschlossen. Die Erweiterung sei damals mit sehr viel Fingerspitzengefühl eingefädelt worden, betont [Joachim] Krause [,Direktor des Instituts für Sicherheitspolitik, Kiel]. „Russland sollte sich nicht eingekreist fühlen, aber die neuen Mitgliedstaaten sollten eine Sicherheitsgarantie für den Fall des Wiederauflebens einer Bedrohung durch Russland bekommen," führt er aus. [...] Selbstverständlich würde man die Entscheidung heute genauso wieder treffen, ist Fix sich sicher. „Polen, Ungarn und Tschechien liegen im Herzen Europas. Es war nicht nur ihr moralisches Recht, nach Jahrzehnten kommunistischer Herrschaft in ein freies Europa zurückzukehren, sondern auch eine wichtige strategische Entscheidung, die zu mehr Sicherheit und Prosperität [= Wohlstand] an der östlichen Grenze geführt hat," so Fix. Und ergänzt: „Wenn diese Länder nicht in der Nato wären, wäre jetzt Deutschland die ‚Ostflanke' und an der Frontlinie mit Russland." [...]

Wie sollte es nun weitergehen? Auf dem Nato-Gipfel in Bukarest 2008 habe man der Ukraine und Georgien versprochen, dass sie eines Tages Mitglieder würden, erläutert Fix. Eine konkrete Perspektive habe man ihnen jedoch nicht gegeben. Man habe sich mit diesem Mittelweg in zweierlei Hinsicht für die schlechteste Option entscheiden: „Die Ukraine und Georgien erhielten keinen klaren Aktionsplan. Und gleichzeitig hat sich durch dieses Versprechen das Risiko russischer Aggression erhöht," bedauert Fix.

Wehler-Schöck, Anja: Nato-Osterweiterung: Sicherheit für Europa oder Keim für Konflikte? In: Der Tagesspiegel, 15.12.2022

NATO-Russland-Grundakte
1997 geschlossene Absichtserklärung zum Ausgleich der sicherheitspolitischen Interessen. Wesentliche Inhalte: Anerkennung der Souveränität und territorialen Unverletzlichkeit der beteiligten Staaten, eigene Wahl der Mittel zum Schutz der eigenen Sicherheit (z. B. NATO-Beitritt), verstärkte Zusammenarbeit z. B. in der Organisation für Sicherheit und Zusammenarbeit in Europa (OSZE) und dem neu geschaffenen NATO-Russland-Rat (NRR)

Aufgaben

72018-805

1. Beschreiben Sie die (ursprünglichen) Zielsetzungen der NATO sowie deren Mitgliederentwicklung nach 1991 (**M4**).
2. Arbeiten Sie die mögliche Bedeutung der NATO-Osterweiterungen für den Angriffskrieg Russlands gegen die Ukraine (**M5 A**) sowie die Aussagen zu den Sicherheitsinteressen der mittel(ost)europäischen Staaten heraus (**M5 B**).
3. Arbeiten Sie Zusammenhänge zwischen der Argumentation Kennans und den von Sasse angeführten „Machtansprüchen" der russischen Regierung heraus (**M2, M5 A**).
4. Wladimir Putin erklärt den Angriffskrieg Russlands gegen die Ukraine vor allem mit der Osterweiterung der NATO. Begründen Sie, warum der Angriffskrieg auch mit einer solchen Erklärung nicht zu rechtfertigen ist.

F zu Aufgabe 3
Prüfen Sie die Ergebnisse Ihrer Karikaturdeutung (M3).

8.1.3 Welche Bedeutung haben Gas und Öl für Russland? Ökonomische Rahmenbedingungen des Krieges

Zum Thema: Rohstoffe wie Öl und Gas sind nicht nur wirtschaftliche Güter – sie sind auch ein machtpolitisches Instrument. Welche Rolle spielt Russlands Abhängigkeit von Energieexporten für den Krieg gegen die Ukraine, und welche Risiken birgt der sogenannte „Ressourcenfluch" für politische Stabilität? Diese ökonomischen Zusammenhänge bilden eine wichtige Dimension des Kriegsgeschehens.

M6 Wladimir Putins Muskeln

Interpretationshilfe
Die grauen Röhren mit Rädern stellen Teile von Erdöl- bzw. Erdgasleitungen (Pipelines) dar.

Karikatur: Gheorghe Matei, 14.01.2009

Einstiegsaufgabe 72018-806

Stellen Sie – ausgehend von der Karikatur – Vermutungen über die Bedeutung von russischem Gas und Öl für den Angriffskrieg gegen die Ukraine an (**M6**).

Hintergrund: Nord Stream I und II
Erdgas-Pipelines auf dem Grund der Ostsee zwischen Russland und Deutschland. Nord Stream I (seit 2011 in Betrieb), Nord Stream II (fertiggestellt, nie in Betrieb). Im September 2022 wurden drei Röhren durch einen Sprengstoffanschlag schwer beschädigt; Russland hatte den Gastransport bereits vorher gestoppt.

M7 Schwerpunkte von Russlands Außenwirtschaft

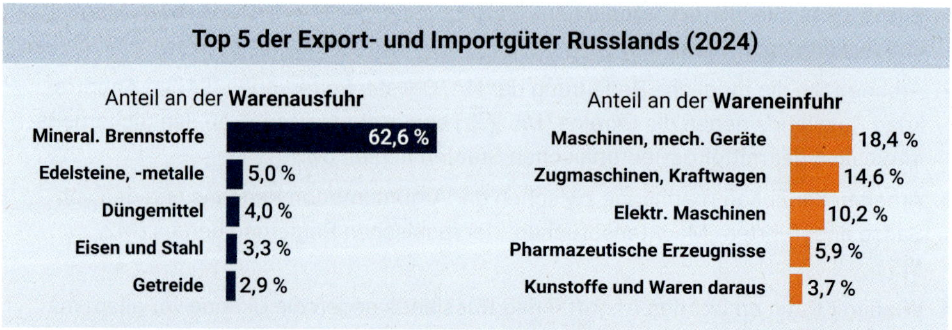

Nach: Wirtschaftskammer Österreich: Länderprofil Russland. WKO Statistik nach Daten von UN Comtrade. Wien 2023. S. 7

M8 Russlands Rohstoffökonomie als Sicherheitsproblem?

Zu den geopolitischen Risiken [der Transformation von fossilen zu erneuerbaren Energieträgern] zähl[t] seit jeher Instabilität in den energiereichen Regionen [...], die Russland und den Kaspischen Raum bis zum [Persischen] Golf umfasst.

Die Förderregionen kennzeichnen das Phänomen des „Ressourcenfluchs" [...], das sich auf politischer Seite in der Existenz autoritärer bis totalitärer Regime und auf ökonomischer Seite in einer einseitigen Ausrichtung der Wirtschaft auf den Energiesektor niederschlägt. In solchen Rohstoffökonomien konzentriert sich häufig politische und ökonomische Macht in einigen wenigen Händen und mündet in Korruption [und] Klientelismus [...].

Geopolitisch wird die Umbauphase die großen Öl- und Gasproduzenten wie die Golfstaaten oder Russland zwar weniger schnell und existenziell bedrohen, als gemeinhin angenommen, denn die Nachfrage nach Öl und Erdgas bleibt selbst bei einer Dekarbonisierung in den Industrieländern für einen Übergangszeitraum in [...] sich entwickelnden Volkswirtschaften absehbar hoch. Dennoch nimmt, zugespitzt gesagt, die Energietransformation den Petrostaaten die Option, mit den Öl- und Gasrenten [= Einnahmen aus Öl- und Gasverkäufen] Wachstum zu generieren, mit erheblichen Auswirkungen für die Herrschaft und Stabilität in den jeweiligen Ländern und Regionen. [...]

In Europa und in der europäischen Nachbarschaft wie in Nordafrika, Nahost oder Nordsee gibt es effiziente(re) Standorte (als in Deutschland), um den Ertrag aus und die Umwandlung von z. B. Sonnen- und Windenergie kostengünstig zu optimieren. „Wasserstoff-Partnerschaften" wiederum können [ebenfalls] dazu beitragen, den [...] öl- und gasreichen Staaten, eine Perspektive für die weitere Teilhabe am arbeitsteiligen Weltwirtschaftssystem zu bieten. [Ein großes Risiko der Energietransformation wird nämlich darin gesehen, dass Petrostaaten wie Russland, Saudi-Arabien oder Venezuela vor dem Verlust ihrer wichtigsten Einnahmequelle stehen. Die] ohnehin schon fragile Sicherheitssituation in Regionen wie Nordafrika und dem Mittleren Osten [...] [wird] noch verschärft. Das wiederum hätte weitreichende Folgen für die Stabilität und Sicherheit in Europa.

Westphal, Kirsten: Die Sicherheit der Energieversorgung – Herausforderungen für die deutsche Außen- und Sicherheitspolitik. In: Böckenförde, Stephan/ Gareis, Sven Bernhard: Deutsche Sicherheitspolitik. Opladen & Toronto: Verlag Barbara Budrich 2021, S. 295, 297

Klientelismus, auch: Patronage
System, in dem Untergebene (Klienten) von politisch und wirtschaftlich einflussreichen Personen abhängig sind, und nur für personenbezogene Leistungen Gegenleistungen erhalten

Dekarbonisierung
Umstellung hin zu einer treibhausgasfreien Wirtschaft und Gesellschaft

Ressourcenfluch

Der Begriff [...] bezeichnet verschiedene negative Auswirkungen, die mit großen Reserven natürlicher Ressourcen in einem Land oder einer Region in Verbindung gebracht werden. Entgegen der ursprünglichen Annahme, dass sich Ressourcenreichtum im wesentlichen positiv auf die Entwicklung eines Landes auswirkt, setzt sich seit den 1980er Jahren eine differenzierte Sicht durch. [...] Häufig führt ein großer Reichtum an natürlichen Ressourcen zu einer einseitigen und damit krisenanfälligen Wirtschaftsstruktur. [...] Zudem fördern große Vorkommen natürlicher Ressourcen Machtkonzentrationen in einzelnen Rohstoffunternehmen, Korruption und bewaffnete Konflikte um die wertvollen Lagerstätten. Mit dem Begriff Ressourcenfluch wird jedoch kein eindeutiger und zwingender Zusammenhang beschrieben [...].

Deutscher Naturschutzring: Glossar: Ressourcenfluch. In: www.dnr.de, Abruf am 30.01.2026

Aufgaben

72018-807

1. Charakterisieren Sie die russische Außenwirtschaft (**M7**).
2. Erklären Sie die Problematiken von Rohstoffökonomien sowohl für diese Staaten selber als auch für andere Länder in deren Weltregionen (**M8**).
3. Arbeiten Sie Verbindungen zwischen der Rohstoffökonomie-Problematik und den angeführten Bedingungen von Russlands Krieg gegen die Ukraine heraus (**M2, M8**).

8.1.4 (Wie) Sorgt die NATO noch für Sicherheit und Frieden in Europa?

Zum Thema: Ist die NATO ein Garant für Sicherheit und Frieden – oder birgt sie selbst Risiken? Der russische Angriffskrieg gegen die Ukraine hat das Bündnis grundlegend verändert: neue Mitglieder, neue Strategien, neue Konfliktzonen. Doch wie zukunftsfähig ist die NATO, und wo stoßen kollektive Verteidigung und Konsens an ihre Grenzen?

M9 NATO – Garantin europäischer Sicherheit?

„Die Welt braucht in allen Bereichen umfassende Kooperation […]. Die Nato ist jedoch ein konfrontatives Militärbündnis und schürt obendrein das nukleare Wettrüsten. Dagegen setzt gemeinsame [europäische] Sicherheit umfassende Kooperation voraus, und sie liefert die Schlüssel für atomare Abrüstung."

Massarrat, Mohssen (Professor em. für Politik, Universität Osnabrück): Schafft die NATO Sicherheit? In: Frankfurter Rundschau, 30.05.2022

„[Das NATO-Beistands-]Versprechen gewährleistet nicht nur kollektive Verteidigung und Abschreckung, sondern es entlastet auch und setzt Kräfte frei. Weil die Mitgliedstaaten der NATO wissen, dass ihre gemeinsamen Anstrengungen ihre Sicherheit garantieren, müssen sie nicht mehr all ihr Streben auf das bloße nationale Überleben richten und tragen so zu internationaler Stabilität bei. […] Sicherheit bereitet den Weg für politische und ökonomische Entwicklung."

Kramp-Karrenbauer, Annegret (CDU, Bundesverteidigungsministerin 2019-2021: NATO schafft Frieden – und Freiraum. In: https://archiv.cdu.de, Abruf am 30.01.2026

Einstiegsaufgabe 72018-808

Welcher Meinung stimmen Sie eher/vollauf zu? Positionieren Sie sich auf einer – gedachten – Linie zwischen den Zitaten und begründen Sie Ihre Meinung (**M9**).

M10 Welche Strategie verfolgt die NATO in den kommenden Jahren?

NATO und Nuklearwaffen
Ebenfalls beim Gipfel von Madrid wurde beschlossen, dass die NATO so lange „Nuklear-Allianz" bleibt, so lange es Atomwaffen gibt.

A Strategische Eckpunkte und neue Mitglieder

Der Nato-Gipfel von Madrid im Juni 2022 hat eine umfassende Neuausrichtung der Allianz auf den Weg gebracht. Das zeigen drei zentrale Beschlüsse: die Verabschiedung des neuen Strategischen Konzepts, die angekündigte Aufnahme Finnlands und Schwedens sowie die militärische Neuaufstellung. Der russische Angriffskrieg gegen die Ukraine wirkte dabei teils als Auslöser (Norderweiterung), teils als Katalysator, der Entwicklungen beschleunigt, die sich bereits seit langem abzeichnen (militärische Neuaufstellung). Ausgangspunkt für diese Beschlüsse ist die Feststellung, dass Russland derzeit die größte Bedrohung darstellt. Folglich priorisiert die Nato jetzt klar kollektive Verteidigung im euroatlantischen Raum, während das zuvor dominierende internationale Krisenmanagement (etwa in Afghanistan) an Bedeutung verliert. Dieser Fokus wird das kommende Jahrzehnt prägen. […]

Während Russland 2010 noch als strategischer Partner bezeichnet wurde, wird es jetzt als größte und unmittelbarste Bedrohung für Frieden und Stabilität im euroatlantischen Raum identifiziert. Ein Angriff auf ein Nato-Mitglied kann nicht mehr ausgeschlossen werden. Moskaus Bereitschaft, Krieg zu führen, um Interessen- und

Einflusssphären auszudehnen, sowie seine militärische Aufrüstung haben potentielle Konfliktlinien zwischen der Nato und Russland zur Folge: von der Arktis über den Ostseeraum, das Schwarze Meer und den Balkan bis zum östlichen Mittelmeer und der Sahelzone. Diese Konflikte könnten eskalieren. Die Nato bleibe aber bereit, die Kommunikationskanäle offenzuhalten, um Risiken zu mindern, Eskalationen zu verhindern und mehr Transparenz zu schaffen. [...]

China dagegen wird als Herausforderung definiert. [...] Aufgenommen wurde [...] die Sorge der USA vor einer zunehmenden Zusammenarbeit Russlands mit China. Die Herausforderung durch China ist weniger eine direkte militärische Bedrohung, sondern erwächst aus dem Versuch des Landes, die internationale Ordnung nach eigenen Vorstellungen umzuformen und zu dominieren. Dazu gehören etwa „böswillige hybride und Cyberoperationen", konfrontative Rhetorik und Desinformation. Daher bestätigt das Konzept, dass hybride Bedrohungen und solche im Cyber- und Weltraum die Beistandsklausel (Artikel 5) auslösen können. [...] Kooperative Sicherheit bedeutet deshalb nicht nur, dass die Nato offen für neue Mitglieder bleibt, wie Finnland und Schweden, sondern auch, dass sie die Kooperation mit Partnern weltweit intensiviert. [...]

Politisch und strategisch ist [der Beitritt Finnlands und Schwedens] ein Gewinn: Politisch zeigt die Nato, dass sie trotz russischer Drohungen am Prinzip der freien Bündniswahl festhält. Geostrategisch wird Nordeuropa nun ein kohärenter Raum, der mit Ausnahme von Kaliningrad und Sankt Petersburg unter dem Schutz der Nato steht. [...] Finnland wie Schweden werden substantiell zur Nato beitragen, denn sie haben modern ausgestattete, schlagkräftige und gut ausgebildete Streitkräfte, innovative Rüstungsindustrien, außergewöhnliche regionale operative Kenntnisse über Russland, einzigartige Fähigkeiten zur Kriegsführung in klimatisch schwierigen Regionen wie der Arktis sowie umfassende nationale Gesamtverteidigungskonzepte.

Major, Claudia/ Swistek, Göran: Die Nato nach dem Gipfel von Madrid. Norderweiterung, neues Strategisches Konzept und militärische Neuaufstellung. In: SWP-Aktuell 2022, 49/2022

Sahelzone
Geografische Zone in Afrika zwischen der Sahara-Wüste im Norden und der Trockensavanne im Süden. Zwischen 2013 und 2024 waren im Rahmen der UN-Mission MINUSMA auch bis zu 1.400 Bundeswehr-Soldaten in Mali, um das Land zu stabilisieren und bei der Terrorismusbekämpfung zu unterstützen. Die malische Militärregierung sprach sich gegen eine Weiterführung des Einsatzes aus und ließ sich stattdessen von der russischen Söldnertruppe „Wagner" unterstützen.

Hybride Kriege
→ vgl. Kap. 7.1.1

B Einsatzbereitschaft von NATO-Streitkräften nach dem neuen Konzept

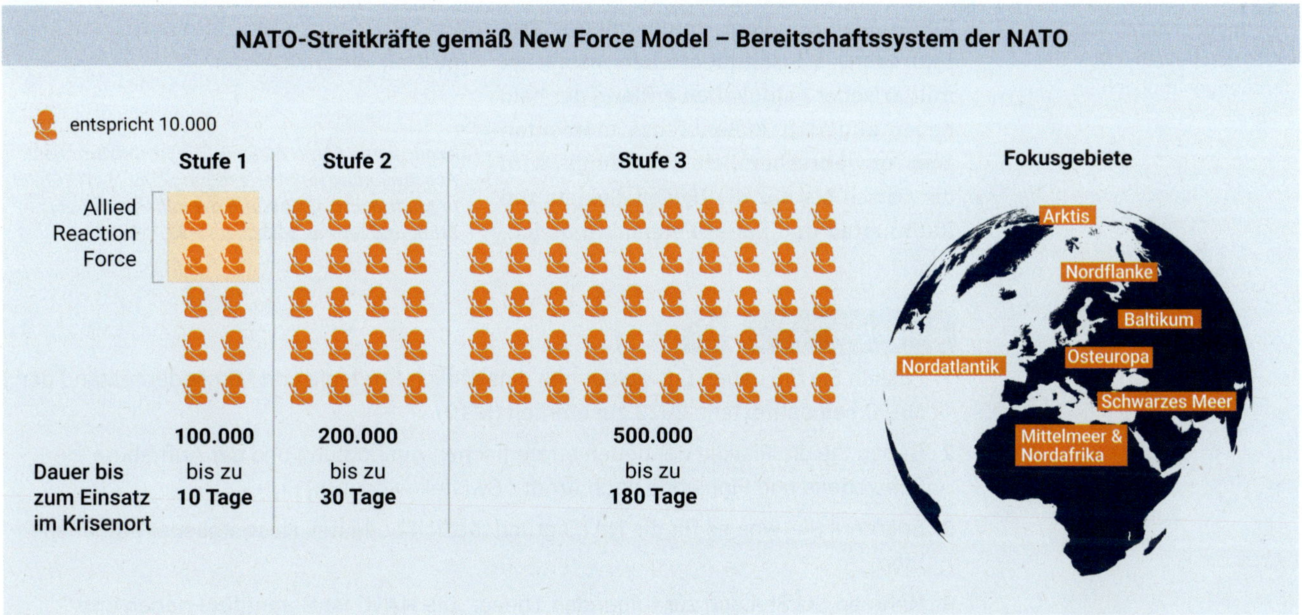

© 2022 Stiftung Wissenschaft und Politik (SWP), Zahlen: NATO, doi:10.18449/2022A49

M11 Welche Risiken birgt die neue NATO-Ausrichtung?

Dispositiv
Gesamtheit der militärischen Kräfte, Strukturen und Maßnahmen, die geordnet bereitgestellt werden, um ein bestimmtes sicherheitspolitisches Ziel – hier Abschreckung und Verteidigung – zu erreichen.

NATO als Konsensorganisation
Alle Entscheidungen im Nordatlantikrat (oberstes Gremium der NATO) müssen ohne Gegenstimmen beschlossen werden. Im Gegensatz zum Einstimmigkeitsprinzip sind aber Stimmenthaltungen oder Nichtteilnahme an Abstimmungen möglich.

Das neue Strategische Konzept [...] der NATO ist ambitioniert. Das Bündnis will sein Abschreckungs- und Verteidigungsdispositiv mit Blick auf die von Russland ausgehende Bedrohung erheblich stärken, sich gleichzeitig aber auf ein breites Spektrum neuer Herausforderungen vorbereiten. [...] Diese kluge Kompromisslösung birgt jedoch die Gefahr einer immer breiteren Aufstellung mit immer höheren Anforderungen an die Allianz. Bereits jetzt erfordert die Umsetzung der ambitionierten Ziele im Rahmen der militärischen und politischen Anpassung des Bündnisses erhebliche Ressourcen und fortwährenden gemeinsamen politischen Willen unter den Verbündeten. Hinzu kommt der [...] NATO-Beitritt Schwedens und Finnlands, der zwar einerseits eine Verbesserung der strategischen Position des Bündnisses darstellt, andererseits aber neue militärische Anforderungen mit sich bringt. Allein durch die mehr als 1.300 Kilometer lange Grenze Finnlands zu Russland steigt die Gefahr einer möglichen Eskalation in den von Russland proklamierten [= öffentlich erklärten] Einfluss- und Interessensphären. [...] Angesichts der russischen Ausfälle in der Ukraine erscheint eine weitere Konflikteskalation allein durch höhere Präsenz oder ein Zusammenziehen russischer militärischer Fähigkeiten entlang der bald neuen alliierten Außengrenze momentan eher unwahrscheinlich. Allerdings wird die Ostsee bis auf die beiden Gebiete um Kaliningrad und Sankt Petersburg de facto ein NATO-Binnengewässer. Aufgrund der geopolitischen und geoökonomischen Relevanz des Ostseeraums für Russland kommen somit weitere Konfliktlinien hinzu. Auch befinden sich die militärischen Fähigkeiten Schwedens und Finnlands permanent in der Wirkreichweite des russischen Militärs, was allerdings teilweise dadurch ausgeglichen wird, dass die Allianz durch den Beitritt eigene Sensoren und Waffensysteme bekommt, um frühzeitig defensiv auf eine Bedrohung zu reagieren. Umso wichtiger erscheint die bereits seit Jahren diskutierte, regional verankerte Koordination von NATO-Aktivitäten sowie deren Austarieren mit der übergeordneten Abschreckungspolitik.

Das Bremsen einzelner Verbündeter [u. a. der Türkei] beim Beitritt der beiden skandinavischen Staaten zeigt eine weitere grundlegende Herausforderung für das Bündnis auf: Als Konsensorganisation kann die NATO ihren hohen Anforderungen und Ambitionen nur gerecht werden, solange Einigkeit unter den Bündnispartnern herrscht. In den kommenden Jahren wird sie voraussichtlich immer wieder mit Versuchen einzelner Verbündeter umgehen müssen, die Umsetzung bestimmter Entscheidungen auszubremsen, um eigene Ziele durchzusetzen.

Arndt, Anna Clara/ Swistek, Göran: Getrimmt auf Abschreckung und Verteidigung? Der NATO-Gipfel in Madrid und die Zukunft der Allianz. In: Zebis: Ethik und Militär 2/2022, S.34-43

Aufgaben

72018-809

1. Fassen Sie die neuen Entwicklungen hinsichtlich Strategie und Mitgliederbestand der NATO seit spätestens 2022 zusammen (**M10**).
2. Geben Sie die Risiken der neuen strategischen Ausrichtung und der Aufnahme Schwedens und Finnlands nach Arndt / Swistek wieder (**M11**).
3. Erläutern Sie, was es für die NATO grundsätzlich bedeutet, Neumitglieder aufzunehmen.
4. Nehmen Sie Stellung zur folgenden These: „Die NATO ist Garant für Frieden und Sicherheit in Europa."

8.1.5 Und nach dem Krieg? Herausforderungen einer (ökonomischen) Post-War-Strategie

Zum Thema: Zerstörte Infrastruktur, Millionen Geflüchtete, wirtschaftlicher Zusammenbruch – was bleibt nach einem Krieg? Der Wiederaufbau der Ukraine stellt eine historische Herausforderung dar, die weit über Trümmer und Straßen hinausgeht. Wer trägt Verantwortung, wer finanziert den Neuanfang – und kann die Katastrophe auch eine Chance sein?

M12 Was muss die Ukraine bewältigen? Eine erste Einschätzung

ZDFheute: Frau Schröder, Satellitenbilder lassen das Ausmaß der Schäden in weiten Teilen der Ukraine erahnen. Wie groß ist die Zerstörung?

Ursula Schröder: Es gibt dazu unterschiedliche Zahlen. [...] Die Europäische Investitionsbank hat das mit 1,1 Billionen [US-] Dollar beziffert. Die Schäden sind also sehr groß – auch, weil zivile Infrastrukturen in der Ukraine bombardiert wurden. Transportwege, Krankenhäuser, insbesondere auch Wasser- und Energieinfrastrukturen wurden zerstört. Das sind Schäden, die natürlich schnell behoben werden müssen. Die Zerstörung endet aber nicht bei den Infrastrukturen. Genauso wurden Zukunftspläne, Hoffnungen und Lebenswege vieler Menschen zerstört, da die Bedrohung durch den Krieg so groß war und ist, dass viele Menschen sich gezwungen sahen, das Land zu verlassen. Eine der großen Herausforderungen für die Ukraine wird es sein, diesen geflüchteten Menschen wieder eine Perspektive zu bieten – ein Zuhause.

ZDF: Wie gelingt Wiederaufbau – und wer bezahlt? Interview von Gary Denk. In: www.zdf.de, 23.02.2023

Prof. Ursula Schröder ist Wissenschaftliche Direktorin des Instituts für Friedensforschung und Sicherheitspolitik an der Universität Hamburg.

Einstiegsaufgabe 72018-810

Skizzieren Sie, welche Staaten, Staatenbünde bzw. Organisationen sich am Wiederaufbau der Ukraine beteiligen sollten (**M12**).

M13 Herausforderungen der Ukraine nach dem Krieg – eine frühe Einschätzung

Die Lehre vergangener Katastrophen ist, dass der erste Schritt die Katastrophenhilfe ist. Die Hilfe für die Menschen unmittelbar nach einer Katastrophe – die Sicherstellung von sauberem Wasser, ausreichender Stromversorgung, medizinischer Versorgung der Kranken und Verwundeten – hat Priorität. Dies ist die Triage-Phase, in der alles getan werden muss, um Menschen umgehend mit dem nötigen Schutz zu versorgen.

In der Wiederaufbauphase werden Maßnahmen ergriffen, um zu einer Art „Normalität" zurückzukehren, in der die Menschen leben, zur Schule gehen und arbeiten können. [...]

Bei einer die gesamte Wirtschaft betreffenden Katastrophe kann ein visionärer Wiederaufbauplan ein integriertes Vorgehen der Wiederherstellung ermöglichen. Nach dem Krieg wird Präsident Selenskyj der Aufgabe gegenüberstehen, sein Land wieder aufzubauen. Er und seine Berater werden eine Zukunftsvision für die Ukrai-

Nach einem russischen Raketenangriff sind Straßen und Stromverbindungen zerstört, Odessa, November 2023.

ne entwickeln müssen. Aber diese Vision muss nicht sein, das Land genauso aufzubauen, wie es vorher war.

Wiederherstellung ist immer eine Möglichkeit mit einer großen Vielfalt von Herangehensweisen, etwas vor dem Hintergrund der Vergangenheit zu verbessern. Modernisierte Bauvorschriften und grüne Bautechnologien können dabei helfen, Energie zu sparen und den Wasserbedarf zu verringern, und so möglicherweise der Ukraine helfen, führendes Land im Bereich der grünen Energie zu werden. Analysen können helfen zu entscheiden, wo am besten investiert werden sollte in den Wiederaufbau von Straßen und in medizinische Einrichtungen. Schulen zerstört? Baut sie wieder auf und stattet sie aus mit moderner Technologie dort, wo Schüler:innen leben. Investiert in Wiederaufforstung und natürliche Infrastruktur. Verlegt öffentliche Leitungen für Wasser, Elektrizität und Telekommunikation neben den neuen Straßen.

Zum Zivilisatorischen Hexagon
→ vgl. Kap. 7.1.2

Die massiven Schäden an der physischen und natürlichen Infrastruktur durch die russischen Angriffe werden signifikanten Planungsaufwand und Investitionen benötigen – sehr wahrscheinlich in Höhe von hunderten Milliarden Dollar. An diesem Punkt des Krieges, an dem ein klarer Sieg unwahrscheinlich ist, scheint Russland auf eine Kosten erhöhende Strategie massiver Zerstörung eingeschwenkt zu sein.

Die Analogie zum Zweiten Weltkrieg ist alles andere als Vergangenheit. Deutschland und Japan waren zwar damals die Aggressoren, aber beide erholten sich von den wesentlichen Verwüstungen und entwickelten robuste Wirtschaften. Das European Recovery Program, besser bekannt als Marshallplan, war der Schlüssel für Deutschland, und Japan empfing ebenfalls erhebliche Hilfe. Die Ukraine wird massive finanzielle Mittel zum Wiederaufbau benötigen. Diese Mittel werden zunächst nicht durch die eigene Wirtschaft geschöpft werden können, weswegen ausländische Hilfe nötig sein wird. [...] Länder, die daran interessiert sind, dass die Ukraine eine stabile Zukunft hat – und vielleicht als ein Bollwerk gegen Russland fungiert – werden einen Beitrag leisten müssen. Andere potenzielle Geldgeber könnten hingegen zu risikoscheu sein. Das bedeutet, dass solche Investitionen, die einem strategischen Zweck dienen, die Nachricht an alle Gegner senden, wonach die westlichen verbündeten Staaten zusammenhalten. Und an andere Staaten wird die Nachricht gesendet, dass es Vorteile einer solchen Verbindung [zum Westen] gibt. Schlussendlich wird die Ukraine unmittelbar die Sorgen [der Geldgeber] bezüglich Korruption ausräumen [und daran arbeiten müssen,] diese Korruption zu bekämpfen, um sicherzustellen, dass die Gelder für den für sie bestimmten Zweck ausgegeben werden. Transparenz wird der Schlüssel sein, um Vertrauen zu Geldgebern aufzubauen [...].

Eine zweite Herausforderung besteht darin, Unterstützung aufzubauen, damit die Millionen Flüchtlinge nach Hause zurückkehren können. Kriegsbedingtes Displacement tendiert dazu, länger anzuhalten als durch Naturkatastrophen bedingtes. Je länger Menschen von zuhause fort sind, desto wahrscheinlicher ist es, dass sie sich ein neues Leben schaffen, und desto schwieriger wird es, nach Hause zurückzukehren. [...] Außerdem ist es für jüngere und gesündere Menschen einfacher, den Aufenthaltsort zu wechseln, was bedeutet, dass die Bevölkerung nach einer Katastrophe im Durchschnitt älter, kränker und allgemein

ärmer ist. Die Ukraine wird ihren eigenen Herausforderungen ins Angesicht blicken inklusive der massenhaften Zerstörung von Häusern, Schulen, medizinischen Einrichtungen und Arbeitsplätzen.
Eine letzte Herausforderung besteht darin, sich um die körperlichen und seelischen Traumata zu kümmern, die durch die russische Invasion verursacht wurden. Posttraumatischer Stress ist eine fürchterliche Folge von Krieg und die Aufgabe, dass sich die Bevölkerung wieder sicher vor Angriffen des direkten Nachbarn fühlt, ist überdeutlich und außerordentlich wichtig. Tausende Ukrainerinnen und Ukrainer aller Altersgruppen sind getötet worden und lassen noch viel mehr Überlebende in Trauer zurück.
Diese Aufgaben mögen entmutigend wirken, aber sie sind handhabbar, auch wenn perfekte Lösungen und völlige Erholung niemals möglich sein werden – zu viele Menschen haben dafür Geliebte verloren. Die Arbeit für die Ukraine sollte den Aufbau der Fähigkeit beinhalten, einen Aufschwung zu managen und umzusetzen. Präsident Selenskyj zeichnet sich durch seine Kommunikationsfähigkeit aus. Eine Vision des Wiederaufbaus zu entwickeln und diese an Geldgeber zu kommunizieren, wird ein Schlüssel für den Wiederaufbau sein.

Cook, Cynthia: Rebuilding the Ukraine after the War. In: www.csis.org, 22.03.2022, übersetzt von Kersten Ringe

M14 Eine wirtschaftliche Wiederaufbauperspektive für die Ukraine?

Die Ukraine will sich beim Wiederaufbau ihrer Wirtschaft zunächst auf die Produktion von sogenanntem grünen Stahl konzentrieren. „Wenn man schon neu bauen muss, ist es logisch, grün und im Einklang mit neuen Technologien zu bauen", sagte Rostyslaw Schurma, ein Berater von Präsident Wolodymyr Selenskyj, der Nachrichtenagentur Reuters. „Unsere Vision ist der Aufbau einer 50 Millionen Tonnen schweren grünen Stahlindustrie in der Ukraine." Damit könne das Land der weltweit billigste Produzent von derartigem, vergleichsweise umweltfreundlichem Stahl werden, der ohne fossile Brennstoffe hergestellt wird. Viele der alten und jetzt beschädigten Anlagen seien in der Nähe der Kohle-Vorräte gebaut worden, sagte Schurma. Nun könne man sich an den Eisenerz-Lagern orientieren und die Donbass-Region meiden.
Russland hält große Teile dieser Region besetzt und hat sie einseitig zu seinem Staatsgebiet erklärt. Die Eisen- und Stahlindustrie trug 2021 etwa zehn Prozent zur Wirtschaftsleistung (BIP) der Ukraine bei und war für ein Drittel der Exportumsätze verantwortlich. In ihr waren 600.000 Menschen beschäftigt. Allerdings gingen auch 15 Prozent des Treibgas-Ausstoßes des Landes auf sie zurück.

www.tagesschau.de, 19.06.2023

Aufgaben

72018-811

1. Geben Sie die zentralen (ökonomischen) Herausforderungen für die Ukraine nach einer möglichen Beendigung des russischen Angriffskrieges wieder (**M12-M14**).
2. Ordnen Sie die Herausforderungen für die Ukraine in die Dimensionen des Zivilisatorischen Hexagons ein (**M13**, → Kap. 7.1.2).
3. Recherchieren Sie folgende Aspekte:
   - mögliche Interessen Deutschlands (und der Europäischen Union), den Wiederaufbau der Ukraine mit einem großen Umfang finanzieller Mittel zu unterstützen;
   - mögliche Bedingungen für eine solche finanzielle Aufbauunterstützung.

8.2 Die Weltgemeinschaft – hilflos im Krieg gegen die Ukraine?

8.2.1 Welche Aufgaben und Mittel hat die UNO bei der internationalen Friedenswahrung?

Zum Thema: Die UNO wurde 1945 gegründet, um die Welt vor Krieg zu bewahren – doch kann sie das wirklich? Welche Möglichkeiten und Grenzen hat die UNO bei der internationalen Friedenswahrung?

M1 Weltfrieden und internationale Sicherheit

Das Gebäude der Vereinten Nationen in New York

Einstiegsaufgabe 72018-812

Führen Sie in Ihrem Kurs eine Kartenabfrage zu folgenden Fragen durch und ordnen Sie im Anschluss Ihre Ergebnisse gemeinsam:

- Wozu müsste sich jeder Staat verpflichten, um seinen Beitrag zu Weltfrieden und internationaler Sicherheit zu leisten?
- Welche Mittel hätte eine Organisation für Weltfrieden und internationale Sicherheit benötigt, um den Angriff Russlands auf die Ukraine zu verhindern bzw. um den ausgebrochenen Krieg zu stoppen?

M2 Ziele und Grundsätze der UNO

Zentrale Artikel der UN-Charta
72018-813

Die United Nations Organization (UNO) wurde im Jahr 1945 von 51 Staaten gegründet. Heute gehören der UNO 193 Staaten an.

Die Charta [der Vereinten Nationen] ist das Gründungsdokument der UN und besteht aus 19 Kapiteln sowie der Präambel. Die Präambel kündigt an, die Menschheit von der „Geißel des Krieges" befreien zu wollen. Die Ziele der UN und ihre Handlungsmaxime werden in Art. 1 dargelegt. So soll „der Weltfrieden und die internationale Sicherheit" gewahrt werden, wozu auch Kollektivmaßnahmen getroffen werden können. Zudem sollen freundschaftliche Beziehungen auf Grundlage der Gleichberechtigung und Selbstbestimmung der Völker gefördert und die Menschenrechte geachtet werden. Hauptziel der UN ist also der Frieden [...]. Die Mitgliedstaaten verpflichten sich, auf gegenseitige Gewalt zu verzichten. Dieses Gewaltverbot erfährt nur zwei Einschränkungen. Zum einen hat jeder Staat das Recht, sich selbst gegen einen militärischen Angriff zu verteidigen (Selbstverteidigungsrecht, Art. 51). Zum anderen kann der Sicherheitsrat Gewaltmaßnahmen androhen oder gar beschließen (Kap. VII der Charta). [...] Art. 2 legt die Grundsätze fest, mit denen die Ziele der UN erreicht werden sollen. Dazu wird die Stellung der Mitgliedstaaten sowie deren Rechte und Pflichten festgelegt, die Grundstruktur der UN geklärt und die Kompetenzen der Organisation gegenüber den Staaten definiert. Die wichtigsten Punkte umfassen:

- die Gleichheit der Mitglieder, Achtung der Souveränität
- die Verpflichtung zur friedlichen Streitbeilegung
- das Verbot der Androhung und Anwendung von Gewalt
- die Beistandspflicht bei Maßnahmen der UN
- das Interventionsverbot bei inneren Angelegenheiten

Die UN-Charta schreibt mit der Achtung der Souveränität ein Prinzip weltweit fest […]. Hiernach wird einem Staat die innere Herrschaft und die äußere Repräsentanz für ein bestimmtes Territorium und eine bestimmte Bevölkerung zugesprochen. Das Interventionsverbot leitet sich aus dem Souveränitätsprinzip ab. Staaten ist es grundsätzlich untersagt, sich in die inneren Angelegenheiten eines anderen Staates einzumischen. […] Nur die UN selbst, respektive der Sicherheitsrat, dürfen hiervon abweichen.

Stahl, Bernhard: Internationale Politik verstehen. Eine Einführung. Opladen & Toronto: Verlag Barbara Budrich 2020, S. 73f.

M3 Die wichtigsten Organe der UNO

Die Vereinten Nationen in der Übersicht (Stand: 2024)

Hauptorgane

Generalversammlung	Sicherheitsrat	Wirtschafts- und Sozialrat	Sekretariat	Internationaler Gerichtshof	Treuhandrat
Sitz in New York	*New York*	*New York*	*Hauptsitz New York*	*Den Haag*	*New York*
193 Mitgliedstaaten	15 Mitglieder	54 Mitglieder	mit Generalsekretär	15 Richter/innen	5 Mitglieder

Ausgewählte Fachorganisationen und Nebenorgane

Sonderorganisationen*

Auswahl		*Sitz in*
UNESCO	Bildung, Kultur	*Paris*
ILO	Arbeitsorganisation	*Genf*
WHO	Weltgesundheitsorganisation	*Genf*
FAO	Ernährungsorganisation	*Rom*
IWF	Internationaler Währungsfonds	*Washington*
Weltbankgruppe		*Washington*

Spezialorgane

Auswahl		
UNCTAD	Handel	*Genf*
UNHCR	Flüchtlingshilfe	*Genf*
WFP	Welternährungsprog.	*Rom*
UNICEF	Kinderhilfswerk	*New York*
UNDP	Entwicklung	*New York*
UNFPA	Bevölkerungsfonds	*New York*
UNEP	Umwelt	*Nairobi*
Habitat	Wohnungsprog.	*Nairobi*
UNU	UN-Universität	*Tokio*

Verwandte Organisationen

Auswahl		
WTO	Welthandel	*Genf*
IAEA	Atomenergie	*Wien*
OPCW	Verbot chemischer Waffen	*Den Haag*

**rechtlich und finanziell selbstständig*

Nach: © Globus Grafik 12311

M4 Wer ist zuständig? Die Hauptorgane der Vereinten Nationen

1 Generalversammlung

Die Generalversammlung ist das Herzstück der UN. Es herrscht das Prinzip „ein Staat – eine Stimme" […]. Entscheidungen bedürfen in der Regel einer einfachen Mehrheit. Ausnahmen sind die Wahl der nicht-ständigen Mitglieder des Sicherheitsrats und die Aufnahme eines neuen Mitgliedstaates, für die eine 2/3-Mehrheit notwendig ist. Die Generalversammlung hat interne und externe Kompetenzen: Intern fungiert sie als Legislative, nach außen fehlt ihr diese Kompetenz. Hier haben Resolutionen lediglich den Charakter von Empfehlungen. Doch hat sie das Recht, sich mit jedem beliebigen Thema von internationaler Bedeutung auseinanderzusetzen. […]

António Guterres ist seit dem 1.1.2017 Generalsekretär der Vereinten Nationen; zuvor war er Premierminister Portugals (1995-2002) und Hoher Flüchtlingskommissar der Vereinten Nationen (2005-2015).

2 Sicherheitsrat

Der Sicherheitsrat [siehe auch Grafik unten] setzt sich aus 15 Mitgliedern zusammen, wobei die fünf ständigen Mitglieder (die sogenannten Permanent Five – P5 China, Frankreich, Vereinigtes Königreich, Russland und USA) mit einem Vetorecht ausgestattet sind. Die übrigen zehn werden für zwei Jahre von der Generalversammlung gewählt, wobei jedes Jahr fünf neue bestimmt werden. Die Verteilung der Sitze erfolgt nach einem Regionalschlüssel. Beschlüsse kommen zustande, wenn 9 der 15 Mitglieder zustimmen und keines der fünf ständigen Mitglieder ein Veto einlegt. Vom Sicherheitsrat beschlossene Resolutionen sind völkerrechtlich bindend. [...] Die Funktion des Sicherheitsrats besteht hauptsächlich in der Wahrung des Weltfriedens. Dazu ist er auch befähigt, gemäß Kapitel VII Gewalt anzuwenden, wobei er die Durchführung der Zwangsmaßnahmen an andere Organisationen übertragen kann. [...]

3 Verwaltung

Die Verwaltung der UN ist beim Sekretariat angesiedelt. Der Generalsekretär wird auf Vorschlag des Sicherheitsrates von der Generalversammlung gewählt. Seine Amtszeit beträgt fünf Jahre, wobei die Möglichkeit einer einmaligen Wiederwahl besteht. Der Generalsekretär koordiniert die Arbeit zwischen den Hauptorganen (mit Ausnahme des IGH), er stellt Haushaltspläne auf, registriert völkerrechtliche Verträge und repräsentiert die UN nach außen. Zu seinen Aufgaben gehört es laut Art. 99, die Aufmerksamkeit des Sicherheitsrates auf relevante Themen zu lenken.

Stahl, Bernhard: Internationale Politik verstehen. Eine Einführung. Opladen & Toronto: Verlag Barbara Budrich 2020, S. 74-76

Notstandssondersitzung
Im Falle einer Blockade des Sicherheitsrates kann die Generalversammlung einberufen werden, um sich mit einem Konflikt zu befassen. Dies kann auf zwei Weisen erfolgen: Entweder auf Verlangen einer einfachen Mehrheit aller Mitgliedstaaten oder durch eine Mehrheit von mindestens neun der 15 Mitglieder des Sicherheitsrates. Bei einem solchen Beschluss hätten etwaige Nein-Stimmen der fünf ständigen Ratsmitglieder USA, Russland, China, Frankreich und Großbritannien keine Vetowirkung. Auch in Notstandssondersitzungen kann die Generalversammlung nur Empfehlungen aussprechen.

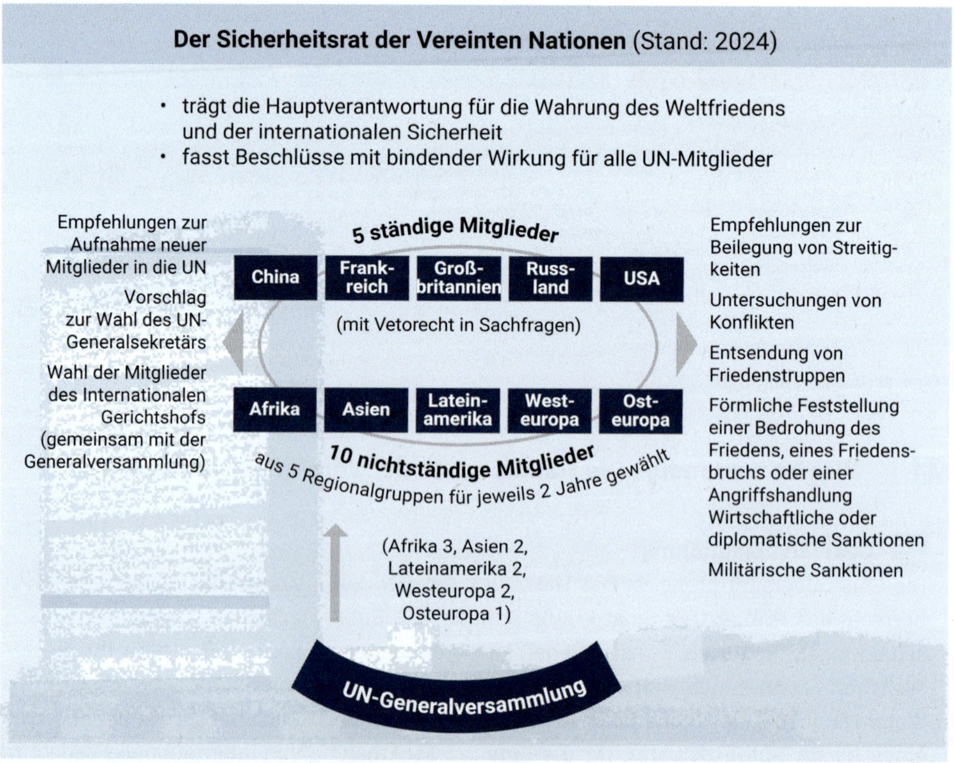

Nach: © Bergmoser + Höller Verlag AG; Zahlenbilder 615 124

M5 Mittel der UNO zur Konfliktbewältigung

Die Charta der Vereinten Nationen eröffnet ihren Mitgliedstaaten unterschiedliche, hinsichtlich ihres Drohpotentials gestufte Instrumente der Konfliktprävention und -intervention. Eine entsprechende Entscheidung obliegt dem UN-Sicherheitsrat, dessen Beschlüsse für alle UN-Mitgliedstaaten bindend sind.

Artikel 37-42 der UN-Charta

72018-814

Instrumente der Konfliktprävention und -intervention

von der Prävention → zur → Intervention

Friedliche Beilegung von Konflikten (Kapitel VI)

Zwangsmaßnahmen bei Bedrohung oder Bruch des Friedens (Kapitel VII)

Konkrete Maßnahmen der Vereinten Nationen

- Vermittlungsvorschlag des Sicherheitsrates (Art. 38) auf Ersuchen der Konfliktparteien

- nicht-militärische Sanktionen (Art. 41) wie Wirtschaftsboykott, Unterbrechung von Verkehrswegen und diplomatischen Beziehungen
- militärisches Handeln zur Wiederherstellung (Erzwingung) des Friedens (Art. 42 ff.): „Demonstrationen, Blockaden und sonstige Einsätze"

„Durchschlagskraft" des UN-Sicherheitsrates

- Weisungs- und Entscheidungsbefugnis gegenüber Konfliktparteien unter Voraussetzung
- der Feststellung seiner Zuständigkeit aufgrund von Friedensbedrohung, Friedensbruch oder Angriffshandlung (Artikel 39)

Grundlegende Prinzipien

- Primat der staatlichen Souveränität
- sowie zwischenstaatlicher Lösungen auf dem Verhandlungsweg
- Primat der kollektiven Sicherheit

Bearbeitergrafik

Aufgaben

72018-815

1. Stellen Sie die Ziele und Grundsätze der Vereinten Nationen dar (**M2**).
2. a) Beschreiben Sie den Aufbau der Vereinten Nationen sowie deren Handlungsmöglichkeiten zur internationalen Friedenssicherung (**M3-M5**).
   b) Vergleichen Sie die tatsächlichen Mittel der UNO mit den von Ihnen vorgeschlagenen (Einstiegsaufgabe, **M4**, **M5**).
3. Analysieren Sie darauf aufbauend die Möglichkeiten des Sicherheitsrates zur Friedenssicherung bzw. Kriegsbeendigung am Beispiel des Krieges gegen die Ukraine (**M4**, **M5**, Kap. 8.1.1).

8.2.2 Das Ringen um ein Ukraine-Mandat im UN-Sicherheitsrat

Zum Thema: Unmittelbar nach dem russischen Angriff auf die Ukraine kam der UN-Sicherheitsrat zusammen – doch eine Resolution scheiterte. Welche Interessen verfolgen die fünf ständigen Mitglieder, und warum ist eine Einigung so schwierig?

M6 Sondersitzung des UN-Sicherheitsrats einberufen!

Unmittelbar nach dem Angriff Russlands auf die Ukraine am 24. Februar 2022 beruft der Sicherheitsrat der UN eine dringliche Sondersitzung ein. Die Außenministerinnen und -minister der Mitgliedstaaten nehmen mit Delegationen teil. Den Vorsitz führt der Außenminister des nicht-ständigen Sicherheitsratsmitglieds Albanien; er will den Sicherheitsrat zu einer eindeutigen Resolution gegen Russlands Angriff bewegen. Albanien und die USA bringen folgenden Resolutionsentwurf ein.

Der Sicherheitsrat der Vereinten Nationen

1. bekräftigt sein Bekenntnis zur Souveränität, Unabhängigkeit, Einheit und territorialen Unversehrtheit der Ukraine innerhalb ihrer international anerkannten Grenzen, einschließlich ihrer Hoheitsgewässer;
2. missbilligt auf das Schärfste die Aggression der Russischen Föderation gegen die Ukraine unter Verstoß gegen Artikel 2 Absatz 4 der Charta;
3. verlangt, dass die Russische Föderation ihre Gewaltanwendung gegen die Ukraine sofort einstellt und alle ihre Streitkräfte unverzüglich, vollständig und bedingungslos aus dem Hoheitsgebiet der Ukraine innerhalb ihrer international anerkannten Grenzen abzieht;
4. missbilligt die Entscheidung der Russischen Föderation vom 21. Februar 2022, die Regionen Donezk und Luhansk in der Ukraine als unabhängige Staaten anzuerkennen, als eine Verletzung der territorialen Unversehrtheit und der Souveränität der Ukraine und als mit den Grundsätzen der Charta unvereinbar;
5. verlangt, dass die Russische Föderation die Entscheidung zur Anerkennung der Unabhängigkeit der Regionen Donezk und Luhansk in der Ukraine unverzüglich und bedingungslos rückgängig macht;
6. fordert nachdrücklich die sofortige friedliche Beilegung des Konflikts zwischen der Russischen Föderation und der Ukraine durch politischen Dialog, Verhandlungen, Vermittlung und andere friedliche Mittel.

Nach: S. C. Res S/2022/155, UN Security Council, Draft resolution (on aggression by the Russian Federation against Ukraine in violation of the Charter of the United Nations). In: www.un.org, Abruf am 19.02.2026

Einstiegsaufgabe 72018-816

Stellen Sie Hypothesen auf, welche Positionen die ständigen Mitglieder des UN-Sicherheitsrats zum obigen Resolutionsentwurf vertreten werden (**M6**).

M7 Die Positionen der (ständigen) Mitglieder im UN-Sicherheitsrat

1 Vereinigte Staaten von Amerika

In den Jahren nach der Auflösung des Warschauer Paktes (1989/1990) und dem Ende der Blockkonfrontation haben die USA massiv weltpolitischen Einfluss gewonnen. Sie gelten als die derzeit einzig verbliebene militärische, politische und wirtschaftliche Weltmacht. Allerdings ist diese Position fragiler geworden: die Kampfeinsätze in Afghanistan und im Irak haben die USA finanziell und militärisch stark belastet und der Aufstieg Chinas bedroht die Vormachtstellung der USA im pazifischen Raum. Trotz dieser Probleme sind die USA weiterhin bemüht, ihren Machteinfluss u. a. in Osteuropa zu sichern. Dazu unterstützen die USA insbesondere die mittelosteuropäischen NATO-Partner, deren Aufnahme in die NATO sie auch sehr vorangetrieben hatten.

Zumindest in den offiziellen Verlautbarungen treten die USA immer wieder vehement für das Selbstbestimmungsrecht der Völker ein, das die Unverletzlichkeit der territorialen Grenzen voraussetzt. Der Ukraine haben die USA seit 2014 bereits Waffen und militärisch relevante Informationen geliefert.

2 Frankreich

Frankreich ist Gründungsmitglied und Kernland der EU und tritt für eine verstärkte gemeinsame Außen- und Sicherheitspolitik ein. Dabei setzt Frankreich auf Beschlüsse des Sicherheitsrates der Vereinten Nationen, ist aber auch bereit, militärische Mittel einzusetzen, wenn die eigenen Interessen betroffen sind (wie etwa bei Konflikten in Staaten, die ehemals Kolonien Frankreichs waren). Ebenso ist Frankreich Mitglied der NATO, wenngleich sich Präsident Emmanuel Macron ganz deutlich für eine sicherheitspolitische Stärkung der EU einsetzt.

Anders als etwa der Nachbarstaat Deutschland hat Frankreich keine sehr starken Wirtschaftsbeziehungen zu Russland – u. a. deshalb, weil es auch kaum Erdgas aus Russland bezieht. Allerdings hat Frankreich zusammen mit Deutschland und Belarus 2014/15 die beiden Waffenstillstandsabkommen zwischen der Ukraine und Russland federführend ausgehandelt.

3 Großbritannien

Großbritannien ist Gründungsmitglied von UNO und NATO und – wie alle anderen Sicherheitsratsmitglieder auch – Atommacht, es verfügt also über ein Arsenal an Atomwaffen. Wie auch die USA bildete Großbritannien bereits seit 2014 ukrainische Soldaten aus, warnte vergleichsweise früh vor einem russischen Angriff und lieferte auch vor der Invasion Russlands schon Waffen in die Ukraine. Trotz der Tatsache, dass superreiche Russen häufig Wohnsitze in London unterhalten und dort auch Geld anlegen, steht die britische Regierung Russland skeptisch gegenüber, auch weil bereits auf mehrere russische Regimekritiker bzw. übergelaufene Spione in England Anschläge verübt worden sind. Großbritannien ist traditionell – seit dem Austritt aus der Europäischen Union noch einmal verstärkt – der engste sicherheitspolitische Verbündete der USA.

4 Russische Föderation

In den Jahren nach Auflösung des Warschauer Paktes als militärischem Gegenbündnis zur NATO (1989/1991) hat Russland deutlich weltpolitischen Einfluss eingebüßt. Die EU und die NATO wurden um Staaten erweitert, die zuvor zum sowjetischen Einflussbereich gehörten. Die USA bzw. die NATO hatten zwar ihre Absicht aufgegeben, in Polen und Tschechien Raketenabwehrstationen einzurichten, jedoch sieht die russische Führung die engere Kooperation der USA bzw. des Westens mit osteuropäischen Staaten (Ukraine, Georgien), wie vorher schon die schnelle Ausweitung der NATO und der EU nach Mittel-Osteuropa als unangemessenen Eingriff in die eigene Einflusssphäre. Ein Dorn im Auge ist auch die militärische NATO-Präsenz im Baltikum – also nahe der russischen Grenze.
Die russische Regierung ist der Überzeugung, dass die Krim-Halbinsel legitimerweise ins russische Staatsgebiet integriert worden ist. Schließlich habe eine Volksabstimmung dort eine überdeutliche Mehrheit für den Anschluss ergeben. Außerdem betrachtet sie Gebiete im Süden und Osten der Ukraine als russisch und unterstützt die dortigen Aufständischen militärisch und logistisch. Russland wird alles dafür tun, seine Angriffspläne auf die Ukraine nicht durch die UNO aufhalten zu lassen.

5 Volksrepublik China

China ist das Land mit der zweitgrößten Bevölkerung und hat seinen weltpolitischen Einfluss in den vergangenen 20 Jahren auf der Grundlage eines enormen Wirtschaftswachstums erheblich steigern können. Gewachsen ist dadurch das Selbstvertrauen in internationalen Verhandlungen und der Wunsch, den weltpolitischen Einfluss der USA und der EU zu begrenzen, ohne diese Räume als wichtige Handelspartner (Export) zu verlieren.
Nicht zuletzt aufgrund des eigenen Umgangs mit politischer Opposition und religiösen Minderheiten verfolgt China die außenpolitische Doktrin der Nichteinmischung in innere Angelegenheiten souveräner Staaten. Außerdem möchte sich die chinesische Regierung unter dem de facto Alleinherrscher Xi Jinping die Möglichkeit offenhalten, auch militärisch gegen Taiwan vorzugehen, um dieses Gebiet enger an China zu binden bzw. es vollständig zu integrieren.
Gleichzeitig ist China – auch aus wirtschaftlichen Gründen – an guten Beziehungen zu seinem Nachbarstaat Russland interessiert, zu dem das Verhältnis allerdings nicht immer konfliktfrei ist. China ist das wichtigste Exportziel für russische Waren und ein wichtiger Abnehmer günstiger russischer Öl- und Gaslieferungen.

Bearbeiter

Aufgaben

72018-817

1. Arbeiten Sie die Interessen der fünf Mitglieder des UN-Sicherheitsrates heraus (**M7**).
2. Vergleichen Sie die Interessen miteinander (**M7**).
3. Im Zuge des Krieges gegen die Ukraine seit 2014 sind mehrere Resolutionsentwürfe im UN-Sicherheitsrat gescheitert, die eine Verurteilung der russischen Regierung und das Ergreifen von Sanktionsmaßnahmen vorsahen. Erläutern Sie die darin zum Ausdruck kommenden Schwierigkeiten, sich als ständige Mitglieder des Sicherheitsrates zu einigen.

Eine Weltsicherheitsratssitzung simulieren

Vorbereitung

Russland bleibt aus Protest der Sitzung des Sicherheitsrates fern und lässt eine offizielle Erklärung verlesen. Teillen Sie demnach den Kurs in sechs Gruppen auf und verteilen die Rollen: Delegationen USA, Frankreich, Großbritannien, China, Albanien (Vorsitz) und Reporter.

Delegationen

- Lesen Sie den Resolutionsentwurf (**M6**).
- Arbeiten Sie mit Hilfe Ihrer Rollenkarte Ihre zentralen Interessen heraus und legen Sie ein Maximalziel für sich fest.
- Analysieren Sie die Interessen der anderen (ständigen) Mitglieder.
- Entwickeln Sie vor diesem Hintergrund eine Verhandlungsstrategie, mit der Sie ein Ergebnis möglichst nahe an Ihrem Maximalziel erreichen könnten.

Zur Rolle und fiktiven Erklärung der russischen Föderation

72018-818

Vorsitzende

- Den Vorsitz führt Albanien.
- Sie legen die Reihenfolge der Eröffnungsstatements fest.
- Sie verlesen die russische Erklärung zum Resolutionsentwurf.
- Sie achten auf die Einhaltung der Rederegeln während der Verhandlung des Antrags einer Resolution gegen Russland.
- Sie leiten zur Abstimmung über und werten deren Ergebnis aus. Sie selbst sind als nicht-ständiges Mitglied ebenfalls stimmberechtigt.

Reporter

- Lesen Sie den Resolutionsentwurf (**M6**).
- Arbeiten Sie mit Hilfe der Rollenkarten die zentralen Interessen der Delegationen heraus.
- Bereiten Sie sich darauf vor, den Verlauf der Sicherheitsratssitzung zu dokumentieren (Argumente, Konflikte, Koalitionen, Abstimmungsergebnis usw.).
- Sie sollten im Anschluss einen kurzen Bericht für eine überregionale Tageszeitung oder einen Kurzbeitrag für die Tagesschau über die Sitzung produzieren können.

Durchführung

Vorsitzende

- Sie eröffnen die Sitzung und begrüßen die Sicherheitsratsmitglieder.
- Sie verlesen den Resolutionsentwurf und fordern nach der zuvor festgelegten Reihenfolge die Sicherheitsratsmitglieder zu ihren maximal 60-sekündigen Eingangsstatements auf.
- Nach den Statements verlesen Sie die Stellungnahme Russlands.
- Sie erteilen den Delegationen das Wort und strukturieren die Debatte um den Resolutionsentwurf. Sie nehmen in diesem Zusammenhang Änderungen von Formulierungen der Resolution auf, wenn darüber Konsens besteht.
- Sie unterbrechen mindestens einmal die Sitzung, um den Delegationen Gelegenheit zur Rücksprache und zur Aufnahme geheimer Verhandlungen zu geben.
- Sie fordern bei Bedarf die Einhaltung von Rederegeln ein, wodurch Sie aber die Kontroverse nicht unterbinden sollten.
- Sie fordern zu Abschluss-Statements und zur Schlussabstimmung über den (veränderten) Resolutionsvorschlag auf und leiten die Abstimmung.
- Sie verlesen am Ende die Stimme der Russischen Föderation zum Resolutionsentwurf („Nein“).

Delegationen

- Sie positionieren sich in Ihrem Eingangs-Statement klar zum vorliegenden Resolutionsentwurf.
- Sie vertreten Ihre Interessen sehr deutlich in der Sicherheitsratssitzung. Dabei versuchen Sie, Koalitionen zu schmieden, andere mit allen Mitteln auf Ihre Seite zu ziehen bzw. gegnerische Koalitionen aufzubrechen.
- Dabei sprechen Sie die anderen Delegationen mit ihren Rollennamen an.
- Beim Abschluss-Statement machen Sie Ihre Position deutlich und stimmen für oder gegen die vorliegende Resolution (Enthaltungen sind ebenfalls möglich).

Auswertung

- Distanzieren Sie sich von Ihrer Rolle: Was ist ihnen leicht, was schwer gefallen?
- Zeichnen Sie den Sitzungsverlauf in kurzen Worten nach (Reporter): (Wo) Haben sich Koalitionen bzw. Positionen geändert oder sind Bündnisse aufgebrochen?
- Schätzen Sie begründet die Wirklichkeitsnähe der Sitzung ein: Haben die Delegationen nachvollziehbar ihre Interessen vertreten? Ist das Ergebnis angesichts der Interessenlage plausibel?
- Häufig wird gesagt, dass in internationalen Beziehungen Macht und Recht in einem Spannungsverhältnis stehen. Erklären Sie dieses Spannungsverhältnis am Sitzungsverlauf und -ergebnis.

8.2.3 (Wie) Sollte der UN-Sicherheitsrat reformiert werden?

Zum Thema: Der UN-Sicherheitsrat gilt vielen als blockiert und nicht mehr zeitgemäß – doch wie ließe er sich reformieren? Zwischen dem Ziel größerer Legitimität und Effizienz auf der einen und dem politischen Widerstand der Vetomächte auf der anderen Seite stellt sich die Frage, ob und wie eine Reform überhaupt durchsetzbar wäre.

M8 Ist der UN-Sicherheitsrat reformbedürftig?

„Der UN-Sicherheitsrat ist ein effizientes und legitimes Organ zur Friedenssicherung und Konfliktbewältigung."

Koordinatenkreuz zur Urteilsbildung

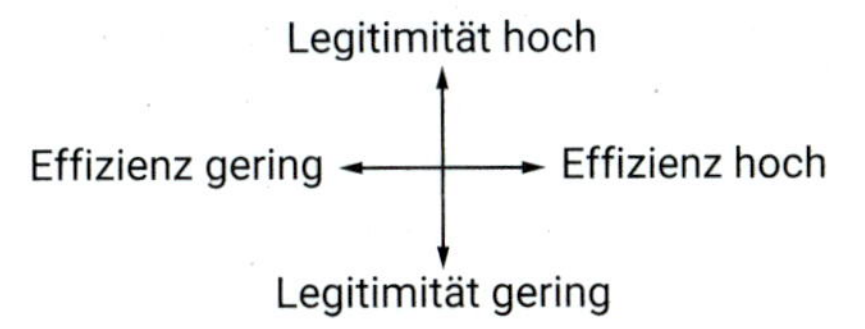

Vetos im Sicherheitsrat
Stand: 2025

73000-217

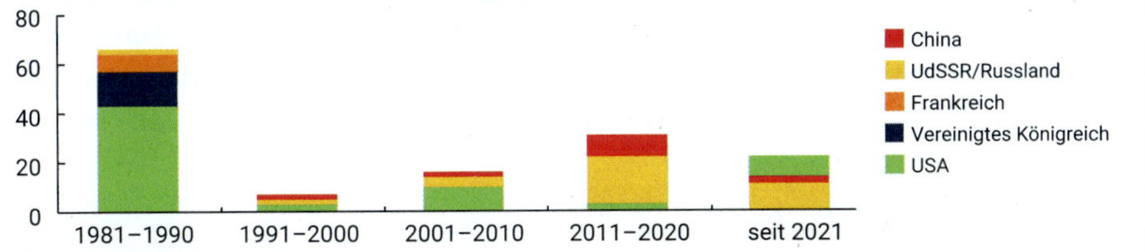

©C. C. Buchner Verlag, aktuelle Daten nach: UN, Statista (Datenerhebung: 2025; Grafikerstellung: 2025)

Zum Vergleich: Anzahl der verabschiedeten Resolutionen des Sicherheitsrats (Stand: 04.03.2026):
1981-1990: 199
1991-2000: 651
2001-2010: 632
2011-2020: 594
seit 2021: 256

Einstiegsaufgabe 72018-819

Positionieren Sie sich zur Aussage (**M8**) im Klassenraum. Formulieren Sie ggf. erste Ansatzpunkte für eine Reform des Sicherheitsrates.

M9 Den Sicherheitsrat grundlegend reformieren?

Unser Vorschlag soll nicht an den Grundstrukturen des Sicherheitsrats rütteln: So unterscheiden wir weiterhin zwischen ständigen und nichtständigen Mitgliedern und verleihen den ständigen bei Abstimmungen ein höheres Gewicht. Auch die regionalen Verteilkriterien zur Vergabe der Sitze im Sicherheitsrat sollen beibehalten werden. [...]

Ziel unserer Reformvorschläge sind die Einführung einer Abstimmungsregel mit weniger Blockierungspotential sowie die Erhöhung der Repräsentativität und Legitimität des Sicherheitsrats. Es darf nicht sein, dass beispielsweise Indien mit einer Bevölkerung von 1,4 Milliarden weniger Gewicht hat als seine frühere Kolonialmacht Großbritannien mit 60 Millionen. Unser Vorschlag hat drei Elemente:

Erstens eine Erhöhung der Mitgliederzahl.

Im heutigen 15er-System sind fünf Staaten (the permanent 5, „P5") ständig im Sicherheitsrat vertreten (China, Frankreich, Russland, Großbritannien und die USA). Dazu bekommen zehn weitere, nichtständige Staaten jeweils für zwei Jahre einen Sitz. In unserem Vorschlag würden die ständigen Sitze von fünf auf zehn und die nichtständigen von zehn auf 15 erhöht. Der Sicherheitsrat bestünde neu anstatt aus 15 aus 25 Staaten.

Zweitens eine Bestimmung der ständigen Mitglieder auf der Basis objektiver Kriterien. Hier bieten sich die Bevölkerungszahl, das BIP und die freiwilligen Beiträge an das UN-Budget an. Aus unserer Sicht wäre es gerechtfertigt, die Bevölkerungszahl gleich zu gewichten wie die beiden Kriterien BIP und freiwillige Beiträge zusammen, die ihrerseits unter sich das gleiche Gewicht hätten: also 50 Prozent, 25 Prozent, 25 Prozent. Je nach Gewichtung dieser Kriterien resultiert natürlich eine andere Rangliste von Staaten. Interessanterweise würde es Russland – ein P5 Staat – aber in keiner der von uns analysierten zahlreichen Gewichtungsvarianten unter die ersten zehn Plätze schaffen. Das Land hat eine zu kleine Bevölkerung, und sein BIP entspricht lediglich jenem einer Mittelmacht, zum Beispiel Spanien. Auch Frankreich, ein weiterer P5-Staat, ist zu klein, um unter Anwendung der drei Kriterien in die P10 aufgenommen zu werden.

Gesicherte Plätze gäbe es für die USA, China, Indien und insbesondere auch Deutschland. Die uneingeschränkte Anwendung der Kriterienregel hätte jedoch zur Folge, dass nicht alle fünf UN-Regionen ständig im Sicherheitsrat vertreten wären: Afrika und Osteuropa würden fehlen. Um dieses Manko zu beheben, braucht es eine zusätzliche Bedingung: Jede Region soll mindestens einen ständigen Sitz erhalten. Damit würden es Russland als osteuropäischer und Nigeria als afrikanischer Repräsentant in den P10-Klub schaffen. Verbleibt das Problem des heutigen P5-Staates Frankreich. Wenn es im Rahmen einer Reform nicht gelingt, dessen Sitz zu „europäisieren" (wonach es nicht aussieht), müsste eine Lösung gefunden werden, die seine „er-

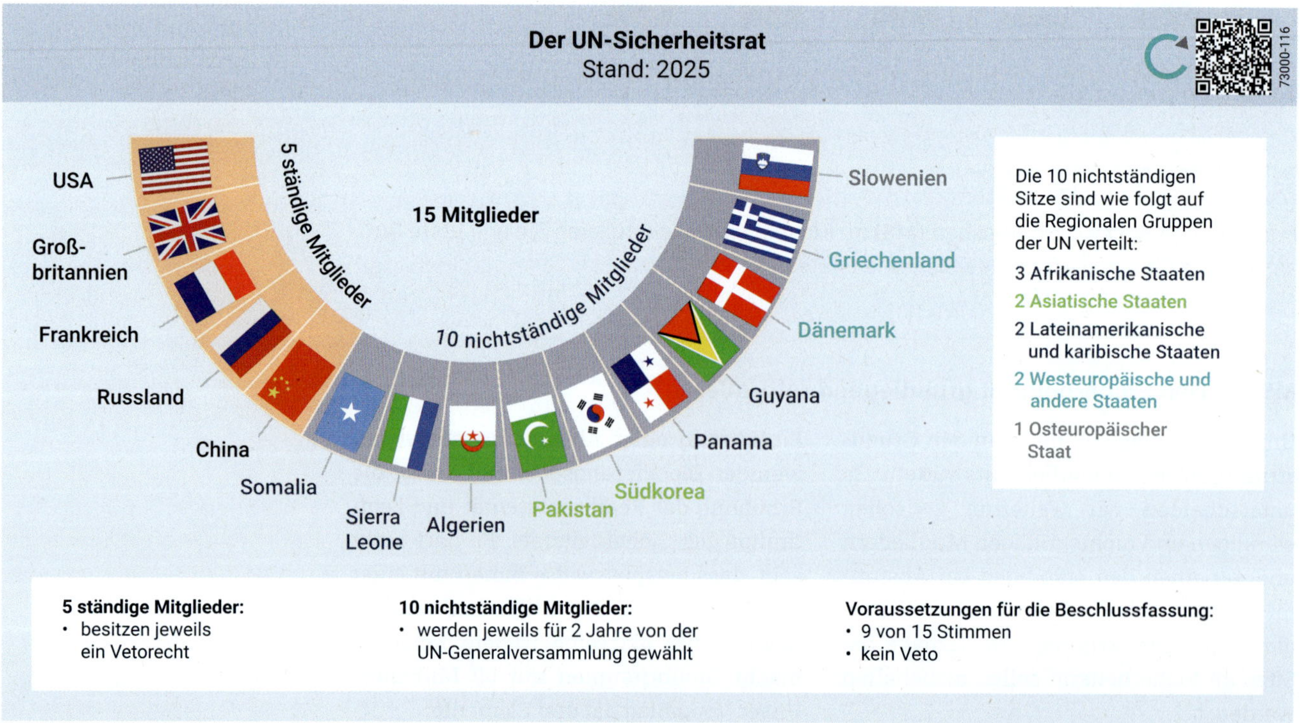

©C.C. Buchner Verlag, aktuelle Daten nach: United Nations (Datenerhebung: 2025; Grafikerstellung: 2025)

worbenen Rechte" schützt. So könnte man den zehnten Sitz an Frankreich vergeben. Dies ergäbe folgende Sitzverteilung für die P10: Brasilien, China, Nigeria, Russland, USA gefolgt von Indien, Deutschland, Japan, Großbritannien und Frankreich. Alle Staaten erfüllen das objektive Auswahlkriterium, außer Russland und Nigeria, die es unter dem Titel „Regionsvertreter", sowie Frankreich, das es unter dem Titel „erworbene Rechte" in den Sicherheitsrat schaffen würde. Diese Liste sollte periodisch (alle 15 Jahre) überprüft und mit einfacher Mehrheit angepasst werden können.

Drittens eine Überarbeitung der Abstimmungsregel. Die heutige Einstimmigkeitsregel (Vetorecht) für die P5 kann natürlich nicht auf die P10 ausgedehnt werden. Sonst würde der Rat noch mehr blockiert. Für die Beschlussfassung schlagen wir vor, dass im 25er-Klub nur das einfache Mehr nötig ist (13), ergänzt durch die Zusatzbedingung, dass höchstens zwei der P10 ablehnen dürfen. Mit anderen Worten: drei der P10 könnten einen Beschluss verhindern. Das „Vetorecht" würde damit moderat eingeschränkt. Ein „Fall Russland", in dem ein Mitglied griffige Maßnahmen gegen sich selbst mit einem alleinigen Veto verhindern kann, wäre unmöglich. Auch die zahlreichen chinesisch-russischen sogenannten Doppelpack-Vetos würden künftig nicht mehr ausreichen. [...]

Unsere Vorschläge führen nicht zu einem radikalen Systemwechsel: Im Gegenteil, sie basieren auf dem bestehenden Bauplan des Sicherheitsrates und belassen sogar gewisse Privilegien bei den P10, um die Wahrscheinlichkeit einer Akzeptanz zu erhöhen. Sie verstoßen damit auch gegen den in Art 2 (1) der UN-Charta festgelegten Grundsatz der „souveränen Gleichheit" der Mitglieder. [...]

Was das Vorgehen anbelangt: In allen bisherigen Reformabsichten hat man wegen des Vetorechts stets ein Scheitern antizipiert [= erwartet]. Das Vetorecht käme in einem Reformprozess aber erst ganz am Schluss zum Tragen. Gemäß Artikel 109 der Charta könnten die Reformvorschläge in einer sogenannten „Allgemeinen Konferenz" mit einer Zweidrittelmehrheit der Mitglieder der Generalversammlung zur Annahme empfohlen werden. Die P5 könnten also nicht verhindern, dass die Vorschläge auf den Tisch gebracht werden. Erst die Ratifikation könnten sie verweigern und damit ein Reformvorhaben sabotieren.

Zum diplomatischen Druck: [...] Die potentiellen Gewinner sollten sich zusammentun und auf einer Reform bestehen. Als Ultima Ratio [= letztes Mittel] könnten sie einen Boykott der Sicherheitsratssitzungen erwägen. Es bräuchte nur sieben Mitglieder, die den Sitzungen fernblieben, um den Rat beschlussunfähig zu machen.

Ambühl, Michael / Meier, Nora / Thürer, Daniel: Eine Reform des UN-Sicherheitsrats ist möglich. In: www.faz.net, 14.06.2023

Ratifikation
völkerrechtlich verbindliche Annahme einer internationalen Regelung durch einen Staat (in Deutschland durch den Deutschen Bundestag)

Aufgaben

72018-820

1. Stellen Sie ausgehend von **M8** strukturelle Probleme dar, die sich aus der derzeitigen Konstruktion des UN-Sicherheitsrats ergeben.
2. Fassen Sie den Reformvorschlag für den UN-Sicherheitsrat zusammen (**M9**).
3. Analysieren Sie den Reformvorschlag hinsichtlich der anvisierten Ziele und Maßnahmen (**M9**). Berücksichtigen Sie bei den institutionellen Reformvorschlägen auch das Kriterium Repräsentativität.
4. Angesichts der Blockadesituation im UN-Sicherheitsrat wird der Ruf laut, dass bindende Beschlüsse in Zukunft von der UN-Generalversammlung (mit Zweidrittel-Mehrheit) getroffen werden sollen. Erörtern Sie diese Forderung.

8.2.4 Wie wandeln sich Ziele und Prinzipien der UNO? Das Konzept der Schutzverantwortung

Zum Thema: Darf die internationale Gemeinschaft eingreifen, wenn ein Staat die eigene Bevölkerung brutal unterdrückt? Das Konzept der Schutzverantwortung (Responsibility to Protect) versucht, staatliche Souveränität und humanitäre Intervention in Einklang zu bringen – stößt in der Praxis aber auf grundsätzliche Fragen nach Legitimität und Missbrauchsrisiken.

M10 Prinzipien der UN-Charta

„[Zentrales Ziel der UNO ist es,] den Weltfrieden und die internationale Sicherheit zu wahren und zu diesem Zweck wirksame Kollektivmaßnahmen zu treffen, um Bedrohungen des Friedens zu verhüten und zu beseitigen, Angriffshandlungen und andere Friedensbrüche zu unterdrücken [...].“

(Art. 1 (1) Charta der Vereinten Nationen)

„Aus dieser Charta kann eine Befugnis der Vereinten Nationen zum Eingreifen in Angelegenheiten, die ihrem Wesen nach zur inneren Zuständigkeit eines Staates gehören, oder eine Verpflichtung der Mitglieder, solche Angelegenheiten einer Regelung auf Grund dieser Charta zu unterwerfen, nicht abgeleitet werden [...].“

(Art. 2 (7) Charta der Vereinten Nationen)

Einstiegsaufgabe 72018-821

Stellen Sie sich folgendes Szenario vor, das es seit der Gründung der UNO immer wieder gegeben hat: In einem Staat brechen Proteste gegen die Regierung aus, die sich zu sozialen Unruhen steigern. Die Regierung bekämpft diese Unruhen mit extremer Gewalt. Unterschiedslos werden Protestierende und unbeteiligte Zivilisten Opfer von flächendeckenden Angriffen der Regierungstruppen. Sogar Schulen und Krankenhäuser in Gebieten der Opposition werden bombardiert. (Vermeintliche) Aufständische werden gefangengenommen und vom Geheimdienst brutal gefoltert. Es finden Vertreibungen statt, „ethnische Säuberungen“ werden befürchtet.
Begründen Sie vor dem Hintergrund der Auszüge der Charta der Vereinten Nationen (**M11**), wie die UNO in einem solchen Fall handeln sollte.

M11 Das Konzept der Schutzverantwortung

A Grundlagen und Entstehung der Schutzverantwortung

ethnische Säuberung
zumeist durch gewaltsame Vertreibung, Umsiedlung, Deportation oder Mord vorgenommene Entfernung einer ethnischen oder religiösen Gruppe aus einem Territorium

Was kann die „Völkergemeinschaft“ tun, um den offenbar grassierenden Trend zu Staatszerfall und Bürgerkriegen in vielen Regionen zumindest einzudämmen und den gravierendsten Auswüchsen wirkungsvoll zu begegnen? Eines der Haupthindernisse stellt – das mag in diesem Zusammenhang merkwürdig klingen – das internationale Recht dar. Zu den Grundprinzipien der zwischenstaatlichen Beziehungen gehört – neben dem Gewaltverbot – das „Interventionsverbot als Konkretisierung des Grundsatzes der souveränen Staatengleichheit“. Damit steht das klassische Völkerrecht vor allem auf zwei Säulen: 1) der Anerkennung der inneren und äußeren Souveränität von Staaten und damit 2) dem Verbot der Einmischung von außen in die inneren Angelegenheiten dieser Staaten. [...] Seit dem Epochenbruch 1989/90 hat auf der Grundlage des Konzepts der „menschlichen Sicherheit" ein rechtlicher und moralischer Normenwandel eingesetzt. Bereits mit dem somalischen Bürgerkrieg 1992, aber spätestens nach dem Genozid von Ruanda 1994 begann eine Debatte, ob und wie in extremen Fällen – z. B. Völkermord, Verbrechen gegen die Menschlichkeit, ethnische Säuberungen – auch von dem oben genannten Nichteinmischungsgebot abgewichen werden darf. Man glaubt nun ein Konstrukt zum Eingreifen von außen gefunden zu haben – und zwar unter dem Begriff einer internationalen [Schutzverantwortung] (responsibility to protect – R2P). Diesen – noch keineswegs allgemein anerkannten – Ansatz kennzeichnen vier Merkmale:

- Neben die nationale Verantwortung zum Schutz der betroffenen Menschen tritt die internationale, wenn der Staat seine Verpflichtung nicht erfüllt.
- Diese internationale Verantwortung zielt nicht nur auf Reaktion, sondern insbesondere auch auf Prävention und ggf. Wiederaufbau.
- Das [Kriterium] [...] für die Aktivierung der Schutzverantwortung ist allgemein der „Verlust von Menschenleben in großem Maßstab".
- Als Vorsorgeprinzipien gegen Missbrauch gelten unter anderem die rechte Absicht des Eingreifens, die Ausschöpfung aller nicht-militärischen Maßnahmen und die Verhältnismäßigkeit. [...]

Einer der größten [Stolpersteine] ist die Frage, welche Instanz ein Eingreifen legitimieren darf (im Grundsatz der Sicherheitsrat der VN – aber was passiert, wenn er wegen eines Vetos handlungsunfähig ist [...]?) und wie im Einzelfall ein Missbrauch verhindert werden kann (Intervention unter dem Deckmantel R2P, aber mit weiterreichenden geopolitischen Eigeninteressen der Eingriffsmächte [...]).

Lahl, Kersten / Varwick, Johannes: Sicherheitspolitik verstehen. Handlungsfelder, Kontroversen und Lösungsansätze, Bonn: Bundeszentrale für politische Bildung 2019, S. 75 f.

Zentrale Stationen der responsibility to protect (R2P)

2001 Das Prinzip der R2P wird von der *International Commission on Intervention and State Sovereignty (ICISS)* entwickelt und präsentiert. Grundgedanke: Verletzt ein Staat seine Schutzverantwortung gegenüber den eigenen Bürgern, indem er schwerste Menschenrechtsverletzungen begeht oder zulässt, fällt der internationalen Gemeinschaft diese Verantwortung zu, die sie im Extremfall mit militärischen Mitteln wahrnehmen kann.

2004 Das Konzept der R2P findet Unterstützung durch ein von UN-Generalsekretär Kofi Annan eingesetztes *High Level Panel on Threats, Challenges and Change*, mit der Aufgabe, die wichtigsten Sicherheitsbedrohungen zu identifizieren und Möglichkeiten der Prävention und Bearbeitung aufzuzeigen.

2005 *World Summit Declaration:* Die Mitgliedstaaten der UN-Generalversammlung stimmen dem Prinzip der R2P einstimmig zu.

2006 R2P findet Eingang in Resolutionen des UN-Sicherheitsrats zum Schutz von Zivilpersonen in bewaffneten Konflikten und zum Darfur-Konflikt.

2009 UN-Generalsekretär Ban Ki-moon stellt einen Bericht vor (Implementing the Responsibility to Protect), der Maßnahmen für Staaten, regionale und internationale Organisationen vorschlägt, die R2P umzusetzen. Mit Ausnahme einer kleinen Gruppe von Staaten findet der Bericht breite Unterstützung in der UN-Generalversammlung.

2011 In den Resolutionen 1970 und 1973, in welchen zunächst Sanktionen verhängt werden und schließlich ein militärisches Eingreifen in Libyen zum Schutz der Zivilbevölkerung autorisiert wird, stützt sich der UN-Sicherheitsrat erneut auf das Prinzip.

Nach: Debiel, Tobias u. a. (Hg.): Globale Trends 2013. Frieden – Entwicklung – Umwelt. Frankfurt am Main: Fischer 2013, S. 101

B Was bedeutet die Schutzverantwortung konkret?

Durch die Doktrin der Schutzverantwortung werden alle Staaten der Weltgemeinschaft zu einem dreifachen Schutz verpflichtet:

- Prävention *(responsibility to prevent)*: Wirtschaftliche und politische Unterstützungsmaßnahmen, die der Entstehung von Gewaltkonflikten vorbeugen,
- Intervention *(responsibility to react)*: Eingreifen in Gewaltkonflikte zur Verhinderung humanitärer Katastrophen,
- Nachsorge *(responsibility to rebuild)*: Statebuilding und ökonomischer Wiederaufbau als Grundlage einer nachhaltig friedlichen Gesellschaftsordnung.

Bearbeiter

M12 Schutzverantwortung als neues Machtinstrument?

Auf den ersten Blick scheint sich R2P mit den schwersten Verstößen der Menschheit zu befassen. Es geht darum, gemeinsam gegen die Möglichkeit von „Völkermord, Kriegsverbrechen, Verbrechen gegen die Menschlichkeit und ethnischen Säuberungen" vorzugehen, wie es das Ergebnisdokument des Weltgipfels der Vereinten Nationen (VN) 2005 präzise formuliert. [...] [Diese Doktrin] wird [jedoch] ihrem eigenen Auftrag nicht gerecht und aus meiner Sicht sprechen drei Gründe dafür, dass sich voraussichtlich wenig daran ändern wird.
Erstens agiert R2P politisch gesehen nicht im luftleeren Raum. Sie stellt sich als neutrales Bemühen um Wiederherstellung der Menschlichkeit auf schlimmen Kriegsschauplätzen dar. Aber in Wirklichkeit ist sie zwangsläufig in der Parteipolitik der Großmächte verhaftet. Wenn viel auf dem Spiel steht (strategische Interessen), versuchen die Großmächte, die Rahmenbedingungen eines Schauplatzes zu ändern, und leiten manchmal – weit über ihr Mandat hinaus – einen „Regimewechsel" ein. Wenn wenig auf dem Spiel steht, reagieren sie gleichgültig oder ablehnend. [...]
Zweitens mutet der Anspruch, bis zu einem gewissen Grad allgemeingültig zu sein, verdächtig an. Die gegenwärtige Konstellation des VN-Sicherheitsrats [...] lässt vermuten, dass es keinen Konsens darüber gibt, welche Bedingungen für die Geltendmachung von R2P eintreten müssen. Selbst [Befürworter von R2P] [...] geben zu, dass die „Selektivität" des Engagements ein kontroverses politisches Thema ist und bleibt. China, Russland, Brasilien, Deutschland und Indien enthielten sich bei der Abstimmung zur VN-Resolution 1973 im Jahr 2011. Sie gaben so ihrem Unbehagen angesichts der „Begeisterung" der USA, Großbritanniens und Frankreichs Ausdruck, mit der diese Länder R2P im Falle Libyens geltend machen wollten. Mehrfach wird vertreten, dass die Intervention in Libyen 2011 offensichtlich weit über das genehmigte Mandat hinausging.
Drittens generiert die Neutralitäts- und Universalitätskrise grundlegende Legitimitätsprobleme für die R2P-Doktrin. Im R2P-Arsenal gibt es ein interessantes Sprachrepertoire an gestaffelten Reaktionen auf humanitäre Krisen. Die Anwendung von Gewalt wird als allerletztes Mittel betrachtet. Die Versuchung, die militärische Option früher als gerechtfertigt zu nutzen, wenn viel auf dem Spiel steht, ist jedoch sehr hoch. Auch tiefer liegende Ängste um Wohl und Sicherheit ausgewählter Mächte im internationalen System können solche verfrühten Geltendmachungen hervorrufen und stellen eine ernsthafte Herausforderung dar, wenn es um die [Konkretisierung] der Doktrin geht. Aus all diesen Gründen sollten wir zurückhaltender mit R2P umgehen und sie nicht als Allheilmittel gegen die schlimmsten Auswüchse der Menschheit betrachten.

Mallavarapu, Siddharth: Schutzverantwortung als neues Machtinstrument? übersetzt von Jeanne Lätt. In: Aus Politik und Zeitgeschichte 37/2013. Hg. v. d. Bundeszentrale für politische Bildung, S. 3 f.

Siddharth Mallavarapu ist Professor für Internationale Beziehungen an der South Asian University in Neu Delhi/Indien.

Aufgaben

72018-822

1. Stellen Sie das Konzept der Schutzverantwortung (R2P) dar (**M11**).
2. Erläutern Sie, inwiefern es sich bei der Schutzverantwortung um eine Weiterentwicklung des Völkerrechts handelt (**M10, M11**).
3. Schutzverantwortung – eine sinnvolle Weiterentwicklung des Völkerrechts! Nehmen Sie Stellung zu dieser Aussage (**M11-M12**).

8.2.5 Der Internationale Strafgerichtshof: ein „Weltgericht"?

Zum Thema: Internationale Konflikte können durch Maßnahmen der UNO oder anderer Organisationen bearbeitet werden. Doch was passiert nach einem Krieg mit den Verantwortlichen? Wie soll mit Menschen umgegangen werden, die besonders schwere Verbrechen begangen haben?

M13 Ermittlungen gegen Russland

04.03.2022

Vor dem Hintergrund des russischen Angriffskriegs gegen die Ukraine nimmt der Internationale Strafgerichtshof (IStGH) in Den Haag Ermittlungen wegen mutmaßlichen Kriegsverbrechen und Verbrechen gegen die Menschlichkeit auf. [...] 40 Vertragsstaaten hätten förmlich die Aufnahme von Ermittlungen beantragt. Damit kann IStGH-Chefankläger Karim Khan „auch ohne richterliche Genehmigung tätig werden".

Gebäude des Internationalen Strafgerichtshofs in Den Haag

Meurer, Friedbert: Landet Putin vor dem Internationalen Gerichtshof? Interview mit Völkerrechtler Claus Kreß. In: www.deutschlandfunk.de, 04.03.2022

Einstiegsaufgabe 72018-823

Was wissen Sie bereits über die Zuständigkeit und die Aufgaben des Internationalen Strafgerichtshofes (**M13**). Tragen Sie Vorwissen und Fragen zusammen.

M14 Was macht der Internationale Strafgerichtshof (IStGH)?

A Vertragliche Grundlagen

Als ein ständiges internationales Strafgericht hat der Internationale Strafgerichtshof, IStGH, (International Criminal Court, ICC) seinen Sitz in Den Haag. Grundlage des Internationalen Strafgerichtshofs ist das Rom-Statut, das von einer Diplomatischen Bevollmächtigtenkonferenz der Vereinten Nationen für die Errichtung eines Internationalen Strafgerichtshofes am 17. Juli 1998 in Rom beschlossen worden ist. Mit In-Kraft-Treten des Rom-Statuts am 1. Juli 2002 (nach der Ratifikation durch den 60. Staat) ist auch der Internationale Strafgerichtshof gegründet worden. Deutschland hat das Statut des Internationalen Strafgerichtshofes am 11. Dezember 2000 ratifiziert.

UN-Menschenrechtsabkommen: Internationaler Strafgerichtshof. In: www.menschenrechtsabkommen.de, Abruf am 19.02.2026

B Zuständigkeiten

Der Gerichtshof kann nur dann strafverfolgend tätig werden, wenn Staaten nicht willens oder nicht in der Lage sind, eine bestimmte schwere Straftat ernsthaft zu verfolgen (Grundsatz der Komplementarität, Artikel 17). Voraussetzung für die Ausübung der Gerichtsbarkeit des Gerichtshofs ist, dass entweder der Staat, in dessen Hoheitsgebiet sich das Verbrechen ereignet hat, oder der Staat, dessen Staatsangehörigkeit der mutmaßliche Täter besitzt, Vertragsstaat des Römischen Statuts ist oder dieser Staat die Gerichtsbarkeit des Gerichtshofs anerkannt hat. Der Gerichtshof wird entweder aufgrund der Unterbreitung einer Situation an den Gerichtshof durch einen Vertragsstaat, einer Verweisung durch den Sicherheitsrat der Vereinten Nationen oder aufgrund eigener Initiative des Anklägers […] tätig. Die Gerichtsbarkeit ist auf vier besonders schwere Verbrechen beschränkt, welche die internationale Gemeinschaft als Ganzes berühren: Völkermord, Verbrechen gegen die Menschlichkeit, Kriegsverbrechen und das Verbrechen der Aggression. Die Gerichtsbarkeit erstreckt sich nur auf Verbrechen, welche nach dem Inkrafttreten des Römischen Statuts (01.07.2002) begangen wurden. […] [Der IStGH] ist zu unterscheiden von dem Internationalen Gerichtshof (IGH) der Vereinten Nationen, der für die Entscheidung zwischenstaatlicher Streitigkeiten zuständig ist. Der IStGH ist nicht Teil der Vereinten Nationen, sondern eine eigenständige Internationale Organisation mit Völkerrechtspersönlichkeit.

© 1995-2020 Auswärtiges Amt: Völkerstrafrecht. In: www.auswaertiges-amt.de, 17.07.2020

Gerichtsbarkeit im Fall des russischen Angriffs auf die Ukraine

Die Ukraine und Russland sind nicht Vertragsparteien des Römischen Statuts. Die Ukraine […] hat jedoch […] 2015 eine Erklärung abgegeben, mit der sie die Gerichtsbarkeit für Verbrechen gegen die Menschlichkeit und Kriegsverbrechen anerkennt, die seit […] 2014 auf ihrem Hoheitsgebiet verübt wurden.
Die Ermittlungen des IStGH im Fall der Ukraine können sich nun auf Kriegsverbrechen und Verbrechen gegen die Menschlichkeit sowie auf Völkermord erstrecken, und zwar bezogen auf das gesamte Territorium der Ukraine und unabhängig von der Nationalität der Täter und Täterinnen.

Schaller, Christian: Völkerrechtliche Verbrechen im Krieg gegen die Ukraine. In: www.swp-berlin.org. SWP-Studie 2022/S 05, 22.04.2022

M15 Welche Staaten erkennen den IStGH an?

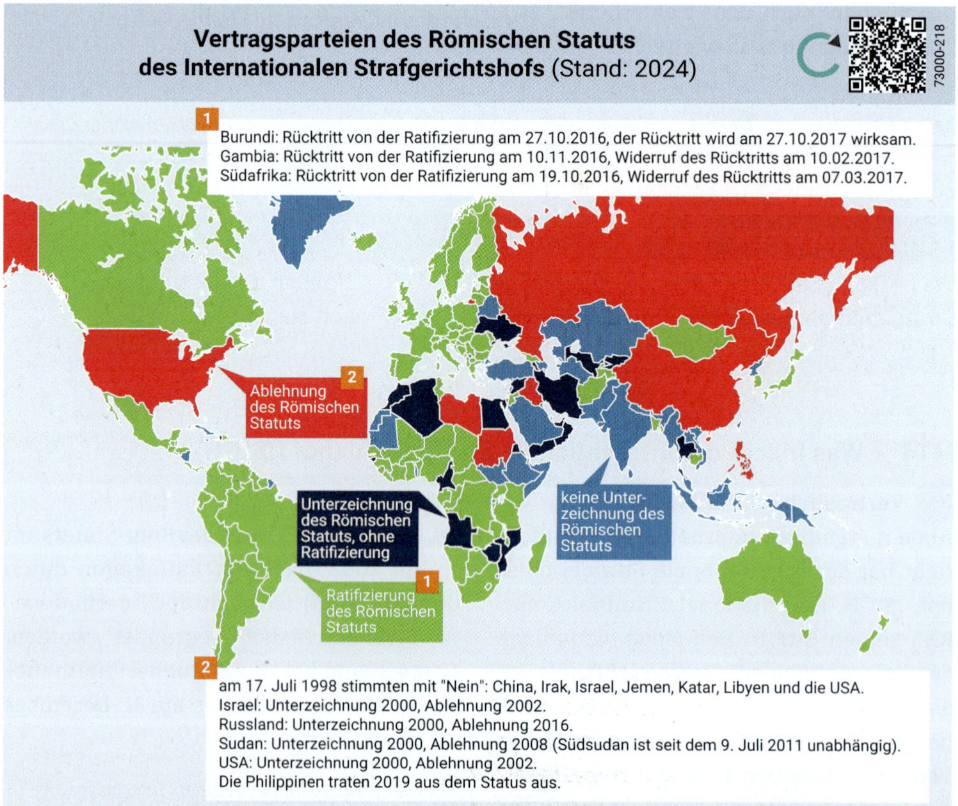

© C.C. Buchner Verlag, aktuelle Daten nach: ICC (Datenerhebung: 2024; Grafikerstellung: 2024)

M16 Wie arbeitet der Internationale Strafgerichtshof?

Aufbau und Arbeitsweise des Internationalen Strafgerichtshofes (Stand: 2020)

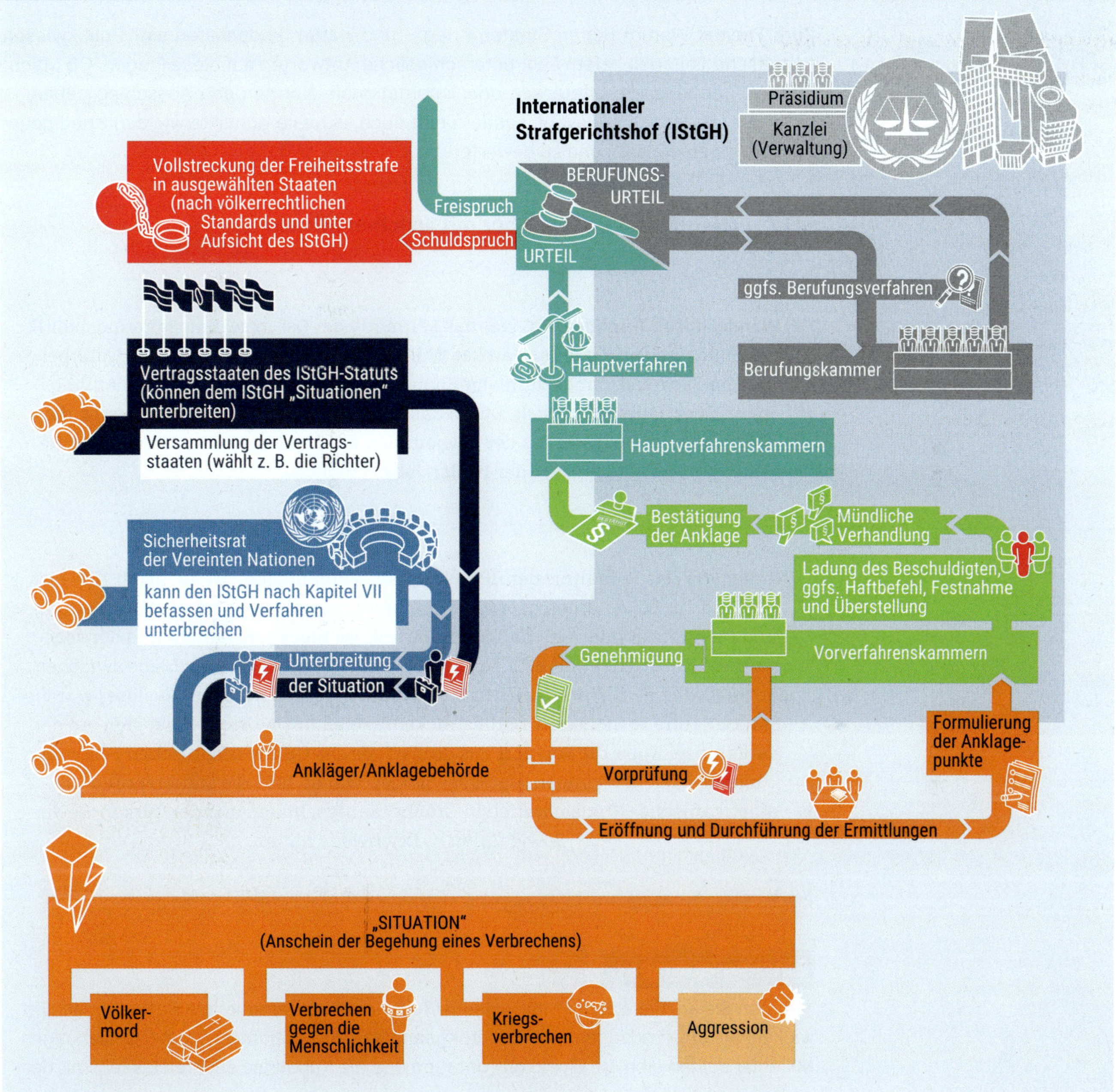

Nach: Bundeszentrale für politische Bildung, 2018; Lizenz: cc by-nc-nd/3.0/de/

Aufgaben

72018-824

1. Erläutern Sie die Aufgaben und Funktionen des IStGH (**M14-M16**).
2. Diskutieren Sie, inwiefern der IStGH einen Beitrag zur Konfliktbewältigung in der Ukraine leisten kann (**M14-M16**).

8.2.6 Exkurs: Theoretische Einbindung internationaler Beziehungen

Zum Thema: Warum führen Staaten Krieg – und warum kooperieren sie? Politikwissenschaftliche Theorien liefern sehr unterschiedliche Antworten auf diese Fragen. Ob Machtstreben, gemeinsame Interessen oder internationale Normen den Ausschlag geben, ist nicht nur akademisch relevant, sondern hilft auch, aktuelle Konflikte wie den Krieg gegen die Ukraine zu erklären und zu bewerten.

M17 (Negativer) Friede! Aber mit welchen Mitteln …?

„**Wandel durch Annäherung**" war das Leitmotiv der Ost- bzw. Entspannungspolitik der Bundesregierung unter Kanzler Willi Brandt (SPD) ab 1969. Brandts Mitarbeiter und späterer Bundesminister Egon Bahr hatte das Konzept bereits Anfang der 1960er Jahre entwickelt. Durch das Annäherungskonzept wurden auch die deutschen Erdgaskäufe aus der Sowjetunion (und später aus Russland) ab Mitte der 1970er Jahre möglich.

Vorher war das Verhältnis der BRD (und ihrer Verbündeten, vor allem der USA) zur DDR und zur Sowjetunion geprägt durch fundamentale Gegnerschaft, Aufrüstung und Drohungen. International kulminierte diese **Blockkonfrontation** in der sogenannten Kuba-Krise von 1962, bei der nur knapp Atomraketen-Schläge zwischen der NATO und dem Warschauer Pakt verhindert werden konnten. Auslöser war die Stationierung sowjetischer Mittelstreckenraketen mit Atomsprengköpfen auf der Karibikinsel Kuba, die von dort aus große Teile des US-amerikanischen Festlands hätten erreichen können. Vorausgegangen war ab 1959 die Stationierung US-amerikanischer Nuklearwaffen in Großbritannien, Italien und der Türkei, die die Sowjetunion in Reichweite hatten.

Bearbeiter

Einstiegsaufgabe 72018-825

Nehmen Sie an, Sie wären Politikwissenschaftler:in für internationale Beziehungen. Entwickeln Sie in Grundzügen zwei Erklärungsansätze internationaler Staatenbeziehungen. Mit einer sollten sich die Blockkonfrontation und die Kubakrise erklären lassen, mit der andern der letztlich in die deutsche Wiedervereinigung mündende Wandel durch Annäherung/Handel (**M13**). Sie können sich an folgenden Leitfragen orientieren:

- In welchem Verhältnis stehen Staaten grundsätzlich zueinander (wenn es keine internationalen Organisationen gäbe)?
- Welche Motive haben Staaten für ihr außenpolitisches Handeln?
- Welches Menschenbild liegt Ihren vorherigen Annahmen zu Grunde?

M18 Theorien internationaler Beziehungen

A Die Theorie des Realismus

Die realistische Schule basiert vor allem auf den theoretischen Überlegungen des amerikanischen Politikwissenschaftlers Hans Joachim Morgenthau (1904-1980). Politische bzw. gesellschaftliche Akteure streben seiner Auffassung nach stets nach Erhalt oder Ausweitung ihrer Macht, weshalb Morgenthau ähnlich wie schon Thomas Hobbes (1588-1679) das Zusammenleben der Menschen als „Krieg aller gegen aller" versteht. Morgenthau überträgt dieses Konzept der Anarchie auf die internationalen Beziehungen. Da auf dieser Ebene eine zentrale Entscheidungs- und Sanktionsgewalt fehlt, sei die internationale Politik durch den Hauptakteur des nach Macht strebenden souveränen Nationalstaates gekennzeichnet. Oberstes Ziel nationalstaatlicher Außenpolitik sei demnach die Durchsetzung der eigenen Interessen (Territorien, Ideologien, Ressourcen) gegen die Interessen anderer Staaten. Gleichwohl könne auch in der Anarchie der „realistischen" internationalen Politik Frieden (bzw. Nicht-Krieg) herrschen [...]: einerseits könne ein mächtiger Nationalstaat in der Rolle eines Hegemons das Aufkommen von (bewaffneten) Konflikten unterbinden; andererseits könne Frieden gewahrt werden, wenn sich zwei starke Staaten bzw. Staatenverbünde in einem bipolaren Machtgleichgewicht gegenseitig (etwa durch Abschreckung und Rüstungswettlauf) „neutralisieren". Folgerichtig ist die bipolare Weltordnung des „Kalten Krieges" und die Tatsache, dass ein Dritter Weltkrieg verhindert werden konnte, ein wichtiger Anwendungsfall der realistischen Theorie internationaler Beziehungen.

Welchen Zweck haben Theorien der internationalen Beziehungen?
Politische Theorien dienen dazu, die politische Realität so zu systematisieren, dass allgemeine Grundsätze und Regelmäßigkeiten sichtbar werden. Trotz der Vielfalt in der Theorielandschaft internationaler Beziehungen lassen sich als zentrale Denkschulen die drei – teils auf sehr unterschiedlichen Grundannahmen beruhenden – Großtheorien des Realismus, des Liberalismus (Idealismus) und des Institutionalismus identifizieren.

B Die Theorie des Liberalismus

Die liberalistische Denkschule steht in direktem Gegensatz zu den theoretischen Annahmen des Realismus' und geht auf das idealistische Menschenbild von Immanuel Kant (1724-1804) zurück. Deshalb wird der Liberalismus von Anhängern des Realismus' auch abwertend als Idealismus bezeichnet. Kant nahm an, dass der Mensch von Natur aus vernunftbegabt, lernfähig und einsichtsvoll ist sowie sein Handeln an Normen und Ideen bzw. Idealen orientiert.

Moderne Vertreter des Liberalismus wie der amerikanische Politikwissenschaftler Andrew Moravcsik gehen deshalb nicht davon aus, dass souveräne Nationalstaaten die zentralen Akteure im System der internationalen Beziehungen sind. Vielmehr hänge das staatliche Interesse von innerstaatlichen Gegebenheiten und dabei insbesondere dem Ziel unterschiedlicher gesellschaftlicher Gruppen ab, ihren bzw. den gesamtgesellschaftlichen Wohlstand zu mehren. Staatliches und außenpolitisches Handeln sei also immer das Ergebnis ganz spezifischer innergesellschaftlicher Verhältnisse.

Dabei gehen die Vertreter dieser Theorieschule davon aus, dass sich in liberal-demokratischen Gesellschaftssystemen keine Mehrheiten für eine kriegerische Auseinandersetzung mit anderen Staaten finden lasse, da hiervon maßgebliche gesellschaftliche Gruppen mehr Nach- als Vorteile zu befürchten hätten. Neben dieser Gesellschaftsordnung sei somit eine weltweite wirtschaftliche und gesellschaftliche Verflechtung ein wesentlicher Garant dafür, dass der Friede gesichert werde.

C Die Theorie des Institutionalismus

Ähnlich wie der Realismus geht auch die institutionalistische Denkschule von einem anarchisch strukturierten System der Internationalen Beziehungen aus, verfolgt aber – im Sinne des Liberalismus – zugleich die Annahme, dass Kooperationen zwischen Staaten prinzipiell möglich seien. Durch das politische Aushandeln von Verträgen könne eine tragfähige Friedensordnung geschaffen werden, die zur Zivilisierung des prinzipiell anarchischen Systems der internationalen Beziehungen beitrage. Für heutige Vertreter des Institutionalismus, wie z. B. den deutschen Politikwissenschaftler Michael Zürn, stehen internationale Organisationen im Zentrum des Modells. Internationale Organisationen überwachen und garantierten die Einhaltung der gemeinsam ausgehandelten Verträge und böten eine politische „Arena", in der politische Konflikte regelhaft ausgetragen werden könnten und ihr Umschlagen in militärische Konflikte in der Regel verhindert werden könne. Dies gilt insbesondere dann, wenn ein Verlassen der Organisation bzw. ein Verstoß gegen ihre Regeln für die betreffenden Staaten höhere „Kosten" verursacht als die Regeleinhaltung. Der lang andauernde Friede in Europa und die damit verbundene Überwindung jahrhundertealter Feindschaften wird in dieser Perspektive als ein wesentlicher Erfolg der Europäischen Union interpretiert.

Als eine weitere Spielart dieser Theorieschule hat sich in den letzten Jahren der Ansatz des Sozialkonstruktivismus herausgebildet [...]. Hier stehen jedoch weniger die rationalen Vorteilsabwägungen der agierenden Staaten bzw. der innenpolitischen Einflussgruppen als die Wirksamkeit globaler Normen und Werte im Vordergrund: internationale Organisationen trügen demnach maßgeblich dazu bei, dass Normen wie beispielsweise der Menschenrechtsschutz von den politischen Akteuren (Staaten, Regierungen) „gelernt" und verinnerlicht werden, so dass sich langfristig immer mehr Akteure entsprechend dieser Normen verhalten und Frieden bewahren.

Kompendium Politik. Neue Ausgabe, Bamberg 2013, S. 425 f.

Aufgaben

72018-826

1. Vergleichen Sie die drei Theorien internationaler Beziehungen hinsichtlich der folgenden Kategorien (**M18**):

	Realismus	Liberalismus/ Idealismus	Institutionalismus
Grundannahmen über Charakteristika internationaler Beziehungen (Weltordnungsmodelle)			
Menschenbild			
Zentrale Akteure			
Erklärungsansätze für außen politisches Handeln von Staaten (Antriebskräfte, Ziele)			
Kooperation zwischen Staaten zur Entstehung einer dauerhaften Friedensordnung			

2. a) Ordnen Sie den Krieg Russlands gegen die Ukraine in die Theorien internationaler Beziehungen ein (**M18**, Kap. 8.1.1).
   b) Erklären Sie die UNO (inkl. der Weiterentwicklung des Völkerrechts zur Schutzverantwortung) sowie das Handeln der ständigen Mitglieder des UN-Sicherheitsrats mit Hilfe der Theorien internationaler Beziehungen (**M18**, Kap. 8.2.1-8.2.4).
3. Beurteilen Sie die Plausibilität der Theorien internationaler Beziehungen vor dem Hintergrund der sicherheitspolitischen Entwicklungen der letzten Jahre.

Interaktive Übung zur Selbstprüfung

72018-827

Angriffskrieg (Russlands Krieg gegen die Ukraine)

Am 24. Februar 2022 begann die Russische Föderation einen groß angelegten, völkerrechtswidrigen Angriffskrieg gegen die gesamte Ukraine. Ursachen sind ein Geflecht aus Russlands Autokratisierung und neoimperialen Machtansprüchen, der Westorientierung der Ukraine, Sicherheitswahrnehmungsdiskrepanzen sowie Widersprüchen in der westlichen Russlandpolitik.

Budapester Memorandum (1994)

Mit dem Abkommen, mit dem die Ukraine ihre Atomwaffen aus Sowjetzeiten an Russland abtrat. Im Gegenzug sicherten die USA, Russland und Großbritannien die Unverletzlichkeit der ukrainischen Grenzen zu. Russland hat dieses Abkommen mit dem Angriffskrieg 2022 gebrochen.

Minsk-Abkommen (Minsk I und II, 2014/2015)

Das Minsk-Abkommen beinhaltet Vereinbarungen zwischen der Ukraine und Russland über Waffenstillstand, Truppenabzug und Autonomierechte für die Regionen Donezk und Luhansk im Osten der Ukraine. Das Abkommen wurde nicht umgesetzt; die Kämpfe flammten im Anschluss immer wieder auf.

NATO – Nordatlantisches Verteidigungsbündnis

Die NATO ist ein 1949 gegründetes kollektives Verteidigungsbündnis, dem heute 32 Staaten angehören (Stand 2026). Kernbestandteil der NATO ist die kollektive Verteidigung nach Artikel 5: Ein Angriff auf ein Mitglied gilt als Angriff auf alle und die Bündnispartner leisten Beistand. Die NATO hat seit 2022 ihre Ostflanke massiv verstärkt.

Ressourcenfluch

Als Ressourcenfluch wird ein Phänomen bezeichnet, bei dem großer Rohstoffreichtum zu negativen Folgen führt: einseitige, krisenanfällige Wirtschaft, Machtkonzentration, Korruption und politischer Autoritarismus.

Die Vereinten Nationen (UNO)

Die Vereinten Nationen wurden 1945 nach dem Zweiten Weltkrieg gegründet. Es handelt sich um eine internationale Organisation mit heute 193 Mitgliedstaaten, Ziel ist die Wahrung des Weltfriedens und der internationalen Sicherheit. Die UN-Charta legt Grundsätze wie das Gewaltverbot, das Interventionsverbot und die Achtung staatlicher Souveränität fest.

ORIENTIERUNG & ÜBERBLICK

UN-Sicherheitsrat und Vetorecht

Der Sicherheitsrat ist ein 15-köpfiges Hauptorgan der UNO mit der Hauptverantwortung für Weltfrieden und Sicherheit. Die fünf ständigen Mitglieder (P5: USA, Russland, China, Frankreich, Großbritannien) besitzen ein Vetorecht.

Reform des UN-Sicherheitsrats

Da das Vetorecht der fünf ständigen Mitglieder den Sicherheitsrat in Krisen- und Konfliktsituationen häufig handlungsunfähig macht, werden Reformen diskutiert: u. a. Erweiterung auf zehn ständige Mitglieder (P10), objektive Auswahlkriterien (Bevölkerung, BIP) und Einschränkung des Vetorechts, um Beschlussblockaden zu verhindern.

Völkerrecht

Das Völkerrecht umfasst die Gesamtheit der Rechtsnormen, die die Beziehungen zwischen souveränen Staaten sowie das Handeln internationaler Organisationen regeln. Es beruht auf Verträgen, Gewohnheitsrecht und allgemeinen Rechtsgrundsätzen. Zentrale Pfeiler sind das Gewaltverbot (Art. 2 Abs. 4 UN-Charta), das Interventionsverbot sowie die Achtung staatlicher Souveränität. Russlands Angriffskrieg gegen die Ukraine stellt einen schwerwiegenden Verstoß gegen das Völkerrecht dar und verdeutlicht zugleich seine Grenzen: Es fehlt eine überstaatliche Durchsetzungsmacht.

Schutzverantwortung (Responsibility to Protect, R2P)

Die Schutzverantwortung ist ein Konzept der UNO (beschlossen 2005): Begeht ein Staat schwerste Menschenrechtsverletzungen (Völkermord, ethnische Säuberungen, Verbrechen gegen die Menschlichkeit), tritt die internationale Schutzverantwortung an die Stelle des staatlichen Souveränitätsprinzips. In der Praxis ist die Schutzverantwortung umstritten wegen Missbrauchsgefahr und politischer Selektivität.

Internationaler Strafgerichtshof (IStGH)

Der Internationale Strafgerichtshof ist ein ständiges internationales Strafgericht mit Sitz in Den Haag (Niederlande), gegründet 2002 auf Grundlage des Römischen Statuts. Der IStGH ist zuständig für Völkermord, Kriegsverbrechen, Verbrechen gegen die Menschlichkeit und Aggression. Im Fall der Ukraine nahm der IStGH 2022 Ermittlungen auf; Russland ist dem Römer Statut nicht beigetreten.

Theorien der internationalen Beziehungen

Theorien der internationalen Beziehungen sind wissenschaftliche Erklärungsmodelle, die beschreiben und erklären, wie und warum Staaten auf der Weltbühne handeln. Sie gehen der Frage nach, welche Kräfte – Machtstreben, wirtschaftliche Interessen, internationale Normen oder institutionelle Regeln – das Verhalten staatlicher und nicht-staatlicher Akteure in der Außenpolitik und in internationalen Konflikten steuern.

Realismus

Der Realismus ist ein Theorieansatz, der Staaten als machtorientierte Akteure in einem anarchischen internationalen System begreift. Sicherheit und nationale Interessen stehen im Vordergrund; Kooperationen sind nur möglich, wenn sie dem eigenen Machtgewinn dienen.

Liberalismus / Idealismus

Der Liberalismus/Idealismus ist ein Theorieansatz, der auf internationale Kooperation, Demokratisierung und Interdependenz setzt. Demokratien neigen demnach weniger zu Kriegen untereinander (Demokratischer Frieden). Internationale Institutionen und Handelsbeziehungen sollen Konflikte einhegen.

Institutionalismus

Der Institutionalismus ist ein Theorieansatz, der internationale Organisationen (NATO, UNO, EU) als zentrale Ordnungsrahmen betrachtet. Durch verbindliche Verträge und Regelwerke können Konflikte reguliert und Frieden gesichert werden. Der Frieden in Europa nach dem Zweiten Weltkrieg gilt als Beleg für diese Theorie.

Christoph Heusgen: Die Ukraine sollte NATO-Mitglied werden

[Auf dem Nato-Gipfel in] Bukarest [im Jahr 2008] drängte US-Präsident George Bush jr. darauf, der Ukraine den sogenannten Membership Action Plan und damit die Vorstufe der Mitgliedschaft anzubieten. Bundeskanzlerin Merkel und der französische Präsident Sarkozy hielten dagegen: Die Ukraine sei noch nicht bereit für eine Mitgliedschaft, das Land tief gespalten. Eine Mitgliedschaft der Ukraine hätte deswegen auch nicht die Sicherheit des Bündnisses gestärkt, wie der Nato-Vertrag dies bei einem Beitritt verlangt.

Die Kanzlerin und der französische Präsident setzten sich mit ihrer Auffassung durch. [...] Merkel bestätigte ihre grundsätzlich ablehnende Haltung auch gegenüber Wladimir Putin. Dies hielt den Kremlherrscher aber nicht davon ab, immer wieder die vermeintlich bevorstehende Nato-Mitgliedschaft als Bedrohung der Sicherheit Russlands darzustellen. [...]

Anders als 2008 sollte das Bündnis dieses Mal [im Sommer 2023] klar signalisieren, dass die Ukraine Teil der Nato-Familie ist, und ihr einen konkreten Pfad in Richtung Mitgliedschaft aufzeigen. Im neuen Nato-Ukraine-Rat könnten die Einzelheiten ausgearbeitet werden. [...]

Putin hat sich diese Entwicklung selbst zuzuschreiben: Trotz einer Reihe von Verträgen, in denen Russland die territoriale Integrität und Souveränität der Ukraine bestätigt hatte, hat Putin das Land rücksichtslos überfallen. Er ist schuld am Tod Zehntausender Ukrainer, an unermesslichem Leid, das die Menschen ertragen müssen, an der Zerstörung von Teilen des Landes. Sollte der jetzige Krieg mit einem erneuten Vertrag mit Russland enden, besteht keinerlei Garantie dafür, dass sich Putin oder sein Nachfolger daran halten. [...] 1994 hatte die Ukraine – übrigens auch auf deutsches Drängen hin – die auf ihren Territorien stationierten Atomwaffen freiwillig abgerüstet. Als Gegenleistung hat Russland im sogenannten Budapester Memorandum die territoriale Integrität und Souveränität der Ukraine garantiert. Dieses Abkommen hat der Kremlherrscher mit seinem Überfall im Februar 2022 mit Füßen getreten. Gleiches hat er mit dem Minsker Abkommen vom Februar 2015 gemacht, das nach der russischen Besatzung eines Teils des Donbass einen diplomatischen Ausweg aus dem Konflikt aufgezeigt hatte. Verträge mit Russland sind leider das Papier nicht wert, auf das Putin oder seine Marionetten ihre Unterschriften setzen. Deswegen bedarf es nach einem Ende des Kriegs handfester Sicherheitsgarantien, am besten in Form der Mitgliedschaft des Landes in der Nato, nur so kann man der Ukraine wirkliche Sicherheit bieten und verhindern, dass diese – zusammen mit uns – wieder einen enormen Kraftakt leisten muss, um eine neuerliche Aggression Russlands zurückzuschlagen. Sich mit der Nato anzulegen, [werden] Putin oder sein Nachfolger nicht wagen. Eine Nato-Mitgliedschaft wird auch potenziellen Investoren, auf die die Ukraine nach der unvorstellbaren, flächendeckenden Zerstörung eines großen Teils ihrer Infrastruktur, ihrer Fabriken und Wohnhäuser dringend angewiesen ist, die notwendige Sicherheit geben.

Heusgen, Christoph: Was hilft: die Ukraine in die NATO-Familie aufnehmen. In: Süddeutsche Zeitung, 06.06.2023

Christoph Heusgen (* 1955), war sicherheitspolitischer Berater von Bundeskanzlerin Angela Merkel; 2017-2021 Ständiger Vertreter Deutschlands bei der UNO; seit 2022 Vorsitzender der Münchner Sicherheitskonferenz

Aufgaben

72018-829

1. Fassen Sie Christoph Heusgens Argumentation für einen NATO-Beitritt der Ukraine zusammen.
2. Erklären Sie mögliche Schwierigkeiten eines NATO-Beitritts der Ukraine.
3. Nehmen Sie Stellung zu Christoph Heusgens Position.

Lösungsvorschläge und Erwartungshorizonte

72018-828

Mündliche Abiturprüfung im Fach Sozialkunde

Ablauf der Prüfung

Zum Thema: Im Fach Sozialkunde kann eine mündliche Abiturprüfung (P5-Prüfung) abgelegt werden. Die 20-minütige mündliche Abiturprüfung bildet damit, anders als die schriftlichen Abiturprüfungen (P1 bis P4), ein besonderes Prüfungsformat – aber keine Sorge: mit einer guten Vorbereitung und etwas Vorübung lässt sich diese Prüfung gut bewältigen!

M1 Vorbereitungszeit – Prüfungsvortrag – Prüfungsgespräch

Die Abiturprüfung gliedert sich zu (etwa) gleichen Zeitumfängen in die Teile „Prüfungsvortrag" und „Prüfungsgespräch". Um den Prüfungsvortrag vorzubereiten, steht eine 20-minütige Vorbereitungszeit zur Verfügung. Die Prüfung wir von der Kurslehrkraft (Prüfer/in) geleitet. Ergänzt wird die Prüfungskommission durch zwei weitere Lehrkräfte: Fachprüfungsleiter/in und Protokollant/in.

20 Minuten **Vorbereitungszeit** – 10 Minuten **Prüfungsvortrag** – 10 Minuten **Prüfungsgespräch**

M2 Ablauf der mündlichen Prüfung

Schritt 1: Vorbereitungszeit	Dauer: 20 Minuten
Setting: Was passiert? • Im Vorbereitungsraum setzen Sie sich alleine mit den (zwei bis drei) Prüfungsaufgaben und -materialien auseinander. • Ihnen stehen in der Regel ein Wörterbuch der deutschen Rechtschreibung und das Grundgesetz als Hilfsmittel zur Verfügung.	**Tipps** zur optimalen Durchführung → Verschaffen Sie sich zunächst einen Überblick über die Prüfungsaufgaben: Welche zentralen Fachbegriffe und Unterrichtsinhalte werden angesprochen? Welche Art von Antwort wird durch den Operator gefordert? Welche methodischen Anforderungen sind zu beachten (z. B. Karikaturanalyse)? Bleibt etwas unklar? → Bearbeiten Sie das Ihnen vorliegende Material. Wichtig bei Texten (und ihrer Zusammenfassung): • Nicht alles ist wichtig! Achten Sie vorrangig auf die Aspekte, die durch die Aufgaben vorgegeben werden. • Schlagen Sie nur zur Not unbekannte Wörter nach. Meist genügt das Verstehen im Kontext. → Notieren Sie Ihre Arbeitsergebnisse in Stichworten! Achten Sie vor allem auf • Lesbarkeit • gedankliche Strukturierung (z. B. durch Zwischenüberschriften verdeutlichen) • Verwendung der zentralen Fachbegriffe • Nutzen Sie ggf. alternative Darstellungsformen wie Flussdiagramme, Mindmaps o. ä. → Teilen Sie sich die Vorbereitungszeit gut ein.
Ziel: Worauf arbeite ich hin? • Sie bereiten den Prüfungsvortrag vor. • Sie erstellen Notizen, die es Ihnen ermöglichen, Ihre Ergebnisse flüssig, strukturiert und fachsprachlich sicher zu präsentieren. • Achten Sie darauf, dass die erste Aufgabe (Anforderungsbereich I) zwar notwendig zur Bearbeitung der weiteren ist, aber den geringsten Anteil bei der Benotung der Prüfung hat. Der Schwerpunkt des Prüfungsvortrags sollte daher auf der zweiten (und ggf. dritten) Aufgabe liegen.	

Schritt 2: Die mündliche Prüfung	Dauer: etwa 20 Minuten
2.1 Der Prüfungsvortrag	**Dauer: etwa 10 Minuten**
Setting: Was passiert? • Sie sitzen (oder stehen) der Prüfungskommission gegenüber und präsentieren Ihre Ergebnisse zu den Prüfungsaufgaben. • Der Prüfer/Die Prüferin greift (in der Regel) nicht in Ihren Vortrag ein. **Ziel: Worauf arbeite ich hin?** • Sie zeigen durch Ihren Prüfungsvortrag, dass Sie die Prüfungsaufgaben sachlich, methodisch und fachsprachlich sicher bearbeiten können. • Der beste Vortrag ist der, nach dem die Prüferin/der Prüfer keine Fragen mehr hat! Entfalten Sie also die Zusammenhänge ausführlich und stellen Sie selbstständig Verknüpfungen unterschiedlicher – relevanter! – Aspekte her.	**Tipps** zur optimalen Durchführung → Begrüßen Sie die Prüfungskommission und trinken Sie ggf. einen Schluck Wasser. → Reden Sie sich „warm“. Das geht am besten, indem Sie die jeweilige Aufgabenstellung mit eigenen Worten wiedergeben und/oder das bearbeitete Material kurz vorstellen (auch wenn Aufgabe 1 dies nicht ausdrücklich fordert). Beachten Sie trotz des Warmsprechens, dass der Schwerpunkt des Prüfungsvortrags auf der Aufgabe 2 (und ggf. 3) liegen sollte. → Wählen Sie ein mittleres Sprechtempo. → Verwenden Sie Fachbegriffe, die Sie umgehend nach ihrer ersten Verwendung erklären bzw. definieren. → Bringen Sie ggf. weiterführende Aspekte ein

Hinweis: Sollten Sie weniger Zeit für Ihren Prüfungsvortrag benötigen, verlängert sich das Prüfungsgespräch.

2.2 Das Prüfungsgespräch	Dauer: ca. 10 Minuten
Setting: Was passiert? • Der Prüfer/Die Prüferin geht in der Regel nicht auf den Prüfungsvortrag ein, sondern leitet gleich in ein neues Themenfeld eines anderen Kurshalbjahres über. • Wie bei den Aufgaben zum Prüfungsvortrag stellt der Prüfer/die Prüferin nun wieder Aufgaben mit unterschiedlichen Anforderungsbereichen. • Ggf. wird auch noch ein Thema eines weiteren Kurshalbjahres abgeprüft. **Ziel: Worauf arbeite ich hin?** • Sie zeigen durch Ihre Antworten, dass Sie auch mit den Themen mehrerer Kurshalbjahre souverän umgehen können. • Dabei sollte Ihr Gesprächsanteil möglichst hoch sein (kein Frage-Antwort „Ping-Pong“).	**Tipps** zur optimalen Durchführung → Hören Sie möglichst genau zu, wenn Ihr Prüfer/Ihre Prüferin Fragen und Impulse formuliert. Achten Sie auf die Operatoren. → Begnügen Sie sich nach Möglichkeit nicht mit kurzen Antworten! Führen Sie vielmehr den Problemzusammenhang, der durch eine Frage angesprochen wird, möglichst umfassend aus. Hierzu eignen sich vor allem Beispiele aus dem Unterricht und aktuelle politische Geschehnisse! Vermeiden Sie aber, sich selbst zu wiederholen (Redundanzen). → Auch hier gilt: erklären Sie die von Ihnen (oder dem Prüfer/der Prüferin) verwendeten Fachbegriffe. → Bei Urteilsaufgaben: Legen Sie sich unbedingt auf eine Position fest, aber nicht zu schnell! Wichtiger ist es, dass Sie Ihre Fähigkeit unter Beweis stellen, ein Problem aus mehreren Perspektiven abwägend (erörternd) zu betrachten.

Der Prüfungsvortrag

Zum Thema: Der Prüfungsvortrag bildet den ersten Teil der mündlichen Abiturprüfung. Die in der Vorbereitungszeit erarbeiteten Inhalte werden nun präsentiert. Neben dem argumentativen Hauptteil, in dem die wesentlichen inhaltlichen Ergebnisse dargelegt werden, kommt der Begrüßung und dem Schluss eine hohe Bedeutung zu.

M3 Gliederung eines Prüfungsvortrags

Beachten Sie die Zeit von 10 Minuten. Tipp: Nutzen Sie eine Uhr mit gut sichtbarer Zeitanzeige.

M4 Wie kann ich mit meinem Prüfungsvortrag überzeugen?

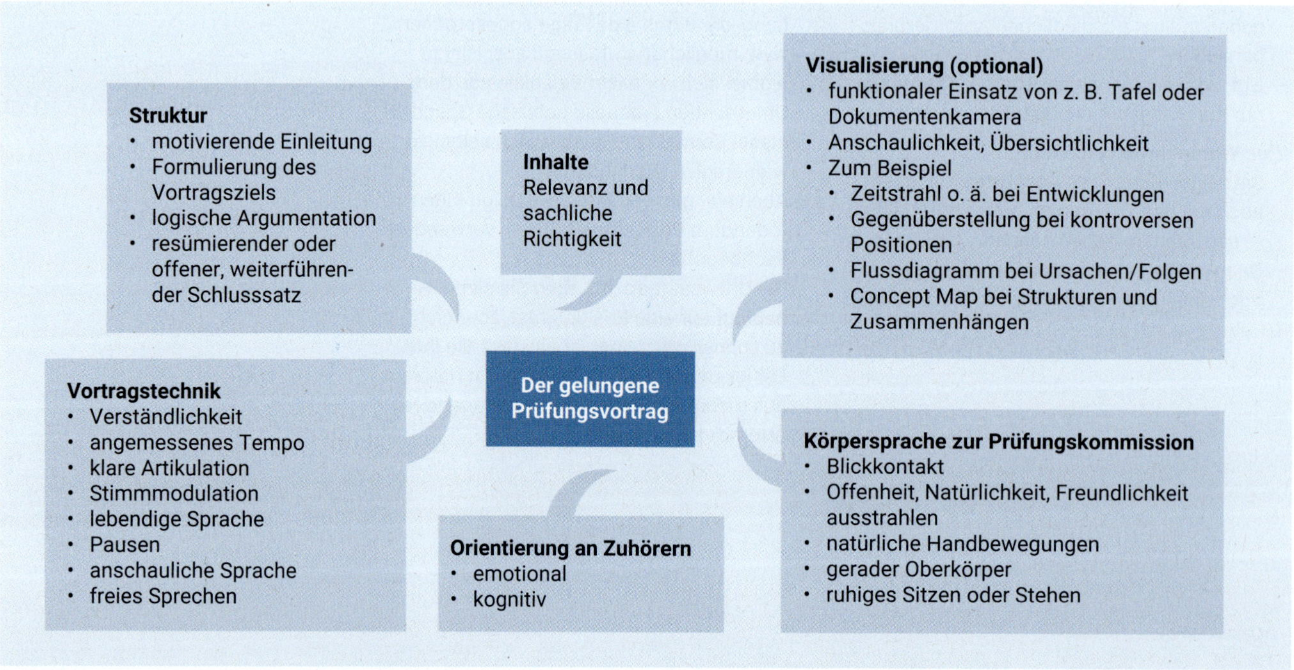

Bearbeiter

Simulation einer mündlichen Abiturprüfung

Zum Thema: Zur gezielten Vorbereitung auf die bevorstehende mündliche Abiturprüfung kann es hilfreich sein, eine solche Prüfungssituation zu simulieren. Im Folgenden finden sich daher Aufgaben und Materialien, die sich in Aufbau und Anforderungsniveau an einer mündlichen Prüfung im Fach Sozialkunde orientieren.

A Erster Prüfungsteil – Prüfungsvortrag

Aufgaben

1. **Beschreiben** Sie die Gründung und Ziele der North Atlantic Treaty Organization.
2. **Arbeiten** Sie aus dem Material (M5) die unterschiedlichen Interessen der amerikanischen, ukrainischen und russischen Regierung heraus.
3. **Bewerten** Sie die aktuelle europäische Sicherheitslage.

M5 Nach Gespräch mit Selenskyj: Trump zweifelt an Putins Friedenswillen

Nach dem Treffen mit dem ukrainischen Präsidenten Wolodymyr Selenskyj schlägt US-Präsident Donald Trump plötzlich schärfere Töne gegenüber Russlands Präsidenten Wladimir Putin an. Auf seiner Online-Plattform Truth Social drohte er Russland sogar mit Sanktionen gegen Russland. Die jüngsten russischen Raketenangriffe auf zivile Gebiete in der Ukraine brächten ihn zu dem Gedanken, dass der Kreml-Chef nicht an einem Ende des Krieges interessiert sei. [...]

Zuvor waren Trump und Selenskyj in Rom am Rande der Trauerfeier für Papst Franziskus zu einem Gespräch im Vatikan zusammengekommen. [...] „Unter vier Augen konnten wir eine Menge besprechen. Wir hoffen auf ein Ergebnis aus den Dingen, die besprochen wurden." Dazu zählten der Schutz des Lebens der ukrainischen Bevölkerung, „ein vollständiger und bedingungsloser Waffenstillstand" sowie „ein verlässlicher und dauerhafter Frieden". [...]

Trump will den russischen Angriffskrieg in der Ukraine beenden und verlangt dabei vor allem von Kiew Zugeständnisse. Einen Verzicht etwa auf die von Russland schon 2014 annektierte Schwarzmeer-Halbinsel Krim oder andere von Moskau einverleibte Gebiete im Osten der Ukraine hatte Selenskyj bisher kategorisch abgelehnt. [...]

Nach Angaben aus dem Kreml ist Putin zu direkten Verhandlungen mit der Ukraine ohne Vorbedingungen bereit. „Während des gestrigen Gesprächs mit Trumps Gesandtem Witkoff bekräftigte Wladimir Putin, dass die russische Seite bereit ist, den Verhandlungsprozess mit der Ukraine ohne Vorbedingungen wieder aufzunehmen", sagte Kremlsprecher Dmitri Peskow vor Journalisten. Das meldet die russische Nachrichtenagentur Interfax. [...]

Einem Medienbericht zufolge arbeitet Kiew einen Gegenvorschlag zu den US-Plänen für eine Beendigung des russischen Angriffskriegs in der Ukraine aus, der Raum für mögliche Kompromisse lässt. So werde in dem Plan, der der New York Times vorliegt, etwa nicht erwähnt, dass die Ukraine das gesamte von Russland beschlagnahmte Territorium vollständig zurückerhält. Auch wird laut der Zeitung nicht auf einen NATO-Beitritt der Ukraine bestanden. Dies sind zwei Punkte, die bisher von ukrainischer Seite als nicht verhandelbar galten.

Für Russland hingegen sind der Verzicht auf einen ukrainischen NATO-Beitritt und die Gebietsabtretungen durch Kiew zentrale Kriegsziele. Trump hatte in einem Interview mit dem Time Magazine gesagt: „Die Krim wird bei Russland bleiben." [...]

Fedorova, Mariia: Trump zweifelt an Putins Friedenswillen. In: www.tagesschau.de, 26.04.2025

B Zweiter Prüfungsteil – Prüfungsgespräch

Kurs 1: Zustand und Perspektiven des politischen Systems

1. Beschreiben Sie das Gesetzgebungsverfahren in der Bundesrepublik Deutschland. (AFB I)
2. Erklären Sie die Stellung des Bundespräsidenten innerhalb des deutschen Staats. (AFB II)

Kurs 2: Gesellschaftliche Herausforderungen

3. Erläutern Sie das Modell der sozialen Milieus anhand der aktuellen Sinus-Milieu-Studie. (AFB II)
4. Beurteilen Sie die These, dass gesellschaftliche Eliten maßgeblich über politische Macht verfügen. (AFB III)

METHODENGLOSSAR

Unterrichtsmethoden

Kritische Analyse politischer Informationen im Internet

Politische Ereignisse, Debatten und Positionen erreichen uns in der Regel nur medienvermittelt. Doch hat der Politiker, den wir für eine Äußerung kritisieren oder loben (und diese medial aufbereitete Position vielleicht bei Facebook oder WhatsApp teilen), sich tatsächlich so geäußert? Wie ist ein politischer Vorgang „wirklich" abgelaufen? Gerade im schnelllebigen Internet sowie auf Social Media-Kanälen erscheint es besonders geboten, den Wahrheitsgehalt von Nachrichten genauer zu prüfen, ehe man sich selbst eine Meinung zu Sachverhalten und Positionen bildet und/oder diese Nachrichten selbst weiterverbreitet. Dabei können Sie sich an den folgenden Hinweisen orientieren:

Links zu Internetseiten, die das Internet nach Fake News und Desinformation durchsuchen

72018-900

1 Darstellungsweise kontrollieren

- Prüfen Sie, ob Inhalte überspitzt dargestellt werden, z. B. unter Auslassung von Erklärungen. Dies sollte ein erstes Alarmsignal sein. Wenig Inhalt, eine merkwürdige Quelle oder stark verkürzte Darstellungen sollten Sie aufmerksam machen.
- Wenn auf seriöse Quellen referiert wird, sollten Sie unbedingt auch in diesen Quellen recherchieren, um herauszufinden, ob die ursprüngliche Aussage inhaltlich angemessen und vollständig berücksichtigt worden ist.

2 URL kontrollieren, Impressum ansehen und Absender prüfen

- Prüfen Sie die Webadresse in der Browserzeile. Oft unterscheidet sich die URL minimal vom Original.
- Sehen Sie sich das Impressum einer Website an. Es gibt Auskunft über den Urheber einer Nachricht. In Deutschland müssen Websites ein Impressum haben. Einer Seite ohne Impressum sollte man prinzipiell kein Vertrauen schenken.
- Prüfen Sie das Profil eines Absenders: Wie lange gibt es den Account bereits? Welche Tweets/Posts wurden dort bislang abgesetzt? Wenige Follower und sehr neue Profile sollten Sie skeptisch werden lassen. Lesen Sie auch bisher veröffentlichte Beiträge des Absenders: Sind diese in sich schlüssig, oder zeigen sich Widersprüche? Wer sind die Follower? Wurde das Profil auf Echtheit verifiziert (blauer Verifizierungshaken)?

3 Fotos und Videos überprüfen

- Schauen Sie sich Fotos im Netz genau an: Wurde das Foto tatsächlich an dem angegebenen Ort aufgenommen? Verkehrsschilder und Autokennzeichen können Hinweise geben.
- Mit der umgekehrten Bildersuche können Sie viele gefälschte Inhalte und im falschen Zusammenhang geteilte Inhalte entlarven. Durch den Foto-Upload in der Bildersuche von Suchmaschinen werden Webseiten angezeigt, auf denen das Foto integriert ist. Für eine umgekehrte Bildersuche können Sie die Bild-URL eingeben oder durch rechten Mausklick auf das Foto suchen lassen (im Dialogfenster Option „In Google nach diesem Bild suchen" auswählen). So bekommen Sie u. a. Hinweise auf Urheber und Datum. Andere Anbieter für „Rückwärtsbilder"-Suchen sind Tineye und RevEye.

4 Ähnliche Meldungen

Geben Sie das Datum und die Überschrift bzw. das Thema in eine Suchmaschine ein und suchen Sie nach ähnlichen Meldungen in anderen Quellen.

Bearbeiter

METHODENGLOSSAR

Eine Expertenbefragung führen

Expertenbefragungen öffnen den Unterricht für die außerschulische soziale Welt und ermöglichen eine Form des „realen Handelns“. Dabei sollte der Begriff „Experte“ nicht zu eng gefasst werden. Nicht nur wissenschaftlich oder beruflich gut ausgebildete Spezialisten, sondern auch engagierte Bürger oder Zeitzeugen (z. B. Mitstreitende in einer Bürgerinitiative) verfügen über „Insider-Wissen“, das den Unterricht auf interessante Weise bereichern kann.

1 Vorklärungen

- Klären Sie, was genau Sie wissen wollen und warum. Nur so können Sie passgenaue Fragen finden.
- Stellen Sie Überlegungen an, welcher Experte/welche Expertin sich am besten für das entsprechende Thema eignet.
- Planen Sie den zeitlichen, räumlichen und situativen Rahmen Ihrer Befragung. Wo soll sie durchgeführt werden?

▼

2 Inhaltliche Vorbereitung (Erstellung eines Fragenkatalogs)

- Formulieren Sie kurze, aber keine geschlossenen Fragen („Sind Sie der Meinung ... oder nicht?“). Vermeiden Sie W-Fragen und wählen Sie stattdessen Fragemuster, die einen weiteren Antworthorizont zulassen („Können Sie uns bitte erläutern ...“).
- Fragen Sie präzise. Der Experte sollte sich nicht gegängelt fühlen, aber auch nicht zu Abschweifungen verleitet werden.
- Bringen Sie faktenorientierte „Einpunktfragen“ und problemorientierte offene Fragen in ein ausgewogenes Verhältnis.
- Verboten sind Suggestivfragen und Fragen mit versteckter Wertung sowie unfaire Fragen.

▼

3 Durchführung

- Sorgen Sie für ein angenehmes Gesprächsklima (Raumregie, Getränkeauswahl für den Experten/die Expertin, Begrüßung und Vorstellung, Danksagung etc.).
- Bestimmen Sie einen Moderator, der auf eine saubere Trennung von Befragung und Gedankenaustausch achtet und sich auch um die Einhaltung der übrigen Gesprächsregeln kümmert.
- Legen Sie fest, wie die Ergebnisse der Befragung festgehalten werden sollen (Beobachtungsbogen).

Nachbereitung

- Reflektieren Sie den Erfolg der Befragung. Haben Sie herausgefunden, was Sie wissen wollten?
- Betrachten Sie die Befragung unbedingt auch aus ideologiekritischer Perspektive. War die Darstellung des Experten/der Expertin einseitig bzw. parteiisch? Sollten Sie als Zuhörer argumentativ überwältigt werden?

Bearbeiter

Karikaturen interpretieren

Die Karikatur ist eines der beliebtesten Medien der politischen Kommunikation. Sie stellt ein aktuelles politisches Problem überspitzt dar. Die Karikaturistin bzw. der Karikaturist bezieht durch die ironische bzw. entlarvende Darstellung in der Regel kritisch Stellung und fordert die Betrachtenden heraus, sich selbst eine Meinung zum dargestellten Problem zu bilden. Um eine Karikatur vollständig zu erfassen, ist neben Vorwissen über den behandelten Sachverhalt ein strukturiertes Vorgehen bei der Interpretation nötig:

Formulierungshilfen zu den verschiedenen Schritten

72018-901

1 Beschreibung

- Wer hat die Karikatur gezeichnet? Wann und wo ist sie erschienen (falls vorhanden)?
- Wie ist die Karikatur aufgebaut (Bild/Text/Überschrift/Unterschrift)?
- Was ist in der Karikatur zu sehen (Personen, Gegenstände, Umgebung ...)? Wie werden diese Elemente dargestellt?
- Welche sonstigen Einzelheiten sind auf der Karikatur zu erkennen?

Dekorative Elemente (z. B. Wolken am Himmel) oder unwichtige Details (z. B. Zahl der Jackenknöpfe) müssen nicht angesprochen werden. Alles, was im nächsten Schritt einer Erklärung würdig ist, muss aber bereits hier beschrieben worden sein!

▼

2 Erklärung

- Wie lassen sich die beschriebenen Bildelemente erklären?
- Zu welchem politischen Problem nimmt die Karikaturistin/der Karikaturist Stellung?
- Welche Haltung nimmt die Karikaturistin/der Karikaturist gegenüber dem Dargestellten ein?
- Welche Lösungsmöglichkeiten des Problems sind in Bild und Realität denkbar?

Bei diesem zentralen Punkt der Interpretation wird bereits erworbenes Wissen angewendet, um die Symbolik und den „Witz" der Karikatur aufzudecken. Die Erklärung muss so umfassend sein, dass eine Person ohne Vorkenntnisse die Karikatur ebenfalls verstehen kann.

▼

3 Bewertung

- Ist die künstlerische Gestaltung der Karikatur geeignet, die Haltung der Karikaturistin/des Karikaturisten abzubilden?
- Worin ist der Karikaturistin/dem Karikaturisten zuzustimmen?
- Was ist ihr/ihm entgegenzuhalten?

Die argumentative Auseinandersetzung mit dem dargestellten politischen Problem und die abschließende eigene Positionierung dazu sind von zentraler Bedeutung. Dies ist aber nur zu leisten, wenn die Karikatur bereits in Beschreibung und Erklärung vollständig erfasst wurde.

Bearbeiter

METHODENGLOSSAR

Podiumsdiskussion

Eine Podiumsdiskussion ist ein Austausch von unterschiedlichen Ideen und Interessen, bei der Experten und Mitglieder des Publikums die Möglichkeit haben, ein bestimmtes Thema zu diskutieren und sich in komplexe Konflikte und Themengebiete hineinzuversetzen.

1 Ziele

- Perspektivübernahme
- Erarbeitung
- Artikulation und Argumentation unterschiedlicher Positionen
- kommunikatives Handeln

2 Orte im Unterricht

- Phase der Urteilsbildung

3 Ablauf

Zur Vorbereitung werden unterschiedliche Positionen zu einer bestimmten Thematik (in Gruppenarbeit) erarbeitet (Rollenübernahme). Ein Moderator (in der Regel die Lehrperson) führt thematisch in die Diskussion ein, stellt die teilnehmenden Figuren und ihre jeweilige Position kurz vor. Darüber hinaus gibt er die Regeln bekannt:
Zunächst soll jeder Diskutant seine Position in einem kurzen Statement (max. zwei Minuten) vorstellen. Nach Abschluss dieser ersten Runde können die übrigen Teilnehmer darauf Bezug nehmen. Der Moderator wahrt absolute Neutralität, stellt im Verlauf der Diskussion Gemeinsamkeiten und Unterschiede in den Positionen heraus, fragt nach, präzisiert, macht auf Widersprüche aufmerksam und setzt neue Impulse oder provoziert, um die Diskussion weiterzuentwickeln. Er achtet auf eine gleichmäßige Verteilung der Redeanteile und zieht am Ende der Diskussion eine Bilanz.

Variante: Die Zuschauer erhalten Rollenkarten und bewerten aus ihrer jeweiligen Position heraus die Diskussion.

4 Unbedingt beachten

Da die Moderatorenrolle äußerst anspruchsvoll ist, sollte sie nur in erfahrenen Lerngruppen an einen Schüler übertragen werden. Auf ein entsprechendes Setting (Podium, Bühne) achten.

Bearbeiter

Ein politisches Urteil bilden – Sach- und Werturteil unterscheiden

Im Sozialkundeunterricht unterscheidet man zwei Arten des Urteilens: das Sachurteil und das Werturteil. Ein Sachurteil beurteilt eine politische Entscheidung oder Maßnahme nach sachlichen Kriterien – etwa ihrer Wirksamkeit oder ihren Kosten. Ein Werturteil bewertet dieselbe Entscheidung nach individuellen und politischen Maßstäben – etwa nach Gerechtigkeit oder Freiheit. Beide Urteile ergänzen sich und sind notwendig, um politische Fragen vollständig und differenziert zu beurteilen.

1 Informieren Sie sich über den Sachverhalt.

Lesen Sie zunächst alle vorliegenden Materialien sorgfältig. Halten Sie fest: Wer sind die beteiligten Akteure? Was ist die politische Maßnahme oder Entscheidung, die beurteilt werden soll? Welche Positionen gibt es in der Debatte und welche Argumente tragen die Akteure für ihre Positionen vor? Was sind die erklärten Ziele? Nur wer den Sachverhalt genau kennt, kann ihn anschließend fundiert beurteilen.

2 Berücksichtigen Sie verschiedene Perspektiven.

Politische Urteile sind selten eindeutig. Überlegen Sie, welche anderen Akteure oder gesellschaftlichen Gruppen die Maßnahme anders beurteilen könnten – und warum. Welche Interessen vertreten sie? Welche Kriterien würden sie in den Vordergrund stellen? Das Einbeziehen unterschiedlicher Perspektiven macht Ihr Urteil abgewogener und überzeugender.

3 Formulieren Sie ein Sachurteil.

Beim Sachurteil bewerten Sie die Maßnahme oder Entscheidung ausschließlich nach sachlichen Gesichtspunkten – also unabhängig von persönlichen Meinungen oder Wertvorstellungen. Wählen Sie ein oder mehrere der folgenden Kriterien aus, die für Ihr Thema besonders relevant sind, und beantworten Sie die dazugehörige(n) Leitfrage(n).

	Kriterium	Leitfrage
Sachurteil	Effektivität	Inwiefern ist das ausgewählte Mittel geeignet, um das Ziel zu erreichen/das Problem (dauerhaft) zu lösen?
	Tempo	Wie schnell kann es zu einer Lösung kommen?
	politische Realisierbarkeit	Welche Voraussetzungen (Macht/Instrumente) bestehen, um etwas durchzusetzen?
	Folgen für die Akteure	Welche Folgen zieht etwas nach sich?
	Kosten-Nutzen-Relation	In welchem Verhältnis stehen die Kosten zum angestrebten Nutzen?

Formulieren Sie Ihr Sachurteil als vollständigen Satz und begründen Sie es mit konkreten Belegen aus den Materialien, z. B. *„Die Maßnahme ist wenig effektiv, da sie das Problem nur kurzfristig lindert, aber die Ursachen nicht beseitigt (vgl. M2, Zeile 24)."*
Ein Sachurteil ist kein bloßes Beschreiben – Sie müssen eine begründete Einschätzung treffen, etwa in Bezug auf das Kriterium Effektivität: Funktioniert die Maßnahme? Warum (nicht)?

4 Formulieren Sie ein Werturteil.

Beurteilen Sie dieselbe politische Maßnahme nun anhand individueller und politischer Wertmaßstäbe. Anders als beim Sachurteil gibt es hier keine „richtige" Antwort: Werturteile sind begründete Positionen, die von Person zu Person unterschiedlich ausfallen können. Wählen Sie ein oder mehrere der folgenden Kriterien aus und beantworten Sie die dazugehörige Leitfrage. Es geht nicht darum, alle Kriterien schematisch „abzuarbeiten", sondern Sie sollten zuerst prüfen, welche Kriterien bei der Beurteilung des speziellen Sachverhaltes relevant und hilfreich sind.
Achten Sie auf Spannungsverhältnisse: Wertmaßstäbe können in einem Konflikt zueinander stehen. Sicherheit und Freiheit etwa lassen sich nicht immer gleichzeitig maximieren – mehr Kontrolle erhöht die Sicherheit, schränkt aber die Freiheit ein. Ebenso kann wirtschaftliche Effizienz mit sozialer Gerechtigkeit und/oder Nachhaltigkeit in Konflikt geraten. Benennen Sie solche Spannungen offen und wägen Sie ab, welchem Wert Sie in diesem konkreten Fall mehr Gewicht beimessen – und begründen Sie warum.

	Kriterium	Leitfrage
Werturteil	Verfassungs-/ Rechtmäßigkeit	Welche Rechtsnormen stehen den Entscheidungen/Handlungen gegenüber?
	Partizipation/Gleichheit	Besitzen alle Bürgerinnen und Bürger die (gleiche) Möglichkeit der politischen Beteiligung?
	Transparenz	Erfolgt der Entscheidungsprozess transparent?
	Demokratie	Werden demokratische Kriterien bzw. Grundsätze verletzt/eingehalten?
	Sicherheit	Wird die Sicherheit erhöht/gesenkt?
	Frieden	Wird das friedliche Zusammenleben gefährdet/gefördert?
	Freiheit	Wird die Freiheit gestärkt/geschwächt?
	Gerechtigkeit/Solidarität	Wie (un-)gerecht ist die Entscheidung in Bezug auf Leistungs-, Bedarfs- oder Chancengerechtigkeit?
	Nachhaltigkeit	Ist die Entscheidung sozial, ökologisch und/oder ökonomisch nachhaltig?

Formulieren Sie Ihr Werturteil als vollständigen Satz. Machen Sie deutlich, welchen Wertmaßstab Sie anlegen, und begründen Sie, warum Sie ihn für relevant halten, z. B.: *„Die Maßnahme ist aus Sicht der Gerechtigkeit problematisch, da sie einkommensschwache Gruppen stärker belastet als einkommensstarke (vgl. M3, Zeile 32)."*
Auch ein Werturteil ist keine bloße Meinung, sondern es muss nachvollziehbar begründet und an klaren Wertmaßstäben orientiert sein.

5 Fassen Sie Ihr Gesamturteil zusammen.

Formulieren Sie abschließend ein zusammenfassendes Gesamturteil. Das Gesamturteil ist mehr als eine Wiederholung der Einzelurteile. Es bringt Sach- und Wertebene zusammen und mündet in eine klar begründete, abgewogene Position:

- **Beziehen Sie beide Ebenen ein:** Zeigen Sie, wie Ihr Sachurteil und Ihr Werturteil zusammenhängen oder sich möglicherweise widersprechen. Eine Maßnahme kann sachlich effektiv, aber ethisch fragwürdig sein – oder umgekehrt.
- **Gewichten Sie bewusst:** Entscheiden Sie, welchem Kriterium Sie in diesem konkreten Fall das größte Gewicht beimessen, und begründen Sie diese Entscheidung. Es gibt keine allgemeingültige Rangliste der Kriterien – die Gewichtung hängt vom Kontext ab.
- **Formulieren Sie eine klare Position:** Vermeiden Sie es, sich hinter Formulierungen wie „Es gibt Vor- und Nachteile" zu verstecken. Ein gutes Gesamturteil nennt eine Tendenz und begründet sie, z. B.: „Alles in allem überwiegen die sozialen Risiken der Maßnahme ihren wirtschaftlichen Nutzen, weil …".
- **Bleiben Sie offen für Revision:** Ein begründetes Urteil ist kein endgültiges Urteil. Machen Sie deutlich, unter welchen Bedingungen oder bei welchen neuen Informationen Sie Ihre Einschätzung ändern würden.

Bearbeiter, basierend auf: Ministerium für Bildung des Landes Sachsen-Anhalt (Hg.): Fachlehrplan Gymnasium – Sozialkunde. Magdeburg 2022, S. 13

METHODENGLOSSAR

Eine Pro-Kontra-Diskussion führen

Bei einer Pro-Kontra-Diskussion handelt es sich um eine „zugespitze" Form einer Diskussion, die formal nach genau festgelegten Regeln abläuft. Die Pro- und Kontra-Gruppen stehen oder sitzen sich gegenüber. Sie diskutieren mit dem Ziel, die Mehrheitsverhältnisse jeweils zu ihren Gunsten zu verändern. Am Anfang und am Ende einer Pro-Kontra-Diskussion steht jeweils eine Abstimmung. Das Ziel der Pro-Kontra-Debatte ist es, möglichst viele Begründungsmöglichkeiten zu einer Frage kennen zu lernen und so die eigene Urteilsgrundlage zu erweitern.

1 Stimmungsbild erheben und Vorbereitung

1. Führen Sie zur Entscheidungsfrage eine erste Abstimmung zur Erhebung des Stimmungsbildes durch. Halten Sie das Ergebnis an der Tafel, auf einer Folie o. Ä. fest.
2. Teilen Sie die Klasse in zwei etwa gleich große Gruppen ein. Eine Gruppe übernimmt die Pro-, die andere die Kontra-Position.
3. Beide Gruppen bereiten sich mit Hilfe der Materialien des Kapitels (ggf. auch mittels weiterer Recherchen) auf die Diskussion vor.
4. Wählen Sie eine Abordnung (ca. 4-5 Personen) beider Gruppen, die an der Diskussion teilnehmen wird.
5. Wählen Sie eine Moderation, die kurz in die Thematik einführen, die Redeliste führen und für einen ordnungsgemäßen Ablauf sorgen wird.

2 Durchführung

1. Beide Gruppen sitzen sich (ähnlich wie im britischen Unterhaus) gegenüber.
2. Die Moderatorin eröffrnet die Diskussion und fordert pro Gruppe eine Person auf, ihre Position kurz zu verdeutlichen.
3. Im weiteren Verlauf wechseln sich die Redenden der beiden Gruppen nach jedem Redebeitrag ab. Die Moderation führt eine Redeliste, auf der Meldungen der Reihe nach notiert werden und ruft auf.

3 Zweite Abstimmung und Auswertung

1. Am Ende der Diskussion (nach ca. 15 Minuten) erfolgt eine zweite Abstimmung, bei der alle ihre eigene (nun vielleicht veränderte) Position zur Streitfrage vertreten können.
2. Danach wird das Abstimmungsverhalten ausgewertet. (Was hat Ihren Meinungswandel verursacht? Welche Argumente haben Sie besonders überzeugt? Warum sind Sie (nicht) bei Ihrer Position geblieben? Welche Urteilskriterien waren entscheidend?)
3. Die Teilnehmenden erhalten abschließend eine Rückmeldung zu ihrer Argumentationsleistung von den Beobachtenden.

Bearbeiterin

Richtig zitieren

Wer wissenschaftlich arbeitet, stützt seine Argumente auf Quellen – und macht dies für Leserinnen und Leser nachvollziehbar. Korrekte Zitate belegen Aussagen, schützen vor dem Vorwurf des Plagiats und zeigen, dass Sie sich ernsthaft mit Texten auseinandergesetzt haben. Dabei unterscheidet man das wörtliche Zitat, das eine Quelle originalgetreu wiedergibt, vom sinngemäßen Zitat (Paraphrase), das einen Gedanken in eigenen Worten zusammenfasst. Beide Formen erfordern einen korrekten Quellenbeleg.

1 Wörtlich zitieren

Übernehmen Sie einen Textausschnitt originalgetreu, setzen Sie ihn in Anführungszeichen. Jede Auslassung kennzeichnen Sie mit drei Punkten in eckigen Klammern [...], jede eigene Ergänzung ebenfalls in eckigen Klammern. Verändern Sie den Wortlaut nie ohne Kennzeichnung – auch nicht Groß- und Kleinschreibung am Satzanfang.

„Die Demokratie lebt von der Beteiligung ihrer Bürgerinnen und Bürger [...], nicht nur an Wahltagen.“ (Mustermann 2021, S. 45)

2 Sinngemäß zitieren (Paraphrase)

Geben Sie den Inhalt einer Quelle in eigenen Worten wieder – ohne Anführungszeichen, aber mit Quellenbeleg. Eine Paraphrase ist keine wörtliche Umstellung einzelner Sätze, sondern eine eigenständige Reformulierung des Gedankens. Leiten Sie sie sprachlich ein, z. B. mit: *„Laut Mustermann ...“*, *„Wie Mustermann betont, ...“* oder *„Nach Auffassung von Mustermann ...“*.

Mustermann zufolge ist demokratische Beteiligung nicht auf Wahlen beschränkt, sondern umfasst vielfältige Formen politischen Engagements (vgl. Mustermann 2021, S. 45).

3 Quellenbeleg einfügen

Jedes Zitat – ob wörtlich oder sinngemäß – erhält unmittelbar dahinter einen Kurzbeleg in Klammern mit Nachname, Erscheinungsjahr und Seitenzahl. Bei sinngemäßen Zitaten steht zusätzlich „vgl.“ (vergleiche) vor dem Beleg.

Zitatform	Beleg
Wörtlich	(Mustermann 2021, S. 45)
Sinngemäß	(Mustermann 2021, S. 45)
Ohne Seitenangabe (z. B. Webseite)	(vgl. Mustermann 2021)

Alle verwendeten Quellen werden am Ende Ihrer Arbeit im Literaturverzeichnis vollständig aufgeführt – alphabetisch nach Nachnamen sortiert. Die wichtigsten Grundformen:

- Buch: Nachname, Vorname: Titel. Ort: Verlag Jahr
- Zeitschriftenartikel: Nachname, Vorname (Jahr): Titel des Artikels. In: Name der Zeitschrift, Jg. X, H. X, S. X–X
- Website: Nachname, Vorname: Titel. In: URL, Datum in der Quelle oder Abrufdatum [Abruf am xx.xx.xxxx]

Bearbeiter

METHODENGLOSSAR

Statistiken analysieren

Warum sollte ich eine Statistik analysieren und prüfen können?
Statistiken sind systematische Sammlungen von Informationen in Form von Zahlen, die als Tabellen, Schaubilder oder Diagramme visuell aufbereitet werden und so einen raschen Zugriff auf zum Teil sehr komplexe Sachverhalte ermöglichen. Statistische Darstellungen spielen in der medialen Berichterstattung zu ökonomischen und politischen Themen eine zentrale Rolle. Somit werden sie auch im Unterricht bei den verschiedensten Themen herangezogen, um z. B. wirtschaftliche oder soziale Problemlagen herauszuarbeiten. Beim Umgang mit Statistiken ist jedoch Vorsicht geboten! Scheinbar objektive Zahlen können Sachverhalte auch verfälscht bzw. einseitig darstellen und damit bestimmten Interessen dienen. Schon deswegen stellt die methodisch sorgfältige Analyse von Statistiken besonders im Fach Politik-Wirtschaft eine Schlüsselkompetenz dar.

Welche Datengrundlagen sind zu unterscheiden?

Zahlenarten	absolute Zahlen (Maßeinheit beachten!), relative Zahlen bzw. Prozentwerte, Indexzahlen (Relation zu einem als 100 definierten Bezugswert)
Status der Werte	statistische Ermittlung vergangener Sachverhalte, vorläufige Werte, Prognosen, geschätzte Werte
Sonstiges	exakte Werte vs. gerundete Werte, nominale vs. reale Werte

Welche Darstellungsformen eignen sich?

Darstellungsformen				
Tabelle	**Kreisdiagramm**	**Balkendiagramm**	**Stapeldiagramm**	**Kurvendiagramm**
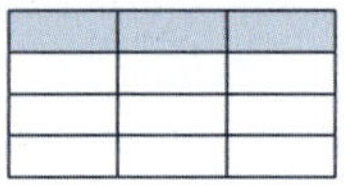	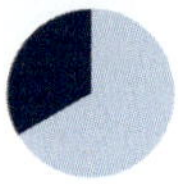		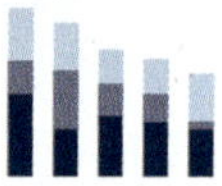	
stellt große Datengrundlagen übersichtlich dar; hilfreich beim kategorialen Vergleich	eignet sich besonders gut, um Anteile an Gesamtmengen darzustellen	stellt Zahlenwerte in ihrer Reihenfolge dar	verdeutlicht besonders gut Zeitreihen-Vergleiche (auch verschiedener Anteile)	kann Entwicklungslinien bzw. Trendkurven im zeitlichen Verlauf verdeutlichen

Wie analysiert man eine Statistik systematisch?
Folgende Schritte dienen einer Auswertung von Statistiken. Die Leitfragen in Fettdruck sollten bei jeder Statistikanalyse geklärt werden. Darüber hinaus ist je nach Besonderheiten einer Statistik auch eine weitergehende Auseinandersetzung notwendig.

Einordnen und prüfen	
Thema bestimmen Bezugsrahmen klären	• **Was ist Thema, Erhebungsgegenstand bzw. Zweck der Statistik (Titel, Begleittext)?** • **Auf welchen Zeitpunkt oder Zeitraum bezieht sich die Statistik (einmalige Erhebung, langfristige Entwicklung, Prognose)?** • **Auf welches Gebiet bezieht sich die statistische Erhebung?**
Quelle und Zuverlässigkeit prüfen	• **Wer hat die Statistik veröffentlicht?** • **Wann wurde die Statistik veröffentlicht bzw. die Daten erhoben?** • Wie und durch wen sind die Daten erhoben worden? Lassen sich Aussagen über die Zuverlässigkeit der Daten treffen (Aktualität, Seriosität, Repräsentativität, Form der Datenerhebung...)?
Quelle und Zuverlässigkeit prüfen	• Müssen Begriffe geklärt werden? Anhand welcher Merkmale (Kriterien) werden die dargestellten Sachverhalte verglichen? Was wird in Beziehung zueinander gesetzt?

Beschreiben	
Formale Beschreibung	• **Welche statistische Darstellungsform wurde gewählt?** • **Wie sind die Einzelelemente der Statistik aufgebaut (z. B. Achsen-, Säuleneinteilung, Einteilung von Spalten und Zeilen einer Tabelle...)?** • **Welche Zahlenarten (s.o.) und Maßeinheiten wurden verwendet?** • Wie genau sind die verwendeten Zahlenwerte (gerundet, geschätzt, vorläufig, k. A. = keine Angabe, d. h. Zahlen sind nicht verfügbar)?
Inhaltliche Beschreibung	• **Welches sind die zentralen Minimal- und Maximalwerte?** • **Lassen sich charakteristische Verteilungsmuster bzw. zeitliche Entwicklungen in den Daten beschreiben?** • Ist eine Einteilung in Phasen möglich (Zu- und Abnahme, Stagnation, Wechselbeziehungen zwischen verschiedenen Variablen)?

Deuten/Erklären	
Teilaussagen herausarbeiten	• **(Wie) lassen sich die beschriebenen Besonderheiten und Auffälligkeiten im Material erklären?** • **Welche Ursachen von Entwicklungstendenzen und Verteilungsmustern lassen sich (mithilfe von Vorwissen oder anderen Materialien) erkennen?** (Bilden Sie hier ggf. Arbeitshypothesen.) • Welche Zusammenhänge zwischen den Werten werden deutlich?
Gesamtaussage formulieren	• **Welche Hauptaussage(n) lässt/lassen sich aus der Statistikanalyse formulieren (Trends, Tendenzen...)?**

Bewerten	
Darstellungsform prüfen Informationsgehalt bewerten	• **Sind erkennbare Ungenauigkeiten / Fehler zu bemängeln?** • Ist die gewählte Darstellungsart geeignet (Übersichtlichkeit, Klarheit)? • **Ist die Statistik bei der Beantwortung der Fragestellung hilfreich? Oder sind weitere Informationen notwendig?** • Inwieweit lassen sich die dargestellten Daten (sinnvoll) vergleichen? • Wurden bei relativen Zahlen Bezugswerte genannt? • Lässt sich die Qualität der Daten überprüfen?
Aussageabsicht klären	• **Wird eine Interessengebundenheit / der Versuch der Beeinflussung der Leser:innen deutlich (Quelle, Datenauswahl, Darstellungsweise)?**

Aufbau einer Statistikanalyse

Für die (schriftliche) Bearbeitung einer Aufgabe, die eine Statistikanalyse beinhaltet, hat sich folgendes Vorgehen bewährt:

		Lösung am Beispiel der Grafik in Kapitel 4.3, S. 184: „Erwerbstätigenquote und Teilzeitquote Mütter und Väter mit Kindern unter 18 Jahren"
Einleitung	Beginnen Sie die Analyse mit einem Einleitungssatz, indem Sie das Material thematisch und formal exakt (Quelle, Veröffentlichungsdatum, abgebildete(r) Zeit(raum)) vorstellen.	Die vorliegende Statistik stellt die Erwerbstätigenquote und Teilzeitquote von Müttern und Vätern mit Kindern unter 18 Jahren nach Altersgruppen und mit einem Gesamtwert dar. Die Zahlen der vorliegenden Statistik stammen von DESTATIS (Statistisches Bundesamt). Die Daten wurden 2024 erhoben und die Grafik 2025 erstellt.

Hauptteil Beschreibung, Aufbau und Datenbasis	Arbeiten Sie im Hauptteil Ihre Analyse detailliert aus. Gehen Sie dabei nach dem Prinzip „von außen nach innen“ bzw. „vom Allgemeinen zum Besonderen“ vor, indem Sie zunächst die Statistik allgemein (Aufbau, Datengrundlage) vorstellen, ehe Sie die thematisch relevanten Teilaussagen beispielhaft herausstellen. Belegen Sie dabei Ihre Aussagen am Material.	**[formale Beschreibung]** Als Darstellungsform wurde ein gruppiertes Balkendiagramm gewählt. Die Unterteilung der Altersgruppe beginnt mit 20 bis unter 25 Jahre und setzt sich in Schritten von fünf Jahren bis zur letzten Altersgruppe 60 bis unter 65 Jahren fort. Schließlich wird ein Gesamtwert angegeben, der den Durchschnitt aller Altersgruppen zeigt. Jede der dargestellten Altersgruppen bzw. der Gesamtwert enthält vier farblich zu unterscheidende Balken. Die Legende unten links in der Grafik erklärt die Balken. Die Angaben sind in Prozent.
Beschreibung der Daten	Beachten Sie bei der Analyse die von der Aufgabenstellung vorgegebene Schwerpunktsetzung. Gehen Sie daher im Hauptteil aspektorientiert vor und verdeutlichen Sie diese gedankliche Strukturierung durch Absätze.	**[inhaltliche Beschreibung]** Über alle Altersgruppen hinweg lässt sich zunächst aus der Statistik entnehmen, dass Mütter eine geringere Erwerbstätigenquote aufweisen als Väter. Die Erwerbstätigenquote bei Müttern ist in den Altersgruppen 20 bis unter 25 Jahre und 25 bis unter 30 Jahre von allen Altersgruppen am niedrigsten. Ab 30 bis unter 35 Jahren ist ein deutlicher Anstieg der Erwerbstätigenquote bei Müttern festzustellen, der sich bis zur Altersgruppe 45 bis unter 50 Jahren fortsetzt, allerdings erkennbar unter der Quote der Väter verbleibt. Demgegenüber ist die Erwerbstätigenquote der Väter über alle Altersgruppen stabil auf hohem Niveau. Der Gesamtwert der Erwerbstätigenquote bildet diese Unterschiede zwischen Müttern und Vätern ab. **Teilzeitquote Mütter:** [Vorgehen analog zur Erwerbstätigenquote] **Teilzeitquote Väter:** [Vorgehen analog zur Erwerbstätigenquote]
Analyse / Deutungsansätze	Analyse/Deutungsansätze mit Beleg an konkreten Werten	Die Grafik zeigt deutlich: Zwischen Müttern und Vätern mit Kindern unter 18 Jahren bestehen erhebliche Unterschiede in Erwerbstätigkeit und Teilzeittätigkeit. Die Daten spiegeln eine nach wie vor traditionelle Arbeitsteilung wider, bei der Kinderbetreuung überwiegend von Müttern übernommen wird. Dies führt zu reduzierter Erwerbsbeteiligung und hoher Teilzeitquote bei Müttern – mit langfristigen Folgen, etwa für Einkommens- und Rentenungleichheit. Strukturelle Faktoren wie fehlende Kinderbetreuungsangebote und traditionelle gesellschaftliche Rollenerwartungen könnten diese Muster erheblich verstärken. Gleichzeitig deutet der mit dem Alter der Mütter steigende Trend bei der Erwerbsquote darauf hin, dass viele Mütter ihre Erwerbstätigkeit erst dann ausweiten, wenn Kinder selbstständiger werden. …
Fazit/ Schluss Hauptaussage Bewertung der Darstellungsweise	Formulieren Sie am Ende Ihrer Ausführungen ein (aufgabenbezogenes) Fazit, in dem Sie wesentliche Erkenntnisse Ihrer Analyse pointiert zusammenfassen und ggf. in den unterrichtlichen Zusammenhang einordnen. Dabei können Sie auch auf Grenzen der Aussagekraft der Statistik Bezug nehmen.	Die Grafik veranschaulicht prägnant das ausgeprägte Ungleichgewicht zwischen Müttern und Vätern mit Kindern unter 18 Jahren in der Erwerbsbeteiligung und Arbeitszeitgestaltung. Die Hauptaussage ist eindeutig: Väter sind nahezu vollständig erwerbstätig und arbeiten fast ausschließlich in Vollzeit, während Mütter – besonders in jüngeren Altersgruppen – deutlich seltener erwerbstätig sind und mehrheitlich in Teilzeit arbeiten. Die Darstellung als gruppiertes Balkendiagramm ermöglicht einen direkten Vergleich beider Gruppen über alle Altersklassen hinweg und macht die strukturellen Unterschiede auf einen Blick sichtbar.

Bearbeiter

METHODENGLOSSAR

Texte systematisch analysieren

1 Einleitung: Texttitel, Autor, Erscheinungsort und -datum

- Nennen Sie den Titel, Autor und Erscheinungsort sowie Erscheinungsdatum des Textes.
- Ordnen Sie den Autor/die Autorin sowie die Quelle ein. Stellen Sie sich außerdem die Frage, an welche Adressaten sich der Text richtet.
- Verschaffen Sie sich einen groben Überblick über den Text. Zwischenüberschriften, die Anfänge der einzelnen Abschnitte oder besonders hervorgehobene Begriffe dienen hierbei als Ankerpunkte.

▼

2 Zentrale Fragestellung des Textes

- Nennen Sie das Thema und die zentralen Fragestellungen des Textes.
- Welche Unterthemen werden behandelt?
- Welche grundsätzliche Haltung zum Thema des Textes nimmt der Autor/die Autorin ein und was sind seine/ihre Thesen diesbezüglich?

▼

3 Zusammenfassung von Kernaussagen/Theorien/Definitionen

- In diesem Schritt fassen Sie die Kernaussagen/Theorien/Definitionen zusammen. Nennen Sie dazu die konkreten Textstellen (Zeilenangaben).
- Arbeiten Sie die Begründungen heraus, die der Autor/die Autorin für seine/ihre Thesen anführt. Welche Belege und Beispiele sind genannt?

▼

4 Relevante Zitate (inkl. Zeilenangaben)

- Wählen Sie in diesem Schritt Zitate aus dem Text aus, die kurz und eindeutig die Kernaussagen und Thesen des Autors/der Autorin sichtbar machen.

▼

5 Eigene Gedanken zum Text

- Formulieren Sie abschließend Ihre eigenen Gedanken und Kommentare zu den Aussagen im Text. Teilen Sie die Ansichten des Autors/der Autorin? Ist die Argumentation überzeugend oder gibt es Schwachstellen?

Bearbeiterin

Register

Erläuterungen zu den Operatoren

Anforderungsbereich I (Reproduktion)

Er verlangt in erster Linie das Wiedergeben und Darstellen von fachspezifischen Sachverhalten aus einem abgegrenzten Gebiet und im gelernten Zusammenhang unter reproduktivem Benutzen
geübter Arbeitstechniken.

Operator(en)	Definition
aufzählen / nennen / wiedergeben / zusammenfassen	Kenntnisse (Fachbegriffe, Daten, Fakten, Modelle) und Aussagen in komprimierter Form unkommentiert darstellen
benennen / bezeichnen	Sachverhalte, Strukturen und Prozesse begrifflich präzise aufführen
beschreiben / darlegen / darstellen	Wesentliche Aspekte eines Sachverhaltes im logischen Zusammenhang unter Verwendung der Fachsprache wiedergeben

Anforderungsbereich II (Reorganisation und Transfer)

Er fordert das selbstständige Erklären, Bearbeiten und Ordnen bekannter fachspezifischer Inhalte und das angemessene Anwenden gelernter Inhalte und Methoden auf andere Sachverhalte.

Operator(en)	Definition
analysieren	Materialien und Sachverhalte kriterienorientiert oder aspektgeleitet erschließen, in systematische Zusammenhänge einordnen und Hintergründe und Beziehungen herausarbeiten
auswerten	Daten und Einzelergebnisse zu einer abschließenden Gesamtaussage zusammenführen
charakterisieren	Sachverhalte in ihren Eigenarten beschreiben und diese dann unter einem bestimmten Gesichtspunkt zusammenführen
einordnen	Eine Position zuordnen oder einen Sachverhalt in einen Zusammenhang stellen
erklären	Sachverhalte durch Wissen und Einsichten in einen Zusammenhang (Theorie, Modell, Regel, Gesetz, Funktionszusammenhang) einordnen und deuten
erläutern	Wie erklären, aber durch zusätzliche Informationen und Beispiele verdeutlichen
herausarbeiten / ermitteln / erschließen	Aus Materialien bestimmte Sachverhalte herausfinden, auch wenn sie nicht explizit genannt werden, und Zusammenhänge zwischen ihnen herstellen
interpretieren	Sinnzusammenhänge aus Materialien erschließen
vergleichen	Sachverhalte gegenüberstellen, um Gemeinsamkeiten, Ähnlichkeiten und Unterschiede herauszufinden
widerlegen	Argumente anführen, dass Daten, eine Behauptung, ein Konzept oder eine Position nicht haltbar sind

Anforderungsbereich III (Reflexion und Problemlösung)
Er umfasst den reflexiven Umgang mit neuen Problemstellungen, den eingesetzten Methoden und gewonnenen Erkenntnissen, um zu Begründungen, Folgerungen, Beurteilungen und Handlungsoptionen zu gelangen.

Operator(en)	Definition
begründen	Zu einem Sachverhalt komplexe Grundgedanken unter dem Aspekt der Kausalität argumentativ und schlüssig entwickeln
beurteilen	Den Stellenwert von Sachverhalten oder Prozessen in einem Zusammenhang bestimmen, um kriterienorientiert zu einem begründeten Sachurteil zu gelangen
bewerten / Stellung nehmen	Wie beurteilen, aber zusätzlich mit Reflexion individueller und politischer Wertmaßstäbe, die Pluralität gewährleisten und zu einem begründeten eigenen Werturteil führen
entwerfen	Ein Konzept in seinen wesentlichen Zügen erstellen
entwickeln	Zu einem Sachverhalt oder zu einer Problemstellung ein konkretes Lösungsmodell, eine Gegenposition, ein Lösungskonzept oder einen Regelungsentwurf begründend skizzieren
erörtern	Zu einer vorgegebenen Problemstellung eine reflektierte, kontroverse Auseinandersetzung führen und zu einer abschließenden, begründeten Bewertung gelangen
gestalten	Produktorientierte Bearbeitung von Aufgabenstellungen. Dazu zählen unter anderem das Entwerfen von eigenen Reden, Strategien, Beratungsskizzen, Karikaturen, Szenarien, Spots und von anderen medialen Produkten sowie das Entwickeln von eigenen Handlungsvorschlägen und Modellen
problematisieren	Widersprüche herausarbeiten, Positionen oder Theorien begründend hinterfragen
prüfen / überprüfen	Inhalte, Sachverhalte, Vermutungen oder Hypothesen auf der Grundlage eigener Kenntnisse oder mithilfe zusätzlicher Materialien auf ihre sachliche Richtigkeit bzw. auf ihre innere Logik hin untersuchen
sich auseinandersetzen / diskutieren	Zu einem Sachverhalt, zu einem Konzept, zu einer Problemstellung oder zu einer These etc. eine Argumentation entwickeln, die zu einer begründeten Bewertung führt

Nach: Ständige Konferenz der Kultusminister der Länder in der Bundesrepublik Deutschland (Hg.): Einheitliche Prüfungsanforderungen in der Abiturprüfung Sozialkunde/Politik Beschluss der Kultusministerkonferenz vom 01.12.1989 i. d. F. vom 17.11.2005. In: www.kmk.org, Abruf am 28.03.2026

Bildnachweis

AdobeStock / filmbildfabrik – S. 136; - / MQ-Illustrations – S. 100; - / Tyler Olson – S. 179; - / REUTERS, Arnd Wiegmann – S. 17; akg-images / brandstaetter images – S. 124; Alamy Stock Photo / ART Collection – S. 20; - / Robert Clay – S. 214; - / CPA Media Pte Ltd – S. 261; - / Granger Historical Picture Archive – S. 24; - / Heritage Image Partnership Ltd – S. 294; - / IanDagnall Computing – S. 253; - / Keystone Pictures USA – S. 18; - / Iain Masterton – Cover; - / Pictorial Press Ltd – S. 22; - / Peter Probst – S. 261; - / Renaud Rebardy – S. 202; - / ZUMA Press, Inc. – S. 257; Baaske Cartoons / Burkhard Mohr – S. 163; - / Thomas Plaßmann – S. 96; Barmbeker Schallarchiv / DAS MAGAZIN, Nr. 171, 1938, S. 16 – S. 124; © 2010 Darrin Bell / Dist. by WPWG – S. 216; Bergmoser + Höller Verlag, Aachen – S. 97, 196, 224, 354; Bundesregierung / Steffen Kugler – S. 30, 112; Bundezentrale für politische Bildung – S. 34; - / 2014, www.bpb.de, cc by-nc-nd / 3.0 – S. 369; - / www.bpb.de, 2014, CC BY-NC-ND 3.0, Bonn – S. 41; DER SPIEGEL, Hamburg – S. 202; Deutscher Bundestag / photothek, Xander Heinl – S. 80, 98, 326; - / photothek.net, Thomas Trutschel – S. 100; - / Thomas Trutschel, photothek.net / © VG Bild-Kunst, Bonn 2026 – S. 12; © Die Bundesregierung – S. 278; © DIW Berlin 2023 / Quelle: IRA Guidebook , CBO Cost Estimates; aus: US-Investitionspaket Inflation Reduction Act erfordert schnelles strategisches Handeln der EU/ Kerstin Bernoth, Josefin Meyer; In: DIW Wochenbericht. - 90 (2023), 6, S. 61 – S. 253; Fotolia / javiindy – S. 170; Getty Images Plus / iStock Editorial, Jchambers – S. 100; - / iStock Editorial, Philartphace – S. 126; - / iStockphoto, arcady_31 – S. 129; - / iStockphoto, Yuriy Altukhov – S. 129; - / iStockphoto, Blankstock – S. 129; - / iStockphoto, Bojan89 – S. 85; - / iStockphoto, davit85 – S. 120; - / iStockphoto, flowgraph – S. 356, 358; - / iStockphoto, gpointstudio – S. 170; - / iStockphoto, grafart – S. 80; - / iStockphoto, Heidloss Tilo Geringswald Felix GbR – S. 100; - / iStockphoto, Hero Images – S. 126; - / iStockphoto, horizon2531 – S. 356, 357; - / iStockphoto, Indigo Diamond – S. 129; - / iStockphoto, M. Kaercher – S. 273; - / iStockphoto, kzenon – S. 154; - / iStockphoto, lantapix – S. 356, 358; - / iStockphoto, Marcio Isensee e Sa – S. 273; - / iStockphoto, mizoula – S. 352; - / iStockphoto, monkeybusinessimages – S. 124, 154; - / iStockphoto, Artem Novosad – S. 129; - / iStockphoto, Panuwach – S. 129; - / iStockphoto, Radist – S. 85; - / iStockphoto, tacktack – S. 356, 357; - / iStockphoto, tinnakorn – S. 356, 357; - / Photos.com – S. 165, 206; - / PHOTOS.COM, Jupiterimages – S. 170; imago images / Avalon.red – S. 350; - / Belga – S. 139; - / BREUEL-BILD – S. 288; - / Christian Ditsch – S. 375; - / dts Nachrichtenagentur – S. 107; - / epd – S. 28, 45; - / Hannelore Förster – S. 137; - / Funke Foto Services – S. 288; - / Future Image – S. 100; - / Jürgen Heinrich – S. 176; - / IPON – S. 122; - / Italy Photo Press – S. 142; - / NurPhoto – S. 273; - / Political-Moments – S. 119, 294; - / Michael Schick – S. 154; - / Sven Simon – S. 332; - / SNA – S. 232; - / Jochen Tack – S. 154; - / UPI Photo, Oliver Contreras – S. 276; - / Xinhua – S. 288; Institut der deutschen Wirtschaft / Dennis Strassmeier – S. 215; iStockphoto / alvarez – S. 126; - / franckreporter – S. 126 (2); - / GAPS –S. 367; - / LPETTET – S. 126; - / Leo Patrizi – S. 124; Kostas Koufogiorgos, Stuttgart – S. 209; Mauritius Images / Alamy Stock Photo, Classic Image – S. 227; - / Alamy Stock Photo, Pacific Press Agency – S. 354; - / Alamy Stock Photo, Pacific Press Media Production Corp. – S. 17; - / Alamy Stock Photo, The History Collection – S. 21; - / ClassicStock, Charles Phelps Cushing – S. 214; Arno Mohr, Unkenbach – S. 150; NEL cartoons / www.nelcartoons.de – S. 157, 323, 330; picture-alliance / ANE, Eurokiniss, Vassilis Ververidis – S. 136; - / ASSOCIATED PRESS, Jess Rapfogel – S. 332; - / Ulrich Baumgarten – S. 230; - / Jens Büttner – S. 42; - / Cover Images, U.S. Central Command Public Affairs – S. 311; - / dieKLEINERT.de, Kostas Koufogiorgos – S. 57; - / dieKLEINERT.de, Schwarwel – S. 340; - / dpa, Matthias Bein – S. 136; - / dpa, Uli Deck – S. 80; - / dpa, dpaweb, Ingo Wagner – S. 296; - / dpa-infografik – S. 111, 313, 353; - / dpa-infografik GmbH – S. 266; - / dpa-Zentralbild, Karlheinz Schindler – S. 71; - / dpa, Michael Kappeler – S. 80, 100; - / dpa, Wolfgang Kumm – S. 100; - / dpa, Kay Nietfeld – S. 80; - / dpa, Ossinger – S. 186; - / dpa, Revierfoto – S. 87; - / dpa, Bernd Thissen – S. 232; - / Effigie, Leemage – S. 79; - / EXPA, picturedesk.com, Florian Schroetter – S. 136; - / Andreas Gebert – S. 273; - / Geisler-Fotopress, Christoph Hardt – S. 174; - / Heirler – S. 27; - / imageBROKER, GTW – S. 12; - / IPON, Stefan Boness – S. 118; - / Rainer Jensen – S. 195; - / JOKER, Alexander Stein – S. 273; - / Kyodo – S. 137; - / Daniel Naupold – S. 40; - / NurPhoto, Maciej Luczniewski – S. 189; - / Pacific Press, Lev Radin – S. 332; - / photothek.de, Juliane Sonntag – S. 80; - / REUTERS, HENRY ROMERO – S. 288; - / REUTERS, KCNA – S. 12; - / Rohwedder – S. 207; - / Klaus Rose – S. 132; - / Fernando Souza – S. 136; - / SZ Photo, Jens Schicke – S. 215; - / TT NEWS AGENCY, Pontus Lundahl – S. 276; - / Bernd von Jutrczenka – S. 80; - / Sebastian Willnow – S. 43; - / ZUMAPRESS.com, Jordi Boixareu – S. 136; Thomas Plaßmann, Essen – S. 225; Heiko Sakurai, Köln – S. 298; Shell Jugendstudie 2024 – S. 129, 130 (3); Shutterstock / 360b – S. 174; - / Alejandro-Carnicero – S. 189; - / Rich Carey – S. 273; - / cemT – S. 52; - / Corepics VOF – S. 202; - / Evan El-Amin – S. 52; - / Frederic Legrand, COMEO – S. 52; - / photocosmos1 – S. 52; - / Michele Ursi – S. 332; SINUS Markt- und Sozialforschung GmbH – S. 171; Statista GmbH, Hamburg – S. 60, 61, 159, 220; Klaus Stuttmann, Berlin – S. 113; Toonpool.com / Erl – S. 102; - / Gheorghe Matei – S. 344; - / Jan Tomaschoff – S. 200; WEED e.V. – S. 218, 219; Wildner + Designer GmbH – S. 336; www.wikimedia.org / Karl Martin Bolte – S. 168; - / NASA, Goddard Scientific Visualization Studio and adapted for NASA's Global Climate Change website http://climate.nasa.gov/ - S. 137 (2).

Mediencodes

Bundeszentrale für politische Bildung, www.bpb.de / Wissenschaftszentrum Berlin für Sozialforschung, www.wzb.eu, 2026, Lizenz: cc by-nc-nd / 3.0 / de – S. 65 (72018-148); picture-alliance / dpa Grafik, dpa-infografik GmbH – S. 70 (72018-140); Shell Jugendstudie 2024 – S. 129 (2) (72018-304).

Grundsätzliche politische Fragen und Probleme: Womit beschäftigt sich Politik?

Macht und Entscheidung

- Welche Instanzen entscheiden mit welchen Verfahren?
- Wer kann mit welcher Legitimation Entscheidungen treffen?
- Welche Möglichkeiten haben die Bürgerinnen und Bürger, auf den politischen Willensbildungsprozess und den politischen Entscheidungsprozess Einfluss zu nehmen?

Regeln und Recht

- Welche rechtlichen Regelungen bestimmen den politischen und ökonomischen Handlungsrahmen?
- Wie werden Regelverstöße geahndet und gesellschaftliche Konflikte gelöst?
- Wie wird über Regeln Verhalten gesteuert?

Knappheit und Verteilung

- Wie kann und soll der Umgang mit knappen Gütern gestaltet und politisch geregelt werden?
- Wie kann in einer Welt der Knappheit die Versorgung der Menschen effizient organisiert und gerecht gestaltet werden?

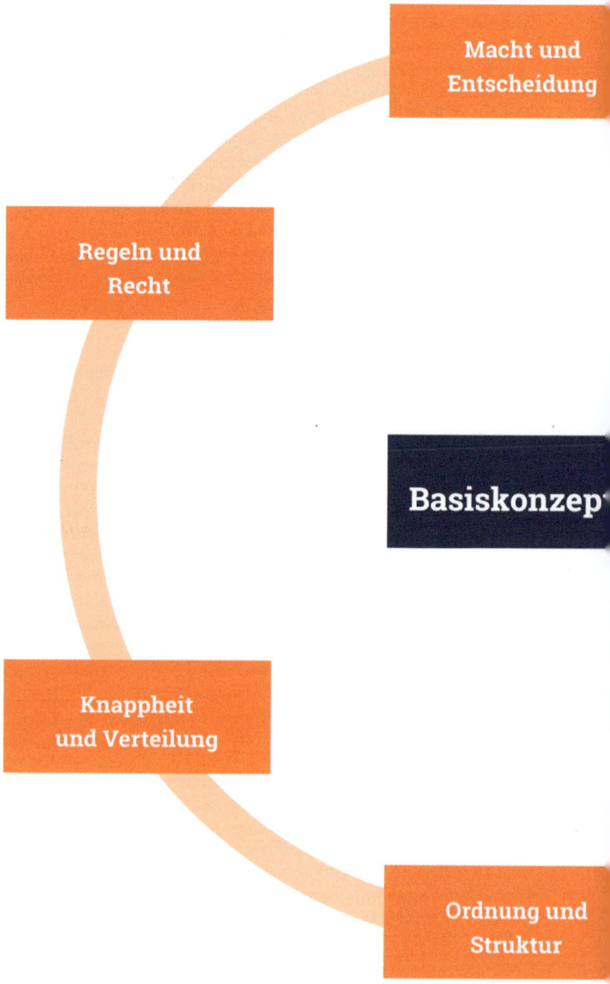